国家哲学社会科学成果文库

NATIONAL ACHIEVEMENTS LIBRARY
OF PHILOSOPHY AND SOCIAL SCIENCES

健全高水平开放下粮食安全保障体系研究

朱晶 著

科学出版社

内 容 简 介

本书在对我国粮食供需格局变化进行分析研判的基础上，深入探讨了高水平开放对我国粮食供需格局及粮食安全的影响与挑战，构建了高水平开放格局下把贸易影响内化纳入我国粮食供需格局的“三元平衡”分析框架，系统研究了面对进口外部竞争、国际规则约束、复杂国际环境等非传统粮食安全挑战，通过优化粮食支持保护政策体系、升级粮食进口风险防控体系、积极参与打造全球粮农治理新体系等多种途径来提升我国“两个市场、两种资源”的统筹利用效能，探索立足国内、放眼国际、合作共赢来构建更高层次、更高质量的开放型国家粮食安全战略的顶层设计思路和具体行动方案。

本书可作为高等院校和科研单位从事粮食安全、国际贸易和农业经济等领域研究的师生及科研工作者的参考资料，还可供相关政府管理部门以及关注粮食安全问题的人士阅读。

图书在版编目（CIP）数据

健全高水平开放下粮食安全保障体系研究 / 朱晶著 . 北京：科学出版社，2025. 5. --（国家哲学社会科学成果文库）. -- ISBN 978-7-03-081888-1

Ⅰ . F326.11

中国国家版本馆 CIP 数据核字第 2025JP6343 号

责任编辑：魏如萍 / 责任校对：姜丽策

责任印制：赵 博 / 封面设计：有道设计

科学出版社 出版

北京东黄城根北街 16 号

邮政编码：100717

http://www. sciencep. com

北京中科印刷有限公司印刷

科学出版社发行 各地新华书店经销

*

2025 年 5 月第 一 版 开本：720×1000 1/16

2026 年 1 月第二次印刷 印张：43 1/4

字数：568 000

定价：298.00 元

（如有印装质量问题，我社负责调换）

《国家哲学社会科学成果文库》出版说明

为充分发挥哲学社会科学优秀成果和优秀人才的示范引领作用，促进我国哲学社会科学繁荣发展，自2010年始设立《国家哲学社会科学成果文库》。入选成果经同行专家严格评审，反映新时代中国特色社会主义理论和实践创新，代表当前相关学科领域前沿水平。按照“统一标识、统一风格、统一版式、统一标准”的总体要求组织出版。

全国哲学社会科学工作办公室

2025年3月

前　言

粮食安全是“国之大者”。习近平同志反复强调，“保障国家粮食安全是实现经济发展、社会稳定、国家安全的重要基础”[①]，“只要粮食不出大问题，中国的事就稳得住”[②]。新中国成立70余年来，我国在保障粮食安全方面取得了举世瞩目的成就。通过始终坚持立足国内和统筹利用国际市场，我国粮食供给保障达到了高安全水平。目前中国已经成为全球最大的粮食进口国[③]，利用海外市场和农业资源也已达到相当规模。考虑到我国人多地少水缺的基本国情，保障粮食安全，无论过去、现在还是未来，都离不开利用国际市场和海外资源。对外开放和农业贸易事实上已成为维护国家粮食安全不可或缺的重要组成部分。

然而，高水平开放也意味着更大的外部压力与更多的输入性风险。尤其是在粮食安全领域，伴随着我国农业领域国内与国际双循环融合程度的不断提升，对外开放给我国粮食进口安全和供给保障带来了一系列前所未有的挑战和压力，包括：以高产量、高进口、高库存为代表的过度进口冲击粮食自给率的“想挡挡不住”；粮食生产国内支持政策与世界贸易组织（World Trade Organization，WTO）国际规则存在一致性纷争的“想做做不了”；世界市场风险与贸易动荡加剧国际粮源不确定性的“想进有风险”；在全球粮食安全治理

① 中共中央文献研究室：《十八大以来重要文献选编（上）》，中央文献出版社，2014年，第661页。
② 中共中央文献研究室：《十八大以来重要文献选编（上）》，中央文献出版社，2014年，第659页。
③ 《我国筑牢粮食安全屏障》，https://www.gov.cn/xinwen/2019-01/18/content_5358853.htm。

体系中作用仍待加强的“想为难作为”；等等。这意味着，在高水平开放新格局下，抓好粮食安全这一“国之大者”，迫切需要处理好扩大开放与粮食安全保障之间的关系，积极推动农业领域国内国际双循环的协同互促，在观念上、行动上、策略上、政策上进行一系列的改革和创新，以全面升级我国对内与对外的粮食安全治理能力。

目前，学术界和政策界都高度关注中国粮食安全问题，多数研究聚焦于畅通国内循环，夯实粮食生产基础，提高粮食稳产保供能力。也有部分研究关注国际循环和对外开放对我国粮食安全的影响，但对于高水平开放下我国粮食安全面临的新挑战及其应对策略等仍然缺乏系统、深入的探讨，尤其是在以下几方面的研究亟待进一步深化与拓展：面对高水平开放给我国粮食支持保护政策改革所带来的倒逼压力问题，如何建立既符合我国国情和粮情，又符合国际规则的粮食支持保护政策体系；面对高水平开放下我国粮食进口面临的风险敞口扩大问题，如何增强外部市场风险防范能力，构建高效、稳定的国际粮源供应体系；面对高水平开放下全球粮农治理体系变革压力加剧，如何强化我国粮食安全的全球治理能力体系。

《健全高水平开放下粮食安全保障体系研究》是作者和研究团队基于长期在粮食安全和农产品贸易领域的研究积累形成的阶段性成果。本书旨在对我国粮食供需格局变化进行分析研判的基础上，深入探讨扩大开放对我国粮食供需格局及粮食安全的影响与挑战，系统研究面对进口外部压力、国际规则约束、复杂国际环境等非传统粮食安全挑战，如何通过优化国内农业支持政策、管控粮食进口来源风险、合理利用国际规则空间、积极参与全球粮农治理来提升我国“两个市场、两种资源”的统筹利用效能，探索立足国内、放眼国际、合作共赢来健全更高层次、更高质量的开放型国家粮食安全保障体系的顶层设计思路和政策方案选择。

1. 核心观点

第一，高水平开放下完善国家粮食安全保障体系，亟须树立粮食安全保障的新思维。对于中国这样“人多地少水缺”的国家而言，粮食安全保障既有赖于国内的高生产水平，也离不开高水平开放下国际市场的重要补充。现阶段我国粮食安全已经步入高安全与高压力并存的新格局，国家粮食安全并非“高枕无忧”，而是“稳中有忧”。高水平开放不仅对于国内粮食安全保障做出了积极贡献，包括补充国内有效供给，满足多元消费需求，优化资源配置效率，等等，而且也带来了一系列前所未有的非传统挑战和压力。这些非传统压力和挑战表面上冲击的是国内循环中的内部市场秩序，实质上凸显出的是对于国内与国际双循环连接机制认知上的思维误区。应当直面传统思维所解释不了的新困境，树立面向高水平开放条件下新挑战的新思维，包括：一是粮食进口不简单等于国内“供需缺口”差异，连接国内外粮食市场的是“价格”差异；二是国内粮食高产量并不一定等同于高自给率，没有竞争力的粮食高产挡不住“被动”进口；三是粮食安全并不等同于完全自我供给，无论是过去、现在还是未来，中国的粮食安全保障都需要、也必须统筹利用国内国际“两个市场、两种资源”，做到有保有放，该保必须保，该进就得进。

第二，应对“想挡挡不住”和“想做做不了”的新挑战，必须建立立足国情、符合国际规则的粮食支持保护政策体系。在高水平开放条件下，我国长期以来建立并行之有效的农业支持保护政策面临掣肘与困境。一方面，我国现行的农业支持水平仍不足以有效弥补基础竞争力差距，难以抵挡“非必需”进口的大量涌入；另一方面，以粮食最低收购价为代表的“黄箱”支持补贴政策长期推行，不仅助长了国内粮食价格“只涨不跌”的预期，扰乱了正常的市场供求信号，而且也面临着愈发严峻的符合 WTO 规则的压力，遭遇来自 WTO 成员的争端诉讼和挑战。其背后的深层次原因在于，我国农业支持政策长期以来相对“内视化”的制度设计方式，与对接外部国际竞争的现实需求，与统筹兼顾我国遵守多边贸易国际规则的对外承诺需要相比，表现出明显的不适应性。今后我国在探索实施农业支持保护政策的过程中，应当积极推动粮食价格支持政策、政策性农业保险等重要的政策工具在设计上与国际规则接轨，使之既能符合我国粮食安全需求又能适应国际规则要求，从而避免不必要的国际舆论和争端压力，同时更为高效地为国内粮食生产提供新型支持保护。

第三，应对“想进有风险”的新挑战，必须化被动应对为主动作为，持续完善粮食等重要农产品进口风险防控体系。完善我国粮食安全战略保障体系，不仅要以我为主、立足国内，保障国内粮食生产供应安全，而且也要放眼国际、适度进口，保障我国粮食进口供应安全。尤其是在目前国际政治经济格局不稳定、突发意外事件进入多发期、国际粮食市场不确定和不稳定渐成常态的背景下，确保粮食进口供应链安全稳定显得尤为紧迫和重要。一方面，需要积极防范和化解各类输入性风险，以确保粮食进口在进得足、进得稳的同时，也能够保得住、拼得过，以促进粮食进口与国内生产相协调，粮食安全政策与进口政策相衔接，进口调控与国内供需趋势相适应，从而更好地掌控粮食进口节奏与主动权。另一方面，也需要打造高效、稳定的外部粮源供应体系，通过积极强化贸易风险管控体系建设、实施农产品进口多元化战略、参与全球农产品供应链建设等多种途径，分散集中进口的风险，增强国际供应链的掌控力和话语权。

第四，应对“想为难作为”的新挑战，必须高度重视全球粮农治理对保障国际和中国粮食安全的作用，积极参与和引领全球粮农治理体系变革。当前国际政治经济格局不稳定和不确定因素显著增多，全球化遭遇逆流，保护主义和民粹主义甚嚣尘上，多边体制的治理框架下长期存在的漏洞被不断放大，出现了规则失宜、机制失灵、谈判失效、韧性不足等问题，严重威胁到了全球农业贸易治理体系的有效性，同时也对我国外部粮源的稳定获取形成严峻压力。在粮食安全公共储备议题方面，实现粮食安全公共储备永久性解决方案面临挑战。在农业国内支持规则谈判方面，发达成员与发展中成员利益分歧严重，解决“规则赤字”问题，建立更加公正、透明的粮食支持保护政策体系迫在眉睫。在农产品出口限制措施规制方面，增强出口限制措施规则的约束力，降低危机时期以邻为壑的自保行为对于国际粮食市场稳定的负面冲击，增强各国农业贸易政策协同性的呼声越来越高。推动全球粮农治理体系变革，建立公正、合理、有序的粮食安全治理新秩序，对于有效应对和解决全球粮食安全问题至关重要。中国作为一个负责任的大国，应始终秉承人类命运共同体理念，深度参与全球粮农治理合作，主动承担国际责任，通过积极推动粮食领域务实合作、设置国际议程、参与国际规则制定等多种形式推进全球粮农治理体系与治理规则有效变革，共同维护全球粮食市场稳定，助力全球农业食物系统转型和粮食安全保障。

总体上，应对高水平开放新格局下我国粮食安全领域所面临的各类非传统压力和挑战，牢牢把住粮食安全主动权，不仅需要转变思维，而且需要对粮食安全保障体系进行“提档升级”，找准关键点，抓住着力点，建立健全基于全球视野的开放型国家粮食安全保障体系，对内提高国内粮食综合生产能力，对外提升国际市场粮源掌控能力，畅通粮食国内国际双循环，实现“该进就得进”和“该保必须保”目标的协调统一。

2. 政策建议

第一，转变粮食安全保障既有思维，提升国内国际双循环互促动力。在高水平开放条件下，维护我国粮食安全，既要保障国内生产安全，也要保障国际进口安全。现阶段，中国粮食大规模进口不再简单体现为缺口驱动型进口，而是更多表现为价差驱动型进口。同时，连通国内国际双循环的也不再是单方面自主开合的政府“调控之手”，而是价格孰高孰低的市场“竞争之手”。这意味着，在对国内粮食高产量和粮食安全自主可控的目标追求中，也应当将融入国际粮食市场、适应外部市场压力等作为保障国家粮食安全的重要组成部分。同时，还需要在提升“站位”和统筹“内外”的总体思路的基础上，找准推动国内生产与支持保护体系转型升级、促进外部市场风险防控和治理体系健全强化的政策着力点，构建和完善开放型国家粮食安全战略保障体系。主要措施包括：一是调整粮食安全保障目标导向，从增产导向向竞争力导向转型；二是优化粮食支持保护政策设计，由国内外分轨向内外对接转型；三是提升外部市场利用的管控能力，由单方自主开合向主动风险管控转型；四是积极参与粮食安全全球治理与制度变革，创造稳定的外部市场环境。

第二，升级既有农业支持保护政策体系，化解国际循环对国内循环的冲击压力。在综合考虑与国际规则的适应性、影响国计民生的敏感性、国际竞争能力以及 WTO 农业改革走向等因素的基础上，升级中国粮食生产支持保护政策体系，以化解国际循环对国内循环的冲击压力。一是要用足用好 WTO 规则所允许的“黄箱”支持空间。尤其是对于非特定产品的“黄箱”补贴，中国仍具有充足的可用空间，需要创新机制设计，加强对这一部分支持保护空间的开发利用。二是应积极推动农业支持保护政策由“黄”转“绿”。加大对一般服务支持的投入力度，通过农田整理、水利设施建设、农技研发推广等方式支持农业发展。三是应在规则所允许的范围内积极探索和创新政策支持方式。持续推进主要粮食作物完全成本保险和种植收入保险的“扩面、增品、提标”，推动农业保险从“保基本、保成本”向“保价格、保收入”升级。四是要提高农业支持保护政策实施的精准性和指向性。增强稻谷、小麦最低收购价政策的弹性和灵活性，并积极探索新的补贴类型和支持手段，推动农业补贴向适应消费需求、鼓励优质优价、提高农业综合效益和竞争力等方向倾斜。

第三，构建全方位、多渠道的外部粮源供应体系，提高国际循环的利用和掌控能力。面对波动性、不确定性和风险性加剧的国际粮食市场，应当努力升级国际循环的利用能力，打造安全、高效、稳定、多元的外部粮源供应体系。

一是加强农产品贸易风险监测与预警体系建设。强化对粮棉油糖肉蛋奶等大宗农产品国际市场的监测、研判、预警等基础性工作，及时跟踪重点国家、市场、农产品的供需和贸易动态，切实提高应对国际市场波动和风险的能力。二是深入推进农产品进口多元化战略。推动粮食等重要农产品进口在品种结构、区域结构、渠道来源、运输线路等方面的多元化，分散集中进口的风险。包括：基于双边相互依赖关系，夯实我国与美国、巴西、澳大利亚等传统粮源地的合作关系，提升双边国家在农业贸易领域的相互依赖程度，培育“你离不开我、我更离不开你”的新格局，从而有效提升进口粮食的稳定性；充分利用地缘优势，继续深化南南合作，深入推进我国与“一带一路”共建国家等新兴粮食贸易伙伴的合作，拓展食物进口来源；充分利用食物之间的替代关系，拓展农产品进口广度，加大顺应消费转型升级的畜牧类产品进口力度，拓展食物进口类别，多元化食物进口品种结构等。三是积极参与全球农产品产业链建设。支持和培育大型粮食企业和国际大粮商，强化对国外粮食、资源、物流、仓储及关键环节和运输节点的投资与布局，形成对国际农产品产业链和供应链的控制力与话语权。与国际粮商深化合作关系，发挥我国超大规模市场优势，推动粮食进口领域的“以市场换稳定”，与主要粮食出口国、跨国粮商开展合作谈判、签订长期战略合作协议，建立高效、稳定的进口供货渠道，从而为我国掌握粮食国际贸易主动权和定价权创造条件，确保外部粮源买得起、买得到、运得回，促进国家粮食安全在更高层次上实现供需平衡。

第四，积极参与全球粮农治理，强化国内国际双循环的协同治理能力。中国参与全球粮食安全治理的总体思路应当是“开放共享、互惠互利、包容发展、合作共赢”。应以合作包容的全球粮食安全观为引领，推动落实全球发展倡议，推进全球粮食安全保障体系建设及粮食安全协同治理，与世界各国一道携起手来维护全球粮食安全。在贸易领域，做全球粮食贸易的维护者，积极参与全球农业贸易体系改革，共同推进建设稳定和畅通的区域粮食产业链、供应链。在援助领域，做新型国际合作的引领者，持续扩大对外农业援助规模，强化弱势群体的粮食保障。在投资领域，做负责任投资的推动者，建立和完善海外农业投资监管机制，鼓励和引导海外投资企业注重环境保护和社会责任，支持和培育大型粮食企业和国际大粮商，全面参与全球粮食产业链、价值链、供应链重构，打造互利共赢新局面。在治理领域，既要做多边治理体系的捍卫者，弘扬多边主义和共商共建共享的全球治理观，深度参与全球农业贸易和投资规则的谈判和改革，积极推进联合国粮食及农业组织（Food and Agriculture Organization of the United Nations，FAO）、世界粮食计划署（World Food Programme，WFP）、国际农业发展基金会（International Fund for Agricultural Development，IFAD）等在协调全球农业合作方面发挥更加重要的作用，共同打造国际粮食安全合作新平台；也要做新议题、新模式的探索者，积极推动粮食安全公共储备、农业国内支持规则、粮食禁运和出口限制等重点谈判议题取得阶段性进展，引领全球粮食安全治理从粮食产量导向向可持续生产与消费、营养和健康等方面转型拓展，倡导和推进绿色边境税、农业服务贸易、农业数字化等新兴规则的制定。

本书能够顺利完成并成功付梓，得益于团队成员的共同努力。感谢团队成员李天祥博士、谢超平博士、徐亮博士、王容博博士、曹历娟博士、王学君博士、魏艳骄博士、葛伟博士、林大燕博士、晋乐博士等为书稿的撰写、校对与出版付出的辛苦工作。感谢课题组的研究生臧星月、徐亦琦、张艺、邓子君、涂多年、刘星宇、王天姿、张纹瑞、朱月娥、蔡庆如、许鑫怡、岳炜、姜楠、张在行、孙晓颖等在书稿写作过程中提供的出色助研服务。感谢江苏省重点高端智库“南京农业大学金善宝农业现代化发展研究院”、江苏省高校哲学社会科学实验室“南京农业大学大食物安全治理与政策智能实验室”的大力支持。本书中大量研究工作的开展也离不开一系列科研项目的资助，包括国家自然科学基金重点项目（71934005）、国家自然科学基金专项项目（72442023）、国家社会科学基金重大项目（20ZDA102）、国家社会科学基金青年项目（23CJY063）、国家自然科学基金青年项目（72303104）、江苏高校优势学科建设工程资助项目（PAPD）、南京农业大学中央高校基本科研业务费人文社科基金项目（SKCX2023001 和 SKYZ2024005），在此表示感谢。此外，在研究工作推进与书稿撰写过程中，也得到了众多国内外同行和专家学者的关心与帮助，谨一并致以诚挚谢意。最后，本书能够顺利出版，得益于科学出版社魏如萍女士及其同事的悉心编校和专业出版服务，在此表示特别感谢。

囿于作者学识和能力，书中难免存在疏漏与不足之处，敬请读者谅解和指正。

朱 晶

目 录

上篇 立足国内 优化粮食支持保护政策体系

第4章 我国粮食支持保护政策演进与新时期转型需求

第5章 中美农业国内支持争端与我国主粮价格支持政策的合规性压力

第6章 WTO 框架下我国主粮农业保险政策的国际规则适应性

下篇 合作共赢 推动构建全球粮农治理新体系

CONTENTS

PART II: GLOBAL PERSPECTIVE: STRENGTHENING RISK MANAGEMENT SYSTEM FOR CHINA'S FOOD IMPORTS

开篇　审时度势 研判粮食安全新挑战

第 1 章
绪　论

1.1　研究背景与意义

党的二十大报告把“推进高水平对外开放”作为“加快构建新发展格局，着力推动高质量发展”的重要内容①。习近平同志多次强调，“中国推动更高水平开放的脚步不会停滞”②，“推动更深层次改革，实行更高水平开放，为构建新发展格局提供强大动力”③。这些重要论述深刻阐释了改革开放永无止境，只有进行时没有完成时。深入推进高水平对外开放，既是我国主动作为，以开放促改革、促发展的战略举措，也是党中央统筹国内国际两个大局，坚持独立自主的和平外交政策，推动构建人类命运共同体做出的战略抉择，彰显了我国作为世界和平建设者、全球发展贡献者、国际秩序维护者的负责任大国形象。然而，越是开放越要重视安全，筑牢开放安全屏障，不断完善与更高水平开放相匹配的开放安全保障体系，是确保加快形成以国内大循环为主体、国内国际双循环相互促进的新发展格局的关键。

---

① 《习近平：高举中国特色社会主义伟大旗帜 为全面建设社会主义现代化国家而团结奋斗——在中国共产党第二十次全国代表大会上的报告》，http://www.qstheory.cn/yaowen/2022-10/25/c_1129079926.htm。

②《习近平在首届中国国际进口博览会开幕式上的主旨演讲（全文）》，http://www.xinhuanet.com/politics/ leaders/2018-11/05/c_1123664692.htm。

③ 《习近平主持召开中央全面深化改革委员会第十五次会议并发表重要讲话》，http://www.xinhuanet.com/politics/2020-09/01/c_1126440591.htm。

1.1.1 粮食安全：国之大者与国之命脉

悠悠万事，吃饭为大。我国是世界人口大国，粮食安全问题是国家安全的命脉根基。新中国成立 70 多年来，中国共产党始终把解决好人民的吃饭问题当作治国理政的头等大事。习近平同志在不同场合反复强调“保障国家粮食安全是实现经济发展、社会稳定、国家安全的重要基础”[①]，“只要粮食不出大问题，中国的事就稳得住”[②]。2015 年 7 月，经第十二届全国人民代表大会常务委员会第十五次会议审议通过，首次将粮食安全纳入最新修订的《中华人民共和国国家安全法》中。这标志着国家粮食安全保障体系建设已正式成为保障国家安全战略体系的重要组成部分。2021 年 3 月，第十三届全国人大四次会议表决通过的《中华人民共和国国民经济和社会发展第十四个五年规划和 2035 年远景目标纲要》首次把粮食安全战略纳入五年规划，并将其列在“粮食安全、能源资源安全、金融安全”三大安全战略的首位，再次凸显粮食安全是“国之大者”的特殊重要性。站在“两个一百年”奋斗目标的历史交汇点上，只有牢牢端稳中国饭碗，始终掌握粮食安全的主动权，才能使人民群众真正有尊严有体面、有保障有安宁。

1.1.2 成绩斐然：我国粮食安全成就举世瞩目

我国政府始终高度重视粮食安全问题，在保障粮食安全方面做出了一系列的政策努力，也取得了举世瞩目的辉煌成就。新中国成立 70 多年来，我国用全球 9%的耕地、6%的淡水资源，贡献了世界 25%的粮食产量，养活了

① 中共中央文献研究室：《十八大以来重要文献选编（上）》，中央文献出版社，2014 年，第 661 页。

② 中共中央文献研究室：《十八大以来重要文献选编（上）》，中央文献出版社，2014 年，第 659 页。

全球近 20%的人口，解决了一个拥有超过 14 亿人口大国的吃饭问题[①]，不仅有力端牢端稳了自身饭碗，而且也为维护世界粮食安全做出了巨大的积极贡献。在粮食生产方面，我国粮食总产量持续稳步迈上新台阶。1978~2023 年，全国粮食产量由 30 477 万吨增长到 69 541 万吨，年均增长 1.9%；人均粮食占有量由 317 公斤增长到 493 公斤，增长了 55.5%。在粮食消费方面，我国居民的人均食物消费总量逐年增长、消费结构不断升级。居民的膳食结构日益丰富化、多样化、精细化，营养健康状况显著改善，“不愁吃”的问题已得到解决。

1.1.3 非传统挑战：高水平开放引入新型风险和压力

随着我国对外开放的不断深入，农产品贸易开放的广度和深度持续提高，国际粮食市场日益成为补充我国粮食供给的重要方式，但这在为我国粮食安全提供新的保障选择的同时，也以从来未有的非传统的形式，给我国带来了新型的压力和挑战。

其一，以高产量、高进口、高库存为代表的过度进口冲击了国内粮食自给率。粮食自给率是我国粮食安全的重要保证。一直以来，我国粮食安全供需平衡都是以国内生产和需求为主，将贸易视为外生的国内产需余缺的调剂项。然而，近年来这种传统思维却受到了根本性的挑战，难以解释我国当前所面临的国内粮食产量增长的同时，粮食进口量和库存量也在持续激增的问题。这种产量、进口量、库存量“三量齐增”的现象是过去从未有过的，不仅给国家造成了财政负担，而且对我国粮食自给率也形成了较为严重的冲击。根据国家统计局数据，至 2015 年如果算上大豆在内，我国广义的粮食自给率已经下滑至 85%左右，谷物自给率降低到了接近 95%。2023 年，我

---

① 《走出中国特色粮食安全之路》，https://news.gmw.cn/2019-10/15/content_33232953.htm。

国包括大豆在内的粮食进口量突破 1.6 亿吨，粮食自给率进一步下降至 81.4%。

造成“三量齐增”现象的根本原因在于，国内粮食产品国际竞争力的下滑，导致我国粮食进口已经更多地表现为国内外“价格差距”驱动型进口，而非产需“缺口差距”驱动型进口。同时，由于我国加入 WTO 承诺的农产品关税水平低，在国内外市场高度连通的情况下，这种价差驱动型的粮食进口是难以抵挡的。如何应对由竞争力不足引致的我国粮食大大超出平衡国内产需缺口所需的过度进口问题，是在开放条件下粮食安全保障遇到的新挑战。

其二，粮食生产国内支持政策[①]与 WTO 国际规则存在一致性纷争。受制于“人多地少水缺”的资源禀赋条件，要推动我国粮食产量持续增长，以农业科技投入、价格支持、投入品补贴等为代表的粮食生产支持政策起到了至关重要的作用。然而，随着加入 WTO 过渡期的结束，我国在农业国内支持保护政策方面也正面临着愈发突出的是否符合国际规则与国际承诺的压力。2001 年底，我国加入 WTO 的入世承诺中将向特定农产品或非特定农产品提供的有利于生产者的年度支持（“黄箱”支持[②]）水平上限确定为农业生产总值的 8.5%。2004 年以后，随着国家农业政策向“多予少取”的方向转变，从对农业课税转变为对农业补贴，并持续对主要粮食品种实施以最低价收购、临时收储为代表的一系列托市收购的价格支持政策，我国对于主要粮食品种的“黄箱”支持总量不断增长，“黄箱”支持的政策空间连续收

① 国内支持（domestic support）是 WTO《农业协定》中的特有术语，指有利于各国（地区）农业生产者的国内支持措施，包括所有农业国内补贴措施和不属于补贴的其他所有国内支持措施，以及各国（地区）通过各种农业国内支持措施向农业生产者提供的可以用货币金额来衡量的利益。资料来源：《中国大百科全书》。

② “黄箱”支持是指政府对农产品的直接价格干预和补贴，包括对种子、肥料、灌溉等农业投入品的补贴，对农产品营销贷款的补贴等。这些措施对农产品贸易产生扭曲，成员方必须承担约束和削减义务。

窄。事实上，从 2016 年开始，美国已经以我国为水稻、小麦、玉米三大主粮的生产者提供的“黄箱”支持超出入世承诺标准为由在 WTO 对华发起了争端诉讼，即 WTO 争端解决机构就美国诉中国农业国内支持措施案（案件号 DS511），并且该案件最终以对中方不利的裁决告终，凸显出在开放条件下我国粮食支持保护政策的设计已经面临国际规则的实质性约束，“关起门来”调结构、转方式已不太可能。

除国内支持补贴政策之外，我国其他方面的农业政策也正面临着愈发严重的国际规则压力和国际争端挑战。主要争端涉及的事由包括美国诉中国部分农产品关税配额管理措施（案件号 DS517）、巴西诉中国食糖进口若干管理措施（案件号 DS568）、加拿大诉中国油菜籽进口限制措施（案件号 DS589）等；涉及的产品范围则由加工食品、油料作物、食糖进一步扩展到稻谷、小麦、玉米等与我国粮食安全保障目标更加紧密相关的主粮产品。这对今后我们在与世界深度接轨的开放型环境下，如何调整和制定新型的促进粮食生产的国内支持保护政策提出了严峻的挑战。

其三，世界市场风险与贸易动荡加剧了国际粮源不确定性的风险。加入 WTO 以来，我国农业快速、全面、深度融入世界农业体系，农业利用国外市场与资源已达到相当的规模和水平。按照播种面积当量来计算，当前我国每年粮棉油糖肉奶进口相当于 10 亿亩①以上耕地播种面积的产出，进口播种面积当量占国内作物总播种面积的 40%（倪洪兴，2019）。2023 年我国粮食进口已经超过 1.6 亿吨，接近于国内粮食总产量的 1/4，国际粮食市场已经成为我国粮食供给不可或缺的重要组成部分。

然而，日趋复杂的国际粮食市场形势及世界政治与经贸环境极大地增添了我国利用外部市场和资源来补充国内粮食供应、保障国家粮食安全的风险

① 1 亩≈666.7 平方米。

和不确定性。2008 年世界粮食危机发生以来，全球粮食生产和贸易的格局与版图已经发生了部分重构，主要粮食生产与贸易国的农业政策与粮食贸易政策进入频繁调整的震荡期。全球范围内粮食金融化、能源化等非传统因素日益凸显，对国际粮食市场的影响和冲击日趋显著，进一步加剧了全球粮食供需平衡及贸易格局的波动性和不确定性。与此同时，在世界农产品生产和出口大国以西方国家为主的大背景下，中美经贸摩擦、新冠疫情、俄乌冲突等一系列突发事件接连发生，意识形态、地缘政治、多边贸易框架体系遭遇挑战等非市场因素严重扰乱世界粮食市场与贸易的秩序和格局，极大地增加了我国构建高水平开放格局下粮食安全保障体系的外部风险和不确定性。

其四，我国在全球粮食安全治理体系中的定位和作用仍待加强。对我国而言，在合理利用国际市场与资源来保障我国粮食安全已不可避免的情况下，既可以选择被动应对，即通过加强风险防范来被动地适应和化解来自外部市场的进口风险和输入性风险；也可以选择主动作为，即通过积极参与全球粮食安全治理，与世界各方携起手来提升全球粮食生产供应能力，改善全球尤其是发展中国家的粮食安全和营养健康状况，创造稳定的国际粮食生产、贸易和粮食安全环境。这既符合我国减少粮食进口波动风险、建立稳定的外部粮源渠道的现实利益，也有利于彰显我国作为世界和平建设者、全球发展贡献者、国际秩序维护者的负责任大国形象。然而，目前我国在参与全球粮食安全治理的过程中却遭遇了难作为的困境。一方面，发达国家常以我国对粮食贸易实施保护政策、国内外粮食市场整合程度不高为由，诟病中国对全球粮食安全治理体系的融入程度不够。另一方面，当我国增加粮食进口并加大农业对外直接投资的力度时，又往往会遭遇“中国威胁论”“新殖民主义”等不实指控和无理指责。

今后随着中国开放型大国地位的提升，在全球粮农治理体系中的角色也必将从外围走向中心。如何加强顶层设计，提升中国参与粮食安全全球治理的能力，既做负责任的大国，又避免产生大国威胁的负面舆论；如何既推动广大发展中国家粮食生产能力的提升，为世界及中国谋求稳定和充足的粮源供应，又建立更加高效的区域贸易协定及制度安排，特别是加强与“一带一路”共建国家和其他潜在合作伙伴的协调，创造更好的区域农业贸易与投资环境；如何既保护和完善现有的多边贸易及投资制度框架安排，又积极引领重塑全球农业治理新秩序和国际发展战略布局。这些都是高水平开放下完善我国粮食安全战略保障体系亟须思考和应对的问题。

1.1.4　新形势下我国粮食安全保障体系需再完善

作为拥有 14 亿多人口的国家，我国粮食安全保障的实现无疑是最为硬核的国家治理能力的体现。新中国成立 70 多年来，依靠中国力量和中国智慧，我国建立起了具有中国特色的粮食安全保障体系。今后伴随着我国作为开放型大国在国际舞台上发挥愈发重要的作用，农业高水平对外开放的步伐将会进一步加快，粮食安全面临的“想挡挡不住”“想做做不了”“想进有风险”“想为难作为”等一系列前所未有的压力、风险和挑战有可能会进一步加剧。因此，在新格局下，我国亟须对现有的粮食安全保障体系进行提档升级，找准关键点，抓住着力点，建立健全更高水平开放下的国家粮食安全保障体系。

基于以上背景，本书在深入分析研判我国粮食供求平衡发展趋势的基础上，深刻剖析当前和今后构建开放型国家粮食安全保障体系所面临的内外部约束条件和压力挑战，深度探索从顶层设计的角度健全对外开放下国家粮食安全保障体系的总体构思及关键着力点，并深入到具体现实层面，重点探究和回答如下三个方面的问题：一是如何转型国内粮食支持保护政策体系，使其既适合国情又符合国际规则，同时提升我国粮食支持保护政策的效能；二是如何更好地利用国际农业资源，系统识别、防范和预警粮食进口风险，优化我国粮食进口策略，打造高效、稳定的国际粮源供应体系；三是如何提升融入全球农业体系开展主动作为的能力，参与全球粮食安全治理，通过提高全球粮食生产能力、完善区域及多边贸易规则的框架体系，以提升我国粮食安全全球治理水平。

在学术意义方面，本书拓展了以往分析粮食安全供需格局和供求平衡时往往把国际市场和贸易简单视为外部余缺调节项，忽视其对国内供求体系和制度安全产生深刻影响的传统分析范式，构建开放条件下拓宽视野、考量贸易对国内粮食供需非传统冲击的统筹内外的分析框架和总体思路，深层次分析“该保必须保”和“该进就得进”的政策着力点。在此分析框架下，深入研究开放条件下外部输入性风险及国内国际有效协调的政策优化，能够为开放条件下科学利用国内国际两个市场、两种资源实现粮食供求平衡和粮食安全提供更深层次的科学分析，是对从全球视野构建开放型国家粮食安全战略保障体系已有研究进行的有益补充和完善探索。

在现实意义方面，运用新的“三元平衡”分析方式，本书将有助于更为透彻地理解高水平开放下我国粮食供需格局所面临的新挑战和新问题的本质，并为有效和针对性地调整相关政策提供科学启示。对 WTO《农业协定》等国际规则在粮食安全保障问题上的模糊条款、争议点及规则空间等方面的深度探究，则不仅有助于准确识别深度对接国际市场给我国粮食供求格局和粮食安全可能带来的影响与冲击，而且有助于在今后的粮食安全政策设计上更好地接轨国际规则、合理利用国际规则，乃至未来主动参与国际规则的重塑，创造对我国更为有利的贸易制度安排和贸易环境，实现全面开放新格局下更高水平的供求平衡与粮食安全。

“凡益之道，与时偕行。”面对当前国际国内形势的深刻变化，保障大国粮食安全任重道远。确保粮食安全，中国与世界命运休戚与共，需要健全开放型粮食安全保障体系，为我国“两个一百年”奋斗目标的顺利实现保驾护航。希望本书的研究能够为新形势下从全球视野构建和完善开放型国家粮食安全战略保障体系，切实提高统筹利用“两个市场、两种资源”能力，全面升级新时期对内和对外的粮食安全治理体系与治理能力提供助益。

1.2 国内外研究现状

粮食安全是“国之大者”，自古以来粮食安全就是治国安邦的头等大事，是关乎民生的重要问题，更是关乎国家全局性、长期性的重大战略问题。基于此，粮食安全问题的相关研究和讨论始终是政策界、学术界和其他社会各界广泛关注的热点问题。考虑到涉及的文献丰富、领域广泛，本部分重点选取与本项目主要研究内容相关的四个方面，即贸易开放与粮食安全的相关研究、国内支持保护体系发展变化的相关研究、两个市场两种资源利用风险的相关研究、全球粮农治理与粮食安全保障的相关研究，来梳理国内外的研究进展，并进行简要评述。

1.2.1 关于贸易开放与粮食安全的研究

入世以来，伴随农业开放程度的加深，农产品贸易对保障粮食安全的作用逐渐由调剂余缺转变为保障粮食安全不可或缺的组成部分。从 1978 年至今，我国农产品贸易先后经历了调剂余缺阶段、进口快速增长阶段和适度进口三个阶段，农产品贸易对粮食安全保障的作用也从调剂余缺逐渐过渡为保障粮食安全系统中不可或缺的组成部分（Dev and Zhong，2015；Farsund et al.，2015；陈秧分和王介勇，2021；朱晶等，2023a），农产品贸易不仅影响粮食供给需求，也有助于粮食安全目标的实现（程国强和朱满德，2014；倪洪兴，2014；陈秧分和钱静斐，2021；杜鹰等，2022；高鸣和赵雪，2023）。尤其在今后资源约束趋紧的条件下，我国更应主动畅通国内国外粮食贸易双循环，充分利用国际市场，扩大资源型农产品进口，满足国内多样化的消费需求（肖国安和王琼，2017；马洪涛，2021；朱晶等，2022a；赵霞等，2022；宋洪远和江帆，2023；宋洪远和魏佳朔，2024；叶兴庆等，2024）。

农产品贸易为保障粮食安全提供国际市场与资源的同时，也给我国粮食安全保障带来了一系列挑战。现阶段，国际粮食价格进入下行周期，受国内劳动力成本、土地成本、生态成本等持续提高，以及国内农业支持政策等因素的影响，国内种粮成本、粮食价格不断上涨，国内外农产品价差持续增大，致使我国出现“三高一低”的反常现象（倪洪兴等，2015；张瑞娟和李国祥，2016；Yu et al.，2019；朱晶等，2021a；卫志民和于松浩，2021；仇焕广等，2022；司伟和陈哲，2023）。这不仅影响了国内粮食的供求关系，而且通过价格传导效应冲击了国内粮食市场价格，打击了农民的种粮积极性（王锐等，2016；叶兴庆，2020；朱晶等，2021b）。

国际国内市场的传导效应逐步增强，贸易开放对粮食安全保障的冲击也进一步增加（黄季焜，2021）。一方面，我国粮食进口来源地高度集中，入世后仍主要集中在南北美洲及东南亚等少数国家和地区，有限的海外可替代粮源增加了我国进口“卡脖子”的风险，一旦供给受限，将直接威胁到粮食进口的稳定性（崔宁波，2022）。另一方面，世界粮食供求格局、国际贸易政策、政治环境均发生着巨大的变化，从而大大增强了国内粮食贸易的不确定性（李光泗等，2015；张瑞娟和李国祥，2016；毛学峰和孔祥智，2019；Cao et al.，2021；朱晶等，2021c；张宁宁等，2022；冯鹤和陈秧分，2023）。尤其在新时期，面对更加复杂的国际政治经济局势，粮食安全保障的压力将不断加大。我国对外粮食贸易也面临着中美经贸摩擦加剧、贸易保护主义抬头以及粮食的金融化和能源化的新挑战与压力（王钢和赵霞，2021）。新冠疫情、极端天气等对全球粮食产业链和供应链产生了较大冲击，全球粮食安全呈现高产量、高库存、高价格、高贸易量、高成本等特征，面临较多不确定性，增加了我国进口海外优质粮食、调剂国内品种余缺的难度（罗重谱，2021；王晓君等，2022；张帅和于宏源，2023；青平等，2023）。新冠疫情全球大流行也导致美国联邦储备系统（简称美联储）过量增发美元，通过对粮食金融化与国际粮价波动等路径同样会冲击到进口国的粮食安全（王东和王远卓，2021）。此外，自 2022 年 2 月爆发以来，俄乌冲突持续紧张，导致全球粮食供给趋紧、需求和价格双升，粮食安全恐慌席卷全球，全球经济发展出现新的不确定性和变局，给中国粮食安全带来新的挑战和风险（钟钰等，2022；李董林和李春顶，2023；朱晶等，2023b；杨玉苹和钟钰，2024；赵鹏军等，2024）。

1.2.2 关于国内支持保护体系发展变化的研究

我国在粮食安全保障方面取得了丰富的经验，不仅利用世界上 9%的耕地、6%的淡水养活了全球近 20%的人口，解决了超过 14 亿人的温饱问题，还实现了主要农产品由长期短缺到总量基本平衡、丰年有余的历史性转变（Carter et al.，2012；Norse et al.，2014；Lu et al.，2015；宋洪远，2016；王济民等，2018；韩杨，2022；王可山，2023）。而这一成就的取得，离不开国内支持保护政策的支持。

改革开放以来，我国政府为保障国家粮食安全，实施了包含价格支持政策、与产量挂钩补贴、与产量脱钩补贴、一般服务支持在内的一系列国内支持保护政策。完善国内粮食支持保护政策的过程可分为以下三个阶段：改革开放到 1992 年期间实施的以生产资料补贴为主的农业政策支持措施、

1993~2002 年实施的粮食定购价、保护价和市场价三种价格并存的措施以及 2004 年至今实施的取消农业税并且实施强农惠农的农业支持政策（鲁德银和雷海章，2002；鲁礼新，2007；许丁，2009；李国祥，2015；杜辉，2017；杨芷晴和孔东民，2020）。

在一定时期内，以价格支持为主的农业支持政策，对保障国内粮食供给、稳定农产品市场发挥了重要作用（林光彬和郑川，2018；谭砚文等，2019）。然而，随着国内外市场形势的动态变化，多重政策保障功能持续叠加，国内价格支持政策的空间不断被压缩，农业发展也出现新的矛盾与问题，主要表现为：第一，政策性收储价格居于支配地位，影响市场机制发挥作用（程国强，2016；蒋辉和张康洁，2016；周杨和邵喜武，2021）；第二，阶段性过剩与不足并存，农产品结构性矛盾日益突出（农业部农业贸易促进中心课题组等，2016；宋亮等，2019；朱晶等，2021a）；第三，农业资源与生态环境严重超载，制约农业可持续发展（朱晶等，2018；Ma et al.，2019；Zhuo，2019；马红坤和毛世平，2020）；第四，内外价格倒挂渐成常态，农产品国际竞争力持续下滑（胡冰川，2015；程郁和叶兴庆，2017；何秀荣，2020）；第五，“黄箱”补贴空间不断收窄，国际规则约束国内政策空间（叶兴庆，2017；朱晶等，2021a）。上述问题导致我国国内农产品支持价格由保底价变成“托市价”、临时收储变为常年收储，造成了一定程度上的市场扭曲，到了迫切需要改革的关口（程国强，2016）。

随着开放程度的不断提高，以价格支持为主的农业支持政策相伴随的是粮食高价格、高库存、高进口问题，为此在 2014 年又开始了新一轮的农业支持政策改革，有学者对改革的过程和成效进行了评估。例如，Yu（2017）系统梳理了主要农产品价格支持政策改革调整的一些措施及进展情况，并分析了潜在的可能影响；李天祥和朱晶（2014）基于价格支持政策改革前后的统计数据的分析结果表明，政策调整导致不同粮食作物生产的相对收益发生逆转，全国粮食种植结构发生变化，调减玉米、调增大豆等粮食作物的趋势显现，对我国粮食产量的变动有重要的影响[①]。曹慧等（2017）通过运用全球农业贸易局部均衡模型，发现将最低收购价下调超过 10%之后，国内的粮食产量将会大幅度降低，影响我国的粮食安全。然而，也有一些研究认为当前的改革过程中仍然存在一些问题，如财政成本与风险问题、多重政策目标未能分离、政策间系统协同性缺乏、精准施策的能力不足、激励农户生产效果不足等问题（黄季焜等，2015；程郁和叶兴庆，2017；叶兴庆，2018；司伟和陈哲，2023）。

针对上述问题，有学者从粮食支持的国际经验探讨我国粮食支持政策的方向与出路。例如，叶兴庆（2020）以日本大米支持政策的改革动向为启示，建议分阶段走出稻谷和小麦最低收购价政策的困局，把握好资源互竞产品之间支持政策的平衡。王文涛和张美玲（2019）借鉴美国的 2002 年农业法案的直接与反周期补贴制度，认为加大“绿箱”[②]补贴和非特定农产品补贴，以降低粮食生产成本和提升竞争力至关重要。普蓂喆和钟钰（2021）借鉴美国、欧盟、日本等的粮食支持政策遵循市场化导向的改革路径，认为我国的粮食支持政策要以市场化为目标，分品种、分阶段、分手段、分层次、分区域稳妥推进粮食支持政策改革。杨巧妮等（2023）从美国和欧盟等典型农业支持保护政策的演变中获得推动中国农业支持保护政策改革的经验和启示，认为亟须从突破农业强国建设的关键瓶颈出发，处理好粮食和重要农产品稳定安全供给、农民稳定持续增收、产业综合效益和竞争力持续提升、政府财政投入可持续性等多方面的矛盾关系。此外，一些学者从 WTO 规则视角分析了 2014~2017 年农业“三项补贴”改革和玉米、大豆临时收储政策

---

① 《“十三五”时期我国粮食供求形势与对策选择》，http://www.cirs.tsinghua.edu.cn/sannjcyc/2378.jhtml。

② “绿箱”支持是指对农产品贸易没有产生影响或仅产生微小扭曲的补贴。

改革的内在逻辑，评估了改革对拓展农业补贴政策支持空间的实际效果，并探讨了稻谷和小麦最低收购价政策的问题及其改革方向（许庆等，2020；叶兴庆，2021a）。

1.2.3 关于两个市场两种资源利用风险的研究

从人均粮食资源占有量来看，人多地少是我国的基本国情，考虑到资源的有限性及消费需求的快速增长，中长期我国粮食产量保障消费需求难度加大，为此利用世界粮食资源保障粮食安全逐渐受到关注（倪洪兴，2014；朱满德等，2018；杜鹰，2020；陈锡文，2021；赵霞等，2022；倪国华等，2022）。

利用世界粮食资源是我国保障粮食安全的重要方式，但随着开放程度的深化，这种方式也面临风险与挑战。朱晶（2000）探讨了粮食贸易、波动、可获得性与粮食安全的关系，认为利用国际市场“熨平”国内粮食生产的波动以平衡国内市场供求、保障粮食安全具有相当高的可行性。该观点得到了国内很多学者的认可（袁平，2013；林大燕等，2014；马述忠等，2015；王晓君等，2020；于晓华等，2021；孙致陆，2022；叶兴庆等，2022；程国强和朱满德，2022）。但国际贸易环境的不稳定性可能会给我国利用国际市场带来风险和挑战，具体表现为：受国内外价差扩大的驱动，我国部分粮食生产基础竞争力先天不足，存在过度进口问题，我国可能面临无法阻挡进口的风险（秦富等，2015；倪洪兴等，2016；夏志红，2018），而受世界粮食供应波动性、国际政治及政策环境不稳定性的影响，部分紧缺型粮食产品可获性可能受到威胁，存在“想进进不足”的风险（程国强，2016；王帅，2018a）。此外，粮食进口从短期来看是节约了国内的耕地资源，但是由于国外耕地资源的供给代表了我国耕地资源的潜在供需缺口，如果大规模进口粮食将会使潜在供给缺口变大，对国际市场依赖加大，同样不利于我国的粮食安全（王洪秋和朱光明，2021；刘长全等，2023）。

在利用世界粮食资源的过程中，进口品种的选择会对保障国家粮食安全的影响产生差异。有学者对不同利用方式选择及其效果进行研究评价。在进口品种选择方面，高帆和吴政（2005）、柯炳生（2006）、孙致陆（2019）、李婷婷和王艳飞（2023）分别从小麦的比较优势、国际市场供应、需求、大国效应等视角切入，认为小麦是最适合进口的粮食品种，我国可以依靠适度进口来维持国内消费。对于稻米进口，以往研究通过对国内供需形势及国际市场可获性的论证，提出我国未来不可能大量进口稻米（马松林，2015；崔奇峰等，2020）。就玉米而言，李艳君（2012）指出，我国未来玉米的进口需求将维持增长态势；赵亮和穆月英（2011）、韩永奇（2012）分别从国外势力渗透以及贸易困难程度出发，得出玉米不适合以进口来维持国内消费的结论。然而，刘慧和钟钰（2022）认为，随着饲用玉米消费需求的增加，我国也将不得不利用国际市场弥补国内需求的缺口。因此，我国既要通过提升玉米的综合生产能力确保立足国内，也要向国际市场释放稳定的信号，适度进口玉米及其替代品来满足国内畜牧业的发展（黄季焜，2021；仇焕广等，2021）。

在利用世界粮食资源的方式上，既要通过贸易的方式直接进口海外的粮食资源，也要积极推动国内农业企业“走出去”，加强与世界其他国家和地区的农业合作。在短期，为更好地利用国际农业资源，增强我国的农产品进口稳定性，我国应该尽量避免从某一个国家大规模进口粮食以分散风险（蓝海涛和王为农，2008；王钢和赵霞，2021；郭林涛，2021）。具体地，应该优先考虑巴西、阿根廷等南美重要的农产品出口国，这些国家农业生产和贸易潜力巨大，其对粮食等农产品出口具有较大的依赖性（谢文泽，2014；周曙东等，2015；程郁和叶兴庆；2019）。从中长期来看，积极推动农业对外投资，充分利用海外丰富且尚未开发的农业资源，不仅有利于打造我国稳定的粮源体系，而且有利于提高世界的粮食安全水平（毛学峰和孔祥智，2019；韩冬和李光泗，2020；杜志雄等，2021；陈秧分和王介勇，2021；胡祎，2021）。现有研究认为，我国可进行农业“走出去”的国家和地区主要集中于东南亚、俄罗斯和中亚等主要粮食出口国和地区以及非洲部分国家，这些国家和地区农业资源丰富但生产效率较低，加强与这些国家和地区的粮食经贸合作，积极推动农业对外投资，可以打造稳定的海外粮源供应链（王永春和王秀东，2018；李治等，2020；钱煜昊和罗乐添，2021）。

1.2.4　关于全球粮农治理与粮食安全保障的研究

全球粮食安全治理与国际规则密切相关，全球粮农治理离不开国际规则的制定。当前与粮食安全相关的国际规则主要有：WTO 的《农业协定》及贸易救济措施、双边贸易协定与世界农产品主要供需及贸易国的农业政策等。WTO 的《农业协定》是一项多边贸易协议，其最主要的内容包含三个方面：国内支持措施、市场准入和出口补贴承诺。其中，国内支持措施包括“绿箱”“蓝箱”[①]“黄箱”三种措施，与粮食安全关系最紧密（Maclaren，2005；Broude，2008；Margulis，2013；Rutten et al.，2013；Swinbank，2022）。

入世后，我国一直遵守 WTO 相关规则与入世承诺，然而在新的历史条件下，我国在利用国内农业政策保障粮食安全时却受到 WTO 规则约束，遭遇瓶颈。首先，我国过去采取的旨在解决粮食安全、农民增收问题的农业国内支持政策，被诉与我国加入 WTO 相关承诺不符，违反 WTO 的《农业协

① “蓝箱”政策，是指对一些与限制生产计划相关，不计入综合支持量的补贴，成员方不须承担削减义务。

定》相关规则（Brink and Orden，2020）。虽然我国已经对相关支持政策进行了改革，但未来仍存在对特定农产品国内支持空间不足的可能性。例如，我国对于主要粮食品种的“黄箱”支持总量不断增长，“黄箱”支持的政策空间持续收窄，我国粮食补贴与支持政策已经面临 WTO 规则下“黄箱”支持限制的实质性约束（王学君等，2020；朱晶等，2021b）。其次，面对粮食产品“非必需进口”激增的状况，我国入世承诺的关税和关税配额保护作用十分有限，保障适度进口所需调控手段不足的问题凸显（倪洪兴等，2016）。此外，WTO 的《农业协定》本身也并不完美，其初衷是建立一个公正的、以市场导向为目标的农产品贸易体系，但众多学者的研究表明，WTO 的《农业协定》具有不平等性，不仅没有创造公平的竞争环境，也没有带来粮食的公平分配，对发展中成员农业发展、减少贫困以及粮食安全保障尤为不利（程国强，1999；Gonzalez，2002；江虹，2011；Häberli，2012；Galtier，2023）。

新形势下我国参与全球治理，既需要继续遵守 WTO 规则，也需要挖掘现行规则中不合理之处。目前国内外大量文献集中于探讨多边贸易框架下调整贸易规则的思路和方向。曾文革和原兴男（2016）提出，我国应该关注 WTO 巴厘一揽子协定粮食安全条款谈判，在后续谈判中为我国争取更有利的条件。尚清和刘金艳（2015）强调后多哈回合谈判时期应继续推动粮食安全议程的发展，除完善农产品市场准入、国内支持和出口补贴等传统规则外，还应致力于严格约束粮食出口限制纪律及粮食安全生物燃料支持措施等新的改革举措。孙玉娟和孙浩然（2021）认为，WTO 的《农业协定》对出口竞争措施进行了规定，但发达成员并未受到《农业协定》的过多约束，使国际粮价整体出现下行趋势，这必然导致以中国为代表的发展中成员农产品出口萎缩，外汇收入下降，粮食生产、进口能力也相应遭到削弱，从而使其粮食安全受到巨大的威胁。此外，新冠疫情期间，各方纷纷进行粮食出口限制，但是因为 WTO 纪律约束力不强，增加了粮食贸易不确定性，导致世界粮价上涨，影响我国粮食进口稳定性（梁丹辉和张学彪，2021；钟钰等，2021a）。因此，我国应积极参与 WTO 粮食贸易规则的修订，在未来国际粮食贸易规则的制定上应重点关注特殊产品（special products，SP）和特殊保障机制（special safeguard mechanism，SSM），并积极参与区域规则的制定。

保障粮食安全不仅需要遵循和利用国际规则，也需要深度参与全球粮食安全治理（Von Braun，2009；Wahlqvist et al.，2012；Duncan and David，2012；Margulis，2013；朱晶等，2022b；钟钰等，2023）。开放条件下，我国农业政策设计“关起门来调结构、转方式”已不大可能，今后我国将更加致力于打造全面开放的新格局，在外部环境受到贸易保护主义抬头、贸易争端频发等不确定因素的影响下，积极参与全球粮食安全治理体系的构建是关键（杨荣珍和石晓婧，2020；罗重谱，2021；韩杨，2022）。

世界各国普遍重视全球粮食安全治理的深度开发与合作，但目前发达国家仍掌握全球治理的话语权，发展中国家正在通过加强合作参与到全球治理中来。从全球治理的话语权来看，在现有全球农业治理体系下，仍然是发达国家通过主导着全球的农业规则、治理机制的制定，进而掌握在全球粮食安全治理中的话语权（Weis，2007；Ishii-Eiteman，2009；黎文涛，2009；沈莉华，2010；李枏，2014；McKeon，2015；金三林和孙小龙，2019；马恩朴等，2020；张蛟龙，2021；尹成杰，2021）。然而，从全球治理格局的演化来看，新兴经济体正在改变全球治理的现有格局，全球粮食安全治理格局也在发生深刻变化，新兴经济体正逐渐成为规则的制定者（何帆等，2013；马玉荣等，2015；王春梅，2016；张宁宁等，2022）。

我国作为发展中国家的代表，积极参与全球粮食安全治理，但参与程度与参与方式选择仍有较大提升空间。随着我国农业开放程度加深，我国正逐渐从粮食安全治理的被动参与者向主动建设者转变、从粮食受援国向粮食援助国转变、从净引资国向净投资国转变（徐长春等，2016；张蛟龙，2018；金三林和孙小龙，2019；于浩淼等，2019）。但面对全球粮食安全的新形势、新目标，我国仍需进一步加快角色转变，更加积极参与全球粮食安全治理；加大对外农业合作与援助，提高欠发达国家的粮食供给能力；加强研究和人才培养，提升参与全球粮食安全治理的能力，主动发展与“一带一路”共建国家的伙伴关系，共同提升世界粮食安全保障水平（俞国斌，2015；刘志颐，2017；陈大鹏等，2021；李治，2021；张蛟龙，2021；唐丽霞等，2022）。

1.2.5　文献述评

目前国内外对于我国贸易开放对粮食安全的影响、国内支持保护体系发展变化、两个市场两种资源利用风险以及全球粮农治理与粮食安全保障等相关方面进行了大量深入的研究与讨论，也取得了较为丰硕的成果，但随着农业对外开放程度的加深以及新问题的出现，相关研究在以下方面亟须进一步拓展和深入。

第一，就农业对外开放对我国粮食安全影响的研究而言，多数研究已经充分讨论了贸易开放对我国粮食安全的重要性及影响，并取得了较为丰硕的成果，但随着我国农业领域对外开放程度的不断加深，相关研究亟待深化和拓展：一是需要建立综合的系统分析框架，并构建合适的定量评估方法，从多个维度全面深入地考察和识别贸易开放对我国粮食安全的挑战和压力程度；二是随着贸易开放程度的不断提高，我国的粮食进口数量持续大规模增长，亟须升级现有研究中仍将贸易作为我国粮食安全供需平衡中可单向控制的调剂余缺的外生变量的二元平衡分析范式，将其拓展至把开放条件下的贸易纳入内生影响关键点的三元平衡分析框架，以更加准确地刻画开放条件给我国粮食安全带来的挑战和深刻影响，为健全粮食安全保障体系、提升保障能力、有效应对粮食安全新挑战提供科学分析思路。

第二，就国内粮食支持保护政策改革及其效果的研究而言，虽然许多研究对我国粮食价格支持政策的变迁及粮食支持保护政策的实施效果进行了分析评价，研究了未来粮食支持政策的改革思路和构想，但考虑到 WTO 农业国内支持条款对于我国农业支持保护政策的影响和约束日益增强，将国内粮食价格支持政策与 WTO 规则的适应性作为分析重点的研究依然显得匮乏。此外，尽管已有研究在改革优化粮食支持保护政策的必要性的认识上已基本形成共识，但对于具体深入到应该如何调整改进“黄箱”政策和扩大“绿箱”政策使用范围的实施方案则并没有足够的深入分析，也未形成一致结论，不同的政策调整方案对于粮食生产、贸易和粮食自给率等可能产生的影响，也亟须科学规范的实证研究以提供科学、有力的判断。

第三，就外部粮源获取和进口风险防范而言，已有研究仍存在较大的深入和完善空间。一是对最新形势动荡下农业与贸易政策新变化的全面系统分析亟须研究关注，政策调整具有国别差异性和时效性，特别是中美经贸摩擦、新冠疫情以及俄乌冲突发生后，包括美国、巴西、俄罗斯和乌克兰等在内的主要粮食出口国农业与贸易政策均发生较大变化，这些政策变化都将影响我国进口粮源的不确定性和贸易制度安全的稳定性，亟须予以深入研究讨论；二是已有关于进口风险防范策略的研究大多集中在定性政策分析和解读层面，需要进一步探索运用经济学模型进行定量的实证分析，为进口风险防范政策的制定调整和效果评价提供更有依据的决策参考。

第四，就参与多双边谈判和参与全球粮食安全治理的研究而言，目前已有研究也有待进一步完善。虽然现有研究普遍认为我国可以通过参与全球粮食安全治理保障粮食安全，但在我国如何参与甚至主导全球粮食安全治理完整的制度框架、如何提升全球粮食安全治理的参与程度及发挥更加重要的作用的框架性思路及可选择的具体策略等方面的讨论仍有待具体化与丰富，这都在一定程度上制约了相关领域的精准施策，亟须深入探讨和系统研究，为我国参与全球粮食安全治理实践提供理论及操作层面的研究支撑。

鉴于此，本书将深入探讨在高水平开放的新形势下我国粮食安全面临的新型挑战与压力，探讨如何在面临外部竞争、规则约束和复杂国际环境等非传统安全挑战下，优化农业国内支持政策、管控粮食进口来源风险、积极参与全球粮农治理，构建更高层次、更高质量的开放型国家粮食安全保障体系。

1.3　研究目标、分析框架及可能的创新

1.3.1　研究目标与分析框架

1. 研究目标

粮食安全是“国之大者”。习近平同志反复强调，“保障国家粮食安全是实现经济发展、社会稳定、国家安全的重要基础”[①]，“只要粮食不出大问题，中国的事就稳得住”[②]。新中国成立 70 余年来，我国在保障粮食安全方面取得了举世瞩目的成就。通过始终坚持立足国内和统筹利用国际市场，我国粮食供给保障达到了高安全水平。目前中国已经成为全球最大的粮食进口国[③]，利用海外市场和农业资源也已达到相当规模。考虑到我国人多地少水缺的基本国情，保障粮食安全，无论过去、现在，还是未来，

① 中共中央文献研究室：《十八大以来重要文献选编（上）》，中央文献出版社，2014 年，第 661 页。

② 中共中央文献研究室：《十八大以来重要文献选编（上）》，中央文献出版社，2014 年，第 659 页。

③ 《我国筑牢粮食安全屏障》，https://www.gov.cn/xinwen/2019-01/18/content_5358853. htm。

都离不开利用国际市场和海外资源。对外开放和农业贸易事实上已成为维护国家粮食安全不可或缺的重要组成部分。

然而，高水平开放也意味着更大的外部压力与更多的输入性风险。尤其是在粮食安全领域，伴随着我国农业领域国内与国际双循环融合程度的不断提升，对外开放给我国粮食进口安全和供给保障也带来了一系列前所未有的挑战和压力，包括：以高产量、高进口、高库存为代表的过度进口冲击粮食自给率的“想挡挡不住”；粮食生产国内支持政策与 WTO 国际规则存在一致性纷争的“想做做不了”；世界市场风险与贸易动荡加剧国际粮源不确定性的“想进有风险”；在全球粮食安全治理体系中作用仍待加强的“想为难作为”；等等。这意味着，在高水平开放新格局下，抓好粮食安全这一“国之大者”，迫切需要处理好扩大开放与粮食安全保障之间的关系，积极推动农业领域国内国际双循环的协同互促，在观念上、行动上、策略上、政策上进行一系列的改革和创新，以全面升级我国对内与对外的粮食安全治理能力。

目前，学术界和政策界都高度关注中国粮食安全问题，多数研究侧重于强调畅通国内循环，夯实粮食生产基础，提高粮食稳产保供能力。也有部分研究关注国际循环和对外开放对我国粮食安全的影响，但对于高水平开放下我国粮食安全面临的新挑战及其应对策略等仍然缺乏系统深入的探讨。尤其是面对高水平开放给我国国内粮食支持保护政策改革所带来的倒逼压力问题，如何建立既符合我国国情、粮情，又符合国际规则的粮食支持保护政策体系；面对高水平开放下我国粮食进口面临的风险敞口扩大问题，如何加强外部市场风险防范能力，构建高效、稳定的国际粮源供应体系；面对高水平开放下全球粮农治理体系变革压力加剧，如何强化我国粮食安全的全球治理能力体系等方面的研究十分缺乏，亟待进一步深化与拓展。

本书旨在对我国粮食供需格局变化进行分析研判的基础上，深入探讨扩大开放对我国粮食供需格局及粮食安全的影响与挑战，系统研究面对进口外部压力、国际规则约束、复杂国际环境等非传统粮食安全挑战，如何通过优化农业国内支持政策、管控粮食进口来源风险、合理利用国际规则空间、积极参与全球粮农治理来提升我国两个市场、两种资源的统筹利用效能，探索立足国内、放眼国际、合作共赢来健全更高层次、更高质量的开放型国家粮食安全保障体系的顶层设计思路和政策方案选择。

2. 分析框架

在内外部压力共同作用下，我国粮食安全保障体系正面临着前所未有的挑战。健全开放型粮食安全保障体系是新形势下全面提升我国粮食安全治理能力的必然选择。就国内而言，一方面，长期以来我国粮食政策目标均是以提高产量为主，然而目前大量低价粮食的过度进口难以抵挡表明，关注降低我国粮食生产成本、提升国际竞争力已迫在眉睫，国内粮食生产政策的目标导向亟待转型；另一方面，国内支持政策和边境保护措施已经受国际规则的实质性约束，也面临改革升级的压力。从国外来看，波动性、不确定性和风险性加剧将成为未来国际粮食和主要农产品市场的重要特征，全球粮食安全治理体系还受到复杂的贸易环境及单边主义等政治和经济因素威胁。这些都表明今后我国利用外部粮食市场的风险将会有增无减。总之，在高水平开放新格局下，健全我国粮食安全保障体系的关键点在于准确识别新挑战，精准研判关键政策着力点，并有效地选取合理的政策工具，从提升国际竞争力、适应国际规则、防范外部市场风险、提升粮食安全全球治理能力等多重维度来寻求系统性的解决方案。

按照上述思路和逻辑，本书的总体研究框架可概述为（图 1.1）：针对对外开放给我国当前粮食安全带来的四大主要压力和挑战，即“想挡挡不住”“想做做不了”“想进有风险”“想为难作为”，分别在国内国际两个市场，通过打造“有竞争力的粮食生产供应和支持保护体系”“多元高效的海外粮源和风险防范体系”“主动作为的全球治理能力体系”，构建出一个总的开放型国家粮食安全战略保障体系，切实提升我国粮食安全的对内和对外治理能力。

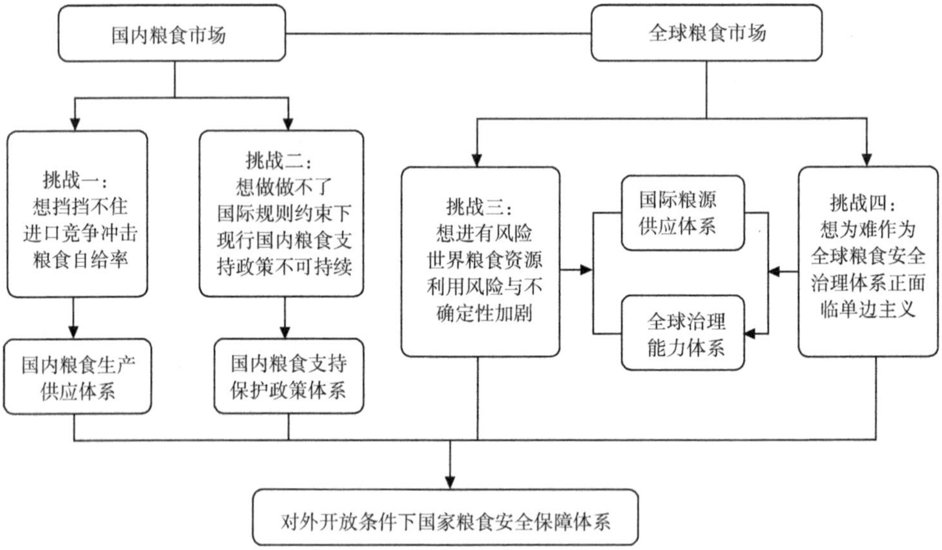

图 1.1　总体研究框架

1.3.2　可能的创新

本书在前人研究的基础上，展开了一系列原创性和拓展性的探索，学术创新与突破主要体现在如下四个方面。

一是拓展了高水平开放下粮食安全研究的分析视角与分析框架。区别于已有研究更多集中于国内维度探讨中国粮食安全保障问题，本书认为在高水平开放新格局下，国际市场与粮食贸易已经成为我国粮食安全保障不可或缺且必须内生化考量的战略组成部分。中国的粮食安全保障有必要扩展到全球视野、具有全局观念，改变以往对粮食贸易功能仅是调剂余缺的、外生可控变量的认知，树立粮食生产–消费–贸易“三元平衡”的理念，充分关注和认识到贸易作用和功能的深刻变化，并积极寻求应对思路和办法，主动构建开放型国家粮食安全战略保障体系。从提升国家粮食安全治理能力的角度，做好顶层设计、找准主要的抓手及政策着力点，包括优化国内粮食生产支持政策体系、积极适应国际规则、高效利用外部市场、主动参与粮食安全全球治理等层面，以切实提高统筹利用“两个市场、两种资源”的能力，提升当前及今后可持续的粮食安全保障水平。

二是拓展了粮食安全和国内支持政策领域实证研究的思路和方法。本书致力于推动粮食安全领域各种分析手段和方法的交融集成，提升对问题分析的系统深入性。在对粮食价格支持政策改革效果和优化路径的分析方面，本书通过 HP 滤波分析法进行去趋势化处理得到农产品的产量和价格的风险变量，通过 Copula 函数和 Monte Carlo 数值模拟相结合的方法模拟种粮农民所处的收入风险环境，分析未来我国粮食支持保护政策可能的调整方案所产生的经济影响。在对我国粮食进口风险和多元化策略进行探究时，本书综合运用全球贸易分析模型（global trade analysis project，GTAP）和反事实模拟等研究方法，模拟分析研究中美经贸摩擦以及俄乌冲突对我国粮食进口安全的潜在影响，并以扩大肉类食物进口为例模拟多元化食物进口对粮食安全的影响，这些研究尝试和探索有助于丰富我国粮食安全问题的研究视角和研究方法体系，为后续研究提供有益启示。

三是拓展了对粮食安全相关的多边贸易协定及国际规则的深入研究。本书的研究有助于填补我国在对外开放条件下所面临的贸易规则和国际惯例，尤其是和粮食安全相关的模糊争议条款和规则空间的研究匮乏和不足。在高水平开放新格局下，我国农业政策设计“关起门来调结构、转方式”已不大可能。今后我国将更加致力于打造全面开放的新格局，但外部环境在受到贸易保护主义抬头、贸易争端频发等不确定因素的影响下，如何弄懂、吃透、精通和有效利用相关贸易规则和国际惯例，这方面的研究工作尤为需要，但目前仍较为匮乏。本书从文本释义的层面探究 WTO《农业协定》等国际规则在粮食安全公共储备、农业国内支持与保护政策、农产品出口限制措施规制等重要议题方面存在的争议点、模糊条款与可能的利益涉及，准确识别国际贸易环境面临的不确定性和风险，探索主动、高效利用和今后参与重塑国际规则的空间与可行性，为高水平开放下我国的粮食安全政策体系构建和未来多边贸易谈判及国际磋商提供坚实有力的研究支撑。

四是拓展了对我国参与粮食安全全球治理的思路及途径的深入研究。全球经济市场化和一体化背景下，世界各国在粮食安全领域的联系不断加深，粮食安全所涉及的问题越来越具有跨国性、多维性及公共产品属性，全球治理日益成为保障世界粮食安全的一种现实需要。积极参与粮食安全全球治理，通过合理调配世界资源“将蛋糕做大”；通过谈判与协调找寻利益共同点进行合作治理“将蛋糕分好”；通过增强世界生产供应能力和创造稳定的全球粮食市场和贸易环境等从中直接或间接受益。这些都是未来提升我国粮食安全保障水平和粮食安全对内与对外治理能力需要具备的新的战略逻辑和战略思维。本书在这一领域率先进行了一些尝试，一方面有利于构建我国强化粮食安全的全球治理能力体系完整的制度框架和策略体系，另一方面既能为后续研究提供分析范式，也可为我国融入全球治理体系、维护本国与世界粮食安全、构建人类命运共同体提供针对性的对策建议，发挥积极的推动作用。

1.3.3 本书的结构安排

根据上述总体分析框架，按照“提出问题—分析问题—解决问题”的逻辑顺序，本书分为开篇、上篇、中篇、下篇共四篇的内容。开篇主要介绍本书的研究背景、分析框架并研判高水平开放下我国粮食安全新格局以及高水平开放给中国粮食安全带来的非传统压力和挑战，包含第 1 章至第 3 章的内容；上篇重点立足国内，主要分析在面临内外部约束压力下我国粮食国内支持保护政策的转型压力与转型需求，探究升级国内粮食支持保护政策体系的可能路径与方案，包含第 4 章至第 8 章的内容；中篇基于全球视角，在系统识别我国粮食进口面临的外部市场风险的基础上，探索通过品种多元化、来源多元化等多种途径升级粮食进口风险防范体系的思路与对策，包含第 9 章至第 13 章的内容；下篇从全球治理的视角，阐述全球粮食安全与农业贸易体系面临的失序困境、粮食安全公共储备、农业国内支持、农产品出口限制等领域的多边谈判进展和重难点问题，探讨新格局下中国深度参与全球粮食安全治埋的角色定位与思路构想，包含第 14 章至第 18 章的内容。四篇的内容按照总分的关系紧密围绕“健全高水平开放下粮食安全保障体系研究”的分析框架，各有侧重，相互补充。各章的内容具体安排如下。

第 1 章，绪论。该章介绍全书的研究背景和研究意义，并对贸易开放与粮食安全、国内支持保护体系发展变化、两个市场两种资源利用风险、全球粮农治理与安全等领域国内外相关研究进展进行系统回顾，阐明本书研究的边际贡献、研究目标和分析框架。

第 2 章，我国粮食供求变化与高水平开放下粮食安全新格局。该章首先分析我国粮食在消费端、生产端及贸易端的变化趋势；在此基础上，从粮食占有量以及转型压力和风险两个方面探讨我国高水平开放下的粮食安全总体状况。

第 3 章，高水平开放格局下的粮食安全新挑战。该章在系统梳理我国农业对外开放历程的基础上，详细论述高水平开放下我国粮食安全面临的“想挡挡不住”“想做做不了”“想进有风险”“想为难作为”等非传统压力和挑战，并据此提出高水平开放格局下转型粮食安全新思维和完善我国粮食安全保障体系的总体思路和政策着力点。

第 4 章，我国粮食支持保护政策演进与新时期转型需求。该章作为上篇的起始章，在简要回顾我国粮食支持保护政策演进历程的基础上，对相关政策的实施效果和影响进行了综合评述分析，研判了高水平开放新格局下政策体系面临的转型压力及可能思路，以期为后续粮食支持保护政策体系转型升级提供参考与依据。

第 5 章，中美农业国内支持争端与我国主粮价格支持政策的合规性压力。该章以价格支持政策为例，在厘清 WTO《农业协定》“黄箱”支持补贴相关规则的基础上，结合中美农业国内支持争端诉讼案专家小组的裁决结果剖析了我国主粮价格支持政策所面临的合规性压力，提出了未来完善国内主粮价格支持政策、对接 WTO 规则的调整优化策略。

第 6 章，WTO 框架下我国主粮农业保险政策的国际规则适应性。该章以政策性农业保险为例，在对 WTO 关于农业保险补贴的相关规则和相关争端案例裁决结果进行文本解析的基础上，对中国正在试点的农业保险补贴措施与《农业协定》相关规则的适应性做出研判，并探讨了农业保险政策工具设计的改进方向。

第 7 章，我国粮食价格支持政策转型方案与影响模拟。该章首先对现阶段我国粮食支持保护政策面临的调整压力、减“黄”增“绿”的政策实践探索及其存在的问题进行了深入分析，其次采用数值模拟方法对我国粮食价格支持政策可能的优化方案所产生的经济影响进行了模拟研究。

第 8 章，粮食支持保护政策转型的国际经验及在我国的适用性分析。该章以欧盟、美国及日本为例，通过总结分析国际农业支持保护政策体系改革和转型经验，探讨相关政策调整经验与规律对于我国的启示及其适用性问题，以期能够进一步从国际经验中明晰我国粮食支持保护政策转型升级的路径与方向。

第 9 章，我国粮食进口新格局与外部风险防范需求分析。该章是中篇的开端，为第 10 章至第 13 章的分析铺垫现实背景并提出总体风险防范思路。在研判世界粮食市场变化与中国粮食进口新格局特征的基础上，该章深入分析了新格局下保障我国粮食进口安全需要重点关注的主要风险类别，并进一步探讨防范我国粮食进口外部风险的思路和方向。

第 10 章，外部风险对我国粮食安全的影响：以中美经贸摩擦为例。经贸关系不确定性是影响我国粮食进口安全的重要外部风险之一。该章以中美经贸摩擦为例，模拟分析中美经贸摩擦这一经贸关系不确定性风险对中国农产品进口可获性、世界其他主要出口国贸易利益及中国粮食安全保障的潜在影响。

第 11 章，外部风险对我国粮食安全的影响：以俄乌冲突为例。地缘政治风险是影响我国粮食进口安全的另一重要的外部风险。该章聚焦俄乌冲突对中国粮食安全的短期和长期影响的量化评估，利用 GTAP 模拟分析了俄乌冲突及其引致的出口限制措施等对我国粮食安全的可能影响和冲击。

第 12 章，相互依赖视角下粮食进口来源多元化的思路与策略。该章基于市场主体相互依赖视角，以我国进口量最大且进口来源地高度集中的大豆产品为例，系统测度了中国粮食进口依赖性风险水平，探讨了优化大豆进口来源布局的思路与方案，为多元化进口来源地，防范和化解我国粮食进口依赖性风险提供参考启示。

第 13 章，产品替代视角下食物进口种类多元化的思路与策略。该章基于食物系统中不同种类间的可替代性，以扩大高耗粮的肉类食物进口为例，使用 GTAP 模拟分析多元化食物进口对粮食安全的潜在影响，探讨多元化食物进口格局对防范外部风险的重要作用，为推动我国食物进口种类多元化提供参考启示。

第 14 章，农业贸易治理体系与全球粮食安全：转型压力与改革需求。

该章作为下篇的起始章，在详细阐述农业贸易对全球粮食安全的意义以及当前全球农业贸易治理机制与机构的基础上，系统分析全球农业贸易治理体系面临的失序困境，提出粮食安全风险与全球农业贸易治理体系改革需求。

第 15 章，WTO 农业谈判中粮食安全公共储备议题的演进、争议与前景。该章在回溯粮食安全公共储备议题的谈判历程和梳理其中的争议焦点问题的基础上，研判实现粮食安全公共储备永久性解决方案所面临的压力和挑战，展望该领域的谈判前景与方向。

第 16 章，WTO 农业国内支持规则谈判利益分歧与改革动向。该章在深入剖析 WTO 成员在农业国内支持规则改革的核心分歧的基础上，梳理谈判的进展和重难点问题，探讨农业国内支持规则改革可能的方向与路径。

第 17 章，农产品出口限制规则的争议问题与改革思路。该章在深入分析出口限制规则及其模糊条款、成员谈判主张与提案的基础上，识别各方在关键问题上的分歧点，探求 WTO 与区域贸易协定框架下改革出口限制规则的方向与思路。

第 18 章，新格局下中国参与全球粮食安全治理体系的角色定位与发展构想。该章作为下篇的收尾章，探讨全球粮食安全治理的中国实践与发展转型，阐明新格局下中国参与全球粮食安全治理的角色定位与思路构想。

第2章
我国粮食供求变化与高水平开放下粮食安全新格局

对于中国这样的人口大国而言，粮食安全的重要性不言而喻。新中国成立 70 多年来，在中国共产党的坚强领导下，我国走出了一条中国特色的粮食安全保障之路，以占全球 9%的耕地和 6%的淡水资源，养活了约占全球 20%的人口，不仅有力解决和回应了“谁来养活中国”的质疑，而且成功实现了 14 亿人从“吃得饱”向“吃得好”“吃得健康”的历史性转变。尤其是 2001 年底我国加入 WTO 以后，在深度融入国际农业产业链的同时，通过统筹利用国内国际两个市场、两种资源，我国的粮食安全保障程度持续稳步提升，粮食安全供求形势正处于历史最佳时期。“居安思危，思则有备，有备无患。”最近几年面对新冠疫情和各类自然灾害的考验，我国依然有力保障了国内粮食等重要农产品的供给充裕、价格稳定，但也必须清醒地看到，在新发展格局下我国粮食消费、生产和贸易领域仍然面临一系列严峻的压力和挑战，国家粮食安全保障依然存在一定的风险和隐患，总体处于高安全与高压力并存状态。

2.1 消费端：提档升级且峰值未至

“民以食为天。”对人类而言，食物是能够满足正常生活需求并有利于延年益寿的基本物质，属于居民最基本的生存需要。食物消费不仅直接影响居民的营养与健康，还影响到劳动力供给和劳动生产率，甚至影响到低收入居民的基本生存能力。改革开放以来，随着我国经济的快速发展，人民生活水平不断提高。在满足温饱需求的基础之上，人们不仅对食物消费产生了更多的需求，也更加追求食物的多样性和高质量（朱晶等，2021b；叶兴庆等，2024）。整体上看，我国食物消费已从“吃得饱”转向“吃得好”，食物消费总量持续攀升、食物消费结构提档升级、城乡食物消费差距显著缩小、食物消费峰值尚未到来。

2.1.1 消费总量持续攀升

改革开放以来，随着人口增长和人均食物消费量的增加，我国居民食物消费总量大幅攀升。一方面，1978~2021 年，我国人口由 9.6 亿增长至 14.1 亿，增幅达到 46.9%，年均增长 0.9%。另一方面，如图 2.1 所示，我国居民人均食物[①]消费累计总量从 1978 年的 233.2 千克提高至 2021 年的 886.5 千克，增长了 2.8 倍，年均增速达 3.2%。其中，谷物的人均消费量增幅最小，由 1978 年的 148.6 千克增长至 2021 年的 214.8 千克，仅增长了 0.4 倍，年均增速为 0.9%；水果的人均消费量增幅最大，由 1978 年的 7.1 千克增长至 2021 年的 109.0 千克，增长了 14.5 倍，年均增速高达 6.6%；同期植物油、蔬菜、肉类、蛋类、奶类和水产品的人均消费量均有明显的上升，分别增长了

① 食物口径包括谷物（不包括啤酒）、植物油、肉类、蛋类、奶类（不包括黄油）、水产品、蔬菜、水果（不包括葡萄酒）。

2.8 倍、6.4 倍、4.6 倍、8.1 倍、10.6 倍和 6.3 倍。

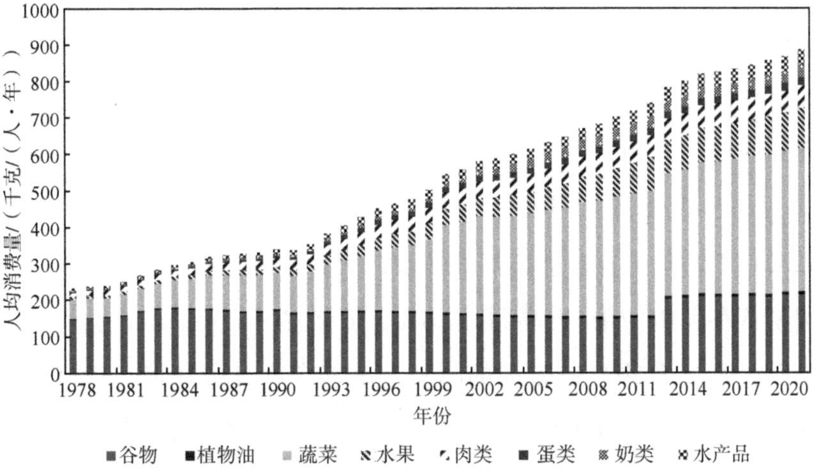

图 2.1　1978~2021 年我国居民人均食物消费量

资料来源：根据 FAO 数据库数据计算

由于 FAO 数据库的数据只更新到 2021 年，且统计口径与其他数据来源的统计口径存在较大差异，本节所有来源于 FAO 的数据也都截止到 2021 年

人均食物消费量的提高是多种因素综合作用的结果。从居民收入方面来看，1978~2021 年，我国人均居民可支配性收入由 171 元增至 35 128 元，增长了 204.4 倍，年均增长 13.2%。由于绝大部分食物消费的收入弹性均大于 0，且肉类、蛋类及水产品消费的收入弹性均接近于 1（梁凡等，2013），因此随着收入的提高，人均食物消费量随之相应提高（黄春燕和白露露，2017；辛良杰，2021；叶兴庆等，2024）。从城镇化方面来看，1978~2021 年，我国城镇化率由 17.9%提高到 64.7%，提高了 46.8 个百分点。相关研究表明，城镇化至少可以从三个方面促进人均食物消费的提高。一是改善食物消费环境。相比于农村，城镇提供了更多的超市与卖场，快餐业、零售业发达，可提供更为广阔的食物选择范围（Kearney，2010）。二是改变劳动强度。农村人口转移到城镇后，所从事的工作相较于务农时的工作，

劳动强度更低，能量消耗更少，人均食物消费随之减少（向晶和钟甫宁，2012；龚波和尹风雨，2018）。三是影响饮食观念。搬进城市的乡村人口在逐渐适应城镇生活的过程中，越来越注重营养均衡、合理膳食，升级食物消费结构，也使得人均食物消费需求不断增加（李伟，2017；黄季焜，2018；佟光霁和周伦政，2021；肖雪和胡冰川，2022；全世文和张慧云，2023）。此外，贸易自由化的推进也有助于促进我国人均食物消费水平的提高。1978~2021 年，我国农业加速对外开放，贸易自由化程度不断提高，农产品对外贸易依存度由 7.1%提高到 23.6%。研究表明，贸易自由化可通过降低甚至消除外商在食物分销方面的障碍，改善食物投资环境，提高食物供应量。随着我国贸易自由化水平的不断提高，联合利华、麦当劳等跨国食物公司对我国的投资持续涌入，有力促进了肉类、乳制品及加工食物的可获性和人均消费量的增加（Kearney，2010）。同时，贸易自由化还可显著提高我国居民收入水平、降低物价水平（林大燕等，2021），同样有助于促进人均食物消费水平的提高。

2.1.2　消费结构提档升级

在食物消费总量持续攀升的同时，受收入提高、城镇化、食物消费转变等多重因素的影响，我国居民食物消费结构持续提档升级，由以“粮”为主转向更加多元、营养和精细的“粮菜肉果”均衡发展，动物性食物在居民营养摄入特别是脂肪摄入中所占的比重明显提高。

如表 2.1 所示，1978~2021 年，谷物在我国居民食物消费中所占的比重迅速下降，而蔬菜、水果、动物性食物所占的比重则显著提高，我国居民食物消费结构发生显著变化，逐渐由以“粮”为主转向更加多元、营养和精细的“粮菜肉果”均衡发展。1978~1990 年，谷物在食物消费中所占比重均超过 50%，之后开始下降，至 2021 年进一步下降至 24.2%。与此同时，蔬菜、水果、动物性食物在食物消费中所占的比重在改革开放初期均比较低，在 1978 年分别仅为 22.7%、3.0%、9.5%，之后均拥有较大幅度提高，至 2021 年分别进一步提高至 44.4%、12.3%、18.1%。

表 2.1　1978~2021 年我国居民食物消费结构

年份	谷物		蔬菜		水果		植物油		动物性食物	
	消费量/［千克/（人·年）］	占比/%	消费量/［千克/（人·年）］	占比/%	消费量/［千克/（人·年）］	占比/%	消费量/［千克/（人·年）］	占比/%	消费量/［千克/（人·年）］	占比/%
1978	148.6	63.7	52.9	22.7	7.1	3.0	2.4	1.0	22.2	9.5
1980	153.8	64.1	50.4	21.0	7.3	3.0	3.2	1.3	25.4	10.6
1985	176.1	57.5	79.3	25.9	11.0	3.6	4.4	1.4	35.6	11.6
1990	171.2	50.3	99.3	29.1	16.0	4.7	6.0	1.8	48.1	14.1
1995	166.7	38.9	148.4	34.6	31.6	7.4	6.3	1.5	76.1	17.7
2000	160.8	29.4	251.2	44.0	43.7	8.0	6.5	1.2	94.6	17.3
2005	152.5	24.8	279.6	45.5	58.9	9.6	7.4	1.2	116.7	19.0
2010	149.2	21.2	327.3	46.6	77.8	11.1	8.0	1.1	139.9	19.9
2015	210.1	25.6	359.9	43.9	94.7	11.5	8.3	1.0	147.0	17.9
2020	213.7	24.6	386.6	44.6	105.2	12.1	9.1	1.0	152.8	17.6
2021	214.8	24.2	393.2	44.4	109.0	12.3	9.2	1.0	160.2	18.1

资料来源：根据 FAO 数据库数据计算

注：①动物性食物指的是肉类、蛋类、奶类和水产品；②占比为各食物消费量与居民人均食物消费累计总量的比值；③小计数字的和可能不等于总计数字，是因为有些数据进行过舍入修约

在食物消费结构发生显著变化的同时，我国居民营养摄入的食物来源结构也随之相应改变，主要表现为随着动物性食物消费量的提高，动物性食物在我国居民营养摄入中的占比显著提高。如表 2.2 所示，1978~2021 年，无论是热量、蛋白质，还是脂肪，动物性食物在我国居民营养摄入中所占的比重均显著上升，分别由 6.7%、12.6%、42.4%上升至 18.9%、39.5%和

48.2%，分别上升了 12.2 个百分点、26.9 个百分点和 5.8 个百分点。尽管如此，截至 2021 年，植物性食物仍然是我国居民热量、蛋白质和脂肪的主要摄入来源，在摄入来源中的占比仍然超过 50%，分别高达 81.1%、60.5%和 51.8%。

表 2.2　1978~2021 年我国居民营养摄入的食物来源结构

年份	热量				蛋白质				脂肪			
	植物性食物		动物性食物		植物性食物		动物性食物		植物性食物		动物性食物	
	供给量/［千卡/（人·天）］	占比/%	供给量/［千卡/（人·天）］	占比/%	供给量/［克/（人·天）］	占比/%	供给量/［克/（人·天）］	占比/%	供给量/［克/（人·天）］	占比/%	供给量/［克/（人·天）］	占比/%
1978	1941	93.3	139	6.7	45.0	87.4	6.5	12.6	16.4	57.6	12.0	42.4
1980	1987	91.9	174	8.1	46.5	86.0	7.5	14.0	19.0	55.2	15.4	44.8
1985	2206	90.5	232	9.5	51.7	83.4	10.3	16.6	24.0	54.1	20.4	45.9
1990	2217	88.2	297	11.8	51.2	78.7	13.9	21.3	28.0	52.0	25.9	48.0
1995	2276	84.3	425	15.7	53.9	71.1	21.9	28.9	30.5	46.0	35.8	54.0
2000	2290	81.4	524	18.6	56.3	67.0	27.7	33.0	32.3	42.4	43.7	57.6
2005	2293	79.5	590	20.5	55.4	63.6	31.7	36.4	34.2	41.4	48.3	58.6
2010	2356	77.4	689	22.6	57.6	60.6	37.4	39.4	38.0	40.5	55.9	59.5
2015	2624	81.1	610	18.9	69.4	60.1	46.0	39.9	43.5	49.5	44.4	50.5
2020	2717	82.0	598	18.0	74.3	61.1	47.2	38.9	48.3	53.4	42.1	46.6
2021	2755	81.1	641	18.9	75.4	60.5	49.2	39.5	49.2	51.8	45.9	48.2

资料来源：根据 FAO 数据库数据计算

注：植物性食物指谷物、蔬菜、水果和植物油，动物性食物指肉类、蛋类、奶类和水产品

我国食物消费结构升级的主要原因在于居民收入水平的提高及不同食物消费收入弹性的差异。研究表明，我国居民对各类食物消费的收入弹性均为正值，且肉类、蛋类、奶类和水产品四类动物性食物的收入弹性显著大于粮食、蔬菜等植物性食物（郑志浩等，2016；尹业兴等，2020）。这就意味着在价格恒定的前提下，随着我国居民人均收入水平的提高，肉类、奶类、水

产品等各类动物性食物人均消费量的增长将快于粮食、油脂等消费量的增长。而从发展趋势上来看，城乡居民食品消费弹性呈下降趋势，且进一步分种类来看，城乡粮食消费均已饱和，食用植物油、蛋类和蔬菜瓜果消费进入稳定区间，肉类消费趋于饱和，城乡水产品消费仍有增长空间。

与此同时，食物消费方式的变化对我国食物消费结构的升级同样具有促进作用。随着我国经济水平的不断提高，居民食物消费方式悄然改变，在外饮食消费的比例不断提高。根据《中国统计年鉴》的数据，1995~2012 年我国居民人均年在外用餐支出占全部食物支出的比例总体呈上升趋势，城镇居民、农村居民的在外用餐支出比例分别从 9%和 8%提高到 22%和 20%，分别扩大了 1.4 倍和 1.5 倍。由于居民在外出就餐时倾向于摄入更多高脂肪、高能量、高营养的肉类等动物性食物，减少口粮消费，在外饮食会提高居民膳食多样化程度（Lachat et al.，2012；谢清心等，2019；辛良杰，2021；肖雪和胡冰川，2022）。此外，随着休闲型消费、体验型消费、品质型消费需求逐年上升，预计我国食物消费需求在今后较长一段时期内仍将保持增长态势。

2.1.3　城乡消费差距显著缩小

在食物人均消费量攀升、食物消费结构提档升级的同时，随着收入的提高，市场化、城镇化的推进，我国城乡食物消费差距也在不断缩小。改革开放初期，农村居民的人均谷物消费量远远高于城镇居民，而肉类、蛋类、奶类等其他食物的人均消费量则远远低于城镇居民。之后，由于农村居民谷物的人均消费量下降速度快于城镇居民，而肉类等食物人均消费量的增速高于城镇居民，农村居民和城镇居民在各类食物上人均消费量的差距均显著缩小。如表 2.3 所示，1981~2022 年，城镇居民人均谷物消费量由 145.4 千克下降至 116.2 千克，农村同期人均谷物消费量则由 256.0 千克下降至 164.6

千克，城镇和农村人均谷物消费量之比相应地由 0.6 提高至 0.7；城镇居民人均动物性食物消费量由 33.0 千克提高至 92.5 千克，农村同期人均动物性食物消费量则由 12.0 千克提高至 77.3 千克，城镇和农村人均动物性食物消费量之比相应地由 2.8 下降至 1.2，越来越趋近于 1；食用植物油是五类食物中农村人均消费量超过城镇人均消费量的种类之一，2022 年城镇和农村人均食用植物油消费量之比为 0.9；蔬菜、水果的城乡消费量差距也在逐渐缩小（表 2.3）。

表 2.3　1981~2022 年我国城乡居民食物消费量（单位：千克）

年份	谷物		蔬菜		水果		食用植物油		动物性食物	
	城镇	农村	城镇	农村	城镇	农村	城镇	农村	城镇	农村
1981	145.4	256.0	—	124.0	—	—	4.8	3.1	33.0	12.0
1985	134.8	257.0	—	131.0	—	—	5.8	4.0	36.5	15.7
1990	130.7	262.1	138.7	134.0	41.1	5.9	6.4	3.5	44.7	18.2
1995	97.0	256.1	116.5	104.6	45.0	13.0	7.1	4.3	47.2	20.6
2000	82.3	250.2	114.7	106.7	57.5	18.3	8.2	5.5	56.5	28.1
2005	77.0	208.8	118.6	102.3	56.7	17.2	9.3	4.9	73.7	34.9
2010	81.5	181.4	116.1	93.3	54.2	19.6	8.8	5.5	58.7	36.0
2015	112.6	159.5	104.4	90.3	55.1	32.3	10.7	9.2	80.6	52
2020	120.2	168.4	109.8	95.8	65.9	43.8	9.5	10.2	87.8	63.3
2021	124.8	170.8	112.0	107.0	67.7	52.4	9.6	10.8	95.0	76.5
2022	116.2	164.6	110.9	104.6	—	—	9.0	10.0	92.5	77.3

资料来源：《中国统计年鉴》（历年）

注：①动物性食物指的是肉类、蛋类、奶类和水产品；②“—”表示统计数据缺失

在我国城乡食物消费差距不断缩小的同时，城乡居民食物支出差距也在不断缩小。如图 2.2 所示，1981~2023 年，城镇居民与农村居民的人均食物消费支出同时高速增长，且农村居民人均食物消费支出增长的速度更快，导致城乡食物消费支出差距在不断缩小，城镇居民与农村居民的人均食物消费

支出之比由 10.0 大幅下降至 1.6。从总体来看，我国城乡食物消费差距的缩小大致可以分为四个阶段：第一阶段为 1981~1985 年，城乡食物消费差距迅速缩小，城镇居民与农村居民的人均食物消费支出之比由 10.0 迅速下降至 4.6，年均下降 17.7%；第二阶段为 1985~1994 年，城乡食物消费差距波动上升，城镇居民与农村居民的人均食物消费支出之比由 4.6 小幅波动提升至 5.4，年均提高 1.8%；第三阶段为 1994~2013 年，城乡食物消费差距缓慢缩小，城镇居民与农村居民的人均食物消费支出之比由 5.4 缓慢下降至 2.2，年均下降 4.6%；第四阶段为 2013 年至 2023 年，城乡食物消费差距进一步低速缩小，城镇居民与农村居民的人均食物消费支出之比由 2.2 低速下降至 1.6，年均下降 3.1%。

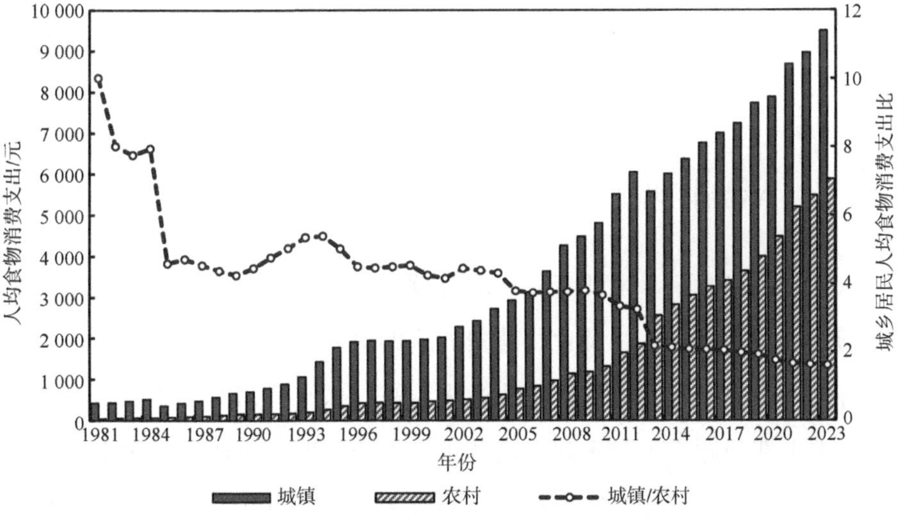

图 2.2　1981~2023 年城镇居民和农村居民人均食物消费支出

资料来源：国家统计局

城乡居民人均食物消费支出比指城镇居民人均食物消费支出与农村居民人均食物消费支出的比值

城乡食物消费结构的趋同是多种因素共同作用的结果。首先是收入因素。尽管城镇和农村居民的收入在改革开放以来都有大幅提升，但农村居民食物消费的收入弹性高于城镇居民（颜士锋，2009），食物消费随着收入的提升增长得更快，因此与城镇居民的消费差距不断缩小。根据国家统计局的数据，1981~2023 年农村居民和城镇居民的人均可支配收入分别由 223.0 元和 500.0 元提高至 21 691.0 元和 51 821.0 元。其次是市场经济建设。相比于城镇，农村基础设施不完善，食物市场发育程度低，食物获取成本较高。市场经济建设可扩展农村食物可获得性渠道，促进农村居民膳食也趋于多样化（谢清心等，2019；林大燕等，2021）。研究表明，市场经济建设降低了农民自产品的消费，在很大程度上提高了水产品、肉类和瓜果等品类的消费水平（周津春，2006）。最后是信息技术的发展和普及。随着网络科技的兴起，互联网媒体在农村的引导力加强，农村消费理念进一步升级（尹业兴等，2020；全世文和张慧云，2023），在摄入食物时也更多地考虑到膳食均衡和营养健康，促进食物消费结构不断调整优化，也促进了城乡食物消费差距的缩小。

2.1.4　食物消费峰值尚未到来

从发展趋势看，未来随着人口的持续增长及收入水平的继续提高、城镇化市场化的持续推进，以及食物消费方式的进一步转变，我国居民食物消费水平将进一步提高，食物消费峰值尚未到来。未来我国的食物消费不仅涉及食物供求平衡问题，更关乎到国家的粮食安全问题。对此，诸多学者及研究机构纷纷采用人均营养摄取推算法、趋势和经验估算法、结构模型预测法等各种方法对未来的食物消费进行了预测，尽管预测结果受预测方法等因素的影响有所差异，但均得到我国食物消费峰值尚未到来的结论。早期研究的预测结论是，中国将在 2020 年或此后的较短时期内基本完成食物消费结构升级，届时食物消费量会逐渐达峰并趋于稳定（毛学峰等，2014）。辛良杰等

（2018）预测中国食物消费量会先达峰而后下降到稳态，稳态形成的时间将在 2035 年前后。全世文和张慧云（2023）研究指出中国食物消费的特征是“总量增加、结构趋稳”，消费结构升级起步于改革开放前夕，2010 年前后已经先于消费总量达到稳定状态。如表 2.4 所示，2016 年根据农业部[①]市场预警专家委员会及其他学者和机构的预测，2025~2032 年我国谷物消费总量将进一步提升至 6.4 亿~8.7 亿吨，肉类、蛋类、奶类、水产品及植物油的消费总量分别可能最高达到 1.2 亿吨、0.4 亿吨、0.8 亿吨、0.8 亿吨和 0.5 亿吨。

表 2.4　2025~2032 年我国食物消费预测结果汇总（单位：亿吨）

作者	发表年份	预测年份	谷物	肉类	蛋类	奶类	水产品	植物油
农业部市场预警专家委员会	2016	2025	6.8	1.0	0.2	0.6	0.8	0.3
刘洋等	2018	2025	6.4	0.9	0.2	0.4	0.3	0.4
刘江	2000	2025	6.6	1.1	0.4	0.3	0.6	0.4
农业部市场预警专家委员会	2020	2029	7.4	0.8	0.4	0.7	0.7	—
程郁等	2016	2030	7.2	1.2	0.4	—	—	—
刘洋等	2018	2030	6.9	1.0	0.2	0.4	0.3	0.5
黄季焜和解伟	2022	2030	6.5	1.1	0.4	0.6	0.8	—
农业部市场预警专家委员会	2023	2032	8.7	1.0	0.4	0.8	0.3	0.4

资料来源：根据相关文献和报告整理

未来食物消费量的变化取决于人口的变化和人均食物消费的变化。人口增长对食物需求总量的增长具有决定性的影响。根据《国家人口发展规划（2016—2030 年）》，实施全面两孩政策后，“十三五”时期出生人口有所增多，但“十四五”以后受育龄妇女数量减少及人口老龄化带来的死亡率上

① 2018 年 3 月，根据第十三届全国人民代表大会第一次会议批准的国务院机构改革方案，将农业部的职责整合，组建中华人民共和国农业农村部，不再保留农业部。

升影响，我国人口在 2021~2030 年将进入发展的关键转折期，人口增长势能减弱，将在 2030 年前后达到峰值 14.5 亿人。在此情况下，如果不考虑人口年龄结构的变化，则我国谷物消费总量将在 2030 年达到峰值 6.6 亿吨，而如果进一步考虑人口老龄化等结构问题，我国谷物消费总量则会在 2025 年提前达到峰值 6.5 亿吨。

人均食物消费方面，随着我国居民收入的继续提高、城镇化及市场化的推进，我国居民的食物消费结构将进一步升级，未来大部分食物的人均消费量将进一步提高。研究表明，2021~2030 年我国城镇居民和农村居民的人均可支配收入将分别以 4.8%~5.6%及 5.3%~6.2%的速度保持增长，城镇化率到 2025 年将提高至 65%，到 2030 年将进一步提升至 70%。另据黄季焜和解伟（2022）的测算，尽管我国大米和小麦的人均消费量将分别比 2019 年下降 8 千克和 5 千克左右，但其他食物的人均消费量将大幅提高，肉类、蛋类、奶类、水产品、蔬菜和水果的人均消费量将分别比 2019 年增加 11.2 千克、1.1 千克、10.6 千克、4.4 千克、13.5 千克和 11 千克，增长幅度分别达到 19.8%、7.1%、24.1%、19.4%、7.0%和 12.7%，平均每年以 1.8%、0.6%、2.2%、1.8%、0.6%和 1.2%的速度增长。

食物消费峰值尚未到来意味着未来在中长期内，我国将面临着更多的食物消费需求，由此将给食物供给和粮食安全保障体系带来更大压力和更多挑战，不仅对稳定和提高国内粮食生产提出更高要求，也要求更好地防范粮食进口风险、更有力地保障粮食进口。

2.2 生产端：能力提升但压力加大

在我国粮食消费总量持续攀升以及消费结构提档升级的食物消费格局

下，城乡间食物消费差距缩小，然而食物消费的峰值尚未到来，在此食物消费发展趋势下，对我国粮食生产提出了更高的要求。本节将从我国粮食综合生产能力、三大主粮对粮食增产贡献率、粮食生产向主产区集中以及粮食增产动能衰减等多维视角切入，深入剖析改革开放以来我国粮食生产格局的变动，及其在新发展格局下的发展趋势。

2.2.1　综合能力稳步提升

新中国成立以后，尤其是自 1978 年改革开放以来，伴随党中央一系列支农惠农政策推动下的农民生产积极性的不断提高，我国粮食产量快速增长，生产供应形势不断向好。如图 2.3 所示，1978~2023 年，全国粮食产量由 30 477 万吨增长到 69 541 万吨，年均增长 1.9%，远高于同期我国人口 0.9%的年均增速。此外，由于不同时期支农政策影响下播种面积和单产变化的差异性，粮食产量增长呈现出一定的阶段性变化特征。具体而言，大致可以分为 4 个阶段。第一，粮食产量持续大幅增长阶段（1978~1984 年）。家庭承包责任制的实行和大幅度提高农副产品收购价格政策的推进，极大地调动了农民生产的积极性，推动粮食产量快速增长。1984 年，全国粮食产量突破 40 731 万吨，较 1978 年增长了 33.6%。第二，粮食产量在周期性波动中逐步提高阶段（1984~1998 年）。粮食产量变化基本呈现为“一年减、两年增、三年一轮”的周期性波动，且每经过一个波动周期，粮食产量就提高到一个新的水平。1998 年，全年粮食总产量超过 51 230 万吨，较 1984 年增长了 25.8%。第三，粮食连年减产的阶段（1998~2003 年）。由于粮食播种面积大幅减少和粮食单产水平的降低，除 2002 年粮食产量较上年略有增加外，其余年份粮食产量均有所降低。2003 年，全国粮食产量仅为 43 070 万吨，相较于 1998 年减少了 15.9%。第四，粮食连年增产丰产阶段

（2003 年至今）。伴随中央惠农政策密集出台且力度不断加大，农民和地方政府发展粮食生产、增加粮食投入和加强农业基础设施建设的积极性不断提高，粮食产量屡创新高。2003~2023 年，全国粮食产量由 43 070 万吨增长到 69 541 万吨，年均增长率达 2.4%；与此同时，全国人均粮食占有量也由 333 公斤增长到 493 公斤，大幅超过 FAO 所确定的人均 400 公斤的粮食安全标准线。我国的粮食生产实现十三连增，十九连丰，为保障国内粮食供应，乃至世界粮食安全做出重大贡献。

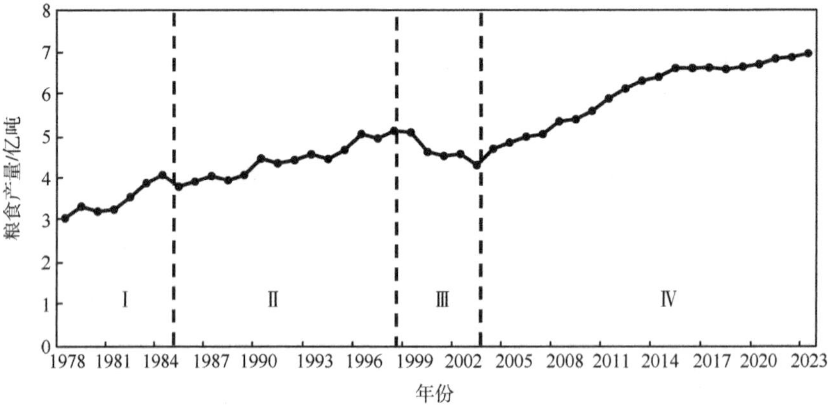

图 2.3　1978~2023 年我国粮食产量变动情况

资料来源：《中国统计年鉴》（历年）、《国家统计局关于 2023 年粮食产量数据的公告》

我国粮食产量增长和供应能力的提升，本质上是粮食单产提升和播种面积扩大共同作用的结果（王济民和肖红波，2013）。理论上讲，如果把粮食生产看作一个整体，则其增产的来源主要是通过总播种面积增加和粮食平均单产提高这两条路径来实现的。自 2004 年以来，在党中央“工业反哺农业”“多予少取放活”的方针指引下，农民生产积极性的快速提高带动农业生产要素持续高效投入，有效实现了种植面积扩大和单产水平提高合力作用下的粮食增产丰产。如表 2.5 所示，2003~2023 年，我国粮食播种面积由

14.9 亿亩增加到 17.8 亿亩，增长了 19.5%；粮食单产水平从 289.0 公斤/亩提高到 389.7 公斤/亩，提高了 34.8%。从粮食播种面积和单产对我国粮食总产量增长的贡献程度来看，与粮食播种面积扩大相比，单产提高对粮食增产的贡献率相对更大，是我国粮食综合生产能力提升的最主要驱动力。值得注意的是，近年来，由于技术进步和生物极限等原因，粮食单产提升对粮食增产的贡献率下降，而伴随国家耕地保护力度的加大，粮食播种面积扩大对粮食增产的贡献不断提升。2003~2023 年，粮食单产的贡献率由 25.3%增长到 58.4%，播种面积贡献率由 74.7%下降到 41.6%。考虑到我国“人多地少”的基本国情，我国粮食生产由依赖土地资源扩张向依靠技术进步和效率提升的转变，将是未来实现产量持续增长，确保国家粮食安全和农业可持续发展的重要基石。

表 2.5　2003~2023 年我国主要粮食作物对粮食生产总量的贡献率

年份	粮食播种面积/亿亩	粮食播种面积贡献率/%	粮食单产/（公斤/亩）	粮食单产贡献率/%
2003	14.9	74.7	289.0	25.3
2004	15.2	26.7	307.7	73.3
2005	15.6	82.7	309.4	17.3
2006	15.7	23.1	316.3	77.0
2007	15.9	82.5	317.0	17.5
2008	16.1	25.6	331.0	74.4
2009	16.5	265.0	325.9	−165.0
2010	16.8	36.0	333.7	64.0
2011	17.0	23.1	347.0	76.9
2012	17.2	31.0	356.7	69.1
2013	17.4	46.5	362.4	53.5
2014	17.6	84.3	363.3	15.7
2015	17.8	39.9	370.4	60.1
2016	17.9	−147.8	369.0	247.8
2017	17.7	−348.1	374.1	448.1

续表

年份	粮食播种面积/亿亩	粮食播种面积贡献率/%	粮食单产/（公斤/亩）	粮食单产贡献率/%
2018	17.6	133.7	374.8	–33.7
2019	17.4	–92.9	381.4	192.9
2020	17.5	80.7	382.0	19.3
2021	17.6	35.8	387.1	64.3
2022	17.8	110.6	386.8	–10.6
2023	17.8	41.6	389.7	58.4

资料来源：《中国统计年鉴》（历年）、《国家统计局关于 2023 年粮食产量数据的公告》

注：粮食播种面积贡献率=粮食播种面积增长率/粮食总产量的增长率，粮食单产贡献率=1－粮食播种面积贡献率；小计数字的和可能不等于总计数字，是因为有些数据进行过舍入修约

2.2.2 品种结构不断优化

伴随着粮食生产总量的持续增长，我国粮食生产品种结构也发生了较为明显的变化。一方面，居民收入水平提高和消费结构转型升级推动下的稻谷、小麦等口粮需求及玉米等饲料粮需求的结构性变化，使得口粮播种面积明显减少，而饲料粮播种面积不断扩大。2003~2023 年，我国稻、麦播种面积合计由 7.3 亿亩增加到 7.8 亿亩，但占我国粮食播种面积的比重由 48.8%下降至 44.2%；玉米播种面积由 3.6 亿亩增加到 6.6 亿亩，增加了 83.3%，占我国粮食播种面积的比重由 24.2%增加至 37.2%，并一举超越稻谷成为中国第一大粮食作物（表 2.6）。此外，大豆作为我国重要的饲料粮组成部分，播种面积在经历自 2003 年以来的持续下滑后，近年来也呈现出显著扩大趋势。考虑到玉米、大豆在中国很多地方生长周期上的重叠关系，且伴随着大量进口低价大豆的冲击，在很多地区国产大豆改种玉米这一现象较为普遍，使得大豆播种面积经历了较长时间的下滑。2003~2015 年，大豆播种面积由 1.4 亿亩下降到 1.0 亿亩，下降了 28.6%，占粮食播种面积的比重由 9.4%下降到 5.7%。2015 年以来，在政府政策支持和鼓励下，为提高国内大

豆自给率，减少对进口的依赖，大豆播种面积有了明显增长，2023 年达到了 1.6 亿亩，增长了 53.4%，占粮食播种面积的比重增长了 3.1 个百分点。

表 2.6　2003~2023 年我国主要粮食作物的播种面积及占比变化

年份	稻谷		小麦		玉米		大豆	
	面积/亿亩	占比/%	面积/亿亩	占比/%	面积/亿亩	占比/%	面积/亿亩	占比/%
2003	4.0	26.7	3.3	22.1	3.6	24.2	1.4	9.4
2004	4.3	27.9	3.2	21.3	3.8	25.0	1.4	9.4
2005	4.3	27.7	3.4	21.9	4.0	25.3	1.4	9.2
2006	4.3	27.6	3.5	22.5	4.3	27.1	1.4	8.9
2007	4.3	27.3	3.6	22.4	4.5	28.3	1.3	8.3
2008	4.4	27.3	3.6	22.0	4.6	28.8	1.4	8.6
2009	4.5	27.0	3.7	22.2	4.9	29.9	1.4	8.5
2010	4.5	27.0	3.7	21.9	5.2	31.3	1.3	7.8
2011	4.6	26.9	3.7	21.7	5.5	32.5	1.2	7.2
2012	4.6	26.7	3.7	21.5	5.9	34.2	1.1	6.5
2013	4.6	26.5	3.7	21.1	6.2	35.6	1.1	6.1
2014	4.6	26.2	3.7	20.8	6.4	36.6	1.1	6.0
2015	4.6	25.9	3.7	20.7	6.7	37.8	1.0	5.7
2016	4.6	25.8	3.7	20.7	6.6	37.1	1.1	6.4
2017	4.6	26.1	3.7	20.8	6.4	35.9	1.2	7.0
2018	4.5	25.8	3.6	20.7	6.3	36.0	1.3	7.2
2019	4.5	25.6	3.6	20.4	6.2	35.6	1.4	8.0
2020	4.5	25.8	3.5	20.0	6.2	35.3	1.5	8.5
2021	4.5	25.4	3.5	20.0	6.5	36.8	1.3	7.2
2022	4.4	24.9	3.5	19.9	6.5	36.4	1.5	8.7
2023	4.3	24.3	3.5	19.9	6.6	37.2	1.6	8.8

资料来源：《中国统计年鉴》（历年）、《国家统计局关于 2023 年粮食产量数据的公告》

另一方面，不同粮食作物播种面积变化导致相应粮食产量增长及其对粮食总产量增长的贡献程度出现较大差异。其中，在市场需求引导、政策激励、技术进步和市场机制等支持下，玉米产量的增长最为引人注目，由

2003 年的 11 583 万吨增长至 2023 年的 28 884 万吨，增长近 1.5 倍，占粮食总产量的比重也由 26.9%上升到 41.5%，成为促进我国粮食增产的绝对主力，对粮食增产的贡献率高达 65.4%（表 2.7）。同时，稻谷和小麦产量也呈现快速增长趋势，两者对于全国粮食增产的贡献分别达到 17.4%和 18.9%。但稻谷增产的速度慢于粮食总产量增长的平均速度，导致其在全国粮食总产中的占比有所下降，小麦的占比则变化不大。大豆产量变动趋势同其播种面积变化的趋势类似，2003~2015 年，伴随播种面积的减少，大豆产量持续下滑，由 1539 万吨下降至 1237 万吨，下降了 19.6%，占粮食总产量的比重下降了 1.7 个百分点；2015 年以来，在政策激励和技术支持下，大豆产量有了明显增长，由 2016 年的 1360 万吨增长到 2023 年的 2084 万吨，增长了 53.2%，其对粮食增产的贡献达到了 2.1%。

表 2.7　2003~2023 年我国主要粮食作物的产量变动及增产贡献

年份	稻谷		小麦		玉米		大豆	
	产量/万吨	占比/%	产量/万吨	占比/%	产量/万吨	占比/%	产量/万吨	占比/%
2003	16 066	37.3	8 649	20.1	11 583	26.9	1 539	3.6
2004	17 909	38.2	9 195	19.6	13 029	27.8	1 740	3.7
2005	18 059	37.3	9 745	20.1	13 937	28.8	1 635	3.4
2006	18 172	36.5	10 847	21.8	15 160	30.4	1 508	3.0
2007	18 638	37.0	10 949	21.7	15 512	30.8	1 279	2.5
2008	19 261	36.1	11 290	21.1	17 212	32.2	1 571	2.9
2009	19 620	36.4	11 580	21.5	17 326	32.1	1 522	2.8
2010	19 723	35.3	11 609	20.8	19 075	34.1	1 541	2.8
2011	20 288	34.5	11 857	20.2	21 132	35.9	1 488	2.5
2012	20 653	33.7	12 247	20.0	22 956	37.5	1 344	2.2
2013	20 629	32.7	12 364	19.6	24 845	39.4	1 241	2.0
2014	20 961	32.8	12 824	20.1	24 976	39.1	1 269	2.0
2015	21 214	32.1	13 256	20.1	26 499	40.1	1 237	1.9
2016	21 109	32.0	13 319	20.2	26 361	39.9	1 360	2.1

续表

年份	稻谷		小麦		玉米		大豆	
	产量/万吨	占比/%	产量/万吨	占比/%	产量/万吨	占比/%	产量/万吨	占比/%
2017	21 268	32.2	13 424	20.3	25 907	39.2	1 528	2.3
2018	21 213	32.2	13 144	20.0	25 717	39.1	1 597	2.4
2019	20 961	31.6	13 360	20.1	26 078	39.3	1 809	2.7
2020	21 186	31.6	13 425	20.1	26 067	38.9	1 960	2.9
2021	21 284	31.2	13 694	20.1	27 255	39.9	1 640	2.4
2022	20 850	30.4	13 772	20.1	27 720	40.4	2 029	3.0
2023	20 660	29.7	13 659	19.6	28 884	41.5	2 084	3.0
2003~2023 年增长率/%	28.6		57.9		149.4		35.4	
2003~2023 年贡献率/%	17.4		18.9		65.4		2.1	

资料来源：《中国统计年鉴》（历年）、《国家统计局关于 2023 年粮食产量数据的公告》

2.2.3　地域分布趋于集中

历史上我国的主要粮食产量都倚仗南方。江南一带实属鱼米之乡，水资源丰沛，地形平坦，土地肥沃，风景优美。然而，随着经济中心的向南移动，在过去的 30 年间，曾经粮食丰产的江南地区逐步转变为现在的城市工业区域，耕地面积大量减少，而那些经济相对落后的北方地区，现在成为全国粮食产量的主要贡献者，因此便形成了从过去的“南粮北运”到现在的“北粮南运”。同时，我国水土资源分配不均，南方水多地少，北方地多水少，因此粮食产量在地域上会受到水土资源空间分布的影响（李天祥和朱晶，2014）。图 2.4 给出了 1981~2023 年我国南北方粮食产量的变化情况，从中可以看出，从 1981 年到 2004 年，南方粮食产量始终高于北方粮食产量，一直到 2005 年，北方粮食产量才超过了南方粮食产量，且不断增加，成为我国粮食产量的主要贡献者。根据图 2.4 的折线图也可以发现，我国粮食生产呈现明显的“南粮北运”向“北粮南运”转变的趋势。

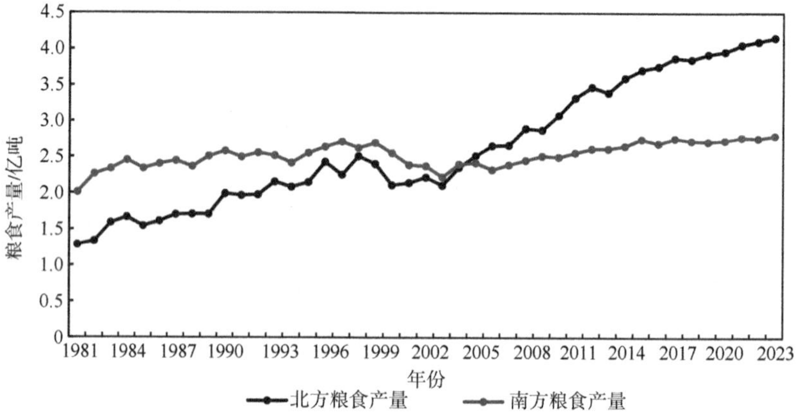

图 2.4　1981~2023 年南北方粮食产量

资料来源：《中国统计年鉴》（历年）、《国家统计局关于 2023 年粮食产量数据的公告》

北方包括山东、河南、山西、陕西、甘肃、青海、新疆、河北、天津、北京、内蒙古、辽宁、吉林、黑龙江、宁夏 15 个省区市，南方包括江苏、安徽、湖北、重庆、四川、西藏、云南、贵州、湖南、江西、广西、广东、福建、浙江、上海、海南 16 个省区市

同时，根据地理环境、生产技术、气候条件等因素，将我国分为粮食主产区、粮食主销区和粮食平衡区。其中，粮食主产区是指在地理、土壤、气候方面具有生产某些粮食的优势的区域；粮食主销区是指经济相对发达，人口相对稠密，具有较大的粮食消费需求的区域；粮食产销平衡区是指生产的粮食供给当地的区域。根据表 2.8 中 1981 年到 2023 年主产区、主销区和产销平衡区粮食产量的数据可以看出，粮食主产区的粮食产量占全国粮食产量的大部分比例，粮食产销平衡区的粮食产量占比较小，粮食主销区占全国粮食产量的比例最小，而全国粮食产量的增加也主要来自粮食主产区。

表 2.8　1981~2023 年我国主产区、主销区、产销平衡区粮食产量（单位：亿吨）

阶段	主产区	主销区	产销平衡区
1981~1984 年	10.4	2.0	2.3
1985~1998 年	45.0	7.1	9.9

续表

阶段	主产区	主销区	产销平衡区
1999~2003 年	16.5	2.1	4.5
2004~2023 年	93.4	6.0	21.6

资料来源：《中国统计年鉴》（历年）、《国家统计局关于 2023 年粮食产量数据的公告》

注：粮食主产区包括黑龙江、吉林、辽宁、河北、山东、内蒙古、四川、河南、江西、湖南、湖北、江苏、安徽 13 个省区，主销区包括北京、天津、上海、浙江、福建、广东、海南 7 个省市，产销平衡区包括山西、宁夏、青海、甘肃、西藏、云南、贵州、重庆、广西、陕西和新疆 11 个省区市

伴随着我国粮食生产越来越向主产区和少数省份集中，粮食生产重心北移趋势愈发明显，粮食主产区的资源环境约束显著增强。如表 2.9 所示，2003~2023 年，13 个主产区的粮食产量占全国粮食总产量的比重已由 71.0%增长到 77.9%，尤其是黑龙江、吉林、辽宁、内蒙古、河北、河南、山东北方 7 省区的这一比重明显提升，由 39.5%增长到 49.7%。同期，这北方 7 省区的粮食播种面积从 60 309 万亩增长到 85 140 万亩，增幅超过 40%。粮食生产高度向少数省份集中，不仅极大地增加了粮食主产区的资源环境压力，不利于全国各个区域之间的协调发展（罗万纯，2020），而且还有可能进一步降低粮食主销区和产销平衡区的生产积极性（朱晶等，2021a；高鸣和赵雪，2023；宋洪远和魏佳朔，2024）。这就导致一旦少数粮食主产区发生重大疫情或自然灾害，全国粮食安全形势必然受到波及，可能会极大地增加我国未来粮食安全保障的风险隐患。

表 2.9　2003~2023 年我国粮食主产区、主销区和产销平衡区产量及播种面积的变动情况

指标	区域	2003 年		2008 年		2015 年		2023 年	
		数量	比重/%	数量	比重/%	数量	比重/%	数量	比重/%
产量/万吨	主产区	30 579	71.0	40 646	76.1	51 606	78.1	54 171	77.9
	主销区	3 418	7.9	3 128	5.9	2 823	4.3	2 987	4.3
	产销平衡区	9 073	21.1	9 661	18.1	11 632	17.6	12 383	17.8
	北方 7 省区	17 024	39.5	24 259	45.4	32 295	48.9	34 585	49.7

续表

指标	区域	2003 年		2008 年		2015 年		2023 年	
		数量	比重/%	数量	比重/%	数量	比重/%	数量	比重/%
播种面积/万亩	主产区	102 823	69.0	116 988	72.5	133 650	74.9	133 804	75.0
	主销区	10 140	6.8	8 776	5.4	7 507	4.2	7 463	4.2
	产销平衡区	36 152	24.2	35 553	22.0	37 287	20.9	37 186	20.8
	北方 7 省区	60 309	40.4	71 209	44.1	84 462	47.3	85 140	47.7

资料来源：《中国统计年鉴》（历年）、《国家统计局关于 2023 年粮食产量数据的公告》

注：北方 7 省区包括黑龙江、吉林、辽宁、河北、山东、内蒙古和河南

2.2.4 高位护盘压力增大

虽然从 2003 年开始我国粮食生产总量稳步增长，但是伴随着我国粮食生产和产量的基数越来越高，在资源环境硬约束和边际产出递减规律的作用下，我国粮食高位护盘、高位增产的压力也越来越大。从粮食生产发展势头来看，我国粮食增产速度显现出持续放缓迹象。如表 2.10 所示，在“十五”期间，我国粮食生产总量由 2001 年的 4.5 亿吨增长至 2005 年的 4.8 亿吨，增幅为 6.7%；“十一五”期间，我国粮食生产总量由 2006 年的 5.0 亿吨增长至 2010 年 5.6 亿吨，粮食产量大幅增长，增幅为 12.0%；在“十二五”期间，我国粮食生产总量由 5.9 亿吨提升至 6.6 亿吨，增幅仍保持在 11.9%；而在“十三五”期间，粮食生产总量则由 2016 年的 6.6 亿吨增长至 2020 年的 6.7 亿吨，仅增产 0.1 亿吨，增长率出现大幅下降，仅为 1.5%，我国粮食总产量的增速势头变缓。对我国粮食的播种面积而言，“十五”期间，粮食播种面积下降，增长率为−1.7%；而在“十一五”期间，粮食播种面积大幅增长，从 2006 年的 15.7 亿亩增长至 2010 年的 16.8 亿亩，增长率高达 7.0%；“十二五”期间，虽然粮食播种面积绝对量稳步增长，但其增长率却小幅降低，为 5.3%；“十三五”期间，粮食播种面积呈现缩减趋势，缩减了 0.1 亿亩，增长率为−2.1%。从我国粮食单产数据可以发现，

2001~2020 年，我国粮食单产的增速呈现波动下降的趋势。具体而言，在“十五”期间，粮食单产增长率高达 8.6%，而在“十一五”期间则降低至 5.5%；“十二五”期间，单产增长率小幅提升，达到 6.6%；到了“十三五”期间，单产增长率下降至 3.5%。由此可以发现，我国粮食持续增产的势头衰减，增产风险加大，增产难度有所提升。

表 2.10　不同时期我国粮食产量、播种面积和单产的增长率变化情况（单位：%）

时期	产量增长率	播种面积增长率	单产增长率
“十五”	6.7	−1.7	8.6
“十一五”	12.0	7.0	5.5
“十二五”	11.9	5.3	6.6
“十三五”	1.5	−2.1	3.5

资料来源：《中国统计年鉴》（历年）

同时，通过前文对不同粮食物种对我国粮食总产量的贡献率展开测算可以发现，玉米产量一直处于较高的生产水平，是推动我国粮食生产总量增长的重要贡献因素。玉米、稻谷等高产作物播种面积的不断扩大，以及大豆等低产作物播种面积的缩减，使得高产量作物对部分低产量作物产生替代，进而在前期显著推动了我国粮食生产总量的增长。然而，随着我国大豆进口数量的增长以及国家“大豆振兴”计划的实施，通过挖掘不同粮食作物品种间的单产差，进而利用高产作物替代低产作物，实现粮食总量的增长举措已不可行，这在一定程度上也会导致我国粮食生产总量的增长率下降。

此外，国内水资源短缺以及时空分布不均的现象持续存在，尤其粮食生产重心北移导致生产与水资源空间匹配状态进一步恶化。作为主要粮食生产基地的北方地区，尽管拥有全国 64.1%的耕地，但水资源总量却仅占全国的 19%（何可和宋洪远，2021），且我国农业用水效率并不高，农田灌溉水有效利用系数仅为 0.568（高丹桂和王建华，2023），粮食生产面临严峻的水资源约束。除北方地区以外，南方地区尽管水资源丰富，但土地资源短缺，水土资源匹配存在严重的空间错位，进一步加剧了农业生产压力。再加上在工业化、城市化发展的进程中，耕地利用的“非农化”“非粮化”倾向明显，更是显著增加了粮食生产高位护盘、高位增产的难度。

2.3 贸易端：重要性上升且引入新风险

随着我国居民粮食消费总量的持续提升，国内粮食产需缺口进一步扩大，粮食贸易日益成为满足国内需求的有益补充。自新中国成立以来，我国的粮食贸易形势发生了巨大转变，尤其是自加入 WTO 以来，我国逐渐从一个粮食净出口国转变为国际市场上重要的粮食净进口国。粮食进口一方面缓解了国内资源环境压力，满足了高品质消费需求并促进了种植结构调整，另一方面也带来了风险与挑战，给粮食安全造成压力。本节将从我国粮食贸易发展情况、净进口格局的产生、粮食进口带来的优势以及风险等方面展开，深入剖析我国粮食贸易格局的变动及其发展趋势。

2.3.1 规模持续扩大

考虑到我国粮食消费的峰值远未到来，面对国内生产资源短缺、技术水平落后、消费持续增长的多重压力，粮食进口不可避免。粮食贸易一方面有助于我国农业打开大门“走出去”，开辟海外市场，出口创汇；另一方面也有利于我国融入国际市场，发挥比较优势。在此背景下，我国粮食贸易规模持续扩大。尤其是自加入 WTO 以来，我国粮食贸易规模发生了质的变化。如图 2.5 所示，在 2001~2006 年的入世过渡期内，我国粮食出口量由 991.2 万吨减少至 774.4 万吨，减少了约 22%；粮食进口总量由 1950.4 万吨增长至 3713.8 万吨，增长了约 90%；粮食贸易总量由 2941.6 万吨迅速扩大到 4488.2 万吨，年均增长率达 8.8%。在这一阶段，稻谷的贸易总量出现了一定程度的下降，由 212.8 万吨减少至 195.9 万吨；小麦的贸易总量由 145.2 万吨增长至 212.3 万吨，年均增长率为 7.9%；玉米的贸易总量由 603.9 万吨减少至 316.4 万吨，减少约 50%；大豆的贸易总量由 1418.7 万吨增长至 2861.6 万吨，增长了一倍以上，至此我国粮食市场对外开放的步伐越走越快。

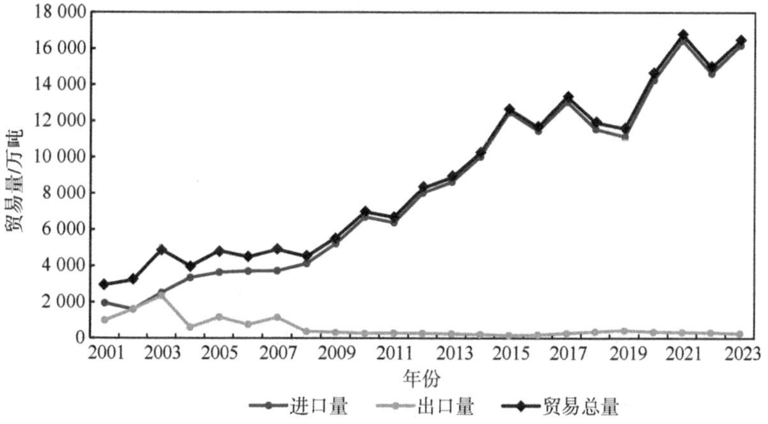

图 2.5　2001~2023 年我国粮食贸易情况

资料来源：国家统计局、海关总署

2006 年以后，粮食贸易的大门基本已向世界开放。在 2007~2023 年，我国粮食贸易总量由 4900.5 万吨增加至 16 458.0 万吨，扩大了 2.4 倍。其中，粮食出口总量由 1169.5 万吨减少至 262.0 万吨，减少 77.6%；进口总量由 3731.0 万吨增加至 16 196.0 万吨，增加了 3.3 倍。在这一阶段，稻谷的贸易总量由 183.1 万吨增长至 423.0 万吨，年均增长率为 5.4%；玉米的贸易总量由 495.6 万吨增加至 2713.0 万吨，年均增长率为 11.2%；小麦的贸易总量由 317.4 万吨增加至 1211.7 万吨，年均增长率为 8.7%；大豆的贸易总量由 3 127.3 万吨增长至 9952 万吨，年均增长率为 7.5%。

2.3.2 “小出”转为“大进”

粮食贸易规模不断扩大的同时，我国在国际粮食市场上的贸易结构也发生了显著变化，由一个主要的粮食净出口国转变为净进口国。分阶段来看，新中国成立初期到改革开放以前，我国建立并实行由外贸部门统一领导、统一管理，外贸专业公司统一经营的高度集中的外贸专营体制（袁欣和宁静，2008），粮食产品主要用于出口创汇与调剂余缺。1978 年 12 月召开的党的十一届三中全会做出了实行改革开放的重大决策，启动了农村改革的进程。此后在制度变革的强烈刺激下，国内农业生产迅速发展，主要粮食作物连年增产，为发展出口贸易提供了稳定的产品来源，对原有农产品外贸管理体制进行改革的客观要求也变得日益迫切（农业部农产品贸易办公室和农业部农业贸易促进中心，2006）。为顺应形势发展的需要，我国政府开始加快外贸体制改革步伐并在外贸管理领域推动了一系列政策变革以鼓励粮食出口，粮食贸易出口创汇以支持整个国民经济发展的功能依然突出。2001 年加入 WTO 后，我国粮食贸易的重心日渐转移至进口，进口规模持续扩大并超过出口，我国由此成为世界上重要的粮食净进口国家。

按照我国现行的粮食统计口径计算，从 2001~2023 年，我国粮食净进口量已经从 959.2 万吨快速增长到 15 934.0 万吨，年均增幅超过 13.6%。如表 2.11 所示，主要粮食物种净进口规模均有所增长，2011 年我国稻谷当年进口总量首次超过出口总量，在 2001~2023 年，我国稻谷的进口量由 26.9 万吨增长至 263.0 万吨，年均增长率达 10.9%，净进口量则由−159.0 万吨增长至 103.0 万吨。同期，我国小麦始终呈现净进口局面，且净进口规模不断扩大，进口量由 73.9 万吨增长至 1210.0 万吨，年均增长率达 13.6%，净进口量则由 2.6 万吨增长至 1208.4 万吨。2010 年我国玉米当年进口总量首次超过出口总量，约为出口总量的 12.4 倍。在 2001~2023 年，我国玉米的进口量由 3.9 万吨增长至 2713.0 万吨，年均增长率高达 34.6%。谷物净进口规模的扩大也十分明显，2009 年谷物进口首次超过出口，并于 2023 年达到 5905.5 万吨，较入世初期增长了 16.1 倍，年均增长率达到 13.8%。截至 2011 年我国包含三大主粮在内的谷物类产品已经出现全面净进口，且净进口规模持续增加。

表 2.11　2001~2023 年我国主要粮食物种进出口情况（单位：万吨）

品种	年份	进口量	出口量	净进口量
稻谷	2001	26.9	185.9	–159.0
	2005	51.4	67.4	–16.0
	2010	38.8	62.2	–23.4
	2015	337.7	28.7	309.0
	2020	294.3	230.5	63.8
	2023	263.0	160.0	103.0
小麦	2001	73.9	71.3	2.6
	2005	353.9	60.5	293.4
	2010	123.1	27.7	95.4
	2015	300.6	12.2	288.4
	2020	837.6	18.1	819.5
	2023	1 210.0	1.7	1 208.4
玉米	2001	3.9	600.0	–596.1
	2005	0.4	864.2	–863.8
	2010	157.3	12.7	144.6
	2015	473.0	1.1	471.9
	2020	1 129.6	0.3	1 129.3
	2023	2 713.0	0.0	2 713.0
大豆	2001	1 393.9	24.8	1 369.1
	2005	2 659.0	39.6	2 619.4

续表

品种	年份	进口量	出口量	净进口量
大豆	2010	5 479.8	16.4	5 463.4
	2015	8 169.2	13.4	8 155.8
	2020	10 032.7	7.9	10 024.8
	2023	9 941.0	11.0	9 930.0

资料来源：国家统计局、海关总署

大豆的进口最为引人注目，是我国粮食进口总量中占比最大的粮食产品。1996 年我国由大豆净出口国转变为净进口国，在 2001~2020 年，我国大豆的进口量由 1393.9 万吨增长至 10 032.7 万吨，年均增长率为 11%以上，净进口量则由 1369.1 万吨增长至 10 024.8 万吨。值得注意的是，即使在中美经贸摩擦期间，我国由于战略需要减少了当年的美国大豆进口，但仍从巴西进口了部分大豆进行替代，因此当年的进口规模虽有所减少但依然十分可观。2020 年新冠疫情暴发，我国的大豆进口不降反增，突破 1 亿吨大关。2021 年以来，大豆的进口量连续两年下滑，2023 年略有回升，达到 9941.0 万吨。

除主要粮食产品以外，我国还从国际市场进口大麦、高粱、干酒糟及其可溶物（distillers dried grains with solubles，DDGS）等产品。以大麦为例，大麦既是畜牧业的重要饲料，也是啤酒工业的主要原料。近年来，伴随着国内啤酒产业对酿酒用大麦的需求量不断提高，我国在世界大麦生产、消费和贸易中的地位在逐年提升。2001~2023 年，大麦进口量由 236.8 万吨增至 1132.0 万吨，年均增长率为 7.4%，进口规模仍在持续增长。

2.3.3 粮食安全重要组成

近年来我国居民的食物消费结构、消费类型及消费方式发生巨大改变，多元化、营养化、精细化的食物消费需求快速增长，推动油料、饲料粮消费需求不断扩大。一方面居民膳食结构升级步伐加快，另一方面国内资源环境硬约束的压力趋紧，导致国内粮食产量增长步伐仍然难以跟上消费需求增长速度，从国际市场进口粮食尤其是饲料粮日益成为补充国内粮食供给不可或缺的重要组成部分。2001~2018 年，我国饲料粮消费量由 9903 万吨增长至 17 980 万吨，年均增长率约为 3.6%。截至 2018 年，饲料粮已经超越口粮成为我国粮食消费比重最高的类别，占到全国粮食消费总量的 32%以上（曾勰婷等，2021；刘长全等，2023）。与此同时，城乡居民在外饮食消费的比例不断提高，休闲型消费、体验型消费、品质型消费需求逐年上升，我国粮食消费需求在今后较长时期仍将保持增长态势，这使得粮食进口在今后很长一段时间内成为必然。

除此之外，我国粮食进口还与国内外粮食的品质差异有着密切的联系。当前我国粮食供应总量有余与结构性矛盾并存，本质上凸显出国内粮食供需结构上的不匹配，而且主要表现为质量上的不匹配，而非简单的数量上的不匹配。以小麦为例，随着人民生活水平的提高，对小麦的消费需求不仅表现在传统面食上，对面包、糕点的需求也不断增加。然而，我国生产的小麦多数为中强筋小麦，生产糕点的弱筋小麦和生产面包的强筋小麦很少，只占小麦总产的 20%左右（韩一军等，2017）。尽管近年来小麦的年产量均在 1.3 亿吨以上，但是我国每年仍需进口 300 万~400 万吨的强筋小麦和弱筋小麦来满足国内需求。可以说国内粮食进口的一部分是品质调剂型的，主要用于满足居民对于高品质食物的追求。

同时，粮食进口在我国粮食安全和资源可持续性方面也发挥着重要作用。对于我国而言，由于农业资源和生态环境对粮食生产的制约在逐步加大，以土地密集型农产品为主的进口模式有利于减轻国内的资源环境压力（倪洪兴，2019；江立君和胡冰川，2021；杨雪等，2021；宋洪远和江帆，

2023）。如表 2.12 所示，2001~2023 年，我国主要粮食产品虚拟耕地资源净进口由 1.3 亿亩增加到 8.5 亿亩，增长了 5.5 倍，年均增长 8.9%，虚拟水资源净进口由 337.9 亿立方米增加到 2258.4 亿立方米，增长了 5.7 倍，年均增长 9.0%。分品种来看，仅大豆一个品种就节约了十分可观的水土资源。2023 年大豆进口量为 9941.0 万吨，相当于进口了 7.4 亿亩的虚拟土资源，占粮食播种面积的 41.5%；相当于进口了 1969.0 亿立方米的水资源，占我国农业用水量的 53.6%。可以预见，随着我国居民生活水平的不断提高，对粮食的需求总量仍将继续增加，这势必会加剧我国水土资源的紧张局面，那么粮食进口作为我国利用国外水土资源的良好途径，未来将发挥更大的作用。

表 2.12　2001~2023 年我国主要粮食进口虚拟土、虚拟水情况

年份	虚拟土进口面积/（$\times 10^6$ 万亩）					虚拟水进口量/亿米 ^{3}				
	稻谷	小麦	玉米	大豆	合计	稻谷	小麦	玉米	大豆	合计
2001	0.7	2.9	0.1	128.7	132.3	3.0	7.3	0.3	327.3	337.9
2002	0.6	2.5	0.0	89.6	92.7	2.7	6.5	0.1	222.3	231.5
2003	0.6	1.7	0.0	188.3	190.6	2.5	3.6	0.0	383.3	389.4
2004	1.8	25.6	0.0	167.2	194.6	7.4	59.5	0.0	343.3	410.2
2005	1.2	12.4	0.0	234.0	247.6	5.3	29.0	0.0	495.5	529.8
2006	1.7	2.0	0.2	261.3	265.2	6.6	4.6	0.4	503.8	515.4
2007	1.1	0.3	0.1	316.4	318.0	4.6	0.8	0.3	723.5	729.1
2008	0.8	0.1	0.1	326.2	327.3	3.0	0.3	0.3	690.1	693.8
2009	0.8	2.9	0.2	385.4	389.3	3.3	6.1	0.5	742.3	752.2
2010	0.9	3.9	4.3	454.2	463.3	3.7	8.9	10.8	1021.3	1044.7
2011	1.3	3.9	4.6	418.6	428.4	5.4	8.7	11.1	890.0	915.2
2012	5.2	11.1	13.3	467.3	497.0	22.5	28.6	37.0	1109.3	1197.5
2013	5.1	16.4	8.1	520.2	549.8	21.4	38.5	20.9	1261.5	1342.2
2014	5.7	8.6	6.7	573.9	594.9	22.4	17.4	15.1	1287.0	1341.9
2015	7.4	8.4	12.0	644.5	672.2	33.6	21.2	33.6	1674.1	1762.5
2016	7.8	9.5	8.0	666.6	691.8	31.0	21.0	19.6	1584.1	1655.7

续表

年份	虚拟土进口面积/（$\times 10^6$ 万亩）					虚拟水进口量/亿米^3				
	稻谷	小麦	玉米	大豆	合计	稻谷	小麦	玉米	大豆	合计
2017	8.7	12.1	6.9	773.2	801.0	38.3	30.0	19.0	1892.2	1979.4
2018	6.6	8.6	8.7	695.6	719.4	29.3	21.0	23.7	1743.6	1817.6
2019	5.4	9.3	11.8	684.6	711.1	24.2	23.7	33.4	1753.1	1834.4
2020	6.3	21.9	26.8	758.8	813.8	28.0	56.8	75.9	1987.2	2147.9
2021	10.5	25.2	67.6	743.2	846.5	47.2	66.3	190.6	1911.8	2215.9
2022	13.1	25.5	48.1	690.0	776.7	58.9	67.6	138.6	1804.0	2069.1
2023	5.5	31.4	62.3	749.2	848.4	25.0	82.1	182.3	1969.0	2258.4

资料来源：国家统计局、海关总署

注：①虚拟土含量=进口量×单位农作物虚拟土含量，其中单位农作物虚拟土含量为农作物播种面积与产量的比值；②虚拟水含量=进口量×单位质量虚拟水含量，单位质量虚拟水含量来源于杨雪等（2021）的研究

粮食进口不仅节约了大量的水土资源，更能通过发挥比较优势，对优化国内资源配置以及促进农业结构调整产生积极的影响。由于国内耕地资源有限，且居民对玉米、小麦、水稻的需求量远高于大豆，因而增加大豆的进口一定程度上有助于保证其他谷物类作物的播种面积，为我国以较低的经济成本维持较高的谷物自给率创造了条件。

由于季节性天气变化和其他因素，粮食进口亦可缓解国内短缺问题，因此贸易有助于应对气候变化对农业的潜在影响。气候变化将给世界上多个区域带来负面影响，尤其是低纬度地区，非洲、亚洲、拉丁美洲的许多国家长久以来就饱受贫穷、粮食不安全、各种形式营养不良之苦。国际食物政策研究所（International Food Policy Research Institute，IFPRI）的国际农产品及贸易政策分析模型（international model for policy analysis of agricultural commodities and trade，IMPACT）预测表明气候变化会使农产品产量减少，而且气候变化对谷物生产和净贸易流量的不利影响远大于其他商品类别（IFPRI，2019）。这说明随着时间的推移，粮食进口对粮食安全平衡和稳定

的作用将变得越来越重要，进口可以部分抵消当地气候变化对生产力的影响，从而使我国获得更高的粮食安全度。

此外，粮食进口在推动减少温室气体排放和减少环境污染方面发挥了重要的作用，为我国资源环境可持续保留了空间。在日益严峻的气候变化背景下，全世界各个领域都需要严格控制二氧化碳的排放量来减缓气候变暖的趋势（Liu et al.，2019；Yin et al.，2023）。在国内农业节能减排迫切的形势下，粮食进口一方面能直接减少国内相应产品的生产从而降低碳排放，另一方面能通过提高环境资源配置效率，调整产业结构对农业碳排放绩效产生正向影响。因此，在农业碳排放总量受到约束的情况下，进口粮食在一定程度上将减少国内的碳排放压力。

2.3.4　新型风险来源

我国粮食进口规模庞大，占世界粮食进口总比重较大，部分粮食产品如大豆的消费主要依靠进口满足，使得国际粮食市场日益成为满足国内粮食需求的重要部分。然而，随着我国与国际市场的关联程度日益紧密以及粮食进口规模的不断增长，国内粮食市场受国际市场及全球政治与经贸环境变化的影响也在日益加大，我国粮食安全也开始面临前所未有的外部挑战，粮食进口的压力以及风险显著增加。

首先，受低关税保护、高开放水平及日益严峻的国内粮食供需压力等一系列因素的驱动，国内循环已经受到了世界粮食市场和国际大循环的剧烈冲击，突出表现是：近年来出现了大量超过正常产需缺口的粮食进口及由此引发的“三量齐增”问题。一方面，国内粮食生产成本持续攀升，推动基于生产成本的粮食支持保护价格不断被抬高（朱晶等，2018）。另一方面，国际粮价在新冠疫情暴发之前总体呈现下行走势，导致国内外粮价严重倒挂。此外，受入世承诺约束，相比欧美国家和地区及 WTO 其他成员，我国既没有足够的关税政策空间和复杂的关税形式，也无法采取进口许可、数量限制等措施，农产品进口调控手段十分有限，边境保护措施的“防火墙”作用难以得到发挥。在此背景下，国外相对便宜的农产品逐步翻越运费、关税等贸易成本之墙，大举进入我国市场，在一定程度上扰乱了国内粮食市场秩序，引发产量增长、进口激增、库存积压的反常现象，粮食安全领域国内循环畅通面临巨大压力。

其次，在食物消费和资源禀赋双重约束下，产需缺口持续扩大，粮食进口压力有增无减。具体而言，从需求端来看，随着经济发展和居民收入水平的提高，我国食物消费结构正在加速转型升级，不仅全社会的粮食需求总量尚未见顶，而且供需结构性矛盾日益突出。就食物消费总量而言，根据国务院发展研究中心课题组的预测，我国粮食消费需求将在 2030 年左右达到 75 011 万吨的峰值。其中，肉类、蛋类的消费峰值也将出现在 2030 年左右，而奶类、水产品的消费峰值出现时间则相对较晚，分别是 2047 年和 2069 年①。就食物消费结构而言，消费者对于优质食物的消费需求明显增加，但目前国内粮食生产供应仍难以跟上这种市场消费需求的变化。以稻米和小麦两大口粮为例，尽管两者的总产量已经达“绝对安全”的地步，但品质尚不能满足人民不断升级的消费需求，尤其是食味品质高、口感好的优质稻米和小麦供不应求，每年仍需从国外大量进口来弥补产需缺口。如何从“多产粮”到“产好粮”，从供给侧补齐粮食质量的短板以生产出更多市场紧缺、优质特色的粮食，将是下一步亟待解决的重要问题。

从供给端来看，考虑到我国水土资源条件受限且资源环境这根弦越绷越紧，未来粮食高位护盘、高位增产的难度明显加大。一方面，我国水土资源

① 参见程郁等：《中国粮食总量需求 2030 年将达峰值》，《中国经济时报》2016 年 12 月 1 日，第 5 版。

禀赋及农业生产条件具有先天的劣势，不仅人均耕地和水资源占有量分别仅相当于世界平均水平的约 40%和 25%，而且区域分布极不均衡，水土资源匹配存在严重的空间错位。另一方面，伴随着工业化、城市化快速发展，我国用水用地的强度不断增加，耕地数量和质量下滑严重和水资源利用居高不下的问题愈发突出。

最后，当今世界正面临百年未有之大变局，外部局势的不明朗使得我国粮食进口风险不断增加。进口价格方面，随着粮食进口范围和进口量不断扩大，国际市场的波动性、不确定性、风险性对国内生产和市场的传导与影响将进一步加强。国际粮食价格受气候变化、生物质能源等非传统因素的影响加深并呈现不确定、波动性和风险性加剧态势（倪洪兴，2019；青平等，2023；冯鹤和陈秧分，2023）。一方面，生物质能源发展不仅大幅度增加了对粮食产品的非传统需求，而且打通了粮食市场与能源市场的价格通道，使粮食市场受能源市场的影响不断加深，尤其是 2008 年粮食危机以来，粮食金融化属性日益突出。经济合作与发展组织（Organization for Economic Co-operation and Development，OECD）和 FAO 在 2019 年共同发布的报告指出，2018 年全球 16.6%的玉米被用于生物燃料的生产，使粮食价格受能源价格波动影响加大（OECD-FAO，2019）。另一方面，极端气候导致农业灾害频发多发，直接影响粮食生产和供给的稳定。联合国减少灾害风险办公室（United Nations Office for Disaster Risk Reduction，UNDRR）2020 年发布的报告显示，过去 20 年间全球共记录发生了 7348 起自然灾害事件，远远超过 1980~1999 年的 4212 起（UNDRR，2020）。在两个市场深度融合背景下，国际市场的波动性、不确定性和风险性更加广泛、充分和直接地传导到国内市场，给我国国内市场稳定和产业安全带来了挑战。

当前国际贸易环境和全球政治经济形势波谲云诡，在世界农产品生产和出口大国以西方国家为主的大背景下，意识形态、地缘政治、多边贸易框架体系遭遇挑战等一系列非市场因素都会严重扰乱世界粮食市场和贸易的秩序与格局，极大地增加了我国粮食进口的不确定性。伴随着国际政治博弈影响深化，全球贸易摩擦愈演愈烈，农业成为贸易保护主义蔓延的重要领域之一，各类与之相关的贸易摩擦接连不断发生（叶兴庆，2018；林发勤和李燕云，2021）。以贸易保护主义抬头、资源流动壁垒增加、全球贸易额占生产总值比重下降等现象为代表的逆全球化趋势日益抬头，以“战略贸易”“公平贸易”为旗号的贸易保护主义粉墨登场（王欢星，2018）。2020 年全球疫情暴发以来，部分国家借机出台一系列农产品贸易限制措施，进一步增加了国际粮食市场与贸易的风险性和不稳定性（Chen and Mao，2020）。近期俄乌冲突愈演愈烈，俄罗斯及乌克兰作为黑海地区乃至世界范围内重要的粮食产地，其国际政治形态对全球范围内粮食贸易的影响不可谓不深远，同时俄罗斯作为重要的能源出口国，自冲突发生以来，已对世界能源市场产生了巨大影响，并间接对世界粮食市场造成了冲击，给我国粮食进口带来了风险（钟钰等，2022；李董林和李春顶，2023；杨玉苹和钟钰，2024；赵鹏军等，2024）。由此导致主要粮食生产和贸易国的农业政策与粮食贸易政策进入频繁调整的震荡期，这将会对我国进口粮源的稳定性造成影响。

2.4　高水平开放下粮食安全新格局

得益于党和政府在我国粮食安全领域做出的艰苦卓绝的努力，目前国内粮食安全水平处于历史最好时期，粮食占有量稳步提升，粮食安全水平远高于世界及亚太地区国家的平均水平。虽然在一些领域如粮食结构平衡方面仍存在较大的进步空间，但我国总体粮食安全形势良好，未来我国有能力也有信心进一步提升粮食安全水平，让老百姓安心吃、放心吃。本节将从我国粮食占有量、粮食安全得分情况、粮食安全保障能力以及粮食结构平衡问题展开，深入剖析现阶段我国粮食安全总体状况。

2.4.1　占有量居历史高位

我国政府始终高度重视粮食安全问题，在保障国家粮食安全方面做出了一系列的政策努力，推动国内粮食安全保障程度持续稳步提升。从粮食生产端来看，粮食总产量持续稳步迈上新台阶，国内生产供应能力显著提高。新中国成立以来，我国人均粮食占有量迅速提升并于 1975 年突破 300 公斤大关，改革开放以后至我国加入 WTO 的 20 多年内，我国人均粮食占有量实现了历史性的增长，由 1978 年的 318.7 公斤增长至 2001 年的 355.9 公斤，年均增长率约为 0.5%。随着居民生活水平的提高，2002 年至 2023 年，我国人均粮食占有量迅速提升，由 357.0 公斤增长至 493.0 公斤，这一时期成为历史上国内粮食生产供应最好的时期，已连续多年远超 400 公斤的国际粮食安全线。

从粮食消费端来看，我国以低于世界平均水平的人均资源占有量实现了高于世界平均水平的人均食物消费量，在多维度的国际比较中均明显高于世界平均水平。过去 30 年，我国是全球范围内首个实现联合国可持续发展目标[①]（sustainable development goals，SDGs）中第 2 个目标（“零饥饿”目标）的发展中国家（樊胜根等，2022）。与此同时，我国贫困人口和营养不良人口的数量与比例显著下降。我国城镇和农村居民人均可支配收入分别由 1978 年的 343.0、133.6 元提高至 2023 年的 51 821.0、21 691 元，恩格尔系数分别由 1978 年的 57.5%、67.7%降至 2023 年的 28.8%、32.4%。从减贫角度看，截至 2020 年，我国现行标准下农村贫困人口全部脱贫，对全球减贫

① 联合国可持续发展目标是联合国制定的 17 个全球发展目标，旨在 2015 年至 2030 年间以综合方式彻底解决社会、经济和环境三个维度的发展问题，转向可持续发展道路。其中目标 2 为消除饥饿，实现粮食安全、改善营养和促进可持续农业。

的贡献超过 70%[①]，贫困人口“不愁吃”的问题已基本得到解决。按照 FAO 提供的数据（表 2.13），1961~2021 年我国居民年人均各类食物消费量呈现快速增长势头，居民膳食结构向高能量、高蛋白转变。其中，谷物消费量增长了 1.4 倍，蔬菜消费量增长 3.9 倍，水果消费量增长 24.3 倍，肉蛋奶及水产品等的消费量增长超过 7 倍，均显著高于同期的世界平均增速。食物消费数量的快速增长推动我国居民每人每天平均的能量摄入由 1439 卡路里增长到 3396 卡路里，增长了 1.4 倍，由不足世界平均水平的 70%上升到超出世界平均水平的 14.0%。新中国成立 70 多年来，我国用全球 9%的耕地和 6%的淡水资源，贡献了世界 25%的粮食产量，养活了世界 20%的人口，实现了一个超级人口大国由“吃不饱”到“吃得饱”“吃得好”的历史性转变，这一成果来之不易。

表 2.13　1961 年与 2021 年中国和世界人均食物消费量与卡路里摄入量对比

项目	单位	1961 年		2021 年		增长倍数	
		中国	世界	中国	世界	中国	世界
谷物	千克/（人·每年）	91.2	128.9	214.8	178.6	1.4	0.4
植物油	千克/（人·每年）	1.2	4.7	9.2	13.0	6.7	1.8
蔬菜	千克/（人·每年）	79.7	63.7	393.2	148.0	3.9	1.3
水果	千克/（人·每年）	4.3	37.8	109.0	87.0	24.3	1.3
肉类	千克/（人·每年）	3.8	23.1	63.6	43.1	15.7	0.9
蛋类	千克/（人·每年）	2.1	4.6	21.9	10.4	9.4	1.3
奶类	千克/（人·每年）	2.5	75.6	34.8	87.6	12.9	0.2
水产品	千克/（人·每年）	4.8	9.0	39.9	20.2	7.3	1.2
卡路里摄入量	卡路里/（人·每天）	1439.0	2196.0	3396.0	2978.0	1.4	0.4

资料来源：根据 FAO 数据库数据计算

注：谷物不包括啤酒，水果不包括葡萄酒，奶类不包括黄油

① 《〈人类减贫的中国实践〉白皮书》，http://www.gov.cn/zhengce/2021-04/06/content_5597952.htm。

从粮食安全得分来看，我国的粮食安全指标得分稳中向好。自 2012 年开始，英国权威杂志《经济学人》（*the Economist*）每年都会对全球 113 个国家和地区进行粮食安全排名，反映世界粮食安全状况，受到国内外学者的广泛认可。2012~2016 年，全球粮食安全指数（the global food security index，GFSI）的评估指标包括可负担性（affordability）、可获得（availability）、质量与安全（quality and safety）。2017 年全球粮食安全指数在原有三项评估指标的基础上新增了一项“自然资源与韧性”评估指标。

根据这一指标体系，2022 年我国在参评的 113 个国家和地区中粮食安全指数总得分排名第 25 位。由表 2.14 可知，我国粮食安全综合指数已由 2012 年的 61.7 上升到 2022 年的 74.2，排名较 2012 年提升 24 位。继 2019 年达到峰值后，2020 年我国粮食安全综合指数随着新冠疫情暴发和气候变化而下降至 70.9。2021 年、2022 年我国经济持续稳定恢复，经济发展和疫情防控保持全球领先地位，粮食安全指数小幅上升，2022 年达到 74.2。我国的粮食安全水平已远高于世界和亚太地区平均水平。2022 年我国在亚太地区的该指数中的排名仅次于日本（第 6 位）、新西兰（第 14 位）和澳大利亚（第 22 位），超过了新加坡（第 28 位）、哈萨克斯坦（第 32 位）和韩国（第 39 位）。

表 2.14　2012~2022 年中国、亚太地区和世界粮食安全综合指数

年份	中国	世界平均水平	亚太地区平均水平
2012	61.7	57.2	56.8
2013	68.2	58.1	58.9
2014	69.6	59.2	59.9
2015	72.1	60.1	60.8
2016	72.5	60.4	61.7
2017	70.9	60.7	61.8
2018	72.6	61.0	62.6

续表

年份	中国	世界平均水平	亚太地区平均水平
2019	74.4	61.6	63.3
2020	70.9	61.1	62.7
2021	71.3	60.9	62.0
2022	74.2	62.2	63.4

资料来源：全球粮食安全指数报告

综合粮食安全各指标来看，粮食可负担性旨在评估一国人民购买食物的能力以及他们应对粮食相关价格冲击的能力，衡量指标包括粮食消费占家庭支出的比例、全球贫困线下人口比例、人均国内生产总值、农业进口关税、粮食安全网计划、市场准入和农业金融服务。如表 2.15 所示，2012~2022 年，我国粮食负担能力分值已由 63.2 上升到 86.4，排名也上升了 32 位，位于第 33 位。食物可获得性用于评估一国的粮食供给能力和供给环境，衡量指标包括供应充足、农业研发公共支出、农业基础设施、农业生产波动、政治稳定风险、腐败、城市吸纳能力、粮食损耗。我国的食物可获得性分值在 2012~2022 年由 65.6 上升到 79.2，排名上升了 21 位，目前位于第 2 位，远高于世界及亚太地区国家平均水平。食物质量和安全超出传统福利标准（如贫困、粮食获取与供应能力）的范围，评估了普通饮食的营养质量和各方食物安全环境。衡量指标包括饮食多样性、营养标准、微量元素摄入、蛋白质质量、食物安全。我国的食物质量和安全分值在 2012~2022 年由 67.0 上升到 72.0，排名上升了 7 位，目前排在第 46 位，总体上略高于世界及亚太地区国家平均水平。各方自然资源的可持续性和气候变化的挑战进一步威胁全球农业部门及其满足日益增长人口饮食需求的能力。气温升高、干旱、洪灾和海平面上升需要农业部门培育恢复力、管控灾害风险。上述农业部门改革能使农民应对一些不断变化的情况，但是，如果没有公共和私营部门致力于保护水土资源、投资发展可持续农业，那么全球粮食安全的长期前景将变得暗淡无光。自然资源及复原力的衡量指标包括自然资源风险的暴露、水资源、土地资源、海洋河流和湖泊资源、敏感性、应对能力和人口压力。2012~2022 年，我国的自然资源及复原力分值由 45.6 增长至 54.5，排名下降了 11 位，目前位于第 55 位。

表 2.15 2012~2022 年我国粮食安全各项指数得分

年份	粮食负担能力指数	食物可获得性指数	食物质量和安全指数	自然资源及复原力指数
2012	63.2	65.6	67.0	45.6
2013	72.1	74.9	67.3	49.6
2014	73.4	75.6	71.3	49.7
2015	77.1	77.5	74.6	50.5
2016	78.4	77.0	75.3	50.7
2017	79.8	70.6	75.4	50.8
2018	84.1	70.9	76.0	51.2
2019	83.5	79.1	72.4	51.2
2020	78.2	73.4	72.5	51.3
2021	77.4	78.4	71.4	47.2
2022	86.4	79.2	72.0	54.5

资料来源：全球粮食安全指数报告

综上，我国粮食安全总体状况良好，虽然在一些领域出现短板，但其他领域的优势较为突出，在一定程度上弥补了一些不足。当前我们的粮食安全保障处于较高水平，未来我国有能力也有信心利用国内与国外两个市场进一步做好粮食安全保障工作。

从粮食安全的保障能力来看，我国粮食安全保障能力持续提高。我国粮食安全保障能力的提高既离不开国内生产能力的持续提升，也离不开国际市场的必要补充。一方面，我国的粮食生产能力正处于显著提升阶段，高标准农田建设工程稳步推进为粮食生产奠定基础，农业科技进步率以及良种覆盖率持续提升为粮食生产注入源头活水。高标准农田建设是巩固和提高粮食生产能力、保障国家粮食安全的基础性工程。为全面贯彻落实“藏粮于地、藏粮于技”战略和全面推进乡村振兴战略，2019 年国务院办公厅印发《关于切实加强高标准农田建设 提升国家粮食安全保障能力的意见》，提出“到 2020 年，全国建成 8 亿亩集中连片、旱涝保收、节水高效、稳产高产、生态友好的高标准农田；到 2022 年，建成 10 亿亩高标准农田，以此稳定保障 1 万亿斤（1 斤=500 克）以上粮食产能；到 2035 年，通过持续改造提升，全国高标准农田保有量进一步提高，不断夯实国家粮食安全保障基础”[①]。当前，信息技术、生物技术、制造技术、新材料技术、新能源技术等广泛渗透到农业农村各领域，全球新一轮农业科技革命和产业变革蓄势待发，我国也不例外。2020 年 1 月 9 日，中国农业科学院 2020 年工作会议指出：我国农业科技进步贡献率达到 59.2%，全国农作物耕种收综合机械化率超过 70%，主要农作物自主选育品种提高到 95%以上。2021 年以来，我国力促种业振兴，农业种质资源普查行动取得初步成效，农作物良种覆盖率超过 96%，自主选育品种占 95%，做到了中国粮主要用中国种。

另一方面，除提升国内粮食供应能力之外，我国也积极利用国际市场，完善海外布局对粮食供应进行有益补充。以农业对外投资为例，作为充分利用国内国外两个市场、两种资源的重要途径，“十三五”时期农业对外投资的步伐更加坚实。具体而言，一是对外投资总量持续增长。截至 2019 年年底，我国对外投资存量达到 348.4 亿美元，是“十二五”末（2015 年年底）的 1.7 倍。二是产业类别不断丰富。对外投资已涵盖粮、棉、油、糖、胶、畜、渔、农资农机八大领域，截至 2019 年年底，种植业、畜牧业、林

① 《国务院办公厅关于切实加强高标准农田建设 提升国家粮食安全保障能力的意见》，https://www.gov.cn/gongbao/content/2019/content_5459133.htm。

业、渔业、农资、其他领域投资存量分别为 168.8 亿美元、32.8 亿美元、12.0 亿美元、9.1 亿美元、2.7 亿美元、122.9 亿美元，分别占投资总量的 48.5%、9.4%、3.5%、2.6%、0.8%和 35.3%。三是产业链更加完整。我国农业“走出去”已经向全产业链构建阶段迈进，分别向前端、后端延伸，从事良种培育、农资生产、加工仓储、物流销售等环节的企业明显增多，截至 2019 年年底，我国在境外设立的 983 家企业中，有 440 家企业同时经营两种以及两种以上业务活动，占比达到 44.8%。在我国农业资源有限的情况下，投资开发海外农业资源，拓宽海外农业资源利用的广度和深度，既提高了全球粮食产品供给能力，也降低了我国粮食供给的安全风险（贾盼娜等，2019；青平等，2023）。

我国政府在应对新冠疫情过程中，将保障民众粮食安全作为工作重点之一（Zhang et al.，2020），加强部门间协调，发布诸多政策文件，采取系列措施保障粮食供应。同时，面对复杂多变的国际形势和不断变化的国内需求，我国粮食供应链不断调整，进口多元化格局日益形成。得益于一直以来对黑海地区的农业投资和“一带一路”建设，当前我国开始减少从美国、澳大利亚进口小麦等农产品，增加从俄罗斯、乌克兰和哈萨克斯坦等国进口小麦，以此填补我国小麦进口缺口。再例如，许多过去我们依赖的传统粮食出口国，如缅甸、越南、泰国等，由于全球疫情和罕见干旱灾害影响，大米产量大幅减少，致使其出口粮食也大幅度减少。针对此形势，我国及时调整采购政策，选择供应更为稳定、价格更加低廉、潜在市场更加广阔的印度作为大米主要进口国，以增加我国粮食进口源，降低由进口源过度集中带来的风险。面对疫情暴发导致的国际谷物期货价格高企，我国政府及时采取一系列预防粮食价格冲击的举措，有效减少来自国际市场的不良影响，也为灵活应对可能出现的粮食危机提供了丰富经验。

2.4.2　转型压力和风险前所未有

虽然我国的粮食安全表现良好，但随着内外部环境的变化，我国粮食安全面临着前所未有的转型压力和风险。受制于农业发展水平、基础设施条件以及加工储运能力，我国农产品供给结构调整的速度跟不上需求结构的变化，从而使得现阶段农产品供给存在结构性短缺现象，突出表现为品种结构不平衡，品质结构不平衡，产销区域结构不平衡等方面，给确保粮食等重要农产品的供给有效、稳定、安全和可持续带来了严峻挑战。

从粮食物种结构来看，在国内粮食产量居于高位、粮食市场对外开放程度不断提高的背景下，当前我国粮食供求总量宽松与粮食结构供需矛盾突出共存（杜志雄和韩磊，2020；钟钰等，2024；叶兴庆等，2024）。一方面，大豆等品种国内需求旺盛，但供给不足，大量需要依靠国外进口。随着人民生活水平提高，对植物油和畜产品的消耗越来越大，在加工食用植物油和提供给畜牧业饲料方面，大豆作为一个非常关键的作物需求增长非常快。但是由于大豆单产较低，仅相当于玉米的三分之一，农民的种植意愿较低，从而出现了大豆需求不断增长，但供给连年下降的供需不匹配情况。国内的供需缺口只能依靠国际市场补充，大豆的进口量因此节节高升，大豆的结构性短缺已成常态。另一方面，近年来稻谷和小麦的国内产出始终维持在较高水平，但国内消费增长乏力，尽管贸易量保持相对稳定，但是其库存不断提高，库存消费比始终保持高位。从粮食物质结构来看，我国优质农产品供给不足，无法满足城乡居民对农产品日益优质化、个性化和多样化的消费需求。此外，在稻谷品种不断更新改良的背景下，我国稻谷的种植结构亟待优化，国内生产的有限优质稻谷难以满足市场需求的快速升级（张晓山，2019；谌琴，2019；宋洪远和魏佳朔，2024），仍然需要依靠进口来实现品种调剂。

从粮食区域结构来看，随着我国粮食生产区域越来越集中，主产区与主销区之间的区域性粮食供给不平衡现象日益凸显（钟钰和陈萌山，2020；戴化勇和陈金波，2021；宋洪远和江帆，2023）。我国粮食增产主要由主产区的产量迅速增长推动，增产越来越集中在主产区中的少数省份。从播种面积来看，仅有主产区的播种面积在增加，主销区和产销平衡区均有一定的减少，主销区下降更为明显。这种粮食区域供给不平衡的现象一方面使得粮食主产省尤其是北方省份的粮食可持续生产受到越来越严峻的资源环境压力，另一方面由于粮食主销区粮食供求缺口大，需要大量外调粮食进行跨区域调节，对跨区域的粮食物流能力提出了更高要求（罗万纯，2020）。

此外，粮食“非必需”进口的大量增长，反映出我国在粮食贸易端保障粮食安全所面临的两难困境。一方面，受制于国内资源禀赋条件，我国从国际市场进口粮食无法避免；另一方面，在国内生产成本高企、边境保护措施有限、国际竞争力衰减的情况下，掌控粮食进口主动权的难度也在不断增加。从耕地资源角度来看，我国的食物供给大概 30%需要依赖国际市场，我国无论是现在还是将来的食物供给安全都已经离不开国际市场和国际农业资源（陈锡文，2021）。这意味着，未来维护我国粮食安全，既要保障国内生产安全，也要保障国际进口安全。保障粮食进口安全，一方面需要打造高效、稳定的外部粮源供应体系，发挥进口对于补充国内供应、节约资源要素、满足多样化消费需求等方面的正面作用；另一方面也需要积极防范和化解各类输入性风险，包括供应链稳定性风险、价格波动风险、竞争挤压风险、产业安全风险等，以确保粮食进口在进得足、进得稳的同时，也能够保得住、拼得过，以促进粮食进口与国内生产相协调，粮食安全政策与进口政策相衔接，进口调控与国内供需趋势相适应，从而更好地掌控粮食进口的节奏与主动权。

2.5 本章小结

本章通过系统回溯我国粮食消费端、生产端以及贸易端的演进动态和变化特征，对我国粮食安全所处的历史方位及其发展形势进行了研究和判断。研究结果表明，从消费端来看，过去 70 多年来，在经济发展、人口增长和收入水平提高等一系列因素的影响和推动下，我国食物消费已经实现由“吃得饱”向“吃得好”的历史性转变，食物消费总量持续攀升、食物消费结构提档升级、城乡食物消费差距显著缩小、食物消费峰值尚未到来。从生产端来看，国内粮食综合生产能力稳步提升，粮食品种结构不断优化，粮食生产布局集中加剧，高位护盘与高位增产压力显著增加。从贸易端来看，伴随着入世以后我国粮食贸易规模不断扩大、净进口量持续飙升，粮食贸易在逐步发展成为保障国内粮食供给安全不可或缺的重要组成部分的同时，也给国内带来了输入性风险增加、进口调控难度增大等一系列压力和挑战。总体上，现阶段我国粮食安全已经步入“高安全与高压力并存”的新格局，国家粮食安全并非“高枕无忧”，而是“稳中有忧”，亟须在立足国内的基础上，更加高效地利用好国际市场，主动基于全局观和全球视野健全与完善开放型国家粮食安全战略保障体系。

第3章 高水平开放格局下的粮食安全新挑战[①]

改革开放 40 多年来，我国农业对外开放程度不断提高，与世界市场的融合程度显著增强。以党的十八届三中全会提出构建开放型经济新体制为标志，我国进入以制度型开放为重要特征、推进更高水平开放的新阶段。党的十九届四中全会提出，“建设更高水平开放型经济新体制”“实施更大范围、更宽领域、更深层次的全面开放，推动制造业、服务业、农业扩大开放”[②]。党的十九届五中全会指出，“加快构建以国内大循环为主体、国内国际双循环相互促进的新发展格局”[③]。党的二十大报告进一步强调，“中国坚持对外开放的基本国策，坚定奉行互利共赢的开放战略，不断以中国新发展为世界提供新机遇，推动建设开放型世界经济，更好惠及各国人民”[④]。党的二十届三中全会再次指出，“坚持对外开放基本国策，坚持以开放促改革，依托我国超大规模市场优势，在扩大国际合作中提升开放能力，建设更

① 资料来源：朱晶等（2018）、朱晶等（2021a）、朱晶等（2021b）。

② 《中共中央关于坚持和完善中国特色社会主义制度 推进国家治理体系和治理能力现代化若干重大问题的决定》，http://www.gov.cn/zhengce/2019-11/05/content_5449023.htm?ivk_sa=1024320u。

③ 《中共中央关于制定国民经济和社会发展第十四个五年规划和二〇三五年远景目标的建议》，http://www.gov.cn/xinwen/2020-11/03/content_5556991.htm。

④ 《习近平：高举中国特色社会主义伟大旗帜 为全面建设社会主义现代化国家而团结奋斗——在中国共产党第二十次全国代表大会上的报告》，https://www.gov.cn/xinwen/2022-10/25/content_5721685.htm。

高水平开放型经济新体制”[①]。当前我国粮食安全已经迈入新的发展阶段，一方面国内的粮食安全保障程度处于历史最好时期，另一方面农业对外开放也处于全球领先水平，国际粮食市场日益成为保障国家粮食安全的重要组成部分。尽管从国际市场上进口粮食等重要农产品在保障国内食物供应、缓解资源环境压力、满足多元化消费需求等方面对于维护国家粮食安全发挥了积极作用、做出了重要贡献，但在愈加开放的形势下，我国粮食安全也面临着更多前所未有的新型挑战与压力。当今世界正处于百年未有之大变局中，新冠疫情、俄乌冲突等一系列突发事件进一步增加了世界范围内粮食供应链阻断、粮食市场秩序紊乱及粮食危机爆发的风险。如何妥善处理我国扩大农业对外开放与保障国家粮食安全之间的关系，全面升级新时期对内与对外的粮食安全治理能力，切实提升两个市场、两种资源统筹利用效能以保障长期可持续的国家粮食安全，是值得高度关注的重大问题。

3.1　我国农业对外开放阶段与特征

新中国成立初期到改革开放之前，我国建立并实行由外贸部门统一领导、统一管理，外贸专业公司统一经营的高度集中的外贸专营体制（袁欣和宁静，2008）。为了出口创汇与调剂余缺，国家对农产品贸易实行严格的计划管理，农产品贸易由国有外贸企业垄断经营，贸易品种范围与数量均由政府部门统筹安排[②]。1978 年党的十一届三中全会以后，我国开始了改革开放的伟大实践，作为国民经济基础的农业部门贸易体制改革及贸易政策

① 《中共中央关于进一步全面深化改革 推进中国式现代化的决定》，https://www.gov.cn/zhengce/202407/content_6963770.htm?sid_for_share=80113_2。

② 《中国农产品贸易发展三十年》，https://www.moa.gov.cn/ztzl/nyncggfz30n_1/gd/200901/t20090116_1206269.htm。

调整稳步推进，农业对外开放程度不断提高。总结 40 多年以来我国农业开放的历程，大致可以划分为四个主要阶段。

3.1.1 双重体制探索开放

1978 年 12 月召开的党的十一届三中全会做出了实行改革开放的重大决策，启动了农村改革的进程。此后在制度变革的强烈刺激下，国内农业生产迅速发展，粮棉油糖等重要农产品连年增产，为发展农产品出口贸易提供了稳定的产品来源，对原有农产品外贸管理体制进行改革的客观要求也变得日益迫切（农业部农产品贸易办公室和农业部农业贸易促进中心，2006）。为顺应形势需要，我国政府开始加快外贸体制改革步伐，贸易管理逐步由单一的指令性计划管理体制转变为指令性计划、指导性计划与市场调节相结合的制度。同时，政府还在外贸管理领域推动了一系列政策变革，主要包括：在 1979~1987 年，逐渐简政放权，恢复了进出口许可证制度，并建立了外贸经营权审批制度，实行外贸代理制，改革外贸计划体制和外贸财务体制，逐渐允许各省份保留一定比例的外汇收入，允许企业自行使用一半的留成外汇，允许特定机构进口非限制类商品；在 1988~1990 年，实行外贸承包经营责任制，让企业逐步走向自主经营的道路，逐步运用价格、利率、退税、出口信贷等经济手段调控对外贸易。总体而言，这一时期我国农产品贸易调控实施的是以计划成分为主的计划和市场双重管理体制，农产品贸易政策体制改革基本处于探索阶段，并以鼓励农产品出口为主，农产品贸易出口创汇以支持国民经济发展的功能依然突出。

3.1.2 深化改革加速开放

1992 年 10 月，党的十四大明确提出，“经济体制改革的目标是建立社会主义市场经济体制”[①]。为进一步加大对外开放力度，围绕复关[②]和入世，我国政府积极加速外贸管理体制市场化改革，连续大幅降低关税，取消非关税壁垒，深化汇率体制和价格机制改革，外贸管理方式和手段逐渐与国际规则和国际惯例接轨。在关税和非关税上，1992~1997 年，我国连续 4 次大幅下调进口关税税率，使我国农产品平均进口关税由 1992 年的 46.6%降至 1999 年的 21.2%（农业部农产品贸易办公室和农业部农业贸易促进中心，2006）；减少进出口数量限制，取消出口补贴，完善出口退税制度，逐步取消了一些非关税壁垒，对部分农产品出口配额实行招标，加快了动植物卫生检验检疫制度建设，加强农产品双边贸易谈判及反倾销调查[③]。在汇率体制改革上，1994 年 1 月 1 日起，人民币汇率并轨，实施以市场供求为基础的、单一的、有管理的浮动汇率制度，实行进出口结汇制。此外，20 世纪 90 年代后期，国家还出台了严厉打击农产品走私活动的相关政策，进一步规范农产品进出口秩序。整体而言，这一时期我国农产品贸易对外开放步伐明显加快，对外贸易管理体制逐渐与国际接轨，初步形成了全方位、宽领域、深层次的开放局面。

3.1.3　接轨世界深度开放

自 2001 年底加入 WTO 以来，我国农业对外开放的步伐不断加快，对外开放程度已经处于全球领先水平，我国成为世界上农产品关税水平最低和贸易自由化程度最高的国家之一（程国强，2012a；叶兴庆，2020）。在市场准入方面，我国一方面大幅削减农产品进口关税，关税税率的平均水平从

---

① 《确立社会主义市场经济体制的改革目标》，http://www.gov.cn/xinwen/2019-10/25/content_5444716.htm。

② 复关指的是恢复中国在关税及贸易总协定中缔约国的地位。

③ 《中国农产品贸易发展三十年》，https://www.moa.gov.cn/ztzl/nyncggfz30n_1/gd/200901/t20090116_1206269.htm。

入世之初的 20%下降到 2005 年过渡期结束之后的约 15.2%，仅相当于全球平均水平的 1/4，成为世界上农产品关税水平最低的国家之一；另一方面不断完善进口配额管理制度，对粮棉糖等重点农产品以及化肥等农资产品实行进口关税配额管理，粮食等产品的配额数量较大，配额内关税只有 1%，配额外最高关税仅为 65%，增加国外相关产品进入我国的市场准入。在出口补贴方面，我国承诺不使用任何农产品出口补贴措施。在国内支持方面，我国承诺将非特定和特定农产品的“黄箱”补贴上限约束在农业生产总值及特定产品产值的 8.5%，低于发展中成员通常适用的 10%的标准，并放弃使用为发展中成员量身定做的“发展箱”的权利。此外，我国还积极推动私营外贸企业发展，逐步降低主要农产品的国有贸易比例，并进一步规范了进口动植物产品检验检疫标准，积极修订和调整国内农业相关法律法规，逐渐放开农业服务领域等（朱晶等，2018）。

履行入世承诺使得我国农业对外开放的大门越打越开，逐步形成了全方位、宽领域、深层次的开放格局，推动了我国农产品贸易迅速发展和农业贸易对外依存度的持续上升。如表 3.1 所示，2001~2023 年，我国农产品的贸易额从 279.0 亿美元增长到 3330.4 亿美元，增幅超过 10.9 倍，年均增长 11.9%。其中，进口额由 118.5 亿美元增长到 2341.1 亿美元，年均增长 14.5%；出口额由 160.5 亿美元增长到 989.3 亿美元，年均增长 8.6%。与此同时，以贸易额占第一产业增加值的比例来计算的农产品贸易依存度也在显著增长，由 2001 年的 14.9%提高至 2023 年的 26.2%。其中，进口贸易依存度由 2001 年的 6.3%增长至 2023 年的 18.4%；出口贸易依存度则在入世初期由 8.6%提升到 10.7%，此后有所下降并保持在 7%~8%。伴随着农产品贸易规模迅速扩大及对外依存度持续上升，我国农业与世界农业的融合程度稳步提高，农产品贸易占全球农产品贸易总量的比重快速增长，在世界市场中的地位和影响力日益增强（李天祥等，2021）。截至 2021 年，我国已稳居全球第二大农产品贸易国、第一大进口国、第五大出口国，是大豆、油菜籽、棉花、猪肉、羊肉、奶粉等大宗农产品全球最大买家，也是大蒜、生姜、罗非鱼、苹果、茶叶等产品的最大出口国[①]。

表 3.1 2001~2023 年我国农产品贸易额及其占第一产业增加值比重的变化

年份	农产品贸易额/亿美元			农产品贸易额占第一产业增加值的比重/%		
	总额	出口额	进口额	贸易依存度	出口比重	进口比重
2001	279.0	160.5	118.5	14.9	8.6	6.3
2002	306.0	181.3	124.7	15.7	9.3	6.4
2003	403.8	214.1	189.7	19.7	10.4	9.3
2004	514.5	233.6	280.9	20.3	9.2	11.1
2005	563.4	275.5	287.9	21.1	10.3	10.8
2006	635.5	313.8	321.7	21.7	10.7	11.0
2007	781.9	369.9	412.0	21.4	10.1	11.3
2008	992.4	404.7	587.7	21.1	8.6	12.5
2009	992.4	395.4	527.0	18.4	7.9	10.5
2010	1219.3	493.7	725.5	21.0	8.5	12.5
2011	1555.9	607.2	948.7	21.8	8.5	13.3
2012	1757.3	632.5	1124.8	21.7	7.8	13.9
2013	1867.0	678.3	1188.7	20.9	7.6	13.3
2014	1945.0	719.6	1225.4	20.5	7.6	12.9
2015	1875.6	706.8	1168.8	19.2	7.2	12.0
2016	1845.6	729.9	1115.7	19.2	7.6	11.6
2017	2013.9	755.3	1258.6	20.9	7.8	13.1
2018	2168.1	797.1	1371.0	22.1	8.1	14.0
2019	2300.7	791.0	1509.7	22.5	7.7	14.8
2020	2468.3	760.3	1708.0	21.8	6.7	15.1
2021	3041.8	843.6	2198.2	23.6	6.5	17.0
2022	3343.2	982.6	2360.6	25.5	7.5	18.0

① 《高水平对外开放 成为全球农业贸易大国》，https://m.gmw.cn/baijia/2021-06/03/34897619.html。

续表

年份	农产品贸易额/亿美元			农产品贸易额占第一产业增加值的比重/%		
	总额	出口额	进口额	贸易依存度	出口比重	进口比重
2023	3330.4	989.3	2341.1	26.2	7.8	18.4

资料来源：《中国农产品贸易发展报告》（历年）、《中国统计年鉴》（历年）和海关总署

注：表中农产品的统计口径是在乌拉圭回合《农业协定》界定的农产品范围（HS 产品口径）的基础上加入了水产品，参见张玉娥等（2016），贸易总额和贸易依存度为作者加总

3.1.4　高水平开放新阶段

自党的十八届三中全会提出构建开放型经济新体制以来，我国的对外开放开启新的征程，步入了以制度型开放为重要特征、推进更高水平开放的崭新阶段。党的十九届四中全会进一步提出，“建设更高水平开放型经济新体制”“实施更大范围、更宽领域、更深层次的全面开放，推动制造业、服务业、农业扩大开放”。党的十九届五中全会提出，“加快构建以国内大循环为主体、国内国际双循环相互促进的新发展格局”。实行高水平对外开放、建设更高水平开放型经济新体制，是顺应发展环境变化做出的战略选择，是完善社会主义市场经济体制、以高水平开放促进深层次市场化改革的内在要求。实施高水平对外开放，客观上有利于加快形成新发展格局。以国内大循环为主体、国内国际双循环相互促进的新发展格局，不是封闭的国内循环，而是更加开放的国内国际双循环，通过实施更大范围、更宽领域、更深层次对外开放，依托我国大市场优势，促进国际合作，实现互利共赢。

党的十九届六中全会进一步明确指出了高水平对外开放的四个目标要求和改革方向：一是要推动我国对外开放由商品和要素流动型开放向规则等制度型开放转变，加快构建与国际通行规则相衔接的制度体系和监管模式；二是要把参与发达经济体市场竞争和引进发达经济体高技术高质量的直接投资，作为提高对外开放水平的重要方面；三是要推进共建“一带一路”高质

量发展，实现高质量“引进来”和高水平“走出去”；四是推动完善全球经济治理体系，高举经济全球化大旗，商谈和积极加入高水平自贸协定，推动形成更加紧密稳定的全球经济体系，与国内高质量发展形成正反馈效应[①]。这也标志着我国对外开放已正式形成了双循环条件下高水平开放的新格局。

对农业部门而言，在双循环新发展格局下如何实现高水平对外开放，既与其他部门有共同之处，也具有其自身特质。我国之所以能够以低于世界平均的人均水土资源占有量，获得高于世界的人均食物消费水平，除了有赖于国内粮食产量的持续提高以外，也与积极利用外部市场和资源补充国内供应紧密相关，尤其是近年来伴随着我国粮食进口规模的不断扩大，国际循环已经深刻嵌入国内循环，成为保障我国粮食安全不可或缺的组成部分，且其重要性和影响力日益增强。与此同时，国内国际双循环的对接融合，也意味着国际粮食市场和外部经贸环境的各种风险与不确定性将更加容易地输入国内粮食市场，并有可能给粮食国内循环带来强大的冲击和压力。

当前，WTO 自身发展改革面临现实困难，多边谈判进展远不及预期，单边主义、贸易保护主义等思潮给多边贸易体制带来巨大冲击。面对新情况、新变化，需要构建适应高水平开放格局的我国农业发展新战略、农业支持政策体系，推动我国农产品贸易由大变强。高水平开放不仅需要“引进来”和“走出去”相结合，而且更加需要考虑农业领域的制度接轨和更好地发挥农业在国际经贸交往中“大国重器”和战略筹码的重要作用。

3.2　高水平开放给我国粮食安全带来新挑战

在高水平开放新格局下，尽管从国际市场上进口粮食等重要农产品在保

① 《必须实现高质量发展（学习贯彻党的十九届六中全会精神）》，http://paper.people.com.cn/rmrb/html/2021-11/24/nw.D110000renmrb_20211124_1-06.htm。

障我国食物供应、缓解资源环境压力和满足多元化消费需求等方面对于维护国家粮食安全发挥了积极作用并做出了重要贡献，但随着我国与国际市场的关联程度日益紧密以及粮食进口规模的不断增长，国内粮食市场受国际市场及全球政治与经贸环境变化的影响也在日益加大，我国粮食安全开始面临前所未有的、超越自身内部平衡的新挑战，突出表现在以下四个方面。

3.2.1 “想挡挡不住”的供求平衡“三高”问题

受入世承诺约束，相比欧美国家和地区及 WTO 其他成员，我国既没有足够的关税政策空间和复杂的关税形式，也无法使用进口许可、数量限制等措施，农产品进口调控政策手段十分有限，边境保护措施的“防火墙”作用难以发挥（王鹰，2014）。在此背景下，伴随着国内外农产品价格倒挂日益严重，国内外粮食价格差距很快突破了关税“防火墙”，粮食进口的动力愈发强劲，进口过度问题日益凸显，超出国内正常产需缺口之外的粮食“非必需”进口大量增加。按照农业部农业贸易促进中心课题组等（2016）的估算，2012~2015 年我国每年的粮食产需缺口约为 5000 万吨，但净进口量却在 8000 万~1 亿吨，4 年累计过度进口粮食 1.5 亿吨。我国进口粮食中有一半以上已经是超出国内产需缺口之外的“非必需”进口。

“非必需”进口大量增长，引发国内粮食市场一系列的连锁反应，给国内粮食供求平衡带来了巨大的挑战和压力。一方面，大量进口是造成我国粮食“三高”问题，即产量增长、进口激增与库存积压同时并存的主要原因，并在一定程度上冲击了国内的粮食自给率。如表 3.2 所示，随着进口数量的快速增长，我国稻谷、小麦、玉米、大豆等主要粮食品种的自给率都出现了不同程度的下滑，2023 年粮食、谷物及三大主粮的表观自给率分别下降至 81.4%、91.8%和 94.0%。另一方面，大量进口打压了国内粮食趋势价格，进口价格“天花板”效应不断增强，引发了农户卖粮难、政府收储压力大、财政负担重等一系列矛盾。此外，低价国际粮食的持续涌入也给国内粮食市场增添了竞争压力和倒逼压力。特定产品需求市场被大量价格便宜的国际进口粮食所挤占，对国内粮食生产造成了明显的挤压效应，对农民就业和收入增长产生了较大的影响，对国内配套的粮食生产支持和补贴政策改革也提出了新的要求。

表3.2 2001~2023年我国主要粮食品种自给率变动（单位：%）

年份	粮食	谷物	三大主粮	稻谷	小麦	玉米	大豆
2001	97.9	101.4	102.0	100.9	100.0	105.5	53.0
2002	100.0	103.1	103.7	101.0	100.4	110.6	59.9
2003	99.6	105.6	106.1	101.5	102.4	116.5	42.9
2004	94.5	98.8	99.1	100.1	93.7	101.8	46.7
2005	95.2	100.9	101.4	100.1	97.1	106.6	38.4
2006	94.4	100.6	101.0	100.3	100.8	102.0	35.1
2007	95.2	101.8	102.0	100.5	102.8	103.3	29.6
2008	93.4	100.1	100.2	100.3	100.2	100.1	29.8
2009	91.7	99.6	100.0	100.2	99.4	100.0	26.5
2010	89.7	99.1	99.6	100.1	99.2	99.2	22.0
2011	90.6	99.2	99.5	100.0	99.2	99.2	22.1
2012	88.8	97.8	98.2	99.0	97.3	97.9	18.8
2013	88.2	97.7	98.3	99.1	95.9	98.7	16.4
2014	86.7	96.9	98.7	99.0	97.9	99.0	15.1
2015	84.3	95.0	98.3	98.6	97.9	98.3	13.2
2016	85.4	96.6	98.4	98.5	97.6	98.8	14.0
2017	83.8	96.2	98.4	98.7	96.9	99.0	13.8
2018	85.5	97.1	98.8	99.5	97.9	98.7	15.4
2019	86.1	97.7	98.7	100.1	97.7	98.1	17.0
2020	82.8	94.9	96.8	99.7	94.2	95.8	16.4
2021	80.9	91.0	93.9	98.8	93.4	90.6	14.5
2022	82.8	92.6	94.8	98.1	93.3	93.1	18.2

续表

年份	粮食	谷物	三大主粮	稻谷	小麦	玉米	大豆
2023	81.4	91.8	94.0	99.5	91.9	91.4	17.3

资料来源：《中国农村统计年鉴》（历年）、《中国粮食年鉴》（历年）、海关总署

注：自给率=产量/（产量+进口量－出口量）

3.2.2 “想做做不了”的内外规则冲突问题

在缺乏像日本、韩国、欧盟等国家和地区那样高关税保护的情况下，为了应对粮食过度进口及国外低价粮食的竞争压力，加强我国对粮食等重要农产品的国内支持保护力度就显得尤为重要和紧迫。然而，随着入世过渡期的结束，我国农业在国内支持保护政策方面也正面临着愈发突出的符合国际规则与遵守国际承诺的压力。2004 年以后，随着国家农业政策向“多予少取”的方向转变，从对农业课税转变为补贴，并持续对主要粮食品种实施以最低价收购、临时收储为代表的托市收购的价格支持政策，我国对于主要粮食品种的“黄箱”支持总量不断增长，“黄箱”支持的政策空间持续收窄。2016 年 9 月，美国以我国对稻谷、小麦、玉米的生产者提供的国内支持超出入世承诺为由向 WTO 争端解决机构提起了诉讼。2019 年 2 月底，WTO 专家小组发布审查报告认定，驳回美国对我国玉米补贴的诉讼，裁定我国对小麦、粳稻、籼稻的补贴违反入世承诺。WTO 专家小组审查报告显示（表 3.3），2012~2015 年，我国对小麦的市场价格支持占其产值的比重为 12.1%~22.4%，对粳稻的市场价格支持占比为 23.6%~31.9%，对籼稻的市场价格支持占比为 13.3%~21.3%，均超出了特定农产品的微量允许水平，违反了 WTO《农业协定》第 3.2 条和 6.3 条的规定。受此案件中方败诉这一结果的影响，我国不得不对稻谷和小麦的最低收购价政策进行调整，并宣布从 2020 年起将之前主产区按最低收购价敞开收购的操作办法调整为按最低收购价限量收购。我国粮食补贴与支持政策已经面临 WTO 规则下“黄箱”支

持限制的实质性约束，国内粮食支持与保护政策的目标定位及执行方式选择有待进一步的改革与完善。

表 3.3　专家小组对我国小麦、稻谷市场价格支持的审查结果

类别	2012 年	2013 年	2014 年	2015 年
小麦：				
市场价格支持/亿元	318	522	661	679
特定农产品的微量允许水平/亿元	223	244	259	258
超出限额量/亿元	96	278	403	421
专家小组评估的市场价格支持占比/%	12.1	18.2	21.7	22.4
粳稻：				
市场价格支持/亿元	880	1104	1190	1209
特定农产品的微量允许水平/亿元	317	310	324	322
超出限额量/亿元	564	794	866	887
专家小组评估的市场价格支持占比/%	23.6	30.3	31.3	31.9
籼稻：				
市场价格支持/亿元	258	366	421	424
特定农产品的微量允许水平/亿元	164	165	173	169
超出限额量/亿元	94	201	248	255
专家小组评估的市场价格支持占比/%	13.3	18.9	20.7	21.3

资料来源：WTO 专家小组审查报告（WTO 文件 WT/DS511/R）

除国内支持补贴政策之外，我国其他方面的农业政策也面临着愈发严重的国际规则压力和国际争端挑战。具体表现在：一是我国农业遭受国际争端诉讼的频率逐年升高；二是涉及的事由和品种范围持续扩大；三是因遭受诉讼而受到影响的产业规模不断增长。根据对 WTO 网站数据的统计（表 3.4），2016~2019 年，我国作为被诉方的农业争端案件已经达到 4 起，显著高于此前我国在农业领域的被诉频率，也显著高于同期世界其他国家在农业领域的被诉数量。涉及的事由范围包括农业国内支持、农产品进口关税配额管理、农产品贸易经济措施、动植物检验检疫标准及贸易便利化等；涉及

的产品范围则由加工食品、油料作物、食糖进一步扩展到稻谷、小麦、玉米等与我国粮食安全保障目标更加紧密相关的主粮产品。可以说，目前我国现行的农业政策体系正遭受到以美国、巴西、加拿大为首的世界主要农产品生产国和出口国的全面审视，一不留神便有陷入国际贸易争端和纠纷的风险。如何改革与完善现有的国内粮食支持政策体系，积极推动国内农业政策设计与国际规则接轨，使之既能符合我国粮食安全需求又能适应国际规则要求，从而避免不必要的国际争端和国际舆论压力，也是未来我国保障粮食安全不得不思考和面对的重要问题。

表 3.4　我国农业领域涉及 WTO 争端解决事件情况一览

案件编码	发起年份	发起诉讼国	涉及品种	诉讼事由
DS511	2016	美国	小麦、稻谷和玉米	美国就中国对小麦、大米（包括粳稻和籼稻）、玉米等农产品采取的相关国内支持政策向 WTO 提交磋商请求，主张中国政府通过一系列的法规和文件对三种涉案农产品提供的国内支持水平已经超过了中国入世时的承诺
DS517	2016	美国	小麦、稻谷和玉米	美国要求就关税配额的管理问题与中国进行磋商，指控中国对小麦、大米和玉米等农产品关税配额的管理与入世承诺第 116 段不符，并违反了《1994 年关贸总协定》第 10.3 条（a）项、第 11.1 条和第 13.3 条（b）项的规定
DS568	2018	巴西	食糖	巴西要求就以下方面与中国进行磋商：①中国对进口食糖实施的保障措施；②中国对其食糖的关税配额管理；③中国针对配额外进口食糖的进口许可制度
DS589	2019	加拿大	油菜籽	加拿大要求就以下方面与中国进行磋商：①暂停从两家加拿大公司进口油菜籽的措施；②采取措施对所有从加拿大进口的油菜籽加强检查

资料来源：WTO 相关争端案件

3.2.3　“想进有风险”的世界市场动荡问题

当今世界处于百年未有之大变局，意识形态、地缘政治、多边贸易和投资框架体系遭遇挑战等一系列非市场因素可能会严重扰乱全球农产品市场和贸易秩序，而粮食能源化和金融化、自然灾害频发等层出不穷的因素则导致国内外农产品市场形势更加错综复杂（Zhang et al.，2020；Morton，2020；程国强和朱满德，2020；陈志钢等，2020；冯鹤和陈秧分，2023；张帅和于宏源，2023；杨玉苹和钟钰，2024）。在极端情形下，全球粮食市场稳定性堪忧，全球粮食供应也可能面临断点风险。

一方面，随着全球变暖形势日益严峻，极端天气衍生出的自然灾害和病虫害进入高发期，严重威胁全球粮食生产和粮食市场的稳定性。联合国防灾减灾署 2020 年发布的一份报告显示，过去 20 年间全球共记录发生了 7348 起自然灾害事件，远远超过 1980~1999 年的 4212 起（UNDRR，2020）。另一方面，世界范围内单边主义、贸易保护主义盛行，严重扰乱了国际粮食市场与贸易的秩序和格局。尤其是在逆全球化背景下，国际政治经济变局对全球粮食的可获得性和稳定性的影响不容小觑。在全球贸易摩擦愈演愈烈的背景下，农业成为贸易保护主义蔓延的重要领域之一，与之相关的各类贸易摩擦接连不断（叶兴庆，2017；林发勤和李燕云，2021；朱晶等，2023a）。

除了自然灾害和政治等传统因素外，国际农产品市场受生物质能源、投机资本等非传统因素的影响加深，粮食市场面临的不确定性、波动性和风险加剧（倪洪兴，2019）。受此影响，国际粮价进入频繁波动期。如图 3.1 所示，21 世纪以来，国际粮价在 2004 年、2008 年、2010 年、2012 年等出现过多次较大幅度的波动，新冠疫情暴发已经诱发全球粮价步入新一轮波动周期。各种因素对世界粮食市场的影响仍在持续，未来全球粮食市场波动风险仍将不断增加，我国利用外部市场和资源来补充国内粮食供应、保障粮食安全的难度也将有增无减。

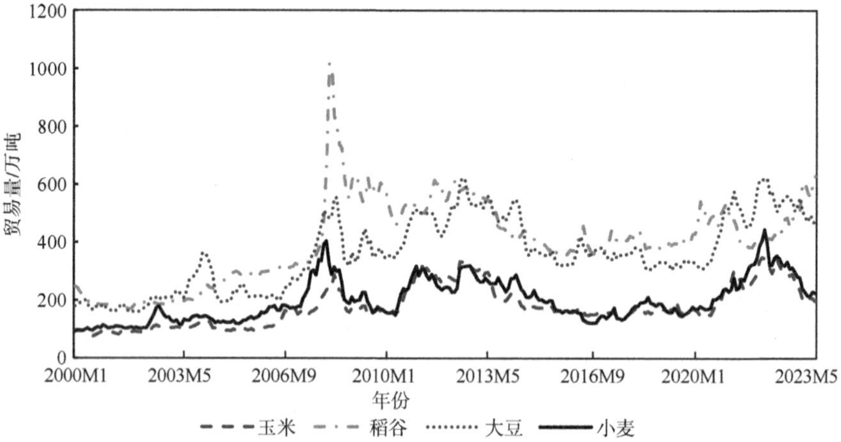

图 3.1　2000~2023 年世界主要粮食品种的月度价格变动

资料来源：国际货币基金组织数据库

玉米价格为美国 2 号黄玉米的墨西哥湾离岸价；稻谷价格为 5%碎白米的泰国名义价；大豆价格为美国芝加哥商品交易所大豆期货 2 号合约价（第一份远期合约价）；小麦价格为堪萨斯城交易所 1 号硬红冬小麦价。图中横坐标以月份形式显示，例如，2000M1 表示 2000 年 1 月

3.2.4　“想为难作为”的全球治理乏力问题

对我国而言，在合理利用国际市场与资源来保障我国粮食安全已不可避免的情况下，既可以选择被动地适应和化解来自外部市场的进口风险和输入性风险；也可以选择主动作为，即通过积极参与全球粮食安全治理，与世界各方携起手来提升全球粮食生产供应能力，改善全球尤其是发展中国家的粮食安全和营养健康状况，创造稳定的国际粮食生产、贸易和粮食安全环境。这既符合我国减少粮食进口波动风险、建立稳定外部粮源渠道的现实利益，也有利于彰显我国作为世界和平建设者、全球发展贡献者、国际秩序维护者的负责任大国形象。

然而，作为一个拥有 14 亿人口的国家，我国的粮食安全、对外投资、农产品贸易、农业援助始终受到国际社会的广泛关注和舆论压力，在参与全球粮食安全治理的过程中往往会遭遇“想为难作为”的困境。一方面，发达国家常以我国对粮食贸易实施保护、国内外粮食市场整合程度不高为由，诟病我国对全球粮食安全治理体系的融入程度不够（朱晶等，2021b）；另一方面，当我国增加粮食进口、加大农业对外直接投资的力度时，不仅受到“中国威胁论”“新殖民主义”“土地掠夺”等不实指控（赵立军等，2016），还遭遇到缺少国际农产品定价权、对国际农产品产业链缺乏掌控力等问题，面临诸多被动局面（陈秧分和钱静斐，2021；朱晶等，2021b；钟钰等，2023）。不利的国际舆论环境不仅暴露出我国在舆论引导、规则制定等方面的经验欠缺和不足，更是给我国利用国际循环带来了较多不便，严重影响了我国的国际声誉与海外农业投资效果。

考虑到我国的发展仍然处于重要战略机遇期，经济基本面长期向好的发展趋势没有改变，强大的国内市场不仅为扩大对外开放提供了广阔空间，而且为农业对外合作提供了良好机遇。同时，世界范围内政治、经济、贸易格局正在发生深刻变化，新冠疫情影响广泛深远，经济全球化遭遇回头浪，不稳定、不确定因素明显增加，农业国际合作面临的风险挑战将更加严峻。我国在未来仍将通过积极开展农业对外合作来保障本国和全球的粮食生产供应能力，改善全球尤其是发展中国家的粮食安全和营养健康状况以及创造稳定的国际粮食生产、贸易环境和粮食安全环境。在此过程中，不确定的外部环境对我国利用海外资源能力、更好地融入国际循环提出了更高要求。如何提升参与全球粮农治理的能力和技巧，既做负责任的大国，又避免产生大国威胁的负面舆论，也是我国未来利用国际粮食市场与资源、建立开放型国家粮食安全保障体系需要积极面对和深入思考的重要问题。

3.3　新挑战下亟须树立粮食安全新思维

综上所述，当前我国粮食安全保障虽然仍以立足国内循环为主，但受低关税保护、高开放水平及日益严峻的国内粮食产需压力等一系列因素的驱动，我国的粮食安全保障已经不可能不加入世界粮食市场和国际大循环，粮食进口也愈发成为保障国内粮食安全不可或缺的重要组成部分。“三高”问题的出现及大量“非必需”粮食进口难以抵挡表明，当前我国粮食进口的主动权已经并非完全掌控在我方手中。同时，越来越开放的对外环境和越来越大的进口规模也意味着国际粮食市场的波动性、不确定性、风险性将更加广泛地传导至国内市场，国际规则约束、国际争端压力及外部市场环境的各种挑战也将更为深刻地影响到我国粮食供求平衡与粮食安全政策选择。这些新的形势变化表明，我国传统的国内产需二元为支撑点的粮食供求平衡格局已经被打破，国家粮食安全进入到了前所未有的新格局。

这种新格局的形成和新挑战的出现，是我们在开放条件下遇到的新问题，其本质在于传统封闭经济条件下的供需平衡思维范式与开放条件下要解决的新问题并不匹配。国内供需与外部市场的连接不再表现为产量缺口的平衡项，而直接表现为价差驱动的超量进口，这是我国粮食安全和农业发展面临的新问题。在此情形下，亟须直面传统的二元平衡思维，破除一些当前与现实情况不相符合的思维误区，具体表现如下。

3.3.1　缺口驱动型与价差驱动型进口

长期以来，我国粮食安全保障都带有较为明显的封闭经济思维印记。在封闭经济条件下，粮食政策目标往往多关注国内粮食高产量，因为高产量带来高供给，低产量则意味着国内自我供给水平降低，进口就会相应增加。无论是哪种情况，粮食安全保障都主要体现为国内产需的二元平衡，辅之以必要的进口作为外在且可调控的平衡项来调剂余缺。然而，在高度开放条件下，尤其是由于粮食生产成本高企、国内外粮价倒挂严重以及配额内进口关税低，我国粮食进口量已经大大超出国内实际的产需缺口量，出现了“非必需”进口大量增长且难以抵挡的问题。这在一定程度上表明，当前粮食进口的主动权已经并非完全掌控在我方手中，粮食贸易也不再如以往一般仅是国内粮食产需平衡的外在辅助项。

事实上，当国际市场已然成为我国粮食供应的重要来源并构成决定国内粮食供需平衡的重要影响因素和有机组成部分时，只要国内外价格差距足够大，粮食大量进口的动力就会持续存在，我国与国际市场的关联度就会进一步增强，想不进口都很难。争论要不要进口、进口多少这种仍然把贸易量看作可以单方面确定取舍的思维方式，不仅脱离现实，而且不利于直面问题及寻求应对之道。在此情形下，亟须突破传统的二元平衡思维，重新定位国际循环和国际贸易在我国粮食供需平衡中的功能和作用，建立生产—消费—贸易三元平衡的新思维，把适度开发利用国际市场、提升国内循环与国际循环的协调程度纳入国家中长期粮食供应的顶层设计和系统规划中。

3.3.2　产量提高与竞争力提升的关系

在高度开放条件下，粮食贸易的方向实际上取决于国内外价格竞争力的比拼。然而，长期以来我国的粮食生产最为关注的往往都是高产而非高竞争力，但这两个目标并非总是完全统一。考虑到农产品相对而言同质性较高，粮食价格竞争力在很大程度上由生产成本的高低决定。经济学中的边际产出递减规律表明，在技术不变条件下，随着产出的增加可变要素投入的边际产出会出现下降。这会导致产出的边际成本提高，从而引发基于成本之上的价格竞争力下降。而即使有技术进步，如追求的目标是极大化产量，则其对成本的影响并不一定是下行。在封闭经济条件下，产量的增加可以起到缩小国内市场供需缺口，从而减少进口的作用，但在国内国外市场连通的全球化市场经济条件下，国内产量的增加虽然可以减少国内供需缺口，但并不能减少由国内外市场价差所驱动的外部市场低价粮源向国内市场的进口；甚至，如果增产是以成本上升为代价，还可能会导致国内外市场价差进一步拉大，国内市场过度进口的进一步加大，从而降低自给率。

以往各种模型大多是基于国内的粮食生产能力和将贸易作为国内产需余缺的调剂项来匡算与预测我国粮食的进口需求。这种做法在封闭条件下可能成立，但在当前“三高”问题的情形下则不然。在开放的条件下，价格成为连接国内外粮食市场的决定因素，即便国内粮食产量增加、产需缺口下降，但只要国内外价差足够大，进口数量也会不降反升。因此，开放条件下准确预测今后我国粮食的进口需求需要基于价格差距视角，而非产需缺口视角。本书据此提出了一个基于国内外价格差距视角研究我国粮食进口需求的一般均衡分析框架，在综合考虑国内粮食生产成本上涨、国际粮食价格走势及可用的边境保护措施（主要粮食产品进口关税配额制度）的基础上，深入刻画国内外价格差异对我国粮食进口需求与粮食供求平衡的影响（Yu et al., 2019）。基于此分析框架，文章进一步采用 2011~2016 年的国内外相关数据及 GTAP，并假定粮食国内支持政策维持在 2011 年水平不变，通过设置五种不同的国内外价格变化方案，分别模拟分析了不同情形下 2020 年我国四种主要粮食品种（稻米、小麦、玉米和大豆）的进口数量，以及进口对这些产品国内产量与自给率的影响。具体而言，模拟分析的主要结果如表 3.5 所示。

表 3.5　本书基于反事实方法模拟分析的 2020 年我国主要粮食产品的自给率（单位：%）

模拟情形	与 2011 年相比进口量变化				2020 年自给率模拟结果			
	小麦	玉米	大豆	稻米	小麦	玉米	大豆	稻米
情形一（核心）	393.8	153.2	46.1	376.2	87.8	93.1	5.3	92.8
情形二（国内市场价格=情形一价格上涨 1/3）	695.6	153.2	52.9	375.2	80.9	93	4.1	92.7
情形三（国内市场价格=情形一价格下降 1/3）	367.3	148.5	35.6	351.6	88.6	93.3	7.1	93.3
情形四（世界市场价格=情形一价格上涨 1/3）	684.7	153.2	53.9	376.2	81.3	93.1	4.4	92.8
情形五（世界市场价格=情形一价格下降 1/3）	367.3	142	39.1	371.4	88.4	93.4	6.3	92.9

资料来源：Yu 等（2019）

注：自给率=产量/（产量+进口量−出口量）

情形一（核心情形）中，假定 2011~2016 年的国内粮食生产成本和国际粮食市场价格走势延续至 2020 年，届时我国的小麦将出现超配额进口，进口量将突破 1000 万吨，相比 2011 年的基期水平增长近 4 倍；稻米进口量将逼近进口配额，相比 2011 年增长 3.8 倍；玉米进口量将仍维持在进口配额以内，相比 2011 年增长 1.5 倍；大豆（没有进口关税配额限制）进口量相对于 2011 年将增长 46.1%。在大量进口的冲击下，国内主要粮食作物的产量均将下滑，粮食总产将减少近 6000 万吨，稻米、小麦、玉米、大豆的自给率将分别降低至 92.8%、87.8%、93.1%和 5.3%。情形二和情形三分别假定国际粮食市场价格走势变动与情形一相同，但国内粮食生产成本相较于情形一分别上涨或下降 1/3；情形四和情形五则分别假定国内粮食生产成本变动与情形一相同，但国际粮食市场价格走势变动相较于情形一分别上涨或下降 1/3。最终模拟的结果都显示，国内外价差越大（小），我国粮食进口量将会越高（低），突破进口配额约束的风险将会越大（小），国内粮食产量和粮食自给率下降的幅度也将会越大（小）。这些理论和实证分析的结果都表明，今后如果任由国内生产成本持续增长，我国粮食进口的压力将会进一步增加，在可用的国内支持政策、边境保护措施空间受限的情况下，维持粮食高自给率的目标将愈发难以实现。

3.3.3　接轨国际与囿于内视的政策制定

当前我国粮食政策端所面临的严峻的国际规则约束压力，也暴露出两个层面的重要问题。一是以往我国农业政策的设计过于内视化。国内粮食政策的创设往往仅关注自身的农情粮情变化，而忽视了在开放条件下我们需要同时兼顾和遵守的国际规则与国际承诺。二是以往我国对于农业国际规则的关注不够，适应和运用国际规则的意识与能力不强。这导致我国在农业国际规则制定中的参与度不高、话语权不足，且长期处于被动跟随的局面。然而，中国在农产品国际市场上买方势力不断崛起，以及中国是粮棉油糖肉蛋奶等大宗农产品全球最重要的买家，在国际农产品市场对于我国影响持续深入的同时，我国对于国际农产品市场的影响力也在不断增强。这不仅为我国适应复杂的国际农产品贸易环境提出了新的要求，而且也为我国优化国际粮食市场和农业资源的利用策略提供了新的机遇。在高水平制度型开放的背景下，主动作为才是最好的利益防守。我国应当利用好自身的优势地位，改变过去被动跟随的心态，更加积极地参与农业国际贸易谈判与规则制定，引领相关领域的规则改革与重塑，以化解国际规则约束对我国农业政策主动性的掣肘，以提高我国在全球农产品市场和贸易体系中的掌控力与话语权。

3.3.4　生产—消费—贸易三元平衡思维

在当前及今后更高水平的开放条件下，必须基于全球视野构建更加稳固的开放型国家粮食安全保障新机制，将粮食贸易和国际市场纳入我国中长期粮食安全的顶层设计和系统规划中，树立粮食总量平衡的新思路，变保障产需二元平衡为确保生产、需求、进口三元平衡（朱晶等，2018；倪洪兴，2019）。一方面，需要在明确国内资源禀赋、政策供给及国际规则与外部环境约束的条件下，系统考虑粮食需求与供应、进口与生产、国际市场与国内市场的交互影响，建立健全与三元平衡相适应的粮食生产、消费、贸易政策调控的体制机制，确保国内产业政策与贸易政策相衔接，国内生产力布局与国际市场利用相匹配，国内供需趋势与进出口增长相协调；另一方面，需要更加重视和关注国际贸易与外部市场的作用和风险，通过更加全局性的谋划和更加积极主动的作为，直面外部环境的压力和挑战、国际规则的约束和外部风险的输入，努力融入国际、接轨国际。

3.4　高水平开放格局下完善我国粮食安全保障体系

总体上，随着我国对外开放的不断深入，国际粮食市场日益成为补充国内粮食供给的重要组成部分，同时也给维护国家粮食安全带来了一系列前所未有的非传统压力和挑战。为了应对高水平开放下我国粮食安全领域所面临的各类新挑战，不仅需要转变思维，还需对现有的粮食安全保障体系进行提档升级，找准关键点，抓住着力点，建立健全更高水平开放下的国家粮食安全保障体系。

3.4.1　提升“站位”，统筹“内外”

如何准确定位国内循环与国际循环在当前及今后我国粮食安全保障中的目标功能与作用分工，如何辩证看待两者的互动关系和相互影响，是准确把握粮食安全领域双循环的重要内涵、推动两个循环共同助力国家粮食安全保障的关键。

1. 有内有外，缺一不可：该进就得进

尽管当前我国粮食安全保障处于历史最佳时期，但考虑到国内粮食消费需求尚未达到峰值、刚性增长态势延续，且资源环境面临的硬约束趋紧，粮食供需在今后相当长一个时期内仍将处于脆弱的紧平衡状态。从这个角度来讲，利用外部市场和资源作为国内循环的重要补充，不管是现在还是将来，始终都是保障我国粮食安全的必然选择。相关研究的估算结果表明，保证我国农产品的供需平衡，农作物种植面积至少需要 35 亿亩，但国内农作物实际种植面积仅为 25 亿亩，剩余约 10 亿亩的农产品产出缺口必须依靠国外进口（杜鹰，2020）。事实上，从国外进口资源密集型农产品，不仅有助于补充国内供应、满足多样化消费需求，而且也符合我国的比较优势，有利于提升资源配置效率。以我国进口最多的农产品——大豆为例，随着大豆进口量的持续增长，进口所包含的虚拟水土资源量也在快速增加（图 3.2）。按照 2023 年我国大豆进口 9941.0 万吨折算，相当于进口了 7.4 亿亩的虚拟土资源和 1969.0 亿立方米的虚拟水资源，与当年国内粮食播种面积之比为 41.5%，与当年农业用水量之比为 53.6%。考虑到大豆单产仅相当于玉米单产的 1/3，且大豆单位产量的耗水量也远大于玉米（李天祥和朱晶，2014），如果进口的大豆全部由国内自行生产，粗略估计将可能导致国内玉米减产 3.2 亿吨左右，这相当于 2023 年国内玉米总产量的 1.1 倍。从这个意义上来说，大豆进口所节省出的水土资源，为国内调整粮食种植结构，增加稻谷、小麦、玉米的播种面积与产量，保障“谷物基本自给、口粮绝对安全”，无疑创造了十分有利的条件。这也表明，今后无论是要满足人民群众吃饱、吃好的要求，还是要提高农业资源配置效率，我国的粮食安全都必须走合作安全之路，必须合理且充分地利用以国际贸易为代表的国际循环，即“该进就得进”。

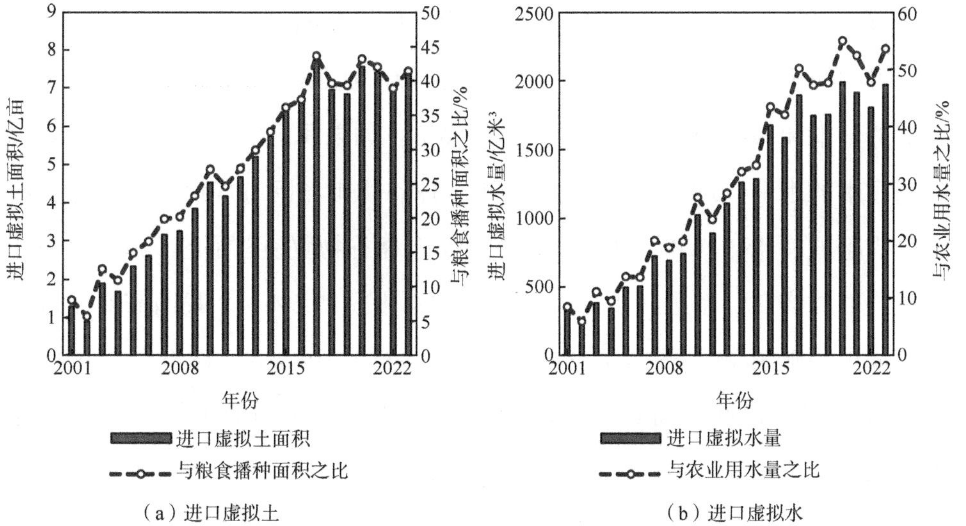

图 3.2　2001~2023 年我国大豆进口所包含的虚拟水土资源变动情况

资料来源：国家统计局、海关总署

①虚拟土含量=进口量×单位农作物虚拟土含量，其中，单位农作物虚拟土含量为播种面积与农作物产量的比值；②虚拟水含量=进口量×单位质量虚拟水含量，单位质量虚拟水含量来源于杨雪等（2021）

2. 以内为主，以外为辅：该保必须保

虽然国际循环在我国粮食安全保障中发挥了不可或缺的重要作用，但在强调“该进就得进”的同时，也应清楚地认识到，对于我国这样的人口大国，解决十几亿人口的吃饭问题，不能过度寄希望于国际市场，以内为主仍将是保障国家粮食安全必须始终坚守的底线。

一方面，与我国谷物消费需求相比，国际谷物贸易总量相对有限。以 2023 年为例，全球谷物贸易量为 48 834.1 万吨，仅相当于当年我国谷物消费需求量的 77.0%。其中，稻谷全球贸易量为 4923.2 万吨，仅相当于当年我国稻谷消费需求量的 32.8%。另一方面，倘若我国不是选择立足自身，而是照搬其他一些已进入经济发达阶段、同样人多地少的东亚经济体的做法，以主要依靠国际市场的方式来满足国内食物消费需求，那么，国际市场能否承受得住我国巨大的进口需求压力仍将存在巨大疑问。再以 2023 年为例，我国谷物净进口量为 5062.5 万吨，自给率为 91.2%，远高于食物消费需求相似的日本和韩国的自给率水平（表 3.6）。如果我国的谷物自给率下降到同期日本的水平（27.6%），按照当年全球谷物市场既有规模静态推算，我国需要净进口 45 924.8 万吨谷物，相当于全球谷物贸易总量的 94.0%；而如果我国的谷物自给率进一步下降到韩国的水平（19.6%），我国需要净进口 51 006.0 万吨谷物，相当于全球谷物贸易量的 104.4%。这不仅在短期内不具有现实可行性，而且有可能招致极大的不可预知的市场风险和国际舆论压力。

表 3.6　不同自给率情形下我国谷物净进口量及世界市场占比

国家	谷物自给率/%	净进口量/万吨	世界市场占比/%
日本	27.6	2 257.5	4.6
韩国	19.6	1 631.6	3.3
中国	91.2	5 062.5	10.4
中国：其他自给率情形			
情形 1	27.6	45 924.8	94.0
情形 2	19.6	51 006.0	104.4

资料来源：美国农业部（United States Department of Agriculture，USDA）

注：表中数据以 2023 年数据为计算基准，其中，前 3 行数据为实际值，后 2 行数据为模拟值。在前 3 行数据中，谷物自给率为该国谷物产量与国内谷物消费量的比值，世界市场占比为该国谷物净进口量与全球谷物贸易量的比值。在后 2 行数据中，情形 1 和情形 2 分别模拟推算了按照 2023 年国内谷物消费量（63 412.0 万吨）计算，假定我国的谷物自给率下降到日本和韩国的水平，我国需要从世界市场净进口的谷物数量及其占同期全球谷物贸易量的比例。其中，模拟推算的净进口量由 2023 年我国的谷物消费量分别乘以 100%减去日本和韩国同期的谷物自给率计算得到，模拟推算的世界市场占比由模拟推算的净进口量除以同期全球谷物贸易量计算得到

由此可见，尽管国际粮食市场可以成为国内粮食市场的重要补充，但高度依赖国际粮食市场并非我国可以选择的“安全”选项。正如习近平同志再

三强调的："中国人的饭碗任何时候都要牢牢端在自己手上。"[①]保障我国粮食安全，需要"该保必须保"，必须要确保"谷物基本自给、口粮绝对安全"。

3. 内外统筹，协调互促：助力彼此，形成合力

总体上，保障我国的粮食安全既离不开国内循环的基础支撑，也离不开国际循环的重要补充。然而，尽管国内国际双循环对于保障我国粮食安全可以发挥互补作用，但并不意味着两者总是能够天然地彼此助力、形成合力。事实上，随着我国粮食进口规模的持续扩大和两个循环融合程度的不断提升，国内国际双循环的彼此碰撞、相互冲击正在成为阻碍粮食安全领域双循环高效运行的重要因素，并且还引发了国内粮食产量、进口量、库存量"三量齐增"以及"洋货入市，国货入库"等一系列新的粮食安全困扰（Yu et al.，2019；朱晶等，2021a），使得我国稻谷、小麦、玉米、大豆等粮食品种的库存消费比长期远高于国际公认的17%~18%的警戒水平（图3.3）。与

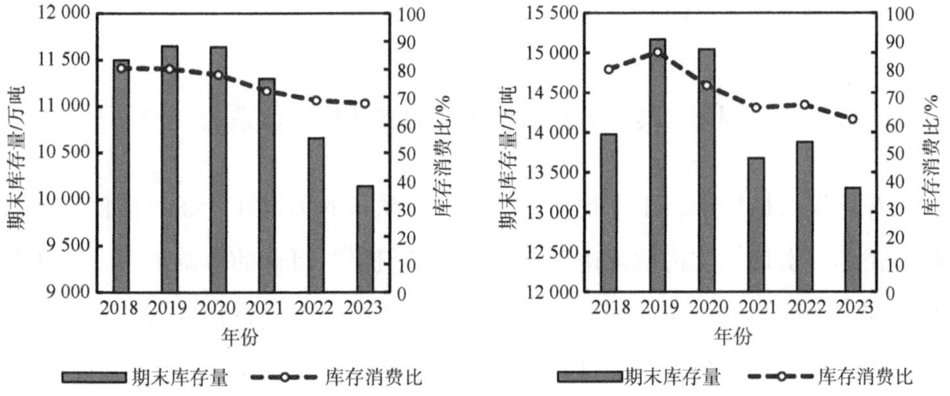

（a）稻谷 （b）小麦

① 《中国人的饭碗牢牢端在自己手上》，http://politics.people.com.cn/n1/2021/0925/c1001-32235942.html。

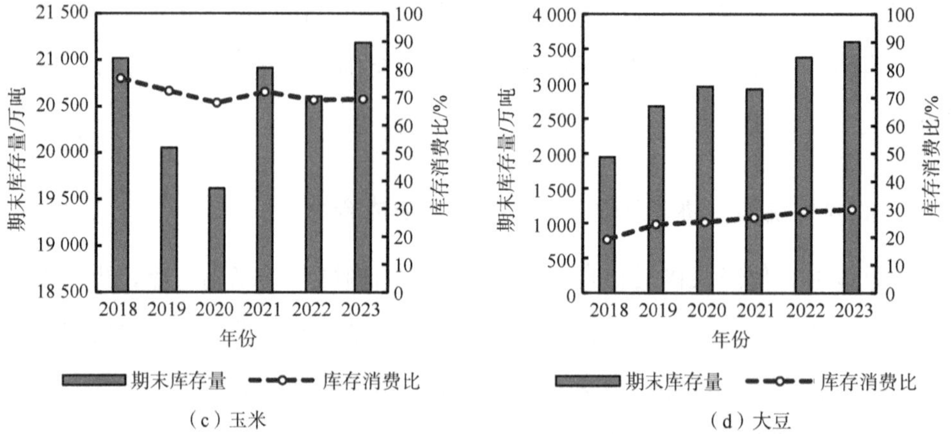

图 3.3　2018~2023 年我国主要粮食品种期末库存量和库存消费比的变化情况

资料来源：USDA

此同时，国际规则约束给国内粮食支持保护政策设计的掣肘压力、国际政治经济格局不稳和新冠疫情全球蔓延等外部环境带来的高度不确定性等，都更加全面、深入地传导并冲击到了国内粮食市场的供需平衡，并对国内粮食支持保护政策体系转型（以更好地促进“该进就得进”和“该保必须保”目标的兼容）提出了更高要求。

3.4.2　立足国内：转型升级对接国际的支持保护体系

在新发展格局下，牢牢把住粮食安全主动权的关键在于畅通粮食国内国际双循环，实现“该进就得进”和“该保必须保”目标的协调统一，推动两个循环“内外统筹，协调互促”。尽管目前我国粮食安全领域双循环总体上的融合程度很高，但在运行过程中仍然面临一些阻碍其高效运行、相互促进的难点问题和需要重点防范的安全风险，尤其是在当前世界处于百年未有之大变局之际，全球粮食市场的风险和不确定性显著增加，我国粮食安全保障面临的外部环境变得更加复杂。2022 年两会期间，习近平同志在看望参加全国政协十三届五次会议的农业界、社会福利和社会保障界委员，并参加联组会时再次强调，“在粮食安全这个问题上不能有丝毫麻痹大意，不能认为进入工业化，吃饭问题就可有可无，也不要指望依靠国际市场来解决。要未雨绸缪，始终绷紧粮食安全这根弦，始终坚持以我为主、立足国内、确保产能、适度进口、科技支撑”[①]。因此，要始终绷紧粮食安全这根弦，坚持以我为主、立足国内，并重点从如下层面做到“该保必须保”。

1. 扭住种子和耕地两大要害，深入推进“藏粮于地、藏粮于技”

面对国内粮食中长期供需紧平衡的挑战和压力，对于我国这样的人口大国而言，以国内循环为主始终是国家粮食安全保障必须坚守的底线。要以国内循环的确定性应对国际循环的不确定性，关键在于夯实国内粮食稳产保供的能力基础，通过深入推进“藏粮于地、藏粮于技”两大战略，抓住耕地与种子两大要害，激发国内循环运行活力。一是要打好耕地“保卫战”，坚持“稳数量”与“提质量”并重。落实最严格的耕地保护制度，强化耕地数量、质量、生态“三位一体”保护，采取“长牙齿”的硬措施，严守耕地保护红线，同时加强粮食安全产业带建设，深入推进高标准农田建设与耕地质量提升行动，确保耕地数量不减少、质量有提升、产能不下滑。二是要打好种业“翻身仗”，推动现代种业做大做强。加快启动种源“卡脖子”攻关计划，强化育种基础研究和创新能力升级。三是要打好科技“攻坚战”，提升粮食产业链的科技赋能水平。推进信息、生物、新材料等高新技术在粮食产业中的应用，补齐关键共性技术短板，助力提升粮食安全保障能力。

① 《习近平看望参加政协会议的农业界社会福利和社会保障界委员》，https://www.gov.cn/xinwen/2022-03/06/content_5677564.htm。

2. 调整粮食安全保障目标导向，从增产导向向竞争力导向转型

“想挡挡不住”的风险本质上凸显的是我国粮食国际竞争力不强的问题。一方面，我国水土资源禀赋及农业生产条件具有先天的劣势，农业户均规模只有 0.5 公顷，农业经营规模大体相当于欧盟的 1/30 和美国的 1/340。即使到 2050 年我国农村人口减少至 3 亿~4 亿人，农业户均经营规模也只能达到 1 公顷左右，与美国、加拿大、澳大利亚、巴西等主要农业生产国与出口国的生产规模仍难以相提并论（倪洪兴，2019）。另一方面，随着工业化、城市化的推进及农村人口结构的变化，人工成本、土地成本和其他生产要素成本持续上涨，推动我国粮食产品的生产成本步入快速上升通道。考虑到我国工业化、城镇化尚未完成，人口结构变迁仍将持续，人工成本和土地成本持续上升的趋势难以逆转。受此影响，由成本倒挂决定的价格倒挂或将成为一种常态。未来国内外粮食价格差距的持续扩大，可能进一步削弱我国粮食产品的国际竞争力，加剧价差驱动下粮食持续扩大进口的风险，并延续大量进口对国内粮食供需平衡和粮食安全的冲击和压力。因此，只有提高粮食竞争力，才能减轻进口压力，有效防范大量竞争性进口对国内粮食部门及相关产业的替代与冲击。在边境保护之墙不高、国内支持面临国际规则约束的情况下，亟须寻求提升我国粮食产品及农业竞争力的有效途径。

应当转变粮食安全观念，适度弱化对国内粮食高产量和高自给率目标的追求，并将如何降低粮食生产成本、提高国际竞争力作为保障国家粮食安全的重要组成部分。一方面，可以通过“拼成本、拼价格”，即瞄准推动我国粮食生产成本持续上涨的主要因素，针对性地采取措施降低粮食生产成本来获取竞争优势，包括扩大土地经营规模、推进机械化发展、提高劳动生产率，以降低人工成本；推动生物育种、土地耕作等多方面的科技进步和应用推广，以提高土地产出率和资源利用效率；扩大政府部门的公共投资代替私人投资以降低私人部门的粮食生产投入等。另一方面，也可以通过“拼特色、拼增值”，即采用差异化策略和错位竞争来弥补成本竞争的劣势。顺应市场消费需求变化，以低碳、环保、绿色、营养、健康等理念为指引，推动国内农业向质量导向、品质导向和竞争力导向转型，推动质量兴农、绿色兴农、品牌强农，不断提高粮食的质量安全水平、品牌文化内涵和综合竞争力，为消费者提供既多样又安全的消费选择。

3. 优化粮食支持保护政策设计，由国内外分轨向内外对接转型

“想做做不了”的风险反映出在国内外市场深度融合的供需新格局下，国内农业政策的设计关起门来“调结构、转方式”的难度越来越大，国际规则和国际竞争力等外部条件对国内政策设计的约束性日益增强。今后国内政策的制定将不再仅仅是国内的问题，而是需要更多地考虑国际规则、国际惯例和我们的国际承诺。应积极推动国内农业政策设计与国际规则接轨，使之既能符合我国粮食安全需求又能适应国际规则要求，从而避免不必要的国际争端麻烦和国际舆论压力。此外，不仅需要与国际规则接轨，还应积极参与国际规则的重塑与制定，化被动受制为主动作为，为我国的农业支持政策争取更多的空间。面对当前全球范围内贸易保护主义抬头、单边主义倾向和粮食能源化与金融化等日益复杂的贸易国际环境，以及仍有大量模糊地带的国际规则体系，我们需要更加主动地应对贸易的挑战、掌控主动权，吃透规则、用好规则，在今后的贸易谈判中积极参与和主导重塑与设计国际规则，以争取对我国有利的贸易制度安排和贸易环境。

应在综合考虑与国际规则的适应性、对国计民生的敏感性、国际竞争能力及 WTO 农业改革走向等因素的基础上，继续优化与完善我国的农业支持保护制度。一是要创新国际规则约束下的补贴方式，用足、用好现行规则所允许的补贴空间。二是要加强对有关农业国内支持及相关规则的研究，提升运用 WTO 规则的意识和能力。三是要积极参与国际规则的谈判和制定，推动和引领 WTO 改革及国际规则重塑。一方面，针对 WTO 农业国内支持规则在发达成员和发展中成员之间所存在的不公平问题，应在后续谈判中予以纠正或作为谈判筹码；另一方面，还应积极参与 WTO 框架下的农业改革，在粮食安全公共储备、国内支持、出口限制等议题上发挥引领作用，争取达成对我国有利的谈判成果。

3.4.3 利用外部粮源：推动强化外部风险防控及全球治理体系

粮食“非必需”进口的大量增长，反映出我国在粮食贸易端保障粮食安全所面临的两难困境。一方面，受制于资源禀赋条件，我国从国际市场进口粮食无法避免；另一方面，在国内生产成本高企、边境保护措施有限、国际竞争力衰减的情况下，掌控粮食进口主动权的难度也在不断增加。从耕地资源角度来看，我国的食物供给大概有 30%需要依赖国际市场，我国无论是现在还是将来的食物供给安全都已经离不开国际市场和国际农业资源（陈锡文，2021；朱晶等，2022a）。这意味着，未来维护我国粮食安全，既要保障国内生产安全，也要保障国际进口安全。保障粮食进口安全，应当努力升级国际循环的利用能力，通过积极强化贸易风险管控体系建设、参与全球农产品产业链、实施农产品多元化战略等多种方式，构建安全、高效、稳定、多元的外部粮源供应体系，以更好地做到“该进就得进”，牢牢把住粮食进口主动权。

1. 实施进口多元化和农业“走出去”战略，打造安全、高效的外部粮源体系

“想进有风险”的挑战表明，在高度开放条件下打造高效、稳定的国际粮源供应体系，既要充分利用国际市场与国际资源满足我国国内粮食需求保

障粮食安全，又要有效防范与管控国际市场风险。鉴于我国“人多、地少、水缺”的资源禀赋条件，为了满足国内日益增长的消费需求，未来需要更积极主动地利用国际市场和国际资源。对我国而言，最重要的是需要一个整体宽松的全球农产品供给环境，一个相对廉价的农产品市场条件和相对稳定、低风险的供应来源渠道。将中美经贸摩擦作为预警，站在维护经济安全的战略高度进一步采取措施建立多元化的全球性农产品供应体系，采用“引进来”和“走出去”相结合的策略，主动地升级贸易风险管控技巧、提升全球粮食供应链掌控能力方为长远之计。

一方面，要深入实施农产品进口多元化策略，分散我国粮食产品集中进口的风险。由于我国农产品进口品种单一且进口来源地相对集中，对农产品主要出口国的依赖程度不断增加，一旦粮食主要出口国出现供应短缺或者政治动荡，将直接威胁我国外部粮食供应的稳定性与持续性。因此，通过多渠道、多区域、多品种等方式进口所需农产品，是分散进口风险、保障外部粮源供应的有效之道。需要审慎把握好进口规模和节奏、方式与布局，实施多渠道、多区域、多品种的多元化进口策略，分散集中进口的风险，降低国际农产品市场波动对国内的影响。

另一方面，也需要大力支持农业“走出去”，把推进农业“走出去”与实现市场多元化战略有机结合。依托“一带一路”倡议、区域全面经济伙伴关系协定等多边协议框架，推动我国农业技术和资本对其他国家的投资与输出，提升东道国的生产能力，为建立多元、稳定、可靠的进口渠道夯实基础。通过支持和培育大型粮食企业或国际大粮商，强化对国外粮食、资源、物流、仓储及关键环节和运输节点的投资与布局，鼓励企业通过多种形式参与国际农产品产业链建设和控制，增强对全球市场重点农产品、关键环节的掌控能力，形成对国际农产品产业链和供应链的控制权与话语权，确保外部粮源买得起、买得到、运得来，促进粮食在更高层次上实现供需平衡。

2. 积极参与粮食安全全球治理与制度变革，创造稳定的外部市场环境

“想为难作为”的挑战也表明，世界各方在粮食供求、贸易之间的关系不断加深，粮食安全所涉及的问题越来越具有跨国性、多维性以及公共产品属性，全球治理日益成为保障世界粮食安全的一种现实需要。新冠疫情蔓延对于全球粮食安全的冲击进一步凸显出疫情期间及后疫情时代粮食安全不再是一个区域性问题，而是一个需要共同回应的全球性问题（陈志钢等，2020）。全球粮食安全治理体系即以全球治理机制为基础，国家与非国家以参与、谈判和协调的方式协商共处，从国家—区域—全球层面上解决共同面临的粮食安全问题。从这一定义出发，粮食安全的全球治理不仅需要各主体主动参与全球粮食供应保障体系，合理调配世界资源将蛋糕做大，同时也要求各方通过谈判与协调找寻利益共同点，合作治理将蛋糕分好。

今后随着我国开放型大国地位的提升，在全球粮食安全治理体系中的角色也必将从外围走向中心。如何加强顶层设计，提升我国参与粮食安全全球治理的能力，既做负责任的大国，又避免产生大国威胁的负面舆论；如何推动广大发展中国家粮食生产能力的提升，为世界及我国谋求稳定和充足的粮源供应，又建立更高效的区域贸易协定及制度安排，特别是加强与“一带一路”共建国家和其他潜在合作伙伴的协调，创造更好的区域农业贸易与投资环境；如何保护和完善现有的多边贸易及投资制度框架安排，又积极引领重塑全球农业治理新秩序和国际发展战略布局。这都是我们在新的历史发展阶段，在开放型大国的粮食安全中国方案和全球治理提升的角色担当中被赋予的期待，同时也成为我国今后必须面对的在世界范围内更大空间和更高层面上的压力和挑战。

新冠疫情期间及未来的后疫情时代，我国需要与世界各方携起手来合作，推动构建人类命运共同体，合作提升全球粮食生产供应能力，改善全球尤其是发展中国家的粮食安全和营养健康状况，创造稳定的国际粮食生产、贸易和粮食安全环境。同时，应当积极维护多边贸易与投资制度框架安排，弘扬多边主义和共商共建共享的全球治理观，深度参与全球农业贸易与投资规则谈判，积极推动涉农国际治理与协调机构改革，主动承担国际责任，增强全球粮食安全政策的一致性和协调性，共同维护全球粮食市场稳定。

3.5 本章小结

在高水平开放新格局下，牢牢把住粮食安全主动权的关键在于畅通粮食国内国际双循环，实现“该进就得进”和“该保必须保”目标的协调统一，推动两个循环“内外统筹，协调互促”。尽管目前我国粮食安全领域双循环总体上的融合程度很高，但在运行过程中仍然面临一些阻碍其高效运行、相互促进的难点问题和需要重点防范的安全风险，尤其是在当前世界处于百年未有之大变局之际，全球粮食市场的风险和不确定性显著增加，这不仅会对中国粮食安全所面临的国际贸易环境造成负面影响，也会给国内粮食供需平衡保障与粮食支持保护政策体系改革带来前所未有的冲击和压力。

未来维护我国粮食安全，既要保障国内生产安全，也要保障国际进口安全。保障国内生产安全，不仅需要扭住种子和耕地等要害，深入推进“藏粮于地、藏粮于技”战略，而且需要调整粮食安全保障目标导向，从增产导向向竞争力导向转型，还需要优化粮食支持保护政策设计，由国内外分轨向内外对接转型。保障粮食进口安全，应当努力升级国际循环的利用能力，通过积极强化贸易风险管控体系建设、实施农产品多元化战略、参与全球粮农治理等多种方式，构建安全、高效、稳定、多元的外部粮源供应体系，以更好地做到“该进就得进”，牢牢把住粮食进口主动权。

上篇　立足国内 优化粮食支持保护政策体系

第4章
我国粮食支持保护政策演进与新时期转型需求

粮食支持保护政策作为我国农业制度供给的核心之一，对我国粮食等重要大宗农产品的有效供给和农民收入稳步提升起到了积极的推动作用，为有效应对国内外复杂局面和风险挑战增添了充足底气。然而，在愈发激烈的市场竞争和更加严格的 WTO 规则的双重约束下，过去行之有效的粮食支持保护政策开始面临劳动力、土地、环境保护、质量安全成本的显性化和不断提高引致的竞争力不足压力，以及“黄箱”支持空间持续收窄带来的贸易争端压力，政策不足日益凸显，迫切需要进一步转型升级。本章在简要回顾改革开放以来我国粮食支持保护政策演变进程的基础上，从粮食生产、粮农收益、资源环境以及农业竞争力等多个维度对粮食支持保护政策实施的主要效果进行总结，并进一步根据 WTO 规则约束以及国内粮情、农情变化研判高水平开放新格局下政策体系面临的转型压力及可能的减“黄”增“绿”调整思路，以期为后续构建既能对接 WTO 规则又能满足国内需求的粮食支持保护政策体系提供参考与决策依据。

4.1 我国粮食支持保护政策的演进历程

改革开放以来，为调动农民务农种粮积极性，稳定粮食等重要大宗农产品供给，国家不断加大支持保护力度，逐步探索构建了以价格支持和补贴导向为主的粮食支持保护政策。总结我国粮食支持保护政策演变的历程与内在逻辑，是分析农业现实问题的出发点，也是新格局下推动粮食支持保护政策调整转型的基础。依据不同时期工农关系、城乡关系的发展变化，国内学者对农业政策的演变过程也做出了大量归纳、梳理和思考，并将其主要分为对农产品由“统”到“放”、对农民由“取”到“予”以及深化农业供给侧结构性改革等三个阶段。

4.1.1 对农产品由“统”到“放”阶段

改革开放初期，为尽快改变农业与农村发展相对滞后的局面，构建适应社会主义市场经济要求的农村新经济体制框架，我国重点对农产品购销体制进行了改革。从改革开放到20世纪90年代末是我国粮食流通体制和农副产品购销体制改革的重要时期，在这一时期，合同定购和市场收购相结合的“双轨制”逐步建立，农产品价格逐步放开，国家农业综合生产能力提高进程大大加快。

1978年党的十一届三中全会召开以后，我国开始在全国范围内实行粮食价格政策改革，粮食市场初步开放。随着家庭联产承包责任制的推行，国内粮食生产供应绝对短缺状态得到了有效遏制，粮食产量得到大幅提高（赵德余，2010）。在此基础上，国家决定在保持原有统购统销制度不变的情况下逐步减少粮食统购的数量，对粮食收购价格和超购加价进行了大幅度提高，并逐步调减粮食征购基数。至1984年，我国粮食开始出现了全面过剩情况，而国有粮食部门的收购能力已难以满足广大粮农的卖粮需求，财政补贴压力与日俱增。1985年，《中共中央、国务院关于进一步活跃农村经济的十项政策》出台，将统购派购调整为“合同定购”，定购价格由中央政府决定，合同以外的粮食实行议价收购，价格由市场决定，合同定购和市场收购相结合的“双轨制”正式运行。至 1992 年底，全国共有 844 个县（市）放开了粮食价格，粮食价格逐步与市场接轨，“统购统销”正式退出了历史舞台（刘愿等，2017）。农产品购销政策的改革极大地调动了农民的生产积极性，粮食产量增长较快。但由于市场粮价一度高于定购价（1988~1996 年），农民交售定购粮的意愿始终不高，于是中央政府先后 4 次大幅提高定购价格（廖进球和黄青青，2018）。1996 年，我国粮食产量首次突破一万亿斤大关，在粮食供给形势明显好转的情况下，国务院于 1997 年起要求政府在完成定购任务基础上，按保护价敞开收购农民议购粮，切实保证农民增产增收，保障农民务农种粮积极性。此外，在这一时期我国还建立了粮食风险基金和粮食储备体系，并在 1993 年《中华人民共和国农业法》实施后逐步增加了财政支农资金，先后启动了农村电网建设与改造和农村公路改造等农村民生工程，农业补贴范围进一步扩大，对于保障粮食安全起到了重要的支撑作用（方言，2019a；方言，2019b）。总的来看，改革开放至 20 世纪 90 年代末期这一阶段，政府在粮食购销市场化方面进行了有益的尝试，农产品由“统”到“放”，为理顺价格关系，提高政策补贴效能打下了坚实的基础。

4.1.2　对农民由“取”到“予”阶段

进入 20 世纪 90 年代末，面对粮食购销企业产生的巨额亏损和财政负担，以及加入 WTO 后可能面临的激烈的国际竞争压力，在对接 WTO 规则的前提下进一步改革粮食支持保护政策体系的要求变得越来越迫切。与此同时，经过改革开放几十年来的发展，国家工业化程度迅速提高，财政总收入也得到了显著增长，有条件、有能力也有必要改变过去工业与农业之间的

“取”“予”关系[①]（叶兴庆，2005；蔡昉，2008；程国强和朱满德，2012；程国强，2012b），调整过去的“以农养工”政策方针，对农业与农民进行补贴。在这一时期（20 世纪 90 年代末至 2014 年左右），国家全面落实党中央制定的“多予少取”方针，逐步建立起以取消农业税，实行价格支持和农业补贴为主要标志的粮食支持保护政策体系，逐步加大对种粮农民的支持力度。

1999 年农业税费改革以前，农民长期需要承担农业四税、三提五统、两工及其他[②]等沉重的税费，高额税费不但严重影响了农民的种粮积极性，也成为影响农村稳定的一个突出问题。以 1999 年为例，农民人均负担税费 176.75 元，而同年农民人均纯收入仅为 2210.34 元，税费占到了农民全年纯收入的 8%左右，进一步减轻农民负担迫在眉睫。在此背景下，2000 年 3 月 2 日，中共中央、国务院下发《中共中央、国务院关于进行农村税费改革试点工作的通知》，决定在安徽进行农村税费改革试点[③]，次年江苏省（由省财政出资）和其他省份的 102 个县市也加入到农村税费改革的试点中[④]。此后，在国家的大力推动下，农村税费改革试点范围不断扩大，并于 2003 年在全国范围内推广开来。2004 年，国家进一步取消了农林特产税，当年农民减轻负担 48 亿元（方言，2019a；方言，2019b）。到 2005 年底，全国

---

① 2003 年，中央农村工作会议提出，把解决好“三农”问题作为全党工作的重中之重，站在统筹城乡发展的战略高度，确立了工业反哺农业、城市支持农村的发展方略，提出了农村工作多予、少取、放活的方针，这是党中央在“三农”工作指导思想上的重大转变，开创了“三农”工作新局面。

② “农业四税”指的是农业税、农林特产税、耕地占用税和契税；“三提五统”指的是村集体的三项提留费用（村干部管理费、村公积金、村公益金）和乡政府的五项统筹费用（教育附加、计划生育、优抚、民兵训练、乡村道路建设）；“两工”指的是农村工业和农村服务业；其他则包括了一些其他的农村税费。

③ 《国务院关于进一步做好农村税费改革试点工作的通知》，https://www.gov.cn/gongbao/content/2001/content_60763.htm。

④ 2000 年底，国务院在安徽召开农村税费改革试点工作会议，国务院副总理温家宝肯定了试点省的工作，要求各省加大试点力度。根据会议精神，江苏省委决定 2001 年全省全面推进农村税改，3 月江苏省委、省政府下发《关于农村税费改革工作的实施意见》（苏发〔2001〕6 号），详见 https://www.jiangsu.gov.cn/art/2018/11/12/art_59741_7878280.html。

28 个省区市全部免征农业税[①]。2006 年，《中华人民共和国农业税条例》正式被废止，取消除烟叶以外的农林特产税，全部免征牧业税，中国延续了 2600 年的“皇粮国税”从此退出历史舞台。这也标志着我国在减轻农民负担，实行“工业反哺农业、城市支持农村”方面取得了重要突破。

随着中国加入 WTO 后国内农产品市场与国际市场接轨，农业比较优势的差异导致工农业之间的劳动生产率差距进一步扩大，通过农业政策保障农民增收、维护国家粮食安全逐渐成为这一时期的关键政策目标。在农业税费改革的基础上，国家进一步全面放开国内粮食购销市场，实现购销市场化和市场主体多元化（高帆，2018）。一般情况下，粮食收购价格将由市场供求形成，但国家也认为“当粮食供求发生重大变化，必要时可由国务院决定对短缺的重点粮食品种，在粮食主产区实行最低收购价格”，以防止“谷贱伤农”情况的发生[②]。按照这一规定，2004 年中央首次提出了稻谷和小麦最低收购价政策[③]，2005 年、2006 年、2007 年又分别对籼稻[④]、小麦[⑤]、粳稻[⑥]实施最低收购价政策。从政策设计方案看，最低收购价政策具有明确的启动与

---

① 2004 年我国逐步降低了农业税税率，开始农业税减免试点，详见 https://www.gov.cn/test/2006-03/06/content_219801.htm。

② 按照党的十六届三中全会精神，国务院决定，在总结经验、完善政策的基础上，2004 年全面放开粮食收购市场，积极稳妥推进粮食流通体制改革。详见《国务院关于进一步深化粮食流通体制改革的意见》， https://www.gov.cn/zhengce/content/2008-03/28/content_3641.htm。

③ 2004 年，我国全面放开粮食收购市场和收购价格，粮食价格由市场形成。粮食价格放开后，为保护农民利益和种粮积极性，2004 年、2006 年起国家在主产区分别对稻谷、小麦两个重点粮食品种实行最低收购价政策，详见 https://www.gov.cn/jrzg/2013-06/18/content_2428386.htm。

④ 2005 年 4 月中下旬开始，市场粮价有所下跌，4 个早籼稻主产省于 7 月启动，5 个中晚籼稻主产省于 9 月启动最低收购价执行预案，详见 https://www.gov.cn/gzdt/2005-09/06/content_29564.htm。

⑤ 2006 年国家发展和改革委员会会同有关部门印发了小麦最低收购价执行预案，执行小麦最低收购价预案的地区为小麦主产区的河北、江苏、安徽、山东、河南、湖北 6 省，详见 https://www.gov.cn/banshi/2006-05/19/content_284961.htm。

⑥ 受全国粳稻增产、供求关系变化等影响，新粮上市后粳稻市场价格有所下降，为了稳定粳稻市场价格，保护种粮农民收益，中储粮公司于 2007 年 12 月在黑龙江省部分地区启动预案，按照 0.75 元/斤（国标三等）的价格挂牌收购农民交售的 2007 年产粳稻，详见《2007 年中晚稻最低收购价执行预案》，https://www.gov.cn/zxft/ft80/content_835894.htm。

退出机制，以减少对市场的过度干预。在最低收购价政策实行期内，国家根据市场供求、生产成本等因素每年在作物播种前公布当年各品种最低收购价水平并出台执行预案。当粮食市场价格低于最低收购价格时，政策执行单位在相关产区按照最低收购价格收购农民交售的新粮；当市场价格高于最低收购价，则不启动该政策。鉴于该政策在 2004~2008 年在稻谷与小麦两种作物上取得的良好运行效果，面对 2008 年大宗农产品价格暴跌的情形，该政策进一步演变为玉米（2008~2015 年）、大豆（2008~2013 年）、棉花（2011~2013 年）等农产品的临时收储政策（郭庆海和宫斌斌，2022；朱满德和程国强，2023）。此外，2002 年以来，中央先后实施了三项针对种粮农民的直接补贴政策，即良种补贴（2002 年）、种粮农民直接补贴（2004 年）和农资综合补贴（2006 年）等。“三项补贴”实施以来，补贴资金规模不断扩大，到 2015 年政策取消当年已达到 1415 亿元，在国家“三农”投入中占据了重要地位（张天佐等，2018a；张天佐等，2018b）。总的来看，这一时期我国进入了“工业反哺农业、城市支持农村”的新时代，一系列强农惠农政策对于矫正城乡公共产品供给差异，稳定国家粮食安全做出了重要贡献。

4.1.3 深化农业供给侧结构性改革阶段

党的十八大以来，我国农业农村发展形势发生了深刻变化，中央于 2015 年提出农业供给侧结构性改革[①]，把农产品价格形成机制和收储制度市场化改革作为其中一项重大举措。按照市场定价、价补分离的原则，国家采用分品种施策、渐进式推进的方式推进改革，在实施农业支持保护补贴的同

① 2015 年，中央农村工作会议首次提出农业供给侧结构性改革，详见 http://www.moa.gov.cn/ztzl/ncgzhy2015/。

时，对稻谷、小麦价格支持政策进行动态调整，建立玉米、大豆生产者补贴政策，并进一步推动农业保险政策扩面增品提标。

一是实施“三补合一”改革，提高政策资金使用效能。入世以来，以农业三项补贴为主的普惠式农业补贴政策，虽然在一定时期内对于保障国家粮食安全、稳定农民收入起到了重要作用，但随着入世后过渡期的结束，外部竞争以及 WTO 在农业国内支持[①]等方面的相关规则也开始对我国粮食支持保护政策形成实质性约束（朱晶等，2021b），过去行之有效的普惠式的农业补贴政策出现效应递减，政策效能逐步降低（黄季焜等，2011）。为提高政策效能、有效对接 WTO 农业国内支持规则，中央对“三项补贴”进行了改革与完善（叶兴庆，2017）。2015 年，财政部和农业部联合发布《关于调整完善农业三项补贴政策的指导意见》（财农〔2015〕31 号），选择安徽、山东、湖南、四川和浙江等五省部分县市开展农业“三项补贴”改革试点[②]。2016 年，两部门再次发布《关于全面推开农业“三项补贴”改革工作的通知》（财农〔2016〕26 号），提出在全国范围推开农业“三项补贴”改革[③]。从改革内容来看，中央将良种补贴、种粮农民直接补贴和农资综合补贴合并为“农业支持保护补贴”，政策目标也相应调整为耕地地力保护和支持粮食适度规模经营。

二是建立和完善与市场经济相适应的农产品价格形成机制，推进农业供给侧结构性改革。2014 年后，中央先后实施了大豆、棉花目标价格补贴试点，探索“市场定价、价补分离”策略。随后开始进一步调整完善稻谷、小麦最低收购价政策，改变过去最低收购价只涨不跌的趋势，按照市场供求形

① 除特别说明，本章的国内支持均特指 WTO《农业协定》相关概念，详见本书第 1 章脚注。

② 《财政部农业部关于调整完善农业三项补贴政策的指导意见》，https://www.moa.gov.cn/gk/tzgg_1/tz/201505/t20150522_4611006.htm。

③ 《财政部 农业部关于全面推开农业“三项补贴”改革工作的通知》，https://www.mof.gov.cn/gkml/caizhengwengao/wg2016/wg201606/201610/t20161021_2440126. htm。

势动态调整最低收购价格，让最低收购价回归托底功能。2016 年，中央在内蒙古、辽宁、吉林和黑龙江地区对玉米临时收储政策进行改革，国家不再直接干预玉米价格的形成机制，不再以制定临时收储价格的手段来调节玉米的生产和需求，生产者随行就市出售玉米，国家则基于生产者的种植面积，建立玉米生产者补贴制度给予生产者一定的财政补贴。玉米生产者补贴制度实施以来，国内外玉米价格倒挂的态势得到有效遏制，东北地区玉米库存也得到了进一步消化。次年，大豆目标价格补贴也正式调整为生产者补贴制度。至此，我国大宗农产品市场价格形成机制初步建立，政府和市场的关系得到了进一步理顺（郑适和崔梦醒，2017），市场各方主体的积极性被有效激活（普莫喆和钟钰，2019），农业供给侧结构性改革取得显著成效。

三是推动农业保险政策扩面增品提标，建立市场化农业风险管理机制。2007 年起，我国在内蒙古等 6 省（区）实施农业保险保费补贴政策并于 2012 年推广至全国范围内。然而，在“低保障、广覆盖”的推进原则下，农业保险保障水平相较粮食生产成本还具有不小的差距，难以满足粮食的风险保障需求，进一步提高农业保险保障水平成为确保国家粮食安全的重要问题（庹国柱，2013）。2017 年 4 月，经国务院批准，财政部等部门在 13 个粮食主产省份开展了三大粮食作物农业大灾保险试点的工作[①]。进一步，2018 年，财政部、农业农村部、中国银行保险监督管理委员会（简称银保监会）联合印发《关于开展三大粮食作物完全成本保险和收入保险试点工作的通知》（简称《通知》），决定采用“分品种施策”的方式探索农业保险转型升级路径，对水稻、小麦开展完全成本保险试点，对玉米则同时开展完

① 农业大灾保险是指保险人对农业生产者在从事种植业和养殖业生产、加工过程中因巨大自然灾害或意外事故所造成的经济损失而提供经济补偿的一种保障制度。农业大灾保险是特殊的农业保险，对农业经济生产和社会稳定发挥重要的作用。2017 年在粮食主产省开展大灾保险试点，详见《农业部办公厅关于做好粮食主产省农业大灾保险试点工作有关事宜的通知》，https://www.moa.gov.cn/nybgb/2017/dlq/201712/t20171231_6133723.htm。

全成本保险和收入保险试点[①]。随后 2021 年财政部等相关部委又明确指出要继续在 13 个粮食主产省份的产粮大县扩大试点范围[②]，2022 年实现实施地区产粮大县约 800 个全覆盖[③]。2024 年中央一号文件进一步提出“扩大完全成本保险和种植收入保险政策实施范围，实现三大主粮全国覆盖、大豆有序扩面”[④]。总的来看，新时期以来农业保险政策已逐步成为我国构建新型粮食支持保护政策的重要抓手。

此外，面对愈发突出的农业环境问题，中央开始把绿色生态文明建设提高到全新高度，强调农业绿色发展的新理念。在这一时期，建立以绿色生态为导向，以促进农业资源合理利用与生态环境保护相结合的农业补贴制度也开始成为政策制定的着力点。2016 年开始，中央开始实施轮作休耕，对东北黑土地实施保护，对湖南、江西重金属污染区、河北地下水漏斗区的治理和种植结构调整给予补偿，粮食支持保护政策逐步向绿色可持续转型。

4.2　我国粮食支持保护政策主要工具的实施及效果

改革开放 40 多年来，我国依据农业发展的阶段性特征，出台了有针对性的粮食支持保护政策，逐步形成了较为完整的支持保护政策体系。尤其是 21 世纪以来，在市场与政策的助推下，我国粮食支持保护政策的工具箱进一步丰富，以农业投入、价格支持、农业补贴、金融服务等为重点的多样化政策

① 三大粮食作物完全成本保险和收入保险在物化成本和地租成本的基础上，进一步增加劳动力成本至覆盖全部农业生产成本或农业产值，切实促进农业保险转型升级，详见《中央财政开展三大粮食作物完全成本保险和收入保险试点》，https://www.gov.cn/xinwen/2018-09/01/content_5318332.htm。

② 在三大粮食作物完全成本保险和收入保险试点工作的基础上，2021 年财政部等相关部委又进一步扩大试点范围，详见 https://www.gov.cn/zhengce/2021-07/11/content_5624116.htm。

③ 《专家观点丨张峭：生产成本和收入保险护航中国三大主粮安全》，https://mp.weixin.qq.com/s/_ByXDHY-OzWEFDfgCNo2XA。

④ 《中央一号文件解读 2024 年农业保险政策的新着力点》，http://jrj.wuhan.gov.cn/ynzx_57/xwzx/202402/t20240218_2360161.shtml。

工具的使用，为守住国家粮食安全底线、促进农民增收做出了重要贡献。

4.2.1　主要政策工具及其实施情况

经过多时期的发展与演变，价格支持、直接补贴以及农业保险等政策工具由于能够相对有效实现促进农业发展、稳定市场价格、保障国家粮食安全与提高农民收入等多维政策目标，逐渐成为我国粮食支持保护政策的主要工具。

1. 价格支持政策

价格支持政策在我国主要包括最低收购价政策及临时收储政策两类，两种政策既存在共性，也彼此在具体的执行方式上存在差异（表 4.1）。从共同点来看，主要有以下两点：首先，无论是最低收购价政策还是临时收储政策，其政策实施的出发点都是保障种粮农民收益，提高粮食产量，最终服务于确保国家粮食安全的政策目标；其次，两种政策的执行主体均为中储粮总公司及其有关分公司。从差异点来看，主要表现为以下三点：首先，政策的执行品种不同，最低收购价政策主要适用于粮食主产区的稻谷、小麦两种口粮，而临时收储政策的适应品种则更加宽泛，包括玉米、大豆、棉花、油菜籽、糖料等；其次，政策的收购数量不同，最低收购价政策并不限制具体的收购数量，在政策执行期内应收尽收[①]，而临时收储政策则在实施初期便设定了具体的收购数量；最后，政策执行时间不同，最低收购价政策根据作物收获季节来定，每年的收购时间基本保持不变[②]，而临时收储政策

① 为保障国家粮食安全，继续实行并进一步完善粮食最低收购价政策，自 2020 年起对最低收购价稻谷限定收购总量，详见 https://www.gov.cn/zhengce/zhengceku/2020-03/24/content_5494948.htm。

② 小麦收购时间为 5 月中下旬至 9 月 30 日，早籼稻收购时间为 7 月中下旬至 9 月 30 日，中晚稻（包括中晚籼稻和粳稻）为 9 月中下旬至次年 1 月 31 日和 10 月中下旬至次年的 2 月 29 日。

则在作物即将收获时公布，完成规定的数量后即刻停止收购政策，并不存在固定的收购时间。

表 4.1　最低收购价政策与临时收储政策主要异同点

项目		最低收购价政策	临时收储政策
同	政策目标	保障种粮农民利益、提高粮食产量、确保国家粮食安全水平	
	执行主体	中储粮总公司及其有关分公司	
异	执行品种	稻谷、小麦两种口粮	玉米、大豆、棉花、油菜籽、糖料等
	收购的数量	无具体数量限制	有明确的收购数量限制
	执行时间	在作物收获季之前公布，并贯穿收获季	在作物即将收获时公布，完成规定的数量后即刻停止收购政策

资料来源：国家粮食和物资储备局

注：2020 年之前国家对稻谷、小麦最低收购价政策实施应收尽收的敞开收购策略，2020 年后则开始限量收购稻谷和小麦

从稻谷、小麦最低收购价政策的执行情况来看，大致可分为持续提高收购价格阶段以及动态调整政策执行方式与价格阶段等两个主要时期。如表 4.2 所示，2004~2014 年，稻谷、小麦最低收购价格持续上调。其中，粳稻最低收购价格由 2004 年的 1.50 元/千克上涨到 2014 年的 3.10 元/千克，提高了一倍之多，年均增长率达 7.53%；红小麦的最低收购价格同样由 2006 年的 1.38 元/千克上升至 2014 年的 2.36 元/千克，8 年间最低收购价格增长了 0.98 元/千克，涨幅 71%，年均增长率为 6.94%。在这一时期，稻谷、小麦最低收购价格只涨不跌，已逐渐背离了政策设定之初为农户进行托底的初衷，替代市场价格成为农户种粮的实际指导价格。为进一步完善农产品价格市场形成机制，推动农业供给侧结构性改革，自 2015 年起国家开始对稻谷、小麦最低收购价政策进行动态调整，改变了过去最低收购价格只涨不跌的预期。至 2018 年间，稻谷、小麦最低收购价格分别下降到 2.51 元/千克（籼稻与粳稻平均价）与 2.30 元/千克（小麦平均价），相较于最高点分别下降了 12%与 3%左右。此后，考虑到粮食生产成本的上涨、市场供求状况

调整、国内外价格比较变化以及国内粮食产业发展等多方面影响，稻谷、小麦最低收购价再次稳步提高，但仍然低于历史高峰时期。此外，为进一步对接 WTO 农业补贴相关规则，2020 年起，我国改变了过去最低收购价政策敞开收购的执行方式，开始对稻谷、小麦实行限量收购政策。

表 4.2　我国稻谷、小麦最低收购价格一览表（单位：元/千克）

年份	最低收购价格					
	早籼稻	中晚籼稻	粳稻	白小麦	红小麦	混合麦
2004	1.40	1.44	1.50	/	/	/
2005	1.40	1.44	1.50	/	/	/
2006	1.40	1.44	1.50	1.44	1.38	1.38
2007	1.40	1.44	1.50	1.44	1.38	1.38
2008	1.54	1.58	1.64	1.54	1.44	1.44
2009	1.80	1.84	1.90	1.74	1.66	1.66
2010	1.86	1.94	2.10	1.80	1.72	1.72
2011	2.04	2.14	2.56	1.90	1.86	1.86
2012	2.40	2.50	2.80	2.04	2.04	2.04
2013	2.64	2.70	3.00	2.24	2.24	2.24
2014	2.70	2.76	3.10	2.36	2.36	2.36
2015	2.70	2.76	3.10	2.36	2.36	2.36
2016	2.66	2.76	3.10	2.36	2.36	2.36
2017	2.60	2.72	3.00	2.36	2.36	2.36
2018	2.40	2.52	2.60	2.30	2.30	2.30
2019	2.44	2.56	2.60	2.24	2.24	2.24
2020	2.42	2.54	2.60	2.24	2.24	2.24
2021	2.44	2.56	2.60	2.26	2.26	2.26
2022	2.48	2.58	2.62	2.30	2.30	2.30

资料来源：国家发展和改革委员会、财政部

注：表中“/”代表农产品尚未实施最低收购价政策

相较于稻谷、小麦最低收购价政策的实施，玉米、大豆、棉花、油菜籽等农产品临时收储政策的实施时间相对较晚，且实施周期相对较短（表

4.3）。其中，玉米临时收储政策实施周期最长，从 2008 年至 2015 年，共实施了 8 年时间，最短的则为棉花临时收储政策，只执行了短短 3 年。从临时收储政策的执行价格变化情况来看，在政策存续期内，玉米、大豆、棉花、油菜籽等主要农产品临时收储价格一路走高，相较于政策执行初期分别上涨了 33%、24%、3%、16%左右。

表 4.3　我国主要农产品临时收储价格一览表（单位：元/千克）

年份	玉米	大豆	棉花	油菜籽
2008	1.50	3.70	/	4.40
2009	1.50	3.74	/	3.70
2010	1.76	3.80	/	3.90
2011	1.98	4.00	19.80	4.60
2012	2.12	4.60	20.40	5.00
2013	2.24	4.60	20.40	5.10
2014	2.24	○	○	5.10
2015	2.00	○	○	○

资料来源：国家发展和改革委员会、财政部

注：表中“/”代表农产品尚未实施临时收储政策，“○”代表农产品已终止实施临时收储政策

2. 直接补贴政策

农业直接补贴是国家强农惠农富农政策的重要组成部分。当前，在我国粮食支持保护政策中应用较为广泛且重要程度较高的主要有农业支持保护补贴、农机具购置补贴以及生产者补贴等政策工具。

1）农业支持保护补贴

农业支持保护补贴政策主要由农作物良种补贴、种粮农民直接补贴和农资综合补贴演化而来。自 2004 年起，国家先后实施了农作物良种补贴、种粮农民直接补贴和农资综合补贴等三项补贴政策。农业“三项补贴”政策的实施，对于促进粮食生产和农民增收、推动农业农村发展发挥了积极的作

用。但随着农业农村发展形势发生深刻变化，农业“三项补贴”政策效应递减，政策效能逐步降低，迫切需要调整完善[①]。2015 年，财政部、农业部正式启动了调整完善农业“三项补贴”政策的试点工作，将“三项补贴”合并为农业支持保护补贴，政策目标也相应调整为支持耕地地力保护和粮食适度规模经营两个方面。在试点取得显著成效的情况下，2016 年中央决定全面推开农业“三项补贴”改革。2017 年中央一号文件进一步明确了农业“三项补贴”改革的重点是补贴粮食主产区、适度规模经营、农民收入以及绿色生态（耿仲钟，2018）。按照政策设计，农业支持保护补贴政策分为耕地地力保护补贴和粮食适度规模经营补贴两部分，本部分将根据 2015 年的《关于调整完善农业三项补贴政策的指导意见》和 2016 年的《关于全面推开农业“三项补贴”改革工作的通知》，就这两部分补贴的实施内容进行简要梳理。

耕地地力保护补贴主要用于引导农民综合采取秸秆还田、深松整地、减少化肥农药用量、施用有机肥等措施，切实加强农业生态资源保护，自觉提升耕地地力。其主要政策内容包括资金来源、补贴对象、补贴依据以及补贴标准等四个方面。第一，补贴资金来源为 80%的农资综合补贴存量资金+种粮直补资金+农作物良种补贴资金，2016~2023 年，中央政府每年安排耕地地力保护补贴资金约 1205 亿元[②]；第二，补贴对象原则上为拥有耕地承包权的种地农民，改变了过去不种粮农民也能得到补贴的问题，提高了实际从事粮食生产的种粮大户、家庭农场、农民合作社等新型经营主体的种粮积极性；第三，补贴依据可以是原二轮承包耕地面积、原计税耕地面积、确权耕地面积或粮食种植面积等，具体则由各省结合地方实际确定；第四，补贴标准由地方根据补贴资金总量和确定的补贴依据综合测算决定。从实践

① 《财政部、农业部就全面推开农业三项补贴改革答问》，http://www.scio.gov.cn/xwfb/bwxwfb/gbwfbh/czb/202207/t20220715_193134.html。

② 《中央财政提前下达 2023 年农业相关转移支付 2115 亿元 确保国家粮食安全和重要农产品稳产保供 促进农业强国建设》，https://www.gov.cn/xinwen/2022-11/10/content_5726027.htm。

来看，绝大部分省份在执行耕地地力保护补贴政策时，都采用了先确定补贴资金总额，再将补贴资金综合逐级分解直至分解到户的方式执行。

粮食适度规模经营补贴主要用于鼓励农业生产经营单位通过规模化、适度规模经营提高农业生产效益。其主要政策内容包括资金来源、补贴对象、补贴方式等三个方面。第一，补贴资金来源为 20%的农资综合补贴存量资金加上增量资金；第二，补贴对象为主要粮食作物的适度规模生产经营者，重点向种粮大户、家庭农场、农民合作社、农业社会化服务组织等倾斜；第三，补贴方式分为四个主要方面，即重点支持建立完善农业信贷担保体系、现金直补、贷款贴息、重大技术推广与服务补助等，各省区市均建立了具有地方特色的补贴操作方式。

2）农机具购置补贴

我国农业的发展方向是现代农业，农业机械化是现代农业发展的重要驱动因素。改革开放以来，我国农业生产的驱动力逐步由以人力和畜力为主转向以农业机械为主，农业机械化水平得到了快速提升（路玉彬和孔祥智，2018）。为了更好地实现农业机械化的快速发展、应对新形势下对农业机械化发展的现实要求（吕炜等，2015），2004 年中央一号文件提出“提高农业机械化水平，对农民个人、农场职工、农机专业户和直接从事农业生产的农机服务组织购置和更新大型农机具给予一定补贴”[①]，当年 6 月 25 日第十届全国人大常务委员会通过《中华人民共和国农业机械化促进法》，明确指出“中央财政、省级财政应当分别安排专项资金，对农民和农业生产经营组织购买国家支持推广的先进适用的农业机械给予补贴”，至此农机具购置补贴政策正式开始实施。经过 20 年的发展，农机具购置补贴涵盖的机具种

① 2004 年中央一号文件，《中共中央 国务院关于促进农民增加收入若干政策的意见》第一条“集中力量支持粮食主产区发展粮食产业，促进种粮农民增加收入”提出要加强主产区粮食生产能力建设，详见 https://www.gov.cn/test/2006-02/22/content_207415.htm。

类范围逐步合理，补贴标准日趋完善，补贴方式灵活多样，补贴对象紧靠实际粮食生产，在我国粮食支持保护政策体系中的地位也逐渐凸显。

按照“在哪里补”“补给谁”“补什么”“补多少”“怎么补”的政策实施要点，本部分对农机具购置补贴的执行方式进行简要分析。第一，针对“在哪里补”的问题，政策实施初期（2004 年）只在 16 个省份的 66 个县（市、区）实施，随后逐步扩大到覆盖全国所有农牧业县，并重点向粮食主产区倾斜、向主要粮油作物生产机械化薄弱环节倾斜、向部分特殊地区倾斜；第二，针对“补给谁”的问题，从 2004 年政策实施初期的仅限于“农民个人和直接从事农业生产的农机服务组织”逐步扩大到农场职工、具有城镇户口的城市居民、农业经营服务组织、农业企业等；第三，针对“补什么”的问题，2004 年仅补贴拖拉机、深松机、免耕精量播种机、水稻插秧机、收获机、秸秆综合利用机械等 6 大类，后逐步扩充到 2013 年的 12 大类 48 个小类 175 个品目，最终调整为当前（截至 2024 年 3 月）的 15 大类 42 个小类 137 个品目[①]；第四，针对“补多少”的问题，农机具购置补贴实施 20 年来，其补贴标准变化呈现出补贴强度逐步提高、由从价比例补贴转变为定额补贴、从允许到不再鼓励地方累加补贴、对单一农户享受补贴机具由限定数量到取消限制的特征；第五，针对“怎么补”的问题，2004~2011 年实行的是“差价购机”的补贴方式，2012 年以后国家开始推行“全价购机、县级结算、直补到卡”的“全价购机”补贴方式。

3）生产者补贴

生产者补贴是近年我国推进农产品价格形成机制改革、构建符合 WTO 规则的粮食支持保护政策体系进程中采用的一种形式较为新颖的补贴政策工具。当前，我国生产者补贴政策主要适用于玉米、大豆与稻谷等作物。2015

---

① 《全国农机购置补贴机具种类范围》，https://www.ahshx.gov.cn/zwgk/public/6616384/9448826.html。

年我国开启农业供给侧结构性改革之初，提出要调减玉米和去库存，并于次年在东北三省和内蒙古自治区实施玉米生产者补贴制度替代玉米临时收储政策。政策实施当年，国家财政分两次共发放 390 亿元生产者补贴额，成为史上金额最高单项补贴（王文涛和张美玲，2019）。2017 年，我国提出对大豆实施类似玉米的生产者补贴制度，2018 年我国首次调低稻谷最低收购价格，并提出要配套建立稻谷生产者补贴机制。本部分将以玉米生产者补贴政策为例对生产者补贴政策的实施方式进行阐述。

根据《关于建立玉米生产者补贴制度的实施意见》，生产者补贴政策主要涉及补贴对象、补贴基期、补贴标准与额度等三方面。第一，从补贴对象来看，玉米生产者补贴的主要对象是合法耕地上的玉米的实际生产者。其中，合法耕地指的是拥有与村集体、乡级以上政府或有关单位签订的土地承包、承租或开发使用合同，且用途为非林地、非草原、非湿地的耕地。凡未经申报、公示、审核的玉米种植面积，在国家和省有明确退耕要求的土地上种植玉米的面积，在未经批准开垦的土地或在禁止开垦的土地上种植玉米的面积，其生产者不享受玉米生产者补贴。对于存在土地流转情况的，补贴资金应该发放给实际生产者，如由土地承包者领取补贴的，有关地方政府要引导承包者减少相应土地流转费用，真正让玉米生产者受益。第二，从补贴基期来看，玉米生产者补贴的基期为 2014 年。按照《关于建立玉米生产者补贴制度的实施意见》及后续《关于完善玉米和大豆生产者补贴政策的通知》①，中央财政对主产区玉米补贴面积不超过 2014 年基期播种面积，2016~2022 年保持不变，即玉米生产者种植的玉米面积如果超过 2014 年的播种面积，超过部分不再享受生产者补贴。第三，从补贴标准与额度来看，玉米生产者补贴的补贴水平与补贴额度的确定需要按照“中央支持、省级负

① 《关于完善玉米和大豆生产者补贴政策的通知》，http://jjs.mof.gov.cn/tongzhigonggao/202304/t20230423_3880465.htm。

责”的原则进行。由中央财政将补贴资金拨付至省级财政，并由有关省（区）自主安排，制定具体的补贴实施方案。中央财政对各省（区）的补贴额度根据当年亩均补贴水平与基期各省（区）玉米播种面积测算确定，基期为 2014 年，2016 年到 2018 年三年保持不变①。各省（区）对本省（区）内各市县的补贴额测算依据与中央有所不同，各省（区）依据当地实际情况自主决定省对市县的补贴额度以及补贴标准。因此，虽然中央财政在核算对各省（区）总补贴额时使用的是统一的亩均补贴标准，但各省（区）之间以及各省（区）内补贴标准并不统一。例如，黑龙江省根据全省玉米生产者补贴资金总额和省统计局、农业委员会核实的玉米合法实际种植面积，测算并确定省当年亩均补贴标准，在全省范围内执行统一的补贴标准。而辽宁省、吉林省以及内蒙古自治区则采用分级下拨的方式，对其省（区）内各市县确定了不同的补贴标准。

3. 农业保险补贴政策

近年来，农业保险补贴在世界范围内越来越多地被广泛使用，已经成为许多国家对农业生产者提供支持的常规手段。自 1934 年金陵大学（今为南京大学）农学院联合上海银行在安徽省和县乌江镇试点耕牛互助保险以来，我国的农业保险制度发展至今已有 90 年的历史。在这期间虽然历经了发展停滞期（1959~1981 年）、恢复与快速发展期（1982~1992 年）、持续萎缩与徘徊期（1993~2003 年），但自 2004 年我国开始试点政策性农业保险制度，并由国家在政策及财政上给予支持以来，我国政策性农业保险快速发

---

① 对于各省（区）补贴额的发放，由国家负责核算东北三省一区各省（区）的补贴总额。这一过程大体可以分为两步。第一步估算每亩补贴标准。估算方法是 2016 年玉米市场价格与 2015 年玉米价格相比的下降幅度，与 2014 年东北三省一区的平均亩产相乘，由此核算出来的补贴标准为 170 元/亩。第二步是根据估算出的每亩补贴标准乘以各地区 2014 年玉米播种面积得到全国以及各省（区）的补贴总额（阮荣平等，2020）。

展，取得了令人瞩目的成就，并逐渐成为新时期粮食支持保护政策的重要组成（庹国柱，2012）。

2004 年，《中共中央 国务院关于促进农民增加收入若干政策的意见》提出“加快建立政策性农业保险制度，选择部分产品和部分地区率先试点，有条件的地方可对参加种养业保险的农户给予一定的保费补贴”[①]，至此，我国政策性农业保险试点工作开始正式启动。2007 年，中央财政首次列支 21.5 亿元在内蒙古等 6 个省（区）实施稻谷、小麦、玉米等 5 个品种的直接物化成本保险，对农业保险进行保费补贴，并于 2012 年扩展至全国。此后，我国政策性农业保险不断扩面、增品、提标，实现了快速发展（庹国柱，2023）。

首先，农业保险保费收入屡创新高，保险深度与保险密度快速提升。一方面，如图 4.1 所示，自中央财政对农业保险提供保费补贴以来，我国农业保险的保费规模开始快速上涨，2004 年我国农业保险保费规模仅为 4 亿元，至 2020 年我国农业保险保费规模已达 815 亿元，我国成为世界上农业保险保费规模最大的国家；另一方面，我国农业保险的深度与密度也开始快速上升。截至 2020 年我国农业保险的深度达到 1.05%，密度达到 460.02 元/人，虽然与美国、日本等发达国家仍存在不小的差距，但上升势头十分强劲（图 4.2）。

其次，农业保险保费补贴范围逐步扩大，中央财政补贴形式更加科学。一方面，当前中央财政补贴的农业保险已包含了四大类 16 个大宗农产品[②]。第一类为种植业，包含了玉米、水稻、小麦、棉花、马铃薯、油料作物、糖料作物、天然橡胶和三大粮食作物（稻谷、小麦、玉米）制种等。

① 《中共中央 国务院关于促进农民增加收入若干政策的意见》，https://www.gov.cn/test/2006-02/22/content_207415.htm。

② 《财政部有关负责人就修订出台〈中央财政农业保险保费补贴管理办法〉答记者问》，https://www.gov.cn/zhengce/2022-01/16/content_5668540.htm。

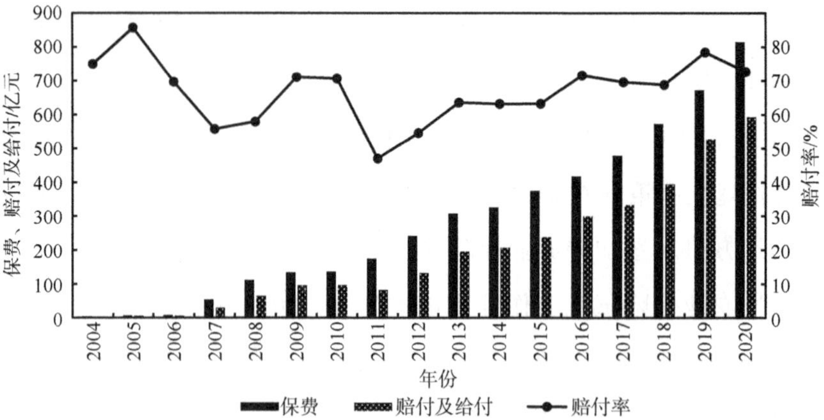

图 4.1　我国农业保险保费规模及赔付情况

资料来源：《中国统计年鉴》（历年）

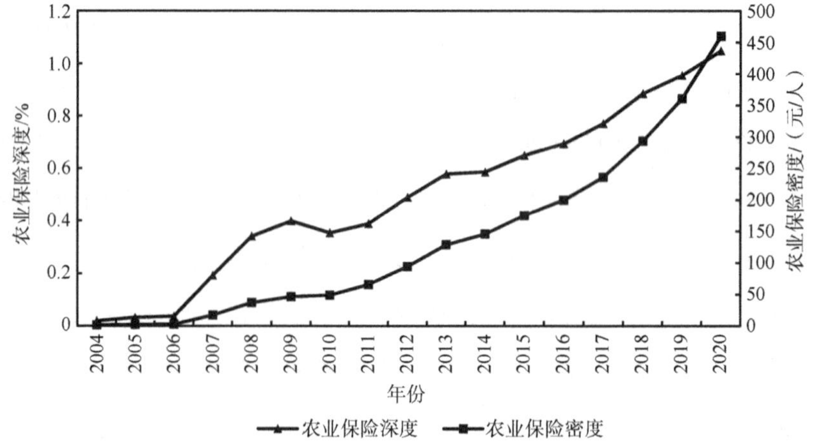

图 4.2　我国农业保险深度与密度变化

资料来源：国家发展和改革委员会

农业保险深度=农业保险保费/第一产业增加值，农业保险密度=农业保险保费/第一产业从业人数

第二类为养殖业，包含了能繁母猪、育肥猪、奶牛等。第三类为森林，包含了公益林及商品林。第四类为涉藏特定品种，包括青稞、牦牛和藏系羊。此外，中央鼓励各省、自治区、直辖市结合自身财力状况对当地特色农产品进行保险保费补贴；另外，中央财政对农业保险提供补贴的形式更加科学、灵

活。过去，中央主要按照东部地区和中西部地区的简单区域划分对各省、自治区、直辖市的农业保险保费进行配套补贴。以种植业为例，在省级财政至少补贴 25%的基础上，中央财政对东部地区补贴 35%，对中西部地区补贴 40%。在 2022 年财政部发布修订后的《中央财政农业保险保费补贴管理办法》中，我国首次规定中央财政、省级财政按照农业保险保费规模的一定比例提供补贴。其中，省级财政平均补贴比例为 25%+a%，中央单位平均承担比例为 10%+b%，并以保费规模为权重进行加权平均计算[①]。

最后，农业保险产品形态愈发多元，风险管控能力显著提高。按照“政府引导、市场运作、自主自愿、协同推进”原则，我国相继实施了直接物化成本保险政策、农业大灾保险政策、完全成本保险政策和种植收入保险政策等。一是直接物化成本保险。2007 年起，中央财政开始实施农业保险保费补贴政策。政策实施当年，财政部会同有关部门在内蒙古等 6 省（区）针对稻谷、小麦、玉米等 5 个品种实施直接物化成本保险，覆盖种子、农药、化肥、农膜等直接物化成本，并于 2012 年推广至全国范围内。二是农业大灾保险。2017 年 4 月，经国务院批准，财政部等部门在 13 个粮食主产省份开展了三大粮食作物农业大灾保险试点的工作，当年试点范围为 200 个产粮大县，2019 年将试点范围扩大到 500 个产粮大县，农业大灾保险保障的范围仅涵盖直接物化成本和土地成本，而且只适用于适度规模经营农户，并没有惠及所有类型农户。正是由于其适用范围的局限性，没有达到预期的效果，该保险政策仅仅实施了较短的时间便被取消，是一项过渡性质的试点政策。三是完全成本保险和种植收入保险。为促使三大粮食作物农业保险政策进一步扩面、提标，2018 年，财政部、农业农村部、银保监会联合印发《通知》，对水稻、小麦开展完全成本保险试点，对玉米则同时开展完全成本保

① 《关于印发〈中央财政农业保险保险费补贴管理办法〉的通知》，http://jrs.mof.gov.cn/zhengcefabu/201701/t20170125_2527637.htm。

险和收入保险试点。在充分考虑到各地经济基础、土地流转率以及农业保险工作基础的情况下，2018 年我国批复了 24 个产粮大县进行完全成本保险和收入保险试点。其中，安徽、湖北各批复了 4 个县试点水稻完全成本保险，山东、河南各批复了 4 个县试点小麦完全成本保险，内蒙古、辽宁各批复了 4 个县，2 个县试点玉米完全成本保险，2 个县试点玉米收入保险。进一步，2021 年财政部等相关部委又明确指出要继续在 13 个粮食主产省份的产粮大县扩大试点范围。2022~2024 年中央一号文件再次重申要实现三大粮食作物完全成本保险和种植收入保险在粮食主产省所有产粮大县的全覆盖。

4.2.2　粮食支持保护政策实施效果

我国粮食支持保护政策存在多重政策目标，但保障粮食产品有效供给、增加农民收入始终是粮食支持保护政策的主要目标（程国强，2012c；全世文和于晓华，2016；高帆，2018），历次政策（尤其是加入 WTO 以来）的制度性变革或调整均对其予以高度重视，并取得了显著成效。与此同时，政策的实施也引发了一系列问题，生态环境日益恶化、农业国际竞争力大幅下滑等严重制约了我国农业的可持续发展能力。

1. 粮食产量稳定增长，种植结构持续优化

习近平同志反复强调，“保障粮食和重要农产品稳定安全供给始终是建设农业强国的头等大事”“提升粮食产能仍然是首要任务”[①]。当前，我国粮食产量已经连续 9 年保持在 1.3 万亿斤以上[②]，丰收的原因离不开国家一

---

① 《习近平：加快建设农业强国 推进农业农村现代化》，https://www.gov.cn/xinwen/2023-03/15/content_5746861.htm?eqid=d6344a130002053c000000026487c945。

② 《全国粮食产量连续 9 年站稳 1.3 万亿斤台阶 来之不易的丰收答卷》，https://www.gov.cn/yaowen/liebiao/202312/content_6919639.htm。

系列强农惠农政策的支持，其背后更体现了国家财政的有力支撑。

从粮食产量来看，中央出台的粮食支持保护政策释放了国家重视农业、保障粮食安全的强烈信号，调动了广大农民的种粮积极性，我国粮食连年丰收，口粮绝对安全有保障。如表 4.4 所示，2001~2023 年，我国粮食作物播种面积与单产稳步提升，分别从 $106\,080\times10^3$ 公顷、4267 千克/公顷上升至 $118\,969\times10^3$ 公顷和 5845 千克/公顷，推动粮食总产量从 45 264 万吨增长到 69 541 万吨，创历史新高，22 年间累计增长了 24 277 万吨，年均增长率高达 1.97%。粮食产量的稳步增长带动了人均粮食占有量的同步提高，由 2001 年的 356 千克增加至 493 千克，增幅 38.48%，已远超人均 400 千克的国际粮食安全标准，我国粮食保障能力显著提升。

表 4.4　2001~2023 年我国粮食生产情况

年份	粮食单位面积产量/（千克/公顷）	粮食总产量/万吨	粮食作物播种面积/（$\times10^3$ 公顷）	人均粮食占有量/千克
2001	4 267	45 264	106 080	356
2002	4 399	45 706	103 890	357
2003	4 333	43 070	99 410	334
2004	4 620	46 947	101 606	361
2005	4 642	48 402	104 278	370
2006	4 745	49 804	104 958	227
2007	4 756	50 414	105 999	380
2008	4 969	53 434	107 545	398
2009	4 892	53 941	110 255	405
2010	5 006	55 911	111 695	418
2011	5 209	58 849	112 980	438
2012	5 353	61 223	114 368	453
2013	5 440	63 048	115 908	464
2014	5 446	63 965	117 455	469
2015	5 553	66 060	118 963	482
2016	5 539	66 044	119 230	479

续表

年份	粮食单位面积产量/（千克/公顷）	粮食总产量/万吨	粮食作物播种面积/（$\times10^3$公顷）	人均粮食占有量/千克
2017	5 607	66 161	117 989	477
2018	5 621	65 789	117 038	472
2019	5 720	66 384	116 064	475
2020	5 734	66 949	116 768	474
2021	5 805	68 285	117 631	483
2022	5 802	68 653	118 332	486
2023	5 845	69 541	118 969	493

资料来源：2001~2022 年数据来自国家统计局，2023 年数据来自《国家统计局关于 2023 年粮食产量数据的公告》、中国新闻网

分品种来看，价格支持、直接补贴等政策的实施与调整形成了良好的市场预期，我国粮食作物生产结构发生了较为明显的变化，口粮播种面积有所减少，饲料粮播种面积持续扩大。如图 4.3 所示，2001~2023 年，稻谷、小麦等口粮播种面积合计由 53 476 × 10^3 公顷下降到 52 576 × 10^3 公顷，占我国粮食播种面积的比重也由 50.41%下降到 44.20%；玉米播种面积由 24 282 ×

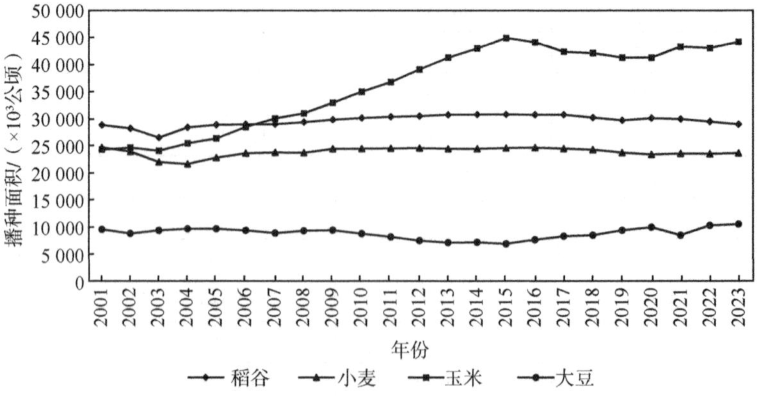

图 4.3　2001~2023 年我国主要粮食作物播种面积变化情况

资料来源：《中国农村统计年鉴》（历年）

10^3 公顷增加到 $44\,219\times10^3$ 公顷，增加了 82.1%，占我国粮食播种面积的比重由 22.89%增加至 37.2%，并一举超过稻谷成为我国第一大粮食作物。此外，大豆作为我国重要的蛋白饲料来源，播种面积在经历 2001 年以来的持续下滑后，近年来也呈现出显著扩大趋势。2017 年大豆生产者补贴政策实施后，大豆生产者补贴普遍高于玉米生产者补贴，东北三省及内蒙古自治区大豆种植面积显著提高，2023 年大豆油料扩种成效明显，大豆面积 1.57 亿亩，连续两年稳定在 1.5 亿亩以上，产量 416.8 亿斤，创历史新高。

2. 农民收入显著增长，种粮利润波动下降

农民增收是“三农”工作的核心任务，事关农民安居乐业和农村和谐稳定，事关经济社会发展大局，是全面推进乡村振兴的重要任务。21 世纪以来，得益于农业结构调整、粮食价格放开、劳动力转移加快、财政支农支出增加等因素的共同作用，我国农民增收渠道逐渐形成多元化的格局，总体形势持续向好。

从农民收入总体变化情况来看，持续增长仍然是主要趋势。如图 4.4 所示，2001 年农村居民人均可支配收入仅有 2407 元，与城镇居民存在 4417 元的绝对差值，城乡居民人均可支配收入比为 2.84∶1。随着国家多予少取方针的实施，各项惠农、支农政策多管齐下，农村发展的活力被进一步激发，农村居民人均可支配收入于 2014 年越过 10 000 元大关，与城镇居民之间的绝对差值虽然仍在扩大，但相对差值进一步缩小。至 2023 年，农村居民人均可支配收入进一步升至 21 691 元，22 年来年均增长率高达 10.51%，高于 9.65%的城镇居民人均可支配收入年均增长速度，城乡居民人均可支配收入比也进一步缩小为 2.39∶1。

与农民总体收入持续增长相对的是种粮收益在经历短暂快速上升后呈现波动下降趋势。如图 4.5 所示，进入 21 世纪后我国农民种粮亩均净利润快

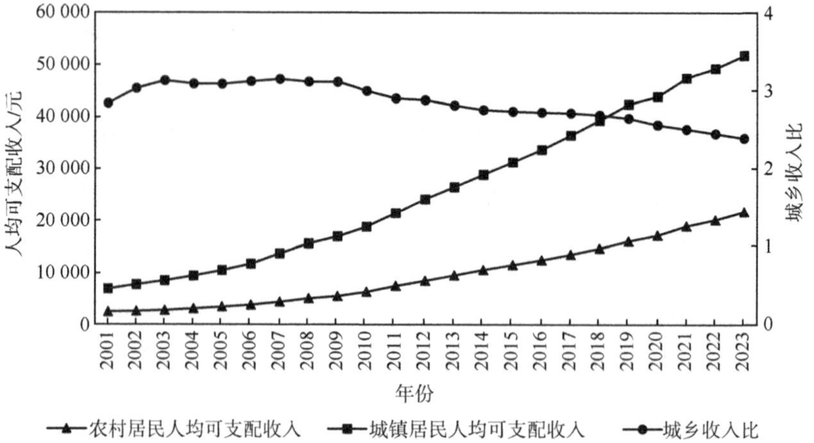

图 4.4 2001~2023 年我国城乡居民人均可支配收入变化情况

资料来源：国家统计局

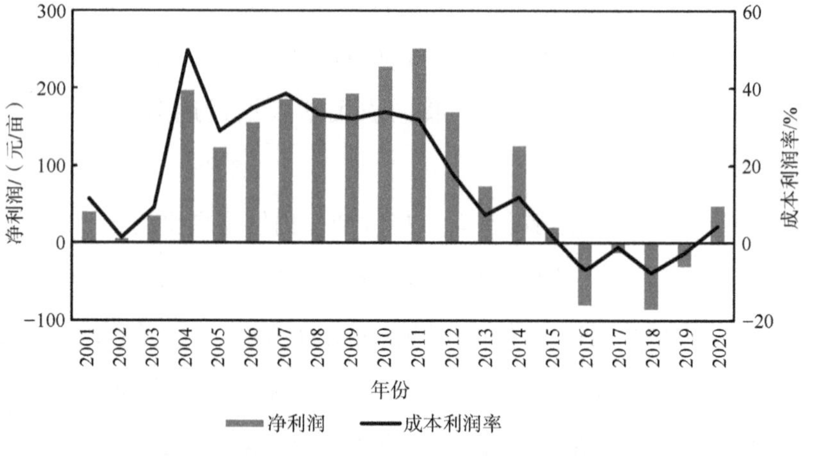

图 4.5 2001~2020 年三大粮食作物亩均收益变动情况

资料来源：《全国农产品成本收益资料汇编》（历年）

速上升，成本利润率在 2004 年达到 49.69%的峰值。此后，我国三种主要粮食作物生产（稻谷、小麦、玉米）的亩均净利润整体呈下降趋势，特别是 2011 年后，三大主粮亩均净利润下滑幅度更为明显。2011~2020 年，粮食亩均净利润由 250.8 元/亩下降至 47.1 元/亩，下降了 81.2%。其中，2016~2019

年，粮食亩均净利润甚至下跌到0元以下，粮农种植三大粮食作物亩均亏损分别为80.3元、12.5元、85.6元和30.5元。2020年受新冠疫情等多重因素影响，粮食价格快速上涨，三大主粮平均净利润得以恢复。成本利润率与净利润变动趋势基本保持一致，2016~2019年，成本利润率均处于0以下，2020年虽有所回升，但仍处于较低水平。

分品种来看，除稻谷种植户仍能保持一定利润外，小麦、玉米种植户大部分年间已处于亏损状态。尽管在2010年之前中国三大主粮生产的净利润和成本利润率明显增长，但伴随种粮成本的持续上涨，2010年以后三大主粮生产的成本利润率均呈现持续下降的态势（表4.5）。2010~2020年，稻谷净利润由309.8元/亩下降至49.0元/亩，下降了84.2%，成本利润率由40.4%下降至3.9%；小麦净利润由132.2元/亩下降至−16.6元/亩，下降了112.6%，成本利润率由21.4%下降至−1.6%；玉米净利润由239.7元/亩下降至107.8元/亩，下降了55%，成本利润率由37.9%下降至10.0%。特别需要指出的是，在这11年中，小麦和玉米生产的净利润和成本利润率多次下跌至0以下，玉米种植户则在2015~2019年连续5年持续处于负收益状态，其净利润最低跌至−299.7元/亩，相应的成本利润率下跌至−28.1%。

表4.5　2001~2020年三大主粮亩均成本利润变动情况

年份	稻谷		小麦		玉米	
	净利润/（元/亩）	成本利润率/%	净利润/（元/亩）	成本利润率/%	净利润/（元/亩）	成本利润率/%
2001	81.4	20.3	−27.5	−8.5	64.3	19.6
2002	37.6	9.0	−52.7	−15.4	30.8	8.8
2003	74.8	17.0	−30.3	−8.9	62.8	18.1
2004	285.1	62.7	169.6	47.7	134.9	35.9
2005	193.0	39.2	78.7	20.2	95.2	24.3
2006	202.4	39.1	117.7	29.1	144.8	35.2
2007	229.1	41.3	125.3	28.6	200.8	44.7
2008	235.6	35.4	164.5	33.0	159.2	30.4

续表

年份	稻谷		小麦		玉米	
	净利润/（元/亩）	成本利润率/%	净利润/（元/亩）	成本利润率/%	净利润/（元/亩）	成本利润率/%
2009	251.2	36.8	150.5	26.5	175.4	31.8
2010	309.8	40.4	132.2	21.4	239.7	37.9
2011	371.3	41.4	117.9	16.6	263.1	34.4
2012	285.7	27.1	21.3	2.6	197.7	21.4
2013	154.8	13.5	–12.8	–1.4	77.5	7.7
2014	204.8	17.4	87.8	9.1	81.8	7.7
2015	175.4	14.6	17.4	1.8	–134.2	–12.4
2016	142.0	11.8	–82.2	–8.1	–299.7	–28.1
2017	132.6	11.0	6.1	0.6	–175.8	–17.1
2018	65.9	5.4	–159.4	–15.7	–163.3	–15.6
2019	20.4	1.7	15.1	1.5	–126.8	–12.0
2020	49.0	3.9	–16.6	–1.6	107.8	10.0

资料来源：《全国农产品成本收益资料汇编》（历年）

3. 生态环境持续恶化，农业可持续发展受到挑战

由于资源环境的约束，我国农业可持续发展面临着严峻的挑战。相比于其他农业资源禀赋的大国，我国水土资源匮乏。此外，伴随经济迅猛增长、城市化进程加快，我国水资源、土地资源利用程度不断加深，环境污染、生态破坏情况加剧。从水资源和土地资源来看，我国人均耕地面积只有世界平均人均耕地面积的 40%，人均水资源拥有量连世界平均人均水资源拥有量的 30%都不到，是世界人均水资源最匮乏的国家之一（朱晶，2017）。国家统计局公布的数据显示，农业部门始终是我国耗水最多的部门，农业用水量占全国用水总量的 60%左右；2009~2019 年我国耕地面积持续缩减，年均下降速度为 0.6%。一些粮食主产区的农业水资源实际利用量已超过可持续使用的标准，尤其是华北地区地表的水资源严重短缺，长期以来该地区的农业生产只能依靠地下水源。从水资源和土地资源的污染程度来看，根据

2014 年《全国土壤污染状况调查公报》，我国耕地的超标率高达 19%，耕地的总污染量高达 2328 万公顷，中重度污染耕地有 348 万多公顷。水土资源难以承载农业生产的需要，生态破坏和环境污染情况不容乐观，在增加食品质量安全风险的同时，对我国农业可持续发展造成了巨大的挑战。

在水土资源有限的情况下，为了追求粮食持续增产，我国只能努力提高资源利用率，尤其是土地资源的产出水平，依靠大量使用化肥、农药等化学投入品来提高土壤生产能力，而我国化肥和农药的使用存在施用强度大、利用效率低等问题，增产的同时也付出了较高的环境代价（蒋和平等，2019）。农业补贴政策在一定程度上会通过影响到化学投入品进而对生态环境产生影响。例如，农机购置补贴促进农业机械化水平提高，农业机械对劳动力进行大量替代，推动劳动力向非农部门转移，可能会使地膜使用和秸秆综合回收利用行为减少（黄武等，2012）。而从利用效率来看，相关测算表明，2015 年我国三大主粮化肥利用率约为 35.2%，比发达国家低近 20 个百分点；农药利用率约为 36.6%，也与发达国家存在较大的差距[①]。化学投入品过量使用造成的水体污染、耕地质量下降和生态环境恶化，将严重制约我国农业的可持续发展（蒋和平等，2019）。

4. 生产成本持续走高，粮食国际竞争力逐渐丧失

我国粮食市场价格支持政策实施初期，并没有引起过多关注，但随着我国国内农业生产成本上涨（图 4.6），而其他主要粮食出口国生产成本变化不大，内外生产成本差异逐渐扩大（倪洪兴，2017），导致国际市场上我国主要粮食产品竞争力明显不足。

① 《我国三大主粮化肥、农药利用率明显提升》，https://www.gov.cn/xinwen/2015-12/02/content_5019114.htm。

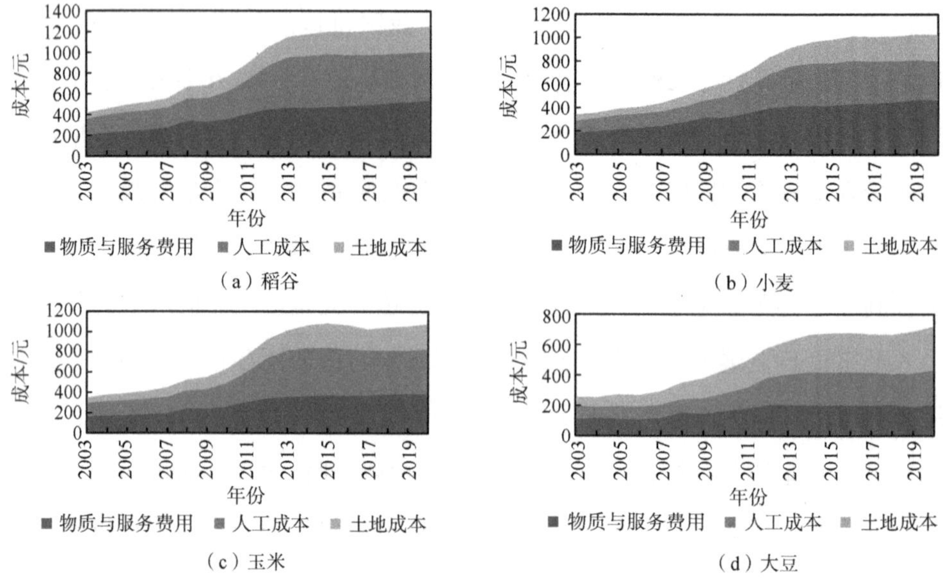

图 4.6 2003~2020 年主要粮食产品生产成本变动

资料来源：《全国农产品成本收益资料汇编》（历年）

从生产成本与最低收购价的比较来看，如图 4.7（a）~（d）所示，稻谷和小麦的成本不断上涨推动最低收购价的上涨，2018 年来稻麦最低收购价有所下调，导致收购价和成本之间的空间不断缩窄，小麦在部分年份生产成本甚至已经超过最低收购价；从农贸市场价与最低收购价的比较来看，农贸市场价格与最低收购价的变动趋势基本一致，近几年保持平稳提升。从生产成本与临时收储价格的比较来看，如图 4.7（e）~（h）所示，玉米和大豆的生产成本增长强劲，分别于 2015 年和 2016 年超过临时收储价格，即临时收储政策并未实现托市收购的目的。虽然农贸市场价格与临时收储价格仍然能够保障顺价销售，但是临时收储政策带来了一定的财政负担。

与美国相比，我国粮食生产成本优势逐渐丧失，成本差距不断拉大。我国玉米和大豆的单位产品生产成本早在 2001 年和 2004 年就超过美国，小麦和稻谷单位产品生产成本也分别于 2010 年和 2011 年相继超过美国。如表 4.6

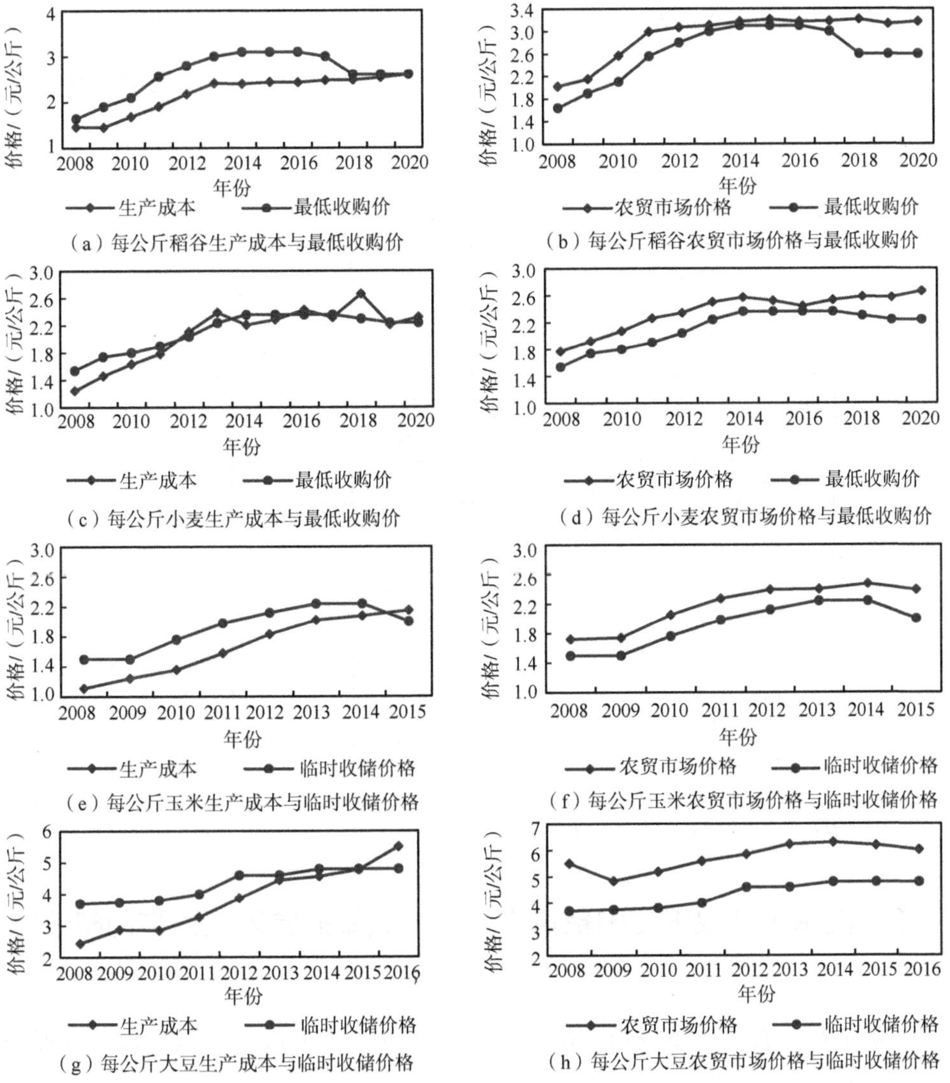

图 4.7　我国主要粮食品种生产成本、最低收购价（临时收储价格）与农贸市场价格对比

资料来源：《全国农产品成本收益资料汇编》（历年）、国家发展和改革委员会

稻谷选取粳稻数据进行比较；小麦的最低收购价采用白小麦的价格

所示，2012 年以来，我国主要粮食品种的成本全面高于美国粮食作物生产成本，并且这一差距呈现逐步扩大的态势，至 2020 年我国稻谷、小麦、

玉米和大豆的单位产品生产成本比美国分别高 31.7%、32.3%、50.0%和54.7%，我国粮食在国际竞争中处于劣势，对国内粮食生产提出了更大的挑战。

表 4.6 中美各品种粮食作物单位产品生产成本比较

品种	国别	2010 年	2012 年	2014 年	2016 年	2018 年	2020 年
稻谷	中国/元	1.68	2.17	2.40	2.45	2.46	2.65
	美国/元	1.75	1.76	1.72	1.75	1.68	1.81
	成本差/%	–4.2	18.9	28.3	28.6	31.7	31.7
小麦	中国/元	1.63	2.11	2.21	2.43	2.66	2.32
	美国/元	1.42	1.57	1.93	1.43	1.74	1.57
	成本差/%	12.9	25.6	12.7	41.2	34.6	32.3
玉米	中国/元	1.36	1.83	2.08	2.14	2.08	2.10
	美国/元	1.00	1.35	0.98	0.96	0.96	1.05
	成本差/%	26.5	26.2	52.9	55.1	53.8	50.0
大豆	中国/元	2.85	3.87	4.56	5.51	5.14	5.30
	美国/元	2.02	2.33	2.24	1.96	2.15	2.40
	成本差/%	29.1	39.8	50.9	64.4	58.2	54.7

资料来源：《全国农产品成本收益资料汇编》（历年）

4.3 高水平开放下我国粮食支持保护政策的转型压力与调整思路

从实践来看，改革开放 40 多年来，尤其是入世后，我国粮食支持保护政策不断健全与完善，在保障农民收益、促进粮食增产及维护国内粮食市场稳定等方面卓有成效，为稳定宏观经济大盘、保持经济运行在合理区间提供了有力支撑，为应对复杂而严峻的国际环境、战胜各种风险挑战奠定了坚实基础，为稳定全球粮食市场和食物安全做出了积极贡献。然而，与此同时，随着劳动力、土地、环境保护、质量安全成本的显性化和不断提高，由经营规模所决定的我国农业基础竞争力不足的问题在日益开放的条件下更加凸显（倪洪兴，2019）。随着我国对外开放程度的进一步提高以及国内外宏观环境的阶段性变化，在缺乏有效的边境保护措施的情况下，通过调整与完善粮食支持保护政策弥补基础竞争力的差距，实现农业高质量发展成为当前的现实需求。

4.3.1　国际规则制约下支持保护政策的转型压力

长期以来，我国粮食支持保护政策更多是本着国内的农业和总体经济的发展变化制定和实行的，是否与国际惯例对接，是否会在与世界相接触的国际经济活动中产生摩擦，并不是考虑的重点。但是，随着我国入世后过渡期的结束，国内政策的制定将不再仅仅是国内的问题，需同时考虑国际规则、惯例和我国的国际承诺（倪洪兴，2019；叶兴庆，2020；朱晶等，2021a）。

在入世谈判中，我国在农业领域做出了广泛承诺，为我国顺利加入 WTO 做出了重要的战略贡献。在农业国内支持方面，我国加入 WTO 时做出承诺，将按照《农业协定》及入世承诺实施农业国内支持政策，“黄箱”政策支持不超过“微量允许”水平，即对特定农产品的“黄箱”支持不超过该产品产值的 8.5%，对非特定农产品的“黄箱”支持不超过农业总产值的 8.5%，低于发展中成员通常所适用的 10%的标准。随着 20 世纪末 21 世纪初年我国农业政策方针向多予少取转变，我国逐步加大了对农业生产的扶持力度，现行以价格支持为基础、直接补贴为主体的粮食支持保护政策正面临 WTO 农业国内支持规则下“黄箱”支持空间限制的实质性约束。2016 年，以美国为首的国家以我国对稻谷、小麦、玉米三大粮食作物的生产者提供的农业国内支持超出入世承诺为由向 WTO 争端解决机构提起诉讼（案件号

DS511）。2019 年，WTO 发布美国诉中国农业国内支持案件的审查结论，裁定我国 2012~2015 年通过最低收购价政策对稻谷、小麦生产者所提供的支持水平超过了入世承诺（详细裁决结果见表 4.7）。由于测算方法的争议，WTO 专家小组给出的支持水平不但高于国内学者的预计水平，也高于我国基于自身对 WTO 规则条款的理解所测算出的支持水平（王学君等，2020）。然而，无论如何，这一重要案件的裁决结果意味着，随着我国农业领域开放程度的加大，我国的农业国内支持政策有很大可能将受到发达国家的全面审视，WTO 农业补贴相关规则已经给我国的粮食支持保护政策空间带来了较大的挑战和压力，已到需要调整的重要关口。

表 4.7 WTO 专家小组关于中国稻谷、小麦价格支持水平的裁定

类别	年份	VOP /（$\times10^6$元）	QEP /（$\times10^6$吨）	AAP /（元/吨）	FERP /（元/吨）	MPS /（$\times10^6$元）	AMS% /%
粳稻	2012	198 564	53	2 800	2 303	26 347	13.27
	2013	199 110	53	3 000	2 303	37 133	18.65
	2014	208 722	54	3 100	2 303	42 987	20.60
	2015	208 721	54	3 100	2 303	43 382	21.20
籼稻	2012	367 300	106	2 450	1 640	85 751	23.35
	2013	359 614	106	2 670	1 640	108 940	30.29
	2014	375 471	107	2 730	1 640	116 892	31.13
	2015	373 881	109	2 730	1 640	118 808	31.78
小麦	2012	262 160	93	2 040	1 698	31 838	12.14
	2013	287 282	96	2 240	1 698	52 211	18.17
	2014	304 388	100	2 360	1 698	66 123	21.72
	2015	303 148	103	2 360	1 698	67 860	22.39

资料来源：WTO 专家小组审查报告（WT/DS511/R）

注：AMS%表示最低收购价政策的市场价格支持水平，MPS（market price support）表示市场价格支持量，VOP（value of production）表示对应农产品相关年度产值，AAP（applied administered price）表示适用的管理价格，FERP（fixed external reference price）是固定的外部参考价格，QEP（quantity of eligible production）是有资格接受支付的产量

4.3.2 粮食支持保护政策减“黄”增“绿”调整思路

从各方共识来看，当前我国粮食支持保护政策转型的基本思路是发挥市场供求在价格形成中的基础作用，政府在市场之外采取 WTO 所允许的“绿箱”政策给予农民必要的补贴（陈锡文，2017）。事实上，自 2015 年起，我国也已经以减“黄”增“绿”为政策指导方针开始了新一轮农业供给侧结构性改革，逐步减少了“黄箱”属性的价格支持政策对农业生产和贸易的扭曲，并开始着手探索“绿箱”属性的政策性农业保险制度对农民予以补贴，并取得了较为显著的成效。基于此，今后粮食支持保护政策调整的可能思路，或应继续坚持减“黄”增“绿”的政策“转箱”方针，在调整完善价格支持政策的同时，大力探索高质量农业保险政策。

一是要增强“黄箱”属性最低收购价政策的灵活性和弹性。粮食最低收购价政策本身就是市场化改革的结果，是国家全面放开国内粮食购销市场后以一个托底价格来保证种粮务农者最基本效益的重要政策工具（倪洪兴，2019）。政策初期（2004 年左右），最低收购价政策并没有引起国际社会过多关注，但在其他主要粮食出口国生产成本变化不大的情况下，随着我国国内大宗农产品生产成本的不断上涨，基于成本之上的政策性收购价格也随之水涨船高（叶兴庆，2020），致使我国对于粮食生产者的补贴水平在持续提升。这一方面加重了政府的财政支出负担，另一方面由于可能阻碍他国出口机会，最低收购价政策也可能成为他国质疑甚至诉讼我国扭曲国际市场的对象，进一步调控“黄箱”属性的最低收购价政策势在必行。但是，考虑到稻谷、小麦的口粮属性，从保障国家粮食安全和市场稳定的角度来看，对两者实行最低收购价政策的状况暂时还不宜彻底改变。今后或应当继续完善和优化最低收购价措施，增强政策的灵活性和弹性，在考虑粮食生产成本、市场供求、国内外市场价格和产业发展等因素的基础上，合理调整最低收购价水平，改变支持价格水平只升不降的市场预期，在将“黄箱”支持控制在合规水平的基础上使其真正发挥政策托底功能。

二是要继续着力探索“绿箱”属性高保障水平农业保险政策。从构建既符合 WTO 规则又能统筹兼顾我国国内实际的新型粮食支持保护政策体系的长远目标来看，我国最为理想的是采用不受补贴资金总量限制的“绿箱”属性的政策工具。农业保险作为一种被发达国家所普遍采用的较为新颖的农业政策工具，一方面所涉政府补贴通常被认为可归入“绿箱”政策（史建民，2002；Roberts，2005；Mahul and Stutley，2010），从而规避 WTO 规则约束，另一方面推进农业保险可以促进政府对农业生产的扶持政策由价格支持、直接补贴向风险管理转型，为保障粮食安全、维护农民利益增添新的“抓手”，因而也受到了我国的高度关注。然而，需要指出的是，相比世界发达国家，我国农业保险的保障水平仍然较低，广泛实施的直接物化成本保险约占农业生产总成本的 40%，已难以满足农户日益增长的风险保障需求。今后或应在 WTO 规则框架内持续推动农业保险扩面、增品、提标，扩大完全成本保险和种植收入保险政策实施范围，更好服务于农产品价格形成机制改革，以及粮食支持保护政策的转型升级。

4.4 本章小结

改革开放以来，我国粮食国内支持政策经历了一系列演变过程。经过 40 多年的调整与发展，政策体系的“四梁八柱”不断完善，不仅有效促进了粮食产量快速增长与农民收入稳步提升，而且对于保障我国经济发展、国家安全和社会稳定也发挥了重要的积极作用。

然而，尽管如此，随着粮食生产成本的上升，粮农种粮绝对收益与比较收益已处于相对低点，政策对粮农务农种粮积极性的刺激作用也在逐步减弱。随着我国农业进入高水平开放的新阶段，我国农业发展面临的外部环境也在变化，以价格支持为主的粮食生产支持保护政策体系开始面临 WTO 规则的实质性约束。这进一步凸显出新时期我国粮食支持保护政策体系正面临着严峻的压力，亟须在对接 WTO 规则的同时对粮食等大宗农产品价格形成机制和收储制度进行深化改革。从各方共识和已有实践来看，我国今后粮食支持保护政策体系的转型方向或应继续以减“黄”增“绿”为主，一方面要进一步调整“黄箱”属性的价格支持政策，充分发挥价格支持政策的托底功能，另一方面要大力探索“绿箱”属性的高保障水平农业保险政策，推动粮食支持保护政策向风险管理转型。

第5章
中美农业国内支持争端与我国主粮价格支持政策的合规性压力[①]

价格支持政策是我国确保粮食安全、促进农民增收的核心政策工具之一。然而，随着我国加入 WTO 后过渡期的结束，价格支持政策面临的国际规则约束压力也在不断增大。2019 年 2 月 28 日，WTO 争端解决机构就美国诉中国农业国内支持措施案（案件号 DS511）[②]做出审查裁定，认定我国在 2012~2015 年通过价格支持政策对部分粮食产品，如小麦和水稻的支持水平违背入世承诺。这充分反映出我国制定价格支持政策的惯有思维需要转型升级，以更好地适应当前开放的市场条件。今后国内政策的制定将不再仅仅是国内的问题，需同时考虑国际规则、国际惯例和我国的国际承诺。正是由于这个原因，此次中美两国在 WTO 争端解决机制下关于农业国内支持的贸易争端，其重要意义不在于所谓的“谁输谁赢”，而在于通过此次争端事件，厘清农业国内支持文本规定存在哪些模糊条款，专家审查小组如何认定文本规定的含义，并最终如何解决模糊规定的争议问题。基于以上考虑，本章在对 WTO《农业协定》关于价格支持政策的支持水平测度规定

① 资料来源：王学君等（2020）。
② 除特别说明，本章的国内支持均特指 WTO《农业协定》相关概念，详见本书第 1 章脚注。

进行讨论的基础上，结合 DS511 案判决结果具体剖析我国主粮价格支持政策的合规性压力[①]，进一步提出今后可能的对接 WTO 规则的调整优化策略，并为我国今后更为积极、有效、有备地参与国际规则谈判提供决策参考依据。

5.1　WTO 关于市场价格支持补贴的相关规则

WTO《农业协定》对于成员方包括价格支持政策在内的农业国内支持的测算、削减承诺和一般纪律，给出了相应说明和规定。该协定关于成员方农业国内支持约束水平和削减义务的界定明确，不存在明显的争议。但是，该协定在农业国内支持水平测算规定上界定不清楚，相关条文规定间存在实质性冲突，而按照不同的规则条文解读方式来研判我国主粮价格支持政策的合规性，有很大可能会产生截然相反的结论。

5.1.1　《农业协定》中的文本规定

WTO《农业协定》规定，采用综合支持量（aggregate measurement of support，AMS）测算各成员向农业部门提供的、有利于农业生产者的年度支持水平，并要求各成员的年度总综合支持量（Total AMS）符合其削减承诺，不得超过其成员减让表的承诺水平[②]。根据《农业协定》第 1.a 和第 1.h 条，Total AMS 是以货币形式表示的、年度国内支持的合计，具体包括所有

① 参考李国祥（2019）、许庆等（2020）、朱满德和程国强（2023）等的研究，“合规性”主要指一国所实施的农业政策与 WTO 农业补贴规则之间的契合性或相融性。

② 关于无须 Total AMS 承诺可参阅 WTO《农业协定》第 7.2 条。这里需要计入 Total AMS 的农业政策，即通常被称为“黄箱”的农业政策，而“绿箱”和“蓝箱”政策由于其对于生产和贸易扭曲作用小，则免于削减、无须计入。

特定农产品的 AMS、所有非特定农产品的 AMS 以及所有特定农产品支持等值。其中，特定农产品 AMS 又由特定农产品的市场价格支持和特定农产品的不可免除直接补贴两部分组成。《农业协定》对于特定农产品 AMS 和非特定农产品 AMS，给出了免于计入 Total AMS 的微量允许。具体地，《农业协定》第 6.4 条规定，某一成员特定农产品 AMS，如未超过该产品年度生产总值的 5%，将不计入 Total AMS；非特定农产品 AMS，如未超过年度农业生产总值的 5%，也不计入，对于发展中成员该比例为 10%。由于入世前我国对农业实施的是负保护，基期 Total AMS 为零，我国向 WTO 承诺入世后年度 Total AMS 支持量为零。由此，根据《农业协定》第 7.2（b）条，我国能够给予农业生产者的年度支持，不得超过《农业协定》第 6.4 条中所列的微量允许水平。根据我国入世谈判的结果，我国的微量允许水平介于发展中成员和发达成员适用标准之间，取值为 8.5%。因此，我国向特定农产品或非特定农产品，提供的有利于生产者的年度支持水平上限为 8.5%。一旦经计算的特定农产品 AMS 或非特定农产品 AMS 超过 8.5%的微量允许水平，则需要将其计入 Total AMS，也就违背了我国年度 Total AMS 支持量为零的入世承诺。

特定农产品的不可免除直接补贴计算相对简单，即用补贴支出额除以该农产品相关年度生产总值计算得出。比较复杂、也往往是争议焦点所在的是特定农产品的 MPS，其计算公式如下：

$$\text{MPS}=(\text{AAP}-\text{FERP})\times Q \tag{5.1}$$

其中，AAP 表示适用的管理价格；FERP 表示固定的外部参考价格；Q 表示有资格接受适用的管理价格的产量。《农业协定》附件 3 注明，“固定的外部参考价格（FERP）应以 1986 年至 1988 年为基期，在净出口国一般应为有关基本农产品的平均离岸价，在净进口国一般应为有关基本农产品的平均到岸价。如必要，可按质量差异调整固定参考价格”。

5.1.2 《农业协定》中可能的文本模糊点分析

由式（5.1）可知，MPS 数值大小取决于计算中所使用价格和变量的取值。然而，关于 FERP 和 Q 数据的选取，WTO 文件中至少有两处相关规定可以援引：一处是 WTO《农业协定》附件 3 本身；另一处则是《农业协定》第一部分术语定义第一条（a）（ii），其规定“依照附件 3 规定计算的同时，还应同时考虑成员入世减让表第四部分引用而并入的支持材料表所使用的构成数据和方法”[①]。一个重要的问题是，《农业协定》中并未明确说明，如果前者（即附件 3）与后者（即成员减让表支持材料）相关说明不同时，究竟应该以哪个为准。由于文本中的界定存在这样的模糊性和不确定性，因此测算 MPS 时，就可能出现由于依据不同条款、按照不同统计口径，得出完全不同的结果的情况。

1. FERP 的选择问题

如果依据《农业协定》附件 3，FERP 应以 1986~1988 年为基期，在净出口国应为有关基本农产品的平均离岸价，在净进口国应为有关基本农产品的平均到岸价。同时，从《农业协定》文本规定来看，1986~1988 年也是各成员计算国内支持水平的基准期。然而，如果依据成员方的减让表支持材料计算 MPS，FERP 实际上可以有其他的选择。WTO 取缔关贸总协定（General Agreement on Tariffs and Trade，GATT）后加入的 36 个非创始成员，除保加利亚之外，各成员的减让表支持材料中均未使用 1986~1988 年作为测算 AMS 的基期[②]。特别地，36 个成员中有 12 个成员在选定的基期内

---

① WTO 入世减让表是各成员通过双边、多边协商达成的受拘束方关于关税减让或其他减让义务的协定。

② 保加利亚入世辅助材料给出了使用 1986～1988 年作为基期的理由：保加利亚原本更倾向于使用入世前三年作为基准期，但由于该期间联合国对南斯拉夫实施禁运，所以 WTO 认为入世前三年的数据不具有代表性。

使用市场价格支持措施，而这 12 个成员在计算 MPS 时，采用与基期 AMS 相同的基期来计算 FERP，而没有按照《农业协定》附件 3 以 1986~1988 年为基期。因此，虽然《农业协定》附件 3 明确规定了 FERP 的确定方法，但实际 WTO 非创始成员在其入世减让表支持材料中均使用了不同数据。那么，在争端审理过程中，究竟应该以附件 3 文本规定和成员减让表支持材料中的实际选择哪一个为准，是不明确的。

2. *Q* 的选择问题

《农业协定》附件 3 并没有给出 Q 的明确定义，也没有给出如何确定符合条件的 Q 的具体方法。成员对于附件 3 中 Q 的界定，主要依据 1999 年澳大利亚和美国诉韩国牛肉各类措施的争端案件（后文简称韩国牛肉案[①]）的审查结果[②]。该案的审查报告认为，附件 3 对于 Q 的规定可以理解为，生产者产量中“可销售且可受益于市场价格支持政策的数量”，而非政府实际收购量。同时，该案审查报告指出采用少于可销售产量作为 Q 时需满足两个条件：一是价格支持政策仅适用于某些生产条件不利区域的生产者；二是政府对适用于管理价格的收购量有事先不可自由裁量的限制性规定。然而，韩国牛肉案审查结果对于 Q 的选择是否具有最终的解释力，仍然是有辨析空间的。韩国牛肉案依据《农业协定》附件 3 对 Q 的理解进行审理，这是因为韩国减让表相关支持材料中并没有提及市场价格支持措施。而与韩国情况

---

① 澳大利亚和美国向 WTO 控诉，为防止国产牛价格下跌，韩国农林畜产食品部宣布自 1997 年 1 月 26 日起至 1997 年底，委托韩国畜牧协会和韩国冷库公司两个机构，按照 240 万韩元/头的价格每日收购 500 头韩牛，韩国对牛肉的国内支持超出了韩国在国内支持减让表中的承诺水平。韩国牛肉案相关信息可参阅 WTO 相关文件 WT/DS161/R 和 WT/DS169/R。

② WTO 农业国内支持争端案件数量有限，除去此次中美争端案仅有 3 件，其中涉及市场价格支持计算且已结案的仅有韩国牛肉案 1 件。其余 2 件案件分别是：2002 年巴西诉美国棉花补贴案，但其主要依据补贴与反补贴措施协定；2007 年加拿大和巴西诉美国农业补贴超出“黄箱”约束水平，但该案未能结案。由于韩国牛肉案与中美争端案最为直接相关，如下文所述其也成为此次案件审理中的重要依据。

不同，有不少成员在基准期内曾使用市场价格支持措施，因而减让表支持材料中有关于 Q 的说明。那么，在成员减让表支持材料与附件 3 关于 Q 的界定不一致时，究竟应该以哪一个为准，同样是存在争议的。

3. 测度依据的优先序和一致性问题

如上文所述，《农业协定》关于 MPS 计算规定存在多种可能的解释，那么不同文本解释间的法律优先次序如何决定，究竟哪种文本解释会被最终采纳，这是需要深度讨论且难以轻易做出判断的问题。协定文本关于 AMS 测算中应同时依据附件 3 和成员减让表支持材料的相关规定，主要出现在《农业协定》第 1.a（ii）和 1.h（ii）条，但这两处使用了不同语言表述。第 1.a（ii）条规定，测算特定产品或非特定产品 AMS 时应考虑到成员减让表支持材料中所使用的构成数据和方法；第 1.h（ii）条规定，测算 Total AMS 时应同时依据成员减让表支持材料中所使用的构成数据和方法。显然，从语言表述来看，Total AMS 给予成员减让表支持材料与附件 3 相同的解释力，而特定产品或非特定产品 AMS 给予了附件 3 更高的解释力。然而，AMS 和 Total AMS 两种测算都会涉及 MPS 的测算，因此两种测算依据哪一个在 MPS 计算上具有优先解释力是存在争议的。另外，虽然存在着成员方在不同文本中选取更有利于自身利益的条款解释和计算口径方式的可能性，但可以明确的是，这种选择必须遵守一致性原则，也就是说，如果选择了某一文本作为第一个争议点的计算依据，则另一争议点的文本依据也是如此，而不能改换立场自相矛盾。

5.2　我国主粮价格支持政策的合规性压力：DS511 案及其影响

从分析结果来看，虽然 WTO《农业协定》对农业国内支持测度进行了相应的说明与规定，但是其中所涉及的特定农产品的市场价格支持水平测算仍然存在模糊空间，这就给各成员方留下了不同的政策解读空间。此外，WTO 相关争端判例也逐渐成为《农业协定》文本规定的重要组成部分，同样可能具有法律效力。DS511 案的裁决过程既援引了 WTO 规则文本也进一步借鉴了相关争端判例，是分析我国价格支持政策合规性压力的重要依据。

5.2.1 DS511 案及其主要争议点

2019 年 2 月 28 日，WTO 发布 DS511 案的专家小组审查报告。至此，为期两年多的中美关于农业补贴的争端画上了一个阶段性句号①。该案件缘起于 2016 年 9 月 13 日，美国以我国在 2012~2015 年对小麦、水稻和玉米三大主粮生产者提供的支持水平超过了我国入世时的农业补贴承诺为由②，提出 WTO 争端解决机制下的磋商请求。美国诉讼对象具体指向我国实施的小麦、水稻最低收购价政策和玉米临时收储措施这两类市场价格支持政策③。经过多方磋商、设立专家小组、专家组审查等多轮争端解决程序，WTO 于 2019 年 2 月做出了审查结论：驳回美国对玉米补贴的诉讼，同时裁定我国对小麦和水稻补贴违背入世承诺④。由于中美两国在农产品国际贸易领域都具有巨大影响力，此案的提出和审议过程引起了国内和世界范围的高度关注。27 个国家和地区申请并被认定为第三当事方参与该案审查，其中

---

① 2019 年 4 月 26 日，WTO 争端解决机构确认采纳专家小组报告；同年 6 月 10 日，中美达成裁决予以执行的合理期限。

② 我国向 WTO 承诺入世后年度农业综合支持总量为零，因此特定农产品年度国内支持不得超过该产品年度生产总值的 8.5%。

③ 美方诉讼材料中罗列 33 份我国的相关法规文件作为控诉证据，这包括 2012～2015 年中央一号文件、《国务院关于进一步深化粮食流通体制改革的意见》（2004 年）、《粮食流通管理条例》（2004 年），其余 27 份文件均是关于小麦、水稻最低收购价以及玉米临时收储等相关通知。详细信息可参阅 WTO 相关文件 WT/DS511/1。

④ 详细信息可参阅 WTO 相关文件 WT/DS511/8，WT/DS511/9 以及 WT/DS511/R。

澳大利亚、巴西和欧盟等 11 个第三当事方在专家组审查过程中提交了己方意见。

此次美国向 WTO 诉讼我国农业国内支持违背入世承诺，具体指向我国向小麦、水稻和玉米三大主粮提供市场价格支持超出了特定农产品 AMS 的微量允许。中美两国对于适用于我国农业国内支持的约束水平没有异议，主要分歧在于应该按照怎样的方式解读《农业协定》对于市场价格支持计算的条文规定。这些分歧，既由第三部分所述的 MPS 相关规定的模糊点所引起，也由此次中美争端中特有的争议所导致。DS511 案中的关键争议点及各自主张如下。

1. 玉米临时收储措施是否需要接受审查

该争议点的起因是我国玉米临时收储措施在美国提起磋商请求前便已不再被我国所继续使用。2007 年起，我国在辽宁、吉林、黑龙江和内蒙古 4 省区实施玉米临时收储措施，并于 2016 年 3 月将玉米临时收储措施调整为“生产者补贴”的新机制。然而，美国向 WTO 提出磋商请求的时间是 2016 年 9 月，而提请成立专家小组审查的时间更是在此之后。因而，中美双方关于专家小组是否需要就我国玉米临时收储措施进行实质性审查，持有不同观点。

（1）我国的主张。我国认为玉米临时收储措施已于美国请求成立专家小组前过期，因此并不构成一个双方间有争议的措施。此外，我国进一步指出，2016 年引入的新措施与临时收储措施有以下实证性不同：一是对生产者采取直接补贴的方式；二是鼓励生产者限制玉米产量；三是不涉及管理价格，且不干预玉米市场价格的形成。

（2）美国的主张。美国认为其诉讼对象是玉米的 AMS 水平，而并不是特指玉米临时收储这一项具体措施，因此该项措施到期与否，并不影响专家小组对于玉米国内支持的裁决。此外，美国并不认可玉米临时收储措施到期的说法，理由在于：一是我国并未有官方文件说明不再使用临时收储措施；二是玉米新措施与临时收储措施实施主体相似；三是玉米新措施下，我国玉米国内价格仍高于国际市场价格。

2. FERP 的选择

如前所述，《农业协定》对于 FERP 基期选择的规定，是存有争议的。同样地，在此次争端中，对于 FERP 的基期选择究竟是应以《农业协定》附件 3 为准，还是应按照我国减让表支持材料中的说明，中美双方各持己见。

（1）我国的主张。我国认为，首先在减让表支持材料中有关于市场价格支持措施支持水平计算的解释，已明确说明 FERP 是以 1996~1998 年的平均值为准。其次，虽然 FERP 的选择被认为在于附件 3 和减让表支持材料哪个具有优先解释力，但我国认为应该更一般性地分析这一问题。我国认为，由于《农业协定》要求成员履行国内支持的削减承诺，因此计算基期 Total AMS 和当期 Total AMS 所使用数据与方法应该保持一致。如果计算所用数据和方法不同，某成员方当期国内支持的减少很可能不是来自其真正削减了国内支持水平，而是因为计算数据和方法的改变。基于这样的逻辑，我国主张在减让表支持材料中，计算基期 Total AMS 所使用的数据和方法，应同样适用于当期 Total AMS 的计算。因此，适用于计算我国特定农产品 MPS 的 FERP 应以 1996~1998 年的平均值为准。

（2）美国的主张。美国认为《农业协定》附件 3 第 9 条的含义非常明确，并且《农业协定》第 1.a（ii）条赋予了附件 3 在计算特定产品 AMS 上的优先解释力，因此 FERP 应以 1986~1988 年为基期。美国没有否定我国关于基期和当期 Total AMS 计算一致性的主张。然而，美国认为我国由于基期国内支持水平为零，所以我国没有削减承诺，因此，计算我国当期 Total

AMS 不需要与基期 Total AMS 在计算方法和数据选择上保持一致。

如表 5.1 所示，我国三大主粮以 1986~1988 年和 1996~1998 年为基期确定的 FERP 取值差异很大。由此，在仅考虑中美在 FERP 取值上差异的情形下，以 1986~1988 年为基期计算的 2012~2015 年小麦和水稻的 MPS，是以 1996~1998 年为基期情况下的 2 倍以上，玉米的差异略小，但也在 2 倍左右。

表 5.1　中美在 FERP 取值上差异对于 MPS 计算的影响

品种	年份	AAP	基期：1986~1988 年		基期：1996~1998 年		MPS 倍数：PD1/PD2
			FERP	PD1=AAP–FERP	FERP	PD2=AAP–FERP	
小麦	2012	2040	431	1609	1698	342	4.70
	2013	2240	431	1809	1698	542	3.34
	2014	2360	431	1929	1698	662	2.91
	2015	2360	431	1929	1698	662	2.91
粳稻	2012	4000	781	3219	3291	709	4.54
	2013	4286	781	3505	3291	995	3.52
	2014	4429	781	3648	3291	1138	3.21
	2015	4429	781	3648	3291	1138	3.21
籼稻	2012	3517	673	2844	3243	274	10.38
	2013	3831	673	3158	3243	588	5.37
	2014	3917	673	3244	3243	674	4.81
	2015	3923	673	3250	3243	680	4.78
玉米	2012	2125	366	1759	1199	926	1.90
	2013	2245	366	1879	1199	1046	1.80
	2014	2245	366	1879	1199	1046	1.80
	2015	2000	366	1634	1199	801	2.04

资料来源：根据 DS511 案专家小组审查报告数据测算

注：①根据式（5.1）MPS=（AAP–FERP）× Q，FERP 取值不同会造成（AAP–FERP）的差异，从而影响 MPS 最终值；②PD1 表示适用的管理价格 AAP 与以 1986~1988 年为基期确定的 FERP 之差，PD2 表示适用的管理价格 AAP 与以 1996~1998 年为基期确定的 FERP 之差；③除 MPS 倍数外，AAP、FERP、PD1 和 PD2 的单位都是元/吨

3. Q的选择

计算 MPS 中 Q 变量的选择，是此次中美争端中的另一个重要争议点。一方面，如前所述，《农业协定》缺乏关于确定 Q 方法的具体文本规定；另一方面，我国减让表支持材料中有关于 Q 的选取说明。那么，究竟怎样确定 Q，双方间分歧很大。

（1）我国的主张。我国认为减让表支持材料明确标注，计算特定农产品 MPS 时所使用的 Q 是指国有粮食企业出于食物安全（或保障农民收入）目的，按照国家收购价格从农民处的收购量[①]。因此，我国主张，由于附件 3 甚至整个《农业协定》中都没有关于确定 Q 的明确文本规定，因此应该以成员方减让表支持材料为准，即计算我国三大主粮 MPS 应使用中储粮委托收储库点在市场价格支持政策实施期间，按照管理价格在政策实施区域实际收储的各类粮食数量。

（2）美国的主张。美国认为，附件 3 所指 Q 是适合或有资格获得管理价格的生产量，与实际的收购量没有关系，而且韩国牛肉案的审查报告对于 Q 也是类似的解释。美国还指出，如果市场价格支持措施对有资格获得管理价格的生产量没有限制，则整个生产量都是有资格的，如果该措施被限定在一定的地理区域范围内，或是对于适用生产量有事前规定，那么在确定 Q 时应当予以考虑。美国主张，由于我国三大主粮市场价格支持政策有适用于部分主产区的事前规定，因此 Q 应为政策实施区域的年度产量。

如表 5.2 所示，美国主张的三大主粮的主产区产量和我国主张的实际收购量间存在很大差异，除 2015 年玉米实际收购量高于主产区产量外，其他年份其余品种的主产区产量均显著高于实际收购量。在仅考虑 Q 取值差异的情形下，除 2015 年玉米外，美国主张下计算的三大主粮的 MPS 显著高于我国

---

① 详见 WTO 文件 WT/ACC/CHN/38/Rev.3。

主张下计算的 MPS。

表 5.2　中美在 Q 取值上差异对于 MPS 计算的影响

品种	年份	主产区产量（Q_1）/万吨	实际收购量（Q_2）/万吨	MPS 倍数：Q_1/ Q_2
小麦	2012	9 408	2 321	4.05
	2013	9 683	838	11.55
	2014	9 998	2 594	3.85
	2015	10 289	2 157	4.77
粳稻	2012	5 306	277	19.16
	2013	5 331	948	5.62
	2014	5 397	1 275	4.23
	2015	5 466	1 410	3.88
籼稻	2012	10 628	6	1 771.33
	2013	10 678	1 334	8.00
	2014	10 810	975	11.09
	2015	10 948	924	11.85
玉米	2012	8 675	282	30.76
	2013	9 625	4 324	2.23
	2014	9 434	6 469	1.46
	2015	10 004	12 536	0.80

资料来源：根据 DS511 案专家小组审查报告数据测算

4. 水稻 AAP 和 FERP 统计口径一致性问题

中美在该问题上的分歧来源于，我国减让表支持材料使用的 FERP 是已脱壳的水稻价格，而收购农民水稻的 AAP 是未脱壳的水稻价格。针对该问题，中美双方均同意将 FERP 和 AAP 调整到相同加工阶段的价格，但在按照什么比例调整和应该调整 FERP 还是 AAP 这两个具体问题上双方之间存在分歧。

（1）我国的主张。我国依据 OECD（2016）关于水稻加工工艺流程的说明，认为未脱壳水稻和已脱壳水稻间的出米率应为 0.7。另外，我国声明中国减让表支持材料中水稻出口的 HS 编码是 10063000（已脱壳水稻）。因此，我国主张，水稻 MPS 应在已脱壳水稻的加工水平上进行计算，即应将 AAP 和 Q 相应地调整为已脱壳水稻对应数值，即 AAP 除以 0.7，Q 乘以 0.7，而 FERP 无须调整。

（2）美国的主张。美国利用我国已脱壳水稻和未脱壳水稻的月度价格数据，构建了相应的价格调整因子，并由此计算出未脱壳水稻和已脱壳水稻间的出米率为 0.6。另基于《农业协定》附件 3 第 7 条“综合支持量的计算应尽可能接近该有关基本农产品的第一销售点”，美国认为我国农户在第一销售点往往是以未脱壳的水稻出售。因此，美国主张，水稻 MPS 应在未脱壳水稻的加工水平上进行计算，即应将 FERP 调整为未脱壳水稻价格，即 FERP 乘以 0.6，而 AAP 和 Q 无须调整。

将出米率因素考虑到式（5.1）中可知，在未脱壳或已脱壳水稻的加工水平上计算 MPS 的结果是没有差异的[①]。因此，双方在该问题上的分歧所产生的 MPS 差异主要在于出米率的取值。由表 5.3 可知，在仅考虑出米率取值差异的情形下，按照美国主张（出米率 0.6）计算的水稻 MPS 显著高于我国主张（出米率 0.7）计算的 MPS。

表 5.3　中美在出米率取值上差异对于 MPS 计算的影响

品种	年份	FERP	出米率：0.6		出米率：0.7		MPS 倍数：PD1/ PD2
			AAP	PD1=AAP–FERP	AAP	PD2=AAP–FERP	
粳稻	2012	3291	4667	1376	4000	709	1.94
	2013	3291	5000	1709	4286	995	1.72
	2014	3291	5167	1876	4429	1138	1.65
	2015	3291	5167	1876	4429	1138	1.65

① 已脱壳水稻的 MPS：MPS=(AAP/r–FERP) × rQ=（rQ × AAP)/r–rQ × FERP=(AAP–rFERP) × Q。未脱壳水稻的 MPS: MPS=(AAP–rFERP) × Q。这里 r 为出米率。

续表

品种	年份	FERP	出米率：0.6		出米率：0.7		MPS 倍数：PD1/ PD2
			AAP	PD1=AAP–FERP	AAP	PD2=AAP–FERP	
籼稻	2012	3243	4103	860	3517	274	3.14
	2013	3243	4470	1227	3831	588	2.09
	2014	3243	4570	1327	3917	674	1.97
	2015	3243	4577	1334	3923	680	1.96

资料来源：根据 DS511 案专家小组审查报告数据测算

除 MPS 倍数外，AAP、FERP、PD1 和 PD2 的单位都是元/吨

综上，中美双方关于计算我国在 2012~2015 年对小麦、水稻和玉米三大主粮生产者提供的市场价格支持的主要争议点和主张的简要总结，如表 5.4 所示。

表 5.4 中美在计算 MPS 上的主要争议点和各自主张

主要争议点	我国主张	美国主张
玉米临时收储措施是否需要接受审查	该措施已过期，无须审查	该措施到期与否不影响审查；不认可该措施已到期
FERP 的选择	应以 1996~1998 年为基期	应以 1986~1988 年为基期
Q 的选择	中储粮委托收储库点在政策实施期间和实施区域的实际收储量	政策实施区域的年度产量
AAP 和 FERP 统计口径问题	未脱壳和已脱壳水稻间的出米率为 0.7；应将 AAP 和 Q 调整为已脱壳水稻对应值	未脱壳和已脱壳水稻间的出米率为 0.6；应将 FERP 调整为未脱壳水稻对应值

资料来源：DS511 案专家小组审查报告

5.2.2 我国主粮价格支持政策的合规性压力

整体而言，WTO 专家小组审查报告给出了有利于美国的初步裁定结论，认定我国在 2012~2015 年对小麦、水稻的市场价格支持超过了特定农产品的微量允许水平，判定我国违反了《农业协定》第 3.2 条和 6.3 条的约束承诺。但是，专家小组却也在玉米补贴问题，以及 MPS 测算的部分适用

数据和方法选择上支持了我国的主张。此外，需要指出的是，虽然我国最终选择尊重并执行 WTO 初步裁决结论，但这看似圆满的审查结论在审查依据的一致性问题等方面仍然是存在可争辩之处的。

1. 审查结论关于玉米临时收储措施是否需要接受审查

专家小组主要从两个方面对这一问题展开审查：一是我国玉米临时收储措施是否于 2016 年失效；二是专家小组是否仍需对已失效的措施进行审查。对于第一个问题，专家小组认为，我国玉米新措施取消了玉米临时收储措施的核心构成要素——AAP，因此美国所质疑的应用于 2012~2015 年的玉米市场价格支持措施已经失效；对于第二个问题，专家小组指出，WTO 争端解决机制的目标是“争议本身得到积极解决”，而我国取消临时收储措施后，我国玉米价格显著下降且出现波动，玉米新措施已不再对市场价格直接控制，因此该问题看似已得到积极解决。基于以上分析，专家小组支持我国主张，不对玉米临时收储措施进行审查。

2. FERP 的选择

围绕双方在该问题上的争议，专家小组首先认定了我国减让表支持材料中含有 FERP 说明的事实，同时也确认了 WTO 非创始成员计算 Total AMS 时所使用的基期并非《农业协定》附件 3 所规定的 1986~1988 年期间。在此基础上，针对我国所主张的计算基期 Total AMS 和当期 Total AMS 所使用数据和方法应保持一致的观点，专家小组认为，《农业协定》文本规定以及《农业协定》实现国内支持削减承诺目标都支持这一观点。基于以上分析，专家小组支持我国主张，计算我国 MPS 所用 FERP 应以 1996~1998 年为基期，而非《农业协定》附件 3 所规定的 1986~1988 年这一期间。

3. *Q* 的选择

针对该问题，专家小组基本认可美国观点，韩国牛肉案审查报告中给出了 *Q* 的定义，适用于我国 MPS 计算的 *Q* 应为市场价格支持政策实施区域的年度产量。此外，专家小组对于审查过程中我国提出的，主产区年度产量作为 *Q* 时还应考虑的影响因素也展开了相应调查。具体地，我国指出的影响因素包括：①小麦和水稻最低收购价政策有适用期间规定；②最低收购价政策仅在市场价格低于支持价格时才有效；③最低收购价政策有最低质量要求；④小规模农户有相当比例生产用于家庭消费。针对这些因素，专家小组仅认可最低质量要求对 *Q* 的影响，而认为其他因素并不直接影响 *Q*。基于以上分析，专家小组基本支持美国主张，*Q* 应为适用小麦和水稻最低收购价政策的主产区年度产量，同时扣除我国主张的不符合质量要求的相应生产量[①]。

4. 关于水稻 AAP 和 FERP 统计口径一致性问题

由于中美双方对于水稻 AAP 和 FERP 应使用相同加工阶段价格计算 MPS 没有异议，专家小组主要审查以下两个问题：①应按照出米率调整 AAP 还是 FERP；②出米率的取值。对于第一个问题，专家小组认同美国观点，依据《农业协定》附件 3 第 7 条中文本规定，应在未脱壳水稻加工水平计算 MPS。对于第二个问题，专家小组认为美国是按照抛光后的脱壳水稻（精米）与未脱壳水稻计算出米率，低估了出米率的取值。因此，在没有其他更为准确出米率数据的情况下，专家小组认同我国以 0.7 作为出米率的主张。基于以上分析，专家小组得出结论，计算我国水稻 MPS 时，应将 FERP 按照出米率 0.7 调整为未脱壳水稻价格。

---

① 由专家小组审查报告中呈现数据可知，因不满足质量要求所扣除的产量几乎可忽略不计，其占比不足 1%。

5.3 国际规则约束下我国主粮价格支持政策的调整及可能的优化策略

DS511案的初步裁决表明，随着今后我国开放的大门越开越大，以国内实际需要为主要政策制定依据的惯有思维需要转型升级以更好地适应当前开放市场条件。今后我国价格支持政策的可能调整优化策略需要在系统剖析DS511案审查结论的基础上，结合国内政策实践做进一步针对性调整。

5.3.1 中美农业国内支持争端案审查结论辨析

厘清 DS511 案所涉价格支持政策国内支持水平测度的关键问题，是研判我国价格支持政策可能的调整空间的基础与前提。根据本章的分析，中美双方关于市场价格支持测算所适用方法和数据的文本规定持有不同的立场和主张。由于《农业协定》国内支持部分文本存在模糊性规定，所以存在按不同方式解读 WTO 条文规定，按不同方法测度国内支持程度的可能性。

1. 《农业协定》文本规定的优先序问题

《农业协定》附件3给出了MPS计算方法和数据选择最为直接的文本规定。尽管由于《农业协定》第1.a（ii）和1.h（ii）条提及计算MPS时，成员减让表直接材料也是重要参考依据，但此次中美争端中，专家小组还是尽可能地赋予了附件3优先解释权。这一点在确定 Q 上最为明显。如前所述，我国减让表支持材料中有关于MPS中 Q 应使用实际收储量的说明，但我国采用实际收储量作为 Q 的主张未被专家小组采纳。专家小组认为，应该按照附件3关于 Q 文本规定的理解，采用实施最低收购价政策主产区年

度产量作为 Q。2012~2015 年，我国小麦和水稻实际收储量占主产区年度产量比例最高年份也不到 1/3，因此正是专家小组对于 Q 的认定，直接导致我国对小麦和水稻的 MPS 超出微量允许水平。另外，对于 AAP 和 FERP 的统计口径问题，专家小组关于 AAP 和 FERP 应使用相同加工阶段数据，以及应按照出米率调整 FERP 价格的结论，也是基于《农业协定》附件 3 第 7 条关于“综合支持量的计算应尽可能接近该有关基本农产品的第一销售点”这一文本的解读。

2. 《农业协定》文本规定的一致性问题

在《农业协定》中对于 MPS 的计算能够清楚定义的情形下，给予其优先解释权，而以成员减让表支持材料作为辅助说明材料，整体而言是有其合理性的。然而，此次中美争端审查过程中，专家小组未能一致性地坚持以《农业协定》作为主要解释依据。《农业协定》关于计算 MPS 中 Q 的规定含义模糊，专家小组基于韩国牛肉案关于《农业协定》附件 3 对 Q 含义的解读，坚持以附件 3 作为选择依据，赋予了附件 3 优先解释力。然而，对于 FERP 的基期选择问题却恰好相反。《农业协定》附件 3 第 9 条非常明确地规定 MPS 计算中 FERP 应以 1986~1988 年为基期，如果《农业协定》附件 3 中规定具有优先解释力，那么 FERP 的基期选择没有第二种可能。但审理过程中，专家小组却放弃了附件 3 的优先解释力，而从《农业协定》文本规定上下文及其关于农业国内支持削减的目的等其他方面综合考虑，认可我国减让表支持材料以 1996~1998 年的平均值为基期的说明。WTO 非创始成员均未以 1986~1988 年作为 FERP 的基期，因此专家小组未以《农业协定》附件 3 作为依据是情有可原的。然而，以韩国牛肉案审理结果为依据，确定《农业协定》附件 3 在选取 Q 的优先解释力的做法上却有不合理之处。因为韩国减让表支持材料中并没有提及牛肉市场价格支持政策，而我国与韩国情况不同，我国在入世减让表的支持材料中对于 Q 有明确规定。如果案件审查过程中，专家小组无须一致性地维持《农业协定》附件 3 的优先解释权，那么对于计算我国 MPS 时 Q 的选择是值得商榷的，是否应该以减让表支持材料为准才更为合理？

3. 《农业协定》文本规定的可争辩性问题

WTO 的法律体制属于成文法架构，但《农业协定》文本规定存在模糊条款。从此次中美争端审理过程的两个方面可以看出，《农业协定》的文本规定并非具有排他的解释权，而是有争辩余地的。首先，专家小组采纳美国主张，以韩国牛肉案为依据确定 Q。《农业协定》附件 3 对于 MPS 计算中 Q 未给出明确说明，美国由此主张的以韩国牛肉案的审查结果为依据，给出附件 3 对于 Q 是以有资格获得管理价格的生产量而不是实际政策收储量的解释。由此可见，WTO 争端解决机构受理和裁决结果，对于成文法架构下的《农业协定》的解释力正不断得到强化。其次，专家小组采纳我国主张，依据《农业协定》国内支持削减目的可不采用附件 3 规定确定 FERP 的基期。如前所述，《农业协定》附件 3 关于 FERP 基期的文本规定是非常明确的，但我国从成员方履行国内支持的削减承诺义务的角度，主张计算基期 Total AMS 和当期 Total AMS 所使用数据和方法应该保持一致，由此应以我国减让表支持材料中计算 Total AMS 所用的基期确定 FERP。

5.3.2 我国主粮价格支持政策的调整实践

为进一步降低我国主粮价格支持政策的合规性压力，2016 年开始，我国对主粮价格支持政策做出了进一步改革，相继取消玉米临时收储政策，实施生产者补贴政策，动态调整稻麦的最低收购价并进行限量收购，这对缓解主粮补贴突破 WTO 规则允许的“黄箱”支持压力以及提高补贴效能具有重要作用。

对于玉米而言，我国已经取消了玉米临时收储政策，并建立了具有“蓝箱”属性的玉米生产者补贴。根据 WTO 规则，“蓝箱”政策不受补贴空间限制，实施生产者补贴政策，不但扭转了我国玉米补贴“黄箱”支持超标的困境，也进一步释放了特定产品支持空间（程国强，2016；朱晶等，2020），为今后配套实施其他“黄箱”属性的农业补贴措施提供了基础与前提。根据许庆等（2020），2016 年归属于“黄箱”的玉米临时收储政策的补贴额有了比较大的幅度的下降，从 2015 年的 1004 亿元下降到 2016 年的 572 亿元，减少了 43.0%。

对于稻麦而言，我国已经开始动态调低收购价并限量收购，把控特定产品的“黄箱”支持水平。2016 年我国首次调低早籼稻最低收购价，2017 年和 2018 年连续两年全面调低早籼稻、中晚籼稻、粳稻最低收购价；小麦最低收购价在连续 4 年保持不变后于 2018 年和 2019 年连续两次下调。考虑到粮食生产成本、市场供需、粮食产业发展等变化，稻谷和小麦最低收购价分别在 2020 年和 2021 年再次进入调高的新周期，但是由于我国已采取了限制收购总量的实施方式，其政策的国内支持水平仍然在可控范围内。从我国向 WTO 递交的最新农业国内支持通报数据来看，稻谷、小麦、玉米三大主粮的“黄箱”支持总量均已处在微量允许范围内。

5.3.3　我国主粮价格支持政策的可能优化策略

虽然我国本着尊重专家小组初步裁决结果的原则对主粮价格支持政策进行了调整优化，但遗憾的是美国未能认可中国的改革方案，并再次诉诸仲裁。这也就意味着今后我国很有可能需要对价格支持政策进行进一步调整。

基于 DS511 案的裁决过程及其初步审查结果，今后我国主粮价格支持政策在调整过程中或需进一步充分认识规则调整，并更加注重政策文件的文字措辞与表述。

首先，必须充分认识到情理上的考虑不能替代已成文规则，价格支持政策的设置需充分对接现行 WTO 规则。我国与资源丰富的农产品主要出口国相比，农产品竞争力的初始条件处于不利地位，我国出于粮食安全和农民生计的考虑，在缺乏有效关税保护的情况下，对重点农产品予以支持和补贴完全是情理之中的事情，也是许多发展中甚至发达国家都在践行的做法。然而，在成文规则面前，包括情理在内的其他因素，都只能处于服从地位。因此，此次美方对我国农业支持的提诉就可以完全基于规则而不用顾及是否合情合理。换言之，从中方角度，我们应该充分意识到，规则一旦生效，不论其合理与否，只要规则没有改变，就是实际的硬约束。

其次，在规则面前未来的价格支持政策制定，应更为注重官方文件中文字表述和措辞。有句话叫作“打官司打的是证据”。诉讼审查中可被用作证据的资料中，政府部门出台的具有官方声明性质的文本，毫无疑问是最容易被视为具有法律效力的证据。此次美方举证了大量我国由各级政府部门出台的各类具有普惠性质的支农惠农政策的文件，其中包括关于支持和鼓励相关部门和地方政府以支持保护价收购大宗农产品的指导性意见文件。这些文件最终成为专家小组确定“有资格接受适用的管理价格的产量”的依据。虽然，在实际操作过程中各地会本着文件精神，基于当地实际具体确定实际收购量，而通常实际收购量远小于当年产量，但政府出台的文件显然更倾向于被认定是具有法律效力的证据。具体地，如我国主粮的市场价格支持政策相关文件中，若能有对于收购数量的限制或其他限制性规定，则此次争端中就不会以主产区年度总产量作为测算依据，我国农业国内支持也大概率不会违背入世承诺[①]。今后的支农惠农政策文件表述和措辞上需要更多的智慧和深入思考（朱晶等，2018）。对外应尽量避免出现“补贴”字眼，或可使用“价格损失保障”“基于市场风险的收入支持”等文字表述，以此避免在对外贸易交涉中不必要的压力和麻烦。

5.4　本章小结

长期以来我国农业政策都是本着国内的农业和总体经济的发展变化制定和实行的，是否与国际惯例对接，是否会在与世界相接触的国际经济活动中产生摩擦，并不是我们考虑的重点。这既与我们当时相对封闭的经济运行模式相匹配，也保证了国内直接、高效的政策执行效果。但是以入世为代表的中国经济与世界经济的不断融合，以及我国今后更大程度的改革开放，都意味着这样一种思维方式要被打破，这样一种行为方式要被改变。此次 DS511 案，就充分反映出我国制定农业政策的惯有思维需要转型升级，以更好地适应当前开放市场条件。从此次案件的审查过程与结果来看，WTO《农业协定》涉及国内支持测算的条文规定之间自身就存在实质性冲突以及模糊地带，存在不少进行不同解读的空间以及按不同方法测度价格支持政策国内支持程度的可能性。也是由于同样的原因，此次争端中，中美双方关于市场价格支持测算所适用方法和数据的文本规定，持有不同的立场和主张。而对 WTO 文本规定模糊地带的了解与研判不足，也是 WTO 专家小组未能支持我国主张的重要原因之一。

对于处在日益全球化、市场化、规则化、新阶段的我国而言，此次 DS511 案或可为我国在优化农业国内支持保护政策的过程中，更好地防止贸

① 实际上，为适应 WTO 规则，我国自 2020 年起已经开始对稻谷、小麦最低收购价政策实施限量收购政策。

易纠纷、妥善应对争端提供诸多启示。一方面要充分认识到在开放的市场条件下，国际农产品市场及贸易规则对我国农业政策制定的影响和约束日益增强，今后我国的农业政策调整和改革想要关起门来“调结构、转方式”已不大可能。我国粮食支持保护政策制定需要更多地考虑与国际规则的适应性，更为注重官方文件中文字表述和措辞。另一方面，还应深入了解和研判 WTO 文本规定的模糊地带，争取“黄箱”支持政策操作空间，并积极参与涉农领域国际规则的讨论和制定，争取公平待遇。

第6章

WTO框架下我国主粮农业保险政策的国际规则适应性[①]

政策性农业保险是世界各国为对标 WTO 相关规则约束最常采用的粮食支持保护政策工具之一，中国也正以其作为重要抓手积极推动国内农业政策制定的转型升级，在 2018 年 6 省 24 个产粮大县开展的三大粮食作物完全成本保险和收入保险试点基础上，2021 年 6 月的国务院常务会议决定扩大粮食作物完全成本保险和种植收入保险实施范围。可以预见，“十四五”时期，完全成本保险和收入保险在我国构建新型农业支持保护政策体系进程中将扮演日益重要的角色，其政策设计的科学性、有效性，特别是与我国在 WTO 规则约束压力下推动国内农业政策设计与国际规则接轨目标的一致性，将成为后续扩大农业保险实施范围工作成功的关键。根据 WTO《农业协定》相关规定，农业保险补贴只有在满足严苛的前提条件时才可被视作“绿箱”措施；从多数国家的实践来看，农业保险补贴实际上大多被视作“黄箱”措施。然而，对于农业保险补贴措施的设计与可视作 WTO“绿箱”措施的补贴条件要求是否相匹配这一问题，国内相关研究相对滞后，这可能会使农业保险补贴措施在今后的推进实施过程中与 WTO 的“绿箱”规则存

① 资料来源：朱晶等（2020）、徐亮等（2022）。

在潜在冲突，给将来部分 WTO 成员方以国内支持[①]规则为由对中国发起国际贸易争端挑战埋下隐患。因此，中国试点的农业保险在运行机制设计和推进过程中，迫切需要考量《农业协定》补贴规则的可能制约，评估外部环境变化，做好贸易争端风险规避与应对。基于此，本章在对 WTO 关于农业保险补贴的国内支持规则和相关争端案例裁决结果进行深度剖析的基础上，对中国正在试点的农业保险补贴措施与《农业协定》相关规则的适应性做出尝试性研判，以期为今后设计适合中国国情且与 WTO 规则相适应的农业保险补贴措施提供参考和方案选择依据。

6.1　WTO 关于农业保险补贴政策的相关规则

为了防止不合理的农业保险运行机制设计或过度的政府补贴引起生产或贸易上的扭曲（Babcock，2015），《农业协定》附件 2 在将完全成本保险补贴和收入保险补贴列举为可归为"绿箱"政策类型的同时[②]，也严格给出了相应的特定标准和条件。也就是说，我国对完全成本保险和收入保险实施的补贴若不能满足可被归为"绿箱"政策相应的特定标准，仍然会被视作具有补贴资金总量限制的"黄箱"政策。需要说明的是，由于完全成本保险补贴和收入保险补贴对标着不同的"绿箱"规则条款，如完全成本保险的保险对象可以与特定作物挂钩，而收入保险的保险对象须与特定作物脱钩，这就导致彼此有着显著的可归为"绿箱"政策的可操作性难度差异。而在按照

① 除特别说明，本章的国内支持均特指 WTO《农业协定》相关概念，详见本书第 1 章脚注。

② 我国试点的完全成本保险以自然灾害或类似灾害造成的保险标的的产量损失作为保险触发条件，而试点的收入保险以农业生产者的收入损失作为保险触发条件，政府所提供的补贴分别需要对标《农业协定》附件 2 第 8 条"自然灾害救济支付（直接提供或以政府对农作物保险计划资金参与的方式提供）"和第 7 条"收入保险和收入安全网计划中政府的资金参与"的规则来判断是否属于"绿箱"政策。

“黄箱”政策进行通报时，如何把农业保险补贴实施中所涉及的财政支出测度为《农业协定》条款所规定的农业国内支持水平，在各成员的实践中其实也存在不同的理解与做法，这些都值得深入探究。

6.1.1　WTO关于成本保险和收入保险补贴“归箱”问题的差异化规定

我国三大粮食作物完全成本保险和收入保险“分品种施策”的推广方案，在考虑了三大粮食作物政策性保险的制度设计空间的同时，在很大程度上也是考虑到了现行WTO规则下两种保险补贴按“绿箱”制度进行设计的可操作性差异后所做出的针对性安排。

1. 规则文本差异

根据表6.1内容可知，《农业协定》附件2第7、8条对完全成本保险补贴和收入保险补贴符合“绿箱”政策的标准与条件做出了相对详细且定量化的差异性规定，两者差异主要体现在保险触发条件（7.a；8.a）、保险赔付金额（7.b、7.d；8.c、8.d、8.e）和保险附加限制（7.c；8.b、8.c）等方面。

表6.1　《农业协定》附件2中关于农业保险补贴的规则约束文本

项目	第7条：收入保险和收入安全网计划中政府的资金参与	第8条：自然灾害救济支付（直接提供或以政府对农作物保险计划资金参与的方式提供）
（a）	获得此类支付的资格应由收入损失确定，仅考虑来源于农业的收入，此类收入损失应超过前3年或通过去除前5年最高和最低年收入确定的3年平均总收入或等量净收入的30%（排除相同或类似计划中获得的任何支付）。任何符合此条件的生产者均有资格接受此类支付	只有在政府主管机关正式认可已发生或正在发生自然灾害或类似灾害（包括有关成员领土上的疾病暴发、虫害、核事故以及战争）后，方有资格获得此类支付；产量损失超过前3年或通过去除前5年最高和最低年产量确定的3年平均产量的30%
（b）	此类支付的金额应补偿生产者在其有资格获得该援助的当年收入损失的70%以下	灾害发生后支付的金额仅适用于所涉自然灾害造成的收入、牲畜（包括与治疗动物有关的款项）、土地或其他生产要素的损失

续表

项目	第 7 条：收入保险和收入安全网计划中政府的资金参与	第 8 条：自然灾害救济支付（直接提供或以政府对农作物保险计划资金参与的方式提供）
（c）	任何此类支付的金额应仅与收入有关；不得与生产者从事的生产类型或产量（包括牲畜头数）有关；不得与适用于此种生产的国内或国际价格有关；不得与所使用的生产要素有关	此类支付的金额不得超过弥补此类损失所需要的总成本，且不得要求或规定将来生产的类型或产量
（d）	如果生产者在同一年收到本条和第 8 条规定的支付，则此类支付的总金额应低于生产者总损失的 100%	灾害期间支付的金额不得超过防止或减轻上述（b）规定的进一步损失所需要的水平
（e）		如果生产者在同一年收到本条和第 7 条规定的支付，则此类支付的总金额应低于生产者总损失的 100%

资料来源：WTO《农业协定》

（1）保险触发条件差异。从规则文本来看，完全成本保险和收入保险在保险触发条件上具有一定的相似性，如确定保险基准产量或基准收入所选取的时间范围是一致的，且均以 30%的产量或收入损失率作为保险起赔点。然而，虽然两条规定在文本形式上具有相似性，但在内容上其实是具有本质差异的。第 8.a 条规定补贴可被视作“绿箱”政策的完全成本保险以农业生产者的产量损失为保险触发条件，第 7.a 条规定补贴可被视作“绿箱”政策的收入保险以农业生产者的全部涉农收入损失为保险触发条件。这种差异化文本规定就明确了农业保险在《农业协定》下属于自然灾害保险还是收入保险，主要是看保险触发条件监测的是农业生产者的作物产量（或牲畜数量）还是收入发生了损失。

（2）保险赔付金额差异。从规则文本来看，补贴可被视作“绿箱”政策的完全成本保险的赔付金额以弥补农业生产者的总生产成本为上限[①]，而补

① 第 8.c、8.d 条规定保险赔付金额以弥补农业生产总成本为上限，具体赔偿金额需要视两种不同的情景而定：一是灾后的赔偿金额不超过弥补损失所需要的总成本，二是灾害期间的赔偿金额不超过防止或减轻可能的损失所花费的总成本。

贴可被视作“绿箱”政策的收入保险的赔付金额以弥补农业生产者的全部涉农收入损失的 70%为上限。此外，第 8.e 条与第 7.d 条对两种保险同时适用情况做了补充说明，要求两类保险的赔付总金额低于农业生产者总损失的 100%，这种补充说明也是为了防止 WTO 成员方依据不同保险方案重复补贴农业生产者。需要指出的是，《农业协定》对补贴可被视作“绿箱”政策的完全成本保险和收入保险的保险赔付金额的差异化文本规定，主要是考虑到完全成本保险和收入保险在实践中不同的运行机制设计对于防范农业保险业务中常见的道德风险和逆向选择的要求不同，并不存在实质性的差异。

（3）保险附加条件差异。从规则文本上来看，第 8.c 条规定完全成本保险的赔付不对农业生产者未来的生产类型或产量做出要求[①]，而第 7.c 条则规定收入保险的赔付应仅与农业生产者来源于农业的收入有关，不对当前的生产类型、产量、价格、生产要素等做出要求。从农业保险的实践来看，以产量损失为保险触发条件的完全成本保险，本身就很难脱离具体的农作物（或牲畜）来谈农业生产者的产量损失，因此第 8.c 条并不禁止完全成本保险的赔付与当前的生产类型进行脱钩。而收入保险由于与完全成本保险的运行机制不同，因此第 7.c 条做出了与 8.c 条恰恰相反的规定，不允许收入保险对农业生产者的特定作物（牲畜）收入进行承保[②]：一是如果农业生产者的总涉农收入损失没有达到保险触发条件，那么即使农业生产者单一品种作物或牲畜的收入发生了损失，保险也不得进行赔付；二是保险的赔付金额仅对农业生产者的总涉农收入损失进行赔付，并不接受农业生产者关于农作物（牲

① 从已有文献来看，第 8.c 条有两种理解方式：一是保险的赔付不得限定农业生产者将来的生产类型或产量，二是政府补贴保险时不得限定农业生产者将来的生产类型或产量，这种理解上的差异可能源于英文　中文之间的翻译误差。作者根据韩国、日本、捷克、塞浦路斯等 WTO 成员方在审查流程（Review Process）下对本国自然灾害保险的解释文本（ID：48065、48060、18057、30044、38042、30029），认为第一种理解方式更为可取。上述 WTO 成员方的详细解释文本参见 https://agims-qna.wto.org/public/Pages/en/Search.aspx。

② 这种规定很大程度上可能是考虑到特定作物收入保险能够同时承保价格和产量，而在 WTO《农业协定》框架内对特定作物的价格支持属于“黄箱”政策，与“绿箱”收入保险补贴的初衷不符。

畜）价格变化、生产要素成本变化等与收入损失无关的索赔要求[①]。这种差异化的规定，也就意味着补贴可被视作“绿箱”政策的完全成本保险的保险对象可以与特定作物挂钩，而收入保险的保险对象不得与特定作物挂钩。

2. 可操作性差异

基于《农业协定》关于可被视作“绿箱”政策的完全成本保险补贴和收入保险补贴规则文本的对比分析，可见虽然两类保险补贴通过合理的机制设计均可被归为“绿箱”政策，但收入保险补贴可被归为“绿箱”政策的难度更大。这主要是因为两者在保险对象上的差异性规定：完全成本保险的保险对象可以与特定作物挂钩，而收入保险的保险对象须与特定作物脱钩，即补贴可被视作“绿箱”政策的收入保险需要基于农业生产者整体涉农收入确定保险补偿，这种收入保险形式对农业生产者收入统计数据质量要求极高，较少有国家具备实施条件。

如表 6.2 所示，WTO 成员方按《农业协定》附件 2 第 8 条（我国试点的完全成本保险补贴对标条款）对农业保险补贴进行通报的相对较多，但尚未有 WTO 成员方按《农业协定》附件 2 第 7 条对农业保险补贴进行通报。这种情况的产生主要源于三个方面原因：一是当前大部分 WTO 成员方主要实施自然灾害保险（产量保险、完全成本保险都属于自然灾害保险），除美国、日本等国家外，较少有 WTO 成员方大规模实施收入保险；二是虽然 WTO 成员方实施的自然灾害保险补贴的保险对象本身与特定作物挂钩，但只要保险触发条件、保险赔付金额符合第 8 条的相关标准与条件，WTO 成员方依然能够将自然灾害保险补贴通报为“绿箱”政策[②]；三是 WTO 成员

① 也就是说，农业保险的赔付金额仅用来补偿保险责任范围内的名义收入损失，而不对农业生产者的利润损失进行赔付。

② 由于自然灾害保险补贴的保险对象本身与特定作物挂钩，因此对于被视作“黄箱”政策的自然灾害保险补贴更有可能需要基于“黄箱”特定产品支持来计算其综合支持量。从这一点来看，日本、加拿大、印度、韩国、欧盟等 WTO 成员方将自然灾害保险补贴通报为“黄箱”非特定产品支持的策略，是存在与 WTO 农业国内支持的通报规则相冲突的可能的。

方实施的收入保险补贴，即使保险触发条件、保险赔付金额符合第 7 条的相关标准与条件，但由于保险对象难与特定作物脱钩，因而也不得不按照“黄箱”政策进行通报①。

表 6.2　世界上主要的农业保险实施国和地区对农业保险补贴的通报方式表②

国家和地区	按“绿箱”政策进行通报			按“黄箱”政策进行通报	
	收入保险和收入安全网计划中政府的资金参与	自然灾害救济支付（直接提供或以政府对农作物保险计划资金参与的方式提供）	一般服务支持	特定产品支持	非特定产品支持
美国			√	√	√
日本		√			√
中国		√			
加拿大					√
印度		√			√
韩国					√
欧盟				√	√

资料来源：WTO 成员递交的最新农业国内支持通报文件（G/AG/N/USA/150、G/AG/N/JPN/259、G/AG/N/CHN/47、G/AG/N/CAN/131、G/AG/N/IND/25、G/AG/N/KOR/82、G/AG/N/EU/69）

注：①美国将对保险公司的经营管理费补贴和亏损补偿按照“绿箱”一般服务支持进行通报，将对农民的保费补贴按照是否与特定作物挂钩分别通报为“黄箱”特定产品支持和“黄箱”非特定产品支持；②日本将对农民的保费补贴分为两个部分进行通报，其中对保险起赔点大于基准产量损失 30%的部分依照《农业协定》附件 2 第 8 条按“绿箱”政策进行通报，对保险起赔点不超过基准产量损失 30%的部分按照“黄箱”非特定产品进行通报；③我国将对农民的保费补贴和政府的自然灾害救济支持合并依照《农业协定》附件 2 第 8 条按“绿箱”政策进行通报；④加拿大实际上有按《农业协定》附件 2 第 7 条进行通报的项目，但通报的项目为农业稳定计划，并非农业收入保险补贴（详细可见加拿大对该条通报的解读文件 G/AG/N/CAN/121）；⑤印度对农业保险补贴的通报方式与日本相同；⑥欧盟虽然有按《农业协定》附件 2 第 7 条和第 8 条进行通报的条目，但该项通报并非农业保险补贴

综上所述，当前我国三大粮食作物国内既有支持政策推进上处于不同阶

① 即便像美国那样收入保险较为成熟的国家，主要实施的也是与特定作物挂钩的收入保险补贴，并按照“黄箱”特定产品支持进行通报。此外，美国也在小范围对保险对象与特定作物脱钩的全农场收入保险提供保费补贴，但由于保险触发条件、保险赔付金额不能满足《农业协定》附件 2 第 7 条的相关标准与条件，因此美国将全农场收入保险保费补贴通报为“黄箱”非特定产品支持。

② 根据 WTO 成员方向 WTO 递交的最新农业国内支持通报文件，截至 2019 年本表中只有美国同时实施了收入保险和自然灾害保险，其他 WTO 成员方均只实施了自然灾害保险。

段，完全成本保险补贴和收入保险补贴被归为“绿箱”政策的可操作性上也存在显著的难度差异。从适应 WTO 国内支持规则的角度来说，由于稻谷、小麦最低收购价政策占用了绝大部分特定产品“黄箱”支持空间，玉米取消临时收储政策后剩余较大的特定产品“黄箱”支持空间，我国三大粮食作物完全成本保险和收入保险推进过程中，最为理想的是对稻谷、小麦实施政府提供的补贴被归为“绿箱”政策可操作性较强的完全成本保险，对玉米则既可以实施完全成本保险也可以实施收入保险。

6.1.2　WTO 成员关于农业保险补贴国内支持水平测度争议

鉴于《农业协定》明确给出了完全成本保险和收入保险补贴可被视作“绿箱”政策的严格条件，WTO 成员方对于将不符合“绿箱”政策标准和条件的农业保险补贴视作“黄箱”政策基本上没有异议。但是，在农业保险补贴的“黄箱”政策支持水平计算方面，各方在具体的实践中存在不同理解与做法。有关差异主要指向哪些用于农业保险补贴的财政支出应纳入 AMS 来计算，以及具体的财政支出究竟是应以特定产品支持来计算还是应以非特定产品支持来计算。从规则角度而言，按前者计算占用的是十分有限的特定产品的额度空间，而按后者计算面临的却是额度大得多的允许空间，因此，即使是同样将农业保险补贴视作“黄箱”政策，在不同的支持水平测算方式下，对于合规与否的判断也会差别很大。

下文首先对政府用于支持完全成本保险和收入保险的财政支出状况进行分类概述，在此基础上根据《农业协定》文本及相关争端案例裁决结果，对这些不同类别的财政支出是否应该纳入 AMS 来计算进行探讨。对于可能纳入 AMS 加以计算的财政支出项目，作者将尝试更深入地对其应计入特定产品支持还是非特定产品支持这一问题做出研判。

1. 政府用于支持农业保险的财政支出

农业保险市场存在市场失灵问题，在没有政府补贴的情况下很难形成，因此，世界各方普遍对农业保险实行补贴。从各成员方实践来看，政府用于完全成本保险（产量保险/自然灾害保险）和收入保险的财政支出项目构成基本相同，因此，下文将对政府用于支持完全成本保险（产量保险/自然灾害保险）和农业收入保险的财政支出一并进行分析，不再做具体区分。

虽然不同国家和地区的农业保险补贴项目不尽相同，但政府针对种植业保险提供的资金基本包括保费补贴、经营管理费用补贴、再保险补贴、灾害损失评估补贴和其他补贴（如研发、培训）等（Mahul and Stutley，2010）。这些财政支出又可以分为针对农业生产者的补贴、针对经营农业保险的保险公司的补贴以及其他财政支出。如表 6.3 所示，政府对农业生产者进行保费补贴的做法较为普遍，约有 63%的被调查国家通过这种形式来支持农业保险的发展；对经营农业保险的保险公司进行补贴的方式则较少被采用，仅有 32%和 16%的被调查国对保险公司的再保险活动和经营管理费用进行补贴。另外，还有少部分国家在灾害损失评估、农业保险产品研发、农户保险意识培养和保险公司员工培训方面提供资金支持。作为世界上农业收入保险体量最大且运行机制最为完善的国家，美国在农业保险补贴方式方面具有一定的代表性。根据美国农业部风险管理局（Risk Management Agency，RMA）披露的财务报表，美国农业保险的财政直接成本[①]主要包括对农业生产者的保费补贴、对保险公司的经营管理费用补贴和根据《标准再保险协议》给予保险公司的承保损益。此外，美国对农作物保险补贴的财政支出还包括人员工资、资金成本等间接成本，这一成本由于所占份额较小，

① RMA 并没有将农业收入保险和其他农业保险的财政成本分开来统计，由于其不同保险品种的补贴项目较为统一，且近十年来农业收入保险是主要产品，因此，农业保险补贴的财政支出整体状况基本反映政府用于农业收入保险补贴的财政支出。详细财务报表可参阅：RMA. “Program Budget”，https://www.rma.usda.gov/en/About-RMA/Program-Budget。

在 2016 年之后没有再被披露。

表 6.3　2008 年世界银行对种植业保险实施国家财政支出的调查

发展水平或区域	国家数/个	保费补贴/%	经营管理费用补贴/%	损失评估补贴/%	再保险补贴/%	其他补贴（研发、培训补贴）/%
发展状况：						
高收入	21	67	24	14	52	38
中等偏上	18	56	6	0	22	39
中等偏下	19	74	21	5	21	53
低收入	5	40	0	0	0	60
区域：						
非洲	8	63	0	0	13	38
亚洲	10	70	40	20	70	70
欧洲	21	67	10	5	38	29
拉丁美洲与加勒比地区	20	60	10	0	5	45
北美洲	2	100	100	50	100	100
大洋洲	2	0	0	0	0	50
所有国家	63	63	16	6	32	44

资料来源：Mahul 和 Stutley（2010）

2. 应纳入综合支持量计算的农业保险补贴项目

农业保险补贴作为其他不可免除的政策，《农业协定》在附件 3“国内支持：综合支持量的计算”中对其支持水平的计算方式给出了说明，即“此类政策的综合支持量应使用政府预算支出计算”。而在 2002 年巴西诉美国陆地棉补贴案（案件号 DS267）发生之前，美国对农业保险补贴的支持水平的通报是从农业生产者净得角度加以计算的[①]。在巴西诉美国陆地棉补贴案中，巴西提出美国应该按照政府对陆地棉提供的保费补贴而不是净赔付额来衡量保险补贴水平，WTO 专家小组最终也采纳了这

① 从农业生产者净得角度计算的总支持金额为保险总赔付金额减去农业生产者自付的那部分保费，也就是说，最终计入 AMS 的农业保险补贴项目是农业生产者从政府得到的净赔付额。

种衡量农业保险补贴的支持水平的方式[①]。这一案件的裁决结果也间接印证了这一点："黄箱"农业收入保险补贴作为一种受削减承诺约束的政策，其年度支持水平的测度可能应当从财政支出的角度来计算。

从财政支出的角度来说，WTO 各成员方有关农业保险的全部补贴项目从规则文本来看均应纳入 AMS 来计算。目前，在实践中，WTO 各成员方对于将给予农业生产者的保费补贴纳入 AMS 来计算的做法没有争议，而对于是否需要将给予经营农业保险的保险公司的补贴等其他财政支出一并纳入 AMS 来计算，则存在明显分歧。事实上，政府对经营农业保险的保险公司进行补贴的做法是非常普遍的。这主要是因为经营农业保险存在高额的运营成本（包括农业保险公司的经营管理费用、再保险费用、灾害损失评估、人员工资等），如果没有政府的补贴，保险公司势必要以增加保费的形式将这笔费用转移给农业生产者，而过高的保费又会降低农业生产者的投保意愿（Hazell，1992；Glauber，2015）。实施农业保险补贴政策的多数 WTO 成员方虽在实践中给予保险公司运营成本补贴，但所通报的数据并没有将保费补贴以外的补贴项目纳入 AMS 来计算。例如，从 2008 年开始，美国将政府行政运营费用、政府给予保险公司的经营管理费用补贴和承保损益视作"绿箱"政策中的"一般服务支持"来通报，没有纳入 AMS 来计算。这一做法由于并不能完整地反映出美国政府对农业保险的资金支持，已在反补贴与反倾销案件中受到了他国的挑战（Glauber，2015）。2009 年，我国对原产于美国的进口白羽肉鸡产品发起反补贴调查，并主张美国对作为白羽肉鸡上游饲料的玉米的保险补贴额应采用保费补贴加上经营管理费用补贴的方式来计算。在这种计算方法下，玉米保险补贴额将占用更多属

① 尽管当时美国通报的农业保险支持水平为净赔付额，但是，审查期美国政府对陆地棉提供的保费补贴与净赔付额仅相差 2100 万美元，在最终计算农业保险支持水平时两种计算方式的金额相差不大，因此，美国并没有对巴西提出的计算方式提出异议。这一补贴案的详细信息可参阅 WTO 相关文件，https://www.wto.org/english/ tratop_e/dispu_e/cases_e/ds267_e.htm。

于“黄箱”AMS的农业保险补贴空间。

6.1.3 农业保险补贴计入特定或非特定的综合支持量问题

对于可能应纳入AMS加以计算的农业保险补贴，究竟应该计入特定产品支持还是非特定产品支持，《农业协定》文本中并没有给出明确规定。根据已有贸易争端的审查结论，WTO成员方基本认可基于特定作物的保费补贴应计入特定产品支持，但是，对于政府给予保险公司的补贴等其他财政支出应该以何种方式计入，目前在实践中还没有一致性结论。

（1）关于完全成本保险和收入保险的保费补贴。WTO成员方在早期的农业国内支持通报中，一般将“黄箱”类别的保险保费补贴通报为非特定产品支持，如日本、加拿大、美国等。面对WTO其他成员方（欧盟、印度、澳大利亚等）对这种通报方式的质疑，其给出的解释是：对于所有可获得保险的作物，保险条款通常是相同的，保险参数是统一的，且任何符合参保条件的农业生产者均可以参与农业保险①。然而，由于不同作物在生产经营过程中面临的风险水平不同，保费补贴水平也不同，WTO成员方将“黄箱”类别的保险保费补贴按照非特定产品支持来通报并不完全合理（Orden et al.，2011）。在巴西诉美国陆地棉补贴案中（案件号DS267），美国就曾辩称保险补贴并非针对棉花这一作物，而WTO专家小组在审阅了巴西提交的证据后，认为美国陆地棉保险限定了承保对象、保费补贴水平，该保险补贴不具有非特定性。在2005年加拿大对美国玉米补贴发起的反补贴与反倾销调查案中②，加拿大当局也以美国对不同作物提供了不同比例的保费补贴水

① WTO. 1999. US Response to Question by the European Union in Connection with Individual Notifications; WTO. 2008. Canada Response to Question by Australia in Connection with Individual Notifications.

② WTO现有制度中，适用于处理由农业国内支持引发的贸易争端的依据除了《农业协定》外，还有《补贴与反补贴协定》，两者虽有不同，但在测度国内支持水平时的分析逻辑是基本一致的。因此，加拿大对美国玉米补贴发起的反补贴与反倾销调查案的审查结果，对于理解保险补贴是应计入特定产品支持还是应计入非特定产品支持具有一定参考价值。

平为由驳回了美国关于玉米保险补贴具有非特定性的说法[①]。这些国际贸易争端发生后，大部分 WTO 成员方逐渐认同可能应将基于特定作物的保费补贴从计入非特定产品支持改为计入特定产品支持。例如，美国在 2014 年承认农作物保险计划（除全农场收入保险外）具有“特定性”，并在其当年提交的 2012 年国内支持通报文件中开始将作物保险（除全农场收入保险外）的保费补贴按照“特定产品支持”进行通报[②]。然而，仍有部分国家坚持将农业保险保费补贴按照“非特定产品支持”进行通报，例如，加拿大就将全部农业保险保费补贴按照“非特定产品支持”来通报。从某种意义上说，加拿大的做法存在与 WTO 农业国内支持的通报规则相冲突的可能，在未来很有可能会招致其他 WTO 成员方根据国内支持规则对其发起国际贸易争端挑战。

（2）关于完全成本保险和收入保险的其他财政支出。当前，完全成本保险和收入保险保费补贴以外的其他财政支出是否应该计入 AMS 尚存在争议，在此基础上再进一步讨论这类财政支出应计入特定产品支持还是非特定产品支持的分析就比较少。不过，从规则一致性的角度来说，在其他财政支出需要被视作“黄箱”政策的情况下，这些财政支出如果是与特定作物相挂钩的，就应计入特定产品支持；而如果不针对特定作物，则应计入非特定产品支持。虽然在目前的实践中还没有任何 WTO 成员方主动按照这种方式进行通报，但是，在相关的贸易争端中，已经有 WTO 成员方基于类似主张，考虑对农业保险的其他财政支出采用这一计入方式。例如，在 1999 年加拿

① 加拿大当局在对原产于美国或从美国出口的未加工谷物玉米［不包括种子玉米（用于繁殖目的）］、甜玉米和爆裂玉米进行倾销和补贴的最终决定中，以美国对不同作物提供了不同比例的保费补贴水平为由驳回了美国关于玉米保险补贴具有非特定性的说法，详见 Canada Border Services Agency（2006）：Concerning the Making of a Final Determination of Dumping and Subsidizing Respecting Unprocessed Grain Corn, Excluding Seed Corn (for Reproductive Purposes), Sweet Corn, and Popping Corn, Originating In or Exported from the United States of America。

② 2017 年 1～2 月，美国又向 WTO 递交了一系列修订通报，将 2008～2011 年的保费补贴从计入非特定产品支持改为计入特定产品支持。

大诉美国玉米补贴案中，加拿大就认为应当将美国政府给予保险公司的经营管理费用补贴和承保损益等计入玉米保险补贴总额。未来，随着基于特定作物的农业收入保险补贴政策在世界范围被广泛使用，政府给予保险公司的补贴和其他财政支出是否应当纳入 AMS 来计算以及以何种方式纳入计算，将受到越来越多的关注，也有很大可能会成为部分 WTO 成员方根据国内支持规则发起国际贸易争端挑战的新导火索。

6.2　我国农业保险政策与国际规则的适应性：基于试点方案的分析

本部分将系统分析中国三大主粮在已有其他粮食支持保护措施的基础上叠加实施作物完全成本保险和收入保险具有的制度设计空间，在此基础上对照分析和深入研判中国在 2018 年三大粮食作物完全成本保险和收入保险试点方案，尤其是不同地方实践中的具体探索方案与 WTO 规则的适应性挑战，为进一步提出中国新一轮扩大三大粮食作物完全成本保险和收入保险试点的针对性优化建议提供支撑。

6.2.1　我国主粮政策性农业保险的制度设计空间

2004 年以后我国进入工业反哺农业阶段，逐步加大对粮食等重要农产品“黄箱”补贴规模，我国农业综合支持量也相应地由负到正。随着我国入世过渡期的结束，国内粮食供求矛盾不断累积，“黄箱”支持空间持续收紧，以托市收储为主要特征的粮食支持保护政策被推到了改革关口。为适应 WTO 规则，促进我国农业提质增效，我国自 2016 年起以“市场定价、价补分离”为总体思路对粮食支持保护政策进行了改革完善，但由于三大粮食作物在我国保障粮食安全政策目标中定位不同，因此三大粮食作物收储制度市场化改革的进程有所差异。我国于 2016 年取消了玉米临时收储政策，建立玉米生产者补贴制度，扭转了玉米“黄箱”支持超标的局面，而仍然保留稻谷、小麦最低收购价政策[①]，所以稻谷、小麦剩余的特定产品“黄箱”支持空间仍然极为有限。WTO 规则约束下，三大粮食作物剩余的特定产品“黄箱”支持空间不同，对不同“归箱”属性的农业保险补贴的容纳程度自然也存在着差异。

1. 稻谷和小麦：空间持续收窄

2016 年，我国将粮食直接补贴、农作物良种补贴、农业生产资料综合补贴合并为农业支持保护补贴（简称“三补合一”），解决了长期以来良种补贴和农业生产资料综合补贴以“黄箱”之名行“绿箱”之实的问题（许庆等，2020），此后我国对于稻谷、小麦实施的基于特定产品的“黄箱”支持政策便仅剩下最低收购价政策这一项。政策实施初期，我国稻谷、小麦最低收购价并不高，但随着种粮成本的快速攀升，以“生产成本加合理利润”或“生产成本加基本收益”为原则确定的最低收购价自 2008 年起持续上调，进而导致我国对稻谷、小麦的价格支持水平快速增长，其 WTO 国内支持规则合规性问题逐渐引起部分 WTO 成员关注。

2016 年美国政府正式向 WTO 秘书处提出了争端诉讼（案件号 DS511），认为我国最低收购价和临时收储政策对三大主粮补贴超出了入世承诺[②]。2019 年 WTO 争端解决机构对于 DS511 案件的裁决结果，支持了美

① 2016～2024 年中央一号文件提出坚持并完善稻谷、小麦最低收购价政策。2017 年起国家适度调低（或不增）水稻和小麦最低收购价，收购总量也于 2020 年起由敞开收购转变为限量收购。

② 简单来说，我国通过最低收购价政策向稻谷和小麦的生产者所提供的支持水平不得超出相应农产品年度产值的 8.5%（即所谓的微量允许），否则就会被视为违反入世承诺。

国对于我国稻谷、小麦最低收购价政策补贴水平计算的主张[①]。这对我国来说是极为不利的，因为裁决结果使得我国今后继续实施最低收购价政策的提升空间被提前锁定了。也就是说，我国即使财政资金允许粮食最低收购价可随种粮成本上涨而提高，但由于“黄箱”支持空间的限制，可能也是行不通的。此外，对于 DS511 案件裁决结果，虽然我国本着尊重 WTO 规则的原则，认真评估专家组报告，积极在规则框架内做出调整，并于 2020 年开始将稻谷、小麦最低收购价政策的收购总量由敞开收购转变为限量收购，但遗憾的是美国未能认可我国的改革政策并再次诉诸仲裁[②]。因此，对于稻谷、小麦而言，我国未来政策性农业保险补贴的制度设计，可能更多地要考虑将其归为不受补贴资金总量限制的“绿箱”政策，或相对国内支持空间更大的非特定产品“黄箱”政策。

2. 玉米：空间相对充裕

继稻谷、小麦实施最低收购价政策之后，2008 年我国对玉米实施了类似的价格支持政策，即玉米临时收储政策。在玉米临时收储政策的刺激下，我国玉米产量、库存量、进口量“三量齐增”，国内外价差持续加大，财政负担日益沉重。2016 年我国在实施“三补合一”改革的同时，为调减玉米种植面积，扭转“三量齐增”的局面，由财政部印发《关于建立玉米生产者补贴制度的实施意见》（财建〔2016〕869 号），正式取消了自 2007 年以来实施的玉米临时收储政策，在东北三省和内蒙古自治区建立了玉米生产者

---

① DS511 案中，中美争论的关键点在于 QEP 的确定方式。从 WTO 专家小组发布的 DS511 案的审查结论来看，我国政府如果没有事先对最低收购价政策的收购总量进行明确的限定说明，则在计算 MPS 时 QEP 将使用稻谷、小麦主产区的实际产量而不是实际收储量来进行替代。但我国实际收储量只占总产量的 20%左右，由此导致 WTO 专家小组认定的国内支持水平远超 8.5%“黄箱”微量允许水平。

② 详细信息可参阅 WTO 相关网页，https://www.wto.org/english/tratop_e/dispu_e/cases_e/ds511_e.htm。

补贴制度。从国家和各省份的政策规定来看，玉米生产者补贴制度是在玉米价格由市场形成的基础上，国家对玉米生产者给予定额补贴，其中国家对各省（区）亩均补贴水平保持一致，补贴基期（以 2014 年为基期）在一定年限内也保持不变，这种补贴方式与《农业协定》第 6.5 条 a 款所规定的可免除削减承诺的“蓝箱”政策的认定标准是一致的[①]。

从我国向 WTO 递交的最新国内农业支持通报来看，玉米生产者补贴也的确是按照“蓝箱”政策进行通报的[②]。此外，DS511 案专家小组也对我国关于玉米临时收储政策的改革做出了认可，认为我国实施的玉米生产者补贴制度已不再对市场价格进行直接控制，因而可以在 WTO 国内支持争端中免于审查（王学君等，2020）。这也就意味着，当前我国对玉米这一作物基于特定产品的“黄箱”综合支持量为 0，拥有的特定产品“黄箱”政策的实施空间较大。我国未来对玉米实施的政策性农业保险补贴，即使由于条款契合性问题不得不归为“黄箱”政策，其拥有的制度设计空间也是相对较大的。

6.2.2　我国主粮农业保险“分品种施策”方案探索

2018 年，财政部、农业农村部、银保监会联合印发《通知》[③]，决定采用“分品种施策”的方式探索农业保险转型升级路径，对水稻、小麦开展完全成本保险试点，对玉米则同时开展完全成本保险和收入保险试点。在充分考虑到各地经济基础、土地流转率以及农业保险工作基础的情况下，2018 年我国批复了 24 个产粮大县进行完全成本保险和收入保险试点。其中，安徽、湖北各批复了 4 个县试点水稻完全成本保险，山东、河南各批复了 4 个

---

① “蓝箱”政策是指在限产计划下，按照固定面积（产量）或根据基期生产水平的 85%以下等原则提供的补贴。

② 参见我国向 WTO 递交的农业国内支持通报文件：G/AG/N/CHN/47。

③ 《关于开展三大粮食作物完全成本保险和收入保险试点工作的通知》，https://www.gov.cn/xinwen/2018-09/01/content_5318332.htm。

县试点小麦完全成本保险，内蒙古、辽宁各批复了 4 个县，2 个县试点玉米完全成本保险，2 个县试点玉米收入保险。进一步，2021 年财政部等相关部委又明确指出要继续在 13 个粮食主产省份的产粮大县扩大试点范围。2022 年中央一号文件也再次重申“实现三大粮食作物完全成本保险和种植收入保险主产省产粮大县全覆盖”[①]。

1. 我国推进主粮完全成本保险和收入保险的原则性规定

《通知》在其附件 1《三大粮食作物完全成本保险和收入保险试点工作方案》中对保险实施方案给出了原则性规定：第一，此次试点期限定于 2018~2020 年三年时间；第二，保险金额不得高于当年相应品种种植收入的 85%，确定农业生产总成本和产值数据，以最近一期国家发展改革委发布的《全国农产品成本收益资料汇编》为准；第三，试点的保险品种不得设置绝对免赔；第四，农户自缴保费比例不低于 30%[②]。《通知》关于我国推进主粮政策性保险的其他原则性规定见表 6.4。

表 6.4 《通知》对完全成本保险和收入保险试点方案的原则性规定

<table>
<tr><th>规定</th><th>条目</th><th>完全成本保险</th><th>收入保险</th></tr>
<tr><td rowspan="5">相同规定</td><td>试点期限</td><td colspan="2">暂定 2018~2020 年</td></tr>
<tr><td>保障对象</td><td colspan="2">试点地区全体农户（规模经营农户、小农户）</td></tr>
<tr><td>基准产值/成本</td><td colspan="2">以最近一期国家发展和改革委员会发布的《全国农产品成本收益资料汇编》为准</td></tr>
<tr><td>免赔</td><td colspan="2">绝对免赔 0，相对免赔不高于 30%</td></tr>
<tr><td>保费补贴标准</td><td colspan="2">农户自缴比例不低于 30%；中央财政对中西部地区和东北地区补贴 40%、对东部其他地区补贴 35%，取消县级财政保费补贴</td></tr>
</table>

① 2022 年中央一号文件《中共中央 国务院关于做好 2022 年全面推进乡村振兴重点工作的意见》关于合理保障农民种粮收益，提出实现三大粮食作物完全成本保险和种植收入保险主产省产粮大县全覆盖，详见 https://www.gov.cn/zhengce/2022-02/22/content_5675035.htm。

② 《关于开展三大粮食作物完全成本保险和收入保险试点工作的通知》及其附件 1（https://jrs.mof.gov.cn/zhengcefabu/201808/t20180831_3003951.htm）。

续表

规定	条目	完全成本保险	收入保险
差异规定	保险标的	稻谷、小麦、玉米	玉米
	保险金额	原则上不高于当年相应品种种植收入的 85%，覆盖农业生产总成本	原则上不高于当年相应品种种植收入的 85%，体现农产品价格和产量，覆盖农业生产产值
	保险责任	保障农户因自然灾害、重大病虫害和意外事故等造成的产量损失	保障农户因农产品价格、产量波动导致的收入损失

资料来源：《三大粮食作物完全成本保险和收入保险试点工作方案》

鉴于试点已经取得的显著成果，在试点届满之际，2021 年 6 月 24 日财政部、农业农村部、银保监会再次联合印发《关于扩大三大粮食作物完全成本保险和种植收入保险实施范围的通知》（财金〔2021〕49 号）[①]，其在基本保持 2018 年《通知》所拟定的试点工作方案的基础上主要在以下几个方面做出了调整：一是农业生产总成本、单产和价格（地头价）数据，以国家发展和改革委员会最新发布的《全国农产品成本收益资料汇编》或相关部门认可的数据为准；二是取消对保险免赔的限制；三是保费补贴比例调整为在省级财政补贴不低于 25%的基础上，中央财政对中西部及东北地区补贴 45%，对东部地区补贴 35%，不再对农民自缴比例做出要求；四是保险金额调整为原则上完全成本保险或种植收入保险的保障水平不高于相应品种种植收入的 80%；五是保留物化成本保险，即农户可在直接物化成本保险、完全成本保险或种植收入保险中自主选择投保产品，但不得重复投保。

2. 试点地区推进主粮完全成本保险和收入保险的探索方案

各试点地区为调动农业生产者参与三大粮食作物完全成本保险和收入保

① 《关于扩大三大粮食作物完全成本保险和种植收入保险实施范围的通知》（财金〔2021〕49 号）（https://www.gov.cn/zhengce/zhengceku/2021-06/29/content_5621466.htm）。

险试点的积极性，确保试点工作的顺利开展，在以《通知》所做出的原则性规定为重要参考依据的基础上，综合考虑了当地财政、农业农村部门和农户意见，拟订了具体保险实施方案。第一，由于历年《全国农产品成本收益资料汇编》的发布存在时间上的滞后性且仅公布省级层面的产值与成本数据，因此各地确定基准产值或成本的做法与《通知》略有出入，但总体上与《全国农产品成本收益资料汇编》中的数据差异不大，实践中也得到了相关部门和农业生产者的认可；第二，各地既没有设置绝对免赔也没有设置相对免赔，保险公司对保险责任范围内的损失进行全额赔付；第三，各地在中央财政补贴的基础上给予了充分支持，总的保费补贴均达到 70%，农户自缴保费按《通知》规定的 30%最低标准设置。各试点地区的其他具体部署见表 6.5。

表 6.5　各地三大粮食作物完全成本保险和收入保险试点方案探索

险种	水稻完全成本保险							
省份	安徽				湖北			
县/市/区/旗	东至县	和县	太湖县	宿松县	公安县	黄梅县	沙洋县	枣阳市
保额/（元/亩）	1000	1000	1000	1000	1100	1100	1100	1100
费率/%	6[b]	6	6	6	6	6	6	6
起赔[a]/%	20	20	20	20	25	25	25	25
险种	小麦完全成本保险							
省份	河南				山东			
县/市/区/旗	兰考县	汝州市	项城市	鄢陵县	济阳区	桓台县	肥城市	阳谷县
保额/（元/亩）	900	900	900	900	930	930	930	930
费率/%	5	5	5	5	3.98	3.98	3.98	3.98
起赔[a]/%	20	20	20	20	25	25	25	25
险种	玉米完全成本保险				玉米收入保险			
省份	辽宁		内蒙古		辽宁		内蒙古	
县/市/区/旗	岫岩满族自治县	北票市	莫力达瓦达斡尔族自治旗	喀喇沁旗	铁岭县	义县	扎鲁特旗	托克托县
保额/（元/亩）	700	700	600[c]	850[d]	700	700	800[g]	870[h]
费率/%	10	11	6[e]	6[e]	11	11	8[i]	8[i]

续表

险种	玉米完全成本保险				玉米收入保险			
省份	辽宁		内蒙古		辽宁		内蒙古	
县/市/区/旗	岫岩满族自治县	北票市	莫力达瓦达斡尔族自治旗	喀喇沁旗	铁岭县	义县	扎鲁特旗	托克托县
起赔[a]/%	30	30	20/30[f]	/	0	0	0	0

资料来源：根据各省（自治区）政府官方网站及保险公司官方网站公开资料搜集整理

注：a. 表中起赔是起赔率的简称，指保险责任范围内产量（收入）损失程度达到保障产量（金额）的一定百分比，保险方能触发；b. 东至县规模经营主体费率 6%，小农户费率 5%；c. 莫力达瓦达斡尔族自治旗水浇地玉米保额最高 600 元/亩，旱地玉米保额最高 430 元/亩；d. 喀喇沁旗水浇地玉米保额最高 850 元/亩，旱地玉米保额最高 400 元/亩；e. 莫力达瓦达斡尔族自治旗和喀喇沁旗水浇地费率均为 6%，旱地费率均为 8%；f. 暴雨、洪水、内涝、风灾、雹灾损失程度在 20%以上，旱灾、冻灾、病虫草鼠害、泥石流、地震、山体滑坡、火灾等损失程度在 30%以上，保险人负赔偿责任；g. 扎鲁特旗水浇地玉米保额最高 800 元/亩，旱地玉米保额最高 370 元/亩；h. 托克托县水浇地玉米保额最高 870 元/亩，旱地玉米保额最高 430 元/亩；i. 扎鲁特旗和托克托县水浇地费率均为 8%，旱地费率均为 10%

此外，为深入了解玉米收入保险的试点运行状况，作者于 2020 年 1 月对内蒙古自治区扎鲁特旗这一典型试点进行了调研，并获取了相关资料与数据。从调研情况来看，扎鲁特旗政府自接到《通知》以来，积极推进玉米收入保险相关试点工作，由于《通知》下发相对较晚，在时间上错过了 2018 年玉米种植周期，所以，当地的玉米收入保险试点工作实际开始于 2019 年。在玉米收入保险运行机制的具体设计上，扎鲁特旗政府基本按照《通知》的要求进行部署。保险责任为：在约定的保险期间内，由自然灾害所造成的产量下降或市场波动所造成的价格下降，导致玉米实际每亩收入低于保险金额视为保险事故发生，保险公司按照保险合同的约定进行赔偿。试点地区玉米收入保险的其他基本条款见表 6.6。

表 6.6　2019 年扎鲁特旗试点实施的玉米收入保险的基本条款

保险要素	具体释义	保险要素	具体释义
适用对象	扎鲁特旗全体农户	承保机构	中国人保财险内蒙古分公司
投保方式	由村集体经济组织统一投保	保险期间	2019 年 6 月 10 日至 2019 年 11 月 30 日

续表

保险要素	具体释义	保险要素	具体释义
保障程度	玉米产值的 85%	保险标的	玉米（水浇地玉米、旱地玉米）
保险费率	水浇地 8%；旱地 10%	保险金额[a]	水浇地 870 元/亩；旱地 510 元/亩
相对免赔[b]	0	保费补贴比例	中央财政 40%；内蒙古自治区财政 30%

资料来源：根据作者调查资料整理

注：a. 具体操作上，扎鲁特旗政府依据各乡（镇、苏木）的土壤墒情、气候条件等影响玉米种植的因素，将全旗地块划分为南部、中部和北部 3 个地块产量等级，每个地块等级又按照水浇地、旱地进行了区分，最终按照不同地块不同标的的历史产量情况，得到了 6 组保险金额。保险金额=约定平均亩产×目标价格×保障程度，表中仅呈现了水浇地和旱地的最高保险金额；b. 扎鲁特旗政府严格遵守《通知》规定，没有设置保险绝对免赔

6.2.3　稻谷和小麦探索性方案的规则适应性分析

从 2018 年《通知》和 2021 年《关于扩大三大粮食作物完全成本保险和种植收入保险实施范围的通知》的原则性规定来看，我国试点的完全成本保险补贴的制度设计实际上存在被归为“绿箱”政策的制度设计空间。但从地方的探索实践来看，虽然试点地区实施的方案与《通知》和《关于扩大三大粮食作物完全成本保险和种植收入保险实施范围的通知》规定的原则性方案在保险赔付金额、保险附加限制等方面近乎一致，但在保险触发条件上略有出入，正是这种差异导致地方试点的完全成本保险补贴很可能被归为“黄箱”政策。由表 6.5 可知，除了辽宁省以外，其他各试点地区均在产量损失程度达到基准产量的 20%和 25%的情况下触发完全成本保险的赔付，这一保险触发条件虽然仍在《通知》与《关于扩大三大粮食作物完全成本保险和种植收入保险实施范围的通知》原则性规定所允许的范围内，但低于《农业协定》附件 2 第 8.a 条中“产量损失超过前 3 年期或通过去除前 5 年最高和最低年产量确定的 3 年平均产量的 30%”的要求。按照我国各地前期试点方案，政府对稻谷、小麦所提供的完全成本保险补贴存在被视作“黄箱”政

策的可能。当前，由于最低收购价政策的存在，根据我国在 WTO 的入世承诺，对于稻谷、小麦，在政策性农业保险这样的支持保护政策上未留有多大的政策设计空间。因此，我国后续扩大稻谷、小麦完全成本保险实施范围进程中，可能无法完全沿用 2018 年各试点地区的探索性方案，需要做出进一步的优化调整。

需要指出的是，根据 WTO 关于可视为“绿箱”政策的完全成本保险补贴的规则条款与我国的前期探索性实践来看，我国将完全成本保险补贴制度设计优化为“绿箱”政策的可操作性是相对较强的，只需将保险触发条件上调到基准产量损失的 30%，并将基准产量确定方式调整为前 3 年期或通过去除前 5 年最高和最低年产量确定的 3 年平均产量等即可①。因此，我国稻谷、小麦完全成本保险探索性方案在很大程度上是存在与 WTO 国内支持规则相适应的可能的。

6.2.4 玉米探索性方案的规则适应性分析

与稻谷、小麦完全成本保险探索性方案的 WTO 规则适应性的分析逻辑相一致，本节将首先对我国试点的玉米收入保险补贴的“归箱”进行分析，如果玉米收入保险补贴属于“绿箱”政策，则能够适应 WTO 国内支持规则；如果不符合“绿箱”归箱条件，属于“黄箱”政策，则需进一步测算玉米收入保险补贴可能的支持水平，并与我国被允许的国内支持空间进行比较分析。

---

① 2021 年 6 月 24 日财政部、农业农村部、银保监会联合印发《关于扩大三大粮食作物完全成本保险和种植收入保险实施范围的通知》，将基准产量的确定方式从“以最近一期国家发展改革委发布的《全国农产品成本收益资料汇编》为准”调整为“以发展改革委最新发布的《全国农产品成本收益资料汇编》或相关部门认可的数据为准”，这也给今后我国按照 WTO“绿箱”农业保险补贴规则允许的方式来确定保险基准产量提供了更多的自主权。

1. 我国试点的农业收入保险补贴的“归箱”分析

根据上文的分析，农业收入保险补贴被视作“绿箱”政策需满足《农业协定》附件 2 第 7 条在保险触发条件、保险赔付金额、保险附加条件等方面给出的特定要求。

从保险触发条件来看，《通知》及要求玉米收入保险的保障金额不高于玉米产值的 85%，且没有规定保险起赔线。在玉米收入保险试点的实际推进过程中，政府设置的保障水平为 85%，保险起赔线为零。也就是说，我国试点的玉米收入保险的实际赔付条件为玉米种植户收入损失超过历史收入的 15%，这一赔付触发条件远低于《农业协定》附件 2 第 7 条“收入损失超过前 3 年期或去掉前 5 年中最高和最低年收入确定的 3 年平均总收入或等量净收入的 30%”这一规定水平。即便是按照《关于扩大三大粮食作物完全成本保险和种植收入保险实施范围的通知》中规定的 80%保障水平，相应的玉米收入保险赔付触发条件依然是低于《农业协定》所规定的水平的。

从保险赔付金额来看，《通知》并没有对此做出明确的要求，仅规定试点保险产品不得设置绝对免赔，相对免赔不得高于 30%。而在《关于扩大三大粮食作物完全成本保险和种植收入保险实施范围的通知》中则进一步取消了对保险免赔的限制。在扎鲁特旗玉米收入保险试点的实际推进过程中，保险公司对保险责任范围内损失实行全额赔偿，赔付水平远高于《农业协定》附件 2 第 7 条所规定的“此类支付的金额应补偿生产者在其有资格获得该援助的当年收入损失的 70%以下”。

从保险附加条件来看，《通知》明确规定我国以玉米为标的开展收入保险试点，这种以特定农作物收入为保险对象的农业收入保险，从条款上来看，与《农业协定》附件 2 第 7 条中“不得与生产者从事的生产类型或产量有关”的要求存在一定的出入。

从以上分析可以看出，与《农业协定》附件 2 第 7 条所规定的可被视作“绿箱”政策的收入保险补贴标准相比，我国当前农业收入保险的试点方案有一定出入，如按这一试点方案运行，所产生的农业收入保险补贴很有可能会被视作“黄箱”政策①。

2. 我国试点的农业收入保险补贴支持水平的可能估算

由于国内对农业收入保险补贴政策的设计与可被视作 WTO“绿箱”政策的补贴条件要求有一定出入，我国正在试点的农业收入保险补贴有被视为“黄箱”政策的可能，本章将尝试依据《农业协定》中 AMS 的测度方式来匡算其年度支持水平，以判断我国用于农业收入保险补贴的财政支出是否符合我国加入 WTO 时做出的承诺。加入 WTO 时，我国向其承诺所有扭曲贸易和生产的“黄箱”政策支持不超过微量允许，即非特定农产品 AMS 为不超过农业总产值的 8.5%，特定农产品 AMS 为不超过该产品产值的 8.5%。2016 年，我国将玉米临时收储政策调整为“市场化收购加补贴”政策，同时将给予种粮农民的直接补贴、农作物良种补贴和农资综合补贴合并为农业支持保护补贴。这意味着，对于玉米这一作物品种而言，可以认为我国目前没有基于特定产品的“黄箱”支持政策，因此，如果以目前试点方案对玉米实施农业收入保险，且补贴被计入“黄箱”政策支持水平，则 WTO 规则允许空间的“天花板”就是玉米产值的 8.5%。基于此，下文将依据目前试点的农业收入保险方案，采用 AMS 的测度方式来匡算玉米收入保险补贴的支持水平，并评估 WTO 规则允许空间。

---

① 与《农业协定》中可被视作“绿箱”政策的收入保险补贴的标准相比，我国当前农业收入保险的试点方案设置了更为宽松的赔付条件和相对较高的赔付金额，并以特定农作物收入为保险对象。随着国内农业经济发展形势和农业保险发展环境的变化，今后我国可能会推广类似日本所实施的全农场收入保险，但是，这种与特定农作物收入脱钩的农业收入保险方案在操作上具有更大难度，如果我国拟实施这种类型的非特定作物保险，就需要开展比此次特定作物保险更为充分的前期论证和试点实践。

1）玉米收入保险补贴的支持水平估算：方法及数据来源

如本章第一部分所述，基于特定农作物的农业收入保险补贴涉及的财政支出包括给农民的保费补贴、给保险公司的补贴和涉及农业收入保险的其他财政支出。其中，给保险公司的补贴和涉及农业收入保险的其他财政支出在实践中是否需要计入“黄箱”政策支持水平，以及究竟以何种方式计入还没有一致性结论；而对于政府给农民的保费补贴需要计入“黄箱”政策支持水平，各方在实践中已基本达成共识。

从《通知》《关于扩大三大粮食作物完全成本保险和种植收入保险实施范围的通知》和作者对试点地区的调研来看，我国财政当前对玉米收入保险的补贴仅限于给农民的保费补贴一项，并没有对经营农业收入保险的保险公司给予补贴，也没有涉及农业收入保险的其他财政支出。因此，对我国当前试点的玉米收入保险补贴的支持水平的测度是相对明确的，可由如下公式表示：

$$\text{AMS\%}=\text{PSTF}_t/\text{VoP}_t \tag{6.1}$$

式中，AMS%表示玉米收入保险补贴的支持水平；PSTF 表示政府给玉米收入保险购买者的保费补贴，VoP_t 表示玉米相关年度产值，下标 t 表示年份。进一步将 PSTF 进行分解，得到：

$$\text{AMS\%} = (\text{SI}_t \times \text{PRR}_t \times \text{PSR}_t)/\text{VoP}_t \tag{6.2}$$

式中，SI_t、PRR_t、PSR_t 分别表示玉米收入保险的保险金额、保险费率和保费补贴率。其中，SI_t 一般由农业生产历史产值与一定的保障程度决定。SI_t 此处的玉米历史产值应以玉米收入保险承保当年可获得的最近一期《全国农产品成本收益资料汇编》中的玉米产值为准。根据调研情况，试点地区关于玉米历史产值的确定与《通知》有所不同，实际是按照玉米过去三年平均产值来确定的，也获得了主管部门及农户的认可。保险金额是单位面积历史产值、当年种植面积和保障程度的乘积，将 SI 分解可得到：

$$AMS\% = PA_t \times ICR_t \times \overline{VoP} \times GL_t \times PRR_t \times PSR_t / (PA_t \times VoP_t) \quad (6.3)$$

式中，PA_t 表示玉米种植面积；ICR_t 表示玉米收入保险的保险覆盖率；$\overline{VoP}$ 表示玉米过去三年平均单位面积产值；VoP_t 表示玉米当年单位面积产值；GL_t 表示保障程度。

继续将式（6.3）进行约分，最终得到：

$$AMS\% = ICR_t \times GL_t \times PRR_t \times PSR_t \times (\overline{VoP} / VoP_t) \quad (6.4)$$

从式（6.4）可以看出，最终影响玉米收入保险补贴的支持水平（AMS%）的变量包括保险覆盖率（ICR_t）、保障程度（GL_t）、保险费率（PRR_t）、保费补贴率（PSR_t）、玉米过去三年平均单位面积产值（$\overline{VoP}$）和玉米当年单位面积产值（VoP_t）。

在上述最终影响 AMS%的变量中，出于规避农业保险业务中常见的道德风险的考虑，《通知》规定，保险金额不得高于当年相应品种种植收入的 85%，农户自缴保费比例不得低于全部保费的 30%（即 PSR_t 为 70%），对其他变量则没有给予明确说明。后续《关于扩大三大粮食作物完全成本保险和种植收入保险实施范围的通知》中又将保障水平调整为不高于相应品种种植收入的 80%。但是，在我国各地的探索实践中，我们发现部分地区探索的收入保险方案中保险金额普遍接近相应产品的产值。而对于保险费率，根据作者搜集到的 2018 年内蒙古及辽宁玉米收入保险试点情况的调研，保险费率设定在了 8%到 11%之间。后续 2021 年新一轮玉米收入保险试点中，也有地区的保险费率设定基本处在这一区间[①]。而从已有文献来看，不同学者采用不同方式对不同地区的玉米收入保险费率的测算结果是与试点实际存在差异的（如谢凤杰等，2011；冯文丽和郭亚慧，2017）。本书试图讨论当

---

① 如黑龙江省依安县玉米收入保险的费率为 7.91%。

前试点的玉米收入保险补贴的最大可能支持水平，下文主要将玉米收入保险的保险覆盖率设定为 100%，保险费率分别取 5%、8%、11%。ICR_t、GL_t、PRR_t、PSR_t 四个参数是前定变量，在投保期就可以获知，则 AMS%的取值范围主要由玉米当年单位面积产值相对于玉米过去三年平均单位面积产值的变动（$\overline{VoP} / VoP_t$）决定。

2）估算结果及分析

在给定 $ICR_t = 100\%$、$PSR_t = 70\%$，GL_t 分别为 100%、85%和 80%，PRR_t 分别为 5%、8%和 11%条件下[①]，根据式（6.4），本章按照 VoP_t 和 $\overline{VoP}$ 两个数值的关系，估算了相应的 AMS%。

（1）若 $VoP_t \geqslant \overline{VoP}$，即玉米当年单位面积产值至少不低于玉米过去三年平均单位面积产值时，玉米收入保险补贴的支持水平在适用于我国的“黄箱”政策支持水平的允许范围内。在这种情况下，玉米收入保险补贴的支持水平（AMS%）最大值发生在 $VoP_t = \overline{VoP}$ 时，作者也将以 AMS%取最大值为例进行说明。在 100%保障程度下，保险费率分别为 5%、8%和 11%的情况时，玉米收入保险补贴的支持水平（AMS%）分别为 3.50%、5.60%和 7.70%，均未超过 8.5%“黄箱”政策微量允许水平，而在 85%保障程度下，玉米收入保险补贴的支持水平（AMS%）将降至为 2.98%、4.76%和 6.55%，在 80%保障水平下，玉米收入保险补贴的支持水平（AMS%）将更进一步降至 2.80%、4.48%和 6.16%。从图 6.1 来看，在其他条件不变的情况下，玉米收入保险费率越高，玉米农业收入保险补贴的支持水平就越高。根据测算，在 100%保障水平下当保险费率达到 12.1%时，玉米收入保险补贴的支持水平就会超过 8.5%“黄箱”政策微量允许水平。在 85%保障水平下

① 当然，实践中农业收入保险费率需要根据当地实际情况设定，并不会出现全国统一费率的情况，此处仅以 5%、8%和 11%三种费率代表全国农业收入保险的平均费率，以便对农业收入保险补贴可能的支持水平进行估算。

只有当保险费率达到 14.3%时，玉米收入保险补贴的支持水平才会超过 8.5%“黄箱”政策微量允许水平。而在 80%保障水平下只有当保险费率达到 15.2%时，玉米收入保险补贴的支持水平才会超过 8.5%“黄箱”政策微量允许水平。此外，如果把保险覆盖率按照《关于加快农业保险高质量发展的指导意见》[①]中给出的目标——70%来设定，且其他参数不变，则现行保险

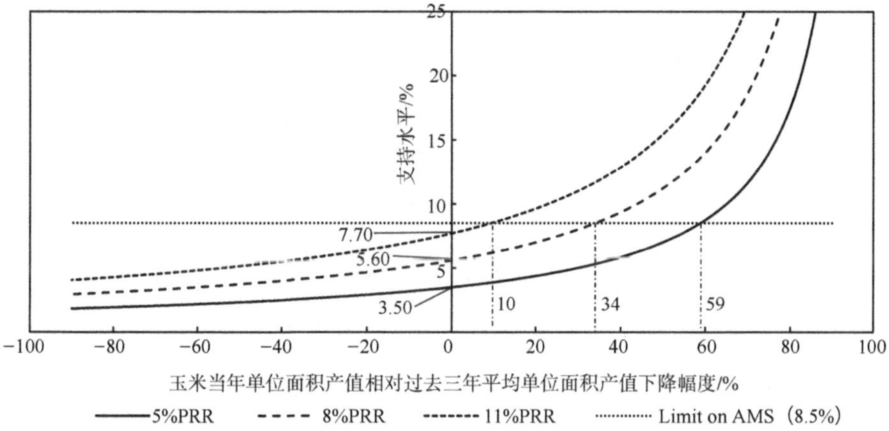

（a）GL=100%

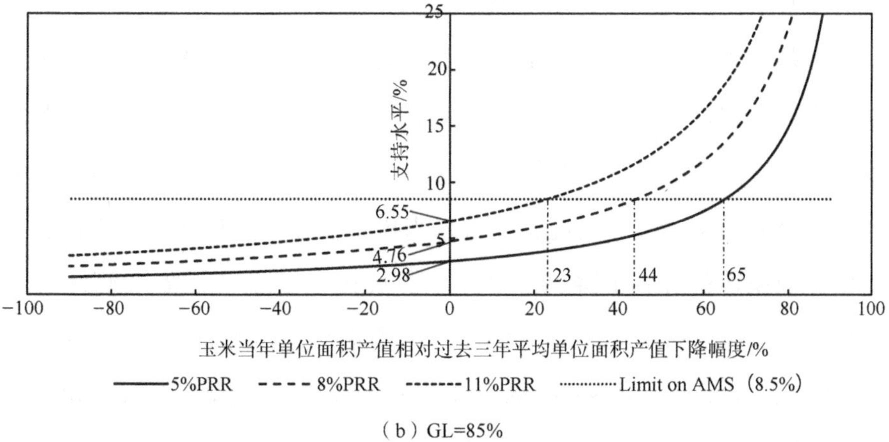

（b）GL=85%

① 详见《关于加快农业保险高质量发展的指导意见》，https://www.gov.cn/xinwen/2019-10/12/content_5438771.htm。

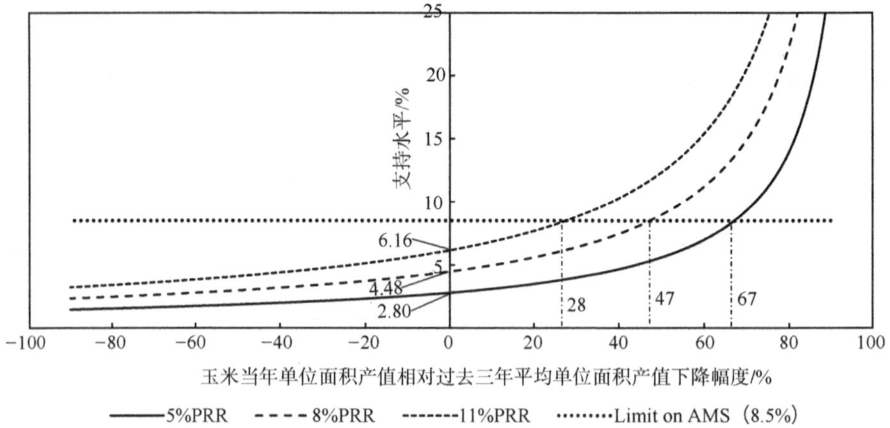

（c）GL=80%

图 6.1　我国试点的玉米收入保险补贴的支持水平变化

费率下玉米收入保险补贴的支持水平（AMS%）将下降 30%（100%保障水平下分别为 2.45%、3.92%和 5.39%，85%保障水平下分别为 2.09%、3.33%和 4.59%，80%保障程度下分别为 1.96%、3.14%和 4.31%），仅在保险费率高达 17.3%（100%保障水平）、20.4%（85%保障水平）和 21.7%（80%保障水平）时才会超过“黄箱”政策微量允许水平。

（2）若 $\mathrm{VoP}_t < \overline{\mathrm{VoP}}$，即玉米当年单位面积产值相对玉米过去三年平均单位面积产值下降时，玉米收入保险补贴的支持水平存在超出 8.5%“黄箱”政策微量允许水平的可能。从图 6.1 来看，给定保障水平为 100%，保险费率为 5%、8%和 11%三种情况，在玉米当年单位面积产值相对玉米过去三年平均单位面积产值分别下降超过 59%、34%和 10%时（保障水平为 85%时需分别下降超过 65%、44%和 23%，保障水平为 80%时需分别下降超过 67%、47%、28%），AMS%就将超过 8.5%“黄箱”政策微量允许水平。单位面积产值是单位面积产量与销售单价的乘积，而单位面积产量主要由技术进步决定，除重大自然灾害、极端天气等特殊情况外，这一指标从短期来看

变化不大[①]，所以，VoP_t 与 $\overline{VoP}$ 的比值关系可近似看作玉米当年销售单价与过去三年平均销售单价间的比值关系。从图 6.2 来看，1963~2021 年，世界玉米当年销售单价相对过去三年平均销售单价仅有 7 个年份的下降幅度略微超过 23%，而下降幅度超过 10%的年份却有 14 个。这意味着，在当前已经取消玉米临时收储政策以及国内外玉米价格并轨、价格同步波动的情况下，我国玉米当年销售单价相对过去三年平均销售单价下降超 23%的可能性很低，但下降超过 10%的可能性较大。因此，在 100%保障程度下，我国玉米收入保险补贴的支持水平存在很大的超出入世承诺的可能，但在设定的 80%原则性保障程度下，我国玉米收入保险补贴的支持水平仅存在极低的超入世承诺的可能。

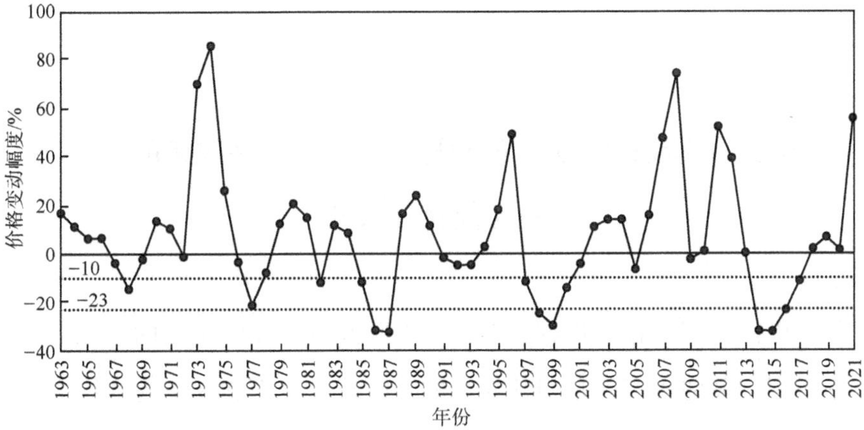

图 6.2 1963~2021 年世界玉米当年销售单价相对过去三年平均销售单价变动幅度

资料来源：世界银行商品价格数据库

世界玉米销售价为美国 2 号黄玉米海湾离岸价

从上文分析来看，按照我国实施收入保险的原则性规定的运行机制设

① 根据作者测算，2015～2018 年，全国玉米当年单位面积产量相对过去三年平均单位面积产量的变化率为 1%～3%。

计，我国正在试点的这种玉米收入保险补贴的支持水平整体而言是符合我国入世承诺的，在我国被允许的国内支持空间中的容纳程度较高。不过，各试点地区设置了较高的收入保险保障程度，按照我国各地关于收入保险的探索性方案所产生的玉米收入保险补贴的支持水平还是存在超我国入世承诺的可能的。此外，我国这种基于历史产值的玉米收入保险模式只能保障农民过去三年历史收入的 85%（或 80%），因此，如果玉米价格处于持续下行周期，则玉米种植户每年的保险收入理论上会下降，则这一玉米收入保险政策在保障农民收入方面所起的作用将相应地呈趋弱态势。最后，根据以上测算结果可知，这种限定特定产品的农业收入保险补贴会占据玉米“黄箱”规则所允许的大部分支持空间，留给保障玉米种植户收入的其他“黄箱”支持手段的政策操作空间将受到挤压，导致较难再配套使用其他特定产品支持政策。

6.3 国际规则约束下我国主粮保险补贴政策的调整及可能优化策略

从我国前期三大粮食作物完全成本保险和收入保险试点的实践来看，地方实施过程中关注更多的是当地农户的实际需求，而 WTO 规则约束及相应的具体制度设计的适配性并不会成为关注重点或追求目标。这也就意味着地方根据自身需求的具体实践，虽是对我国支持保护体系转型升级具体方式方法的有益探索，但同时也需要国家在宏观层面给予更加有针对性的优化方向引导。实际上，从财政部、农业农村部、银保监会联合印发的《关于扩大三大粮食作物完全成本保险和种植收入保险实施范围的通知》的方案及 2021~2024 年中央一号文件要求来看，我国已对主粮农业保险政策的具体执行方式做出了进一步调整。

6.3.1　我国主粮农业保险政策的调整实践

2021 年 6 月 18 日，国务院常务会议决定扩大粮食作物完全成本保险和种植收入保险实施范围[①]。内容为：一是进一步明确了分品种施策的“作物–险种”组合方式。对稻谷、小麦实施覆盖直接物化成本、土地成本和人工成本等农业生产总成本的完全成本保险，对于玉米则单独实施能够同时保障价格和产量波动而导致收入损失的收入保险。二是探索地区间差异化补贴方式。具体而言，保险补贴比例在省级财政补贴不低于 25%的基础上，中央财政对中西部及东北地区补贴 45%，对东部地区补贴 35%。可以说这样的政策调整方式，在很大程度上兼顾到了国内实际需求与国际规则约束，是我国在 WTO 规则允许的范围内进一步推进农业保险试点工作，进而确保国家粮食安全的有益探索。

6.3.2　我国农业保险政策的优化策略

从更好地对接 WTO 规则，提高农业保险政策适用效能的角度来看，我国虽然已经对主粮农业保险政策的试点工作做了调整与完善，但在高水平开放的新发展格局下可能仍然存在一些与 WTO 规则以及与国内实践相冲突的地方，需要在明确原则的基础上做进一步优化。

第一，继续推进稻谷、小麦完全成本保险，并将稻谷、小麦的保险补贴优化为可被视作“绿箱”措施的完全成本保险。前期我国地方探索的完全成本保险补贴实际上很大可能会被归为“黄箱”措施，且其“黄箱”性质的综

---

① 为增强农民抵御风险能力，2021 年国务院召开会议决定扩大粮食作物完全成本保险和种植收入保险实施范围，详见 https://www.gov.cn/guowuyuan/cwhy/20210618c19/mobile.htm。

合支持量会被纳入支持空间相对更为稀缺的特定产品支持来进行计算，这可能会导致我国在现阶段遵守 WTO 规则、履行国际承诺上处于被动地位，给将来部分 WTO 成员以国内支持规则为由对我国发起国际贸易争端挑战埋下隐患。根据 WTO 关于可视为“绿箱”措施的完全成本保险补贴的规则条款与我国的前期探索实践来看，我国将完全成本保险补贴制度设计优化为“绿箱”措施的可操作性是相对较强的，只需将保险触发条件上调到基准产量损失的 30%，并将基准产量确定方式调整为前 3 年期或通过去除前 5 年最高和最低年产量确定的 3 年平均产量等即可。因此，当前我国在推进稻谷、小麦完全成本保险的同时，应首先将政府所提供的补贴优化为“绿箱”措施。

第二，继续实施玉米收入保险的同时着力探索“全覆盖、非特定”主粮收入保险。虽然玉米收入保险这种适用于特定产品的农业收入保险补贴的综合支持量在我国被允许的国内支持空间中的容纳程度相对较高，但从构建既适合国情又符合国际规则的新型粮食支持保护政策体系的长远目标来看，最为理想的方式是实施类似美国、日本运行的存在被归为不受补贴资金总量限制的“绿箱”属性的全农场收入保险。然而，本书的研究显示，“绿箱”农业收入保险方案不能与特定作物挂钩，需要基于农业生产者整体涉农收入确定保险补偿。这种保险形式对农业经营者收入统计数据质量要求极高，我国尚不具备实施条件，而更为可取的方式或是构建“全覆盖、非特定”主粮收入保险。“全覆盖、非特定”主粮收入保险虽未完全与特定作物脱钩，可能仍不能满足“绿箱”规则，但因其可同时适用于稻谷、小麦、玉米三大主粮，这种类型的收入保险补贴更有可能会被记入我国相对支持空间更大的“黄箱”非特定产品支持。

第三，强化对 WTO 相关规则的理解与运用，同时中央要加强对地方完全成本保险和收入保险工作的指导。随着入世过渡期的结束，我国现行的农业政策体系已开始受到世界主要农产品生产国和出口国的全面审视，陷入国际贸易争端和纠纷的风险逐步加剧（朱晶等，2021b）。完全成本保险和收入保险作为新型农业支持保护政策体系中的重要组成部分，其实施方案设计及补贴水平是否与国际惯例对接，是未来我国政策性农业保险高质量发展过程中不得不思考和面对的重要问题。因此，我国有必要加强对农业保险补贴相关规则的研究，并在未来的农业保险补贴政策设计中为我所用。从前期我国完全成本保险和收入保险试点工作经验来看，作为政策执行主体的地方政府在政策实施过程中往往并不会把适应 WTO 国内支持规则作为主要的政策目标，而更多考虑的是当地实际。然而，虽然 WTO 规则的约束对象是中央政府，但在实际执行过程中，地方政府是更重要的环节，因为中央政府的政令和对外承诺总是需要分解到地方实施（孔庆峰，2003）。因此，考虑到当前地方政府运用 WTO 规则的意识和能力仍然较为薄弱，我国在推进三大粮食作物完全成本保险和收入保险进程中，中央政府应加强对地方政府工作的指导，如举办相关培训或出台相应的完全成本保险和收入保险示范性条款等。

第四，拓展农业保险补贴结构，释放特定农产品“黄箱”支持的操作空间。虽然农业保险补贴最为理想的实现方式是被视作不受限制的“绿箱”措施，但考虑到 WTO“绿箱”措施的严苛条件以及国内农业发展阶段的限制，将当前试点的农业收入保险补贴按可被视作“绿箱”措施的标准进行调整，在短时间内可能很难实现。不过，我国今后或可考虑通过拓展包括农业收入保险在内的农业保险补贴，拓展特定农产品“黄箱”支持的操作空间。目前，财政部对农业保险的补贴仅限给予农民保费补贴一项，以后或可借鉴部分发达国家的做法，考虑适当给予保险公司经营管理费用补贴、灾害损失评估补贴或再保险补贴。参照其他国家向 WTO 提交的农业国内支持通报的做法，给予保险公司的补贴可被视作“绿箱”措施中的“一般服务支持”，这样并不会增加特定农产品的“黄箱”措施补贴水平，却可以通过降低保险公司运营成本来降低保费水平，进而降低政府保费补贴水平，从而通过转移“箱体”的方式，释放特定农产品“黄箱”支持的操作空间。

6.4 本章小结

随着中国加入 WTO 后的过渡期结束，国内长期以来采用并不断提升力度的保证种粮农民收益的支持政策，如最低收购价、临时收储价等，开始在国际上受到贸易争端的挑战，WTO 在农业国内支持方面的条款规则对我国今后的制度设计形成实质性约束。政策性农业保险作为有助于对标 WTO 合规国内支持政策的最重要政策工具之一，受到了中国的高度关注，中国也以此作为重要抓手，积极推动国内农业政策设计与国际规则接轨的转型升级。2018 年起，中国开展了为期三年的主粮完全成本保险和收入保险试点探索，在试点届满之际中国又明确指出要继续扩大试点实施范围的新要求。但从前期试点期间关于完全成本保险和收入保险实施方案细则的设计来看，并非完全科学合理，特别是考虑到其与我国入世承诺等国际规则约束的一致性后，虽然玉米收入保险能够在较大程度上沿用各地前期探索的收入保险制度设计，但稻谷、小麦完全成本保险可能无法完全沿用各地前期探索的补贴有被归为“黄箱”措施可能的制度设计，还需就外部规则和具体条款设计进行进一步商榷和改进。

当前，中国试点的主粮完全成本保险和收入保险正处于发展机遇期，厘清试点过程中可能遇到的问题，在已经取得的成绩基础上，优化试点方案，对于推动农业保险转型升级，在 WTO 规则框架内探索完善市场化的粮食支持保护政策体系，维护国家粮食安全具有重要意义。从顺利推进新一轮中国扩大三大粮食作物完全成本保险和收入保险实施范围工作的角度来看，今后或应着重考虑在以下几个方面对具体方案加以设计优化：对于稻谷、小麦继续推进完全成本保险，并将其优化为补贴可被视作“绿箱”措施的完全成本保险；对于玉米可继续实施收入保险，并着力探索“全覆盖、非特定”主粮收入保险；强化对 WTO 相关规则的理解与运用，同时中央要加强对地方完全成本保险和收入保险工作的指导。

第 7 章
我国粮食价格支持政策转型方案与影响模拟

长期以来，保障粮食高产量和高自给率一直是我国农业政策追求的首要目标，粮食支持保护政策调控目标和主要任务多聚焦于此。其中，粮食价格支持政策是过去十余年间我国粮食支持保护政策体系中非常重要且有效的政策工具之一。然而，在近年国内外市场深度融合的新形势下，粮食“非必需进口”压力加剧，价格支持政策不仅对国内粮食市场的有效运行形成了一定的挑战，也为他国质疑甚至诉讼中国扭曲国际市场留下空间。自 2016 年起，中国按照“调整改进‘黄箱’政策，扩大‘绿箱’政策适用范围”的原则，调整水稻和小麦最低收购价政策，转型升级政策性农业保险，并进一步尝试实施生产者补贴举措，探索构建新型粮食生产支持政策体系。作为世界上人口最多的发展中国家，当前我国粮食支持保护政策的探索性方案在适应国际规则的同时，能否保障国内农民利益及粮食供求平衡，未来又需要做出怎样的调整优化是值得深入分析的重要问题。本章在对现阶段粮食支持保护政策面临的调整压力、我国减“黄”增“绿”的政策实践探索与可能挑战进行深入分析的基础上，采用数值模拟的方式对未来我国可能的优化方案所产生的经济影响进行了模拟研究，以期为中国构建既适合国情又符合国际规则的新型粮食支持保护政策体系提供有益的参考。

7.1　粮食价格支持政策调整的实践探索与潜在挑战

进入"十四五"时期，我国农业对外开放转向以制度型开放为重点的高水平发展的新阶段，适应国际贸易规则已经成为我国粮食支持保护政策转型过程中所必须要充分考虑的重要内容。近年来我国以减"黄"增"绿"为政策指导方针对粮食支持保护政策体系进行了一系列探索调整，但在开放市场竞争和国际规则限制双重约束下仍然面临着新压力与挑战，需要在后续调整进程中做进一步的优化。

7.1.1　政策转型的实践探索

为适应 WTO 规则，促进我国农业提质增效，自 2016 年起以减"黄"增"绿"为指导方针，逐步减少了"黄箱"属性的价格支持政策对农业生产和贸易的扭曲，并开始着手探索"绿箱"属性的政策性农业保险制度。

1. 减"黄"：微调最低收购价政策

在开放市场竞争和国际规则的双重约束下，我国开始深化农业供给侧结构性改革，积极完善稻谷、小麦最低收购价政策。考虑到稻谷、小麦的口粮属性，我国从保障国家粮食安全的角度出发，并没有激进地直接取消最低收购价政策，而是在规则框架内对收购价格、收购量等做出了尝试性的调整[①]。如图 7.1 所示，自 2015 年起我国开始停止上调稻谷、小麦最低收购价格，2016 年我国首次下调早籼稻最低收购价格，到了 2018 年我国开始全

---

① 按照 WTO《农业协定》关于 MPS 计算方法的文本规定，MPS 计算公式为：MPS=（AAP－FERP）× Q，这里 AAP 表示的是适用的管理价格，FERP 是固定的外部参考价格，Q 是有资格接受适用的管理价格的产量。我国降低最低收购价政策"黄箱"支持水平的两种可行方案为降低收购价格和限定收购总量，详见王学君等（2020）。

面、大幅下调稻谷、小麦最低收购价格。2019 年，WTO 争端解决机构就美国诉中国农业国内支持措施案（案件号 DS511）[①]做出裁决后，我国本着尊重 WTO 规则的原则，认真评估专家组报告，积极在规则框架内做出调整，并于 2020 年开始将稻谷、小麦最低收购价政策的收购总量由敞开收购转变为限定收购总量[②]。应该说，这一系列举措是我国主动遵守国际承诺，积极降低价格支持政策的“黄箱”支持水平的有益实践。

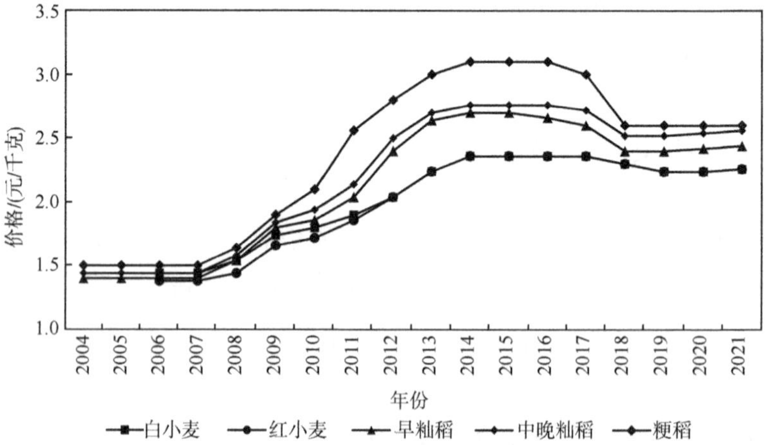

图 7.1　2004~2021 年我国稻谷、小麦最低收购价格变动情况

资料来源：国家发展和改革委员会

2. 增“绿”：探索政策性农业保险

从构建适合国情又符合国际规则的新型粮食支持保护政策体系的长远目标来看，我国最为理想的是实施不受补贴资金总量限制的“绿箱”属性的粮食支持政策。农业保险作为一种被发达国家所普遍采用的、较为新颖的农

① 除特别说明，本章的国内支持均特指 WTO《农业协定》相关概念，详见本书第 1 章脚注。

② 2020 年，我国限定最低收购价稻谷收购总量为 5000 万吨（籼稻 2000 万吨、粳稻 3000 万吨），小麦的最低收购总量为 2700 万吨，详见 https://www.ndrc.gov.cn/fzggw/jgsj/jgs/sjdt/202002/t20200228_1221749.html。

业政策工具，一方面所涉政府补贴通常被认为可归入“绿箱”措施（Roberts，2005；Mahul and Stutley，2010），从而规避 WTO 规则约束，另一方面推进农业保险可以促进政府对农业生产的扶持政策由价格支持、直接补贴向风险管理转型，为保障粮食安全、维护农民利益增添新的抓手，因而也受到了我国的高度关注。

自 2016 年起，中央一号文件已连续多年对建立更高保障水平的完全成本保险或收入保险制度作出重要指示和部署。特别地，2018 年财政部、农业农村部和银保监会联合印发《通知》，决定从 2018~2020 年在 6 省（区）24 个产粮大县探索开展稻谷、小麦和玉米三大粮食作物完全成本保险和收入保险试点（我国试点的农产品成本保险与收入保险主要区别见表 7.1）。在试点届满之际，2020 年中央农村工作会议和 2021 年中央“一号文件”又明确提出要继续扩大试点范围的新要求。2021 年 6 月 18 日，国务院总理李克强主持召开国务院常务会议，决定在 13 个粮食主产省份扩大粮食作物完全成本保险和种植收入保险实施范围。可以预见，随着中国农业开放水平的进一步提高，完全成本保险和收入保险在中国构建合规新型农业支持保护政策体系进程中将扮演日益重要的角色。

表 7.1　我国试点的农产品成本保险与收入保险主要区别对比

区别	物化成本保险	完全成本保险	收入保险
保障程度	保额覆盖物质与服务费用	保额覆盖物质与服务费用、人工成本、土地成本等农业生产总成本	保额覆盖农业生产产值
保险责任	自然灾害、重大病虫害和意外事故等造成的产量损失		农产品价格、产量波动导致的收入损失

资料来源：朱晶等（2020）

7.1.2　政策探索中的挑战分析

需要指出的是，虽然我国从适应 WTO 规则出发依据国情、农情、粮情等对主粮价格支持政策和主粮政策性农业保险等做出了调整与完善，但在愈发激烈的开放市场竞争下，这些调整可能仍然面临着一些潜在压力与挑战，我国需要基于国情、农情和农业开放需要继续优化粮食支持保护政策。

1. 主粮价格支持政策调整过程中的潜在挑战

一方面，最低收购价政策调整后农民种粮收益可能无法得到保障。首先，粮食最低收购价是根据国内“生产成本加合理利润”或“生产成本加基本收益”的原则确定的，实际上是保证种粮务农者最基本效益的一个托底价格。但由于我国稻谷、小麦最低收购价政策自 2016 年开始试行市场化改革后，2018 年起最低收购价格开始大幅下调，而与之相对的是近年来国内种粮成本不断上扬，两者间的此消彼长使得国内种粮成本已逼近甚至在部分年份超出了最低收购价，这会使得最低收购价的保证农民基本收益、保障粮食安全的目标实现受到不利影响，即当粮食价格出现下降时，可能即使启动最低收购价政策也无法避免因粮价下降造成的粮农收益受损。其次，虽然我国当前限定的最低收购价政策收购总量能够满足粮农的卖粮需求，但是一旦国内价格出现大幅下降，那么当前限定的收购总量是否会出现定额不足的情况，是提高收购总量还是在限量收购的基础上限定收购群体或品种都是值得思考的问题。另一方面，最低收购价政策调整后仍然可能面临农业国内支持规则下的国际贸易挑战。2019 年 WTO 争端解决机构对于 DS511 案件的裁决结果，支持了美国对于我国最低收购价政策补贴水平计算的主张。这对我国来说是极为不利的，因为裁决结果使得今后继续实施最低收购价政策的提升空间被提前“锁定”。在既不能随着种粮成本上涨而同步提高最低收购价也不能大幅降低最低收购价的既定事实下，我国开始对收购总量做出限定。应该说，这样调整后我国最低收购价政策补贴水平的计算结果是符合我国国际承诺的，但是遗憾的是美国未能认可我国的改革措施并再次诉诸仲裁[①]。

2. 主粮政策性农业保险调整过程中的潜在挑战

一方面，农业保险补贴并不是当然的“绿箱”措施，收入保险相对完全成本保险更易被归为“黄箱”措施。根据 WTO《农业协定》相关规定，农业保险补贴只有在满足严苛的前提条件时才可被视作“绿箱”措施。理论上而言，政府对完全成本保险与收入保险所提供的补贴通过合理的机制设计，均存在被视作不受补贴总量限制的“绿箱”政策的可能，但在实际操作上收入保险补贴满足“绿箱”政策的条件更为苛刻。WTO 规则对可被视为“绿箱”政策的完全成本保险与收入保险补贴除了在保险赔付条件、赔付金额上做出定量化区别外，特别在两者的保险对象上给出了本质性差异规定：完全成本保险的保险对象可以与特定作物挂钩，而收入保险的保险对象须与特定作物脱钩，“应仅与收入有关”“不得与生产者从事生产的类型或产量有关”。虽然我国试行的主粮完全成本保险基本符合“绿箱”措施的标准与条件，但我国所试行的玉米收入保险限定了生产类型，政府所提供的补贴由此很大可能会被视为特定产品“黄箱”政策（朱晶等，2020）。在稻谷和小麦现行价格支持政策的基础上，我国如果再实施农业收入保险补贴，将面临与 WTO 规则“不相融”的挑战。另一方面，收入保险与最低收购价政策在保价功能上存在重叠。收入保险作为农业保险的高级形态，能够在成本保险防范农业生产自然灾害风险的同时，防范市场变动风险，推动农业保险“保价格、保收入”。然而，我国当前仍在粮食主产省继续实行最低收购价政策，有最低收购价进行托底，稻谷、小麦生产者面临的市场风险相对有限。也就是说，我国如果对稻谷、小麦实施收入保险，很可能难以通过价格下跌导致农户收入下降这

---

① 详细信息可参阅 WTO 相关网页，https://www.wto.org/english/tratop_e/dispu_e/cases_e/ds511_e.htm。

一机制触发赔付，“保价功能”也就形同虚设，无法真正发挥收入保险防范市场变动风险的优势。现阶段，在最低收购价政策仍然使用的情况下，对于我国来说最为可取的可能仍然是对稻谷、小麦配套实施完全成本保险。

7.2 政策转型的模拟方案设定与评估方法

作为世界上人口数量最多的发展中国家，为切实端牢国人手中的饭碗，我国农业支持政策的调整在适应国际贸易规则约束的同时，也必须确保种粮农民利益不受损害，财政支出保持高效运行，以及国内粮食供需平衡保障体系不受重大冲击。为探究未来我国农业支持政策“减‘黄’增‘绿’”的可能转型方案对相关主体的经济影响，本部分根据上文所分析的粮食支持政策探索性方案可能的调整方向，按照稻谷、小麦分别设置四种具体的模拟方案，模拟分析稻谷、小麦最低收购价政策的调整以及农业保险政策的实施可能对农民福利、政府财政支出效率以及粮食贸易的影响，为甄选出既能符合国际规则又能兼顾国内实际的农业支持政策优化方案提供参考。

7.2.1 模拟方案设定

基于前文分析可知，我国农业支持政策减“黄”增“绿”的实践探索已经取得了一些成果，为今后进一步转型升级提供了宝贵的经验，但在进口竞争和国际规则双重约束下仍然面临着不小的挑战。一方面，最低收购价政策作为保障国家粮食安全的重要工具，暂时还不宜取消，而应当进一步调整完善使其回归托底功能；另一方面，农业保险作为一种市场化的风险管理工具，在我国构建新型农业支持政策中将会发挥重要作用。需要看到，完全成本保险补贴和收入保险补贴被归为“绿箱”措施的可操作性上是存在显著的难度差异的。从适应 WTO 国内支持规则的角度来说，由于稻谷、小麦最低收购价政策占用了绝大部分特定产品“黄箱”支持空间，我国最为理想的是对稻谷、小麦实施政府提供的被归为“绿箱”措施可操作性较强的完全成本保险。此外，从农户需求的角度来说，稻谷、小麦价格方面有最低收购价政策进行托底，稻谷、小麦生产者投保自然灾害风险的意愿更强，完全成本保险较传统物化成本保险保额大幅提升，能够有效匹配稻谷、小麦生产者的需求。因此，在不断完善稻谷、小麦最低收购价政策的同时，对稻谷、小麦实施完全成本保险，或许是我国现阶段推动国内农业政策设计与国际规则接轨的转型升级进程中相对可取的制度设计。

按照我国农业支持政策“减‘黄’增‘绿’”的实践探索及后续可能面临的挑战，本章在综合考虑最低收购价政策及农业保险政策的 WTO 规则适应条件基础上，以 2019 年为基准年，对稻谷、小麦分别设置了四种农业支持政策调整模拟方案（表 7.2）。其中，方案 1~3 考虑到了最低收购价政策与成本保险政策的组合效果①，方案 4 则单独考虑成本保险政策的效果。在方案 3 中，本章参考曹慧等（2017）的研究，对稻谷、小麦最低收购价格可能的下调幅度进行了设置，将稻谷、小麦的最低收购价格分别下调 4.7%和 8.5%，使其接近 2019 年稻谷、小麦实行最低收购价政策的主产省生产总成本的平均值。

表 7.2　我国稻谷和小麦农业支持政策调整模拟方案设计

方案	稻谷	小麦
基准方案	最低收购价不变	
方案 1	最低收购价不变+物化成本保险	

① 本章的模拟方案设定并没有包含最低收购价政策与收入保险政策的组合，主要出于以下两个方面考虑：一方面，收入保险的保价功能可能会与最低收购价政策重叠；另一方面，单品种收入保险补贴更容易被视作“黄箱”措施，收入保险补贴叠加水稻最低收购价政策，所产生的综合支持量势必会超过我国所做出的入世承诺总量。

续表

方案	稻谷	小麦
方案 2	最低收购价不变+完全成本保险	
方案 3	最低收购价下调 4.7%+完全成本保险	最低收购价下调 8.5%+完全成本保险
方案 4	完全成本保险取代最低收购价	

注：①稻谷最低收购价采用早籼稻、中籼稻、晚籼稻和粳稻的平均最低收购价；小麦最低收购价采用白小麦、红小麦和混合麦的平均最低收购价；②为便于模拟结果的比较，本章仅考虑 100%保障水平下的成本保险

7.2.2 政策转型影响的评估方法

由于本部分将从农民经济福利和政府财政支出效率变化两个维度来定量评估完全成本保险和收入保险的国内影响，因此关于评估方法的确定也将涉及这两个方面。其中，关于农业保险的实施与政府财政支出效率关系的评估是相对容易的，可以采用不同政策方案下农民经济福利与政府财政支出额的比值来进行衡量。而关于农业保险的实施与农民经济福利的变化关系的评估相对复杂，直接影响到政府财政支出效率的评估，因此本部分重点对农业保险的实施与农民经济福利变化之间关系测度的方法进行探讨与说明。

1. 评估方法

从福利经济学的角度来说，最简单、有效的评估政策性农业保险的实施对农民经济福利产生的影响的方法是比较政策性农业保险实施前后农民经济福利水平的变化程度。经济学上提供了诸如消费者剩余法、补偿变换或等价变化法、实际收入和价格指数法等一系列测度标准生产者或消费者经济福利水平的方法，然而这些方法的使用都需要建立在确定性的条件下（王克，2014）。农业保险在纳入不确定性条件和生产者对待风险的态度后，基于新古典经济学理论所测得的标准生产者的经济福利水平虽然仍能够适应于风险中性的生产者，却难以对风险规避型生产者的经济福利水平进行测度。而期

望效用理论的发展及确定性等价（certainty equivalent，CE）的引入恰好能够用来衡量不确定性条件下农业生产者购买农业保险后的经济福利效用。因此，本章也以期望效用理论为基础来对农民经济福利的变化进行衡量，参考 Hennessy 等（1997）、Vedenov 和 Power（2008）、Power 等（2009）等的研究，假设生产者为风险规避型，并以简化的幂函数形式来测算具有恒定相对风险规避系数（coefficient of relative risk aversion，CRRA）的生产者的福利效用：

$$U = \frac{1}{1-\gamma}W^{1-\gamma} \quad 如果\gamma \neq 1, \quad 那么\ U = \ln(W) \tag{7.1}$$

式中，W 表示生产者从事农业生产所获得的收入；γ 表示相对风险规避系数。

为了便于不同政策方案、情景的比较，本章假设生产者的初始收入为 0，即 W 全部为来自农业生产的收入且不考虑除农业保险保费支出以外的其他生产成本，并假设生产者仅种植稻谷、小麦、玉米中的一种。同时假定农业生产者为风险规避型，即 $\gamma > 1$。

为了对包含农业保险在内的不同农业国内支持政策可能对生产者经济福利产生的影响进行比较，本文采用 CE 对上式进行转化，并得到：

$$\mathrm{CE} = (1-\gamma)E(U(W))^{\frac{1}{1-\gamma}}, \quad \gamma > 1 \tag{7.2}$$

即生产者的经济福利效用水平可以用生产者从事农业生产所获得收入 W 来进行表示。

需要说明的是，不同政策方案下生产者从事农业生产所获得的收入会受到农业政策的影响。本章依据历史数据采用数值模拟的方式来评估政策性农业保险给国内农民福利、政府支出效率带来的影响进行相应的测算与分析，但受制于模拟方法约束，本章未能将价格支持政策与农业保险政策进行内生化处理。本章所采用的方法依赖于一个假设，即农作物的单产与价格波动序列的分布不受农业政策的影响。虽然这是一个较强的假设，但考虑到本章最终是采用比较静态的分析方法对未来一年农业保险的国内影响进行评估，因此本章最终的结论方向性仍然是正确的。

2. 模型构建

采用科学的分析方法评价完全成本保险和收入保险试点方案的政策效果、估计预期影响，对于后续扩大试点工作安排具有重要意义。

1）数据来源与预处理

根据《通知》和《关于扩大三大粮食作物完全成本保险和种植收入保险实施范围的通知》的相关要求[①]，开展农业保险试点所涉及的作物单产、价格、产值、成本等数据以《全国农产品成本收益资料汇编》中的数据为主要依据，本章也主要使用《全国农产品成本收益资料汇编》中每亩主产品产量、每 50 公斤平均出售价格来表示相应作物的单产与价格，并用两者的乘积来表示产值。考虑到数据的可得性与匹配性，本书所选取的数据时间范围为 1990~2019 年。

对于农业生产者种植收入风险模拟的一般步骤为“剔除趋势—拟合分布—度量风险”，因此在对稻谷、小麦的单产与价格数据进行分布拟合之前，需要对数据进行去趋势处理，以分离出数据的波动项进而确定单产与价格的最优分布形式。价格数据在去趋势处理之前，本章采用《中国统计年鉴》中提供的消费价格指数（consumer price index，CPI），以 1990 年（1990= 100）为基年来去除通货膨胀因素。

剔除时间序列数据长期趋势的方法主要有回归模型法、差分自回归移动

---

① 为进一步提升农业保险保障水平，推动农业保险转型升级，更好地服务保障国家粮食安全，2021 年进一步扩大了三大粮食作物完全成本保险和种植收入保险实施范围，详见《关于扩大三大粮食作物完全成本保险和种植收入保险实施范围的通知》（财金〔2021〕49 号），https://www.gov.cn/zhengce/zhengceku/2021-06/29/content_ 5621466.htm。

平均模型（autoregressive integrated moving average model，ARIMA）法、BP（band pass）/HP（Hodick Prescott）滤波分析法、滑动平均法（简单滑动平均、加权滑动平均）以及直线滑动平均法等。每种方法都有自己的适用范围及应用的前提条件，就农作物的单产与价格数据进行剔除趋势处理方法而言，本章参考已有文献采用 HP 滤波分析法分别对小麦和稻谷的单产与价格数据进行了去趋势化处理，得到作物的单产和单价的趋势项与波动项，并将波动项作为衡量作物单产和单价风险的变量。

2）稻谷、小麦单产与价格波动序列分布模型的确定

农业生产者同时面临着单产与价格的波动风险，本部分首先对稻谷、小麦代表性生产者面临的单产与价格随机波动序列进行分布拟合，以确定生产者单独面临的单产与价格风险，随后通过 Copula 模型确定单产与价格的联合分布，在此基础上通过 Monte Carlo 模拟的方法模拟出稻谷、小麦代表性生产者在未来一年可能处于的收入风险环境。

A. 稻谷、小麦单产与价格波动序列分布模型的确定

对农作物单产与价格波动序列进行分布拟合一般有参数法和非参数法两种。参数法需要事先知道数据可能服从的分布函数，然后根据已有数据对该分布的相应参数进行估算，非参数法则不需要事前知道数据可能服从的分布函数，而是直接通过样本数据来对总体分布进行估计。参考已有文献，本章采用参数分析法拟合稻谷、小麦单产与价格波动序列的分布模型。

由于可供选择的分布函数较多，因此参数法的使用具有一定的主观性，如果错误地假定数据可能服从的分布函数，那么得到的结果也必然与实际存在较大的差异。从已有文献来看，国内外学者通常选用 Beta 分布（Nelson and Preckel，1989；Tejeda and Goodwin，2008；谷政和任志宇，2020）、Gamma 分布（Gallagher，1987）、Logistic 分布（冯文丽和郭亚慧，2017）、Weibull 分布（Goodwin and Ker，2002；Claassen and Just，2011；

徐婷婷等，2017）等来拟合作物单产波动的分布，选用 Logistic 分布（Ozaki and Ghosh，2008；冯文丽和郭亚慧，2017）、Burr 分布（Tejeda and Goodwin，2008；谢凤杰等，2011）、Lognormal 分布（Goodwin et al.，2000；谢凤杰等，2017）、Johnson SB 分布（张峭等，2015）等来拟合作物价格波动的分布。

本章利用决策分析软件@RISK 对小麦和稻谷各自单产与价格的波动序列进行了拟合，以 A-D、K-S 及 χ^2 统计量为选择标准，统计量最小为最优拟合函数。在三种标准中，A-D 检验的结果最为稳健，故当三种标准不一致时，可依 A-D 检验的结果选择模型，将其他两者作为参考。最终得到小麦单产和价格的最佳拟合分布函数（表 7.3）分别为 ExtvalueMin（9.1843，15.7138）和 Loglogistic（−12.401，12.031，6.7232）。依据同样的方式，本书得到稻谷的单产和价格的最佳分布函数（表 7.3）分别为 Logistic（0.112 66，4.4071）和 ExtvalueMin（−2.1074，3.6376）。

表 7.3　小麦单产和价格概率分布模型选择

作物种类	K-S 检验		A-D 检验		卡方检验	
	概率分布	统计量	概率分布	统计量	概率分布	统计量
小麦单产	ExtvalueMin	0.0739	ExtvalueMin	0.1629	Dagum	0.0000
	HypSecant	0.0842	Pert	0.2843	ExtvalueMin	1.2000
	Logistic	0.0973	HypSecant	0.3673	Cauchy	1.6000
	Pert	0.0990	Logistic	0.3711	HypSecant	2.0000
	Triang	0.1118	FatigueLife	0.5440	Laplace	2.0000
	Laplace	0.1247	Erf	0.5441	Logistic	2.0000
	Normal	0.1251	Normal	0.6913	Pert	2.0000
小麦单价	Rayleigh	0.0789	Loglogistic	0.1985	Erf	0.4000
	Invgauss	0.0798	Pearson5	0.2040	Normal	1.2000
	FatigueLife	0.0799	Lognorm	0.2071	Logistic	1.2000
	Pearson5	0.0799	Lognorm2	0.2071	ExtvalueMin	2.0000
	Lognorm	0.0800	Invgauss	0.2105	Erlang	2.0000

续表

作物种类	K-S 检验		A-D 检验		卡方检验	
	概率分布	统计量	概率分布	统计量	概率分布	统计量
小麦单价	Lognorm2	0.0800	FatigueLife	0.2110	FatigueLife	2.0000
	Weibull	0.0802	Gamma	0.2209	Gamma	2.0000
稻谷单产	HypSecant	0.0890	Logistic	0.2194	Logistic	2.4000
	Logistic	0.0914	Burr	0.2212	Laplace	3.2000
	Burr12	0.1045	FatigueLife	0.2369	Triang	3.6000
	FatigueLife	0.1108	Erf	0.2369	HypSecant	4.4000
	Erf	0.1108	HypSecant	0.2405	ExtValue	4.8000
	Normal	0.1148	Normal	0.2425	Frechet	4.8000
	Weibull	0.1160	Weibull	0.2497	Pert	6.8000
稻谷单价	Logistic	0.0734	ExtValue	0.1624	Cauchy	0.4000
	Loglogistic	0.0759	Pearson5	0.1624	HypSecant	0.8000
	HypSecant	0.0779	Lognorm	0.1664	Logistic	0.8000
	Frechet	0.0827	Lognorm2	0.1664	Laplace	0.8000
	ExtValue	0.0829	Invgauss	0.1700	Erf	1.2000
	Pearson5	0.0837	FatigueLife	0.1718	Normal	1.2000
	Rayleigh	0.0865	Loglogistic	0.1762	Erlang	1.2000

资料来源：根据实证结果整理

B. 稻谷、小麦单产与价格波动序列联合分布模型的确定

农业生产者的作物种植收入由两个不可能独立的随机变量（作物产量与作物价格）的乘积决定（Goodwin，2015），因此无论是产量的波动还是价格的变动都有可能造成农业生产者的收入损失。由于技术上的限制，早期的研究通常是从外部强加一个单产–价格的联合分布形式，且通常采用多元正态分布的形式进行连接，如 Coble 等（2000）在比较美国的产量保险与收入保险对玉米生产者套期保值行为的影响时就假设玉米的单产与价格服从二元联合正态分布。但是这种外部强行施加的联合分布需要基于严格的假设条件，而这些假设常常与实践不符，因此所得出的结论并不是稳健的（李秀芳

和毕冬，2016）。Copula 理论及计算机技术的发展解决了风险相关性分析的问题。此后，该理论被广泛应用于农业保险尤其是收入保险的费率厘定等相关问题。本章也以 Copula 理论来构建稻谷、小麦单产与价格波动序列的联合分布模型。

Copula 本意为连接、交换，最早由 Sklar（1959）提出，并认为可以将一个 N 维联合分布分解为 N 个边缘分布和一个 Copula 函数，那么变量间的相关性就可由这个 Copula 函数来进行描述。Nelsen（1999）给出了严格的 Copula 函数的定义，即

$$F(x_1,x_2,\cdots,x_N)=C[F_{X_1}(x_1),F_{X_2}(x_2),\cdots,F_{X_N}(x_N)] \tag{7.3}$$

式中，$F(x_1,x_2,\cdots,x_N)$ 表示随机向量 $X_1,X_2,\cdots,X_N$ 的联合分布函数；$F_{X_1}(x_1)$, $F_{X_2}(x_2),\cdots,F_{X_N}(x_N)$ 表示每个随机变量的边缘分布函数；C 表示将联合分布函数与边缘分布函数连接起来的函数。

本节所使用的二元 Copula 函数指具有下列性质的函数 $C(u,v)$。

（1）$C(u,v)$的定义域为 I^2，即$[0,1]\times[0,1]$。

（2）至少存在一个 $u_0\in[0,1]$ 和 $v_0\in[0,1]$，使得 $C(u_0,v)=0=C(u_0,v_0)$。

（3）任意 $0\leqslant u_1\leqslant u_2\leqslant 1$ 和 $0\leqslant v_1\leqslant v_2\leqslant 1$，有 $C(u_2,v_2)-C(u_2,v_1)-C(u_1,v_2)+C(u_1,v_1)\geqslant 0$。

（4）对于任意属于定义域[0,1]范围内的 u、v，有 $C(u,1)=u$，$C(1,v)=v$。

若 $F(x)$、$G(y)$为连续的一元分布函数，令 $u=F(x)$，$v=G(y)$，则 u、v 均服从定义域[0,1]上的均匀分布，即 $C(u,v)$是一个边缘分布服从[0,1]均匀分布的二元分布函数，且对于[0,1]内的任一点(u,v)均有 $0\leqslant C(u,v)\leqslant 1$。

根据 Sklar 定理，令 $H(x,y)$为具有边缘分布 $F(x)$、$G(y)$的联合分布函数，则存在一个 Copula 函数 $C(u,v)$，满足：

$$H(x,y)=C(F(x),\ G(y)) \tag{7.4}$$

若 $F(x)$ 与 $G(y)$ 连续，那么 $C(u,v)$ 可以唯一确定；反之，若 $F(x)$、$G(y)$ 为一元分布函数，$C(u,v)$ 为相应的 Copula 函数，那么 $H(x,y)$ 就是具有边缘分布 $F(x)$、$G(y)$ 的联合分布函数。

若 $F^{-1}(x)$、$G^{-1}(y)$ 分别为函数 $F(x)$、$G(y)$ 的逆反函数，则对于 $C(u,v)$ 定义域内的任一 (u,v)，均有

$$C(u,v)=H(F^{-1}(u),G^{-1}(v)) \tag{7.5}$$

目前，常用的 Copula 函数主要有三类，分别为正态（Gaussian）Copula 函数、t-Copula 函数和阿基米德（Archimedean）Copula 函数。Gumbel Copula 函数、Clayton Copula 函数及 Frank Copula 函数是三种常用的单参数二元阿基米德 Copula 函数。

二元 Gaussian Copula 函数的表达式为

$$C^{\mathrm{Ga}}(u,v;\rho)=\int_{-\infty}^{\Phi^{-1}(u)}\int_{-\infty}^{\Phi^{-1}(v)}\frac{1}{2\pi\sqrt{1-\rho^2}}\exp\left\{-\frac{s^2-2\rho st+t^2}{2(1-\rho^2)}\right\}\mathrm{d}s\mathrm{d}t \tag{7.6}$$

式中，ρ 表示两变量间线性相关系数；Φ^{-1} 表示标准正态分布的分布函数的逆函数。

二元 t-Copula 函数的表达式为

$$C^{t}(u,v;\rho,k)=\int_{-\infty}^{t_k^{-1}(u)}\int_{-\infty}^{t_k^{-1}(v)}\frac{1}{2\pi\sqrt{1-\rho^2}}\left[1+\frac{s^2-2\rho st+t^2}{k(1-\rho^2)}\right]^{-(k+2)/2}\mathrm{d}s\mathrm{d}t \tag{7.7}$$

式中，ρ 表示两变量间线性相关系数，k 表示自由度。

单参数二元阿基米德 Copula 函数的表达式如下：

$$C(u_1,u_2)=\begin{cases}\varphi^{-1}(\varphi(u_1),\varphi(u_2)), & \varphi(u_1)+\varphi(u_2)\leqslant\varphi(0)\\ 0, & \text{其他}\end{cases} \tag{7.8}$$

式中，二元阿基米德 Copula 函数 $C(u,v)$ 由其生成元 $\varphi(u)$ 唯一确定。

对于 Gumbel Copula 函数而言，生成元 $\varphi(u)$ 为 $(-\ln t)^{\alpha}$，其表达式为

$$C(u,v,\alpha)=\exp(-[(-\ln u)^{\alpha}+(-\ln v)^{\alpha}]^{1/\alpha}) \tag{7.9}$$

对于 Clayton Copula 函数而言，生成元为 $\frac{1}{\theta}(t^{-\alpha}-1)$，其表达式为

$$C(u,v,\alpha)=\max([u^{-\alpha}+v^{-\alpha}-1]^{-1/\alpha},0) \qquad (7.10)$$

对于 Frank Copula 函数而言，生成元为 $-\ln\frac{e^{-\alpha t}-1}{e^{-\alpha}-1}$，其表达式为

$$C(u,v;\alpha)=-\frac{1}{\alpha}\ln\left(1+\frac{(e^{-\alpha u}-1)(e^{-\alpha v}-1)}{e^{-\alpha}-1}\right) \qquad (7.11)$$

依据二维随机向量尾部的对称性与相关性的差异，上述五种 Copula 函数有着各自的适用条件，本章将这些适用条件总结为表 7.4。

表 7.4 常用的 Copula 函数适用情况

项目	尾部对称	尾部非对称
尾部相关	t-Copula	—
尾部渐进独立	Gaussian Copula、Frank Copula	—
上尾相关，下尾渐进独立	—	Gumbel Copula
下尾相关，上尾渐进独立	—	Clayton Copula

资料来源：作者整理

上文已经通过参数核估计法得到了稻谷、小麦单产与价格波动的最优拟合分布，本部分采用@RISK 软件选取上述五种 Copula 函数形式依照稻谷、小麦的单产与价格波动的边际分布对其联合分布进行估计。Copula 函数的估计方法为两阶段极大似然估计，并以赤池信息量准则（Akaike information criterion，AIC）为标准选择最优 Copula 函数，其结果如表 7.5 所示，小麦单产和价格的最优 Copula 函数为 Clayton 和 Guassian。

表 7.5 Copula 拟合小麦单产及价格联合分布结果

作物类型	Copula 函数类型	参数 θ	AIC 值	排名
稻谷	Clayton	0.576 59	−1.531 7	1
	Guassian	0.307 42	0.131 0	2
	Frank	1.626 96	0.379 9	3

续表

作物类型	Copula 函数类型	参数 θ	AIC 值	排名
稻谷	Gumbel	1.191 74	0.916 7	4
	t-Copula	0.278 27	2.253 4	5
小麦	Guassian	0.296 59	0.285 6	1
	Frank	1.477 56	0.412 4	2
	Clayton	0.368 38	0.611 3	3
	t-Copula	1.167 15	1.073 7	4
	Gumbel	1.153 52	1.275 5	5

资料来源：根据实证结果整理

C. 稻谷、小麦代表性生产者风险环境的模拟

小麦和稻谷的收入风险同时受到产量与价格的影响。在确定了小麦和稻谷的边际分布函数以及用来反映单产和价格联合分布的 Copula 函数的基础上，本章运用 Monte Carlo 法对数据进行模拟，分别得到 10 000 对小麦和稻谷的 Copula 数值，将其分别代入小麦和稻谷的单产与单价各自的边缘分布函数的反函数求得两种作物的单产和价格的波动项数据。将模拟出来的小麦和稻谷各自 10 000 组单产和单价的波动数据与其趋势项相加并作乘法，本章最终分别得到 10 000 个两种作物收入的模拟数据。

7.3　政策转型可能方案的影响模拟

虽然最低收购价政策、农业保险政策均能够有效保障农民种粮收入，提高农民种粮积极性，但在同样的财政支出下两种政策的实施对农民收入的保障程度是存在差异的。对于我国来说，究竟采用哪种政策转型方案更为合理还是需要就不同政策方案可能的实施影响来进行具体分析。

7.3.1 对种粮农民经济福利的影响

数值模拟结果发现，对于稻谷、小麦实施的农业支持政策，我国在进行减“黄”增“绿”调整的进程中，农民的经济福利并不会受到损害[①]，反而能够得到不同程度的提升，且最低收购价与成本保险的政策组合对农民经济福利的提升程度相对单一政策更高。具体的结果如图 7.2 所示：首先，将方案 1、方案 2 与基准方案进行对比的结果显示，在现行最低收购价不变的条件下，我国如果对稻谷、小麦叠加实施成本保险能够有效帮助农民抵御产量波动风险进而提升稻谷、小麦种植户的经济福利，且完全成本保险由于保障程度相对于物化成本保险得到显著提高，因而其对农民经济福利的改善程度相对更大；其次，将方案 3、方案 4 与方案 2 进行对比的结果显示，在实施稻谷、小麦完全成本保险的前提下，降低稻谷、小麦最低收购价格会导致农民经济福利的下降，而直接取消最低收购价政策则会导致农民经济福利的进一步下降，但是进一步下降的幅度相对较小。这可能是因为方案 3 将最低收购价格下调到保障农民农业生产成本的水平后，在农业生产总成本逐步逼近产值的现实背景下，最低收购价格回归托底功能，不再具有明显的托市功能，其作用效果与取消最低收购价格差距不大。总的来说，在最低收购价政策仍然适用的情况下，无论是物化成本保险政策还是完全成本保险政策的实施相对于基准方案均能够提升农民经济福利水平。这主要是因为最低收购价政策对于农民来说相当于一种无成本的价格保险，最低收购价政策与完全成本保险的组合实施，能够起到同时防范农民面临的自然灾害风险与市场变动风险的作用，因而其政策组合效果相对于单一政策效果更为显著。

---

① 本章采用 V-N-M 期望效应函数来衡量不同农业支持政策调整方案给农民带来的效应水平，并采用 CE 来比较风险状态下农民经济福利的变化情况。$U=1/(1-\gamma)W^{(1-\gamma)}$，其中 U 代表农民的效应水平，W 代表农民在风险状态下获得的收入，γ 代表农民的相对风险厌恶系数，$\gamma>1$ 代表农民属于风险厌恶者。

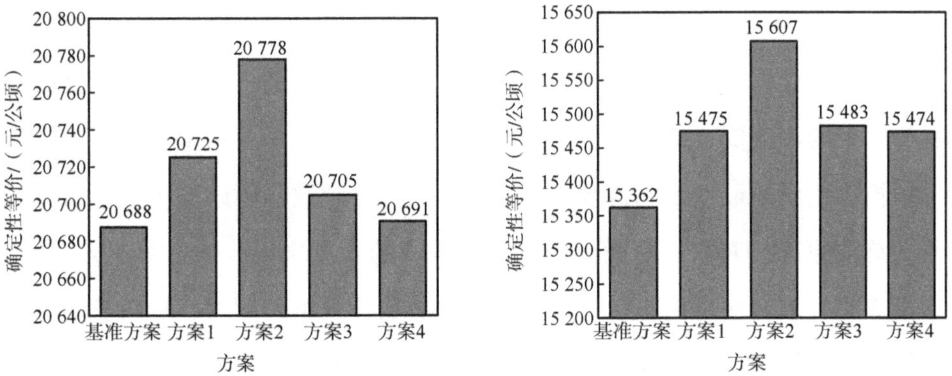

（a）稻谷　　（b）小麦

图 7.2　稻谷和小麦农业支持政策转型方案对农民经济福利的影响

为便于比较不同政策方案对农民经济福利的影响，本章参考王克等（2018）将 γ 取值为 2 进行分析

7.3.2　对政府财政支出效率的影响

数值模拟结果发现，对于稻谷、小麦实施的农业支持政策，我国在进行减“黄”增“绿”调整的进程中政府的财政支出效率能够得到显著提升，且对于成本保险政府的财政支出效率明显高于最低收购价政策[①]。具体的结果如图 7.3 所示，首先，从政府财政支出额的角度来说，通过对比方案 1~方案 4 的结果，可以发现提高成本保险的保障水平（将物化成本保险升级为完全成本保险）并不会大幅提高政府的财政支出，而降低最低收购价格却可以大幅降低政府的财政支出。以稻谷为例，将物化成本保险（方案 1）升级为完全成本保险（方案 2），政府的财政支出仅仅从 2228 元/公顷增加到 2305 元/公顷，而将稻谷最低收购价格下调 4.7%（方案 3）或直接取消（方案 4），政府的财政支出却能够从 2305 元/公顷下降到 604 元/公顷和 130 元/公

① 政府财政支出效率指每种政策转型方案所得到的农民福利相对于无政策干预方案下农民福利的增加值与对应方案的政府财政支出的比值。

顷，降幅高达 73.79%和 94.36%[①]。产生这种差异的主要原因在于，政府通过保费补贴介入农业保险市场能够有效发挥财政补贴的杠杆效应，而最低收购价政策的收购资金则全部由政府财政支出负担。此外，这也证实了被视为“黄箱”性质的最低收购价政策的实施是当前导致政府财政支出成本居高不下的首要原因。其次，从政府财政支出效率的角度来说，通过对比方案 1~方案 2 的结果，在对稻谷、小麦实施最低收购价政策的同时，提高成本保险的保障水平虽然在一定程度上增加了政府的财政支出，但政府的财政支出效率是能够得到提升的。而如果我国取消稻谷、小麦最低收购价政策实施完全成本保险，则政府的财政支出效率能够得到大幅提升。最后，相比于价格支持政策，政府实施农业保险政策每年仅需要提供固定的保费补贴即可，这对于政府稳定年际间支出额具有较好效果。

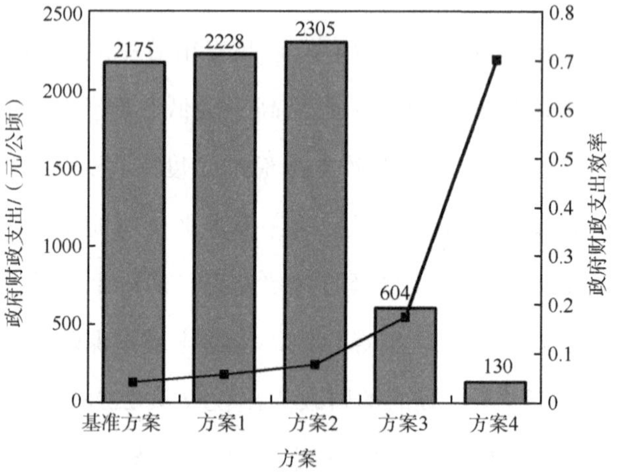

（a）稻谷

① 依据保费精算理论，本章采用波动较为平缓的全国层面数据测算得到稻谷、小麦的成本保险毛费率分别为 0.90%和 2.62%，而实践中按照省级或者市、县级单产数据测算所得的成本保险费率可能并不会太低，因而政府的财政支出下降程度可能并没有图中显示的大。

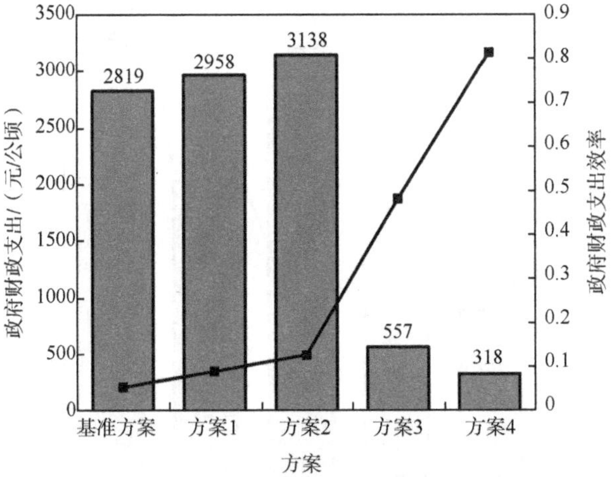

（b）小麦

图 7.3　稻谷和小麦农业支持政策转型方案对政府财政支出效率的影响

政府财政支出效率指五种政策转型方案所得到的农民福利与对应的政府财政支出的比值

7.3.3　对国家粮食安全可能影响的讨论

囿于模拟方法的限制，本章无法直接得出我国不同的农业支持政策调整方案对粮食贸易的影响，按照不同农业支持政策转型方案对农民预期种粮收入的可能影响的模拟结果，本章对上文所列五种转型方案可能给我国粮食贸易带来的潜在影响进行了讨论。

从农业生产的角度来说，种植收入的大小直接影响农民的种粮积极性，继而影响粮食产量。本章的数值模拟结果表明，我国的农业支持政策在减“黄”增“绿”的调整进程中，无论对稻谷还是小麦种植户的期望收入均不会造成较大影响。如图 7.4 所示，首先，我国将物化成本保险（方案 1）升级为完全成本保险（方案 2）后农户的期望收入会得到一定程度的提升，也就是说我国对稻谷、小麦实施的农业支持政策按照增“绿”的路径进行调整不会损害农民的种粮积极性；其次，相对于方案 2，即使我国降低或取消稻谷、小麦的最低收购价政策实施完全成本保险政策（方案 3、方案 4），稻

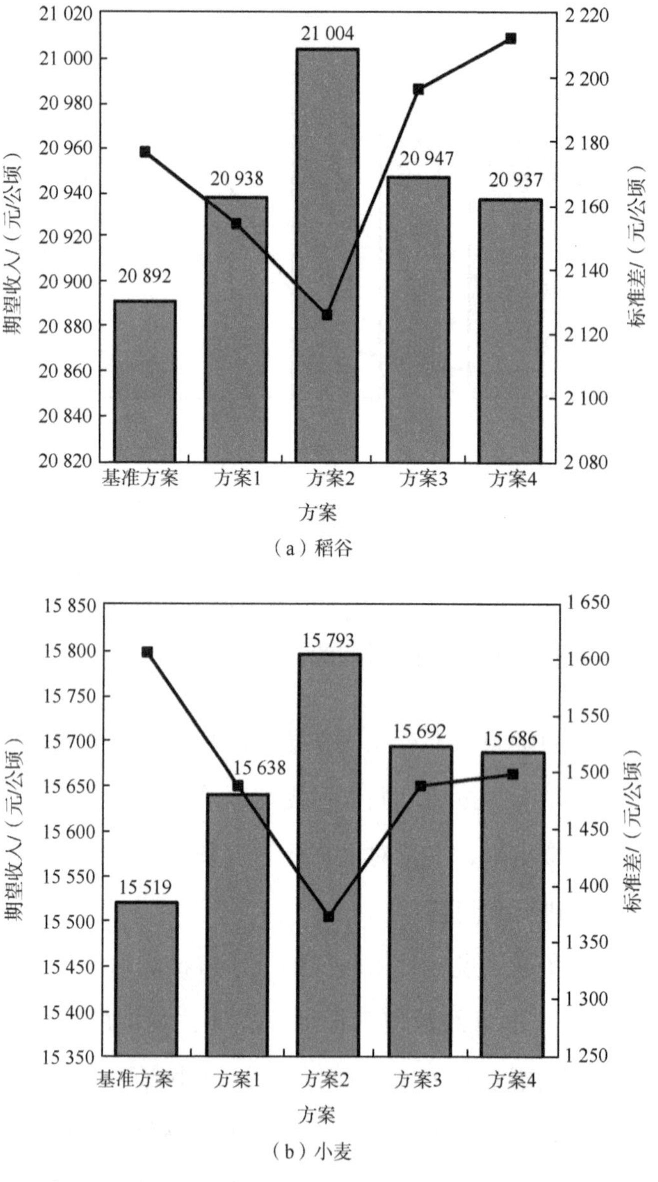

图 7.4　稻谷和小麦农业支持政策转型方案对农民种植预期收入的影响

谷、小麦种植户的期望收入相对于方案 2 最大降幅也仅仅是分别下降了 0.32%和 0.68%，总体水平与我国现行物化成本保险加最低收购价的政策组合相差不大。根据 Nerlove（1956）农产品供求理论，这也就意味着我国对稻谷、小麦实施的农业支持政策按照减“黄”的路径进行调整后，农民种植稻谷、小麦的积极性不会由于政策的调整而出现大幅下降，粮食产量能够得到有效保障。

从贸易的角度来说，粮食进口需求是国内生产与消费共同作用的结果。当前，我国对稻米、小麦的消费需求虽然处于持续扩张阶段，但增长速度较慢（杜鹰，2020）。如图 7.5 所示，2010~2019 年我国对稻米、小麦的消费量分别从 19 169 万吨、11 102 万吨增加到 20 679 万吨、12 472 万吨，年均增长率仅为 0.85%和 1.30%。随着我国人口增长速度的放缓和膳食结构转型升级，国内对稻米、小麦等主粮的消费需求总量也即将达到峰值。这也就意味着，在国内消费变化不大的情况下，只要国内农业支持政策减“黄”增“绿”的调整不会对粮食产量造成太大影响，相应地我国对国际粮源的需求也不会出现大幅度上升，稻谷、小麦的国际贸易仍旧是属于品种间的调剂范畴。

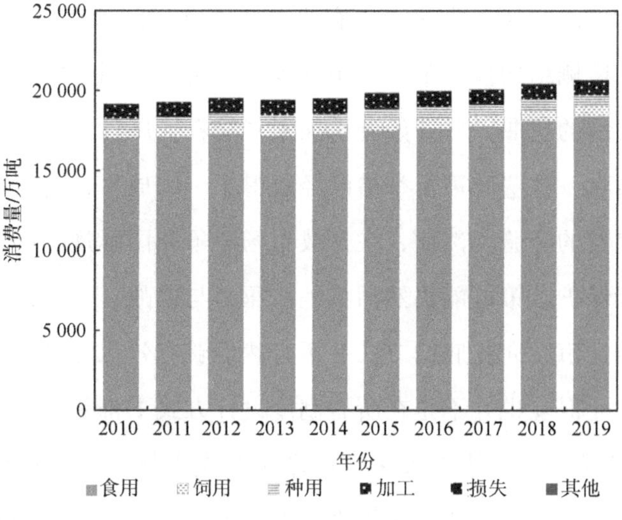

（a）稻米

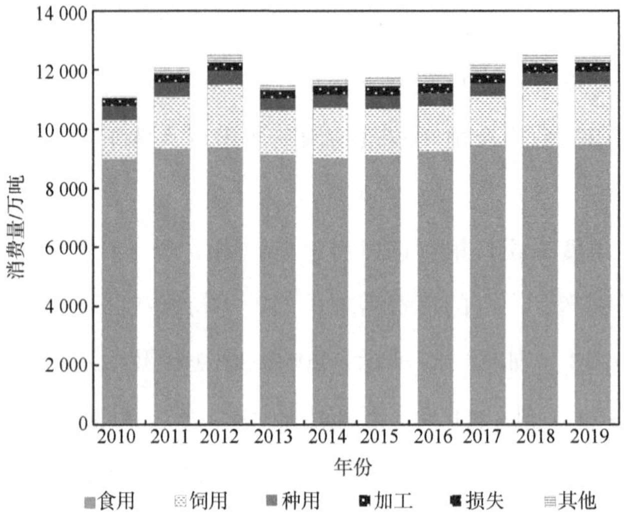

（b）小麦

图 7.5 2010~2019 年我国稻米、小麦消费量

资料来源：FAO 数据库

7.4 本章小结

为适应 WTO 规则，促进中国农业提质增效，自 2016 年起中国开始了新一轮农业供给侧结构性改革，逐步减少了“黄箱”属性的价格支持政策对农业生产和贸易的扭曲，并开始着手探索“绿箱”属性的政策性农业保险制度。从实践来看，这些政策与举措已经取得了一些成果，为今后进一步转型升级提供了宝贵的经验。然而，在开放市场竞争和国际规则的双重约束下，我国粮食支持保护政策可能仍然面临一些压力与挑战：一方面，稻谷和小麦最低收购价由托市转向托底的方式并不必然能够有效保障种粮收益；另一方面，政策性农业保险也并不是在所有制度设计方式下都是当然的“绿箱”措施，我国正在试点运行的收入保险较之完全成本保险更有可能被归为“黄箱”措施，这将给我国在 WTO 规则框架下推动粮食支持保护政策与国际规

则接轨转型升级带来挑战。从对接 WTO 规则、提高政策效能的角度出发，调低稻谷、小麦最低收购价格并配套实施完全成本保险，不但能够有效适应贸易规则约束，而且能够在不损害种粮农民经济福利的同时大幅提高财政支出效率，进而实现保障国家粮食安全的政策目标。

从更长远的角度来看，我国在适应贸易规则约束转型升级粮食支持保护政策的同时，应当依据国内发展需要调整粮食支持保护政策方向和国家粮食安全保障目标，从强调即期的粮食高产量和高自给率向追求农业可持续发展和保障长期粮食安全的角度转变。既要通过财政支持投入带动土地经营规模扩大、推动科技进步、加大基础设施投资等途径来降低农业生产成本，也要通过政策推动国内农业由产量导向向质量导向、品质导向和竞争力导向转型升级，打造有竞争力的国内粮食生产供应体系。

第 8 章
粮食支持保护政策转型的国际经验及在我国的适用性分析

新格局下，我国粮食支持保护政策正处于改革的十字路口。面对粮食安全领域出现的新形势和新问题，我国陆续开展了一系列针对粮食生产政策的调整和改革，如动态调整稻谷、小麦的最低收购价的同时限定收购总量，引入玉米、大豆生产者补贴政策等。理论上讲，调低市场支持价格，使其趋近于市场化价格，既是提高国内粮食竞争力，解决粮食产量、进口量、库存量“三量齐增”问题的重要途径，同时也是缓解价格扭曲，对接 WTO 相关规则的有效方式。但是一个不争的事实是，在开放市场竞争下，当前我国的主要大宗农产品尚未具备较强的竞争能力，减少价格支持将进一步削弱其竞争力，并可能引起粮农收入的下降。今后如何进一步调整优化粮食支持保护政策，使其既符合 WTO 相关规则要求又能有效保障国内粮食安全与农民收入是摆在我国面前迫切需要解决的问题。从世界范围来看，发达国家和地区在农业发展进程中也曾面临与当前我国相似的问题与挑战，如欧盟、美国、日本等发达国家和地区同样曾面临粮食产业竞争力不足、国内主要农产品生产过剩、库存积压严重、政府财政压力加剧、WTO 规则约束等政策调整压力。“他山之石，可以攻玉”，发达国家和地区通过调整粮食支持保护政策在一定时期内较为有效地解决了上述问题，积累了大量经验，通过分析具有支持保护政策体系转型需求的发达国家和地区政策调整经验，探讨其政策调整规律并分析其经验在我国的适用性，以及相关政策调整的约束条件，能够为我国粮食支持保护政策转型升级提供重要规律启示、方案借鉴与思路参考。

8.1　欧盟：多重目标兼顾的政策体系

近期我国农业发展所面临的突出问题和挑战与欧盟 20 世纪 80 年代的情形存在诸多相似之处。具体表现在：第一，同样面临国内主要农产品生产过剩、库存积压严重、政府财政压力加剧的难题。欧盟从 20 世纪 60 年代起相继出台了一系列价格支持政策抬高国内农产品价格，引发其内部农业生产急剧增加，农产品供应出现过剩现象。在出口受阻的情况下，大量农产品库存积压使得欧盟面临沉重的财政负担。第二，同样面临来自世界市场竞争和 WTO 规则的压力与挑战。在内部支持价格逐年提高的情况下，当时的欧盟面临着来自 WTO 乌拉圭回合谈判及美国的压力，为实现包括“降产量、去库存、保收入”等多重政策目标，在支持农业发展的相关政策实施上同时也受到 WTO 规则的制约。为摆脱困境，从 20 世纪 80 年代初起，欧盟对其共同农业政策（common agricultural policy，CAP）开展了多次变革，包括牛奶生产配额制、价格稳定器改革、1992 年麦克沙里（MacSharry）改革、2000 年议程、2003 年改革、2013 年改革、2018 年改革以及 2021 年改革等。在改革过程中，欧盟一方面着力促进农业发展、增加农民收入，另一方面更加强调实现农村发展目标的重要性。考虑到中国目前与 20 世纪 80 年代欧盟农业发展背景与目标的相似性，欧盟共同农业政策改革无疑对我国现阶段调整和优化粮食支持保护政策、深入推进农业供给侧结构性改革具有重要的启示和借鉴作用。

8.1.1 欧盟共同农业政策的演变历程与逻辑

纵观欧盟共同农业政策改革和发展的历程，大致可以划分为“以鼓励生产为主要政策目标阶段”“以控制生产、保障农民收入为主要政策目标阶段”“以加强直接支付、促进农村发展为主要政策目标阶段”等三个主要阶段。

1. 以鼓励生产为主要政策目标阶段

二战期间，西欧农业受到重创。20 世纪 60 年代初，欧盟内部粮食仍然存在供应不足的状况，农民收入不高。由于当时国际市场上粮食价格处于相对低位，欧盟的粮食供应很大程度上依赖进口。为了稳定粮食供应，实现粮食自给，最终保障粮食安全并提高农民收入，在 1957 年正式生效的《罗马条约》中最早提出共同农业政策，并明确指出共同农业政策的五大目标，即“促进农业劳动生产率提高、保障农民收入、稳定市场、保障农产品有效供给、确保消费者能以合理的价格获得农产品”。在上述目标的指引下，欧盟通过立法等形式确立了一系列保证共同农业政策得以实施的基本原则以及具体的实施机制，奠定了共同农业政策体系的基础。

为了实现共同农业政策目标，欧盟在 1960~1962 年先后创设多项具体的实施机制。第一，农产品市场管理机制，成立管理生产和市场的农产品共同市场组织。欧盟共同市场组织可分为作物产品市场、畜牧业产品市场以及专业产品市场三类，囊括欧盟农产品产量 90%以上的产品。第二，财政支持机制，建立旨在实现欧盟内部预算统一的欧洲农业指导和保证基金。

作为农业共同政策的财政支持，该基金为共同市场组织使用直接补贴、干预性收购等手段提供资金支持，更是之后欧盟农村发展政策措施实施的保障。第三，价格支持机制，通过目标价格、干预价格和门槛价格等政策手段提供多角度的价格支持等。

最初的共同农业政策的首要目标是提高农产品产量，保障农产品有效供给。共同市场、财政支持和价格支持三种政策并行，有力地刺激了欧盟农产品的生产，迅速使欧盟扭转了农产品短缺局面。与此同时，欧盟也意识到了高强度地刺激生产会带来农产品过剩问题，因此，在随后进行的 1968 年“曼斯霍尔特计划”及 1972 年推行的农业结构改革中，开始着力于改变通过增加要素投入增加产量的粗放型增长方式，试图通过提高劳动生产率、促进农业现代化等方式实现集约型增长。其中，“曼斯霍尔特计划”建议用减少农地和农业劳动力的办法来限制生产，提高效率。

2. 以控制生产、保障农民收入为主要政策目标阶段

进入 20 世纪 80 年代，在高粮价的刺激下，农民持续扩大生产规模，欧盟农产品过剩状况日益严重。农产品的严重过剩加剧了政府的财政负担：一方面政府为了维持农产品高价从而保障农民收入，持续增加农业补贴；另一方面，为了消耗过剩的农产品，政府提供出口补贴，刺激农产品出口。而欧盟高额的农业补贴，特别是出口补贴，也招致国际社会的强烈不满。在此背景下，欧盟共同农业政策被迫进行了一系列调整，包括：1984 年实施牛奶生产配额政策、1988 年启用预算稳定机制以及 1992 年改革。

牛奶生产配额政策是在欧盟遭遇严重财政问题，共同农业政策难以为继的背景下出台的。进入 20 世纪 80 年代以来，欧盟试图通过限制牛奶产量维持高价来保障农民收入，1984 年的布鲁塞尔会议上最终确定将之后 5 年的牛奶年产量限定在 9840 万吨。牛奶生产配额政策的实施，既能控制生产，又能保证农民收入，是欧盟各成员利益协调的结果，但却是对市场机制的扭曲，造成了生产效率的损失。

牛奶生产配额实施以后，农产品过剩的问题仍没有解决，欧盟的财政危机甚至有愈演愈烈之势。为了解决欧盟的财政赤字，避免共同农业政策告罄，欧盟在 1988 年启用预算稳定机制，提出依据生产水平，为每一种商品构建专门的稳定器机制。与牛奶生产配额制度一样，预算稳定机制区别于 20 世纪 80 年代之前鼓励生产的政策，标志无限制的农业保护体系的终结，但这些改革措施并没有直面价格支持，而仅仅是预算驱动的改革，也未能真正解决共同农业政策面临的问题。

当上述两项改革均没有根本改善过剩状况时，欧盟在 1992 年首次比较全面地对共同农业政策进行了改革。首先，在市场支持方面，欧盟对外削减出口补贴，逐步降低市场准入标准，对内大幅降低谷物以及其他农作物的支持价格水平，使之与世界市场价格更为接近。其次，对由支持价格下降导致的农民收入损失，通过“蓝箱”政策，按照耕地亩数和牲畜头数进行补偿。最后，在市场支持政策之外，欧盟还创设了一系列涉及农村发展的配套计划，包括鼓励粗放式经营进行强制休耕的计划、旨在强调保护风景和环境的农业与环境计划、农地造林计划等。虽然 1992 年改革仍存在一定的局限性，如葡萄酒、水果和蔬菜等部分产业没有参与改革，对谷物及牛肉的直接支付很高，但这次改革在解决农产品过剩和财政负担过重方面收到了较好的效果。

随后，在 20 世纪 90 年代末，面对日益增长的多边贸易规则压力，为了进一步降低特定农产品支持价格，欧盟通过直接支付形式向生产者提供补偿，同时为欧盟东扩做好相关准备，1997 年欧洲委员会提出 2000 年议程，欧盟提出未来农业发展模式：不再依靠补贴而转向提升农产品竞争力，在不破坏环境的前提下提升农产品品质，改善农业生产多样性，维持乡村发展活力。为了实现这一目标，欧盟一方面进一步分产品、分步骤地削减价格支持，直接补偿农民，提高以耕地亩数和牲畜头数为基础的补贴水平和范围（严岩，2006）；另一方面，在农业指导与保证基金的资助下建立农村发展计划。2000 年议程首次提出了欧盟共同农业政策“第一支柱”与“第二支柱”的框架，在欧盟农业政策历程中有重要意义。但究其本质是 1992 年改革的延续，实施的直接补贴政策仍与农户当年种植产品类别与种植面积挂钩，属于“蓝箱”政策范畴。

1984~2000 年的历次改革均有助于缓解欧盟谷物生产过剩的状况，减少了欧盟农产品储备，提高了欧盟农产品的竞争力和可持续发展能力，部分实现了当时农业政策改革的目标。特别是在 1992 年的改革中，直接支付替代价格支持成为农民增收的主要手段，丰富了共同农业政策的支持手段，提供了欧洲农业政策发展的新方向；同时，降低支持价格，转而用直接支付补贴农民收入，欧盟的农业政策的性质经历了从“黄箱”到“蓝箱”的转变，减少了消费者损失，增加了总福利，也更顺应 WTO 规则的要求，堪称是共同农业政策实施历史上的一次重大成功（刘海启，1998a，1998b）。

3. 以加强直接支付、促进农村发展为主要政策目标阶段

尽管在 2000 年改革之后，欧盟财政预算压力有所缓解，但预算总额的绝对量仍然庞大。另外，欧盟东扩以后，农业比重及农业就业人口比重相对较高的中东欧国家纷纷加入，如果新成员也维持老成员的补贴水平，欧盟将会因此面临前所未有的补贴压力。此外，欧盟当时的支持水平已经高居世界第一位，招致 WTO 其他成员的不满，欧盟进一步改革共同农业政策势在必行。恰逢此时，国际农产品价格进入一个上升的大周期，为欧盟改革提供了助力。在国际农产品市场高价格的支撑下，欧盟改革扭曲的价格支持政策既不会过多影响农民收入，同时又能缓解政府的财政负担，更符合 WTO《农业协定》的相关规定，共同农业政策改革迎来一个难得的发展机遇，共经历五次较大的改革，包括：2003 年共同农业政策改革、2008 年健康检查、2013 年改革、2018 年改革以及 2021 年改革（表 8.1）。

表 8.1　欧盟共同农业政策改革历程

年份	主要改革内容
1992 年麦克沙里改革	削减价格支持，推行直接支付
2000 年议程	继续推行直接支付，设立共同农业政策第二支柱（农村发展措施）
2003 年改革	进一步削减价格支持，改直接支付为单一支付机制，引入交叉遵守机制
2008 年健康检查	全面铺开脱钩支付改革
2013 年改革	强制执行交叉遵守机制，新增绿色直接支付，明确第一支柱和第二支柱中用于环境保护的预算比例
2018 年改革	更加明确直接支付的限额与削减市场价格支持的力度，结合强制与激励手段来激发农民的环保热情
2021 年改革	加强农民应达到的环境条件和标准，为农民提供更多资源性环境行动

资料来源：根据欧盟共同农业政策相关材料整理

2003 年以来的改革强调“绿箱”支付和绿色发展，奠定了欧盟现行农业政策的基础。从 2004 年开始，欧盟逐渐减少了“黄箱”以及“蓝箱”措施，转而通过“绿箱”政策补贴农民收入，市场价格支持份额从 86.24%逐渐下降到 16.99%，与当期生产脱钩的支付份额从 0.3%逐渐上升至 40.12%（表 8.2），既保证了农民生产积极性、促进市场效率的发挥，同时为欧盟在 WTO 谈判中争取了更高的地位；而对农村发展、环境保护方面的强调，有利于欧盟保护地力和生态环境，推动生产方式向绿色、健康方向转变，提高农产品竞争力，促进可持续发展，等等。此外，欧盟成员之间的公平分配政策在一定程度上缓解了欧盟内部在利益分配上的矛盾与冲突，进一步助力于欧盟未来的发展。从政策效果来看，这段时间的改革基本上达到了原先预设的政策目标。

表 8.2　欧盟农业生产者支持构成份额（单位：%）

项目	市场价格支持	与当期生产挂钩的支付	与当期生产脱钩的支付
1986~1992 年均份额	86.24	6.27	0.3
1993~2003 年均份额	60.38	31.41	0.19
2004~2016 年均份额	28.6	21.04	35.49
2017~2021 年均份额	16.99	27.03	40.12

资料来源：OECD 生产者支持估计数据库

总体上，欧盟共同农业政策经过半个多世纪的发展，最突出的便是其与时俱进的特点，即政策目标、政策手段会随着当时经济条件和社会条件的变化而不断调整。尽管欧盟共同农业政策历经多次变革，但从其改革的逻辑来看，调整的大方向和特征可以归结为以下几个方面：首先，政策目标从关注“促增产”“促增收”转向“促农村发展”。共同农业政策初期旨在增加农产品产量，稳定农产品供应，而市场价格支持作为对生产的刺激作用最直接的方式，成为欧盟当时支持农业最主要的手段。20 世纪 80 年代，较高的区内支持价格导致农产品产量持续增加，农产品生产过剩状况日益严重，欧盟财政不堪重负，共同农业政策的目标也就由此转向控制农产品产量的方向。作为实现这一目标的主要途径，降低市场支持价格不可避免会带来农民收入的下降，如何通过直接补贴的方式提高农民收入成为该阶段共同农业政策的核心。进入 21 世纪以后，在国际农产品价格持续处于高位的背景下，欧洲农产品竞争力上升，保障农民收入的紧迫性有所下降，而此时环境保护、乡村发展成为更重要的关注点。因此，从 2003 年改革开始，农村发展就逐渐成为欧洲农业政策目标的新焦点。从主要关注农业生产到农民收入再到农村发展，欧盟的农业政策目标既是顺应实事的结果，同时也代表了未来农业政策调整的方向。其次，政策手段从“黄箱”支持、“蓝箱”支持转向“绿箱”支持。随着共同农业政策目标的不断调整，欧盟所采取的农业政策从初期价格支持政策为主，逐渐转向价格支持政策为辅，直接支付为主。

从政策实施的效果来看，欧盟共同农业政策改革基本上能有效地解决欧盟农业发展不同阶段所面临的不同主要问题。面对农业生产不足，共同农业政策的实施使其迅速摆脱供应短缺状况；针对农业生产过剩，共同农业政策迅速降低市场支持价格，并通过直接补贴增加农民收入；在农业生产、农民收入得以保障的前提下，共同农业政策进一步致力于解决农业发展过程中乡村环境、可持续发展等问题。不可否认，不同时期欧盟共同农业政策改革基本上是成功的，特别是其在解决农业、农民和农村问题的重要思路及主要举措。而这些经验对于现阶段中国深入推进农业供给侧结构性改革，解决农业发展所面临的困境与矛盾，无疑具有重要的启示意义和借鉴作用。

8.1.2 多重目标下农业补贴制度转型特征及关键举措

我国当前正处于市场价格支持政策改革的十字路口，对今后补贴制度的设置还处于摸索阶段，而欧盟早在 20 世纪 80 年代就开始了降低价格支持并提供直接补贴的政策转型实践，逐步建立了兼顾多重目标下的农业支持保护体系，并取得了较好的政策效果。欧盟主要的农业补贴制度包括“蓝箱”政策、“单一支付方案”、“交叉达标”、“农场咨询系统”等，对这些重要举措的特征进行分析，并讨论其存在的基础和前提，对于我国农业补贴政策的调整具有重要借鉴意义。

1. 保收入目标与“蓝箱”政策的制定及经验

“蓝箱”政策也是价格支持政策的一种类型，是一种扭曲生产的挂钩补贴，但因其与限产相联系，而被 WTO 视为特例，承诺免于减让。从这一定义出发，“蓝箱”政策不仅可以有效实现“保收入目标”，同时也符合 WTO 的规则。“蓝箱”政策首创于欧盟，欧盟也是世界上“蓝箱”应用最多的地区，相关经验最为丰富。

欧盟的“蓝箱”政策最早开始于 1992 年麦克沙里改革，在调低农产品支持价格的同时，使用“蓝箱”政策补贴农民收入。随后在 2000 年议程中，欧盟进一步降低支持价格，同时提高了“蓝箱”政策补贴金额。2003 年以后，随着“单一支付方案”的推出，“蓝箱”政策的补贴力度开始缩减，影响力逐渐下降（徐毅，2012；焦晓松等，2014；于晓华等，2017）。如表 8.3 所示，欧盟向 WTO 提交的农业国内支持[①]通报数据显示，1995~2003 年，欧盟“蓝箱”支持平均为 221 亿欧元，占农业国内支持总量的 24%；2003 年改革之后，“单一支付方案”成为补贴农民收入最强有力的手段，“蓝箱”政策的使用开始锐减，到 2019 年，“蓝箱”政策支持量仅约为 49 亿欧元，仅占农业国内支持总量的 6%。

表 8.3　1995~2019 年欧盟农业国内支持水平

年份	总量	“绿箱”		“黄箱”		微量支持		“蓝箱”	
	金额/（$\times 10^6$欧元）	金额/（$\times 10^6$欧元）	份额/%	金额/（$\times 10^6$欧元）	份额/%	金额/（$\times 10^6$欧元）	份额/%	金额/（$\times 10^6$欧元）	份额/%
1995	90 256	18 779	21	50 026	55	605	1	20 846	23
1996	95 182	22 145	23	51 009	54	507	1	21 521	23
1997	86 581	19 168	22	50 194	58	333	0	20 504	24
1998	86 481	19 168	22	46 683	54	126	0	20 504	24
1999	87 664	19 931	23	47 886	55	55	0	19 792	23
2000	87 929	21 848	25	43 654	50	207	0	22 223	25
2001	83 668	20 661	25	39 281	47	0	0	23 726	28
2002	73 621	20 404	28	28 490	39	0	0	24 727	34
2003	79 700	22 074	28	32 844	41	0	0	24 782	31
2004	82 842	24 391	29	31 214	38	0	0	27 237	33
2005	83 403	40 280	48	29 678	36	0	0	13 445	16
2006	88 859	56 530	64	26 632	30	0	0	5 697	6
2007	80 131	62 610	78	12 354	15	0	0	5 166	6

① 除特别说明，本章的国内支持均特指 WTO《农业协定》相关概念，详见本书第 1 章脚注。

续表

年份	总量	“绿箱”		“黄箱”		微量支持		“蓝箱”	
	金额/（$\times 10^6$欧元）	金额/（$\times 10^6$欧元）	份额/%	金额/（$\times 10^6$欧元）	份额/%	金额/（$\times 10^6$欧元）	份额/%	金额/（$\times 10^6$欧元）	份额/%
2008	79 969	62 825	79	11 796	15	0	0	5 348	7
2009	80 005	63 798	80	10 883	14	0	0	5 324	7
2010	77 695	68 052	88	6 502	8	0	0	3 142	4
2011	80 817	70 977	88	6 859	8	0	0	2 981	4
2012	79 793	71 140	89	5 899	7	0	0	2 754	3
2013	77 333	68 698	89	5 972	8	0	0	2 664	3
2014	74 778	65 257	87	6 642	9	0	0	2 879	4
2015	72 262	60 829	84	7 102	10	0	0	4 331	6
2016	73 282	61 696	84	6 945	9	0	0	4 641	6
2017	77 574	65 846	85	6 933	9	0	0	4 795	6
2018	77 760	67 886	87	5 137	7	0	0	4 737	6
2019	78 735	68 516	87	5 330	7	0	0	4 889	6
增长率	–13%	265%		–89%		—		–77%	

资料来源：欧盟向 WTO 通报的农业国内支持文件

具体实践中，欧盟“蓝箱”政策只包含两方面内容，分别对应 WTO“蓝箱”定义中第一、第三个条件，即①对作物生产者按照固定面积和产量给予补贴。农户若要获得补贴，必须满足一系列前提条件，特别是经营者需要达到欧盟规定的休耕比例才能享受补贴。补贴的金额根据基础面积×当期单产×每单位重量补贴额计算。其中，基础面积根据 1989 年、1990 年和 1991 年三年的平均值（分作物品种）计算；当期单产并不具体到某个农户，而是按一个地区的平均产量计算，如德国一般是以州为单位来计算平均单产。不同产品的单位重量补贴额也不尽相同，如谷物为 58.67 欧元/吨，蛋白作物为 72.50 欧元/吨，油料作物的补贴额不固定，等等（徐毅，2012）。可享受补贴的作物包括：小麦、大麦、燕麦、黑麦、高粱、玉米（含糖料玉米与饲料玉米）等谷物作物；油菜、向日葵、大豆等油料作物；豌豆、蚕豆等蛋白作物；麻类等纤维作物。一些地区对于一些较特殊的作物还给予额外的补贴。例如，欧盟对于种植硬质小麦的土地会给予每公顷 138.90 欧元的额外补贴，但需限定最高补贴面积（即最高补贴总额）。②对于畜牧生产者按照固定的牲畜头数提供补贴。可享受补贴的牲畜包括带仔母牛、公牛、母羊和山羊。如表 8.4 所示，欧盟两种形式的“蓝箱”政策使用量均呈现明显下降的趋势，其中按照固定面积和产量的“蓝箱”政策使用量下降得更为明显；从比重上看，2000 年之前，按固定面积和产量的补贴与对牲畜按固定头数补贴的比例约为 4∶1，2019 年该比例下降为 1∶1.9。

表 8.4　1996~2019 年欧盟“蓝箱”政策使用情况

年份	按固定面积和产量		对牲畜按固定头数		“蓝箱”
	金额/（$\times 10^6$ 欧元）	占比/%	金额/（$\times 10^6$ 欧元）	占比/%	金额/（$\times 10^6$ 欧元）
1996	17 193	80	4 328	20	21 521
1998	15 979	78	4 526	22	20 504
2000	16 825	76	5 398	24	22 223
2002	16 268	66	8 459	34	24 727
2004	15 774	58	2 228	8	27 237
2006	2 886	51	2 811	49	5 697
2008	3 090	58	2 258	42	5 348
2010	1 136	36	2 006	64	3 142
2012	833	30	1 921	70	2 754
2013	771	29	1 893	71	2 664
2014	832	29	2 047	71	2 879
2015	1 516	35	2 815	65	4 331
2016	1 575	34	3 066	66	4 641
2017	1 616	34	3 179	66	4 795
2018	1 601	34	3 136	66	4 737
2019	1 697	35	3 192	65	4 889
年均增长率	–10%		–1%		–6%

资料来源：欧盟向 WTO 通报的农业国内支持文件

总体而言，“蓝箱”政策存在扭曲程度小、调控产量、调节生产结构以及灵活性等诸多优势，还可以有效减轻“黄箱”支持总量超限的压力。对于面临 WTO 规则压力，且期望同时实现粮食安全、农业结构调整、可持续发展等多重目标的国家而言，实施“蓝箱”政策不失为一种较好的选择。但“蓝箱”政策的缺点也是显见的：首先，补贴需要每年统计、审查、计算，操作比较复杂、烦琐，行政成本较高；其次，其本质上仍属于挂钩补贴，对生产有扭曲作用，在新一轮多哈回合谈判中，仍然受到了来自 WTO 其他成员方的挑战。

2. 保收入目标与“单一支付方案”政策的设定及经验

如前所述，“蓝箱”政策具备众多优势，但也存在行政成本高，对生产和贸易有扭曲作用等局限性。此外欧盟在“蓝箱”政策执行过程中，虽可以附加条件，但欧盟设定附加条件仅是限产和休耕，且农户单位面积获得的补贴额与当期生产仍然挂钩，因此不可避免会导致农业发展过程中的资源过度使用、环境污染等问题。在此背景下，2003 年欧盟共同农业政策改革在进一步降低市场支持价格的基础上，开始采用“单一支付方案”政策以替代“蓝箱”政策，并通过“交叉达标”以及“农场咨询系统”兼顾农业可持续发展、环境保护的目标。

（1）“单一支付方案”的使用情况。“单一支付方案”是 2003 年 9 月 29 日在欧盟理事会第 1782/2003 号规章里首次通过的。以往欧盟对农业各部门的支持主要通过各种共同生产组织实施的，而 2005~2006 年以后则通过新的直接支付体系进行。从 2005 年 1 月 1 日到 2007 年 1 月 1 日期间，欧盟成员国需逐步引入单一支付体制，但在引入直接支付后的两年内，各成员国可以对具体实施方式进行调整。对于原欧盟 15 国，成员国可以选择执行“单一农场支付”（以 2000~2002 年对单个农场的平均补偿水平为基础）或者“单一地区支付”（根据一个地区的历史支付水平为基础，按照每个农民拥有的土地面积为基础发放补贴）。新成员亦可任意选择其中一种方式，但无论选择哪一种，必须于入盟时执行。从新加入欧盟的成员国选择来看，斯洛文尼亚和马耳他于 2001 年执行单一农场支付方案，而其他新入盟成员执行单一地区支付方案。各成员国根据参考期历史支付水平对“单一支付方案”总量进行封顶。2013 年改革中规定，自 2015 年起，“单一支付方案”被纳入第一支柱中“基本支付计划”（basic payment scheme，BPS）部分，并将其限定在直补总额的 70%及以下。

新的单一支付方式以农民拥有的土地面积为基础给予直接支付，不再根据产量进行支付，给予农民的补贴不再使用名目繁多的补贴名称和补贴形式，而是采用单一补贴的方式，减少了对特定产品的支持。当然，最终决议也有妥协和保留的成分：①如果成员国想要避免土地过度闲置的风险，可以在规定的补贴基础上进行 25%范围内的调节，跟当年的种植面积相挂钩，但是其余部分的农产品则实行不挂钩的原则；②对谷物干燥补贴以及边远地区补贴，成员国可以不改变已有的与生产挂钩的补贴方式；③对牛奶实行“单一支付方案”，可以推迟至 2008 年实行。各成员国对于有利于环境保护、提高产品质量的生产、营销方式可以给予鼓励和额外的补贴，但此种额外补贴不能超过“单一支付方案”的 10%。一旦出现过度的生产和贸易扭曲，欧盟农业委员会有权通过各个产品的管理委员会采用合适的管理措施进行解决（徐毅，2012；李先德和宗义湘，2012；European Commission，2012）。

欧盟从 2005 年开始正式启动“单一支付方案”，自此，以“单一支付方案”为主的脱钩补贴就成为欧盟“绿箱”政策的主要组成部分，也是欧盟农业国内支持总量中重要的组成部分。据统计，2006~2013 年以“单一支付方案”为主的脱钩补贴高达 320 亿欧元，占“绿箱”政策的比重约为

50%，占欧盟农业国内支持总量的比重高达 40%左右（表 8.5）。2011 年以后，欧盟的农业补贴无论是“绿箱”政策部分还是支持总量均有所下降，但脱钩补贴自 2006 年开始就一直保持稳定，每年保持固定的支出。

表 8.5　2006~2019 年欧盟“绿箱”政策使用情况

年份	支持总量 /（$\times 10^6$欧元）	“绿箱” /（$\times 10^6$欧元）	脱钩补贴 /（$\times 10^6$欧元）	脱钩补贴/“绿箱”/%	脱钩补贴/支持总量/%
2006	88 859	56 530	30 672	54	35
2007	80 131	62 610	31 346	50	39
2008	79 969	62 825	31 894	51	40
2009	80 005	63 798	31 482	49	39
2010	77 695	68 052	32 913	48	42
2011	80 817	70 977	32 756	46	41
2012	79 793	71 140	32 780	46	41
2013	77 333	68 698	31 845	46	41
2014	74 778	65 257	31 564	48	42
2015	72 262	60 829	29 985	49	41
2016	73 282	61 696	29 758	48	41
2017	77 574	65 846	29 078	44	37
2018	77 760	67 886	29 446	43	38
2019	78 735	68 516	29 486	43	37

资料来源：欧盟向 WTO 通报的农业国内支持文件

（2）欧盟在使用“单一支付方案”方面的经验。欧盟“单一支付方案”的实施时间并不长，仅经历了十余年的历程，但该补贴已然成为目前欧盟农业国内支持中重要的组成部分。“单一支付方案”作为一种脱钩补贴，可以使农民完全根据市场供需决定生产，属于“绿箱”政策范畴，为欧盟在 WTO 谈判中赢得了更好的谈判地位。但脱钩的特征也使得该政策无法引导农产品生产活动，虽然也达到了提高农民收入的目的，但相比于“黄箱”政策与“蓝箱”政策，该政策不能针对特定产品，政策的干预力度以及适用性也受到很大限制。从欧盟经验出发，在使用“单一支付方案”时或应注意以下的问题。

第一，“单一支付方案”下农业生产的存续有赖于农民能从农产品生产中获益。“单一支付方案”与历史面积挂钩，意味着农户生产与否并不决定其是否获得补贴，该政策的实施容易存在农户不生产便可以获得补贴的道德风险问题或者存在“俱乐部效应”。当农户生产某种农产品营利时，会选择生产并获取补贴；但当农户确定其生产不能营利时，就会不生产直接领取补贴。如果一个经济体中存在大量农户均因不能营利而放弃生产的情况，农业就会受到较大的冲击。换言之，“单一支付方案”下，某种农产品会被生产的前提条件就是生产该产品是可能营利的。欧盟实施该政策的背景也可以印证这一点。自 2000 年以后，世界粮食产品的价格进入了一个较长的上涨周期。相比之下，欧盟农产品具有一定的竞争力，农民收入可以来自经营利润，所以，即使将挂钩补贴转为脱钩补贴，欧盟的农民仍然会按照价格信号继续生产。

第二，“单一支付方案”的执行需因地区而异，对特定产品需采取特殊的支持方案。由于“单一支付方案”不与生产挂钩，因此农户是否获得补贴与其生产行为无关，道德风险是不可避免的。对于优势产业、优势地区/成员国，农户可以通过生产获得利润，则道德风险发生的概率较低；但对于劣势产业、劣势地区/成员国，农民不种地直接领取补贴的可能性较大，应该特殊对待。一是允许对特殊的产品采用挂钩补贴的手段作为补充；二是允许不同的地区有长短不一的政策调整时间以及不同的政策选择。在欧盟的实践中，“单一支付方案”存在很多灵活处理：对于特殊的产品，仍采用挂钩补贴的方式。以谷物为例，欧盟成员国可以保持 25%的特殊挂钩支付用于农作物，或者选择保留 40%的补贴与产量挂钩。对牛肉而言，成员国可以选择保持 100%挂钩的“带仔母牛补贴”或者最高 40%的“成年牛屠宰补贴”，或者 100%挂钩的“成年牛屠宰补贴”，或者 75%挂钩的“特别公牛补贴”，也可以选择保留 100%挂钩的“小牛屠宰补贴”；棉花也可以保留 35%的挂钩补贴；等等。可以享受特殊支持方案的品种包括：硬粒小麦、蛋白作物、大米、坚果、能源作物、淀粉马铃薯、奶及奶制品、种子、棉花、粮食豆类、食糖、烟草、橄榄林；对于不同的成员国，允许根据自身情况灵活地选择执行时间以及具体政策方案。原欧盟 15 国可选择 2005~2007 年任意时间加入“单一支付方案”，而新入盟国家在执行时间上更具灵活性。成员国可以选择“单一农场补贴”或者“单一地区支付”。在执行地区支付方案时，选择哪个地区作为参考地区的规定也具有不确定性（李先德和宗义湘，2012）。

第三，“单一支付方案”下补贴的获取可以附带条件，兼顾其他目标。与“蓝箱”政策一样，“单一支付方案”项下补贴的领取同样可以设置相关的附加条件，从而在保收入之外，兼顾其他目标。在欧盟的操作中，如要获得直接支付，首先必须要满足交叉标准，即达到地力保护、环境保护、保证食物安全等相关要求。如果农民可以满足交叉标准就可以获得补贴，从而兼顾促进可持续发展、保障食物安全的目标；否则，农户获得补贴数额将会被削减。

3. 可持续发展目标与交叉达标、农场咨询系统的制定及经验

为了解决“单一支付方案”所带来的道德风险问题或者“俱乐部效应”，欧盟配套实施了交叉达标以及农场咨询系统两套体系。

（1）欧盟交叉达标与农场咨询系统的设定及使用。交叉达标机制将农场主补贴资金的获取与保持农业生产环境、应对气候变化、保障食品安全相挂钩，使政府向农民发放直接支付的行为合理化。因此，交叉达标政策往往跟直接支付、特定农村发展支付以及对红酒部门的支付同时实行。在欧盟现行

的政策中，交叉达标需要满足两方面的要求：一是法定管理要求（statutory management requirements，SMRs），包括环境保护、公共卫生、动物福利三个方面共十三条法律法规；二是保持良好的农业生产环境条件（good agricultural and environmental conditions，GAECs），包括关于土壤保护、土壤有机维持、土壤结构维持、避免不必要的植被侵占农地和水资源管理等五个要求。根据欧盟的规定，成员国应当进行现场检查，或基于其现有的管理和控制系统，确保农田符合法定管理要求和良好的农业环境条件，否则将不同程度地减免农户直接支付。当农民在达不到法定要求时，属于疏忽的情况，直接支付补贴减免 5%，如果第二年继续不遵守，则上升到 15%。交叉达标制度的提出意味着欧盟在关注农民收入目标之外，转向关注地力保护、农业可持续发展目标。农场咨询系统是为了向农民提供更好的生产标准和良好操作规范的一种咨询服务。农场审计部门定期对农场生产相关标准和操作进行审查，以确定是否符合有关的环境、食品安全和动物健康要求。农场咨询系统产生的相关费用由欧盟的农村发展基金支付。此举可以有效保证交叉达标的实施，同样体现了对农村发展目标的关注（European Commission，2012；徐毅，2012）。

（2）执行交叉达标与农场咨询系统过程中的经验。除了交叉达标、农场咨询系统政策的设置理念与操作方式之外，从欧盟的实践中我们还可以获得以下经验。

第一，多重目标的实现需要政策的组合。现代农业政策的制定需要兼顾多重目标。在目标兼容上，政策组合相比于单一政策更有优势。以脱钩补贴为例，虽然可以提高农民收入且具有“绿箱”属性，但不可避免会出现农民只领补贴不进行农业生产的道德风险发生。为了防止这种情况的出现，同时能向纳税人证明这种收入补贴的合理性，需要规定农民必须承担一定的义务才能获得领取补贴的权利。而义务所涉及的内容就可以兼顾其他目标，如环境保护、公共健康、动物福利、公共利益、粮食安全等，且义务的设置也可具有灵活性，可以随着内外环境的变化及时调整。

第二，可持续发展目标下交叉达标内容灵活多变，与时俱进。交叉达标的设置是欧盟脱钩补贴政策体系的一大亮点。通过规定农民领取直接支付前必须要达成的标准，强制农民保护环境、保护地力、保障食物安全等，以达到可持续发展目标。在交叉达标的设置上，欧盟既规定了一些强制性的标准，同时也规定了一些可选择的标准，具有一定的灵活性。内容的设置上，交叉达标中所涉及的标准也是与时俱进的：2003 年设计之初，交叉标准的内容更强调环境保护、公共健康以及动物福利等内容；2013 年改革之后，保障欧洲可持续的粮食安全、保护地力被提到一定的高度，保持良好的农业生产环境条件被纳入交叉达标的规则体系。

第三，标准的执行需要同时配套咨询以及审计系统。政策目标的实现需要相应的配套服务措施以及监督管理。考虑到交叉达标中所涉及的相关环境、食品安全、动物健康等方面的标准在政府部门与一般农户之间存在信息不对称的可能性较大，需要有专门的机构向农民提供如何在生产过程中按照有关标准规范操作的服务。另外，补贴是否全部发放、削减比例的确定等仍有赖于对农民是否达到有关标准做出权威的界定，这需要设立专门的审计机构负责执行。农场咨询系统就是为了保障交叉达标制度的实施而设立的，虽然其对保障多重目标的实现并不发挥直接作用，但却可以有效保证“单一支付方案”以及交叉达标的实施及其政策效果。

8.2 美国：全面风险管控的政策体系

美国是世界上率先对农业实施支持保护的国家，自 1933 年第一部农业法案颁布以来，美国农业支持保护政策经历了从价格支持到挂钩的目标价格补贴，再到脱钩的固定直接收入补贴，一直发展到目前半脱钩化的目标价格补贴与目标收益补贴。此外，美国还拥有高度发达的农作物保险计划、农业灾害救助计划和营销援助计划等配套措施，这些政策措施通过为农民提供风险保障，保证农民收益，进而间接地实现了美国国家粮食安全、农业可持续发展等政策目标。中国的农业改革也同样面临着提高农业竞争力、保障国家粮食安全、保护农民收益、促进农业可持续发展等问题，尽管中国与美国农业基础条件不同，开展农业支持保护面临的障碍和约束也存在诸多差异，但是彼此的政策出发点和政策目标同样存在相似之处，美国的经验做法对中国具有重要的借鉴价值。

8.2.1　美国农业法案的演变历程与逻辑

纵观美国农业支持保护政策的演变轨迹，在不同的历史阶段，补贴政策不仅与营销援助贷款政策组合，为农户提供一定的资金和信贷支持，而且与农作物保险、农业灾害救助政策相结合，针对不同层次的风险与损失给予相应的补偿。美国农业支持保护政策调整历程大致可分为：无追索权贷款政策时期、平价差额补贴政策时期、挂钩的目标价格补贴政策时期、挂钩的目标价格补贴政策调整时期、完全脱钩的固定直接收入补贴政策时期、在固定直接补贴基础上建立反周期补贴政策时期、建立基于目标收益的平均作物收入选择计划（average crop revenue election，ACRE）时期、建立价格损失补偿和农业收入风险补助时期等[①]。

① 美国农业法案目前以 4 年为周期进行改革，2018 年农业法案已于 2022 年到期，但 2023 年依然沿用了 2018 年农业法案。

1. 由平价收购到挂钩的目标价格补贴

美国最初采取的农业支持保护政策是价格支持，其政策的形式是 1933 年农业法案推出的无追索权贷款，具体做法是，政府规定了某一价格为贷款率，在农产品收获以后，若贷款率高于市场价格，农户即可根据政府规定的贷款率，把相应农产品的抵押权抵押给商品信贷公司，获得一笔 1 年内的短期贷款，若贷款期内贷款率低于市场价格，农户可以向商品信贷公司赎回抵押合同，以市场价格出售农产品，获得种植收益；若贷款期内贷款率持续高于市场价格，农户有权保留贷款所得，相应农产品将通过实物交接的方式偿还商品信贷公司。该政策实质上既可以为农户提供资金信贷支持，又能发挥市场托底、平价收购的功能。由于无追索权贷款设定的贷款率较高，极大地刺激了农业生产，造成了农产品大量过剩，而过剩的农产品最终又进入了商品信贷公司的仓库，使得财政难以为继。因此，1938 年农业法案根据市场供需调低了贷款率，并重新建立了平价差额补贴政策，1973 年农业法案将其更名为“基于目标价格的差额补贴”，自此目标价格补贴政策正式确立。尽管此后目标价格的名称、设定标准、补贴范围又历经了多次调整，然而其差额补贴的机制至今未变。

2. 由目标价格补贴到完全脱钩的固定收入补贴

20 世纪 70 年代末，世界农产品市场进入供给过剩时期，叠加美国国内进入货币升值周期，农产品出口需求不再强劲，但国内生产仍然维持在较高水平，美国出现农产品的大量过剩生产与过量储备。从政策方面看，1973 年农业法案的目标价格补贴政策仍在持续使用，目标价格与生产成本持续互相助推、持续攀升，相应农业补贴的财政支出大幅增加，进一步加重了政府的财政负担（表 8.6）。此外，与生产挂钩的目标价格补贴使得农民更倾向于种植具有补贴资格的农作物，造成了农业结构严重失衡、土地开发过度、农业生态环境恶化等一系列严重后果。

表 8.6　1979~1984 年美国农业主要作物目标价格差额补贴（单位：$\times 10^7$ 美元）

作物种类	1979 年	1980 年	1981 年	1982 年	1983 年	1984 年
小麦	4	0	39	63	62	120
稻谷	6	0	0	16	26	17
饲料粮	29	7	5	53	46	30
棉花	0	0	0	68	59	25
合计	39	7	44	200	193	192

资料来源：Gardner（1986）

由于挂钩的目标价格有种种弊端，美国政府对目标价格补贴政策进行了改革，并尝试将农业支持保护政策逐渐向市场化过渡。1985 年农业法案和 1990 年农业法案对目标价格水平和补贴范围进行了缩减，并将无追索权贷款变成有追索权的营销援助贷款或贷款差额补贴，即政府不再托底收购过剩的农产品，而是让农民自行储存或随行就市销售农产品。此外，还把补贴资格与实施限产休耕计划挂钩，以调整结构，修复生态。1995 年，乌拉圭回合《农业协定》生效，为符合 WTO 规则的约束，1996 年农业法案将目标价格补贴的方式进一步调整为完全脱钩的固定直接收入补贴，并将这种与生产脱钩的直接收入补贴命名为生产灵活性补贴。生产灵活性补贴属于 WTO 认定的“绿箱”支持政策，因此这一政策调整是符合国际贸易规则的一次政策尝试，但由于这种方式下补贴金额相对固定，在市场价格低时无法完全涵盖农户的市场风险，起到保障农民收入的作用；在市场价格高时，补贴无法根据市场价格变化进行调减，因此效率不高，也加重了财政负担。由于生产灵活性补贴难以有效管理农产品价格风险，缺乏效率，最终于 2014 年农业法案取消了该政策。

3. 由固定收入补贴到半脱钩的目标价格和目标收益补贴

在经历了挂钩的目标价格补贴政策和脱钩的固定直接收入补贴政策之后，为提升财政补贴效率，充分发挥市场的引导作用，同时又符合 WTO 的规则约束，美国政府于 2002 年开始采用反周期补贴（counter cyclical payments，CCP）政策。反周期补贴依然是基于目标价格差额补贴的机制，只是在政策设定上进行了半脱钩化设计，即补贴与特定产品的市场价格挂钩，与实际生产脱钩。2008 年农业法案新增了平均作物收入选择计划，该计划是基于目标收益的差额补贴，农民可以就基于目标价格或基于目标收益的补贴方式二选其一。2014 年农业法案对目标价格补贴和目标收益补贴的政策名称以及补贴方式又进行了进一步的调整，采用价格损失补偿计划（price loss coverage，PLC）替代了反周期补贴政策；采用农业收入风险补助计划替代了平均作物收入选择计划。同时在农业支持保护体系中更加注重农业风险保障的作用，农业支持保护的方式更加市场化，也更具有隐蔽性。

4. 农业风险保障的建立、改革和完善

农业风险保障也是美国农业支持保护体系中非常重要的组成部分，其中主要包括了农作物保险计划和农业灾害救助计划。农作物保险的构建是为了防范并管控生产过程中的风险，为农户提供必要的生产风险保障。农业灾害救助计划则主要为农作物保险未覆盖的农作物提供灾害损失救助。

农作物保险计划与农业灾害救助计划的建立始于 1938 年，但直至 20 世纪 70 年代政策实行效果并不理想，参保面积和参保率都非常有限（Shields，2015）。为了保障农民收入与农产品的稳定供给，美国对农作物保险计划与农业灾害救助计划进行了一系列改革。1980 年《联邦农作物保险法》确立了以市场为导向的改革框架。1994 年，为了控制支出、平衡预算，联邦政府出台了 1994 年《联邦农作物保险改革法》，全面整合农作物

保险计划和农业灾害救助计划，以期获得“1+1>2”的政策组合效果。20 世纪末以来，美国农业风险保障体系渐趋完善，1996 年开始不仅管控农作物灾害风险，同时设计并逐步实施农业收入保险，以弥补 1996 年农业法案调整导致的市场风险和收入保障不足问题，这也意味着美国农业的风险保障范围由生产风险覆盖到收入风险领域。2000 年以来，美国农业保险保费比例大幅提高，保费补贴占保费比重增长到 60%，该调整显著提高了农户参保的积极性，突出了农作物保险在农业支持保护中的作用。2008 年农业法已经拥有了比较完善的农作物保险体系，农场主可以根据风险偏好和生产选择单产险、价格险、收入险等保险险种。

经过多年发展和探索，农业风险保障在美国农业支持保护体系中的地位越来越突出，其中农作物保险计划和补充收入救助计划成为保障农民收益稳定的重要政策工具，比起其他补贴政策，其市场化程度更高，支持保护的方式也更加隐蔽。

8.2.2　多种风险识别管控的政策调整路径及制定机制

美国农业支持保护政策历史悠久，在促进农业生产和保障农民收入方面发挥了重要作用。在历经了一系列政策转型调整后，美国逐步由重点识别防范市场价格风险，向兼顾市场风险与农民收入风险的农业政策过渡，构建了独具特色的美国农业风险管理体系。

1. 市场价格风险的识别管控

美国早期的农业风险识别管控主要利用市场价格支持政策，这种支持方式释放了价格信号，对农业生产的激励作用明显，因此会对市场产生一定程度的扭曲。美国早期实行的无追索权贷款政策，以及后来的营销援助贷款政策均属于这一类型。美国最初实施的价格支持政策是无追索权贷款，其政策目标在于通过价格支持稳定农民的收入。这项政策的实质，一方面是为农户提供资金信贷支持，使农场主在农产品价格最低的收获季节不急于出售，而是等到市场价格比较有利时再出售，借此调节农产品供应。另一方面，农场主则可通过抵押的农作物偿还贷款，这就相当于政府以高于市场的价格收购了农产品，发挥了市场托底平价收购的功能。

1985 年开始，由于价格支持政策的弊端，如生产过剩、市场扭曲、财政负担等，美国对价格支持政策做出了重大调整，即将无追索权贷款变成有追索权的营销援助贷款。将无追索权贷款变成有追索权的营销援助贷款，其实质是在继续给农民提供信贷支持的同时，废除了政府托底收购农产品的价格支持机制，这种调整有利于缓解价格支持对市场的扭曲。从美国的农业支持政策的特征看，尽管自 1996 年以来，美国对农业的价格支持政策开始大幅度削减，逐渐转向间接的收入支持和生产脱钩的其他支持，并且逐步取消了政府对过剩农产品的托底收购，但价格支持政策并没有完全取消，而是改为营销援助贷款的形式，继续发挥资金信贷支持的功能。

2. 兼顾市场风险和收入风险的政策调整

美国农业支持保护政策调整经历了漫长的实践探索，早期以防控市场价格风险为主，也经历了无法管控风险的直接补贴阶段，最终实现了兼顾价格风险与收入风险、针对不同层次的风险与损失给予相应补偿的机制构建。

（1）难以兼顾市场风险与收入风险的农业政策设置机制。固定直接支付补贴属于脱钩补贴，这种方式基于历史上一定时间范围内的基期价格、产量、播种面积等予以补贴。补贴金额不跟随当期市场价格、产量、播种面积、投入品等因素变动。这种补贴方式对农户生产行为不会产生激励，对农业生产和贸易也没有影响或影响较小，其主要政策目标在于提高农民生产的积极性，稳定农民收入水平。美国 1996 年农业法案推出的生产灵活性补贴政策属于脱钩补贴。虽然生产灵活性补贴能较好适应多边贸易规则，但当市场出现价格风险或产量风险时，直接补贴无法跟随市场风险进行调整，出现了高风险时补贴不足、风险低收益高时补贴效率不足的问题。随着生产灵活性补贴 7 年期满，2002 年农业法案将其固定在恒定水平，并更名为“固定直接补贴”。2008 年金融危机以后，美国财政出现紧张局面，由于该政策的弊端，一些学者和议员呼吁取消固定直接补贴，最终 2014 年农业法案取消了固定直接补贴政策。美国的实践经验表明：单一的固定直接支付补贴不能有效管理价格风险，缺乏效率，需要与其他的政策配套实施。

（2）兼顾市场风险与收入风险的农业政策设置机制。虽然美国取消了固定直接支付补贴，但其拥有高度发达的农业收入风险保障体系，可以兼顾农业生产中的市场风险与收入风险，如差额补贴就是一种兼顾市场风险与收入风险的农业政策选择。为了适应国内外市场条件和财政状况的变化以及 WTO 规则的约束，美国先后实行了挂钩的目标价格差额补贴、半脱钩的目标价格差额补贴和目标收益差额补贴，尽管在各个历史阶段，差额补贴的标准、补贴方式、政策名称历经了多次调整，但其基于差额补贴的机制至今未变。

第一，挂钩的目标价格差额补贴机制。基于目标价格的差额补贴属于非固定直接补贴的一种形式，亦称差价补贴或者目标价格补贴，是世界主要国家普遍使用的，介于完全价格补贴与脱钩直接补贴之间的一种补贴手段。美国 1973 年农业法案按照生产成本加合理利润的方式建立了目标价格补贴制度，1996 年起，由于目标价格确定方式造成的各种弊端以及 WTO 规则约束，美国暂时取消了目标价格补贴政策，2002 美国农业法案将其恢复，同时更名为反周期补贴，2014 年美国农业法案又将反周期补贴更名为价格损失补偿计划。虽然经历了政策名称的调整，但这种目标价格差额补贴的设置机制并未改变：目标价格是市场价格波动过程中政策性补贴的上限价格，当市场价格低于目标价格时，国家按照目标价格与市场价格的差额给予农民差价补贴；当市场价格高于目标价格时，则给予城市低收入消费者补贴。其政策目标在于：通过给予农民价格损失补贴，稳定农民收入，从而保证农民生产的积极性，促进农产品生产，同时还要兼顾保持物价稳定、保障国家粮食安全、与市场接轨等目标，其中，维护农民利益是目标价格补贴的首要目标。1973 年美国农业法案以成本加利润的方式建立了目标价格差额补贴，并与无追索权贷款（价格支持）政策配合使用。目标价格差额补贴不仅与有效价格（市场价格和贷款率中的较高者）挂钩还和实际生产挂钩。挂钩的目标价格差额补贴政策优势体现在：既降低了政府对市场价格的直接干预水平，保障农业生产，提升了美国农产品的竞争优势，又通过价差补贴机制保护了农民利益。该政策的不足在于：按照生产成本加合理利润的方式确定目标价格水平，生产成本的上升必然会推高目标价格，而目标价格又会反过来引起生产成本的上升。此外，由于补贴与当期生产量挂钩，商品产量越高，通过补贴获得的收入也就越高，因此有可能会刺激农民过度生产，造成农产品生产过剩，使得政府财政支出失去控制。另外农民为获得补贴，更倾向于种植具有补贴资格的农产品，这样会造成生产结构失衡。

第二，目标价格差额补贴政策的半脱钩化调整与设置机制。为了兼顾农业市场风险、补贴效率与国际规则，美国目标价格差额补贴逐步进行半脱钩化调整，即将补贴金额与当期产量脱钩，但仍与市场价格挂钩。补贴金额与市场价格挂钩，可以根据市场价格风险调整补贴水平，一方面在市场风险较高时增加补贴保障农户收入，另一方面，市场稳定、农户收益较好时可以减少补贴金额，提升补贴效率。补贴金额与当期产量脱钩，能够有效控制补贴的范围，不会刺激生产者为获取补贴过度生产而造成农产品生产过剩。此外，与生产脱钩，一方面有助于农户根据市场信号调整生产，促进农业种植结构优化调整，另一方面，面对 WTO 规则约束时，这种与生产脱钩的补贴方式可以解释为“蓝箱”支持，或者“非特定产品补贴”，缓解部分国际规则压力。同时，这种与实际生产脱钩的补贴方式还能节省年度核实实际产量产生的年度行政成本。2002 年美国农业法案建立了反周期补贴，其政策实质属于半脱钩的目标价格补贴，即补贴只与特定产品价格挂钩，与实际生产脱钩。反周期补贴与营销援助贷款、固定直接支付补贴配合使用。2014 年美国农业法取消了反周期补贴，重新建立了价格损失补偿计划，其政策的实质仍然属于半脱钩的目标价格补贴，只是在操作方式上，为了提高财政补贴的效率，取消了固定直接支付补贴，提高了目标价格水平（参考价格）。

从 2002 年的反周期补贴政策到 2014 年的价格损失补偿计划，可以发现，美国半脱钩的目标价格差额补贴政策对特定农作物的补贴方式逐步从价格支持转为基于风险管控的收入支持。在补贴机制上，更加突出市场的主导作用，补贴逐步显现出与当期产量脱钩的趋势。反周期补贴与价格损失补偿计划的差异在于：目标价格由原来的固定不变，调整为只有特定农产品固定（花生、长粒米、中粒米），其余农产品的目标价格根据近五年平均价格确定；两项补贴在单产和面积指标上与基期指标挂钩，只是价格损失补偿的基期指标更为灵活，这种不与当期挂钩的设计既降低了实际操作的难度，又使补贴项目更趋于脱钩化转变（表 8.7）。

表 8.7　反周期补贴和价格损失补偿比较

项目	反周期补贴	价格损失补偿
补贴金额	补贴额=支付率×85%×基期面积×单产	
支付率	目标价格－全国平均市场价格或贷款率较高者－直接支付率	目标价格－全国 12 个月平均市场价格
目标价格	固定（大部分产品）	长粒米、中粒米和花生固定；其他品种最近五年平均价格

续表

项目	反周期补贴	价格损失补偿
单产	基期平均单产（1998~2001 年平均）	基期平均单产（1998~2001 年平均，或者 2008~2012 年平均单产的 90%）
基期面积	基础面积（2008 年农场登记面积）	基础面积（2008 年农场登记，或根据 2009~2012 年种植比例调整后的登记面积）

资料来源：Campiche 等（2014）

第三，目标收益差额补贴机制。目标收益差额补贴是一种与当期农业经营收入挂钩的直接补贴，是发达国家近年来才逐渐使用的一项补贴措施，其基本功能是维持农民收入稳定，兼顾调整农业经营结构。虽然目标收益差额补贴仍然可能通过影响预期收益、保险效应等路径影响农民决策以及农业产出水平，但由于农户可以根据市场信号自主地调节生产，因此其对生产和贸易的扭曲程度会更小。2008 年美国农业法案建立了与当期农业经营收入挂钩的直接补贴，即平均作物收入选择计划。当农场主获得的实际收入低于基准收入时，就有资格获得平均作物收入补贴以弥补收益损失。该计划是非强制性的，生产者只能就反周期补贴与平均作物收入选择计划二选其一，加入该计划的条件是同意减少 20%的直接补贴以及减少 30%的贷款。2014 年农业法案将该计划更名为农业收入风险补助计划，其操作性相较于 2008 年美国平均作物收入选择计划更为简单，当实际收入无法覆盖基期收入的 86%时会触发补贴机制，补贴数量由单位耕地补助金额与农场耕地数量决定。在实际执行过程中，首先要确定农场选择参加的是县级计划还是单个农场级计划，如果农场参加的是县级计划，政府可以分作物进行补助。如果农场选择加入单个农场级计划，政府需要根据整个农场的总收入决定是否触发补助以及补助的具体金额。与当期农业经营收入挂钩的直接补贴使农场主无论是因价格下降导致的收入减少，还是因产量下降导致的收入减少，都能得到补贴，更有效地保证了中小规模农户收入的稳定性，并且对生产和贸易的扭曲程度会更小。

第四，农业保险补贴机制。农业风险保障是美国农业支持保护政策体系中非常重要的组成部分，其中主要包括了农作物保险计划和农业灾害救助计划。农作物保险计划的目的在于通过为生产者提供农作物风险保障，以转移农民的生产风险，农业灾害救助计划则为农作物保险未覆盖的农作物提供了灾害损失救助。美国财政补贴农业保险的探索始于 1938 年《农业调整法》的一项配套法律《联邦农作物保险法》，国会授权开展由联邦政府支持的联邦农作物保险计划，并设立国有的联邦农作物保险公司具体经营。20 世纪 80 年代开始，美国确立了以市场为导向的政策改革框架，并不断加大对农业保险的财政支持力度，逐步形成了政府补贴农业保险的基本框架，1996 年，农业保险进入收入风险领域，2014 年农业法案拓展农业保险计划，使其成为农业安全网的核心并延续至今。历经 70 多年的改革与发展，为促进政府、保险公司和参保农民三方行为主体积极参与和有效协作，确保财政补贴资金的公平与效率，美国基于农业保险的费用构成理论，建构了针对农民和保险公司的双向财政补贴机制，以实现对农业保险事前纯保费补贴、事中经营管理费用补贴与事后再保险支持的全过程保障，促进其农业保险走向良性循环。

8.3　日本：保障粮食自给力的政策体系

日本是东亚农业的典型国家，耕地面积有限，人地关系十分紧张，粮食安全问题一直是农业问题的核心。自 20 世纪 40 年代始，日本把“保障粮食安全”作为农业问题的根本，粮食安全保障政策便成为日本农业支持保护政策的重中之重。随着国内外环境的变化，日本粮食安全保障政策历经了以

“提高自给率”为导向到以“提高自给力”为导向的转变，为战后日本解决粮食安全问题发挥了重要作用。

8.3.1　日本农业政策的演变历程与逻辑

二战结束后，日本粮食安全保障策略随着经济发展和外部环境变化经历了不断调整的过程，呈现出阶段性的特征。日本粮食安全保障策略大致可划分为战后恢复期、工业化时期以及国际化时期三个阶段，各阶段分别呈现出重视国内自给、注重结构调整以及适应国际规则的特点。

1. 战后恢复期：围绕主粮增产，重视粮食自给

战后初期日本农业生产萎缩，国内粮食供给严重不足。1945 年作为主粮的大米产量约 582 万吨，仅为战前产量的 60%左右。由于外汇短缺以及驻日盟军对日实施贸易管制等原因，日本无法通过进口补充国内粮食供给。实现主要粮食增产确保国内自给，成为这一时期日本保障粮食安全的重点。其中，较有代表性的农业政策如下。

（1）实施农地改革，解放农村生产力。战前日本土地制度以寄生地主制为主，战后初期为了尽快实现粮食增产，农村生产力亟待解放，改革半封建性质的租佃关系成为土地政策的重点。战后日本分别于 1945 年、1946 年进行了两次农地改革，日本政府通过强制征收地主农地，廉价转卖给佃农和少地农民，逐步建立起“耕者有其田”的自耕农制度。1945 年佃耕地占总耕地的比重为 45.9%，土地改革后该比重降为 9.9%。1945 年自耕农为 173 万户，约占农户总数的 31%，佃户 157 万户，约占农户总数的 26%。到 1950 年，自耕农增加到 382 万户，比重上升至 62%，佃户减少到 31 万户，占比仅为 5%，自耕农占到绝对多数。为巩固农地改革的成果，1952 年日本颁布了《农地法》，将自耕农体制以法律的形式确定下来。农地改革解放了农村生产力，农民拥有了土地后生产积极性被调动起来。

（2）实行土地改良，提高土地生产力。1945 年日本政府出台《紧急开拓实施要领》，试图以大规模开垦、围田等增加耕地面积的方式缓解战后粮食供给不足的问题。由于工程量巨大且物资及经验短缺，截至 1951 年原定计划只完成了不到 1/3。于是，日本政府将土地政策的重点从新增耕地转移为土地改良。相比于前者，土地改良建设周期相对较短，具有明显的增产效果。日本政府于 1949 年制定了《土地改良法》，以法律的形式保障土地改良事业的开展。《土地改良法》内容丰富、方向明确：行政上，它整合了农林水产省和内务省的管辖内容，交由农林水产省统一管理，减少了行政管理上的冗余；内容上，推动了以水利建设、开荒造田、土壤改良等为主要内容的土地改良事业；目标上，它与农地改革相呼应，通过增加自耕农土地资本积累提高土地生产力来使粮食增产。除了法律上的保障以外，这一时期国家财政预算也开始向土地改良事业倾斜，1953 年《粮食增产 5 年计划》中确定土地改良费用成为国家财政预算支出的一个重要部分，到 1955 年土地改良事业占农林预算比重已达 14.2%，比 1950 年约增加 8 个百分点。

（3）实行双重米价制度，提升生产积极性。二战期间，为维持粮食价格稳定和保证战时粮食稳定供给，日本颁布了《粮食管理法》，规定粮食在价格、流通和贸易方面均受政府直接管制。1952 年日本政府部分修订《粮食管理法》，使其直接管制的特征向粮食增产方向倾斜。修订后的《粮食管理法》对大米实行双重价格制度，即政府以较高的生产者米价收购，以较低的消费者米价（即销售价）销售。生产者米价由基础价格和奖励补贴构成，完成大米上缴任务、超额或提前完成的农户可得到奖励补贴。1952 年各种奖励补贴占平均收购米价的比重为 13%，1953 年该比重升至 21%。生产者米价的提高和奖励机制极大地调动了农民的生产积极性，1955 年稻米产量超过 1200 万吨，达到历史最高水平，日本农业生产能力逐步得到恢复，粮源紧张问题得到缓解。

2. 工业化时期：注重结构调整，利用海外资源

20 世纪 50 年代中期以后，日本产业结构重心逐渐向重化工业转移。日本利用 GATT 体制[①]，发挥本国优质、廉价的劳动力优势出口重化工业产品，经济进入到快速上升期。随着国民生活水平大幅提高，国民饮食生活逐渐西化，畜产品、蔬菜、水果等农产品国内需求相应增加[②]。在经济高速发展的过程中，城市化、农村劳动力流失等状况限制了日本继续追求粮食增产的空间，重视自给的粮食安全保障策略开始出现转变，转变主要体现在对内、对外两个方面：对内体现在，1961 年日本制定的《农业基本法》不再强调提高农业产量和粮食自给率，而是主张通过对国内农业生产做出“取舍”[③]来满足国民对农产品需求的增长，通过推动农业现代化和形成规模经营来提高农业劳动生产率。对外体现在，20 世纪 70 年代初日本通过“海外屯田”为主的海外农业投资方式，尝试利用海外资源确保本国粮食的稳定供给。工业化时期日本较有代表性的政策如下。

（1）实施差异化的农产品价格政策。日本通过实施差异化的农产品价格政策引导农业生产结构调整。对于需求不断扩大的选择性扩大的畜产品、蔬菜及水果，日本政府于 1961 年、1965 年、1966 年相继推出《畜产品价格稳定法》《加工原料奶生产者补贴等暂行措施办法》《蔬菜生产销售稳定法》等相关法规对其进行价格支持和补贴。工业化时期，日本国内生产受到 GATT 体制的影响和约束，国内农产品生产受到进口冲击，但针对选择性扩

① 日本于 1953 年获得 GATT 观察国资格，于 1955 年加入 GATT。

② 1960 年到 1970 年，日本水果、蔬菜、鸡蛋、肉类及牛奶和乳制品国内消费量的平均增长率分别为 2.8%、7.3%、10.5%、12.8%和 9.5%，其中鸡蛋、肉类及乳制品的需求增长尤为明显，而传统主食大米的消费增长率逐年下降，自 1964 年开始呈现负值。

③ 即日本采取的选择性扩大与选择性缩小并存的粮食战略。扩大对畜产品、蔬菜、水果等农产品的国内生产，对大豆、小麦、杂粮（饲料用谷物）等农产品依赖进口。

大农产品的价格政策使这类农产品国内生产稳定，到 20 世纪 70 年代初依旧具有 80%以上的自给率。对于国内生产无优势的选择性缩小的农产品如大豆等，日本也制定了诸如《大豆、油菜籽财政补贴暂行措施法》（1961 年）等法规对贸易自由化后的损失进行补贴，但由于补助力度不大，选择性缩小的农产品很快丧失了比较优势。这一时期，这些选择性缩小农产品的自给率大幅降低，到 1975 年均低于 5%，国内供给几乎完全依赖于进口。大米作为日本最为重要的农产品，这一时期依然受政府直接管控。为了缩小工农从业者间的收入差距，这一时期生产者米价定价基准调整为“生产成本+收入补偿”，劳动力成本按照非农成本重新估算。如表 8.8 所示，在价格政策的刺激下，农民种植稻米的积极性很高，1966 年开始大米自给率连续数年超过 100%，出现了大米过剩的情况。

表 8.8　1960~1973 年不同类别农产品的自给率（单位：%）

年份	选择性扩大的农产品						选择性缩小的农产品		
	大米	肉类	鸡蛋	牛奶及乳制品	蔬菜	水果	小麦	杂粮	大豆
1960	102	91	101	89	100	100	39	21	28
1961	95	94	101	89	100	98	43	15	25
1962	98	95	101	89	100	97	38	11	21
1963	95	88	100	86	100	92	17	9	17
1964	94	88	100	85	100	90	28	6	13
1965	95	90	100	86	100	90	28	5	11
1966	101	90	100	80	100	89	21	3	9
1967	116	85	99	82	100	89	20	3	8
1968	118	83	98	88	100	88	20	2	7
1969	117	83	98	91	100	85	14	2	5
1970	106	89	97	89	99	84	9	1	4
1971	100	84	98	88	99	81	8	1	4
1972	100	82	98	86	99	81	5	1	4
1973	101	80	98	83	98	83	4	1	3

资料来源：日本农林水产省《2015 年粮食供求表》

（2）推动农业现代化、规模化经营。1962 年后，日本政府通过数次修改《农地法》，逐步放宽直至取消农户对土地的占有限额以及逐步放宽农地经营资格条件，不断分离土地所有权、经营权和耕种权，促进了土地的有效利用。农地改革后遗留的耕地细碎，经营规模小等问题在这一时期得到一定程度改善。小规模农户数量减少。户均土地面积由 1955 年的 0.851 公顷扩大到 1975 年的 1.125 公顷，耕地经营规模得到一定程度的扩大[①]。这一时期日本农业机械实现了飞跃式的发展。20 世纪 40 至 60 年代，脱粒调制机、步行式动力耕耘机等机械得到普及。到 20 世纪 70 年代，割捆机、插秧机、自动脱粒联合机等中型农业机械开始普及，插秧、收割等农耕作业过程都可以由农业机械代替。20 世纪 70 年代中期，以水田为中心的全部农耕作业已基本实现了全盘机械化。农业化学化趋势也非常明显。1955~1975 年 20 年间高浓度化肥使用量增加了近 45 倍，普通化肥也由 84.7 万吨增至 93.2 万吨。农药的产量较之 20 世纪 50 年代初期也有了大幅度的增加，1971 年农药总产量约是 1950 年的 20 倍。农业机械化和化学化使得农耕作业时间大大缩短，生产效率得到大幅提高。

（3）探索海外农业投资。1973 年美国对日本实施了数月的大豆出口禁令。由于这一时期日本对大豆的来源几乎完全依靠进口，该次禁运导致日本国内爆发了由大豆紧缺引发的社会骚动。让日本政府由此意识到了粮食进口依赖和进口国单一对粮食安全的威胁，开始着手通过利用国外资源保障国内粮食供给。日本政府采取了一系列措施鼓励农业海外投资，包括逐渐放宽对外投资限制、预算支持、向有意向投资的企业发放补贴、发布《海外农业开发》等海外投资信息等，甚至通过股权参与的形式直接涉足农业投资。从投资形式来看，早期的海外农业投资多以收购和租赁国外土地或农场的海外屯

① 资料来源：日本农林水产省《农林业普查历年统计》。

田展开。日本早于 19 世纪末就开始了海外屯田尝试。20 世纪初日本政府和民间组织已在南美洲一些国家开展农业活动，到了 20 世纪中后期，日本更将农场延伸到了东南亚和我国。农业对外直接投资在这一时期进入规模化、常态化。如图 8.1 所示，20 世纪 70 年代初期日本农业对外直接投资无论在数量还是金额上都处于较低的水平。1973 年是一个转折点，这一年农业对外直接投资的数量为 202 件，超过了 1971 年、1972 年两年农业对外直接投资数量之和。同样的增长也表现在金额上，1973 年日本农业对外直接投资金额达 1.66 亿美元，是 1971 年与 1972 年农业对外直接投资金额之和的约 1.7 倍。1973 年之后日本农业对外直接投资的数量和金额虽然存在波动，但是相比于 20 世纪 70 年代初期显然已进入到了更高的阶段。

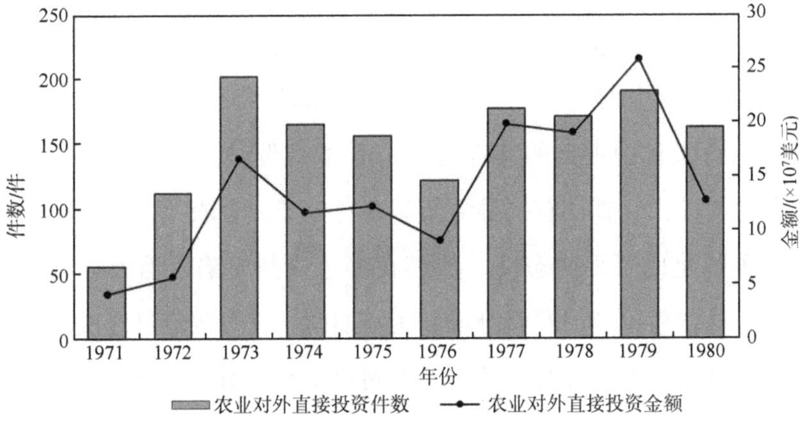

图 8.1　日本农业对外直接投资

资料来源：根据日本贸易振兴机构《直接投资统计》整理

3. 国际化时期：适应国际规则，注重预防突发情况

20 世纪 80 年代之后，世界局势发生深刻变革，日本粮食安全面临全新挑战。一方面，随着日元升值和农业跨国公司发展，大量廉价进口农产品涌入日本国内，国内农业生产受到进口冲击，粮食自给率不断下降；另一方面，多边贸易体制约束加强，价格支持、进口限制等农业保护措施受到限制，这意味着日本必须在适应农产品市场化的前提下保障本国的粮食安全。进口冲击和国内支持水平下降显著地增加了这一时期的日本农业生产以及食物稳定供给的不确定性。鉴于 20 世纪 70 年代粮食危机、石油危机等对国内粮食稳定供给产生的不利影响，这一时期日本调整国内农业政策以适应国际规则的同时，也重视突发情况下粮食安全保障问题，主要的农业相关政策如下。

（1）大米价格市场化及贸易自由化。大米一直是日本受保护程度最高的农产品，是日本农业自由化的最后一道防线，但在这一时期，即使是作为主粮的大米也无法回避市场化的趋势。1990 年日本政府改良自主流通米制度，把竞标方式引入到“自主米”的价格形成机制中，使得“自主米”价格更能准确体现市场供求关系[①]。进一步地，1994 年底日本取消具有价格直接管制特征的《粮食管理法》，体现市场价格形成机制的“自主米”正式取代了“政府米”的主体地位，占据了日本大米市场主要份额。在贸易方面，由于大米在饮食文化中占据的特殊地位，日本一贯对大米实行高价支持的政策，对大米关税化一直怀有抵触情绪。在乌拉圭回合农业谈判的初期，日本拒绝大米关税化的不妥协态度，使其在多边谈判中陷入消极被动的境况，1999 年 4 月在乌拉圭《农业协定》实施期间，日本政府最终决定对大米实行关税化，自此日本所有农产品都需不同程度地面对国外进口的压力。

（2）调整农业国内支持政策。1994 年乌拉圭《农业协定》的达成，促使日本着手调整具有扭曲市场价格性质的国内支持政策。立法层面，1995 年日本施行《主要粮食的供求及价格安定法》，建立起以市场定价为主的粮食价格形成机制；1999 年《粮食·农业·农村基本法》（简称《新基本

① 自主流通米制度实施自 1969 年，是通过引入“自主米”（自主流通米）分担收购“政府米”（由政府统一收购、管理的稻米）的财政压力及库存压力。“自主米”受到政府直接或间接的管理，遵循特定的流通渠道，但其售卖不经过政府，价格和数量可由农协、指定批发商和许可零售商等流通组织自由交涉决定。

法》）取代 1961 年的《农业基本法》，标志着日本对于农业支持措施将去行政化，更注重市场化。日本国内农业支持政策调整的结果直接表现为以下两个方面：一是农业国内支持水平下降。如表 8.9 所示，20 世纪 90 年代中期以后农业国内支持水平呈现明显的下降趋势。1995 年日本农业国内支持水平为 67 131 亿日元，占农业国内生产总值的 64.24%，乌拉圭《农业协定》执行期内农业国内支持水平大幅下降，1998 年农业国内支持水平占农业国内生产总值比重已下降到不足 40%。随后，农业国内支持水平持续下降，2008 年由于全球谷物价格大幅上涨，国内支持水平有所回升，但 2011 年后国内支持水平又开始继续减少，虽然后续有所回升但始终没有超过 2011 年水平。二是农业国内支持结构日趋合理。根据日本 WTO 国内支持通报文件可知，1995~1997 年“黄箱”支持在农业国内支持中所占比重大于“绿箱”，但 1998 年以后，日本重视诸如科研、技术推广、粮食安全储备等不直接引起贸易扭曲的“绿箱”政策的采用，逐渐减少扭曲贸易效应的“黄箱”政策，结果“绿箱”支持水平比重大幅上升，超过了“黄箱”支持水平。此后三类农业国内支持水平虽呈现阶段性的波动增减，但整体上“绿箱”政策已成为日本农业国内支持中最为重要的措施，日本政府对农业的直接干预和管制逐渐减少，越来越重视市场机制在农业国内支持中的作用。

表 8.9　日本农业国内支持水平

年份	农业国内支持水平		年份	农业国内支持水平	
	支持水平/亿日元	占比/%		支持水平/亿日元	占比/%
1995	67 131	64.24	2001	33 368	37.57
1996	61 850	59.95	2002	31 353	35.11
1997	58 589	59.11	2003	28 313	31.81
1998	38 940	39.23	2004	28 109	32.26
1999	35 594	38.01	2005	26 162	30.74
2000	34 282	37.55	2006	24 813	29.78

续表

年份	农业国内支持水平		年份	农业国内支持水平	
	支持水平/亿日元	占比/%		支持水平/亿日元	占比/%
2007	24 464	29.62	2013	26 224	30.97
2008	25 431	30.04	2014	25 051	29.22
2009	26 081	31.84	2015	27 526	30.55
2010	24 983	30.76	2016	28 398	30.13
2011	28 857	35.00	2017	27 629	29.10
2012	28 609	33.56	2018	27 987	30.15

资料来源：日本向 WTO 提交的农业国内支持通报文件

注：①农业国内支持水平由“黄箱”“绿箱”“蓝箱”三项支持水平加总而得；②占比数据为农业国内支持水平占农业国内生产总值的比重

（3）注重危机时的粮食供给。大豆禁运危机、粮食危机等事件发生，让日本意识到依赖进口构建粮食安全保障存在诸多不稳定性因素。为了确保在突发情况下依旧能够保证国内粮食供应，日本政府开始重视突发情况下粮食安全保障的问题。1999 年《新基本法》第 19 条规定，由粮食歉收、出口国实施禁运等引起（或可能引起）国内粮食供求在一定时期内趋紧的情况下，政府可以通过粮食增产、限制流通等必要措施确保国民最低限度的粮食供给。以《新基本法》的规定为契机，2002 年 3 月日本政府出台了《不测时的粮食安全保障指南》，该文件经数次修改，于 2012 年 9 月更名为《紧急事态粮食安全保障指针》。如表 8.10 所示，《紧急事态粮食安全保障指针》将可能会遭遇的粮食供给紧急程度划分为 3 个等级，并对每个等级下应采取的措施、依循的法令以及实施的程序等做出了明确的指示和安排。由于灾害或重大流感等突发危机情况出现时，食品企业往往会受到较大的影响以至中断经营，造成食品供求趋紧，2011 年日本政府制定了针对食品企业的“事业继续计划”，通过制定政府与企业、企业与企业间的互动联结机制，实现突发情况下食品企业的尽快复营。

表 8.10　粮食供给紧急程度的判断基准及不同等级下的粮食安全保障对策

等级	判定基准	设想情况	基本对策
等级 0	由于特定种类粮食的供需趋紧，可能会对饮食生活造成重大影响的情况（可能导致事态向等级 1 方向发展的情况）	预计国内粮食大幅减产；预计主要出口国粮食大幅减产、出口规则发生变动；主要出口国由突发性事件、事故等引起贸易混乱；从安全角度限制食品的销售等	①收集、分析、提供相应信息 ②通过使用储备和确保进口保证当前粮食供给 ③调查、监视价格动向，对相关生产者给予行政指导
等级 1	预计可供给国民最低限度的必要热量，但由于特定种类粮食供需趋紧，可能会对饮食生活造成重大影响的情况（预计特定种类粮食的供给低于平时供给的 20%以上）	发生大米大幅度减产（如，1993 年“大米危机”）；主要出口国施行出口限制政策（如，1973 年大豆价格高涨）	①以紧急增产、确保必要生产资料、指导进口、利用国际制度规则等确保供给 ②以指导流通、管制价格确保流通和价格的稳定
等级 2	恐难以供给国民最低限度必要热量的情况（预计每人每日平均供给热量低于 2000 千卡）	谷物、大豆及相关制品进口大幅度减少	①转化生产模式，利用既存农地之外的土地进行生产确保供给 ②实施分配/配给 ③实行价格统一管制 ④考虑石油供给减少下的对策

资料来源：日本农林水产省《紧急事态粮食安全保障指针》

（4）拓展海外农业投资。工业化时期，日本海外农业投资主要以“海外屯田”方式为主，但投资方式因有直接掠夺他国耕地资源的嫌疑而备受争议。国际化时期，日本开始弱化“海外屯田”投资方式，而多采用联营方式、订单生产、在粮源地建设或收购仓储、物流基础设施等其他多元化的农业投资方式。早期日本海外农业投资的主要据点在美国，而面对 21 世纪国际粮食市场供需趋紧的形势，日本海外投资的目标已向农业资源潜力巨大的中南美洲、中亚和东欧的新兴地区转移。日本政府在海外农业投资中的角色也由原先的直接参与转向辅助支持。日本政府着力建立“官民一体”的海外投资模式，为意向企业建立综合支援窗口。日本政府通过与被投资国之间展开经济对话和缔结相关协定，为本国企业日后的投资活动营造较好的投资环境，通过与官方开发援助（official development assistance，ODA）合作，推动被投资国生产、流通基础设施的建设和改善以及相应领域人才的培育等。日本国际协力银行（Japan Bank for International Cooperation，JBIC）等通过提供政府性金融服务，为企业的投资提供长期低息贷款。日本贸易保险（Nippon Export and Investment Insurance，NEXI）则为企业提供多种保险补偿企业海外投资面临的经营成本和风险。针对企业在农业投资中面临的品种改良、病虫害对策、土壤改良、水资源管理、生产性改善等与农业研究开发和技术转移相关的问题，日本农业研究机关、日本协力机构（Japan International Cooperation Agency，JICA）及其他相关机构通过共同技术研究、技术支援、专家派遣等方式满足企业的相关需求。日本政府、JICA、JBIC、NEXI 以及日本贸易振兴机构（Japan External Trade Organization，JETRO）等向企业提供各种情报信息以及咨询服务，为投资企业介绍海外农业专家。日本政府还通过 WTO 和双边对话，努力推动被投资国出口限制的放宽以保障粮食进口的稳定，通过必要的现场勘查和任务派遣促进“官民一体”对外农业投资计划的实施。此外，日本越来越重视国际舆论对其海外农业投资行为的支持。为了淡化早期由于大举实施“海外屯田”所遭受的新殖民主义、土地掠夺等负面评价，日本政府在国际上积极提倡“负责任的农业投资”，参与制定了《负责任的农业投资原则》（Principles for Responsible Agricultural Investment，PRAI）等国际农业投资规范。日本政府对国际投资规则的制定表现出的极高参与度，以及积极推进国际农业投资规范研究的实际行动，逐渐赢得了国际社会的认可与支持。

8.3.2 由自给率到自给力的粮食安全观转变及主要措施

伴随日本农业面临的国内外环境发生变化，如国内老龄化、少子化问题突出，国际粮食供求长期趋紧、贸易高度自由化趋势等是日本农业面临的严峻现实。日本粮食安全保障策略也相应地发生了转变，其中重新认识粮食自给是日本保障粮食安全的主要特征。

1. 重新认识粮食自给：从自给率到自给力

2015 年 3 月日本发布《新粮食・农业・农村基本计划》（简称《新基本计划》），提出了新的粮食生产能力衡量指标——粮食自给力。粮食自给力指标的出台拓宽了日本对国内粮食供给能力的认识，新指标下保障粮食安全由强调“现实生产力”层面延伸到“潜在生产力”层面。粮食供给能力不再单纯强调粮食高产量和高粮食自给率，而是更加注重潜在的粮食生产能力。

（1）粮食自给率指标的局限性。粮食自给率是日本评估粮食自给能力的传统指标，衡量国民需求中由国内粮食供给的程度。日本从生命健康和经济产出两个角度出发，将综合粮食自给率分为以热量①和生产额②为基础计算的两类自给率。1960 年以来日本综合粮食自给率不断下降，截至 2015 年，日本以生产额计算的粮食自给率为 70%③，以热量计算的自给率则不足 40%，不断走低的热量综合自给率引起了日本民众对本国粮食供给能力的不安④。然而，近年来粮食自给率指标所反映的日本粮食自给能力的现实意义受到了质疑。一是粮食自给率指标的测度准确性问题。粮食自给率是充分饱食情况下的粮食自给率，由于大量食物中存在未被摄取的残留热量，以热量为基础计算的综合粮食自给率有被低估的倾向。二是随着日本老龄化程度越

---

① 热量基础的综合粮食自给率=每人每天平均国产粮食供给热量/每人每天平均供给热量。

② 生产额基础的综合粮食自给率 = 粮食的国内生产额/粮食国内消费额。

③ 生产额基础的综合粮食自给率中粮食国内生产额和国内消费额，是根据《农业物价统计》中农户期货价格等，将重量换算为金额，加总各种粮食得到的。其计算值受到期货价格的影响，与热量基础下综合粮食自给率的计算口径存在差异。

④ 2014 年 2 月日本内阁府民意调查显示，有 83%的人对国内粮食供给情况感到不安，其中 82%的人感到不安的原因是国内供给能力的低下。

来越高，导致综合热量粮食自给率走低的原因也有可能是饮食习惯向低卡路里的转变，而非完全是粮食自给能力的弱化。三是粮食自给率指标并不等价于粮食安全。山下一仁（2003）指出尽管日本粮食自给率较低，但一旦出现短期内粮食短缺的情况，完全可以通过灵活使用储备和进口来进行调剂，未必会对国家粮食安全产生较大影响。相比于粮食自给率所反映的问题，更重要的是探究国内粮食供给的实力究竟如何。

（2）粮食自给力指标的构建。考虑到粮食自给率的局限性以及粮食自给对国家安全的重要意义，2015 年日本农林水产省提出粮食自给力指标。《新基本计划》定义粮食自给力指标为，“通过充分利用本国农林水产业潜在生产能力，所得的粮食供给热量的指标”。具体来看，粮食自给力是以最大限度利用农田[①]为前提，同时考虑耕作结构和饮食结构共计四种“耕作-饮食”模式，估算各个模式下热量效率达到最大时，国内农林水产业所能提供的每人每天平均热量值。日本粮食自给力指标构建中未考虑作物转产的调整时间，并且假设农业生产劳动力以及土地以外的其他农业生产投入要素充足。因此，该指标可被认为是一种农业生产潜能上限值的估算。

表 8.11 是由日本农林水产省估算的 2015 年日本粮食自给力指标。其中，模式 A 的粮食自给力估计值是四种模式中最低的，供给热量为 1416 千卡/（人·日），模式 D 的粮食自给力估计值是最高的，供给热量为 2599 千卡/（人·日），而如果将可耕荒地耕作也计算在内的供给热量也计算在内，两种模式下的供给热量分别增加为 1463 千卡/（人·日）、2687 千卡/（人·日）。为便于直观比较，这里给出几个参考值，日本测算生存所需的热量值为 2146 千卡/（人·日），2015 年日本人均实际消耗值是 2417 千卡/（人·日），其中国产食物提供热量值是 954 千卡/（人·日）。通过比较可

① 最大限度利用农田，即除本身种植作物的农地外，种植非农作物的农地及废弃农地也被纳入计算范围。

知，仅从热量供给的角度来看，模式 C 和模式 D 下，日本农业生产可以满足国民生存基本需求［2146 千卡/（人·日）］，日本国内粮食生产能力并没有粮食自给率上反映得那么低。

表 8.11　2015 年日本粮食自给力指标估算值

耕作模式	设定	供给热量/［千卡/（人·日）］
A	以大米、小麦、大豆为主的种植结构，且考虑营养均衡的饮食结构	1416（1463）
B	以大米、小麦、大豆为主的种植结构，但不考虑营养均衡的饮食结构	1780（1827）
C	以薯类为主的种植结构，且考虑营养均衡的饮食结构	2293（2381）
D	以薯类为主的种植结构，但不考虑营养均衡的饮食结构	2599（2687）

资料来源：日本农林水产省 2016 年《粮食·农业·农村白皮书》

注：①最后一栏为利用现有农地耕作所得的供给热量；②考虑 A、B 模式是因为“大米、小麦、大豆”的搭配与日本的饮食习惯相近，考虑 C、D 模式是因为薯类作物能提供更高的热量；③括号中为可耕荒地耕作也计算在内的供给热量

与此同时，日本农林水产省估算的历年粮食自给力呈现逐年下降的趋势（图 8.2）。这意味着，尽管粮食自给力指标显示在相对理想的情况下，日

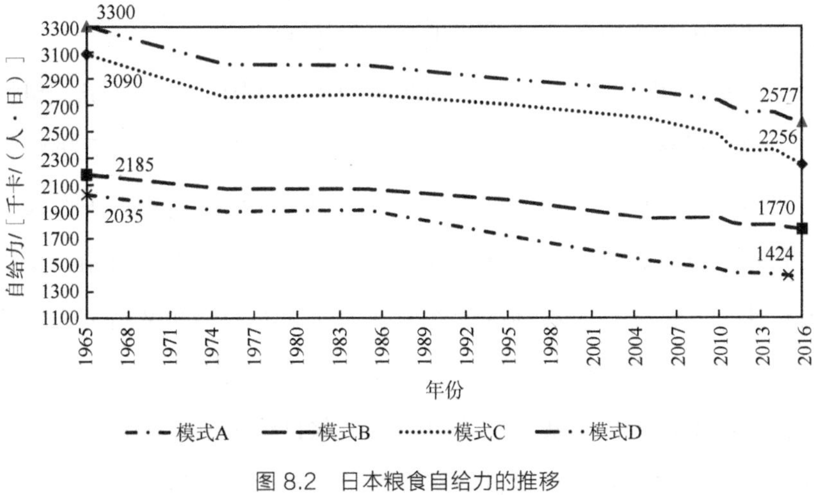

图 8.2　日本粮食自给力的推移

资料来源：日本农林水产省《农林水产基本数据集》

本农业国内生产潜能尚且可以满足国民生存基本需要，但粮食自给力指标的逐年下降意味着日本农业生产潜力在逐渐恶化。因此，日本政府提出农业政策的重心将会更加侧重于确保农业耕地面积和质量、培育农业专门人才、积极开发和普及先进的农业技术等方面，以期通过多种途径确保日本粮食自给力水平的维持与提升。

2. 日本提高粮食自给能力的主要措施

为确保日本粮食的稳定供应，持续提高粮食自给力，不仅国家层面在努力，日本政府也对生产者、消费者和地方公共团体等各主体提出了具体的要求。

（1）生产方面。首先，充分利用国内水土资源，通过“二毛作”[①]耕法的推广，使得大豆、小麦等作物配合大米生产。其次，农业技术与应用方面，充分利用技术开发的同时增加水田面积，提升农作物生产效率，保障粮食作物产量与质量同步提高。在生产末端的食品加工方面，日本政府要求国内食品加工企业优先选择本国的农产品作为加工原材料，并鼓励国内食品加工者和农产品生产者形成一体化的生产运行体系。

（2）消费方面。日本政府一系列政策刺激增加国内大米消费，包括致力于改善国内“早餐欠食率”、增加国内小麦、米粉、大豆的消费进而提升国内粮食自给率。其中“早餐欠食率”政策鼓励民众增加食用以国产大米为原料的“日式早餐”，这种早餐摄入方式有助于增加国产大米及相关食物制成品的消费比例，甚至日本农林水产省为增加大米消费，在网站上提出“多吃一口饭，自给率提高 1%”。在小麦、大豆等其他主要粮食作物上，日本也采取了类似的增加国内消费的政策引导，因此自给率有了一定程度的提升。

除了以上各主体要在粮食自给率方面做出努力外，地方公共团体在确保

---

① “二毛作”是指在同一块耕地上一年种植两种不同类型的作物。

农业耕地面积，维护农业生产者的权益，积极开发和普及先进的农业技术等方面也发挥了重要的作用。

8.4　国际粮食支持保护政策转型经验在我国的适用性分析

前述分析表明，尽管欧盟、美国、日本等发达国家和地区农业支持保护政策调整的方向大致相似，但鉴于国情不同，仍然各有特色且侧重点有所不同。欧盟共同农业政策的调整和改革则在不同时期侧重于不同目标，大致经历了从关注“促增产”到“促增收”再到“促可持续发展”的过程，无论是“蓝箱”还是“绿箱”补贴，抑或是交叉达标、农场咨询系统的设置，均实现了多重目标的兼容，且被证明是较为成功的范例。美国的农业支持保护政策调整和改革基本上始终是围绕如何促进农民增收、为农民提供风险保障这一宗旨展开的，在目标价格（收益）差额补贴、农作物保险计划、农业灾害救助计划等制度和措施的设计方面积累了丰富的经验。日本粮食安全保障策略的适时调整较好地指导了日本农业政策的确立和变更，协调了粮食安全保障与经济发展的关系，从仅仅关注即期的粮食高产量和高自给率向更加关注粮食的综合或潜在的自给力的方向转变。

我国的粮食支持保护政策改革也同样面临着保障国家粮食安全、保护农民收益、提高农产品竞争力、促进农业可持续发展等多重政策目标。考虑到政策目标和出发点的相似性，发达国家和地区已有的经验做法可能会对我国目前及今后一段时期深入推进粮食支持保护政策体系转型升级具有重要的参考意义和借鉴价值。但同时也需要注意的是，我国与欧美等发达国家和地区的农业基础条件不同，开展粮食支持保护政策改革调整面临的障碍和约束也存在诸多差异，因此，不能简单地套用发达国家和地区的经验，而应该根据本国国情及实际状况，明确相关政策在我国的适用性问题和所面临的约束条件，以便更好地从发达国家和地区的经验中取其精华、为我所用。

8.4.1 国际经验在我国的适用性与约束条件分析

尽管欧美等发达国家和地区农业国内支持政策为我国的粮食支持保护政策优化提供了一定的经验借鉴，但在进行政策调整时仍需考虑国情的差异。如不同国家和地区的市场条件、经营规模、外部压力与支撑条件均存在差异性，只有抽象出一般性的经验与规律，才能更好地将这些具体政策应用到中国的政策调整实践过程中。

1. 市场条件差异下转型路径分析

我国与美国、欧盟所面临的市场条件不同，对设置挂钩的目标价格差额补贴制度或脱钩的固定支付制度的效果可能会造成较大的影响。对于美国而言，农产品市场价格通常高于其生产成本，目标价格（参考价格）设定在生产成本的 80%~90%。市场行情较好时，不会启动目标价格补贴，当市场价格下跌，低于目标价格时，目标价格补机制方才启动。大多数情况下，市场价格高于生产成本，因此，对于生产者而言，种粮依然是有利可图的，并且可以激励生产者最大程度地降低生产成本，提高农业生产竞争力。对我国而言，当前我国农产品市场面临的现实情况是，大宗农产品的国内价格普遍高于国际价格。考虑到我国工业化、城镇化仍在推进，人工成本和土地成本仍处于上升态势。受此影响，由成本差异决定的价格倒挂或将成为一种常态。

如果借鉴美国 20 世纪 70~80 年代的做法，设置完全挂钩的目标价格补贴，按照成本加合理利润确定目标价格水平，并与当年的种植面积或交易量挂钩，来确定差额补贴水平，在目前国内成本–价格倒挂的条件下，极易形成目标价格是生产者唯一有利可图的生产价格的局面，同时也会引发生产成本和目标价格螺旋式上升的问题。在这样的情况下，农民的生产收益完全依赖于财政补贴，不仅政府财政补贴支出可能出现大幅增长，而且农民也没有节约生产成本，退出边际的、无效率生产的动力。最终的结果可能是无效率的生产规模进一步扩大，竞争力进一步下降，财政负担越来越沉重。因此，在借鉴美国目标价格政策时，需要考虑目标价格水平的设定要逐步由市场趋势来决定，将差额补贴限定在由市场波动造成的损失上，农产品生产成本仅作为一定的参考。同时，目标价格的补贴范围可以考虑和基期的交售量或面积挂钩，实现与当期生产脱钩，从而可以在向 WTO 通报时，将补贴解释为"蓝箱"政策。

如果借鉴欧盟"单一农场补贴"的做法，设置完全脱钩的固定直接补贴，这意味着农户生产与否并不决定其是否获得补贴，因而该政策的实施容易存在农户不生产便可以获得补贴的道德风险问题或者存在"俱乐部效应"。当农户生产某种农产品具有盈利能力时，经营者会选择生产并获取补贴；但当农户确定其生产不能盈利时，就会不生产直接领取补贴。如果一个经济体中存在大量农户均因不能盈利而放弃生产的情况，该产业就会受到较大的冲击。因此，如果经济体不希望牺牲产业，设置脱钩补贴的前提应是大部分农户经营该农产品有盈利的可能性。否则，则需要设置获取直接补贴的前提条件。例如，必须要维持特定的生产规模或者保护地力等。欧盟"单一农场补贴"实践中充分考虑了这些可能性：首先，该政策从 2003 年才得以推行，原因在于当时国际农产品价位很高，即使降低支持价格以后，农户仍可以通过出口营利，从而避免了农户不生产直接获取补贴的道德风险；其次，欧盟在"单一农场补贴"制度之外还配套了交叉达标机制，以交叉达标的若干标准作为领取补贴的前提，有效降低了道德风险问题发生的概率。我国在粮食产品上推行"市场化收购加补贴"时，如果借鉴欧盟经验采用脱钩补贴的方式，鉴于我国主要粮食产品相对缺乏竞争力，如果不加限制条件，就有可能出现大量经营者放弃生产，在一定程度上威胁粮食安全。因此，借鉴欧盟“单一农场补贴”政策的重点在于：第一，设置直接补贴机制时，需要加上地力保护、环境保护、保证食物安全等条件作为领取补贴的依据；第二，对不同的品种、不同的区域，需要采取差别化的政策，给予其充分的缓冲时间和必要的援助。

2. 经营规模差异下转型成本分析

美国农业经营主体以大规模农场为主。2012 年美国农场数量大约为 211 万个，其中种植业农场大概有 186 万个，占所有农场数量的比重超过 70%，平均规模一直维持在 400 英亩（约 160 公顷）以上。尽管农场规模很大，但是这些农场基本上以家庭经营为主。统计数据显示，家庭经营的农场比例超过 85%。美国务农人口仅占总人口的 2%，农业生产规模大，相对易于形成农业生产优势产业带。美国逐步建立了相对完善的市场信息采集与发布制度，掌握了相对充裕的农业基础数据，构建了完善的信息系统，在农业补贴政策实施过程中大量依据历史数据作为补贴的基准。比如，从反周期补贴与平均作物收入选择到后来的价格损失保障和收入风险保障，这些政策的落实过程中，目标价格、补贴单产和基础面积都是以历史数据为基准，尽量与当期的生产决策或市场价格脱钩，以减少对市场的扭曲，这是其差额补贴政策能够顺利实施的关键支撑。

我国人多地少水缺的资源禀赋决定了农业经营规模特别是土地经营规模很难达到美国的程度，而是以分散的、大量的小农家庭经营为主。据统计，截至 2016 年，全国户均耕地承包面积仅 0.5 公顷，户均达到 5.7 块，“家家包地，户户种田”的情形还将在较长时期存在。农户数量多、规模小、分布广，给建立完善的基础数据系统带来了很大的难度，同时在农场水平的衡量上统计过程也会较为复杂、烦琐，增加了精准施策的行政成本和监督成本。

3. 外部压力差异下转型空间分析

在开放的条件下，贸易会侵蚀国内政策的效果。美国是世界上主要的农产品出口大国，在重要农产品出口方面掌握着主要的话语权。欧盟早期采用差价税，能够有效防止市场低价冲击区域内产业，近年来通过设置关税高峰，利用季节税、关税配额、从量税等手段保护区域内产业。而现阶段，我国农业开放程度远高于欧盟，进口调控手段却比欧盟少很多，同时还面临更为严峻的国际压力。

由于受入世承诺制约，我国取消了所有非关税措施，仅保留关税、关税配额等少数手段，且农产品关税可用空间十分有限，水平也不能再提高。2010 年，我国农产品平均关税只有 15%，是世界的 1/4；粮、棉、糖实行关税配额管理，配额量大、配额内关税低、配额外最高关税 65%；而对大豆、大麦、高粱、木薯等则实行单一关税，税率只有 2%~5%；对其他油籽、植物油和主要乳制品的进口关税也只有 9%~10%。相比欧美国家及 WTO 其他成员，我国既没有足够的关税政策空间和复杂的关税形式，也无法使用进口许可、数量限制等措施，农产品进口调控政策手段非常有限。在农产品生产成本持续增长、国内外价差倒挂日益严重的情况下，未来农产品贸易对国内农业政策效果的侵蚀将日益显著。

与此同时，贸易规则对我国农业政策制定的影响和约束也在逐步增强。随着 2004 年以来国内农业生产支持保护力度增加，农资综合补贴、农机具购置补贴、良种补贴等支付性补贴金额逐年增加，粮食最低收购价稳步提高，致使“黄箱”补贴规模增加，WTO 农业补贴规则约束下的政策空间也在不断收窄。我国的农业补贴制度和关税配额管理制度开始受到一些国家的挑战。2016 年以来，以美国为首的国家先后就对稻米、小麦、玉米等农产品实施的“黄箱”补贴及关税配额管理措施向 WTO 起诉我国，声称我国政府在上述主要粮食产品上的补贴超微量允许水平，同时指称关税配额管理制度与我国入世承诺不符。虽然我国可以充分利用多边贸易规则，争取合理权益，但随着类似事件发生频率提高及全球范围内贸易保护主义抬头，我国已经很难继续通过加大被解读成“黄箱”的措施力度和收紧市场准入以促进国内粮食增产。

4. 支撑条件差异下转型难度分析

欧盟、美国、日本等国家和地区的农业政策转型经验表明，农产品差额补贴、直接补贴等政策效应的发挥，需要价格、面积、单产等信息的精准核定。美国、欧盟通过建立相应的配套措施来支撑农业政策的转型升级。美国建立了相对完善的市场信息发布制度，利用农产品现货期货市场，这些举措均有助于决策部门制定目标价格，并便于市场价格的采集；美国具备相对健全的统计调查系统，在信息技术上应用互联网和遥感等渠道，有效保障了种植面积和单产的检测与核定；为了降低政策操作成本和道德风险，美国构建了生产者信用信息系统和互联互通的财务结算系统。欧盟的农业政策转型也利用了大量配套措施，比如“单一农场补贴”政策和交叉达标措施的实施均需要大量准确的数据作为支撑，而配套的农场咨询系统承担了收集与提供相关基础数据的功能。

与欧盟、美国、日本等国家和地区相比，我国的农业基础信息采集平台建设的发展相对滞后。同时，由于农业生产基础数据和调查方法的不统一，国家统计局调查数据与各省区市统计局核查数据也存在一定程度的口径差异，增加了政策执行的难度。此外，我国在农产品期货市场、农业保险市场、农村信贷市场、农业征信系统的发展方面仍然不完善，相关政策落实的配套条件建设仍然还有较长的路要走。

8.4.2 国际经验对完善我国粮食支持保护政策体系的启示

对欧盟、美国和日本等发达国家和地区农业支持保护政策的演变历程、主要措施及设置经验的分析表明，对农业进行支持保护是发达国家和地区的通行做法，美国、欧盟等国家和地区实施农业支持保护政策具有悠久的历史，同时伴随着经济发展及内外部环境变化，这些国家农业支持保护政策体系也在不断进行调整、改革和完善，在农业支持保护政策设计和实践等方面均积累了较为丰富的经验。因此，总结发达国家农业支持保护政策发展的规律及经验教训，明确新时期构筑我国粮食支持保护政策体系的基本方向和原则，探讨改革我国粮食支持保护政策体系的思路与途径，对于健全不断对外开放条件下我国粮食安全保障体系，无疑具有重要的启示意义和参考价值。从发达国家农业支持保护政策的演进轨迹和发展规律来看，我国粮食支持保护政策体系改革的方向应当遵循三个原则，即遵循发展阶段适时调整政策指向；对接国际规则提前完善政策设计；结合实际需要优化政策配套。

1. 遵循发展阶段适时调整政策指向

欧盟、美国等发达国家和地区农业支持保护政策体系经过长期的发展，最突出的特征是遵循发展阶段，适时调整政策目标与政策指向，使政策更适应当时的经济发展阶段与社会条件变化。

从政策学角度来看，农业的多功能性及公共物品属性决定了国家的农业支持政策设计时可能包括多重目标：提供充足的农产品供给、有效的市场与相对稳定的价格、保障农民收入、缩小城乡收入差异、保障农村社会稳定与农业可持续发展等（全世文和于晓华，2016）。然而，在农业发展的过程中，这些不同目标可能出现协调配合的问题，需要遵循经济社会的发展阶段，选择合适的核心政策目标。另外，任何政策的有效性都有一定的前提条件。例如，在国内粮价显著低于国外价格的情况下，采用价格支持政策提高国内粮价可以兼顾粮食增产和农民增收的目标；但在国内外价格大幅倒挂的情况下，国内价格支持只涨不跌便极易导致进口大量增长、库存压力加剧、财政负担沉重等问题。因此，只有随着经济发展阶段、国内外市场条件、财政状况等的变化，不断调整政策指向与政策目标，才能提高政策有效性，防止政策僵化带来的其他问题。

欧盟共同农业政策改革和调整的历程很好地遵循了上述原则。具体而言，共同农业政策实施初期旨在增加农产品产量、稳定农产品供应，而市场价格支持作为对生产的刺激作用最直接的方式成为当时支持农业最主要的手段。20 世纪 80 年代，欧盟将政策目标调整为稳定农民收入，通过直接补贴的方式提高农民收入作为该阶段共同农业政策的核心。进入 21 世纪以后，伴随着国际农产品价格持续处于高位，欧洲农产品竞争力上升，保障农民收入的紧迫性有所下降，在这样的背景下从 2003 年改革开始，农村发展逐渐成为欧盟共同农业政策目标的新焦点。从主要关注农业生产到农民收入再到农村发展，欧盟的农业政策目标既是顺应时势的结果，同时也代表了未来农业政策调整的方向。

美国也随着内外部环境的变化持续调整农业支持保护政策目标与政策指向。20 世纪 40 年代经济大危机爆发以后，面对农产品大量过剩、农民收入大幅下降，美国采取了以提高农民收入为目标的市场价格支持、信贷支持、控制生产等政策。而到了 20 世纪 80 年代初期，随着国际农产品市场需求大增，国内库存迅速清仓、价格暴涨，美国又适时采取了挂钩的目标价格补贴政策。20 世纪 80 年代中期，随着经济全球化的推进，农产品市场竞争加剧，为改变农业过度依赖政府的现状，美国开始试图让农业支持保护向市场化过渡。1996 年，为应对 WTO 规则的约束，美国暂时取消了目标价格补贴政策，改用固定直接支付补贴的方式来保障农民收益。当农业收益降低导致许多农民破产时，2002 年美国又开始实施直接补贴和半脱钩的目标价格补贴，增加对农民的收入补贴，为农户搭建收入安全网。2014 年进一步完善农业风险保障的机制，上述政策调整均起到了保护农户收入与生产积极性的作用。

总的来说，欧美发达国家和地区的经验表明，粮食支持保护政策的目标应当依据经济发展阶段和政策适用条件的变化而适时进行调整。在农业补贴政策的各个阶段，制定适合的政策目标并完善相应措施，不仅需要考虑到政策的目标与政策效果的匹配问题，还要考虑不同政策措施之间的合理分配，防止相类似政策叠加导致边际效应下降等问题。

2. 对接国际规则提前完善政策设计

除了根据本国（地区）发展阶段和政策适用的前提条件变化调整政策目标和政策手段以外，在开放的条件下，无论是发达国家（地区）还是发展中国家，农业支持保护政策的设计和措施的使用，还受到国际规则的影响和约束。1994 年乌拉圭回合谈判结束以后，尤其是 WTO《农业协定》达成以来，在 WTO 框架和规则的约束下，发达国家（地区）普遍对国内的农业支持保护政策进行政策转型，为适应国际规则和市场化改革导向的要求，发达国家（地区）农业支持保护政策设计、政策手段调整与改革，大致体现出如下五大趋势。

一是支持目标由生产支持向非生产支持转型。尽管从欧美发达国家（地区）农业政策演变的历程来看，保障农业生产、促进农民增收始终是农业政策高度关注的核心内容，但随着世界范围内食物供求关系日趋宽松、居民收入增长，以及消费、休闲、环保意识的逐步提高，保护生产环境、保障食品质量安全、维护乡村发展等方面的诉求日益增长，农业支持保护政策的目标和手段也随之开始丰富和广泛化，由对农业生产性支持逐步转向非生产性支持。按照 OECD 数据，2014 年欧盟对农业的非生产性支持占农业支持总量的比重已由 20 世纪 80 年代末的不足 1%提高至 2014 年的 42%；而美国对农业的非生产性支持比重由不足 2%提高到了 13.5%。

二是支持范围由特定支持向一般服务支持转型[①]。伴随市场化趋势的国际潮流，发达国家（地区）农业支持的范围也由针对具体农产品、特定生产者向更加一般化、服务化的方向发展。按照 OECD 数据，2015 年欧盟对农业的一般服务支持占农业支持总量的比重已由 20 世纪 80 年代末的 8%提高到近年来的 12%；美国对农业的一般服务支持比重由 6%提高至 10%；其他一些发达国家，如澳大利亚、新西兰等，农业一般服务支持的占比则分别高达 62%和 76%（程郁和叶兴庆，2017）。鉴于大部分农业一般服务支持措施具备一定的降低农户成本开支的政策溢出效应（叶兴庆，2017；朱晶和晋乐，2016），发达国家（地区）强化对农业的一般服务支持，不仅有助于满足 WTO 规则的要求，同时对于提高本国（地区）农产品的国际竞争力也会产生较大助益。

三是支持手段由价格支持向收入补贴转型。价格支持政策属于 WTO“黄箱”支持政策的范畴，具有指向明确、操作简单、作用直接、见效快等优点，同时在一定条件下可以兼顾促进农业生产、保障农产品供给和增加农民收入等多重作用。然而，价格支持的缺点也同样明显，即扭曲了市场价格信号，如果长期实施可能会导致农产品的生产过剩、财政负担加重、触犯 WTO 规则等问题。1996 年美国开始采用与价格脱钩的生产灵活性补贴，欧盟在历经 1992 年麦克沙里改革及随后的多轮共同农业政策改革调整以后，

① 一般服务支持是 OECD 的农业政策分类，其大部分内容属于 WTO 口径的“绿箱”政策，如基础设施建设和维护、科技研发和培训、市场推广等。2013 年 12 月达成的 WTO 巴厘协定中新增的“农业综合服务”为“绿箱”政策，主要包括土地条件改善、涵养水土和资源管理、旱涝防控、农业劳动力计划、资产权利保险、农民定居计划等。详见叶兴庆（2017）“我国农业支持政策转型：从增产导向到竞争力导向”。

价格支持占农业支持总量的比重持续下降，至 2014 年已经由 20 世纪 80 年代末的 75%减少到 17%。欧盟将价格支持调整为收入补贴，一方面有助于缓解财政压力和国际贸易谈判的压力，另一方面也有助于提升农民对市场信号的反应速度与应对能力。

四是补贴措施由挂钩补贴向脱钩、半脱钩补贴转型。由价格支持逐步向收入补贴转型的过程中，欧美发达国家（地区）均经历了补贴发放标准由与生产挂钩到逐步脱钩或半脱钩的转变过程。以欧盟为例，2003 年欧盟共同农业政策改革在进一步降低市场支持价格的基础上，开始采用“单一农场补贴”政策替代“蓝箱”支持政策，实现了与产量和价格的完全脱钩。再以美国为例，美国早期目标价格补贴方式与实际产量挂钩，对贸易的扭曲作用较强。随后美国《1996 年农业法案》把与实际产量挂钩的目标价格补贴改为完全脱钩的生产灵活性补贴；其后《2002 年农业法案》提出的反周期补贴和《2014 年农业法案》提出的价格损失保障，两者均是补贴与产量脱钩但与价格挂钩的半脱钩的差额补贴政策，至此半脱钩化成为当前美国农产品目标价格补贴政策的重要标志，这样的政策设计不仅能够提高补贴效率，也有助于释放 WTO 农业补贴政策空间。

五是补贴方式由面向多数人的普惠制向针对特定人群的合约制转型。在补贴的发放方式上，以特定的条件作为发放和获取直接补贴的前提是欧美发达国家（地区）的普遍做法。例如，欧盟在 2003 年改革之前，“蓝箱”支持补贴的发放和获取最重要的是要满足休耕的条件，并对不同规模农场的休耕比例及可获得补贴的上限做出了明确规定。而在 2003 年改革之后，“单一农场补贴”计划则通过设置交叉达标机制，将农场主补贴资金的获取与保护农业生产环境、应对气候变化、保障食品安全相挂钩，如果农场主没有很好地达到相关标准要求，将根据实际情况按比例削减对其直接支付金额；反之，也会对农场主的增益性生态服务给予额外的补贴奖励。同样地，美国也从四个方面对农业支持补贴的发放范围及发放办法进行了限定，即仅限于符合条件的农业生产者适用、仅限于符合条件的农产品适用、仅限于在发生市场价格损失后提供补贴、仅限于在一定数量限额内提供补贴等（秦中春，2015）。总体而言，欧美发达国家（地区）农业补贴制度的实践经验表明，这些补贴制度安排从操作方式上来看带有明显的按照合约治理的性质，即通过合约形式事先明确了作为缔约双方的政府和农业生产者的权利及义务，并按照约定需要满足的特定条件进行交易。这种通过合约治理、以限定条件作为补贴发放前提的做法，一方面有助于提高补贴的针对性和补贴效率、控制财政支出的规模；另一方面由于补贴限定条件设定的主动权掌握在政府手中，可以通过设置不同的限定条件来引导农户的生产行为，因而也为政府通过政策干预来实现调结构、转方式、促发展等政策目标预留了充足的操作空间[①]。

3. 结合实际需要优化政策配套

在根据发展阶段和适用条件动态调整政策目标及政策指向、遵循国际规则和市场导向不断优化政策设计与政策手段之外，欧美发达国家（地区）农业支持保护政策调整和改革的经验也表明，为保证政策的有效执行和顺利落实，还应当结合具体的实践需要持续完善农业支持保护政策体系和政策配套。一是实现多重目标有赖于多种政策工具的有机结合。欧美发达国家（地区）农业支持保护政策改革的历程表明，单一的农业支持保护政策工具很难兼顾多个政策目标，为了实现多重政策目标，需要利用不同的政策工具来发

---

① 例如，欧盟的“蓝箱”支持政策设置中不同农产品的单位质量可以获得的补贴标准并不相同。其中，谷物为 58.7 欧元/吨；蛋白作物为 72.5 欧元/吨；油料作物则每年都不一样。上述不同补贴标准的设置会引导生产者改变种植行为，形成不同的种植结构，从而赋予“蓝箱”政策以“调结构”的功能。再比如，欧盟的“单一农场支付”政策中交叉标准的设置将农场主补贴资金的获取与保护农业生产环境、应对气候变化、保障食品安全相挂钩，既可以有效规避农户不生产而获取补贴的道德风险问题，也可以兼顾环境保护、可持续发展等其他目标的实现。

挥不同的政策功能，以产生更好的政策效果。比如，美国的目标价格差额补贴常常与其他支持方式配合使用、组合实施，以达到政策目标。二是支持保护政策的有效性有赖于增强政策变量调整的灵活性。任何政策的有效性都是有条件的，为了不断纠正政策效果的扭曲并适应新的历史条件下政策目标的变化，发达国家依据不同时期社会经济条件的变化不断调整支持手段。根据欧盟与美国的农业政策调整经验，影响农业支持保护的社会经济条件包括，国内外农产品市场价格、国际供需关系、国家自身财政状况、国际贸易规则等。三是保证政策执行效果需要必不可少的配套措施及监督机制。欧美发达国家（地区）在推进目标价格补贴和直接收入补贴等政策的过程中均制定了一系列配套措施以保障其顺利实施。其中，欧盟在实施“单一农场补贴”政策过程中通过设置交叉达标和农场咨询系统等配套机制与措施来保证政策的执行效果，便是很好的一例。四是保证政策顺利开展的重要前提是具有高质量的基础数据支撑。美欧等发达国家（地区）的经验均表明，目标价格补贴和直接收入补贴政策的实施都需要有完备的基础数据支持。事实上，无论农业支持保护的形式如何，对于价格、单产、播种面积等数据的掌握是支持政策实施的关键。比如，欧盟的农场咨询系统一定程度上承担了收集和提供高质量农业信息数据的作用。相对丰富且全面的高质量农业基础数据，为发达国家（地区）农业支持保护政策精准施策创造了条件和可能，同时也大大降低了政策操作成本和道德风险。

8.5 本章小结

纵观国际粮食支持保护政策的演变历程与逻辑，可以发现这些国家（地区）的政策均呈现出整盘统筹、分类指导、多措并举、高效配合的特点，既考虑粮农增收和利益保障问题，也考虑环境、生态、质量问题，并随着发展阶段、经济条件和社会条件的变化而不断调整。当前，我国的粮食支持保护政策改革也同样面临着保障国家粮食安全、保护农民收益、提高农产品竞争力、促进农业可持续发展等多重政策目标。考虑到政策目标和出发点的相似性，国际已有的经验做法可能会对我国当前及今后一段时期深入推进农业供给侧结构性改革和完善粮食支持保护政策体系具有重要的参考意义和借鉴价值。但考虑到我国与其在市场条件、农业经营规模、外部规则压力、配套支撑条件等方面存在的客观差异，简单地套用国际经验可能并不合适，而应该根据我国国情、农情、粮情等实际情况，“有所为，有所不为”，逐步探索形成粮食支持保护政策的中国经验、中国智慧和中国方案。

新时期完善粮食支持保护政策体系，应以深化农业供给侧结构性改革为主线，坚定不移贯彻绿色发展理念，把“稳产量、强产能、可持续”和实现“三个安全”，即粮食及主要农产品有效供给安全、农产品质量安全、农产品产地资源环境安全，尤其要把提高综合生产能力和可持续发展能力作为核心目标任务；强化政策、科技、体制、人才、设施装备和资源环境支撑；坚持生产、生活、生态协调发展，坚持农业、农村和农民统筹发展，坚持产业、产城、城乡融合发展；坚持市场化改革取向和保护农民利益并重，推动财政和金融社会资本支农大协同，全面强化农业农村发展重点领域和关键环节的大政策，确保财政支农力度不减，为加快农业农村现代化发展提供有力支撑。

中篇　放眼国际　强化粮食进口风险防控体系

第9章

我国粮食进口新格局与外部风险防范需求分析①

当今世界处于百年未有之大变局之下，全球粮食市场的不确定性显著增加，进而对中国粮食安全所面临的国际贸易环境构成不利影响。目前中国已经成为全球最大的粮食进口国②，粮食进口规模持续扩大的同时，粮食进口品种集中、来源地集中、时期集中和运输通道集中的问题凸显（李天祥等，2022）。这也意味着，在高水平开放新格局下，我国粮食安全将面临更多的输入性风险，特别是在国际地缘政治不稳定、贸易保护主义抬头、极端气候事件和灾害频发的大环境下，确保我国粮食进口安全，牢牢把住粮食进口主动权，对于维护国内粮食稳定供给无疑至关重要。准确把握我国粮食进口的结构特征和发展趋势，厘清新格局下我国粮食进口面临的各种外部风险和挑战，对于调控粮食进口、制定有效的进口战略将具有重要的启示意义。基于此，本章旨在分析世界粮食市场变化与中国粮食进口新格局特征的基础上，系统分析新格局下保障我国粮食安全需要重点关注和防范的主要外部风险，并进一步探讨新格局下防范我国粮食进口外部风险的思路和方向。

---

① 资料来源：李天祥等（2022）。

② 《我国筑牢粮食安全屏障》，https://www.gov.cn/xinwen/2019-01/18/content_5358853.htm#:~:text=%E2%97%8B%20。

9.1 全球粮食市场变化与我国粮食进口新格局

随着世界人口的增长，收入水平的提高，全球粮食需求快速增长。跨境农产品贸易在人类的热量摄入供应中所占的比重由 1995 年的 16.1%增加到 2019 年的 21.0%（FAO，2021a），国际贸易在保障全球粮食安全方面正发挥着愈发关键的作用。然而，随着世界人口和粮食生产在空间分布上的不均衡与不匹配，产销分离趋势日渐凸显，推动了世界粮食贸易规模持续扩大以及国际粮源供应主体的高度集中。高度集中的国际粮食贸易格局限制了中国在选择粮食进口伙伴时的灵活性，使中国的粮食进口来源地呈现出高度集中的特征。

9.1.1 全球粮食市场变化

随着经济一体化的深入发展和贸易自由化的持续推进，国际粮食供应市场规模不断扩大，全球粮食贸易量不断增加，成为越来越多的国家粮食安全的重要保障。与此同时，市场集中度逐渐提高，少数大型粮食生产国和地区控制着大部分市场份额，这在一定程度上增加了粮食进口国的风险和依赖性。

1. 产出与贸易规模齐增

全球人口数量的持续增长推动了粮食需求的不断增加。为了满足人类不断增长的粮食需求，全球都致力于提高粮食生产的单产和总量。自 20 世纪 60 年代以来，世界粮食产品的产量迅速提升。1961~2020 年全球人口数量从 31 亿增长到 78 亿，年均增长率为 1.6%；同期，全球谷物产量从不足 9 亿吨增长到 30 亿吨，年均增长率为 2.1%；其中，玉米、小麦和稻米三大主粮的产量从 2 亿多吨分别增长至 11.6 亿吨、7.6 亿吨、7.7 亿吨，年均增长率分别达到 3.0%、2.1%、2.2%；大豆产量从 2688 万吨增长到 3.6 亿吨，提高了 12 倍，年均增长 4.5%（图 9.1）。

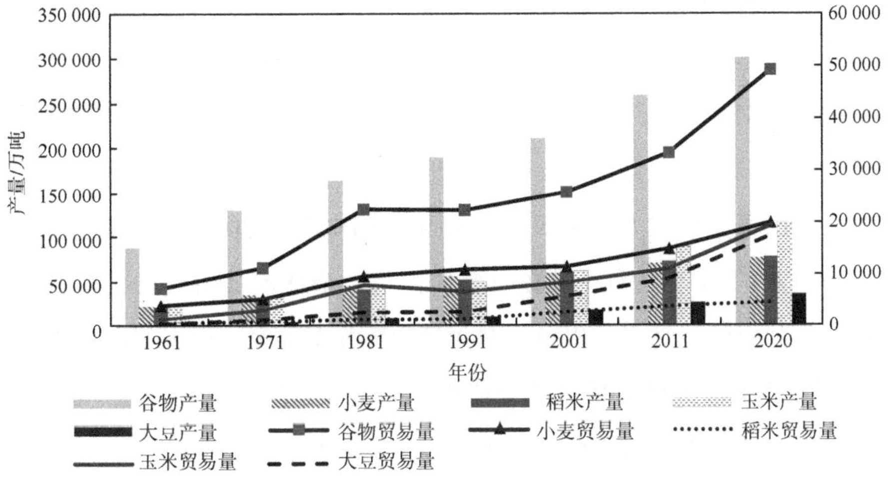

图 9.1　1961~2020 年全球粮食产量与贸易量变动趋势

资料来源：联合国粮农组织统计数据库（FAOSTAT）

粮食产量快速增长的同时，全球人口的分布和粮食产量的分布呈现愈加明显的空间错配，全球粮食贸易的市场规模也在迅速扩大。总体上看，1961~2020 年，全球谷物贸易量从 7266 万吨提高到 4.9 亿吨，增长了 5.7 倍，年均增长率为 3.3%；就具体粮食品种而言，玉米贸易量从 1400 万吨提高到近 2 亿吨，增长了近 13 倍，年均增长率为 4.6%；小麦贸易量从 3953 万吨提高到近 2 亿吨，增长了 4 倍，年均增长率为 2.8%；稻米贸易量从 628 万吨提高到 4567 万吨，增长了 6 倍多，年均增长率为 3.4%；同期大豆贸易量从 417 万吨提高到 1.7 亿吨，增长了将近 40 倍，年均增长率高达 6.5%。伴随着全球谷物贸易的迅猛发展，跨境农产品贸易在人类的热量摄入供应中所占的比重由 1995 年的 16.1%增加到 2019 年的 21.0%。可以说，国际贸易在保障全球粮食安全方面正发挥愈发关键的作用。

2. 国际粮源供应主体高度集中

由于各地区在人口分布、自然气候条件以及生产技术水平等方面均存在较大差异，不同国家/地区对不同粮食品种的供应能力存在明显差别。随着世界人口和粮食生产在空间分布上不均衡、不匹配的特征愈加凸显，全球范围内的粮食产销分离趋势日渐明显，粮食生产和出口越来越向少数国家和地区集中。联合国商品贸易（UN Comtrade）统计数据显示，美国、阿根廷、澳大利亚、巴西、加拿大、新西兰和泰国 7 个国家的粮食净出口量占全球粮食净出口总量的 55%左右。从粮食整体而言，全球粮食出口主要集中于美国、巴西、阿根廷、乌克兰以及加拿大等少数几个国家。根据 2021 年的数据，前五国的粮食出口总量占到全球粮食总出口量的比重超过了 60%，这几个国家在全球粮食出口方面占据主导地位（表 9.1）。

表 9.1　2021 年全球前五大粮食出口国出口量占全球总出口量的比重（单位：%）

粮食		稻米		小麦		玉米		大豆	
国家	占比	国家	占比	国家	占比	国家	占比	国家	占比
美国	23.2	印度	41.6	俄罗斯	14.7	美国	37.6	巴西	53.7
巴西	15.8	泰国	11.9	澳大利亚	13.7	阿根廷	19.8	美国	32.9
阿根廷	8.1	越南	11.2	美国	12.9	乌克兰	13.2	巴拉圭	3.9
乌克兰	7.4	巴基斯坦	7.8	加拿大	11.6	巴西	11.0	加拿大	2.8
加拿大	5.7	美国	6.6	乌克兰	10.4	罗马尼亚	3.8	阿根廷	2.7
合计	60.2	合计	79.1	合计	63.3	合计	85.4	合计	96.0

资料来源：UN Comtrade 统计数据库

注：粮食主要包括谷物、豆类和薯类

就具体品种而言，主要粮食品种的出口国同样高度集中于少数几个国家和地区，并且大豆和玉米这两种主要饲料粮的出口集中度要更高于稻米和小麦的出口集中度。稻米的主要出口国主要集中于印度、泰国、越南等南亚和东南亚国家，其中 2021 年仅印度的稻米出口量占到全球总出口量的 40%以上。与稻米、玉米及大豆相比，全球小麦的出口相对分散，全球小麦出口市场集中于俄罗斯、澳大利亚、美国、加拿大和乌克兰，根据 2021 年数据，这五个国家小麦出口量占全球小麦总出口量的比重均超过了 10%，合计出口量占比达到 63.3%。大豆和玉米分别作为关键的蛋白饲料和能量饲料来源，二者的出口国集中度更高，其中，前五大出口国的玉米出口量占据全球玉米出口总量的比重超过了 85%，而大豆方面，仅前两大出口国的出口比重就达到了 86.6%。值得关注的是，大豆和玉米不仅各品种的进口来源国集中度高，而且两个品种的主要进口来源国高度重叠，主要集中于美国、巴西和阿根廷，这也给中国实施饲料粮多元化进口战略带来了选择困境。

国际粮食供给地高度集中也意味着全球粮食运输方式和运输路线将相对单一。据查塔姆研究所（Chatham House）的统计，在 2015 年，全球 7 个主要的粮食海运通道承载的粮食贸易量占全球粮食总贸易量的 76.2%，其中，巴拿马运河和马六甲海峡是全球最大的粮食贸易通道，经过这两条航道的贸易份额分别达到全球粮食总贸易量的 14.5%和 17.8%[①]。值得关注的是，巴拿马运河和马六甲海峡也是中国粮食进口依赖度最大的航道，2016 年，经过这两条航线的粮食贸易量分别占中国粮食总进口的 43%和 39%（王帅，2018b）。粮食运输路线相对集中的现状对粮食运输渠道的稳定性和可靠性也将是一个重要的考验。

9.1.2　我国粮食进口新格局特征

在我国农产品需求刚性增长、水土资源约束不断加剧以及农产品贸易开放广度和深度持续提高的背景下，我国粮食进口的规模持续攀升。粮食进口

① Chokepoints and vulnerabilities in global food trade，https://resourcetrade.earth/publications/chokepoints-and-vulnerabilities-in-global-food-trade。

日益成为补充我国粮食供给的重要方式和手段（朱晶等，2021a）。特别是2001年加入WTO以来，我国积极利用外部市场和资源补充国内粮食供应，丰富粮食品种，提高资源配置效率。按照我国现行的粮食统计口径[①]计算，2001年之前我国粮食进口量较少且增长缓慢，2001年以来，我国粮食进口规模快速增长，已成为全球重要的粮食进口国之一。2001~2020年我国粮食进口量由1950.4万吨迅速提高到14 262.0万吨，在世界粮食贸易中的占比由5.4%增长至26.2%，进口量与产量之比也由4.3%增长到21.3%。

虽然从国际市场上进口粮食为满足我国粮食需求、维护国家粮食安全做出了重要贡献，但随着我国粮食进口规模的增长和对外依存度的提升，我国粮食进口格局的集中性特征日益凸显，主要表现在粮食进口的品种高度集中、进口来源高度集中、进口运输通道高度集中以及进口时期高度集中四个方面。

1. 进口品种高度集中

我国进口粮食以大豆、玉米、小麦、稻米四个品种为主，这四者总体的进口规模占比超过了90%。尤其是2015年以来，大豆、小麦、稻米、玉米合计的进口规模明显扩大，一直保持在9000万吨以上的高位，2017年、2020年、2021年更是突破了亿吨关卡，分别达到10 680.5万吨、12 294.2万吨、13 960万吨。分品种而言，我国粮食进口结构体现出三方面的显著特征（图9.2）。

一是大豆担当粮食进口主力军，其进口规模增长是中国粮食进口规模持续扩大的强力动因。2001~2021年，我国大豆进口增速强劲，从1393.9万吨迅速提升至9652万吨，增长约5.9倍，年均增幅达10.2%，在进口粮食中

① 中国的粮食统计标准与国际统计标准有所不同，不仅包含谷物类，还包含豆类和薯类等。

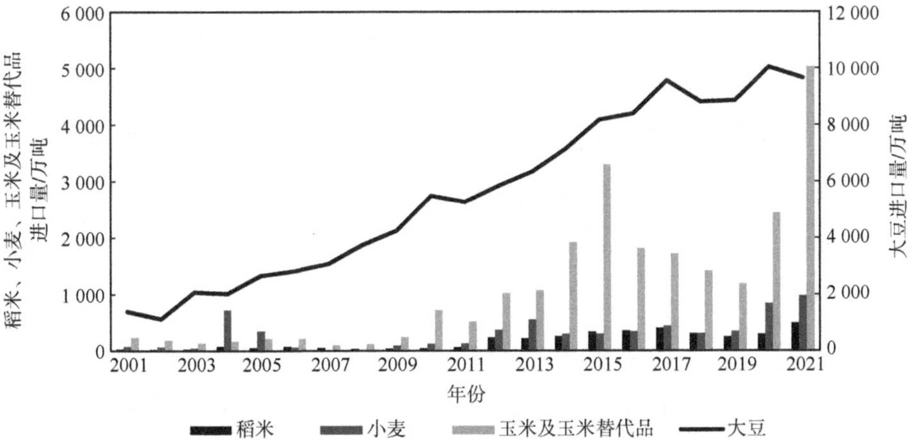

图 9.2　2001~2021 年中国主要粮食品种进口量

资料来源：UN Comtrade 统计数据库

的占比常年保持在 2/3 以上。尽管 2021 年我国大豆进口规模相比 2020 年同期减少了 3.8%，但是大豆依然是最主要的进口粮食品种，在我国粮食进口总量中所占的比重仍然维持在 58%左右。

二是稻米和小麦的进口规模相对稳定。我国稻米和小麦的年进口总量不超过 1473 万吨，进口规模在近二十年特别是 2014 年以来保持了基本稳定，二者在进口粮食中的占比均保持在 2%~3%。即使前几年受新冠疫情的影响，稻米和小麦进口规模有所扩大，如 2020 年我国稻米和小麦的进口量分别达到 294.3 万吨和 837.6 万吨；2021 年稻米进口量进一步增长至 496 万吨，小麦进口量进一步提高到 977 万吨，但稻米和小麦的进口量在我国粮食进口总量中的比例依然均未突破 6%，并且其进口量与产量之比均在 10%以下。

三是玉米及玉米替代品进口增长迅速。近年来，随着我国居民食物消费结构升级和养殖业发展需求上升，玉米进口高速增长态势明显。特别地，在近两年进口 1 亿多吨粮食中，玉米进口呈现爆发式增长，并持续突破进口配额。2020 年达到 1129.6 万吨，占粮食进口总量的比重接近 8%；2021 年玉米进口量达到创纪录的 2835 万吨，在粮食进口总量中的占比高达 17.23%，同比翻了一番多。除了玉米之外，高粱、大麦、DDGS 等玉米替代品由于具有不受进口配额限制、可作饲料添加剂、存在价格红利等优势，进口量也保持上涨趋势，2021 年玉米及玉米替代品进口量为 5059 万吨，较 2020 年增长 107.17%。

总体而言，大豆和玉米是重要的饲料作物，随着中国畜牧业的发展，对这些作物的需求显著增加，我国粮食进口也因此高度集中于大豆和玉米及玉米替代品，其合计的进口量在我国粮食进口总量中的占比常年维持在 85%以上。这种高度集中的粮食进口格局也给我国进口来源多元化战略的有效实施带来了局限性。

2. 进口来源高度集中

党的十八大以来，我国一直高度重视和积极推进粮食等重要农产品进口来源的多元化布局，但总体上进程较为缓慢。目前我国粮食进口来源依然高度集中，对特定国别市场依存度较高的状况并未发生实质性改变。总体而言，美国和巴西自 2002 年以来一直是我国排名前两位的粮食进口来源国，在粮食进口总量占比中长期保持在 55%以上，2016 年以来在我国每年粮食进口总量 1 亿多吨中，该比例进一步跃升到 70%。

就粮食进口来源国来说，2001 年，中国仅从泰国 1 个国家进口 1 万吨以上的稻米和玉米，分别从 3 个国家和 5 个国家进口 1 万吨以上的小麦和大豆。而到了 2020 年，贸易伙伴数量有所增加，中国进口 1 万吨以上稻米、玉米、小麦、大豆的国家各增长到 7 个、6 个、7 个、9 个[①]。从进口来源国的绝对数量来看，中国粮食进口渠道来源有所拓展，但粮食进口高

① 根据 UN Comtrade 数据统计。

度依赖于部分国家的问题依然严峻。

表 9.2 给出了 2001~2021 年我国主要粮食品种的进口来源及其占比情况。从稻米进口主要来源国的变化可以看出，21 世纪之初，我国进口稻米主要来自泰国。2008 年以后，中国与缅甸、越南、巴基斯坦等国家陆续建立了稻米贸易方面的合作，推动我国从这些国家进口稻米的比例逐年上升，从泰国进口稻米的比例逐渐下降。2021 年中国主要从越南、印度、巴基斯坦进口碎米作为饲用谷物，不再局限于高端稻米产品，但从前三大稻米进口国的进口量所占比重持续超过 60%。

表 9.2　2001~2021 年我国主要粮食品种的进口来源及其占比（单位：%）

年份	稻米		小麦		玉米		大豆	
	进口来源	进口占比	进口来源	进口占比	进口来源	进口占比	进口来源	进口占比
2001	泰国 老挝	99.8 0.1	加拿大 美国 澳大利亚	58.2 34.5 6.2	泰国 缅甸 越南	85.4 7.9 3.7	美国 阿根廷 巴西	41.1 36.0 22.7
2008	泰国 老挝 缅甸	96.9 1.5 1.0	澳大利亚 美国	98.8 1.2	缅甸 老挝 美国	49.8 39.9 9.9	美国 巴西 阿根廷	41.2 31.1 26.3
2013	越南 巴基斯坦 泰国	66.0 18.6 13.4	美国 加拿大 澳大利亚	69.4 15.7 11.1	美国 乌克兰 老挝	90.9 3.3 2.5	巴西 美国 阿根廷	50.2 35.1 9.7
2017	越南 泰国 巴基斯坦	56.7 28.0 6.8	澳大利亚 美国 加拿大	44.2 36.2 12.2	乌克兰 美国 老挝	64.5 26.8 5.3	巴西 美国 阿根廷	53.3 34.4 6.9
2019	巴基斯坦 缅甸 泰国	24.1 21.8 21.0	加拿大 法国 哈萨克斯坦	51.9 15.0 12.4	乌克兰 美国 老挝	86.4 6.6 3.0	巴西 美国 阿根廷	65.1 19.2 9.9
2020	缅甸 越南 巴基斯坦	31.3 27.0 16.3	法国 加拿大 美国	29.2 28.2 20.3	乌克兰 美国 保加利亚	55.8 38.4 2.3	巴西 美国 阿根廷	64.1 25.8 7.4

续表

年份	稻米		小麦		玉米		大豆	
	进口来源	进口占比	进口来源	进口占比	进口来源	进口占比	进口来源	进口占比
2021	越南	22.6	澳大利亚	28.0	美国	69.9	巴西	60.2
	印度	21.8	美国	27.8	乌克兰	29.0	美国	33.5
	巴基斯坦	19.2	加拿大	25.9			阿根廷	3.9

资料来源：UN Comtrade 统计数据库及海关总署

从小麦进口来源国变化可知，进入 21 世纪以来，中国小麦进口国以美国、加拿大、澳大利亚为主，2013 年之前从这 3 个国家进口的小麦在中国小麦进口总量中的占比超过 95%；不过，近些年来受中美贸易摩擦等因素影响，法国一度成为我国重要的小麦进口国，如 2019 年从法国进口的小麦占我国小麦进口总量的 15%，2020 年该比例进一步提升到 29.2%，但美国、加拿大、澳大利亚依然在我国小麦进口中具有举足轻重的地位。

从玉米进口主要来源国的变化来看，2008 年之前，我国玉米进口量一直保持在 10 万吨以内的水平，来自泰国、缅甸、越南的玉米进口量占比合计 97%。此后，我国逐渐发展了美国、乌克兰等重要的玉米贸易伙伴。其中，乌克兰自 2015 年在我国玉米进口方面发挥愈加重要的作用，2021 年乌克兰成为我国第二大玉米来源国，从其进口的玉米占我国玉米进口总规模的 29%。美国和乌克兰已成为我国高度集中的玉米进口来源国，从这两国进口的玉米占比超过了 95%。

从大豆进口主要来源国的变化可以看出，我国大豆进口来源国始终高度集中于美国、阿根廷、巴西，2001~2013 年我国从这三国进口的大豆合计占比不低于 95%，占当年粮食进口总量 70%以上。2013 年以来伴随着“一带一路”倡议的推进实施，中国也积极寻求与“一带一路”共建国家如俄罗斯、哈萨克斯坦等开展大豆贸易，但大豆进口渠道的多元化并没有明显改变其进口来源集中的现状，美国、阿根廷、巴西三个主要大豆进口来源国的市场地位依然难以撼动，从这三国进口的大豆常年保持占比在 90%之上的高位。

3. 进口运输通道高度集中

在粮食进口贸易快速发展的背景下，一方面，海运凭借运量大、运费低、适应性强、可达范围广等优势在粮食跨境贸易运输中发挥日益关键的作用；另一方面，我国粮食进口品种和进口来源高度集中，导致粮食进口方式和进口路径相对固定，主要依赖长距离的海洋运输，我国进口粮食的海运通道也相对固定和集中。

从全球范围来看，粮食跨境运输主要依靠海运。近 20 年来，80%以上的粮食国际贸易由海运完成。随着全球粮食进出口贸易的迅速发展，粮食海运的规模和份额不断攀升，粮食跨境贸易对海上运输系统的依赖性也与日俱增，尤其是对海上运输要道和关键节点的依赖程度不断加深。其中，马六甲海峡、巴拿马运河、直布罗陀海峡、苏伊士运河、曼德海峡、土耳其海峡、多佛尔海峡和霍尔木兹海峡是 8 个最为关键的海上运输节点。相关数据显示，2015 年，全球约 55%的玉米、小麦、稻米和大豆贸易运输都要至少途经这 8 个海上运输节点之中的一个[①]。

作为全球重要的粮食进口国，受国际粮食运输通道集中的影响，我国粮食进口运输通道高度集中的特征凸显。2020 年我国粮食海运进口量多达 1.3 亿吨，占国内粮食进口总量的 90%以上。从运输路线来看，部分粮食品种进口的海运路线相对固定和单一，且大多需要途经国际海洋运输的一些关键咽喉要道。以我国海运进口量最大的品种大豆为例，最主要的进口国是美国

① Chokepoints and vulnerabilities in global food trade，https://resourcetrade.earth/publications/chokepoints-and-vulnerabilities-in-global-food-trade。

和巴西。其中，自美入华的大豆运输路线有两条：一条为美国北部地区的大豆通过卡车和火车运到美国西海岸港口，再穿过太平洋到中国；而另一条为五大湖及附近地区的大豆通过密西西比河的驳船运输到美湾港口，再经巴拿马运河穿过太平洋运往中国。自巴入华的大豆运输路线主要是先把巴西主产地的大豆通过汽运运往沿海的里约热内卢港、桑托斯港、南圣弗朗西斯科港等港口，再通过好望角或巴拿马运河进入印度洋或太平洋运往中国。在这些运输路线上主要有巴拿马运河和马六甲海峡两个关键咽喉要道，目前途经巴拿马运河运往我国的进口大豆份额由 2010 年的 30%减少到 2020 年的 26%，穿越马六甲海峡进入我国的大豆占比由 53%上升到 65%（表 9.3）。近几年来，乌克兰在我国玉米进口方面的重要作用日益凸显，该国的玉米主要从产粮区通过铁路运输到黑海北岸的敖德萨港，再经土耳其海峡、苏伊士运河、马六甲海峡辗转到我国。总体上，在我国通过海运进口的粮食中有 43%需要途经马六甲海峡，7%需要跨越土耳其海峡，经苏伊士运河、霍尔木兹海峡等。这两个海上运输节点对于保障我国大豆和其他粮食品种进口安全无疑至关重要，不仅如此，巴拿马运河还是我国从美洲进口玉米、小麦等粮食的重要海上运输节点，马六甲海峡还是我国从欧洲进口小麦、玉米、大麦等谷物的海上运输必经之路。在我国对欧洲和美洲粮食需求不断扩大的背景下，巴拿马运河和马六甲海峡在我国粮食进口运输通道中的地位将不断提升。据查塔姆研究所测算，预计到 2025 年，我国近 90%的粮食和化肥进口将通过马六甲海峡或巴拿马运河运输。

表 9.3 2010~2020 年中国进口粮食和大豆经过海上关键节点的情况（单位：%）

年份	巴拿马运河		马六甲海峡	
	粮食进口份额	大豆进口份额	粮食进口份额	大豆进口份额
2010	25	30	45	53
2011	28	32	44	53

续表

年份	巴拿马运河		马六甲海峡	
	粮食进口份额	大豆进口份额	粮食进口份额	大豆进口份额
2012	26	31	38	50
2013	25	27	44	59
2014	28	30	40	52
2015	25	26	46	59
2016	30	31	46	53
2017	24	28	44	57
2018	15	15	58	70
2019	17	20	62	68
2020	23	26	57	65

资料来源：UN Comtrade 统计数据库、农业运输开放数据平台数据

4. 进口时期高度集中

在粮食需求刚性增长和粮食生产季节性明显的局面下，我国粮食进口呈现出时期集中的特点。粮食生产受到季节性因素的影响较大，如播种期、生长期和收获期等，这些因素都会影响到粮食的供给量。

在大豆方面，进口主要来源于北半球的美国、南半球的巴西和阿根廷。美国大豆种植与收获时期和中国大豆相似，于每年的 4 月播种，9 月成熟收获，10 月至次年 4 月集中上市出口。由于南北半球季节性差异，巴西和阿根廷每年的大豆播种时期集中在 10 月，收获时期集中在次年 4 月、5 月，大豆收获成熟后即可上市出口。从 2015~2020 年平均情况来看，我国大豆进口主要集中在每年 5 月到 9 月及 11 月到次年 1 月（图 9.3），这两个时期的大豆进口量占到我国全年大豆进口总量的 73.6%。

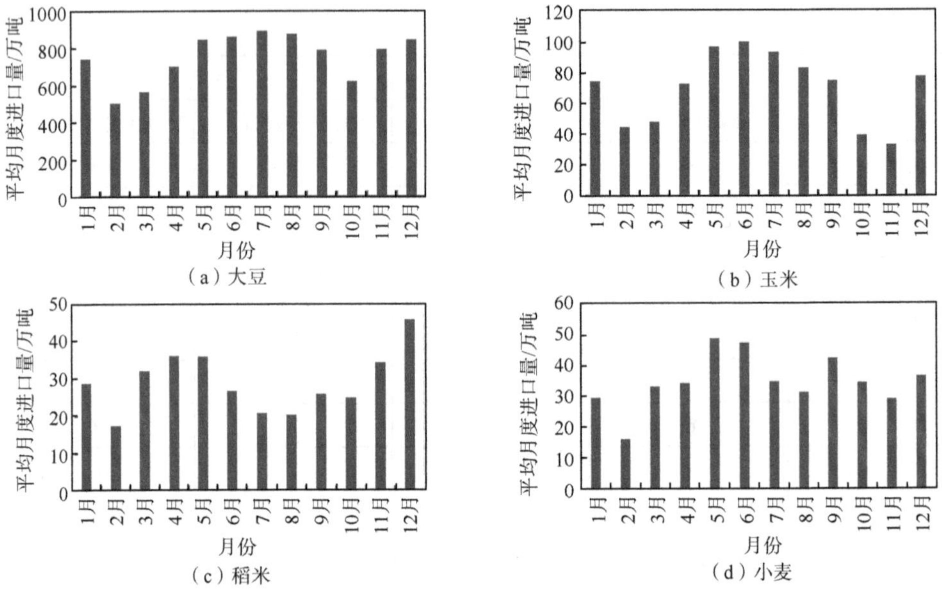

图 9.3 2015~2020 年中国主要粮食品种平均月度进口量

资料来源：国际贸易统计数据库、海关总署

在玉米方面，北半球玉米生产国如美国主要于每年 3~7 月集中上市，南半球玉米生产国如巴西主要在每年 1~9 月供给玉米。在此情形下，近几年来我国玉米进口主要集中在每年 5 月到 7 月及 12 月到次年 1 月，这两个时期的玉米进口量占到我国全年玉米进口总量的 52.8%。

就口粮贸易而言，我国稻米进口主要来自东南亚地区，并且由于运输距离短，我国稻米的进口时期与稻米进口来源国的出口时期高度吻合，主要集中在每年 3 月至 5 月和 9 月至 12 月。我国进口小麦的主要来源国是加拿大、美国、澳大利亚，这三个国家的小麦出口时间分别为 4~8 月、3~5 月和 7~9 月、12 月至次年 5 月，考虑到长途运输需要一定的时间，因而我国主要于每年 3 月至 6 月及 8 月至 10 月进口小麦。

总体上，我国粮食进口具有明显的季节性和阶段性特征，主要集中在第二季度和第四季度，与国内粮食生产呈现互补的趋势。

9.2　新格局下我国粮食进口面临的外部风险

在新格局下，国内国际双循环的对接融合，也意味着国际粮食市场和外部经贸环境的各种风险与不确定性将更加容易地输入国内粮食市场，并有可能给粮食国内循环带来强大的冲击和压力。二战后，全球粮食贸易规模迅速扩大，谷物和大豆合计规模由 1961 年的不足 1 亿吨增长到 2021 年的 3.5 亿吨。与此同时，粮食贸易风险显著增加，从风险爆发的原因来看，主要涉及经贸关系风险、出口限制风险、社会事件风险、运输中断风险、垄断控制风险五个方面。新冠疫情全球大流行、重大突发事件频发，再次暴露出粮食国际供应链的脆弱性，尤其是运输和物流端所面临的风险日益凸显。在此背景下，我国粮食进口量大且高度集中，一旦出现问题，给我国粮食进口的安全性和稳定性无疑会带来严峻挑战。

9.2.1　经贸关系风险

粮食作为重要的战略物资，粮食贸易也长期以来一直在国家间博弈中扮演重要角色。在当前贸易保护主义势力抬头下，中国大规模的粮食进口成为反对单边主义的重要筹码。然而，中国粮食进口量大且部分产品来源国高度集中，在特定产品进口上面临着贸易伙伴选择有限、外部粮源可供性回旋余地小的潜在风险。自 2013 年中央一号文件提出推动农产品进口来源多元化战略以来[①]，虽然中国积极推进粮食等重点农产品进口来源地多元化布局，但从绝对数量来看，部分粮食品种进口高度依赖于特定国家（地区）的问题依然不容小觑。一旦与主要贸易伙伴之间发生不确定性事件，进口的粮源稳

---

① 《中共中央 国务院关于加快发展现代农业 进一步增强农村发展活力的若干意见》，https://www.gov.cn/jrzg/2013-01/31/content_2324293.htm。

定性便存在波动风险，且短期内难以寻找其他合适的贸易伙伴进行替代（张玉梅等，2021；汤碧和李妙晨，2022）。随着中国对世界粮食市场依赖程度的日益加深，经贸关系波动使进口对国内粮食安全保障的影响也变得更为复杂且深远（Su et al.，2023）。

在高度依赖少数国家粮食进口的背景下，经贸关系波动所带来的风险将通过进口传导到国内，对中国粮食安全产生深刻影响。就进口最多的粮食产品——大豆来说，根据 UN Comtrade 统计数据，2020 年中国购买了全球市场中 65.5%的大豆，相当于国内产量的 5.1 倍。美国和巴西是中国大豆进口的主要来源国，从两国进口的份额超过了 90%。2018 年发生中美经贸摩擦，中国自美国进口的大豆从 2017 年的 3285.4 万吨迅速下降到 1664.0 万吨，降低了 1621.4 万吨，而自巴西进口的大豆数量则从 2017 年的 5092.8 万吨增加到 6608.4 万吨，增加了 1515.6 万吨。也就是说，从美国进口减少的大豆基本由从巴西增加进口予以替代；而在中美签署第一阶段经贸协议后，中国从世界市场的大豆进口则迅速转回美国，2020 年增加到 2587.4 万吨，2021 年进一步增长到 3229.6 万吨，基本恢复到经贸摩擦前的水平，同时从巴西的大豆进口则相应减少。可以看出，中美经贸摩擦使中国大豆进口来源地格局受到了剧烈波动。美国和巴西两大出口国占据了中国大豆进口来源的绝对份额，使中国在贸易伙伴国选择上回旋余地受限。中国今后以农产品作为可能的中美经贸关系波动的谈判筹码时，有限的贸易伙伴选择和单一的“钟摆式”替代效应，将会造成我国农产品进口格局的震荡、扰乱世界市场的预期，给中国粮食安全带来一定的负面影响。除大豆外，中国的谷物进口也同样面临着经贸关系波动带来的风险和挑战。以中国从澳大利亚进口的大麦等谷物为例，根据 UN Comtrade 统计数据，2017 年中国从澳大利亚进口包括大麦、玉米、高粱在内的粗粮达到 678 万吨，占到同期中国三种谷物总进口量的 40.5%。然而，2020 年和 2021 年，中国从澳大利亚进口的大麦等谷物分别仅为 160 万吨和 103 万吨，较 2017 年分别减少了 76.4%和 84.8%。在今后不确定的经贸关系下，中国从澳大利亚的谷物进口依然可能受到一定的负面影响。

9.2.2　出口限制风险

粮食作为重要的战略物资，长期以来一直是国家间政治制裁和经济制裁的惯用武器，同时也是国家博弈的一张王牌。粮食出口限制风险主要指部分粮食出口国出于意识形态、政治斗争或贸易争端需要，抑或是为了优先保障本国粮食供应稳定而限制粮食出口，从而给粮食进口国带来一定程度的风险。在粮食贸易中，禁运可能导致全球供应链中断，影响粮食价格和分配，从而对全球粮食安全构成威胁。

从历史数据来看，粮食禁运越发成为贸易保护主义的手段，严重冲击了全球粮食安全的稳定性。20 世纪中后期，西方国家多次以惩治或报复别国为目的而实施粮食制裁或禁运。据统计，20 世纪 50 年代后，全球共发生过 15 次粮食禁运事件，但出于人道主义成为全球共识、粮食禁运本身是一场双输博弈等各方面原因，多数均以失败告终。21 世纪以来，由于带有敌对意图的制裁禁运愈发不得人心，国际上管控粮食贸易的方式逐渐转变为更隐蔽的出口限制，以达到保障国内粮食安全、改善本国粮食贸易条件等目的。近三次全球粮食市场发生异动期间，部分粮食出口国采取出口限制手段以求安求稳。如表 9.4 所示，在 2007~2008 年粮食危机期间，FAO 对 77 个国家进行的一项抽样调查显示，约有 25%的国家实施了某种形式的出口限制，如阿根廷对玉米、小麦、大豆征收出口税，乌克兰对玉米、小麦、大麦、黑麦实行出口配额限制。在 2010~2011 年国际粮价上涨期间，多个国家对粮食品种同时实施了多种出口限制措施，如印度对普通大米采取出口禁令、最低出口价格、出口配额手段，巴基斯坦针对小麦同时实施出口配额、出口禁令措施。2020 年新冠疫情与自然灾害交织共振期间，俄罗斯、乌克兰、印度等国家对稻麦口粮采取出口配额、出口禁令为主的出口限制手段。2022 年俄乌冲突以来，全球粮食市场震荡不安，各国贸易保护主义抬头，除了俄罗斯、乌克兰之外，白俄罗斯、埃及、印度等 20 多个国家也纷纷收紧粮袋子，实施关于农产品和食品的出口禁令，进一步推动了国际粮食供应链断裂。

表 9.4 2007~2008 年粮食危机以来部分国家粮食出口限制措施

粮食市场异动时间	国家	粮食出口限制品种	出口限制形式
2007~2008 年粮食危机期间	阿根廷	玉米、小麦、大豆	出口税
	印度	普通大米	出口禁令、最低出口价格
	巴基斯坦	小麦	出口税
	俄罗斯	小麦、大麦	出口税、出口禁令
	乌克兰	玉米、小麦、大麦、黑麦	出口配额
2010~2011 年粮价上涨期间	阿根廷	玉米、小麦	出口配额
	印度	普通大米	出口禁令、最低出口价格、出口配额
	埃及	大米	出口税、出口禁令、出口配额
	巴基斯坦	小麦	出口配额、出口禁令
	俄罗斯	小麦、大麦	出口税、出口禁令
2020 年新冠疫情与自然灾害交织共振期间	俄罗斯	小麦、黑麦、大麦、玉米	出口配额
	乌克兰	小麦	出口配额
	印度	大米	出口禁令
	越南	大米	出口禁令
	柬埔寨	大米、稻谷	出口禁令
2022 年俄乌冲突以来	俄罗斯	小麦、黑麦、大麦和玉米等	禁止向欧亚经济联盟国家出口
	乌克兰	燕麦、小米、荞麦	出口禁令
	白俄罗斯	大米、面粉及面食	出口禁令
	埃及	植物油、玉米	出口禁令
	印度	小麦	出口禁令

资料来源：FAO

总体上，这些粮食出口限制措施会造成一定的贸易扭曲，加剧世界粮食危机的爆发。目前我国遭遇粮食禁运的概率较小，但当国际粮食市场发生异动时，粮食出口国仍有可能采取商业性禁运或限制出口措施，进而诱发短期内全球粮食供应紧张和粮价波动，给我国粮食进口稳定性带来一定程度的威胁。

9.2.3　社会事件风险

社会事件风险，即当今世界处于百年未有之大变局，新冠疫情等社会事件层出不穷，导致国际粮食市场面临的不确定性、波动性和风险日益加剧，给我国粮食进口带来安全隐患。

一方面，新冠疫情大流行助推全球市场不良预期的产生，挫伤了大量国家参与粮农贸易的积极性，使全球粮食供应链亮起红灯。为了疫情防控，许多国家采取关闭边境口岸、限制人口流动等措施，使粮食市场面临生产要素投入不足和贸易中断风险，从而增加了粮食的不安全预期，加剧了国际粮食市场的供需紧张。2020~2021 年，世界粮食供求安全系数（本年度期末库存量与下年度消费量的比率）高达 30%，远高于 17%~18%的安全警戒水平。疫情蔓延也导致许多粮食出口国参与国际贸易的信心下降。2020 年 4 月以来，俄罗斯、哈萨克斯坦等国陆续采取了暂停对华出口大豆的举措，此举如多米诺骨牌般极具传递性，随后越南、塞尔维亚等国也纷纷放缓本国粮食出口步伐。其中部分国家在国际粮食贸易中具有举足轻重的地位，这些国家实施的农产品出口限制措施在短期内容易引发国际粮价上涨，甚至可能造成部分地区出现囤粮现象，从而干扰全球粮食供应链的正常运转。

另一方面，部分国际港口由于饱受运力紧张、政治冲突、工人罢工等问题困扰，运输物流受到极大的不良影响。而疫情的暴发无疑是雪上加霜，致使港口本就运营不佳的情况进一步恶化。2021 年 12 月，克拉克森研究在《2021 年航运市场总结与展望》中表示，集装箱船拥堵指数曾经达到 37.5%的峰值，高于疫情前 31.3%的平均水平；全球船队运力增长 2.9%，低于近 10 年来 4.1%的平均增速。船只压港现象严重、船周转次数降低、装箱拥堵及利用率偏低，导致国际海运价格飙升、运输时间延长，极大地增添了全球粮食供应链及我国粮食进口的风险性与不确定性。

9.2.4　运输中断风险

运输中断风险主要指海上咽喉要道出现运输中断或堵塞情况，导致粮食腐化、运达延误等问题，从而使我国粮食供应链“如鲠在喉”的一种风险。在全球粮食运输中，存在多个容易发生堵塞的咽喉要道，包括苏伊士运河、巴拿马运河、马六甲海峡、土耳其海峡以及霍尔木兹海峡。这些要道的中断会对全球粮食价格、当地市场供应以及对脆弱社区的粮食援助产生重大影响。

一方面，海上咽喉要道往往比较狭窄，在运输过程中极易发生堵塞或运输中断情况，对国际粮食贸易造成巨大冲击。海上咽喉要道的狭窄特性还意味着它们极易受到自然灾害和人为因素的影响，如恶劣的天气条件、地缘政治冲突等。这些不稳定因素的存在，使得依赖这些海上要道的国际粮食贸易面临诸多不确定性，增加了全球粮食安全的风险。以全球海运最重要的动脉之一苏伊士运河为例，其最窄处仅有 0.2 公里宽。2021 年 3 月“长赐号”货轮在此搁浅，造成苏伊士运河堵塞一周，致使全球贸易损失 60 亿~100 亿美元。

另一方面，海上咽喉要道往往缺乏替代路线，即使部分航道有替代方案，但运输风险依然较高。例如，土耳其海峡和霍尔木兹海峡没有可替代路线；马六甲海峡尽管有巽他海峡、龙目海峡、望加锡海峡三条替代航道，但这些替代航道所在国政局相对不稳定，容易发生军事冲突和海上恐怖活动，再加上望加锡海峡浅滩较多，地形相对复杂，该地海盗活动频繁且袭击成功率高，因而马六甲海峡替代方案的安全系数均低于马六甲海峡，存在较高的航运风险。此外，2002~2020 年，由于气候风险、安全和冲突风险以及政治与制度风险等因素，马六甲海峡等五处海运咽喉要道都曾发生过多次中断或阻塞。其中，巴拿马运河、苏伊士运河、土耳其海峡中断次数高达 8 次（图 9.4）。尤其是自俄乌冲突爆发以来，黑海航运遭受重创，导致乌克兰超过 2000 万吨粮食无法运出，再次暴露出全球范围内粮食海上运输的脆弱性和风险性。在内陆运输方面，由于中国部分粮食主要进口国基础设施落后，交通运输系统日趋拥挤老化，也会造成运输中断风险。例如，美国、巴西内河交通负荷沉重，公路基础设施落后；俄罗斯、乌克兰等国在外部运输通道方面存在建设不足情况；泰国、越南等国同样面临公路建设不完备的问题，运输基础设施建设不充分容易导致粮食运输出现成本上升、拥堵排队、迟延耽误甚至中断的风险。

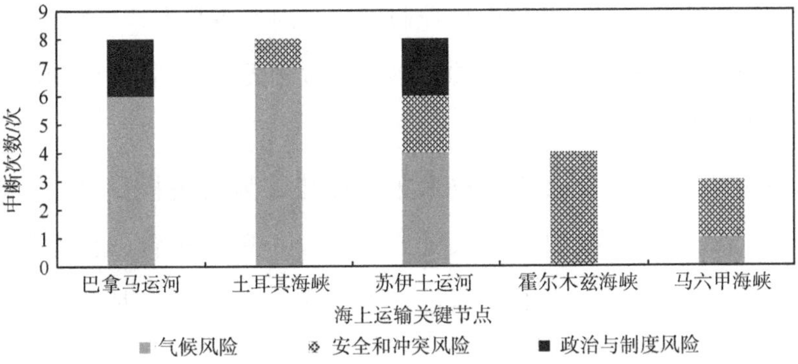

图 9.4　2002~2020 年主要海上运输要道中断发生次数及原因分析

资料来源：查塔姆研究所

9.2.5　垄断控制风险

垄断控制风险是指国际四大粮商依托其在粮食贸易中的垄断地位，对我国粮食进口安全造成干扰所带来的风险。当前粮食贸易面临的垄断控制风险是全球关注的焦点之一，这不仅关系到全球粮食市场的稳定和公平，还直接影响到全球的粮食安全。

当前国际粮食市场是卖方市场，美国 ADM、邦吉、嘉吉、法国路易达孚四大粮商凭借规模化、网络化、技术研发等优势，在种业、仓储、加工、运输等环节牢牢掌握着国际粮食领域的话语权，控制着全球 4/5 的粮食贸易量（杨静等，2017）。如 ADM 的业务遍及世界上 160 多个国家，2021 年其粮食处理量达 5425 万吨；嘉吉的业务遍及 125 个国家和地区，并且还拥有 570~600 艘的租赁船舶运输船队，每年运输货物达 2 亿吨。国际粮商给我国粮食安全进口带来的垄断控制隐患，不仅表现在垄断定价上，还体现在供应链垄断和技术垄断上。

一方面，跨国粮商在全球粮源地兴建码头、仓库等大型现代物流设施，牢牢控制海运权进而控制粮食供应链。四大粮商在巴西和阿根廷出口大豆的市场份额中占比为 3/5，并且高度控制着主产国大多数港口、铁路等运输设施，如果当地不向其采购散粮，主产国的粮食则无法装船出口，这无疑使我国在大豆进口上易面临“卡脖子”的风险。

另一方面，国际粮商凭借技术垄断优势，为农民提供种子、化肥、农机等生产资料，以换取当地农民或合作社手里的粮食，由此紧紧地把粮源掌握在自己手中。当前中国进口如此多粮食，大多是从跨国粮商手中购买的“二手粮”。

此外，四大粮商依托其关键的农业生产技术和资本优势进军我国粮食产业，如由 ADM 参股的益海嘉里集团，综合品牌矩阵广，核心品牌优势明显，荣登“2021 中国食品饮料上市公司品牌价值榜”第 2 位，并且其凭借领先技术和研发优势，近年来在小包装食用植物油、包装面粉、包装米现代渠道市场份额排名第一，对我国中小粮食企业的生存造成一定程度的威胁。

9.3　防范粮食进口外部风险的思路与方向

由 9.2 节分析结果可知，利用国际农产品市场已成为保障中国粮食安全的重要组成部分。然而，中国相对集中的粮食进口品种结构和来源地结构，使中国粮食进口供应链极易受到贸易保护主义政策、地缘政治冲突以及突发性公共卫生事件等外部不确定性的冲击，从而不利于中国粮食安全的韧性和可持续性。高水平开放的新格局下，在保障内循环的同时，亟须主动强化贸易风险管控技巧，提升对外部粮食市场和资源的利用与管控能力。

加快推进农产品进口多元化布局，增强我国利用国际市场的韧性，牢牢把握我国粮食安全主动权是我国应对外部风险的重要方向。近些年，随着外部不确定性因素的激增，多元化进口策略成为缓解和应对外部风险对进口供应链冲击的重要渠道（Wu et al.，2009；Yang et al.，2014；Hertel et al.，2021），这既包括重点品种进口来源地的多元化，也包括进口种类的多元化（FAO，2022；沈国兵和沈彬朝，2022a；Streimikiene et al.，2023）。因此，提升我国利用国际农产品市场的能力需要构建多元化食物进口格局，掌握进口的主动权，尽量避免形成对单一进口来源过度依赖的局面。新格局下通过完善我国粮食进口风险防控体系防范我国粮食进口外部风险，需要通过优化粮食进口市场布局、统筹多元食物进口布局等方式综合发力，提高国际循环的利用能力。

一方面，实施进口来源地多元化战略，优化粮食进口市场布局。粮食进口规模的持续扩大对缓解我国资源紧缺、保障粮食供应起到了重要作用。虽然我国在过去的农产品进口实践中已经在逐步推进多元化战略，并取得长足的进展，但目前仍存在部分重点品种进口来源高度集中的问题，例如，每年90%左右的进口大豆来自美国与巴西，超过90%的玉米来源于美国和乌克兰。高度集中的进口来源地格局虽有助于降低交易成本，形成买方势力，但同时也使中国面临着较大的输入性风险。特别是，当主要进口来源国出现极端天气或者贸易政策环境改变时，进口供应的稳定性、持续性以及经济性都会受到威胁。在此背景下，中央一号文件多次明确指出，要实施农产品进口多元化战略[①]，构建更加稳定、高效的农产品进口体系。因此，优化农产品进口的全球布局，推进重要农产品进口来源地多元化将是未来防范粮食进口外部风险的重点。

基于此，需要在保障我国粮食供应的前提下，以进口风险最小化为目标，调整从各供应市场进口粮食的数量，扩宽进口的来源地和渠道，降低粮食进口风险。高度集中的进口来源格局对我国粮食供应的稳定性和持续性构成了严重威胁。尤其是在当今国际贸易环境不确定以及各方粮食供应不稳定的背景下，实施粮食进口来源地多元化战略，优化进口市场布局，已经迫在眉睫。因此，利用不同来源地粮食的替代关系，推动形成更加多元的粮食进

① 2014年中央一号文件提出“加强进口农产品规划指导，优化进口来源地布局，建立稳定可靠的贸易关系”（参见《关于全面深化农村改革加快推进农业现代化的若干意见》，https://rprc.scau.edu.cn/2017/0830/c17934a115660/page.htm）；2016年中央一号文件提出“优化重要农产品进口的全球布局，推进进口来源多元化，加快形成互利共赢的稳定经贸关系”（参见《关于落实发展新理念加快农业现代化 实现全面小康目标的若干意见》，https://rprc.scau.edu.cn/2017/0830/c17934a115662/page.htm）；2019年中央一号文件提出“主动扩大国内紧缺农产品进口，拓展多元化进口渠道”（参见《关于坚持农业农村优先发展做好“三农”工作的若干意见》，https://rprc.scau.edu.cn/2019/0221/c17934a381323/page.htm）；2021年中央一号文件提出“优化农产品贸易布局，实施农产品进口多元化战略”（参见《关于全面推进乡村振兴加快农业农村现代化的意见》，https://rprc.scau.edu.cn/2021/0526/c17934a281697/page.htm）。

口来源地格局，缓解我国大豆、玉米等饲料粮进口集中的压力，是实现水平更高、效率提升和可持续性粮食安全的重要方向。

另一方面，实施进口品种多元化战略，统筹多元食物进口布局。在相对集中的进口格局下，外部环境的复杂变化使中国粮食进口面临的风险和挑战不断增加。实际上，中国进口的粮食大多为支持国内的畜禽业发展，以满足居民日益增长的肉、蛋、奶、水产品等动物性食物需求。居民食物消费结构的升级引致对玉米、大豆等粮食需求大幅增加，保障中国粮食安全的压力也正逐渐从口粮转向保证高品质动物产品供应的饲料粮（杨军等，2013；黄季焜，2021）。由本章 9.1 节的分析可知，我国食物进口种类主要集中于大豆、玉米等少数粮食品种，而且大豆、玉米等关键粮食品种的外部供应主体较为集中，这使中国粮食进口在贸易伙伴国选择上回旋余地受限。面对国内食物消费结构的升级和粮食安全新形势，习近平同志在党的二十大报告中高瞻远瞩地指出，要“树立大食物观”“构建多元化食物供给体系”[①]。大食物观拓展了传统的粮食安全边界，是在确保粮食安全的前提下，综合保障居民肉、蛋、奶、水果、蔬菜等各类食物的有效供给。这为全面应对未来食物安全风险挑战，保障多元化食物供给安全提供了新的思路。从满足国内居民对高质量食物的需求出发，大食物观为中国利用产品之间的替代性，进口更加多元、品质更高的农产品，构建更加稳定、可靠的农产品进口格局提供了优化空间。

安全、稳定地利用国际市场的关键在于要更加积极地拓展农产品进口的广度。这就要求关注不同食物之间的替代性，促进食物进口种类结构多元化发展。也就是说，中国进口的食物不能仅局限于集中进口大豆、玉米等传统

---

① 《习近平：高举中国特色社会主义伟大旗帜 为全面建设社会主义现代化国家而团结奋斗——在中国共产党第二十次全国代表大会上的报告》，https://www.gov.cn/xinwen/2022-10/25/content_5721685.htm。

粮食产品，也需要关注肉类、奶类、水产品、植物油等多种高附加值食物的对外贸易开放水平，以多元化的食物进口格局提升中国粮食安全水平。因此，充分利用不同食物品种之间的替代关系，统筹食物进口结构布局，将成为新格局下防范粮食进口外部风险的另一重要方向。

9.4 本章小结

随着全球粮食需求的快速增长，世界粮食贸易规模不断扩大。然而，国际粮源供应主体高度集中，使得中国粮食进口在贸易伙伴国选择上回旋余地受限。我国农产品需求刚性增长、水土资源约束不断加剧以及农产品贸易开放广度和深度持续提高的背景下，粮食进口已经成为满足国内持续增长的食物消费需求、保障食物多元有效供给、提高资源配置效率的重要组成部分。然而，我国粮食进口品种、进口来源、进口运输通道以及进口时期高度集中的特征凸显，为我国利用海外农产品市场和农业资源增添了诸多隐患。当前国际环境日益复杂多变，全球粮食市场面临的风险和不确定性明显增强，极大增加了我国粮食进口安全所面临的外部风险和挑战，主要表现为经贸关系风险、出口限制风险、社会事件风险、运输中断风险以及垄断控制风险等。在高水平开放的新格局下，我国粮食进口过程中任何一个环节出现问题，都将会给我国粮食进口的稳定性和持续性带来重大的冲击和考验。

对于中国而言，保障粮食安全必须立足国内，但也离不开国际市场，离不开适度进口。未来在利用国际农产品市场和资源的过程中，尤须重点防范和应对外部不确定性风险给我国粮食进口安全带来的冲击，趋利避害，不断强化粮食进口风险防范体系，积极打造更加稳定、多元、高效的海外粮源进口供应链。具体而言，强化我国粮食进口的风险防范体系，化解粮食进口集中风险，既要开拓粮食进口渠道，持续推进进口来源地多元化策略，也要树立大食物观，利用好食物之间的替代性，推进食物进口种类的多元化，确保粮食进口进得足、进得稳，关键时刻不掉链子。

第 10 章
外部风险对我国粮食安全的影响：以中美经贸摩擦为例[①]

经贸关系不确定性是影响我国粮食进口安全的重要外部风险。美国作为全球第一大农产品出口大国，也是我国农产品进口的主要来源地。近年来，中美经贸关系不确定性显著增强，尤其是 2018 年以来中美经贸摩擦持续升级变化，不仅改变了中美贸易的交易成本和市场信号，也在一定程度上冲击了我国对外贸易的稳定性。在 2018 年开始的中美经贸摩擦过程中，农产品作为中国少数重要的对美贸易逆差的品种之一，成为中美角力的“重头戏”，既是中国反制美国单边主义最重要的筹码，也是第一阶段经贸协议里中方让渡的核心对价。中美经贸摩擦作为近年来典型的经贸关系不确定性风险，为我们评估不同贸易关系和博弈情形下农产品贸易可能受到的不同方向的影响提供了对比样本，映射出以农产品贸易作为反制措施与让渡筹码这两种“正”“反”情形下中国农产品进口与粮食安全面临的“危”与“机”。本章在聚焦中美贸易关系演变及农产品贸易依存度的基础上，梳理了中美经贸摩擦的发展及对我国农产品进口影响的典型事实，进一步模拟分析中美经贸摩擦这一经贸关系不确定性风险对中国农产品进口可获性、世界其他主要

---

① 资料来源：王容博等（2022）。

出口国贸易利益及中国粮食安全保障的潜在影响。

10.1　中美贸易关系演变及农产品贸易依存度

中国与美国均是世界农产品市场上举足轻重的大国，并互为双方最重要的农产品贸易伙伴，中美经贸摩擦对中国农产品进口格局乃至粮食安全保障造成潜在影响是不可避免的。本章首先分析中美贸易关系演变及农产品贸易在中美经贸关系中的重要地位，为后续模拟分析提供现实基础。

10.1.1　中美贸易关系演变

中美之间的贸易关系是全球经济中备受关注的焦点之一。改革开放以来，中美两国的贸易总规模不断增长，同时中国对美国贸易顺差不断扩大，贸易不平衡的特征日益凸显。

1. 中美货物贸易总额不断增长

中国和美国分别作为世界上最大的发展中国家和发达国家，中美贸易关系是全球经济中最重要的双边关系之一。中美贸易关系自从两国建立贸易关系起就在摩擦和曲折中发展。

根据中美贸易关系的紧密程度，自 1979 年中美正式建交以来，中美贸易关系大致经历了三个阶段：第一个阶段是 1979 年到 2001 年中国加入 WTO 之前。这一时期中美贸易关系处于初级阶段。由于中国改革开放的政策，中美贸易额逐步增长，如图 10.1 所示，贸易总额由 1980 年的 83.3 亿美元增长到 2000 年的 745.3 亿美元，年均增速达到 11.6%。随着中国改革开放政策的深入推进，中国对外开放程度不断提高，中美贸易也得以快速发

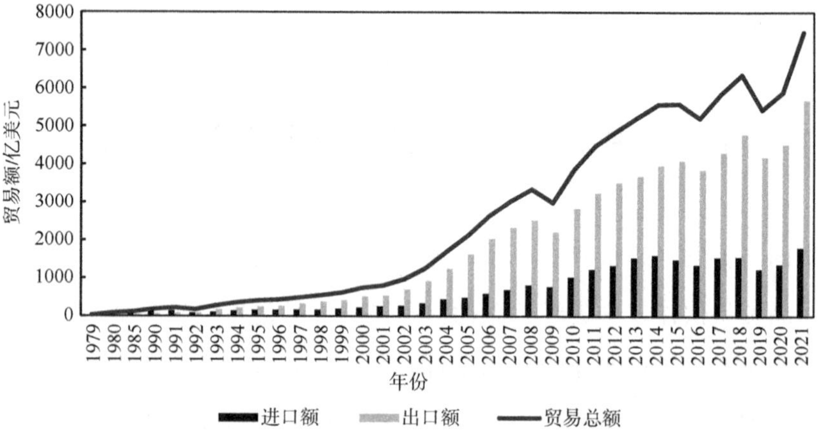

图 10.1　1979~2021 年中美进出口货物贸易额

资料来源：UN Comtrade 统计数据库

展。1990 年以来，中美贸易逐渐呈现出互利共赢的局面，中美相互成为双方最重要的贸易伙伴之一。第二个阶段是 2001 年至 2017 年，这一时期中美贸易规模呈现出快速增长的态势。2001 年中国加入 WTO，中美贸易关系进入一个全新的阶段，中国市场的开放更加深入，中美之间的贸易往来越发频繁，2003 年中美货物贸易总金额首次突破 1000 亿美元，2017 年中美进出口货物贸易总额达到 5847.7 亿美元，是 1979 年中美建交时的 244 倍。第三个阶段是 2018 年至今，这一时期中美贸易关系呈现出较大的不确定性，其主要原因是美国政府对来自中国的产品采取了加征关税等一系列贸易保护主义措施。此外，美国政府还对中国企业进行了一系列限制和打压，如禁止华为等企业参与美国市场等。这些举措引发了中美之间的贸易争端，导致双方贸易关系出现波动。从贸易规模来看，2019 年中美贸易总额为 5431.1 亿美元，较 2017 年下降了 7.1%。随着中美第一阶段经贸协议的实施，2020 年中美货物贸易总额基本回升到了 2017 年的水平。2021 年，中国与美国进出口货物贸易总额分别达到 1798 亿美元和 5682 亿美元，分别同比增长 31.8%和 25.6%，进出口贸易总额达到 7479.3 亿美元，同比增长 27%，双边货物贸易达到了历史高位。

总体而言，中美贸易关系经历了从初级阶段到快速增长阶段，再到紧张和不确定性的阶段的发展历程。然而，尽管如此，中美货物贸易往来持续保持强劲的增长势头。鉴于中美两国作为相互重要的贸易伙伴，其经贸关系的波动必然对双方的发展产生重要影响。

2. 中美货物贸易逆差持续扩大

中美进出口贸易不断发展的同时，双边贸易不平衡问题日益凸显，中国对美国贸易顺差持续扩大。如图 10.2 所示，1993 年之前，中国从美国的进口长期大于对美国的出口，中国对美国货物贸易表现为贸易逆差。1993 年开始，中国对美国的货物出口贸易额首次超过进口贸易额，中国对美国货物贸易顺差额为 63 亿美元。此后，中国对美国货物贸易顺差持续扩大，2021 年，中国对美国货物贸易顺差额高达 3884 亿美元，是中国从美国进口额的 2.2 倍。与此同时，美国对华贸易逆差占美国总逆差的比重不断上升，由

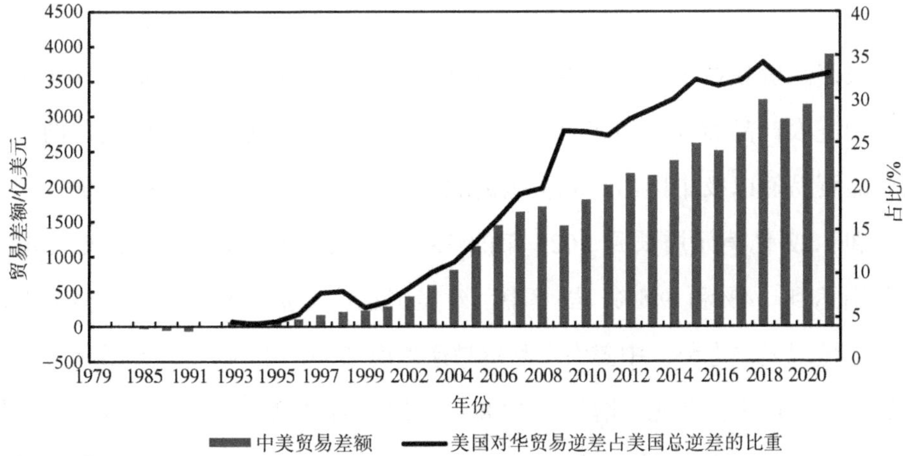

图 10.2　1979~2021 年中美货物贸易差额及美国对华贸易逆差占美国总逆差的比重

资料来源：UN Comtrade 统计数据库

1993 年的 4.5%上升到 2021 年的 32.9%。中国已成为美国最主要的贸易逆差国。中美之间日益突出的贸易不平衡状况也对双方的经贸关系形成了相应的挑战，成为双方经贸摩擦的主要导火索。

中美货物贸易顺差的发展是中国改革开放以来经济快速发展和全球贸易格局重构的结果。一方面，中美两国经济结构和竞争力存在差异。中国具有劳动力成本相对较低、资源丰富以及规模经济优势等特点，使其在劳动密集型产品生产方面具备竞争优势。美国则以技术创新、品牌影响力和高附加值产品为主导，在高端制造业和服务行业具有较强竞争力。这种结构性差异导致了相对较高的中国出口和相对较低的美国出口。另一方面，全球价值链的重构也对中美贸易不平衡产生影响。随着全球产业链的深化和分工的细化，中国逐渐成为全球制造业的重要环节和装配中心，而美国则扮演着设计、研发和品牌创造等高附加值环节的角色。这种分工模式导致了中美之间的贸易不平衡现象。

10.1.2 中美农产品贸易相互依存度

农产品贸易在中美贸易中扮演着特殊且重要的角色。中国加入 WTO 以来，中美农产品贸易取得了长足的发展。如图 10.3 所示，中国从美国进口农产品贸易额以及中国出口到美国的农产品贸易额分别由 2001 年的 27.9 亿美元和 12.2 亿美元增长到 2021 年的 386.5 亿美元和 75 亿美元，年均增长率分别达到 14%和 9.5%。虽然中国对美国总体上贸易顺差较大，但在农产品上却呈现逆差态势。中美农产品贸易逆差由 2001 年的 15.7 亿美元增长到 2021 年的 311.5 亿美元，增长了 18.8 倍。2021 年中美农产品贸易逆差的总规模相当于中美总体贸易顺差的 10%。因此，在 2018 年爆发的中美贸易摩擦中，农产品也成为中国反制美国贸易保护主义的少数产品种类之一。

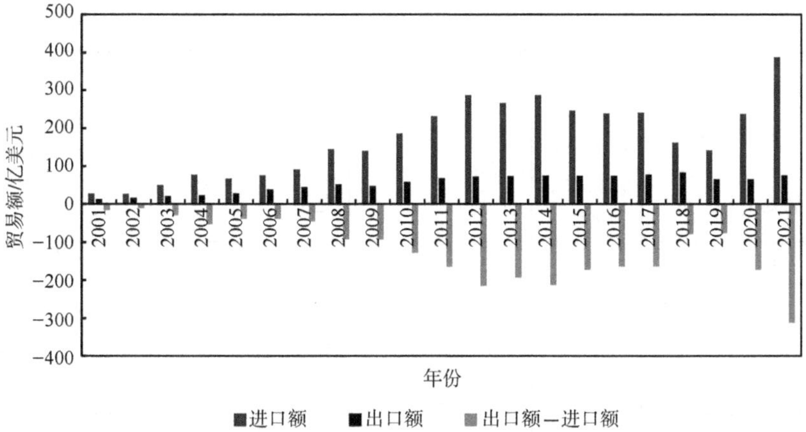

图 10.3　2001~2021 年中国对美国农产品贸易额

资料来源：UN Comtrade 统计数据库

值得关注的是，中美农产品相互存在较高的依存度。主要表现为美国是中国农产品最重要的进口来源国，同时农产品是美国出口的重要品种，中国则是美国重要的农产品买家。

一方面，美国不仅是世界上最大的农产品出口国，也是中国农产品进口的重要来源地。如表 10.1 所示，2016~2017 年，美国的农产品出口额占到世界农产品总出口额的比重维持在 10%左右，而中国每年 20%左右的农产品来自美国，即使在 2018 年和 2019 年的中美经贸争端期间，中国从美国进口的农产品份额也达到 10%左右。毫无疑问，中国对美国农产品加征进口关税必然导致自美农产品进口规模下降，削弱国内农产品进口可获性。如果随后的贸易转移效应足够显著，该缺口或能通过其他进口来源得以弥补，中国农产品进口的可获性尚在可保障范围之内，否则将使国内粮食安全遭遇较大威胁。由于美国在全球农产品贸易中的重要地位，中国以农产品作为反制美国贸易保护主义的主要措施或将扰乱全球农产品市场预期，从而不利于中国粮食进口的稳定性。由此可见，中国从美国进口农产品对于满足中国农产品需求以及保障中国粮食安全发挥着重要的作用。

表 10.1 中美农产品贸易情况

年份	中国进口			美国出口					
	自美国进口农产品/亿美元	自世界进口农产品/亿美元	自美国农产品进口/自世界农产品进口	对中国农产品出口/亿美元	对世界农产品出口/亿美元	对世界总产品出口/亿美元	对中国农产品出口/对世界农产品出口	农产品出口额/总产品出口额	农产品出口额/世界农产品总出口额
2016	239	1 107	0.216	228	1 488	14 509	0.153	0.103	0.103
2017	241	1 247	0.193	209	1 533	15 458	0.136	0.099	0.099
2018	162	1 367	0.119	104	1 554	16 653	0.067	0.093	0.096
2019	141	1 500	0.094	148	1 513	16 443	0.098	0.092	0.093
2020	237	1 708	0.139	273	1 586	14 303	0.172	0.111	0.096

资料来源：UN Comtrade 统计数据库

另一方面，农产品也是美国最重要的出口品种之一，在美国每年的出口当中，农产品所占份额基本保持在 10%左右，而中国是其农产品最重要的买家，每年销售到中国的农产品占其农产品总出口的 15%左右（除 2018 年和 2019 年外）。正因中国市场对美国农产品出口的重要地位，在中美贸易争端中，中国选择对这些农产品进行反制可以对美国经济造成较大的冲击，从而迫使美国政府重新考虑贸易保护主义政策的合理性。

10.2 中美经贸摩擦及其对我国农产品进口影响的典型事实

为厘清中美经贸摩擦对中国粮食安全影响的逻辑关系，本节对中美经贸摩擦的发展脉络展开梳理，并分析农产品在中美经贸摩擦中的重要地位，在此基础上，对中美经贸摩擦前后中国农产品进口格局变化的典型事实进行陈述。

10.2.1　中美经贸摩擦的发展进程

近年来，美国单边主义及贸易保护主义盛行，对中国及世界其他国家实施贸易保护主义措施，扰乱了正常的世界经贸秩序。2018 年中美经贸争端是从美国对中国的钢铁和铝产品实施额外关税措施开始的。随后，美国又先后分三批对来自中国的 500 亿、2000 亿以及 3000 亿美元进口产品加征关税。作为反制措施，中国随即对来自美国的 500 亿、600 亿以及 750 亿美元产品加征关税。由于在对美贸易中处于顺差地位，中国对美国的反制从同等力度转向同等比例。直至 2019 年 12 月双方达成第一阶段经贸协议，中美经贸关系开始缓和，由争端走向合作。

在中美相互加征三批关税之前，美国商务部在 2017 年 4 月先后对其进口的钢铁和铝产品启动了 232 调查[①]，拉开了中美经贸争端的序幕。2018 年 3 月 8 日，美国总统特朗普签署公告，认定进口钢铁和铝产品威胁了美国国家安全，决定于 3 月 23 日起，对自中国进口的钢铁和铝产品全面征税，税率分别为 25%和 10%。为维护我国利益，平衡因美国 232 措施给我国利益造成的损失，中国国务院关税税则委员会决定对原产于美国的部分进口商品中止关税减让义务。中国的反制措施主要包括对原产于美国的水果及制品等 120 项进口商品中止关税减让义务，在现行适用关税税率基础上加征关税，加征关税税率为 15%；对原产于美国的猪肉及制品等 8 项进口商品中止关税减让义务，在现行适用关税税率基础上加征关税，加征关税税率为 25%（表 10.2）。

---

① 根据美国《1962 年贸易扩展法》（Trade Expansion Act）第 232 章的“232 调查”规定，对特定产品进口是否威胁美国国家安全进行立案调查，在立案之后 270 天内向总统提交报告，美国总统在 90 天内做出是否对相关产品进口采取最终措施的决定。

表 10.2　美国对来自中国的钢铝产品加征关税及中国反制措施

项目	宣布时间	涉及产品金额	加征关税税率	执行时间
美国对中国产品加征关税	2018 年 3 月 8 日	28 亿美元	钢铁：25% 铝：10%	2018 年 3 月 23 日
中国采取反制措施	2018 年 4 月 1 日	24 亿美元	水果及制品等 120 项产品：15% 猪肉及制品等 8 项产品：25%	2018 年 4 月 2 日

资料来源：美国贸易代表办公室、中国国务院关税税则委员会

在中国针对美国 232 措施实施反制措施后，美国专门针对来自中国的产品连续加征了三批进口关税，中国随即实施了相应的反制措施。

在中美第一批加征关税措施中，中国实施了同等力度的反制措施。美国对来自中国产品加征第一批关税及中国反制措施如表 10.3 所示。2018 年 4 月 4 日美国贸易代表办公室发布涉及 500 亿美元、1300 个单独关税项目的进口产品惩罚关税清单。随后，中国国务院关税税则委员会决定对原产于美国的大豆、汽车、化工品等 14 类 106 项商品加征 25%的关税，对美国加征关税行为进行反制。2018 年 6 月 16 日，美国宣布对 500 亿美元商品加征 25%的进口关税，其中第一部分约 340 亿美元商品加征关税措施将于 2018 年 7 月 6 日实施。这份清单包括 1102 个独立的美国关税项目，第一部分涉及的 818 项中国商品主要集中在航空航天、信息技术、汽车零件等高科技领域。同日，中国宣布对 695 项约 500 亿美元商品加征 25%的进口关税，其中对美农产品、汽车、水产品等 545 项商品约 340 亿美元商品加征关税措施将于 2018 年 7 月 6 日实施。2018 年 8 月 8 日，中美双方宣布 8 月 23 日起对第一批加征关税中剩余的 160 亿美元商品实施加征 25%的关税将生效。

表 10.3　美国对来自中国产品加征第一批关税及中国反制措施

项目	宣布时间	涉及产品金额	加征关税税率	执行时间
美国对中国产品加征关税	2018 年 4 月 4 日	500 亿美元	340 亿美元：25%	2018 年 7 月 6 日
			160 亿美元：25%	2018 年 8 月 23 日
中国采取反制措施	2018 年 4 月 4 日	500 亿美元	340 亿美元：25%	2018 年 7 月 6 日
			160 亿美元：25%	2018 年 8 月 23 日

资料来源：美国贸易代表办公室、中国国务院关税税则委员会

美国进一步背离双方多次磋商共识，导致中美双方贸易摩擦升级，引发了双方第二批加征关税措施。2018 年 7 月 11 日，美国政府发布了对从中国进口的约 2000 亿美元商品加征关税的措施，并就该措施征求公众意见。2018 年 8 月 2 日，美方宣布拟对上述 2000 亿美元商品加征的关税税率由 10%提高到 25%。随后，中国为反制美国的加征关税行为，决定对原产于美国的 5207 个税目进口商品加征关税，该措施涉及自美进口贸易额约 600 亿美元。在实际执行过程中，中国对第二批次加征关税的产品中附件 1 所列 2493 个税目商品、附件 2 所列 1078 个税目商品加征 10%的关税，对其附件 3 所列 974 个税目商品、附件 4 所列 662 个税目商品加征 5%的关税。在中美双方实施第二批加征关税期间，美国并未对其贸易保护主义措施进行调整，反而进一步导致贸易争端升级。2019 年 5 月 9 日，美国政府宣布，自 2019 年 5 月 10 日起，对从中国进口的 2000 亿美元清单商品加征的关税税率由 10%提高到 25%。这一做法严重损害了中美两国的共同利益，中国在 2019 年 5 月 13 日宣布，决定于 2019 年 6 月 1 日开始，对附件 1 所列 2493 个税目商品，实施加征 25%的关税；对附件 2 所列 1078 个税目商品，实施加征 20%的关税；对附件 3 所列 974 个税目商品，实施加征 10%的关税；对附件 4 所列 595 个税目商品，仍实施加征 5%的关税（表 10.4）。

表 10.4 美国对来自中国产品加征第二批关税及中国反制措施

<table>
<tr><th rowspan="2">项目</th><th rowspan="2">涉及产品金额</th><th colspan="3">时间段 1</th><th colspan="3">时间段 2</th></tr>
<tr><th>宣布加征关税时间</th><th>加征关税税率</th><th>执行加征关税时间</th><th>宣布调整加征关税税率时间</th><th>调整加征关税税率</th><th>加征关税税率调整后执行时间</th></tr>
<tr><td>美国对中国产品加征关税</td><td>2000 亿美元</td><td>2018 年 7 月 11 日</td><td>10%</td><td>2018 年 9 月 24 日</td><td>2019 年 5 月 9 日</td><td>25%</td><td>2019 年 5 月 10 日</td></tr>
<tr><td rowspan="4">中国采取反制措施</td><td rowspan="4">600 亿美元</td><td rowspan="4">2018 年 8 月 3 日</td><td rowspan="2">附件 1 和附件 2：10%</td><td rowspan="4">2018 年 9 月 24 日</td><td rowspan="4">2019 年 5 月 13 日</td><td>附件 1：25%</td><td rowspan="4">2019 年 6 月 1 日</td></tr>
<tr><td>附件 2：20%</td></tr>
<tr><td rowspan="2">附件 3 和附件 4：5%</td><td>附件 3：10%</td></tr>
<tr><td>附件 4：5%</td></tr>
</table>

资料来源：美国贸易代表办公室、中国国务院关税税则委员会

注：2018 年 8 月 3 日，中国宣布对来自美国的附件 1 商品加征 25%的关税，对附件 2 商品加征 20%的关税，对附件 3 商品加征 10%的关税，对附件 4 商品加征 5%的关税；2018 年 9 月 24 日，实际执行时，对附件 1 和附件 2 的商品加征关税税率为 10%，对附件 3 和附件 4 加征关税税率为 5%

美国的贸易保护主义措施进一步引发了中美双方第三批相互加征关税措施。2019 年 8 月 15 日，美国政府宣布，对从中国进口的约 3000 亿美元商品加征 10%关税，分两批自 2019 年 9 月 1 日、12 月 15 日起实施。美方措施导致中美经贸摩擦持续升级。对此，中国决定对原产于美国的 5078 个税目、约 750 亿美元进口商品加征关税。其中，自 2019 年 9 月 1 日起，对附件 1 第一部分所列 270 个税目商品加征 10%的关税，对附件 1 第二部分所列 646 个税目商品加征 10%的关税，对附件 1 第三部分所列 64 个税目商品加征 5%的关税，对附件 1 第四部分所列 737 个税目商品加征 5%的关税；自 2019 年 12 月 15 日起，对附件 2 第一部分所列 749 个税目商品加征 10%的关税，对附件 2 第二部分所列 163 个税目商品加征 10%的关税，对附件 2 第三部分所列 634 个税目商品加征 5%的关税，对附件 2 第四部分所列 1815 个税目商品加征 5%的关税。在中国积极倡导与磋商下，美国针对中国价值 1800 亿美元的商品并未实施加征关税措施，中国也未对原产于美国的部分

进口商品实施加征关税措施（表 10.5）。

表 10.5　美国对来自中国产品加征第三批关税及中国反制措施

<table>
<tr><th rowspan="2">项目</th><th rowspan="2">涉及产品金额</th><th colspan="3">时间段 1</th><th colspan="3">时间段 2</th></tr>
<tr><th>宣布加征关税时间</th><th>加征关税税率</th><th>执行加征关税时间</th><th>宣布调整加征关税税率时间</th><th>调整加征关税税率</th><th>加征关税税率调整后执行时间</th></tr>
<tr><td rowspan="2">美国对中国产品加征关税</td><td rowspan="2">3000 亿美元</td><td rowspan="2">2019 年 8 月 15 日</td><td>1200 亿美元：15%</td><td>2019 年 9 月 1 日</td><td>2020 年 1 月 16 日</td><td>7.5%</td><td>2020 年 2 月 14 日</td></tr>
<tr><td>1800 亿美元：10%</td><td>未实施</td><td>未实施</td><td>未实施</td><td>未实施</td></tr>
<tr><td rowspan="4">中国采取反制措施</td><td rowspan="4">750 亿美元</td><td rowspan="4">2019 年 8 月 23 日</td><td>附件 1 的第一部分和第二部分：10%</td><td rowspan="2">2019 年 9 月 1 日</td><td rowspan="2">2020 年 2 月 6 日</td><td>附件 1 的第一部分和第二部分：5%</td><td rowspan="2">2020 年 2 月 14 日</td></tr>
<tr><td>附件 1 的第三部分和第四部分：5%</td><td>附件 1 的第三部分和第四部分：2.5%</td></tr>
<tr><td>附件 2 的第一部分和第二部分：10%</td><td rowspan="2">未实施</td><td rowspan="2">未实施</td><td rowspan="2">未实施</td><td rowspan="2">未实施</td></tr>
<tr><td>附件 2 的第三部分和第四部分：5%</td></tr>
</table>

资料来源：美国贸易代表办公室、中国国务院关税税则委员会

经过中美双方多轮高级别磋商和电话磋商，2020 年 1 月 15 日，中美双方在美国华盛顿签署了《中华人民共和国政府和美利坚合众国政府经济贸易协议》（简称《中美第一阶段经贸协议》），这也标志着中美双方朝着解决问题的正确方向迈出重要一步。《中美第一阶段经贸协议》包括知识产权，技术转让，食品和农产品贸易，金融服务，宏观经济政策、汇率问题和透明度，扩大贸易，双边评估和争端解决，最终条款八章内容[①]。从协议内容

① 《中华人民共和国政府和美利坚合众国政府经济贸易协议》，https://www.gov.cn/guowuyuan/2020-01/16/5469650/files/0637e57d99ea4f968454206af8782dd7.pdf。

看，主要覆盖深化贸易双向合作、进一步放宽市场准入、持续优化营商环境三大方面，同时双方将建立双边评估和争端解决安排，及时、有效解决经贸分歧。在关税减让问题上，美方承诺取消部分对华产品加征关税。这一协议有利于中美两国加强经贸领域的合作，有效管控和解决经贸领域的分歧，促进中美经贸关系稳定发展。在当前全球经济面临下行压力的背景下，《中美第一阶段经贸协议》有利于稳定市场预期，为正常的经贸和投资活动创造良好环境。

10.2.2 农产品在中美经贸摩擦中的重要性

在中美经贸争端过程中，中国对美国农产品加征的关税不仅涉案品目多、金额大，而且征税强度高。在随后签订的《中美第一阶段经贸协议》中，农产品的重要性依然十分突出。

农产品是中国反制美国加征关税的关键品种。在中美贸易争端期间，中国对绝大多数自美国进口的农产品加征了关税，对部分重点产品更是多次重复加征关税。中国国务院关税税则委员会公告发布的征税清单显示，按海关协调制度（harmonized system，HS）编码 6 位计算，中国先后分三个批次对自美进口的 202 项、288 项以及 306 项农产品品种加征关税，涉案品种数分别相当于 2017 年中国从美国进口农产品品种数的 37.8%、53.8%和57.2%，涉案贸易额分别占 2017 年中国从美国进口农产品贸易额的87.6%、12.7%和 80.4%。部分重点品种被重复加征了关税。例如，猪肉分三批次被加征了 25%、25%和 10%的进口关税，水果和坚果被加征了15%、25%和 10%的进口关税，牛肉、水产品与冷冻蔬菜均被加征了 25%和 10%的进口关税，油籽先后被加征了 20%和 10%的进口关税等。

受加征关税政策的影响，自美农产品进口的加权关税大幅提升，明显高于中国从其他来源进口的平均关税水平。2018 年和 2019 年，中国自美国进口农产品平均关税高达 40%，不仅高于自身在加征关税前的平均水平，更高于同期中国从其他来源进口所适用的 16%的最惠国关税水平。由于重复加征关税，部分重点品种的自美进口关税更出现了大幅度的提升。例如，油籽的平均关税由 2017 年的 3%上升至 28%~33%，肉类的平均关税由原来的 13%上升至 43%~52%（图 10.4）。

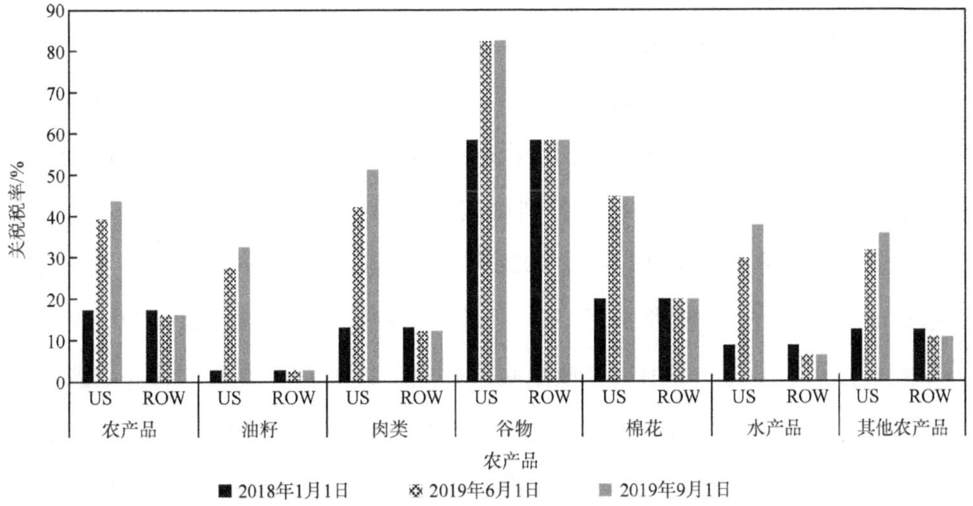

图 10.4　中美贸易争端期间中国从美国进口农产品平均关税及中国农产品最惠国平均关税

资料来源：彼得森国际经济研究所

US 表示美国，ROW 表示世界其他国家和地区

农产品还是《中美第一阶段经贸协议》关注的重点领域。从协议文本内容上看，在《中美第一阶段经贸协议》的文本中，中文协议的文本内容共计 88 页，其中涉及中方减少或消除部分自美农产品进口的非关税措施的内容就高达 43 页，与农产品相关的文本内容的占比达到了近 50%。不仅如此，农产品也是在协议中明确承诺会在 2020 年和 2021 年增加进口的少数品种之一。内容涵盖了从承诺增加自美国农产品进口、放松从美国进口农产品的非

关税措施等，具体包括：第一，调整美国农产品对华出口所面临的非关税措施，涉及品种有乳品和婴幼儿配方乳粉、禽肉、牛肉、猪肉、水产品、大米、宠物食品和非反刍动物源动物饲料等；第二，扩大进口。在农产品方面，在 2017 年基数之上，中国 2020 日历年自美采购和进口规模不少于 125 亿美元，2021 日历年自美采购和进口规模不少于 195 亿美元。

从《中美第一阶段经贸协议》的实际履行情况看，虽然受到新冠疫情的冲击，但是中国依然较好地履行了协议中农产品领域的相关承诺，而农产品更成为协议完成率最高的品种：首先，中国基本兑现了扩大农产品进口的承诺。我国海关总署的统计数据显示，2020 年自美农产品进口金额 236 亿美元，协议完成率已达 64%。相比于协议中同样受到重点关注的制造业和能源部门，农产品的协议完成率分别比这两个部门高出了 4 个和 25 个百分点。如果按照美国的统计口径，2020 年美国出口到中国的农产品金额为 273 亿美元，协议完成率更是高达 82%，远高于制造业和能源部门 57%和 37%的执行水平。其次，中国大幅度削减或解除了自美农产品进口的管制措施。2020 年，中国履行了削减非关税措施承诺中的 50 项，包括解除禽肉和 30 月龄以上牛肉的禁令、签署允许进口美国园艺产品的议定书、解除含反刍动物材料的宠物食品进口的限制、更新可以出口到中国的海产品清单等，完成率为 88%；中国还大幅增加了允许对华出口农产品的美国企业数量，由协议前的约 1500 家到协议后的 4000 多家，增长了近 1.7 倍。

10.2.3 中美经贸摩擦期间中国农产品贸易变动

中美经贸摩擦期间，中国进口的农产品总规模保持较快的增长速度。然而，中国农产品进口总格局，尤其是大豆、玉米、猪肉、高粱等重点农产品的进口市场格局发生了显著的变化，主要表现为中国从美国进口规模下降以及从世界其他国家和地区进口规模增长。

1. 中美经贸摩擦期间中国农产品进口规模变化

中美贸易争端期间，中国的农产品贸易总体规模持续保持较快的增速，在主要的农产品进口国中，中国成为农产品进口增速最快的国家。如表 10.6 所示，尽管受到中美双方相互加征关税的影响，中国农产品进口贸易整体规模增速依然处于世界前列。2017~2018 年以及 2018~2019 年中国农产品进口增速均接近 10%，远高于美国、日本等其他主要农产品进口大国的进口增速。在实施《中美第一阶段经贸协议》后，2020 年的全球农产品贸易不仅受到了《中美第一阶段经贸协议》的影响，而且受到了全球新冠疫情的冲击，世界主要农产品进口大国的农产品进口增速较 2018 年和 2019 年显著下滑，欧盟、日本等国家和地区甚至出现负增长，而中国积极扩大农产品进口，中国 2020 年农产品进口贸易额同比增长了 14.0%。中国强劲的农产品进口增长势头也反映了中国国内消费者对高品质、多样化的农产品需求不断增长。

表 10.6　2017~2020 年世界各国农产品进口变化

国家	2017 年进口贸易额/亿美元	2018 年进口贸易额/亿美元	2019 年进口贸易额/亿美元	2020 年进口贸易额/亿美元	2017~2018 年变化率/%	2018~2019 年变化率/%	2019~2020 年变化率/%
中国	1247.4	1367.3	1498.7	1708.7	9.6	9.6	14.0
美国	1556.3	1652.1	1684.4	1724.7	6.2	2.0	2.4
德国	4270.8	1109.4	1069.1	1101.6	−74.0	−3.6	3.0
荷兰	657.8	695.1	685.1	716.9	5.7	−1.4	4.6
日本	714.2	746.6	750.0	712.6	4.5	0.5	−5.0
英国	647.9	682.6	666.7	678.8	5.4	−2.3	1.8
法国	631.8	662.6	640.6	660.5	4.9	−3.3	3.1
意大利	515.0	534.4	512.2	500.6	3.8	−4.2	−2.3

续表

国家	2017 年进口贸易额/亿美元	2018 年进口贸易额/亿美元	2019 年进口贸易额/亿美元	2020 年进口贸易额/亿美元	2017~2018 年变化率/%	2018~2019 年变化率/%	2019~2020 年变化率/%
西班牙	412.7	437.3	420.8	409.7	6.0	−3.8	−2.6
加拿大	377.6	388.5	393.4	400.1	2.9	1.3	1.7

资料来源：UN Comtrade 统计数据库

2. 中美经贸摩擦期间中国农产品总进口市场变化

中美贸易争端期间，中国从美国进口农产品贸易额相应减少，从其他区域进口的农产品贸易额显著增加。如表 10.7 所示，从农产品进口变化率来看，受到中美双方相互加征关税的影响，中国在 2018 年和 2019 年从美国进口农产品贸易总额分别较 2017 年下降了 32.7%和 41.3%。与此同时，在贸易转移效应下，中国从巴西、澳大利亚、新西兰、加拿大等国进口贸易规模迅速增长。例如，中国在 2018 年和 2019 年从最大的农产品进口来源国巴西的进口额分别较 2017 年增长了 37.1%和 22.4%。从市场份额的变化来看，中国从美国进口农产品贸易额占中国农产品进口总贸易额的比重也分别由 2017 年的 19.3%下降到 2018 年和 2019 年的 11.9%和 9.4%（表 10.8）。巴西、澳大利亚以及其他国家和地区的市场份额基本上都有了不同程度的提高。

表 10.7 2017~2020 年中国从主要来源地进口农产品贸易额的变化

区域	2017 年贸易额/亿美元	2018 年贸易额/亿美元	2019 年贸易额/亿美元	2020 年贸易额/亿美元	2017~2018 年变化率/%	2017~2019 年变化率/%	2019~2020 年变化率/%	2017~2020 年变化率/%
巴西	240.9	330.3	294.9	352.7	37.1	22.4	19.6	46.4
美国	240.9	162.1	141.3	237.4	−32.7	−41.3	68.0	−1.5
澳大利亚	90.0	104.4	111.3	94.7	16.0	23.7	−14.9	5.2
加拿大	66.3	79.4	72.3	72.2	19.8	9.0	−0.1	8.9

续表

区域	2017 年贸易额/亿美元	2018 年贸易额/亿美元	2019 年贸易额/亿美元	2020 年贸易额/亿美元	2017~2018 年变化率/%	2017~2019 年变化率/%	2019~2020 年变化率/%	2017~2020 年变化率/%
新西兰	60.2	71.4	88.9	89.8	18.6	47.7	1.0	49.2
印度尼西亚	46.9	51.6	58.4	58.1	10.0	24.5	−0.5	23.9
泰国	46.4	57.3	69.8	78.1	23.5	50.4	11.9	68.3
法国	38.9	42.8	45.2	50.7	10.0	16.2	12.2	30.3
阿根廷	36.6	22.5	65.6	62.6	−38.5	79.2	−4.6	71.0
其他国家和地区	380.3	445.5	551.0	612.4	17.1	44.9	11.1	61.0

资料来源：UN Comtrade 统计数据库

表 10.8　2017~2020 年中国从主要来源地进口农产品市场份额（单位：%）

区域	2017 年	2018 年	2019 年	2020 年
巴西	19.3	24.2	19.7	20.6
美国	19.3	11.9	9.4	13.9
澳大利亚	7.2	7.6	7.4	5.5
加拿大	5.3	5.8	4.8	4.2
新西兰	4.8	5.2	5.9	5.3
印度尼西亚	3.8	3.8	3.9	3.4
泰国	3.7	4.2	4.7	4.6
法国	3.1	3.1	3.0	3.0
阿根廷	2.9	1.6	4.4	3.7
其他国家和地区	30.5	32.6	36.8	35.8

资料来源：UN Comtrade 统计数据库

《中美第一阶段经贸协议》签署后，中国在 2020 年从美国进口的农产品贸易额迅速提升，贸易规模基本恢复到 2017 年中美经贸争端之前的水平。2020 年，中国从美国进口农产品贸易额达到 237.4 亿美元，同比增长 68%，较 2017 年仅减少了 1.5%。虽然 2020 年中国从美国进口的农产品贸易额占中国农产品总进口的比重较 2019 年提升了 4.5 个百分点，达到了

13.9%，然而这一市场份额远低于 2017 年 19.3%的水平。从进口规模上来看，由于 2018 年的非洲猪瘟暴发使中国增加了肉类等高附加值食物的进口，因此 2020 年中国并未减少从巴西、新西兰、法国以及其他国家和地区的农产品进口规模。

3. 中美经贸摩擦期间中国重点农产品进口来源地变化

从具体品种来看，大豆、玉米、猪肉、高粱等是中国从美国进口的重点农产品，中国进口这些产品的来源结构在中美经贸摩擦期间出现了明显的变化（表 10.9）。

表 10.9　2017~2020 年中国从主要区域进口重要农产品贸易量的变化

区域	2017 年贸易量/万吨	2018 年贸易量/万吨	2019 年贸易量/万吨	2020 年贸易量/万吨	2017~2018 年变化率/%	2017~2019 年变化率/%	2017~2020 年变化率/%
大豆							
世界	9 553.4	8 803.7	8 851.3	10 031.4	−7.8	−7.3	5.0
巴西	5 092.7	6 608.2	5 767.5	6 427.7	29.8	13.3	26.2
美国	3 285.3	1 664.0	1 694.4	2 587.4	−49.4	−48.4	−21.2
阿根廷	658.1	146.4	879.1	745.6	−77.8	33.6	13.3
其他区域	517.3	385.1	510.3	270.7	−25.6	−1.4	−47.7
玉米							
世界	282.6	352.2	479.1	1 124.1	24.6	69.5	297.8
乌克兰	182.2	293.0	413.7	624.4	60.8	127.1	242.7
美国	75.7	31.2	31.8	434.2	−58.8	−58.0	473.6
其他区域	24.7	27.9	33.6	65.4	13.0	36.0	164.8
猪肉							
世界	121.7	119.3	199.4	430.2	−2.0	63.9	253.5
西班牙	23.8	22.0	38.2	93.3	−7.6	60.5	292.0
美国	16.6	8.6	24.5	69.6	−48.2	47.6	319.3

续表

区域	2017 年贸易量/万吨	2018 年贸易量/万吨	2019 年贸易量/万吨	2020 年贸易量/万吨	2017~2018 年变化率/%	2017~2019 年变化率/%	2017~2020 年变化率/%
猪肉							
巴西	4.9	15.0	22.2	48.0	206.1	353.1	879.6
其他区域	76.5	73.7	114.5	219.2	−3.7	49.7	186.5
高粱							
世界	505.6	365.1	83.2	481.3	−27.8	−83.5	−4.8
美国	475.8	321.5	60.1	425.7	−32.4	−87.4	−10.5
澳大利亚	29.6	42.9	8.1	10.4	44.9	−72.6	−64.9
其他区域	0.3	0.7	15.0	45.2	133.3	44 900.0	114 966.7

资料来源：UN Comtrade 统计数据库

在大豆市场，由于多轮加征关税以及非洲猪瘟的冲击，中国 2018 年和 2019 年从美国进口的大豆分别较 2017 年减少了 49.4%和 48.4%，即使在 2020 年实施了《中美第一阶段经贸协议》，中国自美国进口的大豆依然未恢复到 2017 年的水平，较 2017 年下降了 21.2%。而中国从巴西进口的大豆不断增加，中国在 2018 年、2019 年以及 2020 年从巴西进口的大豆分别较 2017 年增长了 29.8%、13.3%和 26.2%。

就中国玉米的进口结构变化来看，中国从美国进口的玉米在 2018 年和 2019 年分别较 2017 年减少了将近 60%。而中国从乌克兰的玉米进口分别增加了 60.8%和 127.1%。随着《中美第一阶段经贸协议》的实施，以及国内畜牧业的逐渐恢复，中国玉米进口大幅增加，中国从美国进口的玉米较 2017 年增长了 4.7 倍。

在中国的猪肉进口市场，由于猪肉是中美贸易争端期间被加征进口关税的重点产品，2018 年中国从美国进口的猪肉减少了 48.2%。由于美国是中国猪肉的主要进口来源国，虽然中国在 2019 年对自美国进口的猪肉加征关税，但在非洲猪瘟的影响下，国内的猪肉大量减产，中国在 2019 年从美国进口的猪肉反而增加了 47.6%。2020 年，中国从世界各国的猪肉进口都较 2017 年出现了大幅度的增长，其中从美国进口的规模增长了 319.3%。

同样，由于中美经贸争端的冲击，中国在 2018 年和 2019 年从美国进口的高粱分别较 2017 年减少了 32.4%和 87.4%。由于中国的高粱进口高度依赖美国，2017 年从美国进口的高粱占到中国高粱总进口的 94%。中国从美国进口高粱减少后，从其他国家很难弥补从美国进口的减少部分，因此中国从全球进口的高粱在 2018 年和 2019 年分别减少了 27.8%和 83.5%。《中美第一阶段经贸协议》实施后，2020 年中国从美国进口的高粱大幅回升，但依然较 2017 年减少了 10.5%。

10.3　中美经贸摩擦对我国粮食安全影响的量化评估

现阶段中国农产品进口格局以及粮食安全态势是中美贸易争端、《中美第一阶段经贸协议》履行、非洲猪瘟疫情、新冠疫情及中国与澳大利亚经贸关系波动等突发因素与长期趋势相互叠加、共同作用的结果。因此，为分析中美经贸摩擦对中国农产品进口与粮食安全的影响，需要在厘清贸易政策作用机制的基础上，通过一般均衡模型进行模拟测度。

10.3.1　中美经贸摩擦对我国粮食安全影响的路径

此次中美经贸摩擦先后经历了中美互相加征关税与《中美第一阶段经贸协议》的签订及履行两个政策情境，从正反两个方向对中国农产品进口格局造成冲击，更进一步波及国内粮食安全保障。

具体而言，中美相互加征关税对中国农产品进口格局以及粮食安全的影响集中体现为中国对自美进口农产品加征关税引发的关税效应。在开放经济条件下，进口国一旦增加从某来源地进口某商品的关税，就会直接导致从该来源地进口商品的交易成本及进口价格上升，并触发价格效应：首先，相对价格的变动既会通过贸易转移效应改变进口的来源地结构，又会通过产品替代效应改变进口的产品结构；其次，绝对价格上升所引致的收入效应会降低进口国可用于进口的实际收入，减少正常产品的进口，而不同品种收入弹性的差异也会引致进口品种结构的变动。中国此次对自美进口的几乎所有农产品均加征了进口关税，其政策效果应是对多个品种征税所产生的价格效应的综合结果，预计贸易转移效应将较大程度地缩小中国自美进口农产品的规模与份额，从而改变中国农产品进口的来源分布。由于不同农产品具有不同的价格弹性和收入弹性，而且品种之间的替代弹性和国别之间的替代弹性均不相同，进口品种结构变动的方向具有不确定性。无论如何，中国农产品进口格局的变动都会影响进口可获性和输入性风险，最终对其粮食安全保障产生潜在影响。

与加征关税的影响相比，《中美第一阶段经贸协议》的影响主要体现为削减非关税措施以及承诺扩大进口两方面的政策效应。削减非关税措施效应方面，削减对某来源地的非关税措施可降低进口国自该来源地进口的交易成本和价格，其作用机制与降低关税相似；承诺扩大进口效应方面，在世界市场中拥有重要影响力的进口国对某来源地承诺增加进口，有可能会打破世界市场供求平衡，在短期内引发替代效应以及出口国之间的竞争效应，在长期则在很大程度上会影响其他未获承诺的来源地对世界市场的预期，进而改变世界生产格局。这些均会在一定程度上妨碍中国构建长期、稳定的外部粮源供应体系，也会不可避免地影响国内粮食安全保障。

10.3.2　研究方法、数据与模拟情境

从以上作用机制出发，本章采用 GTAP 为研究提供数据及模拟支持。本节主要介绍 GTAP 方法、对标准 GTAP 数据库的处理以及模拟中美经贸摩擦对中国粮食安全影响的情境设置。

1. 研究方法

GTAP 是基于新古典经济理论设计的多国多部门一般均衡模型，广泛应用于定量评估关税削减、贸易补贴及贸易便利化措施等国际贸易政策的实施效果（Iqbal et al.，2018；周玲玲和张恪渝，2020；Anderson and Valenzuela，2021）。

GTAP 在分析中美互相加征关税对中国农产品进口格局影响问题上具有天然的优势。在贸易模块中，模型通过双边贸易建立起国家或地区之间的联系，不同国家和地区进出口存在不同的关税、补贴和运费。开放条件下，模型假定本国产品和来自不同地区的进口产品是不完全替代的，采用 Armington 假设对不同来源的产品进行复合，嵌套为进口国对该产品的国内需求，具体如式（10.1）~式（10.3）所示（Hertel，1997；Corong et al.，2017）。

存在国际贸易的前提下，进口国 i 从出口国 j 进口产品 k 的价格可以表示为

$$P_{ij}^{k} = P_{j}^{k}(1+T_{j}^{k^{\mathrm{EX}}})(1+F_{ij}^{k})(1+T_{ij}^{k^{\mathrm{IM}}}) \tag{10.1}$$

其中，P_j^k 表示商品 k 在出口国 j 中的国内价格，$T_j^{k^{\mathrm{EX}}}$ 表示 j 国 k 产品的出口关税，则 $P_j^k(1+T_j^{k^{\mathrm{EX}}})$ 表示 j 国 k 产品出口的 FOB（free on board，船上交货）价格；F_{ij}^{k} 表示运费，则 $P_j^k(1+T_j^{k^{\mathrm{EX}}})(1+F_{ij}^{k})$ 表示 j 国出口到 i 国的 CIF（cost, insurance, and freight，成本、保险费加运费）价格；$T_{ij}^{k^{\mathrm{IM}}}$ 表示 i 国从 j 国进口的关税或者补贴（正值为关税，负值为补贴）；P_{ij}^{k} 表示进口国 i 从 j 国进口产品 k 的价格。

开放条件下，一国某产品的国内需求由国内产品与不同来源的进口产品嵌套而成，国内产品与进口产品之间存在不完全的替代关系，不同进口来源地之间的产品亦是如此。则 i 国从 j 国进口 k 产品的需求以及 i 国 k 产品的总需求可以分别表示为

$$X_{ij}^{k}=\frac{\beta_{ij}(X_i^k p_i^k)}{(p_{ij}^k)\theta_i'\left[\sum_j \beta_{ij}(p_{ij}^k)(1-\theta_i')\right]} \tag{10.2}$$

$$X_i^k=\left[\left(\sum_j \beta_{ij}^{\frac{1}{\theta_i'}} X_{ij}^k\right)^{\frac{\theta_i'-1}{\theta_i'}}\right]^{\frac{\theta_i'}{\theta_i'-1}} \tag{10.3}$$

其中，X_{ij}^k 表示 i 国从 j 国进口 k 产品的需求；X_i^k 表示 i 国 k 产品的总需求；p_i^k 表示国家 i 消费 k 产品的组合价格；θ_i' 表示 i 国消费不同进口品需求弹性系数；β_{ij} 表示国家 i 从 j 国进口 k 产品的份额。

从模型出发，当中国对自美进口农产品加征关税时，$T_{ij}^{k^{\mathrm{IM}}}$ 变量的增加会改变进口价格 P_{ij}^{k} 和进口量 X_{ij}^k，进而通过国内产品与进口产品之间的替代或者不同进口来源地之间的贸易转移影响中国农产品进口需求以及总消费需求，直至整个系统达到新的均衡。

值得注意的是，作为中方履行协议的核心内容，削减非关税措施与承诺增加自美进口农产品是两个重要变量，但这两个变量很难通过 GTAP 贸易模块中具体变量的变动进行模拟，因此 GTAP 并不适于直接评估《中美第一阶段经贸协议》的潜在影响。首先，虽然非关税措施的削减政策效果基本

等同于关税，可对其效果进行关税化模拟，但有些非关税措施比较特别，例如禁止性市场准入，取消该措施却会使该项贸易从无到有，这是无法用关税等值模拟的；其次，此次的《中美第一阶段经贸协议》关于承诺增加农产品采购的内容中仅申明中国会按照市场化原则进口，却未对实现该承诺的具体途径予以明确限定，无法将其转化成具体的政策工具直接模拟，而其政策影响主要通过改变出口国短期和长期的市场预期发挥作用，该预期也难以通过GTAP 进行模拟。

为了分析《中美第一阶段经贸协议》签订及履行对中国农产品进口和粮食安全的影响，本章拟采用差分的思路，利用 GTAP 构建一个其他情况与2020 年相同，却未履行《中美第一阶段经贸协议》的反事实情境，通过将 2020 年的实际进口规模与反事实情境进行差分，匡算政策履行的潜在影响。

2. 数据说明

标准 GTAP 数据库（GTAP 10.0）中包含 141 个区域部门以及 65 个产业部门，其基础数据更新到 2014 年。为使得基准数据更加接近现实，本章使用 2014~2017 年世界银行数据库中的世界发展指标数据，借鉴 Walmsley 等（2012）的方法将 GTAP 第十版本的国内生产总值（gross domestic product，GDP）、总人口、劳动力和资本存量等数据外推到 2017 年。

为分析中美贸易政策对中国其他主要进口来源地的影响，本章将全球划分为中国、美国、欧盟（27 国）、南美、东盟、澳大利亚和新西兰（澳新）、其他国家和地区 7 个区域。考虑到本章重点关注农产品进口与粮食安全，因此将各区域产业部门划分为稻米和小麦，玉米等谷物，油籽，肉类，水果和蔬菜（果蔬），其他农产品，矿产品，制造业，服务业等 9 个部门。

值得一提的是，中美之间每一轮加征关税所涉及的品种与税率均有差别，造成不同部门农产品在实际加征关税水平上存在很大差异。本章依据中美双方加征关税的具体清单，将清单中 HS8 位产品使用算数平均的方法归为 HS6 位产品后，以具体加征关税 HS6 位产品在 2017 年的贸易额占当年相应产业部门总贸易额的比重为权重，对 2018 年和 2019 年不同产业部门被加征的关税税率进行加权平均，并将最终加权平均关税税率作为设置政策情境的基础。测得的中美双方加征的关税税率如表 10.10 所示。

表 10.10　2018~2019 年中美双方加征关税税率（单位：%）

产品种类	中国对来自美国的产品加征关税		美国对来自中国的产品加征关税	
	截至 2018 年	截至 2019 年	截至 2018 年	截至 2019 年
稻米和小麦	25.0	25.0	10.0	25.0
玉米等谷物	24.9	25.0	10.0	25.0
油籽	24.9	29.9	10.0	25.0
肉类	49.4	59.4	10.0	25.0
果蔬	38.6	48.6	10.0	27.8
其他农产品	17.5	25.3	7.4	23.7
矿产品	11.8	17.6	0.0	1.6
制造业	9.0	13.1	8.6	18.0

资料来源：美国贸易代表办公室、中国国务院关税税则委员会

注：此处不仅依据 2018 年和 2019 年中美相互加征的三轮关税清单，还包括中国 2018 年 4 月 2 日起实施的为反制美国 232 措施，对自美进口产品加征关税的商品清单

3. 情境设置

为考察中美加征关税对中国农产品进口的影响，本章以 2017 年中美未加征关税的情形为基准情境，并分别以截至 2018 年和 2019 年实际加征关税的情形为模拟情境，将这两个模拟情境与基准情境进行比较，推算 2018 年和 2019 年中美双方加征关税对中国农产品进口的影响。两个模拟情境如下。

情境 S_{11}：中美双方按照截至 2018 年的实际加征关税的税率对来自对方的进口产品加征的关税措施。

情境 S_{12}：中美双方按照截至 2019 年的实际加征关税的税率对来自对方的进口产品加征的关税措施。

作为中方履行协议的核心内容，削减非关税措施与承诺增加自美进口农产品是两个重要变量，但这两个变量很难通过 GTAP 贸易模块中具体变量的变动进行模拟。本章拟采用差分的思路，利用 GTAP 构建一个其他情况与 2020 年相同，却未履行《中美第一阶段经贸协议》的反事实情境，通过将 2020 年的实际进口规模与反事实情境进行差分，匡算政策履行的潜在影响。

考虑到 2020 年中国农产品进口格局的变化除了受《中美第一阶段经贸协议》的影响，还与其他一些因素，如非洲猪瘟疫情、新冠疫情以及中国与澳大利亚经贸关系波动等事件有关联（Zhang et al.，2019；Cao et al.，2021），本章在构建 2020 年反事实情境时需要将上述因素纳入其中，以便能在差分时控制这些因素的影响。具体来说，2018 年 8 月开始，非洲猪瘟在中国暴发，导致中国的生猪存栏量急剧减少，该影响通过供应链传递，既冲击上游的饲料需求，又冲击下游的肉类产品消费，显著影响到中国农产品进口的规模和产品结构。因此，本章通过模拟中国肉类产量的变动效应来控制非洲猪瘟疫情对中国农产品进口的冲击。2020 年新冠疫情使全球经济增长率出现严重下滑甚至衰退，这对全球农产品供求格局乃至中国农产品进口格局都造成了很大影响。本章通过模拟各国 GDP 的下降过程来控制新冠疫情大流行的冲击。此外，澳大利亚是中国大麦、肉类等品种的重要进口来源，近年来中澳经贸关系波动无疑也会影响中澳农产品贸易。考虑在中澳经贸关系波动中，中国对自澳大麦进口征收反倾销和反补贴税对中国农产品进口造成的冲击最为直接，这里以上述双反税率作为政策冲击控制中澳贸易摩擦的影响。据此，本章设置的反事实情境如下。

情境 S_{13}：中国从美国进口的农产品受到中美贸易争端、非洲猪瘟、新冠疫情以及中澳贸易摩擦的影响，但是不受《中美第一阶段经贸协议》的影响。

需要注意的是，使用差分方法通过实际值与模拟值的差值测度《中美第一阶段经贸协议》影响的关键在于要保证情境 S_{13} 的基础数据与实际数据保持相对一致性。为此，本章在对 GTAP 数据库的原始数据进行递归与加征关税模拟之后，借鉴周玲玲和张恪渝（2020）的方法，核验模拟结果与真实数据的拟合程度，进一步校准调试模型，以此保障模型的有效性和结果的可靠性。

10.3.3　模拟结果分析

基于 GTAP 的模拟结果，本节在分析中美加征关税及《中美第一阶段经贸协议》履行对中国农产品进口的影响基础上，讨论农产品进口变动对中国粮食安全的潜在影响。

1. 中美加征关税对中国农产品进口的影响

中美之间相互加征关税对中国农产品进口影响的模拟结果如表 10.11 所示。受篇幅限制，表中只列出情境 S_{11}、情境 S_{12} 分别与基准情境对比后的结果。总的来看，在关税加征力度不同的两种情境下，中国农产品进口的规模、产品结构、市场结构所受到的影响方向基本一致。

表 10.11　中美加征关税措施对中国农产品进口的影响（单位：亿美元）

产品种类	美国	欧盟	南美	东盟	澳新	其他国家和地区	世界
相对于基准方案，情境 S_{11} 的影响							
农产品	–155.36 (–52.61%)	4.25 (3.23%)	54.75 (14.37%)	3.90 (2.04%)	6.29 (3.89%)	17.12 (6.20%)	–69.04 (–4.80%)

续表

产品种类	美国	欧盟	南美	东盟	澳新	其他国家和地区	世界
相对于基准方案，情境 S_{11} 的影响							
稻米和小麦	−2.09 (−80.46%)	0.00 (1.74%)	0.00 (−1.04%)	0.20 (1.56%)	0.05 (1.12%)	0.07 (1.16%)	−1.77 (−6.76%)
玉米等谷物	−6.12 (−34.39%)	0.50 (15.13%)	0.05 (14.30%)	0.17 (14.96%)	1.98 (14.28%)	1.11 (14.96%)	−2.31 (−5.27%)
油籽	−81.60 (−51.65%)	0.01 (27.61%)	53.19 (21.23%)	0.04 (27.70%)	0.78 (25.93%)	11.17 (26.70%)	−16.39 (−3.61%)
肉类	−13.51 (−97.36%)	1.14 (5.13%)	0.64 (2.46%)	0.04 (4.74%)	0.93 (4.40%)	0.40 (4.31%)	−10.37 (−11.14%)
果蔬	−4.23 (−68.71%)	0.02 (1.08%)	−0.01 (−0.05%)	0.69 (1.12%)	0.02 (0.84%)	0.15 (0.85%)	−3.37 (−2.97%)
其他农产品	−47.81 (−49.33%)	2.59 (2.48%)	0.88 (1.11%)	2.77 (2.39%)	2.53 (2.17%)	4.21 (2.17%)	−34.83 (−4.93%)
相对于基准方案，情境 S_{12} 的影响							
农产品	−177.04 (−59.95%)	2.48 (1.89%)	58.92 (15.47%)	2.37 (1.24%)	4.49 (2.77%)	16.20 (5.87%)	−92.57 (−6.44%)
稻米和小麦	−2.10 (−80.89%)	0.00 (−1.35%)	0.00 (−4.63%)	−0.18 (−1.42%)	−0.08 (−1.84%)	−0.14 (−2.28%)	−2.51 (−9.60%)
玉米等谷物	−6.20 (−34.80%)	0.47 (14.40%)	0.05 (13.40%)	0.16 (14.25%)	1.89 (13.62%)	1.05 (14.11%)	−2.58 (−5.87%)
油籽	−92.00 (−58.24%)	0.01 (31.55%)	59.90 (23.90%)	0.05 (31.55%)	0.89 (29.53%)	12.60 (30.09%)	−18.55 (−4.09%)
肉类	−12.11 (−87.32%)	−0.11 (−0.50%)	−0.97 (−3.74%)	−0.01 (−1.01%)	−0.24 (−1.15%)	−0.17 (−1.80%)	−13.61 (−14.62%)
果蔬	−4.67 (−75.86%)	0.00 (−0.06%)	−0.33 (−1.33%)	0.11 (0.18%)	−0.01 (−0.22%)	−0.08 (−0.44%)	−4.97 (−4.39%)
其他农产品	−59.97 (−61.87%)	2.11 (2.03%)	0.28 (0.35%)	2.25 (1.94%)	2.04 (1.75%)	2.93 (1.51%)	−50.35 (−7.12%)

资料来源：根据 GTAP 模拟结果整理而得

注：括号中的数字代表变化的百分比；“澳新”表示澳大利亚和新西兰两个国家

从整体上看，尽管加征关税引起的价格效应降低了中国自美农产品的进口，但得益于进口来源结构的多元化，中国农产品总的进口规模受到的影响并不大。从数据上看，自美进口农产品贸易规模确实受冲击严重，与基准情境相比，截至 2018 年和 2019 年实施的加征关税措施使中国自美农产品进口分别下降了 52.61%和 59.95%，但随即引发的贸易转移效应在很大程度上弥补了因减少自美进口而产生的缺口，平抑了加征关税对中国农产品进口的整体影响。模拟结果显示，与假定没有贸易争端的基准情境相比，2018 年三次累计加征关税（S_{11}）使中国农产品进口大约下降了 4.8%。随后中美经贸摩擦进一步升级，与基准情境相比，在情境 S_{12} 下，中国农产品进口额下降了 6.44%。

值得注意的是，尽管贸易转移效应在一定程度上弥补了加征关税后中国自美农产品进口减少所造成的缺口，但是弥补的力度却随着加征关税税率的提升而不断下降。在情境 S_{11} 下，贸易转移能够弥补中国自美进口减少的 55.56%，而在情境 S_{12} 下，该比例降到了 47.71%，这意味着中国农产品总进口额的减少幅度会随着加征关税税率的提高而不断加大。可以预见，如果中美经贸关系持续恶化，保障中国的粮食安全也将面临更大的压力。

从具体的贸易转移市场来看，中国从南美、欧盟、东盟及澳新等来源地的农产品进口因自美农产品进口的减少而出现不同程度的增长，其中，中国从南美的进口增长最为突出。与基准情境相比，2018 年实施的加征关税措施使得中国从南美进口农产品增长 54.75 亿美元，增长了 14.37%。随着加征关税税率的提高，南美依然是中美贸易争端的最大受益区域，截至 2019 年实施的关税措施使得中国从南美进口的农产品增加近 60 亿美元，南美承接了中国从美国进口减少的 33.28%。在中国农产品总进口中，南美的市场份额达到 32.71%，较基准情境上涨了 6.2 个百分点。

虽然加征关税使中国各种农产品的进口均出现了下降态势，但不同品种的降幅却存在较大差异，这主要归因于加征关税的贸易转移效应因品种而异。

油籽是贸易转移效应最为显著的品种。截至 2018 年和 2019 年实施的加征关税措施下，中国从美国进口的油籽产品分别减少了 81.6 亿美元和 92 亿美元，超过了中国自美农产品进口下降总额的一半。然而，由于大部分自美进口的减少可以从除美国以外的其他国家和地区获得补偿，其中，仅从南美进口的油籽就弥补了中国从美国油籽进口减少量的绝大部分，中国油籽进口的降幅并不十分明显。这一结论也与周曙东等（2019）研究结果基本一致。从市场份额上看，中美贸易争端使得中国自南美进口的油籽占中国油籽总进口的市场份额进一步提升，相对于基准情境，在情境 S_{11} 和情境 S_{12} 中，南美油籽的市场份额分别上涨了 14.24%和 16.12%。

其他农产品贸易转移的规模大多远不能弥补从美国减少的进口。中美加征关税措施后，中国的肉类、稻米和小麦进口下降幅度最为明显，与基准情境相比，情境 S_{11} 中，中国肉类、稻米和小麦的进口分别下降了 11.14%和 6.76%，而情境 S_{12} 中，这两类食物的进口降幅继续扩大至 14.62%和 9.6%。需要进一步说明的是，随着加征关税税率的提高，相对于情境 S_{11}，在情境 S_{12} 中，中国从南美、澳新等来源地的肉类和果蔬产品进口出现了不升反降的反常变动。这可能是由于更高的关税提升了中国进口的交易成本和价格，降低了国内居民的福利水平，由此带来的收入效应降低了其对高价值产品的需求。

2. 中美第一阶段经贸协议履行对中国农产品进口的影响

表 10.12 展示了 2020 年中国农产品实际进口情况与假定没有签订《中美第一阶段经贸协议》情况下的中国农产品进口反事实情境的对比结果，该对比可以反映出《中美第一阶段经贸协议》对中国 2020 年农产品进口的影

响。总体而言，《中美第一阶段经贸协议》的签订及履行对中国农产品进口规模的影响程度较小，与反事实情境相比，《中美第一阶段经贸协议》在2020 年仅使中国农产品进口增长不到 1%。

表 10.12　《中美第一阶段经贸协议》在 2020 年对中国农产品进口的影响（单位：亿美元）

产品种类	美国	欧盟	南美	东盟	澳新	其他国家和地区	世界
农产品	70.90 (42.60%)	−6.62 (−2.88%)	−23.54 (−4.45%)	−7.67 (−3.21%)	−0.93 (−0.50%)	−19.22 (−5.27%)	12.93 (0.76%)
稻米和小麦	3.66 (372.90%)	4.40 (156.12%)	−0.11 (−100.00%)	−0.82 (−6.24%)	−0.20 (−5.15%)	−5.52 (−36.84%)	1.42 (3.97%)
玉米等谷物	15.97 (415.61%)	−1.23 (−20.86%)	1.39 (222.49%)	−1.01 (−54.25%)	−0.80 (−15.18%)	0.30 (1.25%)	14.62 (35.29%)
油籽	23.31 (27.38%)	0.20 (363.57%)	−20.35 (−6.66%)	−0.02 (−8.15%)	−1.92 (−47.88%)	−6.43 (−14.83%)	−5.22 (−1.19%)
肉类	21.54 (220.65%)	15.90 (22.99%)	7.57 (7.03%)	0.14 (4.04%)	2.90 (7.62%)	2.86 (12.12%)	50.91 (20.22%)
果蔬	5.56 (238.06%)	−1.16 (−52.29%)	−4.39 (−14.00%)	−0.40 (−0.57%)	−1.53 (−11.80%)	−7.51 (−24.97%)	−9.45 (−6.33%)
其他农产品	0.86 (1.34%)	−24.72 (−16.48%)	−7.65 (−9.07%)	−5.56 (−3.71%)	0.61 (0.51%)	−2.91 (−1.39%)	−39.36 (−5.05%)

资料来源：根据 GTAP 模拟结果整理而得

注：①括号中的数字代表变化的百分比；②模拟结果出现《中美第一阶段经贸协议》使得中国从欧盟进口的稻米和小麦增加的绝对值超过了美国的可能原因在于在设置反事实情境中难以控制由于中法贸易政策偶发性变动引致中国从法国进口小麦激增的事实。2019 年 11 月，法国总统马克龙访华并签署了包括农业等多个领域在内的多项合同。随后，中国自法国的小麦进口由 2019 年的 48.1 万吨跃升至 2020 年的 238.4 万吨

中国自美进口农产品增加，对其他进口来源地农产品贸易总规模影响有限。随着《中美第一阶段经贸协议》的签订，中国大幅度削减了自美进口非关税措施并承诺增加自美农产品进口，这极大地改善了中美农产品贸易关系，降低交易成本的同时释放了有利于美国的市场信号。在削减非关税措施和扩大进口承诺的双重效应共同影响下，中国自美农产品进口增长了42.6%，占中国农产品进口市场的份额也快速回升，由反事实情境的 9.8%快

速回升到 2020 年的 13.9%。与此同时，相对价格变动所引发的贸易转移效应使得中国从南美、东盟、欧盟等来源地的农产品进口规模均出现较小程度的回落，这与宋海英和姜长云（2021）通过事前估算法得到的结论基本一致。其中，来自“其他国家和地区”的农产品进口下降较为明显，与反事实情境相比，金额下降了 5.27%，份额下降 1.28%；其次是南美，金额及份额分别下降了 4.45%和 1.61%。除此之外，来自东盟、欧盟、澳新等国家和地区的农产品进口所受冲击并不十分明显。

协议履行后，部分农产品进口可能会有所增加，而其他农产品则会下降，这与综合考虑削减非关税措施与承诺扩大进口双重效应之后的预期结果结论相一致。具体来看，协议的履行有利于稻米和小麦、玉米等谷物类以及肉类产品的进口，使这三类农产品分别增长了 3.97%、35.29%、20.22%，却不利于油籽、果蔬以及其他农产品的进口，使其分别下降了 1.19%、6.33%、5.05%。

不同农产品进口受到协议的影响存在明显差异，可能是基于以下两个理由：其一，从削减非关税措施的效应角度，肉类、谷物等品种是此次协议削减非关税措施涉及的重点品种。美国是肉类、谷物的出口大国，自美进口非关税措施的削减会在一定程度上降低中国进口此类产品的交易成本与价格。相对于其他农产品品种，此类产品相对价格下降的替代效应会使中国增加该类产品的进口，而在收入效应下同样也会增加肉类、谷物等正常产品的进口，价格效应会最终增加中国肉类以及谷物的进口；而对于油籽、果蔬等其他农产品而言，虽然收入效应会增加其进口规模，但相对价格的上升会减少该类产品的进口，当替代效应大于收入效应的情形下，这些农产品的进口可能有所降低。具体到油籽产品，由于油籽与肉类进口之间存在替代关系，肉类进口增长也可能进一步挤出油籽进口。其二，就扩大进口承诺效应而言，鉴于不同农产品市场竞争程度、不同农产品出口国的出口供应弹性不尽相同，中国承诺增加自美进口后，部分品种可能出现出口国相互竞争、竞相降价的现象，世界价格的下降将引致中国该品种总进口量以及从各来源进口量的上升。以肉类产品为例，《中美第一阶段经贸协议》履行期间，不同肉类的国际月度价格在 2020 年均呈现明显下降的趋势，其中，12 月的国际猪肉和牛羊肉出口价格较 1 月均下降了 10%左右，禽肉价格的下降幅度更是达到了 15%，在国内外价差的驱动下，中国整体的肉类进口规模扩大。然而，其他品种的出口竞争效应可能未必如此显著，自美进口的增加会替代其他来源的进口。当自美进口增长不足以抵消自其他来源减少时，中国该产品的总进口量可能出现下降。

虽然中国因履行协议增加自美农产品进口对其他农产品进口来源的总体影响有限，但其具体的影响程度却因国家和地区以及品种而异，中国从少数国家和地区进口的部分品种因协议而面临较大冲击。例如油籽市场，2020 年中国从南美以及其他国家和地区进口的油籽产品出现了大规模下降，张玉梅等（2021）基于局部均衡模型的估计结果也印证了这一结论。与假定没有签订《中美第一阶段经贸协议》的情况相比，2020 年中国从南美以及其他国家和地区进口的油籽产品分别减少了 20.35 亿美元和 6.43 亿美元。同样的情况也发生在玉米等谷物市场，与反事实情境相比，2020 年中国从东盟进口的玉米等谷物下降了 54.25%。出现以上现象可能的原因在于，美国与南美的大豆、美国与东盟的玉米等谷物之间分别存在较强的替代性，贸易转移发挥了更大的作用，造成了中国从美国与南美进口的大豆、从美国与东盟进口的玉米等谷物贸易规模出现了此消彼长的现象。

3. 中美经贸摩擦下中国的粮食安全保障

在中美经贸摩擦过程中，无论是前期的加征关税还是后期《中美第一阶段经贸协议》的签订及履行，都会影响我国与美国及其他重要贸易伙伴之间的农产品贸易流向和体量。由于农产品进口已然成为国内食物供应的重要组成部分，中美贸易政策变动对中国农产品进口的影响也势必会牵涉到粮食安全的保障问题。

贸易争端虽未影响整体粮食安全保障，却会削弱稻米和小麦、肉类的进口可获性。基于 GTAP 的模拟结果表明，由于存在贸易转移效应，中美加征关税对中国整体农产品进口的影响有限，因此中国整体的粮食安全并未因此受到冲击。但是贸易转移的弥补作用因品种而异，尤其是稻米、小麦及肉类的供给作为保障中国粮食安全的关键，其贸易转移效应却不明显，造成进口总额降幅较大，且该降幅随着加征关税税率的提高呈现扩大趋势。可以预见，如果中美持续实施加征关税的措施，必然会影响中国的口粮、肉类等重点农产品的进口可获性与粮食安全保障。

协议履行对整体粮食安全的影响有限，却会损害从南美等其他来源获取食物供应的稳定性。《中美第一阶段经贸协议》的履行有利于增加自美农产品的进口，并且对其他来源地的农产品贸易总规模影响不大。但就具体品种来看，南美以及其他国家和地区的油籽、东盟的玉米等谷物等产品的出口将因贸易转移效应受到较大影响。具体而言，中国作为南美最重要的油籽出口目的地，2020 年南美出口到中国的油籽占其油籽总出口的比重高达 72.5%，因此，贸易转移效应对南美油籽出口造成的冲击是毋庸置疑的。另外，中国是东盟玉米等谷物的主要出口市场，2013~2018 年，东盟每年一半左右的玉米等谷物出口到中国市场，这意味着《中美第一阶段经贸协议》将可能对东盟的玉米等谷物出口造成较明显的负面影响。出口利益受损很可能会影响中国与上述国家和地区的经贸关系，更有甚者还可能因扰乱市场信号而影响东盟、南美以及其他国家和地区相关产品的种植与生产决策。上述国家和地区均是中国长期推行的农产品多元化战略中重点布局的进口来源地，长此以往，此类贸易政策调整将会对维护今后的农产品进口稳定性和我国粮食安全形成明显的压力。

10.3.4　政策建议

中美贸易政策变动深刻影响着中国农产品进口与粮食安全，长期来看，为应对中美经贸关系的不确定性，中国必须提前做好防范措施，确保国际农产品进口渠道的稳定。基于模拟结果，本章提出以下三点政策建议。

第一，重视农产品贸易在国际谈判中的作用。随着中国农业对外开放的不断深入，农产品贸易的作用和功能也在不断升级，农产品贸易已成为中美经贸谈判的重要筹码。为反制美国的贸易保护主义，中国对自美进口的农产品加征了反制关税，而这一措施却并未对中国整体农产品进口格局造成严重影响。为长久计，如果美国继续推行贸易保护主义，在保障稻米和小麦、肉类等品种进口可获性的前提下，农产品依然可以作为中国反制美国的“重拳”。另外，在《中美第一阶段经贸协议》中，农产品也是缓和中美经贸关系的重要筹码。在完善对巴西、东盟等其他进口来源地贸易利益补偿机制的前提下，为进一步缓和中美经贸关系，中国依然可以在农产品上做出适当的让步。

第二，构建更加完善的农产品进口多元化体系。农产品进口多元化战略的稳步推进是中国农产品进口结构得以不断优化的重要途径。此次中美经贸摩擦中，中国敢于积极应对美国挑起的贸易争端并确保了中国的食物进口安全，也充分体现了继续推进农产品进口多元化战略的必要性。因此，中国应做好扎实的准备，在考虑现有主要农产品进口来源地贸易利益的基础上，及时做好农产品进口的适应性调整，进一步依托“一带一路”倡议、区域贸易协定、特殊贸易安排等，积极拓展与潜在贸易伙伴国的农产品经贸关系，适时优化中国农产品进口格局，强化农产品进口安全性。

第三，维护稳定的农产品国际贸易市场。考虑到中国农产品供应的增速仍将显著小于需求的增长速度，可以预计，未来中国国内食物供求矛盾将更加突出，中国农产品进口需求依然强劲，这向世界农产品市场释放出了稳定的信号，有利于主要农产品出口国提前做好生产和贸易布局。然而，美国发动的贸易争端违背了全球化和多边主义，贸易争端势必扰动全球的贸易规模和贸易格局，给世界所有国家和地区的市场预期带来不确定性。这也意味着如果中美贸易不确定性依然存在，稳定的中国预期增长需求并不能为世界其他国家和地区带来稳定的市场预期，这将严重扰动其他主要农产品出口国的生产及贸易决策，从而不利于我国的粮食进口稳定性。因此，一方面，考虑到农产品进口在中美经贸关系中占有重要地位，加强中美农产品贸易有利于中美两国农业的发展。中国仍应继续推进与美国之间的合作对话，推动达成互利双赢的协议，建立良好的中美农产品贸易合作平台和秩序。另一方面，争取与世界其他利益共同体通力合作，坚持多边主义，构建全球农产品共同治理的新格局，共同维护稳定的农产品国际贸易市场。

10.4 本章小结

稳固的经贸关系对于维持我国农产品进口的稳定性及确保国家粮食安全至关重要。美国既是全球主要的农产品出口国，又是我国重要的粮食进口来源地，两国的经贸关系波动势必冲击我国农产品进口的稳定性，进而影响我国粮食安全保障。本章以 2018 年以来中美经贸摩擦这一典型经贸关系不确定性风险事件为例，采用 GTAP 模拟分析了其对我国粮食安全的潜在影响。结果表明，尽管其对中国农产品进口及粮食安全的总体影响有限，但部分产品，如稻米和小麦、肉类的贸易转移效应并不明显，进口总额降幅较大。未来，一旦中美贸易争端继续恶化，上述品种的食物可获性可能会遭遇更大冲击。此外，经贸关系的波动将会扰乱世界农产品贸易秩序，《中美第一阶段经贸协议》签订将使部分国家或者地区对中国的出口产生潜在冲击，这对我国平衡长期且良性的贸易伙伴关系、维护今后的农产品进口稳定性和我国粮食安全形成相应压力。

伴随着大国之间博弈的日益激烈，经贸关系不确定性或将成为一种常态。粮食出口大国的单边主义、贸易保护主义等引发的经贸关系波动势必扰动中国农产品进口格局，冲击着中国与其他农产品进口来源地之间的稳定贸易关系。为了应对外部经贸关系不确定性给我国粮食安全带来的威胁和挑战，一方面，我国应持续深化与世界各国的粮食合作，构建更加完善的农产品进口多元化体系，确保我国粮食进口的安全性和稳定性；另一方面，我国要坚持多边主义，与世界其他利益共同体共同维护农产品国际贸易市场的稳定，从而提升我国粮食进口的稳定性。

第 11 章
外部风险对我国粮食安全的影响：以俄乌冲突为例[1]

当今世界处于百年未有之大变局，新冠疫情、自然灾害、地区紧张局势等导致的突发事件频发，扰乱了全球农产品市场和贸易秩序，导致国际粮食市场不确定性、不稳定性风险日益加剧。随着中国作为粮食净进口国的地位不断强化升级，外部突发事件引致的供需格局变化必然会对中国从世界市场的粮源可获性和稳定性产生短期冲击乃至长期影响，从而给我国的粮食安全保障带来安全隐患。俄罗斯与乌克兰都是全球重要的粮食生产国和贸易大国，不仅在世界粮食市场占据重要地位，而且是我国重要的粮食进口来源地。2022 年以来，俄罗斯与乌克兰两国爆发的军事冲突（简称俄乌冲突）导致了粮食供应链受阻，并引发了全球粮食出口限制措施激增，这为分析突发事件引发的外部风险对中国粮食安全影响提供了样本。本章在阐述俄乌两国在全球粮食市场的地位以及两国与中国农产品贸易关系的基础上，分析了俄乌冲突引发的全球粮食市场波动及其给中国粮食进口带来的压力，进一步利用 GTAP 量化评估了俄乌冲突引致的出口贸易限制措施对中国粮食进口和粮食安全的潜在影响。

---

① 资料来源：朱晶等（2023b）。

11.1　俄乌两国对全球及我国粮食贸易的重要性分析

俄罗斯和乌克兰两国素有“世界粮仓”的美誉，在世界农资与粮食市场中的地位举足轻重。俄罗斯和乌克兰作为农业大国，在粮食生产方面具有显著优势，两国的粮食出口对于全球粮食供应的稳定和平衡至关重要，并对我国的粮食安全和经济发展产生重要影响。

11.1.1　俄乌两国在全球粮食市场的地位

俄乌两国农业资源丰富，充足且肥沃的耕地资源为两国的种植业发展提供了重要的基础，也使两国成为全球重要的粮食供应地。FAO 统计数据显示，2020 年俄罗斯与乌克兰的耕地面积分别为 1.2 亿和 0.3 亿公顷，两国耕地面积总量占全球耕地总面积的 10%以上。丰裕的耕地资源使俄乌两国成为全球最主要的粮食生产和出口基地。从表 11.1 可以看出，2001~2021 年，俄罗斯和乌克兰两国谷物产量不断增长，且在全球占有较高的比重。2021 年俄乌两国的谷物产量超过 2 亿吨，合计占世界市场的份额达到 6.6%。从具体的粮食种类来看，2021 年俄乌两国的小麦、大麦、玉米产量分别占全球总产量的 14.0%、18.8%和 4.7%，葵花籽油产量更是达到全球总产量的 55.2%。由此可见，俄罗斯和乌克兰两国在全球粮食市场供应上扮演着重要角色。

表 11.1　2001~2021 年俄乌两国重要农产品产量及其占世界市场的份额

年份	谷物		大麦		小麦		玉米		葵花籽油	
	产量/万吨	份额/%	产量/万吨	份额/%	产量/万吨	份额/%	产量/万吨	份额/%	产量/万吨	份额/%
2001	12 219.0	5.8	2 966.3	21.1	6 834.4	11.6	444.9	0.7	211.9	25.7
2003	92 82.9	4.5	2 476.0	18.1	4 550.1	8.3	890.6	1.4	285.7	30.8
2005	11 345.0	5.0	2 465.9	18.0	6 631.4	10.6	1 022.7	1.4	390.2	36.4
2007	10 915.3	4.7	2 154.0	16.4	6 330.6	10.4	1 121.9	1.4	478.3	43.0

续表

年份	谷物		大麦		小麦		玉米		葵花籽油	
	产量/万吨	份额/%	产量/万吨	份额/%	产量/万吨	份额/%	产量/万吨	份额/%	产量/万吨	份额/%
2009	14 102.9	5.7	2 971.4	19.7	8 262.6	12.1	1 445.0	1.8	557.7	42.8
2011	14 804.4	5.7	2 603.6	19.6	7 856.4	11.3	2 980.0	3.4	572.3	43.6
2013	15 305.3	5.5	2 295.0	16.0	7 437.0	10.5	4 258.4	4.2	673.1	47.9
2015	16 207.2	5.7	2 583.5	17.4	8 831.8	11.9	3 650.1	3.5	740.9	48.7
2017	19 198.5	6.5	2 891.4	19.5	11 221.2	14.5	3 787.7	3.3	992.2	54.7
2019	19 232.3	6.5	2 940.6	18.5	10 282.3	13.5	5 016.2	4.4	1125.5	56.1
2021	20 291.3	6.6	2 743.3	18.8	10 824.1	14.0	5 735.0	4.7	1016.7	55.2

资料来源：FAOSTAT

同时，俄乌两国也是全球的粮食贸易大国，在全球粮食出口市场的地位日益突出。如表 11.2 所示，2001~2021 年，俄罗斯和乌克兰两国谷物出口量年均增长率分别达到 12.7%和 11.6%，占全球粮食总出口量的比重分别由 2001 年的 2.1%和 3.6%上涨到 2021 年的 7%和 10%。就具体品种而言，2021 年，俄罗斯是全球最大的小麦出口国，其小麦出口量占世界出口总量的比重高达 14%；而乌克兰是全球第三和第五大玉米与小麦出口国，2021 年其玉米和小麦的出口量占世界总出口的比重分别达到 13.2%和 9.9%。根据 FAO 统计，世界上大约有 50 个国家和地区超过 30%的小麦进口来自这两国[①]。可以看出，俄乌两国在关键粮食品种上，对稳定全球粮食贸易市场至关重要。

表 11.2 2001~2021 年俄罗斯和乌克兰的谷物出口量及其占世界市场份额

年份	出口量/万吨						占世界市场份额/%					
	俄罗斯			乌克兰			俄罗斯			乌克兰		
	小麦	玉米	谷物	小麦	玉米	谷物	小麦	玉米	谷物	小麦	玉米	谷物
2001	163.8	0	320.6	285.3	36.8	553.9	2.1	0	2.1	3.7	1	3.6
2003	758.8	1.3	1112.9	90.1	94.3	386.1	6.8	0	5.3	0.8	1.2	1.8

① 根据 FAOSTAT 数据计算。

续表

年份	出口量/万吨						占世界市场份额/%					
	俄罗斯			乌克兰			俄罗斯			乌克兰		
	小麦	玉米	谷物	小麦	玉米	谷物	小麦	玉米	谷物	小麦	玉米	谷物
2005	1032	6.9	1218.6	600.9	279.6	1249.3	8.1	0.1	4.6	4.7	3.7	4.7
2007	1444.4	5.3	1655.5	105.6	95.4	420.7	10.9	0	5.6	0.8	0.9	1.4
2009	1682.1	135.8	2178.1	1288.3	717.9	2574.5	11.1	1.4	7	8.5	7.2	8.3
2011	1518.6	72.2	1827.8	409.7	780.6	1414.9	10.2	0.7	5.7	2.7	7.1	4.4
2013	1379.6	259.9	1903.5	776.2	1672.9	2710	8.6	2.1	5.2	4.8	13.7	7.4
2015	2123.4	369.8	3070.5	1345.2	1904.9	3742.6	13.4	2.5	7.3	8.5	12.9	8.9
2017	3306.6	519.4	4329.7	1731.4	1939.5	4182.8	18.8	4.1	10.4	9.8	15.5	10
2019	3187.3	312	3940.3	2002.2	3234.6	5671.3	17.6	1.7	8.8	11.1	17.7	12.7
2021	2735.4	293.6	3485.9	1939.5	2453.9	4958.3	14	1.6	7	9.9	13.2	10

资料来源：UN Comtrade 统计数据库

不仅如此，俄罗斯还是全球的化肥出口大国，其对保障全球化肥供应和农业生产的作用不容忽视。UN Comtrade 统计数据显示，2020 年俄罗斯化肥出口量高达 3413.3 万吨，约占全球化肥出口总量的 17.6%，成为全球第一大化肥出口国（表 11.3）。其中，氮肥、钾肥以及复合肥出口量分别为 1372.7 万吨、958.3 万吨、1082.1 万吨，分别占全球出口总量的 16.7%、17.6%和 20.5%，在世界主要出口国中分别排第二、第三和第二。可以看出，俄罗斯的化肥市场对全球化肥的有效供应起到了举足轻重的作用。农资供应稳定与否不仅影响世界粮食产量，更关系到粮食的生产成本与价格。农资主要出口国的身份进一步扩大了俄罗斯对世界粮食供应的影响力，加剧了俄乌冲突下世界粮食供应波动的风险。

表 11.3　2020 年俄罗斯化肥出口量及其占世界市场份额

种类	全球出口量/万吨	俄罗斯出口量/万吨	占全球市场份额/%	俄罗斯出口量在全球的排名
化肥	19 428.3	3 413.3	17.6	1
氮肥	8 236.4	1 372.7	16.7	2

续表

种类	全球出口量/万吨	俄罗斯出口量/万吨	占全球市场份额/%	俄罗斯出口量在全球的排名
磷肥	473.4	0.2	0.0	33
钾肥	5 441.6	958.3	17.6	3
复合肥	5 276.9	1 082.1	20.5	2

资料来源：UN Comtrade 统计数据库

11.1.2 俄乌两国对我国粮食进口的作用

由于俄罗斯和乌克兰拥有丰富的农业资源以及粮食生产和出口能力，俄乌两国也成为我国最重要的两个农产品进口来源地。如图 11.1 所示，2001~2021 年，中国从俄罗斯和乌克兰两国进口农产品贸易总额分别由 2001 年的 5.5 亿美元和 100 万美元增长到 2021 年的 42.9 亿美元和 52.4 亿美元，年均增长率分别达到 10.8%和 53.4%。具体从乌克兰的农产品进口来看，中国从乌克兰进口农产品占中国农产品总进口的市场份额从 2012 年以

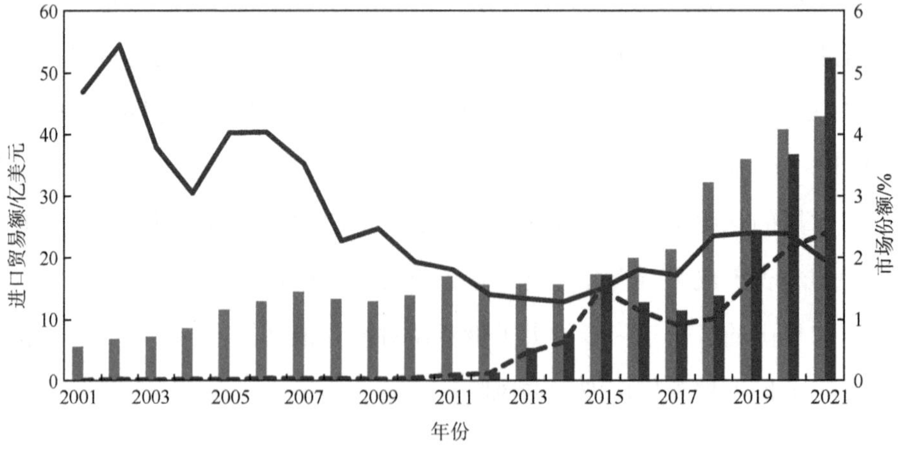

图 11.1　2001~2021 年中国从俄乌两国进口农产品贸易额及其占中国农产品总进口额的比重

资料来源：UN Comtrade 统计数据库

来持续快速增长。随着乌克兰在全球粮食市场中的地位和影响力不断提升，与中国的贸易往来也在不断增加。2021 年，乌克兰在中国农产品进口市场中的份额达到 2.4%。就俄罗斯而言，2002~2011 年，我国从俄罗斯进口的农产品在我国农产品总进口的市场份额虽有所下滑，但在 2011 年之后，这一比重基本维持在 2%~3%。总的来说，俄罗斯和乌克兰是中国粮食进口的重要来源地，为中国的粮食供应安全和多样化提供了有力支持。

从具体粮食品种来看，乌克兰是中国主要的玉米、大麦及葵花籽油进口来源国，对满足国内的粮食供应发挥着重要作用。如表 11.4 所示，从 2013 年开始，中国开始从乌克兰进口玉米，且进口规模不断扩大，由 2013 年的 10.9 万吨增长到 2021 年的 823.4 万吨。2015~2020 年，乌克兰超过美国，成为中国最大的玉米进口来源国，在中美经贸争端期间，中国从乌克兰进口的玉米占中国总进口的市场份额在 2018 年和 2019 年分别达到 83.2%和 86.4%。可以看出，从乌克兰进口的玉米，对补充国内玉米的供应发挥了重要的作用。随着中国和乌克兰农业贸易的发展，从 2014 年开始，中国从乌克兰进口大麦，且进口规模快速扩大，乌克兰成为中国最重要的进口来源国之一。2020 年和 2021 年，中国从乌克兰进口的大麦分别达到 226.3 万吨和 321.3 万吨，分别占中国大麦总进口量的 1/4 以上。同样，乌克兰还是中国最大的葵花籽油的进口来源国，每年的进口量占到中国总进口的一半以上。与乌克兰相比，中国从俄罗斯进口的谷物、大豆相对较少，每年进口的谷物仅占中国谷物总进口量的 1%左右。

表 11.4　2013~2021 年中国从乌克兰进口大麦、玉米及葵花籽油数量及其占中国总进口的份额

年份	大麦		玉米		葵花籽油	
	进口量/万吨	份额/%	进口量/万吨	份额/%	进口量/万吨	份额/%
2013	—	—	10.9	3.3	39.9	91.6
2014	12.1	2.2	96.4	37.1	43.7	96.1

续表

年份	大麦		玉米		葵花籽油	
	进口量/万吨	份额/%	进口量/万吨	份额/%	进口量/万吨	份额/%
2015	82.0	7.6	385.1	81.4	58.5	89.8
2016	32.1	5.4	239.7	80.1	61.3	73.4
2017	79.1	8.9	182.2	64.5	58.4	78.4
2018	38.2	5.6	293.0	83.2	44.9	63.9
2019	87.4	14.7	413.7	86.4	86.6	70.4
2020	226.3	28.0	624.4	55.6	115.2	59.0
2021	321.3	25.7	823.4	29.0	88.7	69.1

资料来源：UN Comtrade 统计数据库

11.2 俄乌冲突对全球及我国粮食安全影响的基本研判

由 11.1 节的分析可知，俄罗斯与乌克兰都是全球重要的粮食生产和贸易大国，在世界粮食市场占据重要地位。不仅如此，俄罗斯还是全球化肥的主要出口国。正是由于俄罗斯和乌克兰在世界粮食供应中的重要作用，俄乌冲突对两国粮食和农资供应的影响很快波及全球，引发世界粮食和农资市场的剧烈波动。与此同时，全球粮食和农资市场的动荡也导致全球粮食出口限制措施激增，进一步加剧了全球粮食市场的供需紧张。由于农产品进口是中国粮食安全保障不可或缺的组成部分，该影响会经由供应链和价格传导至国内，可能给中国粮食进口带来一定的压力。

11.2.1 俄乌冲突与世界粮食市场波动分析

俄乌冲突所引发的粮食出口受阻、供应链中断、农资供给短缺、成本飙升等使得本就因新冠疫情大流行和极端天气频发而遭遇严峻挑战的全球粮食市场变得更加动荡不安。不仅如此，冲突期间多国采取以邻为壑的限制性贸易政策，不仅对相当数量的世界粮食净进口国造成即时性的显著负面影响，且对包括中国在内的其他粮食净进口国以及世界粮食市场今后的长期供求格局形成潜在挑战和影响。

1. 供应链受阻引发全球粮食和农资供应偏紧

俄乌冲突造成的供应链断裂制约了俄乌两国的粮食供应能力，并导致全球粮食产量和出口量的下降。在生产上，农资供应不足以及劳动力短缺等导致乌克兰粮食播种面积与生产能力大幅下降。2022 年乌克兰农作物春播面积共计 1340 万公顷，较 2021 年减少了 21%。更为严重的是由于挖掘壕沟以及弹药轰炸而造成的土壤生产力退化和环境污染，或将对乌克兰粮食生产能力产生长期的负面影响。在贸易上，俄乌海运是俄乌粮食出口最重要的运输方式，而海运受阻和运保费上涨制约了两国的粮食出口。2022 年 7 月下旬，冲突造成的乌克兰黑海港口运输中断使超过 2000 万吨原计划出口的粮食依然滞留乌克兰国内。此外，欧美等国家和地区对俄罗斯实施了严厉的制裁，将俄罗斯从环球银行间金融通信协会（Society for Worldwide Interbank Financial Telecommunications，SWIFT）中剔除，造成其支付渠道受阻，对全球粮食供应形成了实质性障碍。

在供应链受阻的同时，俄罗斯停止了对不友好国家和地区供应化肥的举措进一步造成其化肥出口量大幅下降，影响了全球农资的有效供给。UN Comtrade 统计数据显示，2020 年全球 33 个国家和地区超过 20%的化肥进口来自俄罗斯，其中包括中国、巴西等农业生产大国，中巴两国自俄罗斯进口的化肥量占各自化肥进口总量的比重均超过了 22%。俄罗斯同时也是美国和欧盟地区化肥进口的重要来源地，其进口份额分别为 12.3%和 11.3%。俄罗斯农资出口受阻会直接影响上述国家和地区的化肥供应，并对其粮食生产造成冲击。

2. 供应紧张助推世界粮食与化肥价格高位运行

俄乌冲突致使全球粮食有效供应不足的同时还引发全球粮价的进一步飙升。从国际粮价的历史变化趋势看，自 2008 年与 2011 年两次粮食危机以后到 2020 年全球新冠疫情暴发之前，国际粮食价格保持相对稳定，并未出现较为剧烈的波动。新冠疫情暴发后，全球粮食价格快速上升。FAO 公布的数据显示，2021 年全年食品价格指数同比上涨 28.1%，谷物价格指数同比上涨 27.3%，均达到 2012 年以来的最高水平。俄乌冲突进一步推动世界粮价上涨，小麦、玉米价格甚至达到近 20 年来的最高水平。2022 年 5 月，世界小麦、玉米出口价格分别达到 521.4 美元/吨和 345.4 美元/吨，超过 2008 年金融危机及 2011 年粮食危机时期的最高水平，较 2021 年同期分别增长 74.7%和 13.4%，较 2020 年同期更是分别增长了 133.8%和 139.6%（图 11.2）。

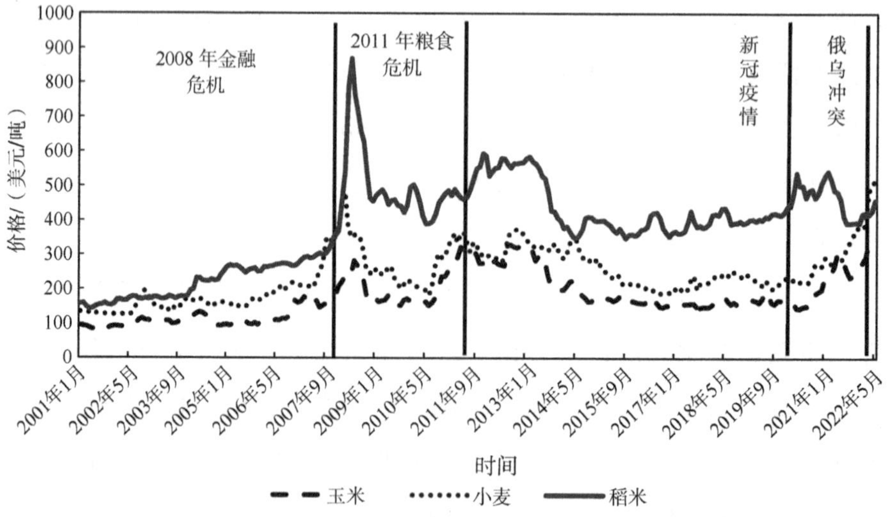

图 11.2　2001 年 1 月~2022 年 5 月世界主要粮食月度价格

资料来源：FAO 全球农业信息和早期预警系统

玉米价格为美国 2 号黄玉米 FOB 海湾价；小麦价格为美国 2 号硬红冬小麦 FOB 海湾价；稻米为泰国大米（25%碎）FOB 曼谷价

除了粮食价格以外，世界化肥价格也因俄乌冲突而被大幅推高。俄罗斯化肥出口受限导致世界化肥短期内供应短缺，而其对欧盟及其他国家和地区的能源出口受限引起上述地区化肥生产商的产能不足，供应的减少促使全球化肥等农资价格大幅上涨。2022 年 4 月国际氮肥、磷肥和钾肥的出口价分别达到 925 美元/吨、954 美元/吨和 562.5 美元/吨，是 2021 年 1 月价格的 3.5 倍、2.3 倍和 2.8 倍（图 11.3）。国际能源价格的高涨支撑了化肥的高生产成本，国际化肥价格或将持续高位运行。

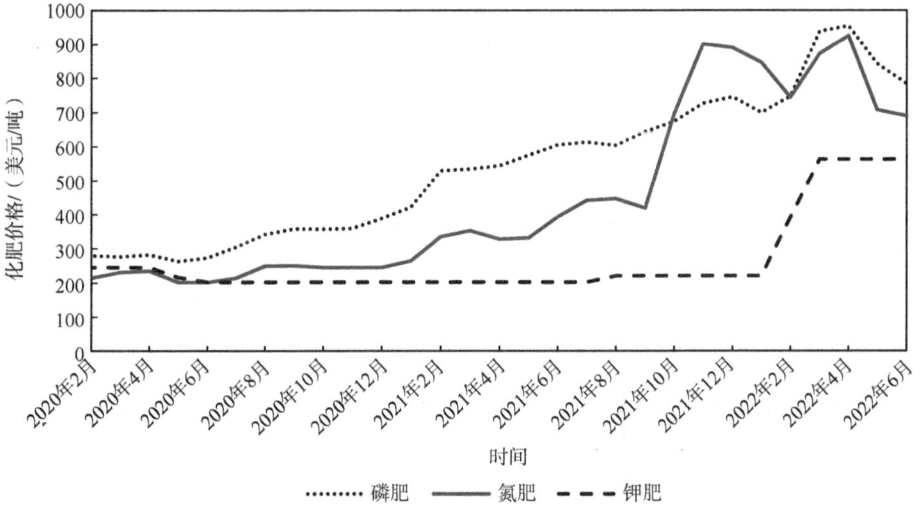

图 11.3　2020 年 2 月~2022 年 6 月国际化肥价格

资料来源：世界银行数据库

氮肥价格 2022 年 3 月之前为尿素 FOB 黑海价格，2022 年 3 月及之后为尿素 FOB 中东价格；磷肥价格为磷酸二铵 FOB 美国海湾价格；钾肥价格为氯化钾 FOB 加拿大温哥华价格

11.2.2　世界粮食市场震荡引致的出口限制措施分析

世界粮食市场供应规模和价格的波动，引发了各国粮食恐慌情绪激增，导致多国在冲突期间采取了农产品限制性贸易政策，这势必进一步恶化全球的粮食供需格局。

1. 农产品出口限制措施数量与类别

俄乌冲突导致全球粮食供应紧张和价格高企的同时，在恐慌预期的作用下，全球农产品出口限制政策频频出台进一步加剧了世界粮食市场的紧张局面。早在新冠疫情暴发之初，农产品出口限制措施就已成为一些国家和地区实施自我保护的重要手段，俄乌冲突加剧了这一趋势。如图 11.4 所示，在新冠疫情暴发初期（2020 年 3 月），实施农产品出口限制政策的国家数量以及具体措施数量分别迅速增加了 26 个和 173 项。此后，随着疫情防控的常态化，新增的实施国家的数量和措施数量基本稳定。俄乌冲突爆发后，实施国家（地区）数量和措施数量再次激增，在 2022 年 3 月分别达到 44 个和 663 项的历史高位，远超新冠疫情暴发初期的数量，较新冠疫情暴发前（2020 年 3 月）分别增长了 69%和 283%。俄乌冲突引发的出口限制措施不仅数量快速增长，而且其影响范围远超全球粮食危机和疫情暴发时期，各国

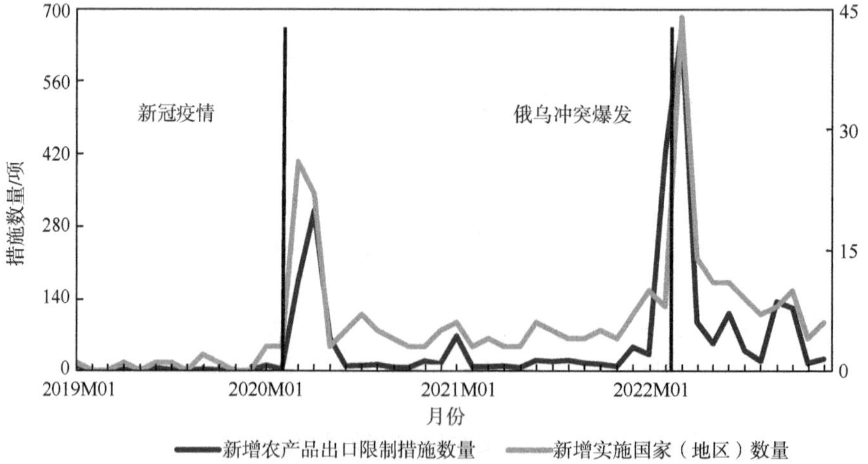

图 11.4 俄乌冲突期间新增农产品出口限制措施的国家（地区）及措施数量

资料来源：全球贸易预警系统、贸易监测数据库、食品与肥料出口限制跟踪系统、初级农产品出口限制数据库

采取的农产品出口限制措施覆盖了全球 36%的农产品贸易，产生的负面影响较为深远。

从实施的出口限制措施的类别来看，在所有的出口限制措施中，出口禁令是使用最多的方式，占全部农产品出口限制措施总量的 82.4%，限制了全球 22.8%的农产品出口。而出口许可证、出口关税和出口配额措施数量相对较少，三项措施的数量分别占农产品出口限制措施总数的 9.4%、7.2%和 1%，分别对全球 5.5%、5.5%和 2.1%的农产品出口贸易产生不同程度的阻碍。

2. 出口限制措施的实施国与受影响的产品

俄乌冲突期间，全球农产品出口限制措施的实施国别具有明显的集中特征。就区域而言，欧洲国家和地区成为俄乌冲突期间农产品出口限制措施的主要实施区域，2022 年有 30 个国家实施了出口限制措施，占实施国家总数的 42%；亚洲和非洲仅次于欧洲，分别占实施国总数的 26%和 22%。从粮食进出口情况而言，粮食净出口国成为实施农产品出口限制措施的主体，在 2022 年 72 个实施农产品出口限制措施的国家中，有 64 个非粮食净进口国，占全部实施国数量的 89%。这也表明更需要保障本国粮食安全的粮食净进口国反而并没有使用这一贸易政策。值得注意的是，尽管 WTO 的相关规则已经对出口限制进行了规定，但其并未发挥应有的约束效力，在实施农产品出口限制措施的国别中，WTO 成员方占比高达 85%。

从受影响的产品种类来看，谷物和动植物油脂是受出口限制措施影响最大的农产品。如表 11.5 所示，俄乌冲突爆发后，印度尼西亚、阿根廷、日本和俄罗斯等 24 个国家实施动植物油脂出口限制措施，占全球出口限制措施的 13%，阻碍全球 44.5%（612.1 亿美元）的油脂出口。此外，印度、埃及、俄罗斯、乌克兰、白俄罗斯和日本等 35 个国家对谷物采取出口限制措施，占全部措施的 16%，覆盖全球 44.1%（608.2 亿美元）的谷物贸易。

表 11.5 2022 年受出口限制措施影响的农产品出口额及所占份额

农产品类别	受影响出口额/亿美元	受影响贸易份额/%
活体动物	40.5	19.3
肉类	232.3	15.8
水产品	140.0	12.4
乳制品	236.9	23.5
蔬菜	211.1	28.1
水果	66.9	5.9
谷物	608.2	44.1
油料种子及含油水果	175.8	14.2
动植物油脂	612.1	44.5
糖类	89.0	19.1
食品工业残留物或动物饲料	192.3	22.1

资料来源：UN Comtrade 统计数据库

注：受影响贸易份额=某类农产品受出口限制影响的出口额/该类农产品出口总额

俄乌冲突期间，受出口限制措施影响的谷物中，小麦是受影响最为突出的谷物类产品。如表 11.6 所示，俄乌冲突爆发后，俄罗斯、日本、新西兰、乌克兰、北马其顿、埃及、哈萨克斯坦、阿尔及利亚、摩尔多瓦、吉尔吉斯斯坦、科威特和印度等 24 个国家实施 65 项小麦出口限制，占全球谷物出口限制措施的 23%，阻碍全球 41.6%（230.7 亿美元）的小麦出口。值得关注的是，全球超 35%的人口以小麦为主粮，小麦出口限制措施将进一步加剧全球粮食供需失衡和价格波动，从而冲击到中国及全球粮食安全。此外，全球玉米和大米受影响的出口额分别达到 189.6 亿美元和 100.2 亿美元，分别占到全球出口贸易总额的 37.2%和 36.8%。可以看出，粮食出口限制措施进一步恶化了国际粮食的贸易环境，使得全球粮食的有效供应更加紧张。

表 11.6　俄乌冲突时期受出口限制影响的谷物产品

谷物产品类别（HS4）	受影响出口额/亿美元	出口贸易总额/亿美元	受影响贸易份额/%
小麦	230.7	554.2	41.6
黑麦	0.9	5.4	16.7
大麦	32.6	104.8	31.1
燕麦	5.0	10.3	48.5
玉米	189.6	509.7	37.2
大米	100.2	272.0	36.8
高粱	0.3	32.1	0.9
其他谷物	1.9	11.8	16.1

资料来源：UN Comtrade 统计数据库

注：受影响贸易份额=某类农产品受出口限制影响的出口额/该类农产品出口总额

11.2.3　俄乌冲突对我国粮食进口的影响路径

在开放条件下，充分利用国际农产品市场和农业生产资源对中国在有限资源约束下保障粮食安全起到了重要作用，而伴随这一过程，中国对国际市场与资源的依赖程度不断加深。在此背景下，世界农资与粮食市场的波动会通过价格传导与供应链影响中国粮食的进口成本与可获性，进而影响国内农产品的生产。而粮食贸易政策变动更会影响世界粮食供需格局，进一步恶化国际贸易环境，进而影响中国粮食进口的可获性。

从价格传导渠道来看，世界农资价格飙升会提高中国农资进口价格，进而增加国内粮食生产成本，不利于国内粮食生产。值得注意的是，部分粮食品种，如大豆、玉米等，还是畜禽饲料的主要来源，此类产品进口与生产成本的上升会给国内畜禽产品的生产带来相应压力。不仅如此，在进口快速增长背景下，国际粮食价格波动对国内大豆、玉米、大米等粮食价格有较为显著的传递与溢出效应。因此，世界农资与粮价高企在一定程度上抬高了国内价格，进一步增加国内粮食和畜禽产品生产成本，进而影响农产品稳产保供。

就供应链渠道而言，世界粮食市场可供性的变动可能会对中国农产品进口可获性造成复杂且深远的影响。其一，世界粮食市场可供性对一国进口可获性的直接影响取决于该国主要进口来源地可供性的变动。当主要进口来源地粮食供应下降，进口输入性风险则随之升高。反之，则冲击较小。具体到中国，美国与巴西等国家和地区是我国粮食进口最主要的进口来源。如果上述国家和地区的粮食可供性受俄乌冲突的影响较小，则中国粮食进口可获性保障无虞，否则或将遭遇较大威胁。其二，贸易格局扰动引发的进口竞争对中国粮食进口形成挑战。此次冲突的影响具有不均衡性，包括俄乌在内的部分粮食出口国供应呈显著下行趋势，但诸如美国、巴西等世界其他粮食出口国所受影响则相对较小。因而，贸易转移效应可能会使那些原本以俄乌为主要进口来源的国家和地区转而从美国、巴西等国家进口，导致这些国家和地区与中国在粮食进口来源上高度重叠而形成进口竞争关系，进一步提高中国粮食进口所面临的潜在风险。其三，全球粮食进口可供性的降低也会沿着供应链抑制主要畜禽产品生产国的畜禽产业发展。例如，冲突导致的玉米等饲料粮的中断已经让对俄乌玉米依赖程度较高的荷兰、葡萄牙、爱尔兰、西班牙等欧盟畜产品生产大国面临饲料紧缺危机，并使上述地区的畜牧业发展陷入困境。随着膳食结构升级，中国畜禽产品进口激增，国内外畜禽产品市场的关联也日趋紧密。有理由相信，世界畜禽产品供应的下降也将可能对中国畜禽产品进口可获性产生负面影响，从而对我国的食物安全保障产生压力。

此外，世界供应紧张所引发的一系列包括限制出口、扩大进口等粮食贸易政策的激增，不仅通过加剧世界市场的波动而降低中国粮食的进口可获性，还使得中国农产品进口所面临的贸易环境更加错综复杂。在全球粮食供应偏紧的情况下，各国往往倾向于实施扩大粮食进口以及限制粮食出口的贸易政策，其中前者会加剧全球粮食进口的竞争，甚至使“中国威胁论”再度甚嚣尘上，恶化中国粮食进口的外部环境；而后者增加了中国粮食进口的不确定性，且一旦这些出口限制措施常态化，其作用等同于贸易壁垒，将持续对中国粮食进口形成压力。粮食贸易环境恶化虽然不一定直接造成中国粮食进口受阻，但却会极大提高进口风险，使长期粮食安全保障遭遇更大挑战。

11.2.4　俄乌冲突对我国粮食进口的压力分析

世界粮食和农资市场波动一方面会通过价格传导拉高中国进口价格和成本，冲击国内粮食与畜禽产品生产，另一方面可能通过供应链传递威胁中国食物进口的可获性，影响国内的有效供应。当然，冲突影响中国粮食安全保障的实际效果还需综合考量国内食物供应与进口格局、世界与国内市场的价格传导力度等因素。

1. 国内供应充足有利于抵御外部冲击

中国始终将人民吃饭问题视为治国理政的重中之重，不断强化国内粮食的综合生产能力和安全保障能力，这种执政理念为应对外部环境的不确定性提供了有力的保障。

长期以来，中国以“谷物基本自给、口粮绝对安全”为目标，高度重视国内粮食生产与供给的稳定性，稻米、小麦和玉米三大主粮始终保持 90%以上的自给率。2015~2022 年，全国粮食总产量连续 8 年稳定在 6.5 亿吨以上的高位[①]。同时，中国目前的粮食应急保障体系逐步完善，粮食库存也处于历史较高水平，库存消费比远高于 17%~18%的国际安全水平。因此，即使在目前复杂的国际粮食市场形势下，中国的“粮袋子”依然可以得到充分保障，国内的粮食供求能够保持相对稳定。

① 资料来源于中国国家统计局，https://data.stats.gov.cn/easyquery.htm?cn=C01。

2. 进口粮源差异使短期可获性影响有限

虽然中国粮食进口规模巨大，对国际粮食市场依赖程度较高，但现有的粮食进口格局和进口多元化战略的实施使中国在应对俄乌冲突所造成的全球粮食供应紧张局面时拥有足够的韧性，冲突对中国短期粮食进口可获性的影响有限。分品种看，中国的粮食进口主要集中于大豆和玉米，2021 年两者合计进口量占中国粮食总进口量的比重高达 75.9%。就大豆而言，虽然 2021 年中国大豆自给率仅为 14.5%，但中国超过 90%的大豆进口来自巴西和美国（表 11.7），因此，俄乌冲突在短期内对中国大豆进口可获性的直接影响有限。就玉米而言，作为主粮，中国玉米一直保有较高的自给率，即使在玉米进口量猛增的 2021 年，自给率仍能维持 90.6%的水平。在进口中，虽然中国 30%左右的进口玉米来自乌克兰，但世界玉米市场的出口集中度并不高，除乌克兰外，主要出口来源还包括美国、阿根廷、巴西、法国和罗马尼亚等，冲突对中国玉米进口造成的可获性风险完全可以通过实施进口来源地多元化策略进行规避。例如，2022 年 5 月中国与全球第二大玉米出口国巴西签订了允许进口巴西玉米的协议，以对冲乌克兰玉米供应链中断带来的风险。就稻米和小麦而言，中国对口粮保有极高的自给率，少量的进口也主要是为满足国内对进口产品的需求，且俄乌并不是中国小麦和稻米的主要进口来源地。因此，冲突对于稻米和小麦进口安全的直接影响微乎其微。

表 11.7　2021 年中国主要粮食自给率及进口来源结构

种类	自给率/%	来源国家和地区	进口量/万吨	占总进口比重/%
稻米	98.9	东盟	280.2	56.9
		印度	108.9	22.1
		巴基斯坦	96.2	19.5
		其他国家和地区	7.1	1.4

续表

种类	自给率/%	来源国家和地区	进口量/万吨	占总进口比重/%
小麦	93.4	澳大利亚	273.6	28.2
		美国	272.6	28.1
		加拿大	254.0	26.2
		法国	141.6	14.6
		其他国家和地区	29.4	3.0
玉米	90.6	美国	1982.7	69.9
		乌克兰	823.4	29.0
		其他国家和地区	28.7	1.0
大豆	14.5	巴西	5814.7	60.2
		美国	3229.6	33.5
		阿根廷	374.6	3.9
		其他国家和地区	232.8	2.4

资料来源：国内产量数据来自国家统计局，进出口贸易数据来自 UN Comtrade 统计数据库

注：自给率=国内产量/（国内产量+进口量－出口量）

值得一提的是，冲突导致全球化肥等农资供应短缺以及价格上涨，很可能波及世界各国的农业生产，引发全球粮食供应紧缺，继而影响中国下一期的粮食进口。根据国际食物政策研究所（International Food Policy Research Institute，IFPRI）统计，全球有超过 3/4 的国家和地区其 50%以上的化肥依赖进口。例如，作为粮食生产与出口大国的巴西，其 85%的化肥供应依赖国际市场。随着全球化肥市场的动荡迅速蔓延，上述国家化肥进口可获性及价格受到的影响将延伸至其粮食供应稳定性和可持续性，增加中国保障粮食进口可获性的压力。

3. 价格上行加大产业链稳产保供压力

中国的农资和饲料粮进口依存度较高，冲突引发的国际价格上涨会随着进口传导到国内，拉高中国农资和饲料粮的进口成本以及国内价格，国内粮

食和畜禽产品的生产成本将被迫提升，进而对其后续生产造成障碍。

（1）农资价格上涨给国内粮食稳产增产带来挑战。农资市场的稳定是粮食稳产增产的基础，而世界农资价格的上涨通过价格传导拉高了国内农资的市场价格。以农用化肥为例，中国是化肥生产大国，但农用钾肥仍保有较高的对外依存度，受国际市场冲击明显。受原料价格上涨、国际市场化肥紧缺等多重因素影响，2021 年中国国内化肥价格就已处于高位运行，俄乌冲突以来，国内化肥价格更是快速攀升。据中国农业生产资料流通协会公布的数据，2022 年 5 月以来国内化肥批发价格综合指数同比上涨 40%以上，而主要依赖进口的钾肥批发价格指数同比涨幅更是超过 80%。

在化肥价格上涨驱动下，国内粮食生产成本上升，或将制约下一期粮食供应能力。现有研究表明，粮食生产对生产要素的需求价格弹性较高，以种植小麦的化肥投入为例，在不考虑投入要素之间替代关系的情况下，化肥价格每上涨 1%，化肥的投入需求量将下降 0.8%；但同时，化肥又是保证粮食单产不可或缺的投入要素，根据星焱和胡小平（2013）的测算，小麦的化肥投入产出弹性为 0.1713。这意味着在不考虑其他因素的情况下，综合考量化肥的需求弹性和产出弹性，化肥价格每上涨 10%，国内小麦的产量大约下降 1.37%，这对稳定国内的粮食生产形成较大挑战。

（2）饲料粮进口价格上升推高国内畜禽产业生产成本。中国是最大的饲料粮进口国，冲突引致的全球粮食价格上涨会增加中国饲料粮的进口成本，并制约后续畜禽产品的供应能力。大豆是中国最重要的蛋白饲料来源，现阶段中国消费的大豆中 80%以上依赖国际市场，尤其是美国和巴西。受“拉尼娜”气候的影响，巴西大豆因严重干旱而减产，国际大豆价格在俄乌冲突爆发前持续高位运行，而俄乌冲突助推国际大豆价格进一步上扬。一方面，全球化肥等农资价格的上涨可能造成美国和巴西两国大豆生产成本以及价格的上升；另一方面，俄乌是世界重要的葵花籽和葵花籽油的生产与出口市场，冲突引发的产品替代和价格传导也有可能提高世界大豆价格。数据显示，中国玉米、小麦和大豆等粮食的进口成本已大幅提升，2022 年中国小麦、玉米、大麦以及大豆的到岸价同比分别上涨 22.4%、21.9%、24.9%以及 21.1%（表 11.8）。这势必拉高中国农资和饲料粮的进口成本以及国内价格，国内畜禽产品的生产成本将被迫提高，进而对其后续生产造成影响。

表 11.8　中国主要粮食品种平均进口价格及其同比增长率

项目	玉米	小麦	大麦	大豆
2021 年价格/（美元/吨）	283	313	285	555
2022 年价格/（美元/吨）	345	383	356	672
同比增长率/%	21.9	22.4	24.9	21.1

资料来源：中国海关统计数据库

注：进口价格=进口贸易额/进口贸易量

4. 进口竞争增加粮食可获得性挑战

近些年，中国与主要粮食进口国的竞争强度不断增加（王妍和范爱军，2023），突发事件可能进一步加剧这一竞争关系，从而增加中国粮食可获性挑战。在贸易转移效应之下，原本以俄罗斯和乌克兰为主要粮食进口来源地的国家和地区会转从其他出口国进口粮食，进口竞争或将由此不断加剧。以小麦为例，埃及、土耳其、阿塞拜疆、巴基斯坦等国家，70%以上的小麦进口来自俄乌两国（表 11.9）。俄乌冲突导致两国小麦出口受阻，上述国家转而扩大从美国、加拿大、法国等来源地的进口，这就可能造成其与中国在进口来源上的高度重叠，形成进口竞争。2020 年，俄乌两国小麦前五大进口国的进口量高达 2399.1 万吨，相当于当年美国、加拿大、法国小麦总出口量的 91.9%、91.8%、121.2%，而中国 77.7%的小麦进口来自这三个国家。不难预测，一旦那些以俄乌两国为小麦主要进口来源地的国家和地区转从美国、加拿大、法国进口，对中国小麦的进口可获性将产生不容忽视的影响。

表 11.9 2020 年俄乌小麦的前十大进口国从俄乌进口小麦数量占其小麦总进口的比重

国家	从乌克兰进口		从俄罗斯进口		从俄乌合计进口	
	进口量/万吨	占比/%	进口量/万吨	占比/%	进口量/万吨	占比/%
埃及	231.8	25.6	546.1	60.4	777.9	86.0
土耳其	103.5	10.7	645.6	66.8	749.1	77.5
孟加拉国	151.5	25.2	194.1	32.3	345.6	57.5
印度尼西亚	296.1	28.7	6.9	0.7	303.0	29.4
巴基斯坦	119.2	47.9	104.3	41.9	223.5	89.8
也门	70.8	23.3	79.6	26.1	150.4	49.4
摩洛哥	93.5	16.9	42.6	7.7	136.1	24.6
阿塞拜疆	0.0	0.0	135.0	98.9	135.0	98.9
菲律宾	64.3	10.4	54.6	8.9	118.9	19.3
突尼斯	98.4	49.3	11.1	5.6	109.5	54.9

资料来源：UN Comtrade 统计数据库

值得关注的是，出于自身粮食安全考虑，部分粮食进口国也先后通过放宽进口准入的方式增加粮食进口。例如，为应对饲料粮短缺，2022 年 5~7 月泰国政府将玉米进口配额从 5.5 万吨增加到 60 万吨，并取消了配额内关税；墨西哥和巴西也先后于 2022 年 5 月取消了玉米、小麦等粮食产品的进口关税。上述国家的扩大进口政策也将进一步加剧进口竞争的局面，由此引发世界粮食与农资市场的剧烈波动，并使各国粮食进口所面临的贸易政策环境更具不确定性。

此外，俄乌冲突造成全球粮食价格上涨还有可能为一些国家鼓吹“中国粮食威胁论”提供舞台。这些国家借助全球粮食供应紧张的局面，诋毁因中国在全球范围内囤积粮食而导致全球粮食价格飙升，恶化中国利用国际粮食市场的环境。未来如果中国与其他国家的进口竞争日趋激烈，“中国粮食威胁论”可能会为更多国家和地区所接受，中国利用国际粮食市场的难度和风险将进一步加大。

总体而言，俄乌冲突虽然造成全球粮食市场波动，但在稳定的国内供应和现有多元化进口格局之下，中国完全有能力应对外部环境的不确定性，短期内中国粮食安全保障无虞。但需要关注的是，全球农资和粮食价格上涨将通过价格传导提高中国化肥与饲料粮的进口成本和国内价格，对中国后续粮食和畜禽产品稳定供应产生威胁。此外，俄乌冲突引发贸易转移所激起的进口竞争可能会对中国的粮食进口产生负面影响。在“中国威胁论”再次甚嚣尘上的背景下，还可能进一步增加中国利用国际粮食市场的舆论压力。

11.3　出口限制视角下俄乌冲突对我国粮食进口的潜在影响评估

由俄乌冲突所引发的贸易政策变动很可能引发世界粮食市场持续动荡和外部贸易环境恶化，尤其在当前中国相对集中的粮食进口结构下，中国粮食主要进口来源国的政策变动将在长期对中国粮食安全造成不利的影响。本部分首先分析俄乌冲突给中国粮食安全保障带来的长期挑战，在此基础上利用 GTAP 模拟分析俄乌冲突引发的部分国家和地区贸易政策变动中的粮食出口限制措施对中国粮食安全的潜在冲击，以此说明在中国现有的且相对集中的食物进口结构下，强化粮食进口风险防控体系对提升利用外部食物市场韧性、保障国内粮食安全的重要性。

11.3.1　粮食贸易政策变动与我国粮食进口

俄乌冲突引发部分国家和地区粮食贸易政策变动，加剧了世界粮食的供应短缺，恶化了中国粮食进口的贸易环境。因此，在俄乌冲突爆发后的较长时期内，贸易政策变动可能增加中国粮食进口的输入性风险，不利于进口的可持续性。

世界粮食市场波动所引发的部分国家和地区限制出口或扩大进口的粮食贸易政策可能在一定时期内影响中国的粮食进口。在全球相对集中的粮食出口格局下，粮食贸易政策变动不仅会直接加剧世界市场的粮食供应短缺，还可能通过增加其他粮食进口国的恐慌预期而增加世界粮食供需矛盾，引发连锁反应，使世界粮食市场陷入周而复始的恶性循环。可以说，俄乌冲突直接造成世界粮食供应偏紧和价格飙升的影响是短暂且有限的，但贸易政策的不确定性却可能持续扰动全球粮食市场，加剧供需失衡，进一步推动世界粮食价格攀升，影响中国粮食进口可获性。

更为严重的是，上述贸易政策一旦被常态化则可能导致全球贸易环境的持续恶化，影响中国粮食进口。近年来，全球新冠疫情大流行、极端天气频发、经济全球化遭遇逆流以及俄乌冲突的爆发等全球性危机事件接踵而至，原本只是以应对危机为目的的临时性贸易措施在如此多发危机的情况下很难被取消。一些国家和地区出于对未来危机发生频率的预期，可能倾向于将这些临时性贸易政策常态化。这也将对中国粮食进口的可获性造成持续影响。

11.3.2 研究方法与模拟情境

为了评估粮食出口贸易限制措施对中国粮食进口的影响，本部分将以俄乌冲突期间实施，在今后可能反复出现乃至常态化的小麦出口限制措施为例，使用 GTAP，通过比较模拟情境与基准情境下中国粮食进口规模和价格，分析主要粮食出口国实施粮食出口贸易限制措施常态化对中国粮食进口的潜在影响。

在基准情境设置中，为使基准情境与现实更为接近，本章以递归得到的2021 年的粮食贸易情况为基准情境。具体地，借鉴 Walmsley 等（2012）的研究方法，将各区域的生产总值、人口、资本以及劳动力等变量从 GTAP 标准数据库中的 2014 年递归更新到 2021 年，使用的 GDP 等相关变化率数据来源于世界银行数据库。此外，在模型设置中，将数据库中全球 141 个国家和地区重新划分为中国、美国、俄罗斯、乌克兰、巴西、欧盟（27 国）、印度、其他国家和地区八个区域；将 65 个产业重新划分为稻米、小麦、玉米等粗粮、油籽、植物油、肉类、其他农产品、制造业、服务业九个部门。

本章选取了俄乌冲突期间主要出口国对小麦实施的出口限制措施作为模拟情境。虽然俄乌冲突中各国出台的出口限制措施涉及多个食物品种，但作为口粮的小麦是之前历次危机中出口限制措施的重点品种，也是俄乌冲突粮食出口限制措施的关键，今后亦可能反复出现乃至成为常态化的贸易限制措施，因此本章选择小麦作为研究品种。在俄乌冲突中，作为全球重要小麦出口国的乌克兰、俄罗斯和印度先后实施了限制小麦出口的措施，考虑到大国的粮食贸易政策变动对世界市场影响更为显著，本章在基准情境的基础上，以上述三个国家对所有国家实施禁止小麦出口政策作为模拟情境，通过比较基准情境与模拟情境，匡算在粮食出口限制措施常态化情况下中国粮食进口的变动。

11.3.3　模拟结果分析

由上文的分析可知，小麦是受出口限制措施影响最为突出的谷物种类。因此，本节主要分析小麦出口限制措施常态化对世界各国（地区）的农产品进口价格以及对中国农产品进口规模的影响，模拟结果分别如表 11.10 和表 11.11 所示。总的来看，在相对集中的全球粮食出口格局下，主要出口大国实施的粮食出口限制措施不仅提高了中国粮食进口的成本，而且不利于保障中国粮食进口的可获性。

表 11.10 小麦出口限制措施常态化对全球农产品进口价格的可能影响

区域	稻米	小麦	玉米等粗粮	油籽	植物油	肉类	其他农产品
世界	0.067	3.653	–0.198	0.046	–0.012	0.028	0.045
中国	0.131	1.189	–0.087	0.085	–0.024	0.037	0.041
俄罗斯	0.085	1.135	–0.016	0.057	–0.022	0.024	0.022
乌克兰	0.056	1.27	–0.005	0.068	0.018	0.026	–0.141
美国	0.096	1.214	0.077	0.035	0.045	0.047	0.069
欧盟	0.067	1.476	–0.241	–0.020	–0.014	0.028	0.049
巴西	0.130	1.238	0.078	0.099	0.039	0.041	0.068
印度	0.117	1.597	0.079	0.053	–0.092	0.028	0.06
其他国家和地区	0.060	4.342	–0.220	0.012	–0.037	0.024	0.038

资料来源：根据 GTAP 模拟结果整理

表 11.11 小麦出口限制措施常态化对中国农产品进口规模的可能影响（单位：$\times 10^6$ 美元）

产品	俄罗斯	乌克兰	美国	欧盟	巴西	印度	其他国家和地区	世界
稻米	0.02 (8.30%)	0.002 (7.06%)	–0.004 (–0.52%)	0.001 (0.06%)	0.003 (0.22%)	0.075 (0.57%)	–7.52 (–0.45%)	–8.138 (–0.44%)
小麦	–0.427 (–99.00%)	–0.42 (–99.00%)	–17.522 (–6.66%)	–0.706 (–2.50%)	0.000 (4.32%)	–0.38 (–99.00%)	–28.997 (–3.54%)	–55.041 (–4.37%)
玉米等粗粮	0.491 (6.89%)	19.701 (4.71%)	–8.04 (–0.44%)	–1.408 (–0.40%)	–0.008 (–0.16%)	0.006 (0.09%)	–6.673 (–0.35%)	3.918 (0.08%)
油籽	4.49 (11.86%)	0.015 (8.86%)	–57.328 (–0.28%)	–0.006 (–0.11%)	44.977 (0.28%)	0.422 (0.81%)	–15.106 (–0.13%)	–24.418 (–0.05%)
植物油	0.47 (3.63%)	30.872 (7.01%)	–1.208 (–0.38%)	0.01 (0.00%)	–0.334 (–0.09%)	1.653 (0.46%)	–27.875 (–0.29%)	5.912 (0.05%)
肉类	0.642 (3.51%)	0.344 (9.90%)	–1.238 (–0.08%)	–1.379 (–0.05%)	0.297 (0.06%)	0.005 (0.60%)	–11.884 (–0.25%)	–15.057 (–0.13%)
其他农产品	88.231 (4.44%)	2.658 (6.48%)	–10.706 (–0.09%)	–10.702 (–0.08%)	0.181 (0.01%)	8.303 (0.48%)	–129.574 (–0.27%)	–39.133 (–0.04%)

资料来源：根据 GTAP 模拟结果整理

注：括号中的值表示百分比变化

从整体上看，在全球相对集中的小麦出口结构下，小麦出口限制措施常态化显著提升了中国农产品进口的价格水平，其中小麦进口受到的冲击最为强烈。与基准情境相比，乌克兰、俄罗斯和印度三个国家实施禁止小麦出口政策将使中国小麦进口价格上涨 1.19%。此外，产品间相对价格的变动又通过替代效应对其他农产品进口造成影响。在乌克兰、俄罗斯和印度三个国家限制小麦出口的情况下，中国的肉类、油籽、稻米以及其他农产品的进口价格也将出现不同程度的上涨，而玉米等粗粮以及植物油进口价格略有下降。中国进口食物价格的整体上涨也说明了在相对集中的全球粮食出口格局下，中国利用国际粮食市场面临较大的外部风险，体现出中国今后以多元化食物进口来防范和应对粮食市场风险的必要性。

考虑到乌克兰、俄罗斯和印度实施小麦出口限制措施政策的影响会波及大部分区域和食物品种，如果出口限制措施被跟风蔓延至更多区域和种类，叠加效应之下，世界粮食价格的涨幅将大大增加，中国以及世界各国的粮食进口都将面临更高的成本。

由于中国小麦进口来源地相对集中以及全球小麦出口国也相对集中，在乌克兰、俄罗斯和印度出台小麦出口限制措施的情况下，中国的小麦进口额呈明显下降趋势。如表 11.11 所示，相对于基准情境，实施出口限制措施使中国小麦进口总额下降 4.37%。需要关注的是，小麦出口限制措施所引发的贸易转移效应并不明显，中国在减少从乌克兰、俄罗斯以及印度进口小麦的同时，也并未增加从美国、欧盟以及其他国家和地区的小麦进口，进口额反而分别下降了 6.66%、2.5%和 3.54%。出现该结果可能的原因在于，在相对集中的全球小麦出口格局下，以上三个国家小麦出口限制措施降低了全球小麦的有效供给，提高了世界小麦价格，导致进口需求下降并抵消了贸易转移效应。中国小麦进口规模的下降也表明中国粮食进口面临外部粮源可供性回旋余地小的困境，体现了今后推动多元化食物进口的必要性。

由于出口限制措施的实施可能会使中国大部分农产品的进口可获性下降，可以推测，在中国相对集中的粮食进口格局下，如果更多国家和地区针对更多农产品品种采取出口限制政策，其叠加效应将对中国粮食进口的可获性产生更大的影响。这也说明，在现有相对集中的农产品进口格局下，为防范和应对今后可能因贸易政策变动等外部风险对中国粮食进口的冲击，中国应提前谋划和布局食物进口的种类和来源地，提高利用国际食物市场的韧性。

11.3.4 政策建议

高水平的国家粮食安全成为中国有力应对此次俄乌冲突风险的“压舱石”。尽管俄乌冲突对国内粮食安全的短期影响有限，但要特别关注冲突引起的国内外农资和粮食价格波动给中国稳产保供带来的压力，以及在长期对中国粮食进口的可获性的影响，积极应对外部环境带来的压力和挑战。

第一，健全国际粮食、农资信息监测预警体系，平抑国内价格异常波动。在俄乌冲突下，中国必须高度重视俄乌冲突引发的世界农资价格和粮食价格高涨现象，防止国际市场价格的波动对国内的生产和居民的生活产生剧烈冲击。需密切关注部分国家和地区因恐慌而出台的一系列贸易政策的变动，进一步提升面对外部不确定性冲击和压力时预防、预判、适应及应对的能力。与此同时，加大信息化数字平台建设力度，建立健全国际贸易平台粮食信息监测预警系统，进一步完善国内的价格风险预警机制，及时研判国内外农资价格、粮食价格走势，为农企、农户提供及时的信息咨询服务，同时利用好补贴、收购、保险等政策工具平抑部分产品价格出现的异常波动，防范价格剧烈波动影响到农民的生产和居民的生活。

第二，从地区、品种等多维度优化农产品进口多元化战略，化解粮食进口风险。利用世界粮源保障中国粮食安全需要在进口多元化战略方面投入更多的思考和智慧，牢牢把握住粮食进口的主动权。从地区的角度来看，需要发展与包括俄罗斯及黑海地区在内的“一带一路”共建国家的农业资源开放合作，同时应帮助非洲国家，特别是低收入缺粮国家提高粮食自给水平，以避免在世界市场波动、中国粮食进口增加时引起的不必要的国际舆论压力。在进口品种上，应积极探索农产品进口品种多元化策略，防范进口品种过度集中于大豆、玉米等少数品种而带来的风险。探索分析进口饲料与直接适度进口畜产品各自的风险与利弊，权衡比较不同进口规模的组合方案选择对进口安全性和我国粮食安全保障的不同影响。此外，要建立稳定的海外粮食进口运输、储藏等供应链，确保粮食和其他农产品不仅能“买得到”，更要“控得稳”“运得回”。

第三，反对滥用粮食出口限制措施，提升全球农业治理能力。稳定的国际粮食供应体系有助于中国今后长期的粮食安全的保障，而该体系的稳定运行需要良性的贸易秩序。中国应倡导开放、透明的农产品贸易政策，反对滥用以邻为壑的粮食贸易政策，积极展现大国担当和国际责任。同时，积极推动 WTO 改革，推动解决目前规则失宜、机制失灵、谈判失衡等现实问题，使其更好发挥多边农业贸易治理职能，确保全球农业贸易秩序稳定运行。此外，积极参与多边与双边规则的制定，包括区域贸易协定（regional trade agreement，RTA）合作，加速推进“一带一路”倡议、中东欧“17+1”合作等的落地生根，提高防范化解外部风险的能力。与世界其他利益共同体通力合作，推动全球粮食安全保障体系建设及粮食安全协同治理，共同维护稳定的农产品国际贸易市场。

第四，树立大食物安全观，提升粮食供应韧性。树立大食物安全观既是满足新时期居民日益多元化食物消费的需要，也是在外部不确定性增加的背景下保障粮食安全韧性的必然选择。在复杂多变的国际环境下，必须以国内稳产保供的确定性应对国际粮食市场的不确定性。一方面，全方位、多途径开发食物资源是进一步提升中国粮食供应链韧性和应对外部供应链风险的重要措施。要向整个国土空间拓展食物可获取的范围，增加食物的获取渠道，增强食物的国内供应能力和稳定性。与此同时，坚持推进农业供给侧结构性改革，不断提升产品质量和国际竞争力，保障粮食安全更好地立足国内。另一方面，在构建国内统一大市场来畅通国内循环的同时，积极对接国外循环，统筹内外资源与生产要素，构建更高水平的粮食安全保障体系。

11.4 本章小结

当前，世界百年未有之大变局加速演进，气候变化、地缘政治紧张和经济波动等外部突发事件成为影响我国粮食进口安全性和稳定性的重要因素。粮食生产和出口大国的市场波动，将不仅引发全球粮食供需格局变化和供应链稳定，而且使我国粮食的稳定进口面临严峻的考验。本章以 2022 年以来爆发的俄乌冲突这一典型的外部突发事件为例，分析了其对全球及我国粮食进口的压力，并采用 GTAP 从出口限制视角模拟分析其对我国粮食安全的潜在影响。结果表明，俄乌两国冲突通过供应链冲击了全球粮食和农资市场，推动全球粮价达到历史高位，导致全球粮食出口贸易限制措施激增，进一步加剧了全球粮食市场的波动。由此恶化了我国粮食进口的外部环境，不利于我国粮食进口的可获性及进口格局的稳定性。值得关注的是，如果粮食出口限制政策常态化，将使我国粮食进口成本增高，并降低我国粮食进口可获性，不利于我国粮食安全保障。可以预见，一旦粮食出口限制措施在不同区域、不同品种中蔓延，叠加效应将可能对中国长期的粮食安全保障产生影响。

在外部突发事件频发的背景下，我国粮食进口的复杂性、严峻性、不确定性上升。我国要特别关注突发事件引起的国内外农资和粮食价格波动给中国稳产保供以及长期的进口可获性带来的影响。同时，在高水平开放新格局下，中国迫切需要从地区、品种等多维度优化农产品进口多元化战略，化解粮食进口风险，从而有效应对外部突发事件风险带来的压力和挑战。

第12章 相互依赖视角下粮食进口来源多元化的思路与策略[①]

积极应对外部环境变化带来的冲击挑战，防范和化解各类潜在的风险隐患关键在于增强风险抵御能力。就粮食市场而言，能否根据市场供需的变化及时、有效地调整粮食进口市场结构、合理优化市场布局，是能否抵御国际粮食市场风险的重要依据。当前，我国粮食进口规模不断扩大，呈现部分品种对国际市场的依赖度偏高的特点，进一步增加了我国粮食进口风险。与此同时，全球农业贸易市场格局呈现主要出口国与进口国之间高度相互依赖的关系。实际上，国际粮食出口国和地区对国际市场也具有较强的依赖性，其农业发展与农民增收都高度依赖粮食出口市场。在国际贸易中，利益的分配与风险的产生取决于市场主体的相对规模及相互依赖程度。因此，在实现我国粮食进口来源地多元化的同时，避免局限于我国对农产品国际市场具有依赖性的单一视角，综合考虑我国和粮食出口国之间的依赖关系，将有利于更充分、客观地评判我国粮食进口风险形势。中国与粮食出口国之间的相互依赖关系，为我们在分析优化粮食进口布局时提供了新的思路。本章基于市场供需主体相互依赖与进口来源地布局优化的相关理论，在明确优化重点粮食

① 资料来源：魏艳骄等（2021）。

品种进口来源地布局的可行性的基础上，进一步以我国进口量最大且进口来源地高度集中的大豆产品为例，系统测度了中国粮食进口依赖性风险水平，探讨了优化大豆进口布局的思路与方案，并据此提出相关的政策建议。

12.1　市场供需主体相互依赖与进口来源地布局

从风险防控的角度出发，优化粮食进口市场布局的主要目标在于减少粮食进口所带来的依赖性风险。实际上，粮食出口国之间存在着竞争关系，通过最小化粮食进口来源地风险来优化我国粮食进口布局需综合考虑中国与全球主要粮食出口国之间的相互依赖关系。

1. 中国与粮食出口国之间的相互依赖关系

中国与国际主要粮食出口国可谓是辅车相依。“权力与相互依赖”理论为分析中国与粮食出口国之间的相互依赖关系，充分、客观地评判中国粮食进口风险形势提供了理论基础。“权力与相互依赖”理论由基欧汉（Keohane）于 1977 年提出，他指出在全球化的背景下不同国家或行为体之间存在着日益紧密的相互影响、相互依赖关系，但各国对于资源控制权力的差异往往又会导致出现非对称的相互依赖。其中，依赖性较小的一方通常拥有较强的权力。依赖性越小，则权力越大，这主要是因为一旦依赖性发生改变，该行为体付出的代价相对较小，这种非对称性依存构成了权力的来源。

就粮食贸易而言，中国与世界主要粮食出口国之间就存在着相互依赖关系，且随着中国粮食进口需求持续扩张，进口规模不断增长，中国的粮食进口受到全球粮食市场影响的同时，也在开始左右全球粮食市场的生产与贸易格局，使得世界市场粮食贸易中的权力有可能逐渐向有利于中国的方向转移。以大豆为例，一方面，传统的世界主要大豆出口国主动调整种植结构以增加大豆播种面积，如巴西，1996~2017 年，其国内大豆播种面积由 1180.0 万公顷增长至 3515.0 万公顷，大约扩大了 2.0 倍，之后受中美贸易摩擦后的贸易转移影响，巴西出口至中国的大豆份额猛增，国内播种面积进一步增加，2020 年达到 3860.0 万公顷[①]；另一方面，新兴出口潜力国被催生出更多的出口力量，如南美洲的其他国家及“一带一路”共建国家日渐加入到全球主要大豆供应国的序列中来，出口市场的供应主体竞争格局得到不断优化。

既有出口国调整生产结构、扩大供应的同时，也增加了对中国粮食进口市场的依赖性与退出成本。新兴粮食出口潜力国在增加世界粮食市场供应主体、加剧出口市场竞争度的同时，也使得中国对特定市场的依赖度及退出成本下降。这都将有助于形成有利于中国的市场势力，在相互依赖的格局中使中国转被动为主动。由此可见，国际市场上的依赖关系是相互的，忽略这种相互依赖关系可能会对中国粮食进口安全实际情况的判断造成一定的扭曲。

2. 优化来源地布局分散粮食进口风险

在国内有限的水土资源约束下，比较优势理论和要素禀赋理论共同决定了中国的粮食进口格局，但在外部环境不确定性增加的背景下，保障中国粮食安全的压力和挑战日益增加。投资组合理论为中国构建稳定、可持续、富有韧性的外部粮食供应链提供了理论依据。

在 20 世纪 50 年代之前，经典的投资组合理论主要通过运用各种组合来达到分散风险、最大化收益的目的，但投资组合的管理理念并未成熟。马科维茨（Markowitz）在 1952 年应用数学二维规则，根据分散原理构建了投资理论模型，该模型成为现代投资组合理论的奠基石。现代投资组合理论使用投资组合中所有可能资产结果的联合概率分布信息以选择一个有效管理风险

① 根据 FAOSTAT 数据计算。

的投资组合。在此基础上，凯夫斯（R. E. Caves）和斯蒂文斯（G. V. Stevens）分别在 20 世纪 70 年代中期提出了风险分散理论，认为对外直接投资是风险分散的结果，即水平投资是通过产品多元化降低市场不确定性，而垂直投资是为了防范上游产品和原材料供应不确定性风险。尽管个人投资于金融资产，而厂商投资于不动产，但二者的风险分散动机是一样的，都是力求风险最小化。

随着经济全球化的发展，投资组合理论在国际贸易领域得到了广泛的拓展和应用。该理论强调通过多元化的策略可以减少贸易风险，即国际贸易活动可能面临各种不确定性和风险，如汇率波动、政治风险、自然灾害等，可以通过多元化供应来源等手段来降低风险，同时保持贸易关系的稳定性和可持续性。

本章借鉴以往学者的研究将该理论运用于中国粮食进口来源布局优化中，寻求最优化的中国粮食进口策略。在比较优势理论和要素禀赋理论下，全球农业资源分配的不均衡性使中国农产品进口格局呈现相对集中的特征。因此，在农产品进口中，多元化进口来源地格局可以降低单一农产品市场供应地的不确定性，利用不同地区的市场条件和资源来增强风险抵御能力，提高整体供应链的稳定性。根据投资组合的原理和方式，当一个国家或地区的粮食供应由于政治动荡、经贸摩擦或者自然灾害等原因而受阻时，通过多元化的进口来源市场可以弥补供应缺口，从而降低整体粮食供应短缺和价格波动的风险。也就是说，更加多元化的进口来源地可以实现摊薄来自单一市场或国家风险的目的。

3. 风险最小化目标下粮食进口格局的优化

在外部市场充满诸多不确定性因素的背景下，利用好国际市场保障我国食物供给并确保风险可控是当前粮食安全的重要问题。因此，如何在可以接受的粮食价格水平下，确保我国重点粮食品种进口不受中断威胁，且可以从外部获得稳定、连续的供应是确保粮食供应安全的关键。这也就要求在进口可得性的基础上，基于最优化理论，通过以风险最小化为目标，对中国粮食进口格局进行优化。

最优化理论是指在既定的约束条件下，从所有的选择组合中做出最优抉择，从而使系统具有所期待的最优功能的组织过程。在经济学中，通常表现为消费者效用最大化以及生产者利润最大化。最优化问题常表现为在一定的约束条件下求解目标函数的最值，方法包括线性规划、非线性规划、图论与网络理论、动态规划、决策论、博弈论等。在最优化的一般问题中，我们假设 S 是可行解集合，一般表示变量的取值区域，通常用约束函数来表示；f 为目标函数，用以度量具体指标数量。优化问题可以用一个序偶对（s,f）表示，它表示 f 的最小（大）值，使：

$$
\begin{aligned}
f(x_0) &= \min_{x\in s} f(x) \\
f(x_0) &= \max_{x\in s} f(x)
\end{aligned}
\tag{12.1}
$$

最优化求解问题的关键步骤是，把实际问题抽象成优化形式的数学模型，即构造出目标函数及约束条件。假定目标函数与约束方程由具体的数学解析式构成，且定义域为欧式空间，则最优化问题一般可表示为

$$
\begin{aligned}
&F(x) = (f_1(x),\cdots,f_k(x)) \\
&\text{s.t.} \begin{cases} g_i(x) \leqslant 0, & i = 1,2,\cdots,m \\ h_j(x) = 0, & j = 1,2,\cdots,n \end{cases}
\end{aligned}
\tag{12.2}
$$

本章在既定的约束条件下，以实现中国粮食进口风险最小化为目标，分析优化粮食进口来源布局的可能方案。根据第 9 章的分析可知，当前复杂变化的背景下，中国粮食进口面临经贸关系波动、突发社会事件、出口限制、运输中断、垄断控制等一系列外部风险。因此，防范和应对中国粮食进口的外部不确定性，中国需要在判断和量化各类潜在风险的基础上，以粮食进口

风险最小化为目标，对中国粮食进口来源地结构进行优化布局，从而增强中国粮食进口外部风险应对的韧性。

12.2　优化重点品种来源地布局的可行性分析

在分析优化粮食进口布局之前，首先需要明晰当前中国粮食进口的结构特征及今后优化市场布局的可行性。从第 9 章的分析可知，中国的粮食进口高度集中于大豆和玉米两大饲料用粮。2022 年，中国进口的包含谷物、大豆及薯类的粮食产品进口总量为 1.46 亿吨，而大豆和玉米合计进口量达到 1.12 亿吨，占中国粮食进口总量的比重高达 76.7%。与此同时，中国进口大豆和玉米的市场来源高度集中。因此，本节将大豆和玉米作为重点粮食品种，分析中国今后优化重点产品进口格局的可行性。

根据要素禀赋理论，一国（地区）生产并出口使用其丰裕要素生产的产品，要素禀赋差异决定不同国家和地区在产品生产能力上的比较优势，以及产品供给能力的丰歉。因此，可以根据一国（地区）的资源禀赋判断其产品出口潜力。出口潜力越大，中国进口可获性越高。本节以世界各国（地区）的粮食生产资源禀赋作为评判粮食进口可获性的主要依据。

根据 FAO 统计数据，分别以 2020 年世界各地大豆产量高于 150 万吨以及玉米产量超过 1000 万吨作为依据，选取巴西、美国、阿根廷、印度、巴拉圭等 11 个主要大豆供应地和美国、巴西、欧盟、阿根廷、乌克兰等 11 个玉米供应地（表 12.1），分别对上述国家和地区的大豆、玉米供应能力与供给潜力进行分析。考虑到我国对巴西、美国的大豆以及对美国、乌克兰的玉米进口依赖性过高，因此，本节不对这些国家的供应能力与潜力进行可行性分析。

表 12.1　2020 年全球主要大豆和玉米生产与出口市场情况

国家（地区）	玉米				国家（地区）	大豆			
	生产		出口			生产		出口	
	产量/万吨	份额/%	出口量/万吨	份额/%		产量/万吨	份额/%	出口量/万吨	份额/%
美国	35 844.7	30.8	5 183.9	26.9	巴西	12 179.8	34.3	8 297.3	47.9
巴西	10 396.4	8.9	3 443.2	17.8	美国	11 474.9	32.3	6 457.1	37.2
欧盟	6 699.8	5.8	2 399.2	12.4	阿根廷	4 879.7	13.7	636.0	3.7
阿根廷	5 839.6	5.0	3 688.2	19.1	印度	1 122.6	3.2	7.2	0.0
乌克兰	3 029.0	2.6	2 795.2	14.5	巴拉圭	1 102.4	3.1	661.9	3.8
印度	2 876.6	2.5	176.7	0.9	加拿大	635.9	1.8	443.4	2.6
墨西哥	2 742.5	2.4	30.7	0.2	俄罗斯	430.8	1.2	119.6	0.7
印度尼西亚	2 468.7	2.1	6.4	0.0	玻利维亚	282.9	0.8	1.9	0.0
南非	1 584.4	1.4	258.5	1.3	乌克兰	279.8	0.8	178.9	1.0
俄罗斯	1 387.9	1.2	228.9	1.2	欧盟	268.2	0.8	228.6	1.3
加拿大	1 356.3	1.2	113.2	0.6	乌拉圭	199.0	0.6	215.2	1.2

资料来源：FAOSTAT

表 12.2 给出了 2000~2031 年大豆产量与出口量增速较快的国家和地区。其中，阿根廷的大豆产量与出口量持续上升，在世界大豆出口市场的地位不断提升。阿根廷大豆产量约为美国的一半，但由于大豆主要用于国内压榨，因此该国市场厚度和出口量明显小于美国与巴西①。根据 USDA 在 2022 年的预测，2021~2031 年阿根廷大豆产量将以年均 3.1%的增速增长，出口量将以年均 8.9%的增速上涨，预计 2031 年产量将接近 6000 万吨。由此可以推断，凭借强大的供应能力、持续上升的供应潜力以及南北半球季节性互补的优势，阿根廷在未来或将是我国大豆进口重要的贸易伙伴国。

① 详见 https://www.agflow.com/agricultural-markets-news/argentina-soybean-market-2022-overview/。

表 12.2 2000~2031 年大豆产量与出口量增速较快的国家和地区

排序	大豆产量增长较快的国家和地区(2000~2020 年)				USDA 预测大豆产量增速较快的国家和地区(2021~2031 年)				
	国家和地区	2000 年产量/万吨	2020 年产量/万吨	年均增长率/%	国家和地区	2021 年产量/万吨	2031 年产量/万吨	增长量/万吨	年均增长率/%
1	乌克兰	6	450	24.1	加拿大	622	971	348	4.5
2	乌拉圭	3	199	23.3	巴西	13 050	20 200	7 150	4.5
3	俄罗斯	32	436	14.0	印度	1 189	1 643	454	3.3
4	巴西	3 950	12 850	6.1	阿根廷	4 390	5 966	1 576	3.1
5	巴拉圭	350	1025	5.5	俄罗斯	476	627	151	2.8
排序	大豆出口量增长较快的国家和地区(2000~2020 年)				USDA 预测大豆出口量增速较快的国家和地区(2021~2031 年)				
	国家和地区	2000 年出口量/万吨	2020 年出口量/万吨	年均增长率/%	国家和地区	2021 年出口量/万吨	2031 年出口量/万吨	增长量/万吨	年均增长率/%
1	乌克兰	1	263	32.1	印度	6	20	14	12.8
2	乌拉圭	1	193	30.1	阿根廷	286	671	385	8.9
3	俄罗斯	1	130	27.6	巴西	7 906	13 613	5 707	5.6
4	欧盟	2	23	13.0	加拿大	429	715	286	5.2
5	加拿大	75	391	8.6	俄罗斯	90	132	42	3.9

资料来源：2000~2021 年数据来自 USDA 统计数据，2031 年数据来自 USDA 预测数据

乌克兰、印度、加拿大、俄罗斯、乌拉圭、巴拉圭等大豆生产与出口小国（地区）供应能力增长迅速，有望在较短的时间内实现较大提升。如表 12.2 所示，2000 年以来，乌克兰、乌拉圭、俄罗斯、巴西以及巴拉圭大豆产量年均增速最快，年均增长率处于 5%~25%；乌克兰、乌拉圭、俄罗斯、欧盟及加拿大是全球大豆出口年均增速较快的国家和地区，年均增速分别达到 32.1%、30.1%、27.6%、13.0%、8.6%。根据 USDA 在 2022 年对主要大豆产销国的预测，2021~2031 年，加拿大、印度的大豆产量将以高于 3%的速度持续增长，两国出口量的年均增速将分别达到 5.2%和 12.8%。虽然在较短时间内，这些大豆供应小国（地区）的产量与出口量难以达到

巴西、美国等国的规模，但其供应增长潜力为我国未来拓宽大豆进口渠道、分散大豆进口依赖性风险提供了可能性与可行性。

从主要玉米供应国的供应能力和潜力来看，除了美国和乌克兰这两个我国主要玉米进口来源国外，俄罗斯、阿根廷、巴西等国（地区）的供应增长潜力突出，为今后中国拓展玉米进口市场提供了可行性。如表 12.3 所示，就玉米的产量增速而言，2000~2020 年俄罗斯、阿根廷、印度及南非玉米年均产量增速分别高达 11.8%、6.3%、4.9%以及 3.8%。与此同时，俄罗斯和印度的玉米出口增速同样位于前列，二者同期玉米的出口增速分别达到 51.4%和 20.0%。根据 USDA 的预测，2021~2031 年，巴西和阿根廷的玉米产量将分别增加 6650.4 万吨和 1146.6 万吨，年均增长率将分别达到 4.6%和 2.1%，同期两国玉米出口增速预计将分别达到 3%和 2.2%。这也意味着，今后中国可将巴西和阿根廷作为重点可拓展的玉米进口来源地。

表 12.3　2000~2031 年玉米产量与出口量增速较快的国家和地区

排序	玉米产量增长较快的国家和地区（2000~2020 年）				USDA 预测玉米产量增速较快的国家和地区（2021~2031 年）				
	国家/地区	2000 年产量/万吨	2020 年产量/万吨	年均增长率/%	国家/地区	2021 年产量/万吨	2031 年产量/万吨	增长量/万吨	年均增长率/%
1	俄罗斯	148.9	1 387.2	11.8	巴西	11 600	18 250.4	6 650.4	4.6
2	乌克兰	384.8	3 029.7	10.9	阿根廷	4 950	6 096.6	1 146.6	2.1
3	阿根廷	1 535.9	5 200	6.3	乌克兰	4 212.6	4 969.7	757.1	1.7
4	印度	1 204.3	3 164.7	4.9	俄罗斯	1 522.5	1 739.4	216.9	1.3
5	南非	804	1 695.1	3.8	欧盟	7 154.9	8 098.4	943.5	1.2
排序	玉米出口量增长较快的国家和地区（2000~2020 年）				USDA 预测玉米出口量增速较快的国家和地区（2021~2031 年）				
	国家/地区	2000 年出口量/万吨	2020 年出口量/万吨	年均增长率/%	国家/地区	2021 年出口量/万吨	2031 年出口量/万吨	增长量/万吨	年均增长率/%
1	俄罗斯	0.1	398.9	51.4	乌克兰	2 698	4 300.2	1 602.2	4.8
2	乌克兰	39.7	2 386.4	22.7	巴西	4 827.8	6 500	1 672.2	3.0
3	印度	9.5	361.3	20.0	美国	6 280.2	7 810.9	1 530.7	2.2

续表

排序	玉米出口量增长较快的国家和地区（2000~2020 年）				USDA 预测玉米出口量增速较快的国家和地区（2021~2031 年）				
	国家/地区	2000 年出口量/万吨	2020 年出口量/万吨	年均增长率/%	国家/地区	2021 年出口量/万吨	2031 年出口量/万吨	增长量/万吨	年均增长率/%
4	加拿大	12.2	155.8	13.6	阿根廷	3 469.2	4 300	830.8	2.2
5	欧盟	45.6	373.5	11.1	欧盟	410	423.1	13.1	0.3

资料来源：2000~2021 年数据来自 USDA 统计数据，2031 年数据来自 USDA 预测数据

根据上述分析可知，对中国进口大豆而言，阿根廷、乌克兰、俄罗斯、印度、加拿大、乌拉圭、巴拉圭等新兴大豆供应国在较短时间内供应能力增长较快，可成为我国近期推行大豆进口多元化、优化大豆进口市场布局的潜在伙伴国；对中国进口玉米而言，巴西、阿根廷、俄罗斯、欧盟以及印度等国家和地区供应潜力与供应能力增长较快，今后中国可重点加强与这些国家和地区的玉米贸易合作，优化既有的且高度依赖美国和乌克兰两国的进口格局。长期来看，南非既有丰富的后备生产资源，又有较大技术提升空间，可成为我国实施长期大豆和玉米进口多元化战略重要的着眼点。因此，从新兴大豆、玉米供应国家和地区的供应能力与潜力的角度考虑，我国进行大豆和玉米进口市场多元化布局具有一定的市场空间。

12.3　相互依赖视角下我国粮食进口来源地布局优化：以大豆为例

在粮食进口规模持续扩大的同时，中国粮食进口结构呈现出进口种类高度集中、重点品种和进口来源地依赖程度偏高的特点，在外部不确定性增加的背景下，这使我国粮食进口处于相对被动的局面。但是反过来看，主要粮食出口国也依赖于我国的粮食进口。中国与粮食出口国之间的相互依赖关

系，为我们在分析优化粮食进口布局时提供了新的思路。

在中国粮食进口中，大豆是我国进口规模最大的粮食品种，也是自给率下滑最为明显的粮食品种。2016~2020 年，我国大豆进口规模持续维持在 1 亿吨左右，占到粮食总进口的比重均超过了 70%。与此同时，中国大豆自给率自 2012 年以来持续不足 20%。更为关键的是，大豆进口来源地高度集中于美国和巴西两个国家，进口风险凸显。2018 年发生的中美贸易争端更是敲响了大豆供应安全的警钟。随着国内大豆消费潜力的释放，在今后较长一段时期内，中国大规模进口大豆之势不可逆转。可以说，大豆已然成为我国粮食安全的明显短板，是保障中国粮食安全最为脆弱的一环（魏艳骄等，2021；Hou and Liang，2022）。

基于此，本节将以粮食进口规模最大且对外依存度最高的品种——大豆为例，对大豆进口市场格局进行科学分析，全面、深入地研判中国大豆进口依赖性风险，探索优化大豆进口市场布局的合理方案，从而提升粮食安全保障能力。

12.3.1 我国大豆进口格局

本部分先对中国大豆进口格局进行总体把握，进一步从市场供需主体相互依赖的视角，同时考虑中国对大豆进口来源国及主要大豆出口国对中国进口需求市场的依赖性，考察中国大豆进口依赖性风险水平。

近年来，中国大豆进口呈持续快速增长之势，对国际市场的依赖性突出表现在三方面。如图 12.1 所示，其一，大豆进口依存度持续走高。1996 年，不足 8%的大豆需求需要通过进口满足；到 2020 年，80%以上的大豆需求依赖进口满足。其二，大豆进口占世界市场份额逐渐攀升。1996 年，中国大豆进口量为 110.75 万吨，仅占世界大豆贸易总量的 3.57%；2020 年，中国大豆进口占世界市场份额高达 70%。其三，大豆进口市场高度集中。1996~2020 年，中国大豆进口市场集中度始终处于高位徘徊，前三大进口来源国市场占有率持续在 95%左右。

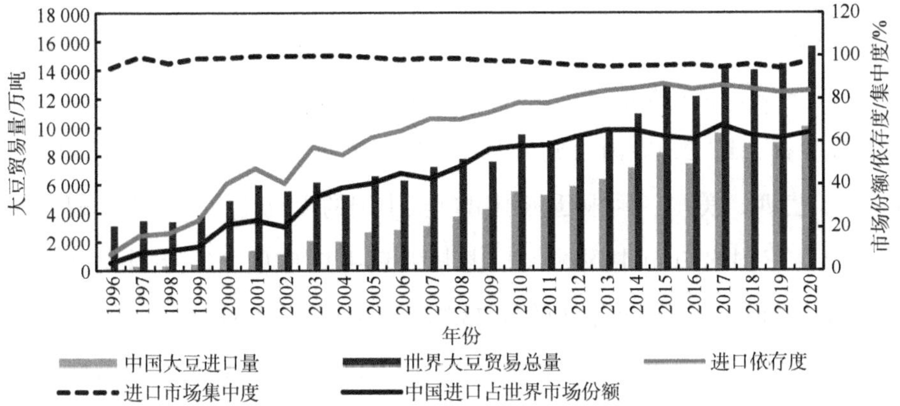

图 12.1 1996~2020 年中国大豆进口格局

资料来源：中国国家统计局、UN Comtrade 统计数据库

在中国大豆进口依赖性水平持续走高的同时，主要大豆出口国对中国大豆进口需求市场的依赖性也有所增强。其一，中国大豆进口占世界市场份额不断攀升，如图 12.1 所示，2020 年所占份额高达 70%，表明中国在大豆国际市场中扮演着越来越重要的需求主体的角色。其二，主要大豆出口国竞相抢占中国需求市场。主要出口国在中国大豆进口市场中可谓龙争虎斗，相应的市场地位不断变化。如表 12.4 所示，1996~2000 年，美国一直是中国最主要的大豆进口来源国，来源于美国的大豆进口量占中国大豆进口总量的比重均高于 50%。2001 年开始，中国大豆进口市场格局由美国主导逐渐转变为美国、阿根廷、巴西三大主要进口来源国相互竞争之势，来源于美国的进口市场份额有所下降，来源于阿根廷的进口市场份额稳中有降，来源于巴西的进口市场份额呈现缓慢递升之势。2006 年，来源于巴西的进口大豆市场份额达到 41.2%，超越美国 35%的市场份额，巴西成为中国的第一大大豆进

口来源国。此后美国出口市场份额再度扩大，2009 年美国出口至中国的大豆出口量在中国大豆进口市场中所占比重扩大至 50%以上，市场份额超越其他各国。2009~2013 年，美国市场份额逐渐减少，巴西市场份额逐渐扩大，2013 年，巴西市场份额扩大至 50.2%，超越了美国。2013 年以后，巴西市场份额虽有所波动，但总体呈进一步扩张态势；相比而言，美国的市场份额逐渐缩减，特别是在 2018 年中美贸易摩擦发生后，美国市场份额缩小至 20%左右。其三，中国已成为大豆出口国的主要目标市场。从图 12.2 可以看出，巴西、美国、阿根廷三国出口至中国的大豆比重均出现大幅增长。1996 年，三国出口至中国的大豆占其大豆出口总量之比分别为 1.45%、3.31%和 5.74%，2015 年分别增至 73.77%、58.93%和 81.00%。2018 年后，美国出口占比出现下滑。2020 年，三国出口至中国的大豆占其出口总量之比分别为 77.47%、40.1%和 86.1%。

表 12.4　中国大豆进口来源国市场占有率（单位：%）

年份	巴西	美国	阿根廷	加拿大	其他	年份	巴西	美国	阿根廷	加拿大	其他
1996	4.8	77.6	10.7	0.9	6.1	2009	37.6	51.3	8.8	0.7	1.6
1997	15.3	82.3	—	0.5	1.9	2010	33.9	43.1	20.4	0.1	2.5
1998	29.5	54.8	12.3	0.5	2.9	2011	39.3	42.4	14.8	0.7	2.7
1999	19.9	56.6	22.3	1.0	0.2	2012	40.9	44.5	10.1	1.1	3.4
2000	20.3	52.0	26.7	0.6	0.4	2013	50.2	35.1	9.7	1.3	3.7
2001	22.7	41.1	36.0	0.1	0.1	2014	44.8	42.1	8.4	1.2	3.5
2002	34.6	40.8	24.5	0.1	0.0	2015	49.1	34.8	11.6	1.3	3.3
2003	31.2	40.0	28.8	0.1	0.0	2016	45.5	40.7	9.6	1.7	2.5
2004	27.8	50.4	21.8	0.1	0.0	2017	53.3	34.4	6.9	2.1	3.3
2005	29.9	41.6	27.8	0.1	0.7	2018	75.1	18.9	1.7	2.0	2.3
2006	41.2	35.0	22.0	0.1	1.8	2019	65.1	19.2	9.9	2.6	3.2
2007	34.3	37.5	26.9	0.1	1.2	2020	64.1	25.8	7.4	0.2	2.5
2008	31.1	41.2	26.3	0.0	1.3						

资料来源：UN Comtrade 统计数据库

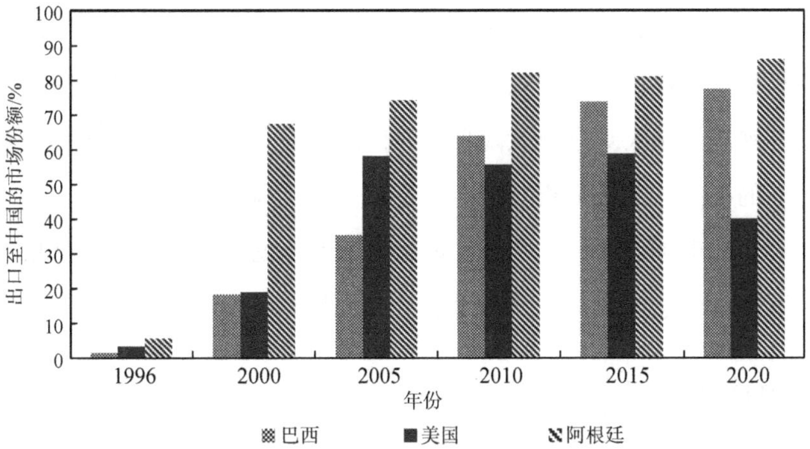

图 12.2　主要大豆出口国出口至我国的市场份额

资料来源：UN Comtrade 统计数据库

12.3.2　我国大豆进口依赖性风险测度

基于风险防控视角进行大豆进口市场布局优化，主要是以最小化大豆进口依赖性风险为目标。因此，需要系统、科学地分析我国大豆进口依赖性风险。根据相互依存理论，国家之间或不同国家的行为主体之间是相互影响、相互依存的。当今世界各国经济相互融合、相互依存的程度日益加深，各经济体越开放，经济贸易黏合度越紧密，相互依存度就越高。实际上，一方面，我国大豆进口依赖性较高引发关注；另一方面，美国、巴西、阿根廷三大进口来源地的大豆出口对国际市场也具有较高的依赖性，大豆出口依存度呈上升趋势，其农业发展与农民增收都高度依赖大豆出口市场（孙致陆，2019；黄季焜，2021）。作为世界主要的大豆消费国，我国在国际市场中发挥着举足轻重的作用，大豆进口量在世界市场中所占比重持续上升，2020 年高达 70%，市场地位逐渐提高（李光泗和韩冬，2020）。近年来，我国大豆进口市场格局呈现出美国、巴西、阿根廷相互竞争之势，大豆进口价格基本稳定（何树全和高旻，2014），粮食生产大国更多地希望我国能够从其市场进口粮食（张云华，2018）。由此可见，我国与国际主要大豆出口国可谓是辅车相依，仅仅着眼于我国对大豆国际市场依存度上升的单一视角，无法充分客观地评判大豆进口风险形势，因此本部分从市场供需主体存在相互依赖关系的视角，系统分析我国大豆进口依赖性风险水平。根据从不同来源地进口大豆的市场份额，本部分选取排名前四位的美国、巴西、阿根廷及加拿大，测算对上述主要进口来源地的进口依赖性风险。

1. 测度方法

已有对于进口依赖性风险的研究多以进口贸易依存度衡量，即进口量占国内消费量的比例，这一指标在有关粮食安全的研究中得到广泛应用（杨贵中和谭远发，2010；卜伟等，2013）。但是，上述方法单纯地考虑进口国对国际供给市场的依赖性，忽略了进口地作为需求主体对国际供给市场产生的重要影响。实际上，在世界市场中，各地区的生产与消费是相互联系、相互依赖的，国内与国际市场的贸易往来是基于比较优势的相互竞争和相互依存的关系（刘元春，2020）。在国际贸易中，利益的分配与风险的产生取决于市场主体的相对规模及相互依赖程度（钱金保和任志宏，2021）。尤其对于大豆市场来说，我国作为最主要的大豆进口需求市场与大豆国际供给市场密不可分，相互依赖性日渐显现：我国大豆政策的调整对世界大豆市场的波动具有重要影响（Wang and Wei，2021）；主要大豆出口国的出口贸易依存度也处于上升趋势（孙致陆，2019；黄季焜，2021），对进口需求市场的依赖性水平有所增强。因此，仅从我国对农产品国际市场具有依赖性的单一视角评估农产品进口风险，存有片面之处，有必要同时考虑市场供需主体的相互依赖性。

Friedman 和 Lebard（1991）从市场供需主体相互依赖的视角，提出了评估风险的方法，国内学者对此方法进行了拓展应用（傅龙波等，2001；刘林奇，2015）。本书借鉴这一方法，将进口国或地区对国际市场的依赖性与主要出口国或地区对进口需求市场的依赖性同时纳入测算系统，通过比较前后两者依赖性水平的高低，考察进口依赖性风险。当前者高于后者时，则表示进口国或地区对国际市场存在进口依赖性风险；当前者与后者相比水平相当或较低时，则对于进口国或地区而言，并不存在进口依赖性风险。为克服单纯地以进口或出口依存度作为评估进口或出口依赖性风险指标存在的不全面性，在此本书逐一构建刻画进口地对国际市场依赖性水平以及出口地对进口地依赖性水平的综合指标，将两个综合指标之比作为反映进口依赖性风险的指标。

具体而言，进口地对某一进口来源地（出口国或地区）的依赖性水平的指标表示为 R_{ij}，以三个子指标综合反映：① R_{ij}^1，表示进口地某一产品的进口量与该产品国内产量之比；② R_{ij}^2，表示进口地从某一来源地进口的该产品数量与其进口总量之比；③ R_{ij}^3，表示进口来源地或地区（出口国或地区）出口该产品的数量在世界市场中所占份额。其中，R_{ij}^1 越高，意味着进口地对国际市场的依赖性水平越高；R_{ij}^2 越高，表示进口地对该来源地的依赖性水平越高；R_{ij}^3 反映进口来源地（出口国或地区）出口该产品的世界市场占有率，R_{ij}^3 越高，代表进口地从该来源地进口的可能性越大，意味着对该来源地的进口依赖性水平越高。上述三个子指标具体表示为

$$R_{ij}^1 = \frac{\mathrm{IM}_{ij}}{Q_{ij}} \tag{12.3}$$

$$R_{ij}^2 = \frac{\mathrm{IM}_{ij}^h}{\mathrm{IM}_{ij}} \tag{12.4}$$

$$R_{ij}^3 = \frac{\mathrm{EX}_{hj}}{\mathrm{EX}_{wj}} \tag{12.5}$$

$$R_{ij} = R_{ij}^1 \times R_{ij}^2 \times R_{ij}^3 \tag{12.6}$$

式（12.3）~式（12.6）中，i 和 j 分别表示进口地及其进口的产品；h 表示进口来源地或地区（出口国或地区）；w 表示世界；IM_{ij} 表示 i 国或地区 j 产品的进口量；Q_{ij} 表示 i 国或地区 j 产品的国内产量；IM_{ij}^h 表示 i 国或地区来源于 h 国或地区的 j 产品的进口量；EX_{hj} 表示 h 国或地区 j 产品的出口量；EX_{wj} 表示 j 产品的世界总出口量。

出口地对某一进口地的依赖性水平的指标表示为 Q_{hj}，同样通过三个指标综合反映：① O_{hj}^1，表示出口地该产品的出口量与其国内产量之比；② O_{hj}^2，表示出口地出口至某一目的国或地区的出口量在其出口总量中所占比重；③ O_{hj}^3，表示进口地这一产品进口的世界市场占有率。其中，O_{hj}^1 越高，表示出口地对进口市场的依赖性水平越高；O_{hj}^2 反映该出口地对某一进口国市场的依赖性，O_{hj}^2 越高，意味着该出口地对此进口国的依赖性水平越高；O_{hj}^3 反映进口地该产品进口量在国际市场的占有率，O_{hj}^3 越高，意味着出口地越有可能出口该产品至这一进口地，即对该进口地的依赖性水平越高。上述指标具体表示为

$$O_{hj}^1 = \frac{\text{EX}_{hj}}{Q_{hj}} \tag{12.7}$$

$$O_{hj}^2 = \frac{\text{EX}_{hj}^i}{\text{EX}_{hj}} \tag{12.8}$$

$$O_{hj}^3 = \frac{\text{IM}_{ij}}{\text{IM}_{wj}} \tag{12.9}$$

$$O_{hj} = O_{hj}^1 \times O_{hj}^2 \times O_{hj}^3 \tag{12.10}$$

式（12.7）~式（12.10）中，O_{hj} 表示 h 地 j 产品产量；EX_{hj}^i 表示 h 地

出口至 i 地的 j 产品的出口量；IM_{wj} 表示世界市场 j 产品的总进口量。

将指标 R_{ij} 与指标 O_{hj} 作比，表示为 p_{ij}，作为衡量进口地某产品进口依赖性风险水平的指标。若 $p_{ij}>1$，则说明进口地对某一进口来源地（出口国或地区）的依赖性水平高于后者对于前者的依赖性水平，意味着进口地存在进口依赖性风险；若 $p_{ij}\leqslant 1$，则说明出口地对进口地的依赖性水平相对于进口地对出口地的依赖性水平更高，对于进口地而言，并不存在进口依赖性风险。p_{ij} 具体表示如下：

$$p_{ij}=\frac{R_{ij}}{O_{hj}} \tag{12.11}$$

2. 中国大豆进口依赖性风险测算结果分析

在对中国大豆进口市场格局进行整体把握的基础上，进一步从市场供需主体存在相互依赖关系的视角，运用式（12.3）~式（12.11）的进口依赖性风险指标测算中国大豆进口依赖性风险。除了美国、巴西、阿根廷三个主要进口来源国之外，近年来，加拿大在中国大豆进口市场中逐渐崭露头角，2019 年来源于加拿大的进口大豆市场份额将近 3%，故本部分主要考察中国对于上述四个主要大豆进口来源国的进口依赖性风险（表 12.5）。

表 12.5　我国大豆进口依赖性风险指标值

年份	巴西	美国	阿根廷	加拿大	年份	巴西	美国	阿根廷	加拿大
1996	18.26	59.27	0.87	0.32	2003	3.43	4.78	0.97	0.03
1997	6.70	62.62	—	0.08	2004	2.86	7.55	0.63	0.02
1998	5.75	42.75	1.04	0.02	2005	3.52	7.11	1.03	0.07
1999	4.03	23.61	0.64	0.01	2006	3.08	5.10	0.68	0.04
2000	6.65	31.41	1.21	0.18	2007	3.58	5.31	1.26	0.03
2001	5.60	22.79	1.91	0.05	2008	2.40	4.24	0.96	0.02
2002	3.65	11.51	1.06	0.04	2009	2.47	5.31	0.24	0.01

续表

年份	巴西	美国	阿根廷	加拿大	年份	巴西	美国	阿根廷	加拿大
2010	2.30	4.39	0.84	0.00	2016	4.41	5.74	0.49	0.03
2011	3.02	4.08	0.62	0.05	2017	4.63	4.31	0.25	0.02
2012	—	7.51	0.58	0.04	2018	6.09	7.28	0.04	0.01
2013	—	6.54	0.77	0.04	2019	—	4.59	0.65	1.17
2014	4.48	6.12	0.46	0.05	平均	5.35	22.16	1.02	0.07
2015	5.31	5.50	0.71	0.01					

资料来源：UN Comtrade 统计数据库、FAOSTAT

注：进口依赖性风险指标值根据式（12.11）计算，风险值大于 1 表示进口地存在进口依赖性风险，风险值小于等于 1 表示对于进口地而言，并不存在进口依赖性风险；“—”表示数据不可获

从表 12.5 可以看出，中国对四个主要大豆进口来源国的进口依赖性风险指标值存在显著差异。具体来看，1996~2019 年，中国对美国和巴西的大豆进口依赖性风险指标值均大于 1，均值分别为 22.16 和 5.35。相比而言，中国对美国的进口依赖性风险指标值高于对巴西的进口依赖性风险指标值，尤其是在 2005 年以前。这表明，中国对美国和巴西的进口依赖性水平高于美国和巴西对中国大豆进口需求市场的依赖性水平，即中国从美国和巴西两国进口大豆是存在进口依赖性风险的，从美国进口大豆存在的进口依赖性风险尤为严重。美国和巴西是中国最主要的两个大豆进口来源国，进口自美国和巴西的大豆占中国大豆进口总量的份额长期高于 70%。这进一步说明，当前中国粮食进口的主动权并非完全掌握在己方手中（朱晶等，2021a）。相比而言，中国对阿根廷的进口依赖性风险指标值绝大部分年份都小于 1，仅在 2007 年以前存在个别年份的指标值介于 1 和 2 之间，2008 年以后的指标值都小于 1，均值约为 1；中国对加拿大的进口依赖性风险指标值除 2019 年各年份均小于 1，均值为 0.07。这说明，中国从阿根廷和加拿大进口大豆不存在进口依赖性风险。

12.3.3　我国大豆进口市场优化分析

根据前文分析可知，拓宽大豆进口渠道，推动进口来源地多元化是优化中国大豆进口市场布局、防范与化解大豆进口依赖性风险的可行路径。本节基于非线性规划的进口市场布局优化方法，分析新格局下中国大豆进口市场多元化布局。

1. 基于非线性规划的进口市场布局优化方法

从化解和防范大豆进口风险出发，借鉴 Kong 等（2019）针对分散原油进口风险、探讨原油进口最优策略的研究，本章采用非线性规划方法，探索优化大豆进口市场布局的可行方案。

非线性规划方法的理论逻辑在于：通过最小化农产品进口风险，测算可从各来源地进口农产品的最优值。此处的农产品进口风险主要是指本书所测度的进口依赖性风险指标值，除此之外，还包括进口来源地（出口国及地区）的农产品供给风险以及农产品进口市场集中度指数。具体模型表示为

$$\min Z_{ij} = \sum_{h}\left[P_{ij}^{h} \times (r_h + \sigma_{r_h}) \times \left(\frac{\mathrm{IM}_{ij}^{h}}{\mathrm{IM}_{ij}}\right)^{2} \times \left(\frac{\mathrm{IM}_{ij}^{h}}{Q_{hj}}\right)\right] \tag{12.12}$$

$$\text{s.t.}\quad \frac{\sum_{h}\mathrm{IM}_{ij}^{h}}{\sum_{h}\omega_h} + Q_{ij} - S_{ij} \geqslant D_{ij} \tag{12.13}$$

$$0 \leqslant \mathrm{IM}_{i}^{h} \leqslant Q_h \tag{12.14}$$

式（12.12）中，Z_{ij} 表示 i 国 j 产品的进口风险指数，以进口依赖性风险指标值、进口来源地（出口国及地区）供给风险、进口市场集中度指数三者之积表示。P_{ij}^{h} 表示 i 国 j 产品对于 h 国的进口依赖性风险指标值；$\sum_{h}(\mathrm{IM}_{ij}^{h} / \mathrm{IM}_{ij})^{2}$ 表示 i 国 j 产品的进口市场集中度；r_h 和 σ_{r_h} 分别表示 h 国的

政治风险指数及其波动率，反映其农产品供给风险，本章运用政治风险服务（Political Risk Service，PRS）集团公布的国际国家风险指南（International Country Risk Guide，ICRG）中的风险指数表示大豆出口地的供给风险，该政治风险指数值的区间为（0，100），其数值越高，表示政治稳定水平越高，该国或地区供给风险越低。根据 ICRG 指数值，将 r_h 转化为：$r_h = 100 - \text{ICRG}$，r_h 越小，表示出口国或地区政治风险越小；σ_{r_h} 表示政治风险指数的标准差，用来表示政治风险的波动率。σ_{r_h} 越小，代表该国或地区政治风险波动越小，该国或地区供给越稳定；IM_{ij}^{h} 和 Q_{hj} 分别表示 i 国或地区从 h 国或地区进口 j 产品的进口量、h 国或地区 j 产品的产量，$(r_h + \sigma_{r_h}) \times (\text{IM}_{ij}^{h} / Q_{hj})$ 越小，意味着从 h 国或地区进口 j 产品面临的供应风险越小；S_{ij} 与 D_{ij} 分别表示 i 国或地区 j 产品的库存量与消费量。式（12.13）为约束条件，表示农产品的实际供应量应以满足国内的农产品需求为基础。

上述优化方案（方案一）拟通过最小化农产品进口风险，测算可从各来源地进口农产品的最优值，其中进口风险主要是指本书所测度的进口依赖性风险指标值、进口来源地（出口国及地区）的农产品供给风险以及农产品进口市场集中度指数，同时达到三种风险最小化在农产品实际进口中实现难度大，基于此测度最优进口量可能与实际进口量存在较大差距。鉴于此，在上述最优方案的基础上，本书结合大豆进口实际波动情况，通过增加大豆进口波动临界值作为约束条件，简化最优目标函数，设置如下优化方案（方案二）作为我国推进大豆进口多元化布局的参考方案。具体如下：通过计算中国自主要大豆进口来源国进口大豆的波动率，设置大豆进口波动临界值为[50%，150%]，作为模型（12.12）、模型（12.13）、模型（12.14）的约束条件；将模型（12.12）最优目标函数中进口风险设置为以进口来源地（出口国及地区）供给风险、进口市场集中度指数两者之积表示。

采用非线性规划方法对式（12.12）进行求解，分析可从不同来源地进口大豆的最优进口量。以最优进口量与实际进口量之差表示可从各来源地进口大豆的进口潜力：如果最优进口量高于当年实际进口量，则表示我国可从该国或地区增加大豆进口量；反之，则意味着应减少从相应来源地进口大豆的数量。

2. 新格局下中国大豆进口市场多元化布局

当前中国大豆市场供给仍以进口为主，在中国新格局下充分利用国外大豆市场，仍将是今后较长一段时期内保障大豆持续供给的重要方式。科学优化大豆进口市场布局，不仅要明确大豆进口市场的地理布局，还要对不同来源国的大豆进口数量进行合理协调。本部分基于要素禀赋理论，采用非线性规划方法，探索在最小化大豆进口风险的前提下合理开展大豆进口市场多元化布局的可行方案。

首先，明确大豆进口市场多元化布局的地理区域。根据要素禀赋理论，一国（地区）生产并出口使用其丰裕要素生产的产品，要素禀赋差异决定不同国家（地区）在产品生产能力上的比较优势，以及产品供给能力的丰歉。因此，可以根据一国（地区）的资源禀赋判断其产品出口潜力，出口潜力越大，进口可获性越高。本书以世界各国（地区）的大豆生产资源禀赋作为评判大豆进口可获性的主要依据，确定推行大豆进口市场多元化布局的地理区域。各国（地区）大豆生产资源禀赋可以通过其大豆产量直观地反映，本书根据 USDA 公布的 2020 年世界各国（地区）大豆产量的排序，以大豆产量高于 150 万吨作为选取依据，确定巴西、美国、阿根廷、印度、巴拉圭等 11 个国家和地区作为中国推行大豆进口市场多元化布局的地理区域（表 12.6）。其次，在明确大豆进口市场多元化布局地理区域的基础上，本书借鉴 Kong 等（2019）的研究，采用非线性规划方法对基于式（12.12）的两种优化方案进行求解，分析可从不同来源国（地区）进口大豆的最优进口量。以最优进口量与实际进口量之差表示可从各来源国（地区）进口大豆的进口潜力：如果最优进口量高于当年实际进口量，则表示中国可从该国（地区）增加大豆进口量；反之，则意味着应减少从相应来源国（地区）进口大豆的数量。考虑到篇幅限制，本章以 2020 年的计算结果进行呈现并加以分析，计算结果如表 12.6 所示。

表 12.6　2020 年来源于不同国家和地区的大豆最优进口量计算结果（单位：万吨）

区域	优化方案一			优化方案二		
	最优进口量	实际进口量	差值	最优进口量	实际进口量	差值
巴西	357.0	6 427.8	−6 070.8	3 213.88	6 427.76	−3 213.88
美国	359.3	2 588.8	−2 229.5	2 184.76	2 588.76	−404.00
阿根廷	1 368.3	745.6	622.7	1 135.92	745.57	390.35
加拿大	618.4	24.5	593.9	571.54	24.53	547.01
乌拉圭	227.5	165.7	61.8	227.45	165.66	61.79
俄罗斯	432.2	69.3	362.9	298.07	69.32	228.75
乌克兰	567.9	6.5	561.4	290.03	6.51	283.52
印度	2 667.5	0.0	2 667.5	512.57	0.00	512.57
巴拉圭	242.7	0.0	242.7	442.17	0.00	442.17
欧盟	20.6	0.0	20.6	319.31	0.00	319.31
南非	2 505.9	0.0	2 505.9	171.39	0.00	171.39
合计	9 367.3	10 028.2	−660.8	9 367.09	10 028.11	−661

资料来源：UN Comtrade 统计数据库、FAOSTAT

注：①最优进口量是基于本章式（12.12）测算得出的可从各来源地进口农产品的最优值；②差值为最优进口量与实际进口量之差，表示可从各来源地进口大豆的潜力

根据中国从多元化市场布局地理区域中的 11 个来源国家和地区可进口大豆的最优值及其实际进口量的合计值，可知：2020 年，最优进口量和实际进口量合计分别为 9367.3 万吨、10 028.2 万吨，大豆实际进口总量已超过进口风险最小化水平下的最优进口量，应从整体上适度控制大豆进口数量

的增长，以防范大豆进口风险。分国别来看，2020 年来自巴西和美国的大豆实际进口量高于最优进口量，这与上一节得出的从巴西和美国进口大豆存在进口依赖性风险的分析结果相呼应。这说明，应适当缩减从巴西和美国进口大豆的数量，缓解从巴西和美国进口大豆存在的进口依赖性风险。除巴西和美国之外，2020 年中国从其他 9 个国家和地区进口大豆的实际进口量均低于最优进口量。这意味着，可以适当增加从上述 9 国和地区进口大豆，以拓宽大豆进口渠道，化解从巴西和美国进口大豆存在的风险。这表明，阿根廷、加拿大、乌拉圭、俄罗斯、乌克兰等 9 个国家和地区蕴藏着较大的大豆可进口潜力，可作为重要的大豆进口来源市场加以开发和拓展。

根据上述分析，中国应适当控制从美国和巴西进口大豆的数量，逐渐化解从美国和巴西进口大豆存在的进口依赖性风险；适当增加从阿根廷进口大豆的数量，在充分利用从阿根廷进口大豆的市场潜力的同时，注意防范和规避对于阿根廷大豆市场可能产生的进口依赖性风险；把加拿大、乌拉圭、俄罗斯、乌克兰、印度、巴拉圭、欧盟和南非等国家和地区作为中国开展大豆进口市场多元化布局的主要区域，尤其是把潜力巨大的印度和南非作为重要的大豆进口替代市场，科学、合理地增加从上述国家和地区进口大豆的数量，以分散当前存在的大豆进口依赖性风险。通过采取多元化市场布局的方案，优化大豆进口市场格局，以有效防范大豆进口依赖性风险，维护大豆进口的可持续性与稳定性，保障大豆进口安全。

12.3.4　我国大豆进口市场优化分析的对策建议

综合各方的供应潜力和依赖性风险的分析结果，可以发现，阿根廷、加拿大、俄罗斯、乌克兰、印度以及南非可作为重要的大豆进口伙伴国来拓展我国大豆进口渠道，优化大豆进口市场布局。具体来看：①巴西大豆供应能力强，供应增长潜力较大，与我国大豆供应有季节互补性，且价格极具竞争力，虽然贸易便利化程度不高，但毫无疑问，仍将是我国最重要的进口来源，但是目前进口依赖性风险过高，且实际进口量大幅度超过最优进口量，需适当控制对其进口；②美国大豆供应能力较强，受益于规模经济与低廉的运费，具有较强的价格竞争力，但是也具有高进口依赖性风险，且贸易稳定性较差，需适当控制从其进口；③阿根廷与巴西综合情况类似，但是目前从阿根廷进口大豆不存在依赖性风险，可适当增加从阿根廷进口大豆的数量；④在过去，加拿大大豆出口增长迅猛，未来仍将是全球出口增长最快的国家之一，该国国际运输成本低，贸易便利化程度高，与我国经贸关系相对稳定，且无依赖性风险，是我国大豆进口多元化布局较好的选择对象；⑤印度大豆生产与出口能力持续增强，与我国距离近，国际运输成本低且与我国在大豆贸易方面有特殊贸易安排，但是其产量基本供内需，市场厚度太低，近期无法从其大规模进口；⑥乌拉圭、巴拉圭也是全球大豆生产与出口增长较快的国家，但运输成本偏高、贸易便利化程度较低，价格竞争力不强，不适合作为我国优化布局较好的选择对象；⑦俄罗斯、乌克兰生产与出口增速较快，且蕴藏丰富的后备生产资源和较大的技术提升空间，具有极强的供应潜力，运输成本较低，具有较强的价格竞争力，贸易便利化程度相对较高，属于“一带一路”共建国家，与我国建立了良好的贸易关系，虽然两国仍在进行武装冲突，实行粮食出口限制，目前无法进口，但是未来将可能成为我国大豆进口多元化布局的重点区域；⑧南非有大量适合大豆播种的后备资源，同时单产较低，长期供应潜力巨大，且与我国的经贸关系较为稳定，是我国长期多元化布局的重点。然而目前该区域生产技术落后、运输成本较高、贸易便利化程度较低，难以成为我国保障大豆供应安全的近期选择。

基于上述分析结果，本章提出优化我国大豆进口市场布局，降低大豆进口风险的对策建议如下。

一是建立健全包含大豆在内的粮食进口依赖性风险预警与监测体系。依托并运用云计算、大数据等智能化技术和信息分析媒介，建立包括大豆在内的主要农产品贸易风险智能防控平台，对国内和国际大豆生产情况、供需情况、贸易情况及价格波动信息和数据进行收集、分析、处理与应用，形成系统化信息共享平台，对包括大豆在内的主要农产品进行全方位的监测和动态分析，实施科学防控、精准识别，有效规避农产品进口贸易风险。

二是构建大豆进口贸易合作的长效机制。积极推进自由贸易区建设，全面推进自贸协定的推广和实施，全力完善进口博览会配套设施建设和服务保障工作，开展包含大豆在内的主要农产品贸易领域的多元化、多层级的务实合作，建立互惠互利、合作共享、风险共担的长效合作机制，健全包含大豆在内的主要农产品进口管理机制，发展大豆等农产品进口跨境电商新业态，拓展并优化大豆进口来源渠道，增强大豆贸易风险的抵御能力。

三是积极拓展大豆进口来源地。合理协调与平衡当前从主要进口来源地进口大豆的进口数量，开发并有效利用俄罗斯、乌克兰、南非、印度、巴拉圭、欧盟等国家和地区的大豆资源潜力，不断拓展大豆进口来源地，依托“一带一路”倡议、区域贸易协定、特殊贸易安排等，积极拓展与上述主要贸易伙伴国（地区）的经贸关系，发展与这些国家和地区大豆及大豆替代品的贸易往来，推进构建内外联动、优势互补、相互促进的多元化市场格局。

四是建立稳定的大豆国际市场供应链。培育具有国际竞争力与定价权的大粮商和农业企业集团，积极引导和支持粮食企业“走出去”，继续释放“一带一路”倡议带来的农业合作潜力，充分利用《区域全面经济伙伴关系协定》（Regional Comprehensive Economic Partnership，RCEP）签署与实施带来的良好机遇，通过购买或者租赁等形式，利用大豆供应潜力国丰富的耕地及劳动力资源，开展海外耕地开发、大豆生产、加工、仓储、物流等跨国经营，建设大豆产业海外合作试验区，打造境外大豆产业合作示范区；加强以铁路、港口、管网为依托的基础设施建设和以减少贸易壁垒为核心的贸易便利化制度建设，推动贸易畅通，降低大豆贸易成本；有针对性地培育一些大型农垦企业投资黑海地区以及南非的仓储、基础设施、物流等关键环节，降低大豆交易成本，并提升我国在大豆国际产业链上的话语权。

五是加大对国内大豆产业的扶持力度。推进大豆优良种质选育与技术创新推广工作，开展大豆制种技术的联合攻关，培育高产、优质、抗逆、适宜机械化作业的新品种，释放大豆单产潜能；改革和完善包含大豆在内的主要农产品仓储系统，畅通主要农产品流通体系，建立完备的大豆应急保障方案；进一步健全大豆生产社会化服务机制，构建“政府—企业—农户”联动的、防控大豆进口风险的协同机制。

12.4　本章小结

推进粮食进口来源地多元化、优化进口市场布局是防范粮食进口外部风险的重要方向。随着我国粮食进口规模的不断扩大，我国粮食安全与全球粮食贸易市场之间的关联日益紧密。构建多元化的粮食进口来源地格局，需要基于市场供需主体相互依赖的视角出发，更加准确地判断我国粮食进口依赖性风险水平，进而探索出有效防范和化解粮食进口依赖性风险的思路和举措。以我国进口数量最多且进口来源高度集中的粮食品种——大豆为例，我国不仅高度依赖国际大豆出口市场，而且我国也重塑了巴西、美国等大豆出口市场的贸易格局，中国与大豆出口国之间可谓辅车相依。在相互依赖的视角下，本章系统测度了我国大豆进口依赖性风险水平，结果表明，我国对主要大豆进口来源国的依赖性风险值存在显著差异，大豆进口依赖性风险主要来源于美国和巴西，相比而言，中国从阿根廷和加拿大进口大豆并不存在进口依赖性风险。在此基础上，通过最小化大豆进口风险，测算中国从不同国家和地区的最优进口量，根据最优进口量与实际进口量分析可从各国和地区进口大豆的潜力，提出优化大豆进口市场布局的可行方案。

高水平开放新格局下，我国应积极拓展“朋友圈”，同时稳定我国现有合作伙伴关系，减少对单一市场的过度依赖，抵御经贸关系不确定性、外部突发事件冲击等潜在风险。一方面，充分利用地缘优势，继续深化南南合作，并深入推进我国与“一带一路”共建国家的粮食贸易合作，充分发挥双方的比较优势，减少对单一粮食市场的依赖；另一方面，还要认识到市场供需主体之间的相互依赖关系，继续夯实我国与美国、巴西、澳大利亚等传统粮源的合作关系，积极提升双边国家（地区）在农业贸易领域的相互依赖关系，培育“你离不开我、我更离不开你”的新格局，从而有效提升我国从这些国家（地区）进口粮食的稳定性。

第 13 章
产品替代视角下食物进口种类多元化的思路与策略[①]

收入增长、国内食物需求的不断转型升级，以及国际市场风险波动的持续加剧等都对粮食安全保障提出更高要求。中国农产品贸易进口种类高度集中、重点品种进口来源地依赖度偏高等特点会使中国在全球粮食市场动荡加剧背景下出现外部粮源的利用风险明显上升的情况。实际上，中国进口的粮食大多为支持国内的畜禽业发展，以满足居民日益增长的肉、蛋、奶、水产品等动物性食物需求。因此，保障粮食安全不仅需要关注进口来源地的多元化，也需要综合考虑不同食物之间的替代性，促进食物进口结构多元化发展。基于此，本章基于产品替代视角，讨论多元化食物进口格局对提升中国粮食安全保障能力的作用，并使用描述性统计分析方法探讨中国今后推动形成多元化食物进口格局的可行性；进一步以扩大高耗粮的肉类食物进口为例，使用 GTAP 模拟分析今后多元化食物进口对粮食安全的潜在影响，以期能够为从产品替代视角推动我国食物进口种类多元化提供参考启示。

① 资料来源：朱晶等（2023a）。

13.1　多元化食物进口格局与粮食安全保障能力提升

从产品替代的视角出发，充分利用国际农业资源和农产品市场，拓展和优化进口品种结构，提升农产品进口稳定性和韧性，对于降低国际粮源利用的不确定性风险，发挥农产品贸易对国内粮食安全保障功能具有重要意义。

多元化食物进口主要通过建立多元稳定的经贸关系来降低利用国际粮源的风险、重新配置生产要素进而优化国内食物生产格局、助力农食系统转型升级来实现国内粮食的可持续发展、缓解外部舆论压力和促进贸易平衡来改善中国食物进口的外部市场环境这四条渠道来提升粮食安全保障能力。

13.1.1　降低国际粮源利用风险

粮食安全始终是国家安全的基石，也是保障各类食物有效供给的基础和前提。中国外部粮源利用中一个重要的风险来源就是进口品种和来源地高度集中可能带来的风险。虽然大豆、玉米等粮食类作物的世界出口国总数很大，但实际上可供粮源高度集中，如 2021 年，大豆、玉米出口的前两位国家合计出口就占到世界出口总量的 86.6%和 57.4%。如此高的来源集中度无疑会使有大量进口需求的国家受到市场垄断势力的影响，增加不确定事件下的波动风险。

相比之下，全球非粮农产品的出口主体空间更大、出口布局也更加分散。在世界范围内，畜禽产品、水产品、乳制品的出口国家数与粮食产品的出口国家数相接近，但其出口集中度要远低于粮食产品。如畜禽产品，全球出口前五的国家出口量合计只占世界出口总量的一半，前十位国家的出口合计占比才达到 73%；其中，世界猪肉的出口国主要为美国以及欧洲国家，出口量占世界总出口量比重超过 5%的国家达到了 8 个；牛肉主要出口国分布更加广泛，出口量占世界总出口比重超过 5%的国家有 6 个，分散在北美、南美、亚洲等世界各地，出口量最大的巴西占比只有 15%。可以明显看出，与大豆、玉米等作物相比，畜禽产品、水产品、乳制品的出口国分布更为分散。对进口国而言，这意味着可供选择的贸易伙伴更多，有助于增强食物供给的稳定性。

实际上，近年来中国持续扩大的粮食进口并非为了直接食用消费，而是更多地用于支持国内畜禽产品的生产以及压榨需求。从产品替代的视角来看，如果以农产品贸易结构的调整满足国内消费对畜禽产品和植物油增长的需求，则可以大幅降低对饲用粮源的进口需求，降低对有限来源地粮源的进口依赖。事实上，中国在大量进口饲用作物的同时，也直接进口了部分肉类和奶制品。如表 13.1 所示，以 2021 年的进口数据估算，中国进口的猪肉、牛羊肉、禽肉、奶制品、水产品折算的玉米当量相当于当年少进口了 7415 万吨玉米，而该年进口的植物油折算成大豆当量则相当于减少直接进口 6228 万吨。

表 13.1 2001~2021 年中国进口的部分种类食物的粮食当量（单位：万吨）

年份	猪肉	牛羊肉	禽肉	奶制品	水产品	植物油
2001	62	25	283	48	269	1003
2006	16	31	235	103	434	3622
2011	307	89	168	324	533	4252
2016	1065	775	237	236	337	3155
2021	2438	2725	592	983	677	6228

资料来源：UN Comtrade 统计数据库

注：计算方法主要借鉴杨明智等（2019）和倪洪兴（2014）

此外，与粮食产品相比，肉类、奶类等高附加值食物一般不被视为重要战略物资，在国际农产品贸易市场受外部动荡影响时往往不会像粮食作物那样遭遇广泛的出口限制。因此，从满足国内多元化食物消费的视角出发，在世界粮食产品进口来源国短期内仍然高度集中且当前国际经贸环境不确定性仍在加剧的情形下，中国的农产品贸易结构向着顺应消费转型升级的方向加大调整力度，增加对进口来源空间更加广泛的畜禽等产品的进口，则可通过直接进口非粮农产品的方式降低粮食进口可供性风险，扩大进口来源范围，增强外部粮源可获性的稳定性和韧性，进而提升粮食安全保障能力。

13.1.2　优化国内食物生产要素配置

多元化食物进口有助于优化国内农业生产要素的配置，提高国内粮食生产资源利用效率。国内的食物消费升级意味着粮食安全从“吃得饱”加快向“吃得好”的转型，而能够满足居民“吃得好”需求的肉蛋奶等高质量农产品属于高耗水土资源型产品。从第 3 章的分析可知，人多地少水缺的基本国情是中国粮食生产面临的硬约束。相关研究的估算也表明，中国至少需要 38.5 亿亩的种植面积才能够保证国内农产品的基本供求平衡，而中国国内仅能满足总需求量的 65%，剩余的农产品产出缺口需要依靠国外进口（程国强和朱满德，2020）。从水土资源利用的角度来讲，要解决 14 多亿人口的吃饭问题，外部市场和资源的利用不管是现在还是将来，都是保障中国粮食安全的必然选择。

从国际市场上更加广泛和多元化地进口顺应消费升级需求的农产品，不仅有助于缓解生态资源压力，也有助于提升资源利用效率。以水土资源消耗较大的牛羊肉生产为例，按照 2021 年中国进口的 233 万吨牛肉和 41 万吨羊肉折算，二者合计相当于进口了 7.6 亿亩虚拟土和 215.1 亿立方米虚拟水，占当年中国粮食总播种面积的 43.2%，占当年农业总用水量的 5.9%（图 13.1）。如果这些进口的高资源消耗性农产品全部由国内的水土资源来进行生产，无疑会挤压国内粮食生产所需要的水土资源空间。中国的基本国情决定应优先把有限的水土资源保障国内粮食生产，适度进口畜禽产品则能够在满足居民多样化、品质化消费需求的同时，为粮食生产让出更多的水土资源利用空间。

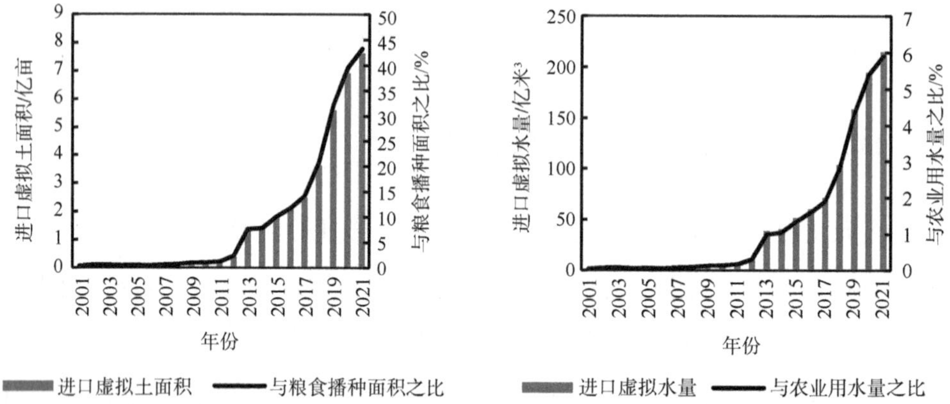

（a）进口虚拟土

（b）进口虚拟水

图 13.1 2001~2021 年中国进口牛羊肉所隐含的虚拟水土变动

资料来源：牛羊肉进口量数据来源于 UN Comtrade 统计数据库；粮食播种面积与农业用水量数据来源于中国国家统计局网站

牛羊肉虚拟土及虚拟水的转换系数分别参考罗开盛和陶福禄（2017）、朱启荣等（2016）

通过肉蛋奶进口所让渡出来的水土资源则能够用来进一步提高国内粮食生产效率。第三次全国国土调查数据显示，2019 年中国共有耕地 191 792.79 万亩，有 6337.83 万亩的耕地处于大于 25 度的山坡上，干旱地区（年降水量低于 200 毫米）的耕地有 11 104.79 万亩[①]。虽然国家规定要退出大于 25 坡度的耕地和旱沙化严重的旱地，但仍然有大部分山区和干旱半干旱地区的耕地被用于粮食生产。这部分耕地资源的土壤障碍限制突出、水热资源约束强、地形条件局限大、田间管理较为复杂，不但利用起来要投入

① 《第三次全国国土调查主要数据公报》，http://www.gov.cn/xinwen/2021-08/26/content_5633490.htm。

更高的生产成本，其土地的产出能力也是相对较弱的，继续增产的能力十分有限。如果中国未来能适度增加畜禽产品的进口，则能够节约出更多的水土资源空间让渡于粮食生产，并能保证在总耕地面积不减少的情况下，让本来不适宜粮食生产的土地根据资源禀赋“宜经则经、宜牧则牧、宜渔则渔、宜林则林”，从而实现国内农业生产要素配置的优化，进而提高耕地的单位面积产能。

13.1.3 推动国内农食系统可持续发展

多元化的食物进口格局有利于农食系统绿色、低碳转型升级，避免对国内资源竭泽而渔式地利用，实现国内粮食生产可持续发展。当前，全球生态环境的恶化给农业生态系统的健康运行带来了严峻的挑战，并对粮食的安全生产造成了一定程度的威胁。一方面，大量农业污染导致了耕地与水资源质量下降、食品污染等严重问题，另一方面由温室气体排放引致的全球气候变暖使得极端天气与病虫害发生的概率大大提高，增加了粮食生产不稳定性。对于中国来说，畜牧业生产过程中产生的污染物排放已经成为中国环境污染的重要来源（仇焕广等，2013；孔祥才和王桂霞，2017），其所产生的甲烷和氧化亚氮等非二氧化碳温室气体排放也是中国温室气体排放最为关键的组成部分。随着今后中国畜禽产品消费量的持续上升，如果全靠国内生产来满足消费，对于生态环境承载能力有限的中国来说无疑将面临巨大挑战。

适度扩大畜禽产品进口是缓解资源环境承载压力，促进国内粮食生产健康可持续发展的重要方式之一。如表 13.2 所示，2021 年中国进口的主要肉类产品所隐含的化学需氧量、总氮、氨氮及总磷四种污染物的排放量分别为 213.8 万吨、9.3 万吨、2.3 万吨及 1.5 万吨，分别相当于当年国内对应污染物总排放量的 8.4%、2.9%、2.6%及 4.7%[①]，合计碳排放当量 3478.3 万吨，占到 2018 年中国 8 亿吨农业碳排放当量的 4.3%[②]。这对于缓解由食物消费升级引致的国内空气污染、水土污染等生态环境压力具有重要意义。

表 13.2　2021 年中国进口肉类隐含污染物排放量及碳排放当量（单位：万吨）

项目	猪肉	牛肉	羊肉	禽肉	肉类合计
化学需氧量	38.5	161.4	/	13.9	213.8
总氮	3.2	5.5	/	0.6	9.3
氨氮	0.5	1.7	/	0.1	2.3
总磷	0.6	0.8	/	0.1	1.5
碳排放当量	543.7	2503.7	358.1	72.8	3478.3

资料来源：UN Comtrade 统计数据库

注：①本章在估算进口肉类隐含污染物和温室气体排放当量时，排污系数、甲烷排放系数、氧化亚氮排放系数的选取借鉴了胡向东和王济民（2010）、陶红军和谢超平（2016）、姚成胜等（2017）的研究；②统计的肉类包括猪肉、牛肉、羊肉及禽肉，但由于缺少肉羊的污染物排放系数，因此并未计算羊肉的污染物排放量

13.1.4　改善食物进口的外部市场环境

我国人多而农业资源稀缺的现实决定了利用外部资源是保障国家粮食安全的必要途径。然而，中国大规模的粮食进口也可能为一些国家鼓吹“中国粮食威胁论”提供了舞台，尤其在世界粮食价格剧烈波动的期间，借助全球粮食供应紧张的局面，诋毁中国在全球范围内进口粮食以加剧全球粮食价格飙升（朱晶等，2023a）。实际上，西方国家利用粮食危机来诋毁我国粮食进口的谬论从未间断。俄乌冲突爆发后，美国再次将全球粮食短缺的矛头指向中国，诋毁我国在全球范围内“囤积粮食”“加剧全球粮食危机”，并且认为中国实现粮食自给自足将对美国国家安全构成长期的威胁。这些不实言

---

① 污染物排放总量数据来源于中国国家统计局网站，https://data.stats.gov.cn/easyquery.htm?cn=C01。

② 中国 2018 年碳排放当量数据来源于赵敏娟等（2022）的研究。

论在一定程度上恶化了中国利用国际粮食市场的外部环境，尤其在全球粮食供应紧张的背景下，更是增加了中国粮食进口的舆论压力。

通过多元化食物进口而部分替代对粮食进口，不仅可以分散过度依赖粮食进口的风险，还可以通过分散农产品进口来源地来缓解利用国际农产品市场的舆论压力。因此，从这个角度来讲，在极端天气频发、经济全球化遭遇逆流等因素叠加的背景下，中国构建多元化的食物进口格局，可以避免对国际粮食进口继续高度依赖，防范与其他粮食进口国之间形成进口竞争而引发的炒作。同时，多元化食物进口可以把更多的增加值让利给贸易伙伴，在食物进口上将赢得更大的主动权，从而与贸易伙伴形成稳定、双赢的合作关系。

此外，适度增加其他高品质、高附加值的食物进口有利于对冲工业品贸易顺差，促进国家整体贸易平衡，避免国家之间，尤其大国之间不稳定和不可持续的贸易关系。贸易平衡不仅直接关系到一个国家的国际声誉和外交关系，而且与国家的战略利益密切相关（李春顶等，2021）。近年来，中国在全球贸易顺差国家中排名一直处于前列，2022 年更是成为全球最大的贸易顺差国。过高的贸易顺差给中国的经贸关系带来了一些负面影响。2018 年的中美经贸争端正是美国以其与中国的贸易逆差过大为由而爆发，对中国的食物进口格局造成显著的影响。农产品作为中国存在贸易逆差的少数品种之一，适度增加高价值食物，如肉类、奶类和水产品等的进口，有助于促进贸易平衡，推动国家间贸易关系的均衡、可持续发展，从而为食物进口创造稳定的外部环境。

13.2　优化多元食物进口品种结构的可行性分析

为缓解粮食进口的压力，同时适应国内对多元化、高品质食物的消费需求，主动培育国外稳定的多元化食物产品供应商，进一步扩大各类高品质食物进口是否具有可行性是需要关注的一个重要问题。本节首先构建评估多元化食物进口可行性的指标体系，进一步从国际市场空间、中国进口的经济性、进口来源地的稳定性以及中国进口的政策调整空间四个方面重点分析肉类、水产品、奶制品、植物油几大类主要高附加值食物的可行性，为后面分析多元化食物进口对中国的影响提供支撑。

13.2.1　多元化食物进口可行性的指标体系

为了研究利用国际多元化食物进口来适应国内食物消费，以及替代粮食进口的可行性，本节首先确立评估可行性的标准。根据经典的国际贸易理论，贸易流量的高低主要取决于国内自身需求、其他供应主体能力以及交易成本等因素。在进口国经济总量给定的情况下，一国的进口流量以及结构则取决于其他经济体的供应能力以及与其贸易成本。从这一理论出发，本节在分析构建多元化食物进口格局的可行性时，建立一个以供应能力和贸易成本作为一级指标的分析体系，具体指标见表 13.3。以粮食产品作为参照，比较粮食产品与其他非粮食食物的各项指标，以此分析中国构建多元化食物进口格局的可行性。

表 13.3　多元化食物进口可行性评价指标体系

一级指标	二级指标	三级指标
供应能力	出口市场空间	全球食物产量增速
		中国食物进口量占全球食物总进口量的比重
		全球出口市场集中度
	进口经济性	国内外价差
贸易成本	进口来源地市场稳定性	进口来源地多元化指数
		经贸合作关系类型

续表

一级指标	二级指标	三级指标
贸易成本	进口来源地市场稳定性	全球贸易便利化指数排名
		贸易是否因动植物疫病而中断
	进口边境管制措施	进口关税税率
		关税等值

1. 供应能力的指标选取

在全球食物的供应能力方面，选取了出口市场空间以及进口经济性作为二级指标。外部食物供给的市场空间越大，且中国进口的经济性越强，越有利于中国构建更加多元的食物进口格局。

（1）出口市场空间。本章借鉴王孝松和谢申祥（2009）选取全球食物产量增速及中国食物进口量占全球食物总进口量的比重来衡量未来中国进一步利用国际食物市场的可行性。全球食物产量增速越大，表明中国可利用的外部市场规模在逐渐增长，有利于中国食物进口规模的增加；而中国食物进口量占全球食物总进口量的比重越低，则意味着中国目前利用国际市场的程度相对有限（王孝松和谢申祥，2009），存在进一步可开发和拓展的空间。

（2）进口经济性。从食物进口的经济性来看，国内外价差影响食物进口的内在动力在于市场机制下的异地套利（李萍和冯梦黎，2018）。按照这一机制，在异地套利效应的驱动下，作为市场微观经济主体的食物进口企业就有动力从世界市场扩大进口规模，以谋求价差带来的贸易利得，从而有利于推动形成更加多元的食物进口体系。采用国内价格与国际价格之比作为中国食物进口经济性的三级指标，当该比值越高时，表明中国进口此食物更加经济合理。

2. 贸易成本的指标选取

贸易成本是影响贸易流量的重要因素，不仅包含运输成本、管理成本、交易成本等显性成本，还包括进口来源地市场稳定性以及进口边境管制措施带来的额外成本（FAO，2022）。在构建多元化食物进口格局中，进口来源地的市场稳定性和中国进口的边境管制措施带来的隐性成本是影响食物进口可行性最为关键的两个因素。进口来源地的双边关系越稳定，意味着中国进口食物面临供应链中断、市场价格波动的风险越小，从而有利于降低贸易成本（Baier et al.，2014；许亚云等，2020）。考虑到中国对食物进口实施边境措施，边境措施越严格，意味着面临的进口交易成本越高（赵文霞和刘洪愧，2020）；反过来讲，推动形成多元化食物进口格局，可以调整的政策空间越大。

（1）进口来源地市场稳定性。中国与各食物出口国建立稳定和可靠的贸易伙伴关系，以确保供应链的稳定性和贸易的可持续发展是衡量中国制定食物贸易政策需要考虑的关键因素。稳定的贸易关系有利于确保供应连续性和价格稳定性，促进进口的增长。借鉴现有研究，选取进口来源地多元化指数（鄢继尧等，2020）、全球贸易便利化指数排名（房悦等，2022）、经贸合作关系类型（Haim，2016）以及贸易是否因动植物疫病而中断（张喜才，2022）等四个指标来分析中国多元化食物进口在进口来源地市场稳定性方面的可行性。

多元化市场可以有效降低贸易的波动（李亚波，2018），提高应对突发事件的韧性和稳定性（许朝凯和刘宏曼，2023）。与粮食产品相比，如果其他非粮食物进口来源地更加多元化，则表明中国通过多元化食物进口将更有利于提升进口的稳定性和中国的粮食安全保障。借鉴沈国兵和沈彬朝（2022b）对多元化指数的计算方法，以商品进口市场集中度的倒数来表示

进口来源地多元化，具体表示为

$$\mathrm{DI}^{j}=\frac{1}{\sum_{i=1}^{N}\left(\frac{M_{i}^{j}}{\sum_{i=1}^{N}M_{i}^{j}}\right)^{2}} \tag{13.1}$$

式中，i 表示进口来源地（$i=1,2,\cdots,N$，N 为进口来源地总数）；j 表示产品种类；$\sum_{i=1}^{N}\left(\frac{M_{i}^{j}}{\sum_{i=1}^{N}M_{i}^{j}}\right)^{2}$ 表示 j 产品的进口多元化指数；M_{i}^{j} 表示中国从 i 国进口 j 产品的贸易量。

此外，贸易便利化水平、与中国的双边关系以及双边贸易是否受疫情冲击等因素也是影响中国食物进口贸易稳定性的重要指标。出口国贸易便利化水平越高意味着货物出口过程更加高效，包括清关手续、运输等环节的简化和加速（许唯聪和李勤昌，2021），使中国能够更快、更便利地从出口国进口食物，从而降低中国食物进口成本。采用世界经济论坛（World Economic Forum，WEF）和全球贸易便利化联盟（Global Alliance for Trade Facilitation，GATF）在 2016 年联合发布的《2016 年全球贸易促进报告》（The Global Enabling Trade Report 2016）中的贸易便利化指数及其排名来分析中国主要食物进口来源地的贸易便利化水平。良好的双边关系，有利于减少经贸摩擦，促进双方的贸易发展（Gowa and Mansfield，1993；王孝松和常远，2022）。目前，中国已经与全球许多国家建立起了多样的双边关系，如全面战略协作伙伴关系、全面战略伙伴关系、全面战略合作伙伴关系等。与这些由领导人在正式场合宣布建立双边伙伴关系的国家进行食物贸易往来，将降低合同执行成本和信息成本（Long and Leeds，2006），从而有利于中国增加食物进口。此外，与制造业相比，食物进口往往因为动植物的疫病传播而中断贸易，从而对进口供应链的稳定性造成冲击。以 2010~2022 年中国主要食物进口的历史数据，分析中国食物进口的连续性。如果中国从主要进口来源地的食物进口并未因出口国动植物疫病而中断贸易往来，那么这将有利于中国提高食品进口的可能性。

（2）进口边境管制措施。进口贸易政策是影响贸易成本的另一重要因素。由于动物性食物的进口往往存在更大的疫病输入和产品质量风险，所以相对于粮食产品进口而言，我国对畜禽类产品实行了较为严格的边境措施，旨在保护国内畜禽产业的发展，并防止动物疫病的输入。然而，这也在一定程度上阻碍了中国多元化食物的进口。边境管制措施主要包括关税措施和非关税措施，这些措施会提高进口程序的复杂性和时间成本，如检验、检疫、认证和清关手续等，从而影响到食物进口的价格和数量（董银果和吴倚天，2019）。采用进口关税税率和非关税措施的关税等值作为分析不同食物进口边境管制措施的三级指标。从构建多元化食物进口格局的政策调整空间来看，较高的进口关税税率和非关税措施的关税等值意味着今后可调整的政策空间较大。这也意味着，进一步削减这些高价值食物的进口关税和非关税措施，将更有利于多元化食物进口。

13.2.2　构建多元化食物进口格局的可行性分析

基于上一节选取的用于分析多元化食物进口可行性的指标体系，本节将从全球多元化食物出口市场空间、中国多元化食物进口的经济性、中国多元化食物进口来源地市场稳定性以及中国多元化食物进口的政策调整空间四个方面，分析积极拓展肉类、奶类、水产品及植物油等主要食物品种进口的可行性。

1. 全球多元化食物出口市场空间

从全球食物产量增速、出口集中度以及中国对世界市场的利用程度等指标来看，与粮食产品相比，全球肉类、植物油、奶类和水产品等高附加值食物的产量增速相对较快，出口市场更加多元化，且中国进口量占全球市场的比重相对较小，这也意味着中国在国际市场拓展这些食物的市场空间将更加广阔。

从全球食物产量的增速来看，近年来，全球肉类、植物油、奶类和水产品等非粮食物的供应能力均显著提高，且这些食物的产量增速普遍高于粮食产品，为中国利用国际市场拓展多元化食物进口提供了重要基础。整体来看，2016~2020 年，除中国外的世界其他国家和地区的肉类、植物油、奶类和水产品产量增速分别达 8.1%、18.6%、10.6%、11.2%，均显著高于同期粮食 4%的增速（表 13.4）。具体来看，2016~2020 年，在肉类产品中，禽肉产量增长较快，增速达 11.4%，猪肉、牛肉及羊肉的产量增速也都超过了 5%，明显高于大豆和玉米两大主要饲料用粮的增速；在植物油产品中，棕榈油、大豆油及菜籽油的产量增速更是分别达到 29.5%、10.7%、9.4%，均显著高于各类粮食产品的产量增速；此外，液奶以及各类水产品的全球产量也保持相对较高的速度增长。由此可见，这些全球高附加值食物的增产潜力较大，其生产能力可随全球市场需求的增加而扩大，也为中国利用国际市场和海外农业资源，以保障国内多元化食物供应提供了可拓展的发展空间。

表 13.4　全球食物产量增速、出口集中度及中国进口量占全球市场的比重（单位：%）

产品种类	产量增速	出口集中度	中国进口量占全球市场的比重
粮食：	4.0	53.3	24.4
稻米	6.0	63.6	12.2
小麦	1.2	35.9	6.3
玉米	4.9	66.5	12.5
大麦	7.4	54.1	18.5
高粱	–8.5	94.9	86.8

续表

产品种类	产量增速	出口集中度	中国进口量占全球市场的比重
大豆	4.2	90.0	61.4
肉类：	8.1	44.4	16.2
猪肉	5.5	44.4	15.2
牛肉	5.4	38.9	26.1
羊肉	5.7	74.4	21.8
禽肉	11.4	57.5	9.1
植物油：	18.6	28.8	9.9
大豆油	10.7	66.1	3.0
棕榈油	29.5	55.4	11.0
菜籽油	9.4	65.7	14.0
奶类：	10.6	38.0	10.5
液奶	8.5	33.4	5.6
水产品：	11.2	35.5	10.1
鱼类	11.1	40.7	7.4
甲壳类	11.5	54.5	29.5
软体类	9.7	49.2	17.6

资料来源：贸易量数据来自 UN Comtrade 统计数据库；产量数据来自 FAOSTAT

注：①粮食包含谷物、豆类和薯类，肉类包含猪肉、牛肉、羊肉和禽肉，各类肉品不包含杂碎。②全球产量增速为 2016~2020 年除中国外其他国家和地区食物产量变化率；出口集中度为 2022 年各品种前三大出口国（地区）占全球总出口量的比重；中国进口量占全球市场的比重为 2022 年数据

从中国进口食物在国际市场上的份额来看，中国进口高附加值食物的规模在国际贸易市场上的份额远低于粮食产品，这也表明中国利用国际非粮食物市场是相对滞后的，存在进一步拓展的市场空间。2022 年中国粮食进口量占全球总进口量的比重高达 24.4%，而同期中国肉类、奶类、水产品以及植物油进口量所占全球市场份额分别仅为 16.2%、10.5%、10.1%以及 9.9%。就具体品种而言，2022 年，在肉类市场，中国猪肉和禽肉的进口量仅占全球贸易总量的 15.2%和 9.1%，而相对较高的牛肉和羊肉的进口量也仅占 26.1%和 21.8%，远远低于同期大豆进口市场份额的 61.4%。同样，中

国进口的各类植物油、液奶以及各类水产品贸易量所占份额也处于较低水平。从这个角度来看，相对进口粮食而言，中国并没有充分发挥出利用国际市场保障国内多元化食物消费的重要作用，在利用国际高附加值食物市场方面还有提升的空间。

更为重要的是，与粮食产品相比，全球非粮食物出口供应的国家和地区更加分散，可供中国选择的出口贸易伙伴更多，并且与全球粮食供应形成互补，这为中国构建安全、稳定、可持续的多元化食物进口格局提供了重要保障。从各类食物的出口市场集中度来看，粮食的出口集中度极高，除小麦外的粮食出口集中度均在 50%以上，前三大大豆出口国的出口量占总出口量的比重更是高达 90%。相比之下，肉类、奶类及水产品的出口集中度普遍较低，如牛肉、液奶和鱼类的前三大出口国占总出口的比重分别只有 38.9%、33.4%和 40.7%。从食物供应互补性的角度来看，大豆、玉米、小麦和稻米等粮食产品的主要进口来源国与非粮食物的主要进口来源地有较大的差异。全球相对分散的非粮食物出口市场结构有助于更好地构建我国食物进口来源地的多元化格局，缓解我国粮食进口过度依赖个别国家的问题。

2. 中国多元化食物进口的经济性

多元化食物进口格局形成的内在动力在于国内外市场价格存在差异，并可通过贸易获得经济收益。事实上，与全球各类食物的主要生产国相比，中国大部分食物均缺乏国际竞争优势（杜鹰等，2022）。国内较高的生产成本支撑着国内食物的市场价格持续高于国际市场（Gale and Arnade，2015），且相比之下，部分非粮食物的国内外价差明显高于粮食产品。这意味着统筹多元化食物进口布局不仅具有可拓展的外部空间，更是经济合理之选。

由于我国在食物生产中缺乏成本比较优势，因此，无论是粮食产品还是非粮食物，国内价格基本上均高于世界价格。如表 13.5 所示，2014~2022

年，粮食、肉类、奶类、植物油等各类食物品种的国内外价格比基本上都高于1。

表13.5　2014~2022年国内外主要食物价格比

类别	食物	2014年	2016年	2018年	2020年	2022年
粮食	稻米	1.93	1.78	1.77	1.25	1.42
	小麦	1.35	1.81	1.54	1.47	1.06
	玉米	2.05	1.75	1.70	1.93	1.32
	大豆	1.53	1.58	1.60	1.94	1.44
肉类	猪肉	1.53	2.21	1.74	3.56	1.90
	牛肉	1.67	1.81	1.92	2.15	1.91
	羊肉	1.67	1.74	1.46	2.03	1.73
	禽肉	1.34	1.54	1.52	1.78	1.34
奶类	奶粉	1.62	2.05	1.67	1.74	1.37
植物油	大豆油	1.09	1.19	1.08	1.23	1.06
	棕榈油	1.10	0.96	1.16	1.31	1.32
	菜籽油	1.07	1.14	1.18	1.38	1.14
水产品	鱼类	1.34	1.73	1.90	2.60	2.41
	甲壳类	1.66	1.94	2.63	3.43	3.25
	软体类	1.58	2.93	1.45	1.94	1.53

资料来源：国际粮食、肉类、奶类，以及国内的玉米、稻米、小麦价格来自FAO全球农业信息和早期预警系统；国际植物油、水产品价格来自国际商品贸易中心；国内大豆价格来自历年《中国粮食年鉴》；国内肉类、水产品价格数据来自全国农产品商务信息公共服务平台；生鲜乳价格数据来自《中国奶业年鉴》；国内植物油价格来自Wind数据库；汇率数据来自中国外汇交易中心

注：①国际玉米价格为美国2号黄玉米出口价；国际稻米价格为泰国25%碎米出口价；国际小麦价格为美国2号硬红冬小麦出口价；大豆价格为美国1号黄大豆出口价；国际猪肉价格为德国猪肉（等级E）的出口价；国际牛肉价格为澳大利亚90CL牛肉的出口价（CL是理化指标，指实际肥瘦比例）；国际羊肉价格为胴体重为17.5千克的新西兰羔羊肉出口价；国际禽肉价格为巴西冷鲜和冷冻禽肉加权出口价；国际奶粉价格为欧洲和大洋洲全脂奶粉平均价；国际植物油价格为中国进口到岸价；水产品中的鱼类、甲壳类及软体类食物价格分别为带鱼、对虾及扇贝的中国进口到岸价；国内粮食、肉类及水产品价格均为全国市场平均批发价；②参照魏艳骄（2018），国内奶粉价格=国内奶粉原料价+6000元/吨流通加工费与所需缴纳税费，其中，国内奶粉原料价为按照奶粉与生鲜乳1：8折合比折算；国内植物油价格为活跃合约期货结算价

对比粮食与非粮食物的国内外价差，可以发现，现阶段部分非粮食物，尤其是肉类产品的国内外价差已经明显超过了粮食的价差。如表 13.5 所示，2014 年以来国内粮食价格持续高于国际，但是国内外价差呈现波动逐渐缩小的趋势，2022 年稻米、小麦、玉米及大豆的平均国内外价格比分别为 1.42、1.06、1.32 和 1.44。与粮食产品相比，国内外肉类价格比要高得多，且持续保持高位，2022 年猪肉、牛肉、羊肉及禽肉平均国内外价格比分别达到 1.90、1.91、1.73 和 1.34；对水产品而言，近年来中国水产品的比较优势逐渐减弱（邵桂兰等，2019），国内外水产品的价格比持续保持高位，2022 年鱼类、甲壳类及软体类水产品的国内外价格比分别达到 2.41、3.25、1.53。可以发现，现阶段肉类、水产品等食物的国内外价差已经明显超过了粮食。这也说明，利用多元化的食物进口替代粮食进口不仅可以防范粮食进口风险，更可以为我国节约大量的进口成本。

未来一段时期，在国内多元化食物消费需求的强劲拉动和供给增长受约束的双重作用下，国内各类食物价格可能将持续高于国际价格。在国内外价差驱动下，更好地利用国际市场拓展食物进口渠道不仅有效缓解了国内多元化食物供不足需的矛盾，还为消费者提供了更加多样化、多层次的产品需求，降低了消费品价格，从而给国内消费者带来了更大的经济福利，这也为进一步推动形成多元化食物进口格局在经济上提供了可行性。

3. 中国多元化食物进口来源地市场稳定性

在全球自然灾害多发重发、国际政经局势日益严峻复杂及世界农产品贸易不确定性不断增大的背景下，拓展和优化食物进口结构、构建多元化的食物进口体系不仅需要考虑现实中的可行性及经济上的合理性，也需要综合考虑不同食物进口风险性及进口来源市场的稳定性，包括中国食物进口来源地的多元化程度、双边关系、贸易便利化程度以及动植物疫病防控等因素。

从进口来源地的多元化程度来看，与粮食产品相比，中国进口非粮食物市场来源地更加多元化，从而更有利于增强中国利用外部食物市场的韧性和稳定性。从表 13.6 中计算的各食物进口来源地多元化指数的结果来看，除羊肉和棕榈油外，中国的其他各类非粮食物的相对进口来源地多元化水平都远高于玉米和大豆。具体来看，尽管自 2010 年以来我国玉米进口来源地多元化指数呈现出上升趋势，但 2020~2022 年的多元化指数均值仍仅处在 1.9 的较低水平；就大豆而言，有限的贸易伙伴使中国大豆的进口来源地多元化指数同样处于较低水平，2020~2022 年的多元化指数均值为 2.1。相比之下，肉类、水产品、植物油和奶类的进口来源地多元化指数整体相对大得多。其中，水产品的进口来源地多元化水平最高，2020~2022 年鱼类、软体类、甲壳类进口来源地多元化指数的均值分别达 12.0、11.7 和 6.9，分别超出大豆进口来源地多元化指数平均值的 4.6 倍、4.5 倍和 2.2 倍。这也意味着，与集中进口粮食相比，面对外部不确定性冲击时，中国进口多元化食物将更具韧性。

表 13.6　2010~2022 年中国各类食物进口来源地多元化指数

品种	产品	2010 年	2013 年	2016 年	2019 年	2020 年	2021 年	2022 年	平均
粮食	大豆	2.9	2.6	2.6	2.1	2.1	2.1	2.2	2.1
	玉米	1.1	1.2	1.5	1.3	2.2	1.7	1.7	1.9
肉类	猪肉	4.4	7.4	8.2	8.6	8.3	6.5	6.2	7.0
	牛肉	3.5	2.8	4.7	5.3	4.1	4.7	4.2	4.3
	羊肉	2.1	2.1	1.8	2.1	2.1	2.1	2.1	2.1
	禽肉	2.7	2.2	1.4	2.1	3.5	3.3	3.8	3.5
植物油	大豆油	2.0	2.3	3.1	3.6	4.3	3.4	3.1	3.6
	棕榈油	1.9	2.0	2.0	1.7	2.0	1.7	1.8	1.8
	菜籽油	1.2	2.4	1.4	2.6	3.1	4.4	2.9	3.5
奶类	液奶	2.6	4.8	4.9	4.2	4.3	4.4	3.8	4.2

续表

品种	产品	2010 年	2013 年	2016 年	2019 年	2020 年	2021 年	2022 年	平均
水产品	鱼类	5.6	6.0	6.7	10.3	10.7	13.7	11.5	12.0
	甲壳类	8.6	9.4	10.6	8.4	8.0	7.0	5.7	6.9
	软体类	9.2	11.3	9.1	12.5	12.4	12.3	10.6	11.7

资料来源：UN Comtrade 统计数据库

注：①表中的多元化指数表示商品进口市场集中度的倒数，具体计算方法参照式（13.1）；②“平均”表示 2020~2022 年不同食物种类赫芬达尔–赫希曼指数（Herfindahl-Hirschman Index，HHI）的算数平均值；③本表统计的各品种肉类不包含杂碎

从中国与出口国的双边关系来看，稳定的双边关系为维持中国与食物进口来源国的贸易稳定乃至推进深度合作发挥着关键性作用。截至 2022 年，中国已经与多数主要食物进口来源国家和地区建立了全面战略伙伴关系，和越南建立了全面战略合作伙伴关系，与俄罗斯建立了新时代全面战略协作伙伴关系（表 13.7），为推动食物贸易创造了良好的市场环境。以主要动物性食物进口来源国为例，在良好的国际合作关系下，东盟国家、智利、新西兰、澳大利亚及厄瓜多尔等国先后分别与中国签署了自由贸易协定[①]，这些经贸领域的务实合作为中国以肉类进口缓解粮食进口压力提供了良好的平台；此外，在参与贸易便利指数排名的 136 个国家和地区中，中国肉类主要进口来源地的进出口贸易便利化指数整体处于前列，便捷的贸易便利化有助于降低交易成本，对于扩大贸易往来具有重要作用。

表 13.7　中国食物主要进口来源地贸易便利化及贸易合作关系

区域	国家	贸易便利化指数排名	合作关系类别	是否因动植物疫病中断（2015~2022 年）								
				猪肉	牛肉	羊肉	禽肉	液奶	大豆油	棕榈油	菜籽油	水产品
北美洲	美国	22	—	否	—	—	是	—	—	—	—	否
	加拿大	24	4	否	—	—	—	—	—	—	否	否

① 资料来源于中国自由贸易区服务网，http://fta.mofcom.gov.cn/。

续表

区域	国家	贸易便利化指数排名	合作关系类别	是否因动植物疫病中断（2015~2022年）								
				猪肉	牛肉	羊肉	禽肉	液奶	大豆油	棕榈油	菜籽油	水产品
南美洲	巴西	110	3	否	否	—	否	—	否	—	—	—
	阿根廷	94	3	—	否	—	否	—	否	—	—	—
	乌拉圭	66	4	—	否	否	—	—	—	—	—	—
	智利	21	3	否	否	否	否	—	—	—	—	否
	厄瓜多尔	81	3	—	—	—	—	—	—	—	—	否
大洋洲	新西兰	18	3	—	否	否	—	否	—	—	—	否
	澳大利亚	26	3	—	否	否	—	否	—	—	否	—
欧洲	西班牙	15	3	否	—	—	—	—	—	—	—	—
	丹麦	12	3	否	—	—	—	—	—	—	—	—
	荷兰	2	5	否	—	—	—	—	—	—	—	—
	法国	13	3	否	—	—	—	否	—	—	—	—
	俄罗斯	111	1	—	—	—	否	—	否	—	否	否
亚洲	阿联酋	23	3	—	—	—	—	—	—	—	否	—
	马来西亚	37	3	—	—	—	—	—	—	否	—	—
	印度尼西亚	70	3	—	—	—	—	—	—	否	—	否
	越南	73	2	—	—	—	—	—	—	—	—	否

资料来源：根据《2016年全球贸易促进报告》（The Global EnablingTrade Report 2016）、我国的外交部网站以及海关总署与农业农村部联合公告（历年）整理

注："—"表示该国或地区不属于中国该食物主要进口来源地；合作关系的类别中，1~5分别表示：新时代全面战略协作伙伴关系、全面战略合作伙伴关系、全面战略伙伴关系、战略伙伴关系以及全面合作伙伴关系

值得关注的是，中国高附加值食物主要进口来源国高水平的疫情防控能力为中国肉类、奶类、水产品进口的稳定性奠定了基础。食物进口贸易的稳定性往往受到出口供应地动植物疫病防控水平等因素的影响，尤其动物性食物贸易往往因为疫病传播而受到严格的管制。这些食物贸易也可能因为出口国疫病暴发而导致贸易中断，从而影响进口国食物进口的可获性与稳定性。

整体上看，中国肉类、奶类、水产品及植物油进口来源国的动植物疫病防控整体处于较高水平。例如，作为中国牛羊肉主要进口来源地的澳大利亚与新西兰长期高度重视畜牧业的疫病防控工作，历史上几乎没有发生过重大动物疫病，这也为其稳定的肉类出口供应奠定了基础，中国与其肉类贸易往来也从未因动物疫病而中断。即使个别国家由于动物疫病而使中国从其进口减少，但中国肉类多元化进口格局下的贸易替代效应和贸易偏转效应使中国肉类进口具备较强的韧性，动物疫病对中国从世界市场进口的肉类总量并不会产生显著影响（Luo and Tian，2018；Zhou et al.，2023）。

4. 中国多元化食物进口的政策调整空间

相较于粮食产品，目前我国关于非粮食物进口的关税与非关税措施要更加严格，这在一定程度上提高了非粮食物的直接进口成本和隐性贸易成本（赵文霞和刘洪愧，2020）。过去，设置较高的贸易成本能够起到防范替代型进口对国内非粮食物产业的冲击作用，但随着居民食物消费需求结构的变化，较高的贸易成本反而有可能阻碍多元化食物进口体系的构建和国际食物资源的有效利用。

关税是最直接、有效影响畜禽产品进口规模的贸易政策。我国对小麦、稻米、玉米进口实施关税配额管理，配额内关税为 1%，配额外关税为65%。然而，由于关税配额政策实施以来，除少数年份之外，我国大米、小麦及玉米的进口量基本均远低于进口配额，配额外关税较少发挥作用，这三类粮食品种适用的关税税率实际上为 1%，大豆的进口关税税率为 3%。而我国肉类、奶类、植物油及水产品的平均最惠国关税税率在 6.3%~19.4%，明显高于粮食产品的配额内关税。具体而言，中国肉类进口关税税率最高，其次是奶类，根据 WTO 关税在线分析系统统计数据，2021 年，猪肉、冷冻牛肉、羊肉、禽肉及奶类的平均最惠国关税税率分别为 16.0%、16.3%、

17.0%、19.4%、15.0%，明显高于同期粮食产品的进口关税。此外，与世界其他主要肉类进口国家和地区相比，中国肉类进口从价关税也处于相对较高水平。例如，中国禽肉进口从价关税是同为禽肉进口大国日本的 2.7 倍，是阿联酋的近 4 倍。中国较高的进口关税税率无疑形成了多元化食物进口的市场准入障碍。

从非关税措施来看，中国的非粮食物，尤其是肉类、奶类等动物性食物进口，一方面要受到严格的卫生与动植物卫生（sanitary & phytosanitary，SPS）措施的约束，另一方面也受到进口许可管理。从实践效果看，这些制度安排较好地保障了国内畜禽产业发展和居民食物消费安全，但也对多元化食物进口造成了实质性的阻碍。

在 SPS 措施方面，为保护国内畜禽产业的发展和防止动物疫病的输入，我国对畜禽类产品实施包括检验检疫、食品安全标准在内的较为严格的 SPS 边境措施。从 SPS 措施对不同类别农产品的影响程度来看，相比于谷物产品，肉类受 SPS 的影响要大得多。董银果等（2021）测算了 2001~2018 年中国不同类别农产品 SPS 措施的关税等值，结果显示，针对谷物的 SPS 措施的关税等值为 19.4%，而针对肉及食用杂碎的 SPS 关税等值高达 38.4%，接近前者的 2 倍。由此可见，包括 SPS 法规在内的非关税措施对动物产品进口的阻碍要明显大于粮食产品。

在进口许可管理方面，中国对肉类、奶类及水产品实施的进口许可管理包含国家、产品及企业三个层面，只有原产地、品种及境外生产加工注册企业均被列入《符合评估审查要求的国家或地区输华肉类产品名单》的产品才被归入允许进口产品之列，海关总署对该名单实施动态管理（林萍萍等，2022）。以牛肉和猪肉为例，2021 年中国允许牛肉和猪肉进口的来源国数量分别只有 20 个左右（表 13.8），而同期全球的牛肉和猪肉出口国分别为 112 个和 95 个，这在很大程度上限制了多元化食物进口的来源选择，压缩了利用多元化食物进口来替代粮食进口的可能空间。

表 13.8　2021 年中国动物性食物进口来源国数量及全球出口国数量（单位：个）

类别	肉类				奶类	水产品		
食物	猪肉	牛肉	羊肉	禽肉	液奶	鱼类	甲壳类	软体类
中国进口来源国数量	19	23	6	10	31	67	63	40
全球出口国数量	95	112	90	120	112	136	104	107

资料来源：UN Comtrade 统计数据库

13.3　多元化食物进口对粮食安全的潜在影响评估：以扩大肉类进口为例

在中国居民食物消费升级的过程中，肉类是消费量增长最为显著的产品，也是在保障粮食安全的前提下需要确保有效供给的重要品种。然而，肉类产业是典型的耗粮型产业，2021 年生猪、活牛、活羊及肉鸡的出栏量分别为 6.7 亿头、4707.4 万头、3.3 亿头及 157.4 亿只，由此可以估算出当年为满足国内四种肉类需求所需的粮食总量高达 2.85 亿吨，占到当年粮食生产总量的 41.6%。据预测，中国人均肉类消费量及中国肉类消费总量将分别在 2028 年和 2031 年达到峰值（秦越和李干琼，2022）。肉类作为多元化食物进口的重要品种，本节以肉类产品为例，分析今后多元化食物进口政策调整对中国粮食安全的潜在影响。

13.3.1　数据说明

本节采用 GTAP 为研究提供数据及实证支持。标准的 GTAP 数据库（GTAP 10.0）以 2014 年为基期，包含 141 个区域部门以及 65 个产业部门，其中农业部门有 22 个。在 GTAP 数据库的产业部门划分中，一些农产品并没有被细分到单独的产业部门。例如，大豆与其他油籽被合并在了同一个部门。较为宽泛的部门划分不仅掩盖了产品之间的差异以及可能存在的不完全替代关系，而且使细化研究不同肉类进口对粮食市场的影响造成了一定的局限性。

为解决这一问题，我们使用 Britz（2022）拆分的 GTAP_AGROFOOD 数据库作为模拟扩大肉类进口的基础数据库。该数据库基于 CGEBox 软件将 GTAP 10.0 数据库中原有较为宽泛的 11 个农业部门拆分为 51 个较为详细的产品部门。然而，基于每个部门中具体产品所占比例拆分后的 GTAP 数据库，忽视了油籽部门中国产大豆和进口大豆在用途上的差异，进而使中国畜禽养殖部门的投入产出结构与现实存在一定的差异。为能够校准中国畜禽产业的投入产出数据，以使其尽可能与现实情况相符合，本章参照 Dixon 和 Rimmer（2002）、Aguiar 等（2019）、Clora 和 Yu（2022）的做法，分别在生产模块和消费模块加入外生的扭曲变量，对 GTAP 进行改进。基于《全国农产品成本收益资料汇编》中畜禽养殖业的投入产出关系，通过对改进 GTAP 中的外生变量进行冲击，确保整个数据库结构保持平衡的前提下，使相应产业部门投入产出结构与现实相符。校准后的数据库具有较好的稳健性，可以用于评估扩大肉类进口政策对粮食市场的影响。

为了使基础数据与现实更相符合，借鉴 Walmsley 等（2012）的方法将 GTAP_AGROFOOD 数据库中以 2014 年为基期的宏观数据外推到 2021 年。其中，将全要素生产率内生来实现 GDP 外生，各经济体的 GDP 增长率数据来源于世界银行数据库提供的 2015 年不变价的 GDP 数据；资本存量的变化通过“Baldwin Equation”（鲍德温方程）进行内生调节（Francois et al., 2006），其变化率来源于世界银行数据库；人口增长率是外生的，其变化率数据来源于世界银行；劳动力为外生变量，其增长率来源于法国国际信息与前景研究中心（Centre Détudes Prospectives Et D'informations Internationals,

CEPII）。

本节旨在分析不同肉类进口政策调整对粮食安全的影响，因此尽可能细分数据库中的农业部门，最终将各经济体的产业部门划分为稻米、小麦、玉米等谷物、大豆、其他油籽、豆粕、豆油、其他油粕、饲料、猪肉、牛肉、羊肉、禽肉、生猪、活禽、活牛、活羊、乳品、其他动物产品、其他作物、果蔬、其他农产品、渔业、林业、制造业、服务业等 26 个产业部门；将区域部门划分为中国、美国、巴西、欧盟、俄罗斯、乌克兰、东盟、澳大利亚、新西兰、加拿大、印度、其他国家和地区等 12 个经济体。

13.3.2　情境设置

鉴于现阶段中国肉类进口所面临的关税与非关税措施的关税等值均高于粮食产品，本书以削减关税与非关税措施的关税等值作为触发中国扩大肉类进口的政策工具。因此，扩大肉类进口对粮食安全保障的影响，可以转化为分析削减肉类进口关税与非关税措施的关税等值对中国粮食自给率以及对世界粮食市场依存度的影响。

为了估算这一政策效应，本章以动态递归模型中 GDP、人口、劳动力以及资本得到的 2021 年中国农产品进口情况为基准情境（S_{20}）。与粮食进口相比，肉类进口较高的关税水平是影响中国扩大肉类进口主要的显性障碍，因此，将取消中国肉类进口关税作为模拟情境 S_{21}。

除了进口关税之外，非关税措施对中国从部分国家和地区进口的肉类产品也形成了实质性的阻碍，但因其作用机制与效果十分复杂，而 GTAP 中并没有专门衡量非关税措施的变量，这将难以直接在模型中进行量化。实际上，非关税措施的实施相当于增加了中国肉类进口的交易成本，其作用效果可以与增加进口关税等价。Peci 和 Sanjuán（2020）指出，虽然肉类进口的非关税措施对中国肉类进口将产生促进和抑制的混合作用，但抑制作用更加明显，中国进口猪肉所隐含的各类别的非关税措施的关税等值合计高达74%。Cadot 等（2018）估算了中国进口牛羊肉等反刍动物肉及禽肉的非关税措施的关税等值为 16%和 48%，这一结果与董银果等（2021）将所有肉类作为单一行业计算的进口非关税措施的关税等值基本一致。因此，本章借鉴 Cadot 等（2018）、Peci 和 Sanjuán（2020）测算的中国进口肉类产品非关税措施的关税等值，并参考 Malcolm（1998）的做法，使用 Altertax 工具，将中国肉类进口非关税措施的关税等值纳入到校准后的 GTAP 数据库中，为调整中国肉类进口非关税措施提供数据基础。为考察调整不同程度的肉类进口非关税措施给中国粮食安全带来的影响，本章分别在取消肉类进口关税措施的基础上，将削减 50%的肉类进口非关税措施的关税等值以及完全取消肉类进口非关税措施的关税等值分别作为模拟情境 S_{22} 和 S_{23}。

削减肉类进口非关税措施的关税等值意味着中国的肉类进口政策能与肉类出口国之间在卫生动植物检疫和食品安全措施等方面相协调，或者中国简化肉类进口的相关手续，这也意味着进口商可以以更低的附加成本或者障碍进口肉类产品。当然，考虑到对国内畜禽产业带来的冲击，完全取消肉类进口关税和非关税措施的关税等值在短期的现实政策设计中并不会发生。因此，计算结果体现为削减或者取消肉类进口关税或者非关税措施的关税等值对粮食安全影响的阈值和潜能，其价值在于分析权衡不同肉类进口政策对粮食安全保障的不同影响。

此外，考虑到反刍动物与生猪、家禽的料肉比存在较大差异，扩大不同肉类产品进口规模对中国粮食安全保障的影响也将有所不同，本章将取消猪肉、禽肉及牛羊肉进口的关税和非关税措施的关税等值分别作为模拟情景 S_{24}、S_{25} 和 S_{26}。设置扩大肉类进口政策的模拟情境具体如表 13.9 所示。

表 13.9　中国扩大肉类进口政策的模拟情境设置

情境	情境描述
基准情境 S_{20}	中国肉类进口贸易政策保持不变，递归得到 2021 年的中国粮食贸易情况，以此作为模拟情境的基准情境
模拟情境 S_{21}	中国取消所有肉类的进口关税
模拟情境 S_{22}	中国取消所有肉类的进口关税，且非关税措施的关税等值削减 50%
模拟情境 S_{23}	中国取消所有肉类进口的关税和非关税措施的关税等值
模拟情境 S_{24}	中国取消猪肉进口的关税和非关税措施的关税等值
模拟情境 S_{25}	中国取消禽肉进口的关税和非关税措施的关税等值
模拟情境 S_{26}	中国取消牛羊肉进口的关税和非关税措施的关税等值

13.3.3　模拟结果与分析

通过对比基准情境与模拟情境，我们可以判断扩大肉类进口对中国粮食安全保障的潜在影响。由于篇幅限制，本节只列出了不同模拟情境分别与基准情境对比后的结果。总的来看，单独取消肉类进口关税以及同时取消肉类进口关税与非关税措施的关税等值不同情境下，中国食物的进口、生产与市场价格等指标所受到的影响方向基本一致。

1. 对中国各类食物进口的影响

（1）肉类进口规模增加，缓解粮食进口的压力。削减肉类的进口关税和非关税措施意味着进口成本的下降，在绝对价格和相对价格的影响下，中国的食物进口结构也因此产生相应的调整。其中，中国肉类进口量将出现不同程度的增长，而其他食物进口规模相应降低（表 13.10）。

表 13.10　扩大肉类进口对中国食物进口规模的潜在影响（单位：%）

产品种类	S_{21}	S_{22}	S_{23}	S_{24}	S_{25}	S_{26}
稻米	−1.58	−6.39	−15.06	−13.61	−1.07	−0.89
小麦	−0.93	−4.01	−9.80	−8.63	−0.83	−0.59

续表

产品种类	S_{21}	S_{22}	S_{23}	S_{24}	S_{25}	S_{26}
玉米等谷物	−2.30	−9.41	−22.01	−19.67	−2.23	−1.01
饲料	−2.45	−11.46	−29.08	−28.80	−0.46	−0.31
大豆	−0.91	−3.85	−9.78	−8.65	−1.00	−0.25
其他油籽	−1.64	−6.64	−16.09	−14.30	−1.40	−0.84
豆粕	−0.18	−0.90	−2.42	−2.52	0.07	0.01
豆油	−0.03	−0.11	−0.10	−0.06	−0.05	0.02
其他油粕	−0.74	−3.13	−7.84	−6.94	−0.71	−0.33
牛肉	24.39	47.06	73.99	−2.41	−0.76	78.93
羊肉	7.89	22.41	38.34	−4.21	−0.31	44.57
猪肉	37.22	212.86	693.28	702.18	−1.19	−0.75
禽肉	31.51	93.18	202.31	−6.28	223.48	−1.56
其他动物产品	−1.01	−4.33	−10.54	−9.14	−0.84	−0.82
奶制品	0.00	−0.49	−1.44	−1.09	−0.17	−0.22
其他农作物	−1.59	−5.95	−13.92	−11.72	−1.13	−1.51
果蔬	−1.20	−5.00	−12.26	−10.90	−1.11	−0.52
其他农产品	−0.33	−1.23	−2.93	−2.17	−0.62	−0.22

资料来源：根据 GTAP 模拟结果整理

削减肉类进口的关税和非关税措施的关税等值意味着进口贸易更加便利，减少了进口商品的额外成本，相对更便宜的国际肉类产品为中国扩大对国际肉类市场需求提供了条件。与基准情境相比，在情境 S_{21} 下，中国的牛肉、羊肉、猪肉和禽肉的进口将增长 24.39%、7.89%、37.22%、31.51%；在同时取消肉类进口关税和非关税措施的情境下，各类肉品的进口增长幅度为 73.99%、38.34%、693.28%、202.31%。可以看出，非关税措施对中国肉类进口规模的影响至关重要。与仅削减关税措施相比，叠加削减非关税措施将在更大的程度上推动中国肉类进口增长。

在进口肉类规模增加的同时，替代效应和价格效应使国内对粮食进口需求减少，这在一定程度上缓解了国内粮食供给的压力。在情境 S_{21} 下，中国的玉米等谷物、大豆的进口需求将分别减少 2.3%和 0.91%。在情境 S_{23} 下，中国的玉米等谷物、大豆的进口需求将分别减少 22.01%和 9.78%。不难发现，中国肉类进口关税的削减以及非关税措施政策的调整，将在一定程度上缓解饲料粮进口的压力。与其他肉类进口政策调整的效果相比，扩大猪肉进口政策更有利于减少饲料粮的进口，在情境 S_{24} 下，中国的玉米等谷物、大豆的进口规模将分别减少 19.67%和 8.65%。猪肉进口政策调整对粮食进口较为突出的替代作用主要是由两方面原因导致的：一是中国猪肉进口的非关税措施的关税等值较其他肉品高得多，分别取消不同肉类进口的关税和非关税措施的关税等值后，更多的猪肉进口将替代国内的生猪养殖；二是饲料成本在生猪养殖总成本中占有较高的比重，2021 年达到 47.7%，远高于牛肉的 17.3%和羊肉的 14.2%，但低于禽肉的 70%[①]。两方面的综合作用下，扩大猪肉进口在满足国内市场对猪肉需求的同时，更能减少对粮食进口的压力，从而更有利于提升中国粮食安全水平。

（2）农产品进口规模增加，中国货物贸易不平衡状况得到改善。实施扩大肉类进口政策将使中国利用国际农产品市场规模扩大，这对于改善中国货物贸易不平衡状况具有积极作用。如表 13.11 所示，从进口贸易总额上来看，随着中国肉类进口边境管制措施的逐渐缩减，中国利用国际农产品市场的力度将不断增强。与基准情境的 1882 亿美元相比，在情境 S_{21}、情境 S_{22} 以及情境 S_{23} 下，中国从全球的农产品进口额将分别增加约 41.8 亿美元、154.5 亿美元和 459.2 亿美元，分别相当于基准情境的 2.2%、8.2%和 24.4%。与此同时，中国所有商品的贸易顺差将缩小。与基准情境相比，在情境 S_{23} 下，中国的商品净进口将增长 67.9 亿美元，占到 2021 年中国 5627 亿美元商品贸易顺差的 1.2%。从这个角度来说，肉类进口增加不仅有利于

① 根据 2022 年《全国农产品成本收益资料汇编》统计数据计算。

中国在资源环境硬约束下更充分地利用国际农产品市场，而且有利于实现更加平衡的贸易往来。

表 13.11 扩大肉类进口对中国从各区域进口食物规模的潜在影响（单位：$\times10^6$ 美元）

区域	S_{21}	S_{22}	S_{23}	S_{24}	S_{25}	S_{26}
世界	4 176.9	15 454.3	45 916.3	34 937.1	3 882.3	7 708.0
美国	654.2	3 032.1	10 293.9	9 110.0	1 053.7	225.3
巴西	283.7	1 497.4	4 663.0	4 239.8	535.3	–54.8
欧盟	1 974.0	8 081.5	24 847.0	21 805.9	2 310.5	1 132.7
俄罗斯	10.2	–8.3	–37.6	–62.1	–11.2	31.9
乌克兰	–32.2	–139.4	–329.5	–306.7	–34.4	–1.2
东盟	–210.0	–586.8	–1 198.0	–1 012.8	–151.6	–64.2
澳大利亚	–397.2	–75.2	72.6	–1 201.0	–152.5	1 385.0
新西兰	–412.8	–236.7	–67.3	–212.2	–31.6	168.8
加拿大	296.5	920.9	2 817.9	2 295.9	204.8	366.6
印度	–30.7	–120.1	–275.8	–241.8	–26.0	–16.3
其他区域	2 041.4	3 089.0	5 130.4	522.5	185.8	4534.5

资料来源：根据 GTAP 模拟结果计算

从来源地结构来看，中国农产品进口规模将更偏向于与中国存在较大货物贸易顺差的国家和地区。在同时取消肉类进口关税和非关税措施的关税等值情境下，增长最多的农产品贸易额将来自欧盟和美国，中国从两大经济体进口的农产品贸易额将分别增加约 248.5 亿美元和 102.9 亿美元。值得关注的是，美国和欧盟是中国最主要的两个贸易顺差国。中国不断扩大的贸易顺差日益成为世界关注的焦点，也因此引起了不必要的国际舆论和经贸摩擦。例如，2018 年 3 月以来，中国与美国的贸易顺差成为美国发起中美经贸摩擦的导火索。因此，中国从欧盟和美国进口农产品规模的增长，有利于中国实现与其的货物贸易平衡。更加平衡的贸易往来有助于各国（地区）更好地利用自身的优势资源，建立稳定的外交关系，增强彼此之间的互信和友好关系，同时减少经贸摩擦带来的农产品进口中断的风险。值得关注的是，中国从东盟、澳大利亚以及新西兰等国家和地区的农产品贸易规模可能受到负面影响。可以清楚地看到，这些受到负面影响的国家和地区都与中国签署了自由贸易协定。由于中国取消了肉类进口的关税和非关税措施，在一定程度上削弱了这些自由贸易伙伴的贸易便利化优势，在贸易转移效应下，中国从这些国家和地区的农产品进口将受到不同程度的挤压。

（3）降低粮食进口的市场风险，但对世界肉类市场依赖度提升。由于肉类与饲料粮进口之间的投入产出关系，扩大肉类进口会提升粮食自给率，同时降低粮食进口在世界市场的份额，而肉类产品自给率水平相应下滑，中国肉类对世界市场的依赖随之增加，模拟结果印证了这一预期。

对粮食产品而言，放松肉类进口管制措施后，国内粮食需求对世界市场的依赖程度明显下降，粮食自给能力显著增强。在同时取消肉类进口关税和非关税措施的关税等值情况下，中国粮食进口规模占世界市场的份额将下降 3.3 个百分点，自给率水平将提升 1.1 个百分点。这进一步说明了扩大肉类进口有利于缓解粮食进口依赖国际市场的压力，从而有利于提升中国粮食安全保障水平。

随着肉类进口管制措施的削减，尽管中国肉类产品进口规模显著增加，对国际市场的依赖程度相应提高，但依然低于大豆等重要饲料粮品种的对外依赖程度。如表 13.12 所示，在完全取消肉类进口关税和非关税措施的关税等值极端情况下，中国肉类进口占世界市场的份额将提升 23.69 个百分点，达到 36.6%。其中，牛肉、羊肉、猪肉及禽肉的进口占世界进口市场的份额将分别达到 26.9%、20.2%、57.5%、14.4%，均低于 2021 年大豆 63.4%的市场份额。总体上看，中国肉类进口占世界市场份额的上升幅度相对有限，这表明中国扩大肉类进口政策产生了显著的贸易创造效应，引致了全球肉类贸易规模的扩大。从自给率变化来看，不同肉类的自给率水平将出现不同程度的下降。在情境 S_{21} 下，牛肉、羊肉、禽肉及猪肉的自给率将分别下降 3.35 个百分点、0.31 个百分点、1.50 个百分点及 1.76 个百分点。在完全取消所有肉类进口关税和非关税措施的关税等值情况下，中国肉类的整体自给率将下降 19.86 个百分点，自给率水平降到 74.4%，对国际市场的依赖程度明显升高。

表 13.12 扩大肉类进口对中国食物进口市场份额与自给率的潜在影响（单位：%）

产品种类	占世界市场的份额			自给率水平		
	S_{21}	S_{22}	S_{23}	S_{21}	S_{22}	S_{23}
粮食	–0.31	–1.30	–3.29	0.11	0.44	1.08
稻米	–0.01	–0.03	–0.07	0.00	0.01	0.04
小麦	–0.05	–0.22	–0.53	0.04	0.18	0.43
玉米等谷物	–0.46	–1.90	–4.58	0.10	0.41	0.95
大豆	–0.17	–0.75	–2.01	0.18	0.77	1.97
肉类	2.97	10.30	23.69	–1.82	–7.29	–19.86
牛肉	3.26	6.17	9.35	–3.35	–6.38	–9.88
羊肉	0.89	2.69	4.49	–0.31	–0.88	–1.46
猪肉	4.37	20.19	42.98	–1.76	–9.88	–29.76
禽肉	1.55	4.44	9.14	–1.50	–4.33	–9.11

资料来源：根据 GTAP 模拟结果计算

注：占世界市场份额的变化与自给率水平的变化分别指的是水平差异，即不同模拟情境的值分别与基准情境值的差值

值得注意的是，肉类产品虽然不属于战略物资，各国（地区）也较少对肉类采取出口限制措施，中国似乎不用过于担忧肉类自给率下降以及对世界市场依赖程度上升的问题。但是如果完全取消进口管制，中国肉类进口激增必然会引起世界肉类市场的强烈震荡，从而拉高肉类的世界市场价格。在这种情况下，世界其他进口国和地区的肉类进口成本可能因此而增加。

2. 对国内食物生产和市场价格的影响

（1）农作物生产结构调整，提升食物供给多样性。扩大肉类进口将会引起其上游粮食的价格和供需形势变化，粮食的价格波动又将对作物的播种面积产生直接影响。玉米作为最重要的能量饲料来源，肉类进口增加将减少国内的饲料需求并降低国内玉米市场价格，从而改变我国农作物种植结构。总的来看，肉类进口增加将减少我国玉米的播种面积，增加稻米、小麦、大豆、果蔬等其他农作物的种植，实现农作物生产的多元化发展。如表 13.13 所示，在情境 S_{23} 下中国的玉米等谷物播种面积将减少 4.86%，稻米、小麦、大豆、其他油籽、果蔬的播种面积将分别增加 4.50%、1.20%、2.59%、5.56%、6.79%。与此同时，农作物生产多元化指数也将提升 5.1%[①]。可以发现，肉类进口增加引致的农业生产结构的调整不仅有利于保障稻米和小麦两种口粮的生产，而且有利于提升多种食物的有效供给，助力实现更高层次、更宽范围的粮食安全。

表 13.13　扩大肉类进口对农作物播种面积的潜在影响（单位：%）

产品种类	S_{21}	S_{22}	S_{23}	S_{24}	S_{25}	S_{26}
稻米	0.43	1.78	4.50	3.94	0.35	0.20
小麦	0.13	0.53	1.20	1.08	−0.02	0.14
玉米等谷物	−0.40	−1.76	−4.86	−4.16	−0.66	−0.02
大豆	0.30	1.16	2.59	2.30	0.17	0.19
其他油籽	0.54	2.24	5.56	4.93	0.35	0.32
果蔬	0.63	2.66	6.79	6.00	0.45	0.33
其他农作物	0.41	2.15	5.83	5.67	0.46	−0.28

资料来源：根据 GTAP 模拟结果整理

扩大肉类进口可以促使有限的土地资源更多地用于种植稻米和小麦两类

① 农作物生产多元化指数指农作物产值 HHI 的倒数。农作物多元化指数将由基准情境的 4.84 提升到模拟情境 S_{23} 的 5.09，增长率为 5.1%。

主要口粮作物。这一变化主要由正反两方面因素共同作用的结果：一方面，玉米作为最主要的饲料用粮，肉类进口增加将使其需求减少，从而转移出更多的土地用于稻米和小麦的生产；另一方面，稻米和小麦还可作为替代品用于饲料生产，饲料需求的减少也将导致稻米和小麦在饲养中的消耗量减少，从而减少这两种作物的播种面积。由于稻米和小麦用于饲料消费在总消费中的比重都远低于玉米，且稻米的饲用消费比重较小麦更低，所以在正反两方面的综合作用下，稻米和小麦的播种面积都将出现增长，且稻米的增长幅度更大。

大豆的种植面积也将因为肉类进口的增加而扩大，从而有利于优质植物蛋白的有效供应。在扩大肉类进口后，大豆的播种面积既因为国内养殖业对饲料需求的减少而缩减，又随着玉米播种面积的下降而增加，其播种面积的变化是由正反两种效应综合作用的结果。考虑到国产大豆和进口大豆在品质与用途上的较大差异，国产和进口大豆几乎可视为不同的两种产品。与进口大豆相比，国产大豆蛋白质含量高、出油率低，每年超过 70%的国产大豆直接用于居民的加工食物消费；而进口大豆主要用于压榨行业，其生产的豆粕和豆油分别用于饲料生产和居民食用。因此，国内大豆的播种面积受到饲料需求波动的影响较小。而大豆和玉米种植存在长期“争地”的现象，玉米播种面积的下降将节约出更多的土地用于大豆的生产。因此，在两种效应的综合作用下，扩大肉类进口将有利于大豆播种面积的提高。

此外，果蔬、油菜籽等油料以及其他农作物的播种面积也将因玉米种植面积的减少而增加，有助于推动农作物生产多元化发展，进而提供更丰富、多样的食物供给。其中，在扩大肉类进口后，果蔬的种植面积增长最为显著，在取消肉类进口关税和非关税措施的关税等值后，果蔬的播种面积将增长 6.79%，其他农作物的种植面积将增加 5.83%，这无疑提高了食物生产的多样性。

值得关注的是，不同肉类的进口政策调整对农作物播种面积的影响存在明显的异质性。其中，取消猪肉进口的关税措施和非关税措施的关税等值将对农作物生产结构的调整最为明显，其次为禽肉，而牛羊肉的影响相对有限。这主要是因为猪肉和禽肉的投入产出结构中，饲料成本占比远超过牛肉和羊肉，而且猪肉非关税措施的关税等值也远超过其他肉类。因此，分别削减不同肉类进口关税和非关税措施的关税等值后，猪肉进口增长使其对国内饲料需求减少的幅度也更大，由此在更大程度上影响了国内农作物生产结构的调整。

（2）肉类相关产业规模收缩，促进其他食物供给增加。中国削减肉类进口关税和非关税措施将使肉类及与肉类相关的上游产业的产出减少，但有利于增加其他食物部门的产量（表 13.14）。

表 13.14　扩大肉类进口对国内食物产量的潜在影响（单位：%）

产品种类	S_{21}	S_{22}	S_{23}	S_{24}	S_{25}	S_{26}
稻米	0.07	0.26	0.60	0.47	0.08	0.06
小麦	−0.28	−1.20	−3.16	−2.80	−0.35	−0.02
玉米等谷物	−0.83	−3.59	−9.39	−8.19	−1.05	−0.17
饲料	−1.26	−5.36	−13.77	−12.05	−1.50	−0.33
大豆	0.09	0.26	0.21	0.20	0.01	0.11
其他油籽	0.19	0.70	1.57	1.39	0.06	0.18
豆粕	−1.24	−5.27	−13.54	−11.86	−1.46	−0.33
豆油	0.01	−0.01	−0.11	−0.11	−0.01	0.01
其他油和粕	0.14	0.57	1.38	1.21	0.09	0.10
牛肉	−3.84	−6.98	−10.36	1.00	0.27	−11.71
羊肉	−0.20	−0.40	−0.36	1.12	0.10	−1.59
猪肉	−1.80	−9.21	−25.09	−25.52	0.20	0.11
禽肉	−1.53	−3.85	−7.09	1.92	−9.37	0.10
其他动物产品	0.37	1.61	4.15	3.62	0.31	0.22
奶制品	0.07	0.38	0.90	0.73	0.11	0.08

续表

产品种类	S_{21}	S_{22}	S_{23}	S_{24}	S_{25}	S_{26}
其他农作物	0.07	0.74	2.24	2.57	0.22	–0.51
果蔬	0.31	1.28	3.20	2.82	0.20	0.21
其他农产品	0.07	0.23	0.50	0.35	0.10	0.05

资料来源：根据 GTAP 模拟结果整理

与基准情境相比，在情境 S_{21} 中，取消肉类进口的关税措施，国内的牛肉、羊肉、猪肉及禽肉的产量将分别下降 3.84%、0.20%、1.80%和 1.53%。而在情境 S_{22} 中，在取消进口关税措施的基础上，削减肉类进口非关税措施 50%的关税等值，国内的牛肉、羊肉、猪肉及禽肉的产量下降幅度将明显增大，分别达到 6.98%、0.40%、9.21%、3.85%。随着肉类进口非关税措施关税等值的进一步减少，国内肉类产量受到的潜在负面影响也将随之增大。

不同粮食在生产替代效应以及投入产出效应下，受到的影响不尽相同。其中，玉米的国内产量下降最为明显，其次是小麦，而稻米和大豆的产量却因此而上升。这一变化主要是由于在不同粮食的消费结构中，用于饲料消费所占的比重存在差异，其中，超过 60%的玉米、17%左右的小麦、12%左右的稻米用于饲料生产，而只有 15%左右的国产大豆用于压榨行业，产生的豆粕再用于饲料加工。一方面，在投入产出效应下，饲料粮与口粮的产量因饲料粮需求的减少而下降；另一方面，不同粮食之间在生产上共用资源要素，在产品替代效应下，饲料需求的减少将使更多的生产资源从玉米等饲料粮转到稻米、小麦及大豆的生产上，从而增加其产出。由于玉米和小麦的饲用消费比例更高，在投入产出效应和替代效应的综合作用下，玉米和小麦的产出有所下降，而稻米和大豆的产量将出现一定的上涨。从这个角度来看，肉类进口增加更有利于实现国内“口粮基本自给”的政策目标。

值得注意的是，与调整禽肉及牛羊肉边境措施的影响相比，扩大猪肉进口政策对不同食物产量的潜在影响更加突出。这主要是因为中国的玉米、大豆等饲料粮主要用于国内的生猪养殖业。根据中国饲料工业协会统计，2021 年中国猪饲料产量高达 1.3 亿吨，占到全国工业饲料总产量的 44.6%，而肉禽、蛋禽以及反刍动物饲料产量分别占 30.4%、11%、5%。此外，猪肉的进口基数以及非关税措施的关税等值远高于其他肉类，分别削减肉类进口的边境管制措施后，猪肉进口规模增长更快，更有利于国内农作物生产结构的调整。因此，取消中国猪肉进口的边境措施将对国内饲料粮生产替代作用更明显，也更有利于稻米、果蔬以及其他动物产品的产出增加。

（3）食物市场价格普遍下降，减少居民食物消费成本。不同肉类进口关税和非关税削减政策将使国内不同食物部门的市场价格整体下降，有利于减少居民的食物消费支出成本。

在肉类市场中，与基准情境相比，随着中国肉类进口非关税措施削减程度的增加，国内食物市场价格下降的幅度也随之增大。如表 13.15 所示，在情境 S_{23} 下，牛肉、羊肉、猪肉及禽肉的市场价格分别下降了 1.69%、2.73%、5.14%和 3.25%。国内肉类市场价格的下降可能由两方面原因导致：其一，放松肉类进口限制相当于降低了肉类进口成本，从而直接导致国内肉类市场价格下降；其二，更有价格优势的国际肉类加剧了国内肉类市场的竞争，从而间接地使市场整体价格下降。较低的食物价格使得更多人能够获取足够的营养，尤其是那些低收入人群。

表 13.15　扩大肉类进口对国内食物市场价格的潜在影响（单位：%）

产品种类	S_{21}	S_{22}	S_{23}	S_{24}	S_{25}	S_{26}
稻米	–0.46	–1.90	–4.53	–4.07	–0.35	–0.21
小麦	–0.53	–2.14	–5.09	–4.56	–0.43	–0.22
玉米等谷物	–0.88	–3.60	–8.51	–7.62	–0.78	–0.35
饲料	–0.43	–1.74	–4.12	–3.67	–0.38	–0.17
大豆	–1.14	–4.67	–11.15	–10.03	–0.89	–0.47

续表

产品种类	S_{21}	S_{22}	S_{23}	S_{24}	S_{25}	S_{26}
其他油籽	−0.36	−1.48	−3.57	−3.19	−0.28	−0.16
豆粕	−0.03	−0.11	−0.16	−0.11	−0.05	−0.01
豆油	−0.04	−0.14	−0.20	−0.14	−0.06	0.00
其他油和粕	−0.17	−0.69	−1.66	−1.47	−0.14	−0.08
牛肉	−0.27	−0.81	−1.69	−1.13	−0.35	−0.26
羊肉	−0.30	−1.16	−2.73	−2.33	−0.21	−0.26
猪肉	−0.51	−2.16	−5.14	−4.76	−0.34	−0.17
禽肉	−0.34	−1.37	−3.25	−2.86	−0.33	−0.14
其他动物产品	−0.36	−1.45	−3.45	−3.07	−0.29	−0.16
奶制品	−0.10	−0.38	−0.91	−0.76	−0.12	−0.06
其他农作物	−0.51	−1.98	−4.66	−4.06	−0.35	−0.35
果蔬	−0.41	−1.68	−4.04	−3.61	−0.32	−0.18
其他农产品	−0.13	−0.46	−1.06	−0.77	−0.24	−0.08

资料来源：根据 GTAP 模拟结果整理

除了肉类市场价格的下降，其他食物市场如粮食、果蔬等也将出现不同程度的价格下跌。在情境 S_{23} 下，国内的稻米、小麦、玉米等谷物以及大豆的国内市场价格分别下降了 4.53%、5.09%、8.51%以及 11.15%，其他动物产品以及果蔬产品价格也将分别降低 3.45%和 4.04%。所有食物价格的下降意味着人们可以以更少的支出购买食物，这有助于减轻居民的经济负担，从而有利于提升国内粮食安全的保障水平。

13.4　构建多元化食物进口格局防范外部风险的对策建议

在百年未有之大变局下，保障中国粮食安全的压力有增无减。构建更加安全、稳定的食物进口体系，不仅要积极布局多元化的粮食进口来源地，还要从产品替代的视角拓展保障粮食安全的思路，要发挥多元化食物进口对提升利用国际食物市场韧性的作用。与此同时，要防范和应对食物进口增加对国内市场的负面冲击，趋利避害，更好地保障我国粮食安全。

1. 优化食物进口的关税和非关税措施

大食物观是对传统粮食安全保障思路的拓展，不仅要求我们在生产端突破既定农业生产要素的思维桎梏，也要在贸易端加快构建多元、稳定的食物进口新格局。本章的研究结果表明，在全球粮食市场动荡加剧的大背景下，通过拓展农产品进口广度、加大顺应消费转型升级的多元化农产品进口力度，有助于降低利用国际粮源不确定性风险，实现水平更高、效率提升和可持续性的粮食安全。考虑到关税和非关税措施是阻碍构建多元化食物进口格局最为关键的边境措施。因此，要以市场需求为导向，适时主动优化食物进口的关税和非关税政策，推动多元化食物进口格局的形成。

在关税税率水平方面，可以根据食物供求形势变化，适时做出相应调整。当前，中国猪肉、牛肉、羊肉、禽肉、液态奶、冷冻鱼、大豆油进口的平均最惠国税率明显高于粮食产品的进口关税，存在进一步优化调整的空间。今后可以适度削减各类食物进口的关税税率水平，积极扩大优质食物的进口，从而实现食物进口的多元化发展。实际上，近期的部分相关政策调整就反映了今后政策的一些变动，如中国国务院关税税则委员会发布公告，从 2023 年起将对 1020 项商品实施低于最惠国税率的进口暂定税率，其中就包括多种水产品、奶制品、坚果产品等，为农产品贸易可以更加直接和有效地满足国内食物消费升级提供便利。

在非关税措施方面，在确保食物进口安全可控的前提下，我国在边境措施方面需更加精细化、灵活化的管理方式以便加大对国际多元农产品资源的利用程度。首先，通过优化边境管制措施，提高进口流程的效率和透明度，降低隐性成本，从而实现食物进口贸易的便利化。其次，重新审视对动物性食物进口的管理，推动国家之间动植物检疫标准、规则相互认可，在防止疫病传播上要做到精准防控，减少市场分割。此外，今后可以不断完善和优化农产品进口规则认证制度，加强动植物疫病防控的国际合作，推进国内农产品质量认证体系与其他国家和地区进行有效对接，并在综合评估农产品进口安全性的基础上，积极拓展具有符合输华食物资格的国家（地区）和企业数量，助推中国与更多国家和地区建立相对稳定的农产品经贸关系。

2. 构建完备的食物进口监测与预警体系

在产品替代视角下构建多元化进口格局需要高度警惕各类食物进口过程中的不确定性因素。GTAP 的模拟结果表明，一旦完全取消肉类进口非关税措施的关税等值，中国肉类的自给率会有较大程度的下降，对世界市场的依存度会大幅上升。因此，必须高度警惕食物进口政策调整对国内市场的冲击和国际市场的依赖性问题。中国需要未雨绸缪，建立健全食物进口对国内产业冲击的风险预警体系，提升预防、预判、适应、应对的能力。加大信息化数字平台的建设力度，加强对国内及全球食物行情的实时监控，特别是重点区域的供求、价格和疫病等信息的收集与监测，为国内的农户及贸易商提供及时的信息咨询服务。同时，也应提升对国际供应网络、运输通道和运输关键节点的监控，化解食物进口过程中的潜在威胁，确保国际食物供得上、供得稳。

3. 建立健全国内食物生产保障制度

中国的食物供给不仅关系到居民的食物可得性，而且涉及产业的发展以及农民的收益保障。中国农产品进口政策实施具有明显的偏好特征，往往更加重视消费者的利益，而对生产者的利益关注相对不足。因此，积极促进优质食物进口来保障国内食物有效供应的同时，也要把握好进口的规模和节奏，在开放中确保国内食物产业的健康发展和相关生产者的收益。本章以肉类进口为例的模拟结果表明，虽然中国进口肉类可以更有利于提高粮食的自给率，防范过度依赖粮食进口带来的“卡脖子”风险，但由于肉类产品的产业链长，关系到民生和经济基础，其进口减少了国内饲料、畜禽养殖及肉类等产业的产值及增加值。这就需要提前布局和筹备，建立健全对国内畜禽养殖等相关产业的保障机制，利用好贷款、补贴、保险和税收优惠等政策工具，防范和弥补相关产业发展及生产者权益因食物进口增加过快和进口价格过低而造成的损失。

13.5　本章小结

基于产品替代的视角系统分析多元化食物进口的思路与方向是保障我国粮食安全可着重考虑的方面。由于产品之间的替代关系，多元化食物进口将通过降低外部粮源利用的不确定性风险，提高国内粮食生产的资源利用效率，提升国内粮食生产的可持续性，从而助力实现水平更高、效率提升和可持续性的粮食和食物安全。从产品替代视角出发，中国积极利用国际食物市场，主动拓展食物进口的种类和来源在食物出口市场空间、食物进口的经济性、进口来源地稳定性、食物进口政策的调整空间上都具有可行性。考虑到肉类是高耗粮食食物，本章以扩大肉类产品进口为例，模拟分析多元化食物进口对中国粮食安全的潜在影响。结果表明，扩大肉类进口将有助于降低我国对国际粮食市场的依赖，优化我国食物的生产结构，从而提升中国的粮食安全水平。

在高水平开放新格局下，我国应在大食物观下，充分利用食物之间的替代关系，通过拓展农产品进口广度、加大顺应消费转型升级的多元化农产品进口力度，更加高效地利用外部农产品市场，从而降低利用国际粮源的不确定性风险。同时，积极推进边境措施的制度优化和基础设施完善提升，为多元化农产品进口新格局构建提供支撑保障。此外，也要把握好进口的规模和节奏，在开放中确保国内食物产业的健康发展和相关生产者的收益，防范和应对食物进口增加对国内市场的负面冲击，全面提升保障中国粮食安全的能力。

下篇　合作共赢　推动构建全球粮农治理新体系

第 14 章

农业贸易治理体系与全球粮食安全：转型压力与改革需求[①]

从全球范围内来看，粮食生产与消费在空间分布上不均衡与不匹配问题日益凸显，给全球粮食安全带来了严峻挑战。作为调节供需平衡的重要杠杆，粮食贸易对保障全球粮食安全至关重要。据 WTO 统计，全球平均每 6 人中就有 1 人几乎完全依赖国际贸易获取粮食，且到 2050 年该比例预计将提高至 50%[②]。中国作为全球重要的粮食贸易参与国，随着我国农业对外开放的不断深入，国际粮食市场日益成为补充我国粮食供给的重要组成部分。我国粮食进口量（谷物加豆类）占全球粮食贸易的比重已由 2001 年的 6.68%增加到 2022 年的 27.95%[③]。当前随着国际力量对比进入深度调整期，国际贸易格局正在发生重大变化。保护主义、单边主义、霸权主义势力不断抬头，以 WTO 为核心的全球农业贸易制度体系正在遭遇严峻挑战。同时，全球范围内日益频发的气象灾害和不断恶化的地区局势，对世界粮食生产、国际物流运输、农资供给均造成了严重冲击，全球粮价高企且波动加剧，使得本就脆弱的全球粮食供应系统雪上加霜，也对全球农业贸易治理体系提出

① 资料来源：朱晶等（2022c）。

② 详见 https://www.wto.org/ english/news_e/news21_e/dgno_06jul21_e.htm。

③ 贸易数据根据 FAOSTAT 计算。

了更高的要求。积极推动全球农业贸易治理体系变革，完善全球农业贸易和粮食安全治理机制与平台建设，进一步增强全球粮食安全治理协作，已到了刻不容缓的关键时刻。

14.1 全球农业贸易治理体系与粮食安全

世界百年未有之大变局下，粮食安全的概念已经不仅仅是供应充足性，而是涵盖获取的可及性、利用的有效性、供应的稳定性，以及在更深层次上的可持续性与能动性。农业国际贸易体系有助于缓解粮食供需的时空错配，优化资源配置，从而增强全球粮食供应链的韧性。在此框架下，全球农业贸易治理体系成为确保粮食安全的关键环节。特别是在面对气候变化、新冠疫情、地缘政治冲突等挑战时，这一体系的作用愈发凸显。本节深入探讨农业贸易与全球粮食安全之间的内在联系，并探讨现行农业贸易治理体系对维护全球农业贸易市场的作用。

14.1.1 农业贸易对全球粮食安全的意义

从粮食安全的定义看，粮食安全不仅指供应的充分性，还指获取及利用的有效性与稳定性，而农产品贸易流通体系则在其间发挥重要作用。在1996 年举行的世界粮食峰会中，各国对粮食安全的定义形成了广泛共识：保证任何人任何时候能够在身体上和经济上获得足够安全和营养的食物，以满足其饮食需求和食物偏好，从而过上积极和健康的生活[①]。遵循这一定义，FAO 进一步明确了粮食安全的四大维度，即粮食供应性（availability）、粮食获取性（accessibility）、粮食利用性（utilization）与粮食稳定性

① 详见 https://www.fao.org/4/w3613e/w3613e00.htm。

（stability）（FAO，2005）。此外，为应对气候变化和自然资源退化日益严重与社会和经济不平等日益加剧对全球粮食安全带来的挑战，世界粮食安全委员会粮食安全和营养问题高级别专家组建议在上述四个维度的基础上增加可持续性（sustainability）和能动性（agency）两个新的维度（HLPE，2020）。其中，可持续性指粮食体系在提供粮食安全和营养的同时不损害保障子孙后代粮食安全和营养的经济、社会和环境基础的长期能力；能动性则意味着个体或群体就食用的粮食种类与粮食体系内粮食的生产、加工和分配方式自主做出知情决定的能力，以及参与粮食体系政策制定和治理的能力。

当前，全球 90%的粮食生产主要集中在美国、中国、印度等 23 个国家，但其中半数以上的国家产量无法满足自身消费。尽管我国是仅次于美国的世界第二大粮食生产国，但人口众多、水土资源不足、生产成本上升的基本国情决定了粮食进口压力不断加大。我国粮食消费从 2001 年的 4.2 亿吨增加到 2020 年的 8.2 亿吨，而同期粮食产量则由 3.7 亿吨上升到 6.6 亿吨，我国进口量随之攀升，自 2001 年的 0.1 亿吨上涨至 2020 年的 1.6 亿吨，年均增幅高达 15.7%[①]。未来我国粮食进口量将继续保持在较高水平，粮食贸易规模会进一步扩大。

国际贸易流通体系可以有效解决粮食供给与需求在时空层面的错配问题，对保障全球粮食安全发挥积极作用（图 14.1）。供应方面，将粮食从过剩地区转移到短缺地区，有助于优化生产资源的配置并提高生产效率；获取方面，增加生产者收入并使消费者能够以更合理的价格获得粮食；利用方面，有助于实现粮食进口来源多元化，满足居民的营养需求和食物偏好；稳定性方面，在不确定因素的冲击下，通过作用于粮食供应、粮食获取和粮食利用三个维度，使粮食供应更加平衡、稳定；可持续性方面，通过促进知

① 本书中“粮食”为谷物（大麦、小麦、玉米、大米、高粱等）与豆类（豆粕、豆油、豆籽）的统称。消费、产量和进口量数据来源于 USDA。

识、技术和标准的转移提高资源利用效率、缓解自然资源退化，使粮食安全体系实现更可持续发展；能动性方面，提高众多发展中国家和新兴经济体的国际参与度，缓解由经济不平等带来的粮食选择、生产、加工和销售的条件限制（FAO，2021b）[①]。

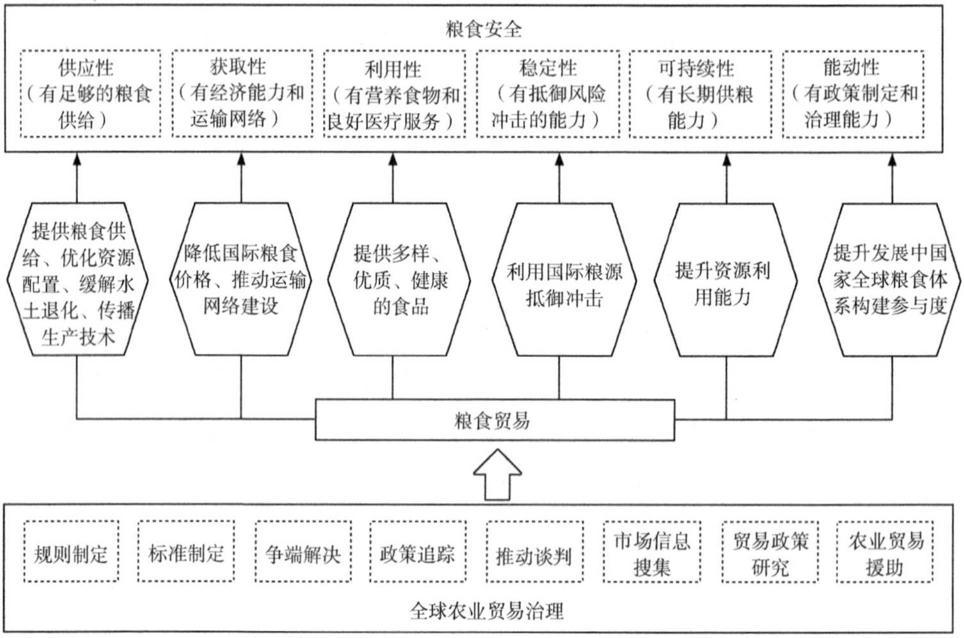

图 14.1　全球农业贸易治理体系保障粮食安全的理论框架

资料来源：FAO "The Voluntary Guidelines to Support the Progressive Realization of the Right to Adequate Food in the Context of National Food Security"

14.1.2　全球农业贸易治理机制与机构

全球农业贸易治理囊括了国际社会关于共同应对全球农业贸易问题的一系列管理体制、规则、方法和行动，是维护全球农业贸易市场有序运行的重要举措和基本路径（Rosenau，1995；朱晶等，2021b）。在粮食安全方面，全球农

① 鉴于"能动性""可持续性"的提法为新近提出，本书后续的讨论暂未纳入。

业贸易治理体系通过提供稳定的制度环境、有效的仲裁审议机制、公平的沟通协商平台，保障全球范围内粮食的充分供给与高效流通，并在极端事件发生时维护国际粮食贸易体系的平稳运行。

作为全球贸易治理体系的核心，WTO 在改善市场运作方式、提升透明度以及增强全球贸易的可预测性方面发挥了至关重要的作用，为全球贸易的稳定与发展做出了巨大的贡献。在规则制定方面，以《农业协定》为核心的规则体系为各成员的农业与贸易政策确立了一套系统的行为准则，为创造有序的贸易环境发挥了中流砥柱的作用。《农业协定》将市场准入、国内支持[①]、出口竞争、特殊保障等复杂敏感问题纳入治理框架，推动全球贸易自由化进程，有效提高了全球范围内粮食的可供性和可获性。此外，WTO 允许成员方采取卫生与动植物卫生检疫措施，以确保成员方所要求的食品安全和营养水平，还对非发达经济体给予了更长的政策过渡期、特殊的市场准入、普惠制关税等特殊与差别待遇，有力改善弱势群体获取粮食的能力。国际规则的“有法可依”，防止了“强权即公理”局面的出现，为粮食贸易的有序发展奠定了坚实基础。

在仲裁审议方面，争端解决机制和政策审议机制在保障规则约束力、提升政策透明度、解决利益纠纷等方面为国际粮食市场平稳运行发挥了保驾护航的作用。一方面，争端解决机制鼓励成员方通过双边磋商解决贸易争端，使成员间的贸易合作更为稳定。同时，该机制能够有效遏制部分成员方在粮食贸易等方面的违规行为，推动贸易纠纷公正、高效地解决，维护成员方粮食安全。另一方面，政策审议机制通过提高成员方粮食贸易政策公开化、透明化程度，缓解贸易领域信息不对称的问题，降低贸易成本，改善了全球粮食贸易环境。争端解决机制的硬约束与贸易政策审议机制的软约束共同强化了国际规则的执行力。

---

① 除特别说明，本章的国内支持均特指 WTO《农业协定》相关概念，详见本书第 1 章脚注。

在磋商谈判方面，以部长级会议（Ministerial Conference，MC）[①]为代表的沟通交流平台在维护多元化主体利益诉求、保障发展中国家权益、推动粮食安全相关议题谈判方面发挥了重要作用。特殊与差别待遇在历次部长级会议上都作为重要议题出现，保证发展中成员，特别是最不发达成员，在粮食贸易增长中获得与其经济发展需要相适应的份额和利益，给予其更长的政策过渡期、特殊的市场准入、普惠制关税等待遇。作为包含 164 个不同经济发展水平、不同社会制度及不同宗教信仰成员方的全球性沟通磋商平台，其商议结果由所有成员方共同决定。这种广泛的代表性与强大的包容性决定了 WTO 磋商谈判平台既是完善多边贸易规则体系的有力支撑，也是消弭世界不公、无序竞争的最优选择。

除 WTO 农业贸易相关规则外，其他国际机构也在始终致力于推动全球农业贸易治理体系的不断完善，从不同维度对 WTO 规则进行补充，形成更为完整的农业贸易治理体系。市场信息搜集方面，国际谷物理事会（International Grains Council，IGC）和 FAO 通过搜集、整理、分析和传播世界粮农贸易信息，提高粮食市场透明度。政策研究方面，OECD、联合国贸易和发展会议（United Nations Conference on Trade and Development，UNCTAD）、IGC 和 FAO 通过分析国家农业贸易政策的变化，研究其对农产品贸易市场的影响，为全球农业贸易自由化发展提供借鉴。标准制定方面，FAO 和世界卫生组织（World Health Organization，WHO）创建食品法典委员会（Codex Alimentarius Commission，CAC），制定国际食品标准和行为规范，以保护消费者健康，并确保公平贸易。国际援助方面，WFP、FAO 和世界银行通过向受冲突、灾难和气候变化影响的人们提供粮食、食品、资金和技术援助，助力消除饥饿和促进

① 部长级会议是 WTO 的最高决策权力机构，由所有成员方主管外经贸的部长、副部长级官员或其全权代表组成，一般两年举行一次会议，讨论和决定涉及 WTO 职能的所有重要问题，并采取行动。资料来源：https://www.wto.org/english/thewto_e/minist_e/minist_e.htm。

粮食安全，加速全球农业产业发展。

此外，作为全球农业贸易治理体系的重要组成部分和多边贸易体制的有益补充，区域合作机制因其条款更深度化、谈判效率更高、议题涵盖更广等特点受到越来越多国家的关注和青睐。区域组织内各国依托自身农业优势，以区域组织为载体，有助于推动国家间的资源互换，实现集体粮食安全。在区域合作机制下就粮食贸易达成共识，不仅可以确保区域内粮食价值链和供应链的完整，还有利于增强协定国在全球粮食体系中的话语权。区域贸易体制在规则深度层面提升了保障力度，更拓展了全球粮食治理的保障范围，在平衡各方利益、深化规则效力及稳定粮食供给等方面发挥了重要作用，是当前各国全面参与全球农业贸易治理、切实保障本国粮食安全的补充路径。

14.2　全球农业贸易治理体系面临的失序困境

当前全球经济处于后金融危机时代，各国经济增长普遍乏力，保护主义、单边主义、霸权主义势力不断抬头。国际贸易秩序在少数国家的干扰破坏下，开始出现裂痕，现有规则失宜、机制失灵、谈判失效等问题被不断放大，WTO 面临成立 27 年来的最大危机（朱晶等，2022b）。此外，气候灾害、新冠疫情、地缘政治动荡等极端事件影响叠加，也在不断考验着全球粮食供应链韧性，全球贸易治理体系正面临前所未有的多重挑战。

14.2.1　多边贸易治理规则失宜

当前，全球农业贸易规则失宜问题，突出表现在国内支持政策、用于粮食安全公共储备（public stockholding for food security purposes，PSH）、出口限制措施、国家安全例外条款的概念模糊、条款过时、规则滥用和包容度欠缺等，对全球农业贸易的影响极为严重，已不再适宜新形势下经济贸易发展。

国内支持政策弹性空间不足。长期以来，国内支持一直是国际农业谈判的核心议题，也是引起争议最多的领域。为保障粮食供应和政治稳定，以美国、欧盟为代表的发达国家和地区长期使用区域内的支持政策对农业生产实施补贴，虽然保护了农业产业和提高了农民收入，但也导致国际农产品价格下跌。各国和地区为抵御低价农产品的进口冲击，维持自身农业生产，不得不采取更多国内支持政策对农业生产和贸易加以干预，在加重各国和地区财政负担的同时，也加剧了国际贸易摩擦。为减少国内支持政策对国际农贸市场的扭曲，WTO《农业协定》规定各成员方需逐步削减“黄箱”政策的实施空间，同时给予“绿箱”“蓝箱”“发展箱”及微量允许政策一定的存在空间。虽然《农业协定》对国内支持政策的使用做出了系统规范，但各成员方的政策权益并不对等。在 1950 亿美元的综合支持总量中，发达国家和发展中国家占比分别为 92%和 8%，其中欧盟便占据总量中的一半以上（FAO，2015）。此外，由于缺乏明确的判断标准，“绿箱”政策的范围失之过宽，面临不断被滥用的风险。美国和欧盟等发达国家和地区为规避综合支持量的削减承诺，经常将“黄箱”支持转化为“绿箱”支持，进一步扩大了其国内支持的空间。而大多数发展中成员方仅被允许使用微量允许水平之内的“黄箱”支持，且常因技术、财政和管理能力不足以及产量限制而无法充分利用“绿箱”和“蓝箱”支持。

粮食安全公共储备议题解决方案存在争议。粮食安全公共储备是 WTO 农业国内支持中与粮食安全最直接相关的议题，由于存在多元利益冲突，针对解决方案探讨的争议仍然集中在价格支持政策、永久化和平条款以及贸易扭曲和粮食不安全等方面。WTO 第九届部长级会议后，以

G33 集团[①]为首的发展中成员方主张将粮食安全公共储备视为“绿箱”措施，而其他成员认为 G33 集团的提案会扭曲贸易，损害粮食安全。同时，粮食安全公共储备水平的计算方式也存在争议，如美国起诉中国三大主粮“黄箱”支持超标案中，中国主张《农业协定》中对于确定“有资格接受适用的管理价格的产量”没有明确的文本规定，应该以成员减让表支持材料为准，即计算中国三大主粮市场价格时应使用中储粮委托收储库点在市场价格支持政策实施期间，按照管理价格、在政策实施区域、实际收储的各类粮食数量；而美国主张，《农业协定》附件 3 所指的“有资格接受适用的管理价格的产量”是适合或有资格获得管理价格的生产量，与实际的收购量没有关系。此外，“和平条款”临时方案是多方成员暂时妥协的产物，方案本身在适用范围、涵盖对象等方面仍然存在一定的局限性。

农产品出口限制规则界定模糊。为防止或缓解食品及其他必需品的严重短缺，WTO 允许成员方临时实施出口限制措施，但相关条款中并未对严重短缺的程度和临时的具体期限给出明确的界定。而部分出口方在其供应正常的情况下，仍会出于某些原因实施持续时限较长的出口限制措施。同时，《农业协定》规定各成员方在实施出口限制措施时，应充分考虑对进口成员方粮食安全的影响，但由于“充分考虑”等核心概念的界定模糊，无法形成有效制约。此外，考虑到发展中国家自身的实际情况，《农业协定》给予了非“特定农产品净出口国”的发展中国家一定的政策灵活性，允许其在实施出口限制措施时不需提前通知 WTO 委员会及与进口国磋商。然而，由于“特定农产品净出口国”的界定标准和具体名单的缺失，部分特定农产品（如

① G33 集团是发展中成员小组，在谈判中协调发展中成员立场，于 2003 年在坎昆举行的 WTO 第五届部长级会议前后成立。该集团最初成立是因为这些成员在特殊产品和特殊保障机制议题上立场类似，要求发展中成员在提供市场准入方面获得适当灵活性。该集团由印度尼西亚牵头，包括韩国、印度、中国、多米尼加、秘鲁、巴巴多斯、菲律宾、斯里兰卡、洪都拉斯、危地马拉和毛里求斯等 46 个成员。

小麦、水稻等）的主要出口国（如印度、越南、缅甸、俄罗斯、乌克兰、阿根廷）在使用出口限制措施时，并未认真履行其通知与磋商义务。规则与定义的模糊，导致出口限制措施被大量不规范使用甚至滥用，危及全球农产品市场的稳定供给和全球粮食贸易的有序运转。

“国家安全例外”条款使用限制过于宽松。“国家安全例外”条款已成为全球不断上升的贸易保护主义和各种歧视性贸易政策的挡箭牌，是当前威胁全球多边贸易体系稳定的一个突出问题。其赋予成员方较大的自主裁量空间，某一国家（地区）在满足条件时可拥有高于贸易规则的权力。然而，实践中不同国家（地区）对于何时可采取措施维护国家（地区）安全的问题往往有不同的理解，甚至存在主观扩大国家（地区）安全范畴，肆意使用例外条款实行贸易保护的情况。特朗普政府便正是利用“国家安全例外”条款采取了一系列保护美国产业的贸易限制措施，拉开了全球范围内贸易摩擦的序幕。此外，正在进行的俄乌冲突中，多国均以“国家安全例外”为由，取消了俄罗斯的 WTO 贸易最惠国待遇。可以预见，若所有成员方都将“国家安全”考虑凌驾于国际贸易规则之上，贸易保护壁垒的数量将远超当前的水平，而 WTO 作为以规则为基础、遏制贸易保护主义为宗旨的多边贸易组织，在这种思维和运行架构下也就在很大程度上失去其应有的价值。

14.2.2　规则仲裁审议机制失灵

争端解决机制陷入瘫痪。作为“皇冠上的明珠”，争端解决机制在整个 WTO 体系中处于核心地位，是化解贸易摩擦和维护正当权益的强制性、排他性的合法渠道，为维护和平繁荣的国际贸易秩序做出了重大贡献（赵宏，2021）。然而，WTO 争端解决机制的瘫痪使农业贸易纠纷难以有效解决，贸易规则执行力与约束力逐渐弱化，极大增加了国际粮食贸易摩擦发生的可能性。自 2017 年美国在争端解决机构例会上否决启动程序以来，上诉机构成员遴选持续受阻。随着 2020 年 11 月 30 日最后一名法官的卸任，上诉机构彻底陷入了停摆的困境，至今问题仍未得到解决。未来，多数争议案件的结局将大概率处于一种不确定状态。倘若这种现象一直持续和蔓延，多边贸易体制将面临瓦解的危险，而国际贸易秩序则将重回“以权力为导向”的丛林法则时代。

政策审议机制缺乏实效。贸易政策审议机制是在 1988 年蒙特利尔部长级会议上对乌拉圭回合进行中期审评时批准建立的，由关税与贸易总协定理事会负责实施，1989 年开始运行。鉴于 WTO 协定并不直接作用于成员方的政策制定，WTO 需通过政策审议机制来提高各成员方贸易政策的透明度与合规性。然而，由于贸易政策审议机制未详细规定审核义务，也缺少监督体系和有效的惩罚措施，成员方的政策通报履行情况并不理想。贸易政策审议机制不是规制和惩罚，有时贸易政策审议会由于种种原因而难以达到审议的预期目的，接受审议的成员会在一定程度上对某些领域和部门采取回避措施。一些贸易政策尽管在历次审议中反复引起质疑，但却始终未得到有效改善。

14.2.3　WTO 协商谈判机制失效

多元化利益诉求存在分歧。随着发展中经济体的群体性崛起，国际贸易格局发生深刻变化，原有治理规则已严重滞后于当前的贸易发展。乌拉圭回合谈判期间，南北实力的悬殊差异导致《农业协定》变为发达经济体间利益平衡的产物，而对于发展中成员，尤其是最不发达成员的利益却缺乏足够的关注和保护。自 2008 年国际金融危机爆发以来，发展中成员和发达成员在经济与贸易总体规模上逐步趋于平衡，规则不平衡的问题随之凸显。发展中成员希望改革国际贸易规则的呼声日益强烈。作为全球贸易的核心机构、全球经济治理的重要机制，组织多边贸易谈判是 WTO 的重要职能之一。然而，2001 年启动的多哈回合谈判亦长期陷入僵局，至今未能取得各方共识。

片面的“协商一致”原则极大降低了决策效率。“协商一致”是 WTO 规则谈判的基本原则，是 WTO 中发达成员和发展中成员都可接受的妥协决策原则，在推动多边贸易谈判过程中发挥了重要作用。然而，各成员方在经济发展水平、贸易能力、参与程度、利益关系等方面均存在显著差异，“协商一致”原则在实际运用中暴露出效率低下、权力导向和透明度缺失等问题。尽管“协商一致”原则有利于引导成员方按照民主方式进行决策，可以最大限度地弥合分歧、达成共识，保证规则的全面覆盖，但当成员方之间出现立场分歧时，任何一方都可以使用“一票否决”权阻止协议达成，使 WTO 的立法功能陷于停滞。上诉机构成员任命僵持不下、各成员难以就新政策领域的议题展开讨论、WTO 部长级会议屡陷困境，导致 WTO 成员不得不考虑“协商一致”原则是否已到了非改革不可的时候。

农业议题的复杂性、各方立场的尖锐性以及 WTO 谈判机制的决策效率低下，使得粮食安全领域谈判步履维艰。尽管在 2005 年香港部长级会议（MC6）上，各成员在国内支持方面明确了与粮食安全相关的规定，“发展中成员可以自主指定适当数量关系到粮食安全、农民生计与农村发展的产品为特殊产品，可有比其他产品更大的灵活性”。如表 14.1 所示，直到 2013 年巴厘部长级会议（MC9）才首次将粮食安全作为一个单独议题纳入谈判进程，并就粮食安全公共储备问题达成《用于粮食安全目的的公共储备决议》。然而由于各成员对粮食安全公共储备问题的态度不一，WTO 仅将其作为一项临时性、过渡性方案，没有达成最终协定。虽然新冠疫情和气候变化对全球粮食安全的挑战日益增加，提升了粮食安全公共储备议题的热度，但由于发达成员和发展中成员协商未果，粮食安全公共储备问题迄今仍未得到有效解决。

表 14.1　WTO 部长级会议农业谈判沿革

年份	议题	国内支持	市场准入	出口竞争	特殊保障机制	出口限制	粮食安全公共储备
1996	MC1	—	—	—	—	—	—
1998	MC2	—	—	—	—	—	—
1999	MC3	—	—	—	—	—	—
2001	MC4	提出实质性削减扭曲贸易的国内支持	提出实质性改善市场准入	逐步取消一切形式的出口补贴	○	—	—
2003	MC5	○	○	○	○	○	—
2005	MC6	确定三个等级来削减扭曲贸易的国内支持	采用四个等级来削减关税	在 2013 年底前取消农产品出口补贴	发展中国家可指定适量的税目作为特别产品	—	—
2009	MC7	—	—	—	—	—	—
2011	MC8	—	—	—	—	○	—
2013	MC9	扩大“绿箱”下的“一般服务”清单	对未完成的关税配额实行分期分额度解决机制	承诺提高所有出口竞争措施透明度	—	—	建立了免受国内支持规则约束的临时机制
2015	MC10	○	○	发达成员立即取消所有出口补贴，发展中成员放宽至 2018 年	允许发展中成员在进口激增或价格下跌时暂时提高关税	—	○
2017	MC11	○	○	○	○	○	○
2022	MC12	○	○	—	—	免除 WFP 人道主义粮食采购出口禁令或限制	○
2024	MC13	○	○	○	○	○	○

资料来源：WTO 部长级会议（历届）

注：“—”表示没有进行谈判；“○”表示该部长级会议就该议题进行谈判但是无成果，有内容表示取得明确成果；MC 农业谈判历史上共涉及 8 个议题，包括国内支持、市场准入、出口竞争、特殊保障机制、出口限制、粮食安全公共储备、棉花和 SPS。但由于棉花议题与粮食安全无关，SPS 议题仅在 MC11 和 MC13 进行了谈判且无成果，故在此表不作展示。MC1~MC3&MC7 没有涉及农业相关谈判

14.2.4 应对突发冲击能力不足

新冠疫情全球肆虐、极端气象灾害频繁发生和地区紧张局势不断升级等“黑天鹅”“灰犀牛”事件为全球粮食市场增添了极大的外部不确定性，对全球农业贸易治理提出了更高的要求。2020 年起，各国为控制疫情传播采取的防疫措施导致全球供应链处于高压状态，粮食可获性大幅降低。美国联邦储备银行公布的数据显示，2022 年 2 月，全球供应链压力指数（global supply chain pressure index, GSCPI）已较 2020 年 1 月时增长 55 倍。2021 年 12 月该指数更是创下自 1997 年以来的最高水平（4.5），比正常水平高出约 4.5 个标准差。吞吐能力的严重不足，叠加基础设施建设薄弱等运营问题严重影响了货物正常到港。此外，丹麦咨询机构 Sea-Intelligence ApS 的分析显示，2021 年 3 月全球只有约 40%的集装箱货船准时到达港口，平均延误时间超过 6 天，远不及疫情暴发前的可靠性水平，加之集装箱运输设备严重短缺、运费持续上涨，全球粮食运输严重受阻。

随着极端气象事件发生的频率和强度明显增加，全球粮食市场的供给侧压力持续升高。发生在粮食出口大国内的极端自然灾害，将直接导致国际粮食市场动荡，危及全球粮食安全。2021 年夏季，全球小麦主产国俄罗斯、美国和加拿大都遭遇了极端干旱天气的冲击。全球第一大小麦出口国俄罗斯产出下降 15%，第二大小麦出口国美国春小麦收成同比下降 41%，创 33 年来的最低产量，而第三大小麦出口国加拿大小麦产出下降 24%（USDA，2021）。此外，出于保障本国粮食安全的需要，在粮食歉收时，产粮国往往会采取紧缩型粮食政策，对全球粮食供应链的完整性造成威胁。

此外，全球安全状况显著恶化也已成为影响全球农业贸易体系顺畅运行的关键性因素（WFP，2022a）。自 2008 年金融危机以来，全球各类冲突数量不断上升，程度持续加剧，时间越发持久。国家冲突、非国家冲突、单边冲突已分别由 2008 年的 38、32 和 21 次上升至 2020 年的 56、72 和 41 次，增幅分别高达 47%、125%和 95%[①]。2020 年全球军费开支已经上升到冷战结束前的最高水平[②]。另外，从历史经验来看，粮食生产国也时常是地缘政治冲突的主角，其粮食产量占全球粮食总产量的平均比例为 40%，在个别年份甚至超过了 50%。地缘政治冲突造成的供给波动将直接推高国际粮价，这会对一些依赖外部粮源的国家（地区）的财政预算造成极大负担，削弱其购买力和获取食品的机会，甚至诱发社会和政治动荡。而正在进行中的俄乌冲突，更是将地区冲突对全球粮食贸易影响的担忧推向了高点。FAO 总干事屈冬玉在讲话中指出，乌克兰和俄罗斯粮食与油籽生产供应链与物流中断以及对俄罗斯出口的限制措施，将对粮食安全产生重大影响[③]。

14.3　粮食安全风险与全球农业贸易治理体系改革需求

在粮食供给不稳定、价格震荡上涨、供应链韧性不足等多重因素影响下，全球粮食安全正面临更加复杂和严峻的挑战（FAO et al.，2021a）。FAO、国际农业发展基金（International Fund for Agricultural Development，IFAD）、联合国儿童基金会（The United Nations Children's Fund，UNICEF）、WFP 和 WHO 等机构共同发布的报告指出，全球饥饿人口数量自 2018 年以来已连续三年增长，2020 年全球近 1/3 人口（23.7 亿人）无法

---

① 国家冲突指冲突双方至少一方是一国政府，并导致一年内至少 25 人死亡；非国家冲突为两个有组织的非政府武装团体之间使用武力，并导致一年内至少有 25 人死亡；单边冲突是国家政府或组织团体蓄意对平民使用武力，并导致一年内至少 25 人死亡。资料来源：乌普萨拉冲突数据计划（Uppsala Conflict Data Program, UCDP）。

② 斯德哥尔摩国际和平研究所（The Stockholm International Peace Research Institute, SIPRI）数据库。

③ 详见 https://www.fao.org/newsroom/detail/ukraine-crisis-the-world-can-still-contain-the-impact-on-global-food-security-with-the-right-policies-fao-director-general-says/zh。

获得充足的食物，涨幅高达 15.6%。作为保障粮食安全的重要主体，全球贸易治理体系在粮食安全治理中的作用发挥面临阻碍，其改革转型已到了刻不容缓的关键时刻。

14.3.1 供应链受阻与贸易治理规则变革需求

全球粮食生产能力因新冠疫情全球肆虐、极端气象灾害频繁发生和地区紧张局势被不断削弱，而全球贸易治理体系规则方面存在的严重缺陷更是加剧了粮食供应不足的紧张局面。在国内支持方面，现有规则暗含的“双重标准”正蚕食发展中国家的粮食主权，部分粮食产量不具优势的发展中国家缺乏充足、公平的支持政策空间来保障粮食的生产和供应。以中国为例，随着生产成本逐年上升，为保护农民生产积极性，我国自 2008 年以来连续提高稻谷、小麦等农产品最低收购价格和临时收储价格，“黄箱”支持水平也因此大幅增加。2016 年 12 月，美国以中国在 2012~2015 年对小麦、水稻和玉米三大主粮生产者提供的国内支持超过了入世时的农业补贴承诺为由，向 WTO 争端解决机构提出成立专家组进行审查的要求。WTO 于 2019 年 4 月驳回美国对玉米补贴的诉讼，同时裁定中国对小麦和水稻支持力度超过 8.5%的微量允许水平，违背入世承诺。DS511 案的审议结果标志着，中国的“黄箱”支持空间已所剩无几，很难继续以原有国内支持方式应对国际价格下降对国内粮食安全带来的冲击。相较而言，WTO 规则却为发达成员保留了充裕的国内支持政策空间，其中相当一部分发达成员是被允许提供远高于微量允许水平的国内农业补贴的。以美国为例，据美国国会研究局估算，在 2019 年和 2020 年，其经微量排除后的“黄箱”政策支持量分别为 302 亿美元和 274 亿美元，超出 191 亿美元 AMS 限额的 58%和 43%（CRS，2020），对全球农产品生产和贸易的扭曲影响不可谓不明显。因此，为保障发展中成员的合理诉求和稳定全球粮食供应，推动 WTO 农业国内支持规则制定的改革已成迫切需要。

在粮食安全公共储备议题上，临时性解决方案在条款界定方面仍有局限。首先，粮食储备支持必须严格符合《农业协定》中“绿箱”关于“粮食安全公共储备”定义，才能免于 WTO 争端解决机制下的诉讼。当前，粮食安全公共储备被视作“绿箱”措施，除需满足《农业协定》附件 2 列明的“通过公共基金供资的政府计划提供”“不得具有对生产者提供价格支持作用”等条件外，还需同时符合有关采购价格、储备性补贴、粮食政府收购价等政策标准和条件。其次，只有已实施粮食安全公共储备的成员才能够享有 WTO 法律诉讼豁免权，这意味着尚未实施或计划实施此项目的成员将失去使用“和平条款”保护粮食安全公共储备的权利。再次，G33 集团建议以补贴价格从低收入或资源贫乏的生产者处采购的粮食储备不应纳入补贴范围。最后，巴厘决议要求“和平条款”的适用必须符合《农业协定》附件 2.3 条为粮食安全公共储备所设定的各项标准。这些严格且复杂的适用条件可能会给发展中成员在建立粮食储备方面带来技术和法律层面的挑战。因此，需要进一步完善相关条款，以适应全球粮食安全治理的现实需求。

出口限制措施被大量违规使用，阻碍了粮食贸易的正常运行，危及全球粮食供给稳定。新冠疫情暴发后，多国和地区在未履行提前通报义务的情况下，直接宣布限制或禁止农产品出口，致使全球 34%的主粮贸易受到影响（表 14.2）。其中，印度、越南和缅甸等 18 国实施的大米出口限制措施，波及了全球 50%（133.7 亿美元）以上的大米贸易；俄罗斯、乌克兰和阿根廷等 15 国限制小麦出口，导致全球 32.5%（142.7 亿美元）的小麦贸易无法正常开展；尽管对玉米实施出口限制的 14 国各自在全球市场中所占份额较小，但仍然涉及全球 18.6%（55.7 亿美元）的玉米贸易。在实施出口限制的国家中，俄罗斯、乌克兰、越南不仅是我国重要的粮食进口来源国，更是我国实施粮食进口多元化战略的重要支撑国。相关国家出口限制措施的实施，使得我国外部粮源获取的不确定性大幅上升，也对我国农业“走出去”战略提出了新的挑战。在新形势下，应积极推动完善与改革出口限制规则，尽快明确关键概念的界定、建立监督机制、出台惩罚性条款等，才能有效破除体制障碍，提升全球供给稳定性。

表 14.2　疫情期间对重要农产品实施出口限制的国家及所占全球出口份额

农产品	实施出口限制的国家	受影响的贸易额/亿美元	占全球出口份额/%
大米	印度、缅甸、越南等 18 国	133.7	54.3
小麦	俄罗斯、乌克兰、阿根廷等 15 国	142.7	32.5
玉米	阿根廷、俄罗斯、罗马尼亚等 14 国	55.7	18.6
棕榈油	印度尼西亚、马来西亚等 7 国	282.3	83.7
蔬菜	埃及、土耳其等 16 国	12.4	1.7
糖	墨西哥、巴基斯坦等 11 国	16.8	5.7
其他	伊朗、塞舌尔等 8 国	123.8	0.9

资料来源：UN Comtrade 统计数据库

注：占全球出口份额是指占全球该类产品出口份额，以 2017 年出口金额数据为基准

14.3.2　稳定性下降与粮食应急保障机制构建需求

随着全球粮食供应链的深度融合，粮食安全的保障离不开各国和地区的共同参与。然而，地缘冲突不断升级导致的生产停滞、禁航禁运等问题极易引发全球粮食供应危机，也凸显了粮食供应链韧性不足。自 20 世纪 60 年代以来，全球地缘政治环境一直处于动荡不定的局面，冲突持续加剧。发生武装冲突的国家和其占全球粮食总产量的份额持续增长，分别由 20 世纪 60 年代的年均 16 个和 18%增长至 21 世纪 10 年代的 27 个和 40%（图 14.2）。尤其是自 2008 年金融危机以来，随着国际治理体系的失衡，地缘政治环境持续恶化，发生冲突国家的粮食产量占全球粮食总产量的份额在个别年份甚至超过了 50%。

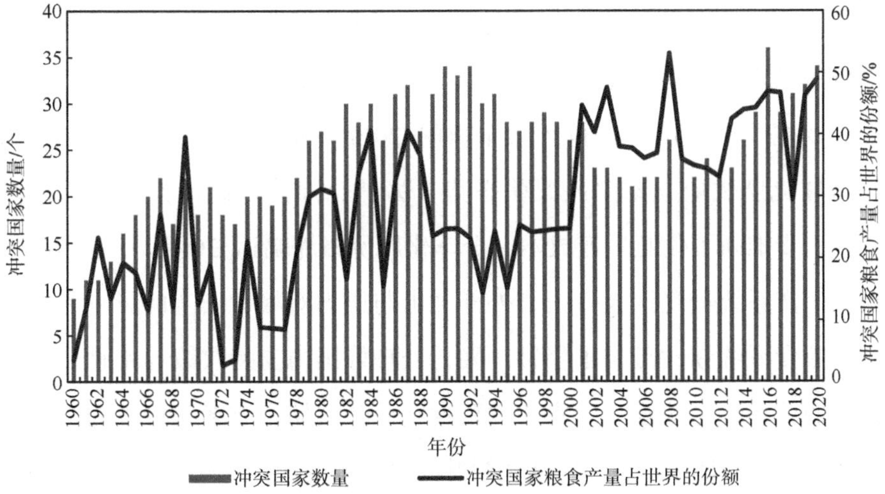

图 14.2　地缘冲突与粮食安全

资料来源：冲突数据来自 UCDP 数据集下载中心；粮食产量数据来自 USDA
一年内发生多次冲突的国家只计算一次；将冲突国家与全球粮食产量数据进行匹配，按年份进行加总，得到每年发生冲突国家的粮食产量占世界的份额

正在进行的俄乌冲突便是地缘政治风险不断升级加剧全球粮食稳定性风险的又一典型案例。俄罗斯与乌克兰在世界粮食贸易中均扮演着举足轻重的角色，尽管两国小麦与玉米总产量分别仅占全球产量的 14%和 4%，但却供应了国际市场 30%的小麦和 20%的玉米。俄乌冲突一方面致使俄罗斯遭到西方国家经济制裁，粮食出口量骤降；另一方面导致乌克兰港口被迫关闭、油籽压榨作业暂停和出口受到管制。两国近 1350 万吨小麦和 1600 万吨玉米出口因此受到影响，分别占 2021 年和 2022 年预期出口的 23%、43%（WFP，2022a）。亚美尼亚、蒙古国、哈萨克斯坦和厄立特里亚等国几乎完全依赖从俄罗斯和乌克兰进口小麦，土耳其、埃及、孟加拉国和伊朗小麦进口中的 60%以上也来自俄乌两国。据联合国预测，此次冲突可能导致 760 万~1310 万人陷入饥荒。其中，在以乌克兰为主要小麦进口来源地的 14 个国家中，埃及、也门等国已陷入粮食供给无法保障的局面。

此外，俄乌冲突还引发全球化肥等农资生产成本上升和供应短缺，给粮食市场的稳定带来了全新挑战。作为粮食生产所必需的战略性资源，俄罗斯是钾肥的主要出口国，产量约占全球的 20%。随着俄罗斯宣布中止钾肥出口，全球化肥供应立刻陷入紧张态势。另外，冲突、制裁推动能源价格高企，进一步推高了化肥生产成本，全球化肥价格涨幅达 30%，使得本就脆弱的粮食生产系统遭受巨大打击。外部冲击与压力对粮食安全的影响为尽快提升全球粮食系统韧性敲响了警钟。妥善处理好国内支持政策与粮食公共储备政策间的关系，尽快建立以永久性粮食安全公共储备方案为代表的贸易治理应急反应手段，是保障不确定性持续升高背景下全球粮食安全的重要举措。

14.3.3 紧迫性上升与各方参与度和谈判效率提升需求

全球范围内粮食安全紧张局势的持续升温，凸显了在全球农业贸易治理体系中对拓展参与主体，联合各方力量，提升谈判效率，尽快推进改革的迫切需求。作为多边贸易治理体系的有效补充，RTA 因其兼具谈判效率、规则深度和规则广度等方面的优势，正日益成为各国和地区扩大农业对外开放水平、参与全球农业经济治理的新思路。在谈判效率上，相较于多边贸易协调的“一揽子协定”原则，区域经济合作覆盖国家更少，协调机制更灵活，因而更易达成一致；在规则深度上，RTA 对部分贸易规则进行了远超 WTO 的详细规定和严格约束；在规则广度上，RTA 涵盖的贸易规则已远多于 WTO 所覆盖的范围。截至 2024 年 5 月，RTA 数量已由 2000 年的 83 个增加至 369 个。然而也应注意到，RTA 存在深度不足、覆盖国家不全面不平衡等问题，尤其是缺乏对一些弱势发展中国家的关注。在此形势下，各国应尽快推动区域贸易治理体系改革，加强规则条款的深化与完善，发挥 RTA 在全球治理中的巨大潜力。

此外，尽管 WTO 正面临规则失宜、仲裁审议机制失灵、协商谈判机制失效以及应对突发外部冲击能力不足等突出问题，但不可否认的是，多边治理所体现的平等、互利、开放精神，是以共同利益为价值导向的多方参与全球和地区治理的重要方式，对于维护全球发展和稳定具有重大意义。因此，各方应积极履行成员方义务，维护 WTO 的正常运转，在尊重他国和地区切身利益的前提下，优化“协商一致”的谈判原则，尽可能提升 WTO 谈判效率，健全全球范围内粮食充分供给与高效流通的制度保障。

14.3.4　可获性减弱与国际物流和价格稳定机制构建需求

新冠疫情与地缘冲突等因素叠加影响下，国际物流不畅及运费大幅上涨导致粮食可获性下降，对构建更加完备的运输与市场协调机制提出更高要求。为切断病毒传播链条、降低疫情跨区域传播风险，各国实施了国内交通管制、边境封锁、境外出行限制以及货轮停运等一系列管控措施。防疫措施严重阻塞了粮食在产区、储备区以及港口区等之间的物流通道，粮食主产国和出口国的物流费用节节攀升，国际粮食商品价格因此大幅上涨（图 14.3）。2022 年 1 月，全球集装箱运价已由 2020 年 1 月的 1514 美元增长至 9806 美元，增长了 5.5 倍。2021 年，运费上涨 3 倍导致全球粮食进口费用突破 1.75 万亿美元，同比增长 14%。低收入国家粮食约占消费篮子的 50%和进口贸易的 20%，其受国际粮价上涨的影响最大。据 FAO 预测，在关键运输环节遭到破坏的情况下，全球将有超过 8.45 亿人因粮价上涨而陷入贫困，其中包括 1.5 亿极端贫困人口。为此，亟须推动在国际粮食运输环节形成有效的治理机制，构建稳定的国际粮食物流网络。

国际粮食市场缺乏充分竞争，寡头垄断势力导致粮食价格波动风险提高是影响粮食可获性的另一关键因素，亟须构建粮食价格稳定机制。当前，国

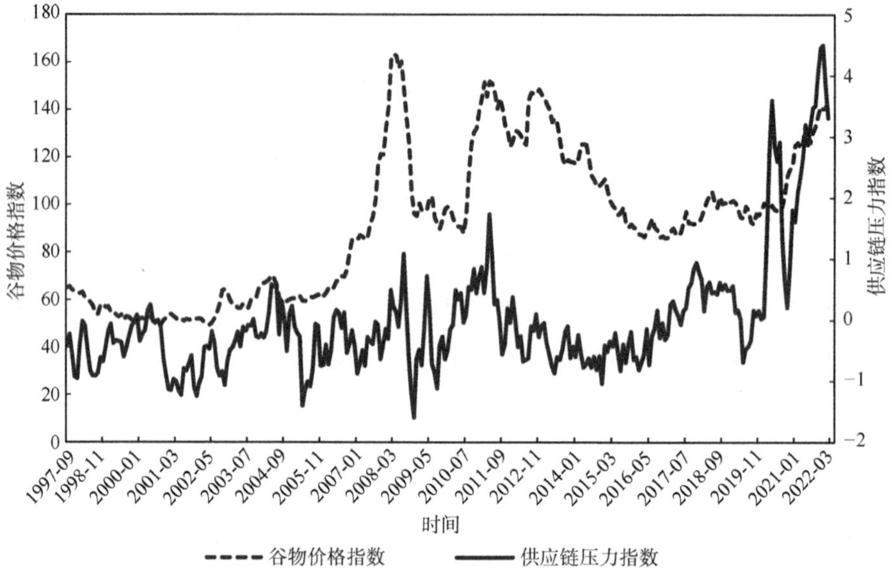

图 14.3 谷物价格指数和供应链压力指数

资料来源：粮农组织食品价格指数

①谷物价格指数综合衡量了小麦、玉米、大麦、高粱和稻米价格每月变动情况，数值越大表示谷物价格上涨的趋势越大；②供应链压力指数综合衡量了原材料运输成本、集装箱运价变化、进出口货运空运成本、主要经济体制造商交货延迟严重程度和订单积压规模，数值越大表示全球供应链面临的压力越大

际四大粮商依托强大的市场运作能力和经验优势，控制上游原料、期货，中游生产加工、品牌和下游市场渠道与供应，控制着全世界 90%的粮食交易量，牢牢掌握着全球粮食定价权（UNCTAD，2019）。由于发展中国家缺乏有效制衡和摆脱国际粮商约束的手段和能力，粮食贸易仍需通过跨国大粮商进行采购，只能被动接受国际粮价大幅波动带来的成本提升和风险输入。价格波动会对粮食安全产生巨大影响，不仅会影响家庭收入和购买力，还会使贫困及饥饿人口增加。随着粮食金融化的趋势愈发突出，全球粮食价格极易受到投机资本炒作的影响，尤其是在全球粮食贸易动荡期，跨国粮商的投机行为更是造成国际粮价波动加剧的主要因素。因此，国际社会需尽快合作建立对跨国粮商的监管机制和粮价平抑机制，降低价格波动损害全球粮食安全的风险。

14.4　本 章 小 结

农业贸易是保障粮食安全的重要手段，在供应性、获取性、利用性、稳定性和可持续性等维度有效解决了粮食供需的时空错配问题。农业贸易治理体系则通过提供稳定的制度环境、有效的仲裁审议机制、公平的沟通协商平台，保障了全球范围内粮食的充分供给与高效流通，并在突发状况下维护了国际粮食贸易体系的平稳运行。然而，当前农业贸易治理体系面临多边贸易治理规则失宜、仲裁审议机制失灵、WTO 协商谈判机制失效以及应对突发能力不足等诸多挑战。国内支持方面，现有规则暗含的“双重标准”导致部分粮食产量不具优势的发展中成员缺乏充足、公平的支持政策空间来保障粮食的生产和供应。粮食安全公共储备方面，临时性解决方案存在适用范围有限、涵盖对象有限、未涉及国内粮食援助问题等局限性。同时，出口限制措施被大量违规使用甚至滥用，阻碍了粮食贸易的正常运行，危及全球粮食供给稳定。新冠疫情、极端气象灾害、地缘政治冲突等突发事件也进一步加剧了粮食供应的不稳定性，大幅降低了粮食的可获性。

面对全球粮食安全供应不稳定、价格波动及供应链脆弱等严峻挑战，贸易治理体系改革需求愈发迫切。为提升全球粮食系统的韧性和稳定性，亟须从以下几方面构筑强化全球粮食安全治理体系的坚实框架：调整国内支持措施，确保发展中国家拥有必要的政策灵活性，以保护和促进本国的粮食生产与供应；修订现行贸易规则，尤其是对出口限制政策进行优化，以减轻其对全球粮食贸易的不利影响；构建国际物流和价格稳定机制，增强粮食获取的可靠性和稳定性；设立全球粮食贸易的应急保障措施，以抵御地缘政治冲突等外部因素的冲击；提高多边和区域贸易协定的参与度及谈判效率，推动全球农业贸易治理体系的改革与提升。

第 15 章

WTO 农业谈判中粮食安全公共储备议题的演进、争议与前景[①]

加强全球粮食安全协同治理，亟须多边机制发挥更加重要的作用，这已经成为国际社会的普遍共识。WTO 作为当前国际上最大的多边贸易组织，在全球粮食安全治理中发挥着至关重要的作用。长期以来，粮食安全都是 WTO 农业谈判中的重要问题，尤其是在推进贸易自由化的过程中，如何有效保障成员的粮食安全，特别是发展中成员的粮食安全问题始终是争议的焦点。其中，粮食安全公共储备作为粮食安全问题中的核心议题，被视为最有可能实现早期收获的关键点之一。自 2013 年 12 月 WTO 第九届部长级会议（MC9）首次就粮食安全公共储备议题达成临时性解决方案以来，围绕粮食安全公共储备是否纳入“绿箱”支持范围、粮食安全公共储备水平计算方式以及临时性解决方案永久化等问题，WTO 成员间展开了激烈的交锋。然而，由于农业问题的错综复杂和各方立场的尖锐对立，在这个领域基本没有新的谈判进展。在 2024 年 2~3 月举行的 WTO 第十三届部长级会议（MC13）前夕，印度发表强硬表态，即如果无法在 MC13 上就粮食安全公共储备达成有关协议，那么印度将阻止 MC13 达成任何有意义的谈判结

① 资料来源：朱晶（2024）。

果，这进一步加剧了该问题的谈判难度[①]。另外，随着气候极端化和俄乌冲突升级对全球粮食安全造成的不利影响逐步蔓延，各方希望优先在粮食安全领域达成新进展的愿望日益迫切。在此背景下，如何推动粮食安全公共议题得以解决显得尤为关键。

本章旨在简要回顾 WTO 农业谈判中粮食安全问题演进历程的基础上，通过系统梳理粮食安全公共储备巴厘决议的主要成果及其存在的局限性，辨析 WTO 各成员方的立场及分歧，以研判实现粮食安全公共储备永久性解决方案所面临的挑战，并据此展望该领域未来可能的前景方向。

15.1　WTO 农业谈判中粮食安全问题的演进历程

粮食安全是维护世界和平与促进发展的重要保障，直接关系到人类的永续发展和未来命运。从全球范围来看，约有 66 个国家无法自给自足、需要依靠国际贸易来获取粮食（Fader et al.，2013），维护粮食安全不仅仅是这些国家的头等大事，更需要国际社会的共同努力和协作。为了切实应对和解决全球的粮食安全问题，构建全球粮食安全治理多边机制是构建高效、开放、公平的全球粮食供应体系的重要途径。WTO 作为当前国际上最大的多边贸易组织，粮食安全问题始终是 WTO 农业谈判的重中之重。随着时间的推移，粮食危机频发、粮食波动加剧，全球粮食不安全的程度持续恶化，粮食安全问题在多边谈判中的关注程度也日益增加。从 WTO 农业谈判中粮食安全问题的演进历程上来看，不仅在谈判中不同时期的关注点不断变化，而且其与传统议题的关联程度也逐渐提高。

---

① 《独家|WTO 农业谈判曙光乍现，主席谈判文本草案获得“压倒性接受”》，https://www.yicai.com/news/101979634.html。

15.1.1 粮食安全问题的谈判历程

长期以来，WTO 规则与发展中成员追求其粮食安全目标所需的政策环境的一致性一直备受争议（Gonzalez，2002；Díaz-Bonilla and Ron，2010；Konandreas and Mermigkas，2014；Orden and Brink，2022）。WTO 框架下的粮食安全关切始于乌拉圭回合农业谈判，《农业协定》在其序言中明确粮食安全为非贸易关注，在建立一个公平和市场导向的农业贸易体系的改革过程中得到充分考虑。然而，现有规则被认为不平衡，更有利于发达成员，反而限制了发展中成员追求其农业发展和粮食安全施策的能力（Díaz-Bonilla and Ron，2010；Josling，2015；Glauber；2016）。在这一背景下，如图 15.1 所示，粮食安全问题在多哈回合谈判中的争议性日益提升，并逐渐演变为推动谈判进程的独立议题。

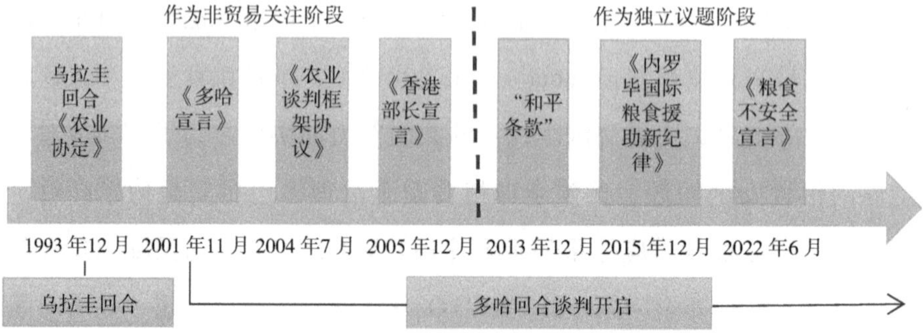

图 15.1　WTO 关于粮食安全问题的谈判历程和主要成果

资料来源：WTO 农业谈判和粮食安全的相关文件

1. 被视为非贸易关注的阶段

WTO 框架下的粮食安全关切始于乌拉圭回合农业谈判，该轮谈判旨在实现进一步的农产品贸易自由化，而对于贸易改革引起的粮食安全问题，并不是谈判的焦点。顾及谈判中一些发达与发展中成员通过主张保障粮食安全需要来证明其粮食进口壁垒及高水平农业国内支持[①]的合理性，《农业协定》在一定程度上考虑了粮食安全问题。《农业协定》在其序言中明确粮食安全为非贸易关注[②]，在建立一个公平和市场导向的农业贸易体系的改革过程中必须予以考虑。然而，《农业协定》是一个较为宽松的多边贸易协定，没有对成员形成实质性约束，在相关规则的使用上存在不对称和不平衡问题（朱满德和程国强，2011；曾文革和原兴男，2016；李先德等，2022；朱晶等，2022b）。事实上，乌拉圭回合农业谈判进程是由发达成员所主导的，更多体现的是发达成员的意志。发展中成员主要批判相关规则允许发达成员继续大力支持其农业部门，不适当地限制了发展中成员追求其农业发展和粮食安全政策的能力，甚至损害了发展中成员的粮食权（Matthews，2014）。

在此背景下，多哈回合农业谈判于 2001 年正式启动。多哈回合又被称为发展回合，其主要目标是致力于建立一个"公平的、以市场为导向的世界农业贸易体制"，从而保障发展中成员的粮食安全、消除贫困、提高农民生计和保障农村就业。《多哈宣言》规定了农业谈判授权，明确提出要"实质性改善市场准入；削减并以期逐步取消所有形式的出口补贴；实质性削减具有贸易扭曲作用的国内支持"；同时还明确"发展中成员的特殊和差别待遇应成为谈判所有要素的组成部分，并应包含在具体减让和承诺表中，及酌情包含在有待谈判的规则和纪律中，以便发展中成员能有效运用并能够有效考虑它们的发展需要，包括粮食安全和农村发展的需要"。

尽管多哈回合明确了农业谈判的目标，但是由于各方立场的差异巨大，

① 除特别说明，本章的国内支持均特指 WTO《农业协定》相关概念，详见本书第 1 章脚注。

② 关于非贸易关注，目前并没有统一的界定，根据国内学者张晓涛和倪洪兴（2004）的观点，非贸易关注是指那些有悖于 WTO 自由贸易的基本原则，但却涉及个人、国家或整个世界的多方面社会福利的一些问题。从广义上看，非贸易关注主要包括两方面的内容：一是纯粹的农产品自由贸易无法体现和实现的农业生产的全部价值，从而导致贸易某一方利益的损失和减少的问题；二是指开展农产品贸易可能引起或影响到的问题，如在乌拉圭回合协定的序言里说明的粮食安全及环境保护等。本书侧重于使用第二个层面的定义。

多哈回合自启动后进展缓慢。直到 2004 年 7 月在日内瓦举行的“绿屋会议”，经过不间断协商达成了《农业谈判框架协议》。该协议将农业谈判的授权和基本原则具体化，构建了谈判的基本框架和主要内容。该协议还指出，发展中成员“必须能够采取支持其发展目标、减贫战略、粮食安全和生计关切的农业政策”，“发展中成员将根据粮食安全、生计安全和农村发展需要的标准，灵活地指定适当数量的产品为特殊产品。这些产品将有资格获得更灵活的待遇”。此外，该协议进一步指出“将建立一个特殊保障机制，供发展中成员使用”[①]。尽管《农业谈判框架协议》尚未明确减让公式和具体参数，但是其制定的较为具体的原则和基本内容较好地平衡和兼顾了发达成员与发展中成员的利益关切，为后续谈判奠定了基础。

2005 年 12 月，在印度、巴西和中国等重要发展中成员的协调下，各方达成了《香港部长宣言》。《香港部长宣言》对农业谈判进程具有重要指导意义，并使《农业谈判框架协议》的内容更加具体化，是指导农业谈判并形成农业模式案文的纲领性文件。宣言明确规定，发达成员将在 2013 年前逐步取消所有形式的农业出口补贴并规范出口政策。宣言还提到为应对紧急情况，需要设立“粮食援助安全箱”，以避免滥用粮食援助取代商业活动的不公平现象。在市场准入议题上，敏感产品的数量被确定为农产品总税目的 1%~15%。其中，发达成员可指定总税目的 4%产品为敏感产品，而发展中成员可指定 6%的产品。此外，发达成员和部分发展中成员在 2008 年前向最不发达成员提供了免关税、免配额的市场准入优惠措施。《香港部长宣言》对粮食安全问题表达了关切，并主要通过在市场准入等方面的“特殊与

① 2000 年 6 月，古巴、多米尼加、洪都拉斯、巴基斯坦、海地、尼加拉瓜、肯尼亚、乌干达、津巴布韦、斯里兰卡和萨尔瓦多 11 个发展中成员向 WTO 农业委员会提出建立“粮食援助安全箱”，要求维持某些农产品进口保护的权利，如指定特殊产品、设立特殊保障机制，同时享有农业补贴削减特殊待遇（参见 WTO 文件 G/AG/NG/W/13）。这些建议为 2008 年 12 月形成的农业模式案文第四稿部分采纳（参见 WTO 文件 TN/AG/W/4/Rev.4）。

差别待遇”方式解决发展中成员贸易开放与粮食安全的矛盾（赵文和周应恒，2008）。

在《农业谈判框架协议》和《香港部长宣言》的基础上，WTO 农业谈判形成了较为成熟的农业模式案文。2008 年 12 月形成的农业模式案文第四稿[①]，包括了农业谈判的全部成果，基本坚持了多哈回合发展授权，反映了发展中成员的利益诉求，是农业谈判最重要的成果性文件。然而，由于发达成员和发展中成员之间的利益冲突，以及各方对市场准入、国内支持等问题的不同看法，农业模式案文没有获得成员一致认可，自此多哈回合谈判陷入僵局。

2. 作为独立议题谈判的阶段

打破僵局的是“早期收获计划”[②]。根据该计划，2013 年 12 月在巴厘岛举行的 WTO 第九届部长级会议上将贸易便利化、农业谈判中的粮食安全、农产品关税配额管理、农产品出口竞争以及关注最不发达成员等议题打包进行谈判，此次会议通过了《巴厘部长宣言》，就多哈回合谈判“早期收获”达成了“巴厘一揽子协定”[③]，实现了 WTO 成立 18 年、多哈回合谈判启动 12 年以来的第一份全球多边贸易协定，这标志着多哈回合贸易谈判僵局终获历史性突破。在此期间，因受全球粮食价格危机的影响，WTO 成员对粮食安全的关注发生了重大变化，从一般性的非贸易关注转向对更为具体的粮食安全公共储备议题的关注。

---

① 参见 WTO 文件 TN/AG/W/4/Rev.4。

② “早期收获计划”是指为推进谈判，时任 WTO 总干事拉米在 2011 年 5 月底的贸易谈判会议上提出以贸易便利化、农业和发展三大议题为核心的“多哈回合早期收获路线图”计划，力争就分歧较小的议题率先达成共识，该计划得到各成员同意。

③ “巴厘一揽子协定”作为多哈回合谈判的“早期收获”，包括 10 份文件，内容涵盖了简化海关及口岸通关程序、允许发展中国家在粮食安全问题上具有更多选择权、协助最不发达国家发展贸易等内容。

具体而言，在粮食安全问题上，成员们达成《粮食安全公共储备决议》。该决议以“和平条款”的形式，给予发展中成员在粮食安全公共储备方面一定的政策灵活性，主要内容包括：成员在依据《农业协定》附件2采购用于粮食安全公共储备时，如因计入AMS的补贴额超过微量允许上限而违反《农业协定》6.3 款①和 7.2 款②，其他成员应适当克制，不诉诸WTO 争端解决机制；各成员在向农业委员会通报已经超过或将要超过微量允许上限的情况，填写并提交有关公共储备计划的问卷表格后才可使用“和平条款”；使用“和平条款”建立的公共储备不应扭曲贸易，不应损害其他成员的粮食安全，“和平条款”不豁免《补贴与反补贴措施协定》，超微量允许上限进行补贴时，仅限于用于粮食安全公共储备，不能用于其他“黄箱”支持；“和平条款”有效期直至永久性解决方案出台，实施期内制定工作计划，谈判解决公共储备问题的永久办法，并提交 WTO 第十一届部长级会议通过。“和平条款”在一定程度上暂时解决了 WTO 规则产生的问题，对于解决发展中成员在粮食安全方面所面临的困难和挑战有积极的推动作用。此后，各方仍在积极磋商，期待为粮食安全公共储备议题寻求永久性的解决方案。

为落实 WTO 第九届部长级会议决议，2015 年 12 月在内罗毕举行 WTO 第十届部长级会议，最终通过了《内罗毕部长宣言》。该宣言在国际粮食援助方面，要求成员在提供国际粮食援助时应当防止替代正常的粮食贸易，或

---

① 《农业协定》6.3 款规定如下：如一成员在任何一年中其以现行综合支持总量表示的有利于农业生产者的国内支持未超过该成员减让表第四部分列明的相应年份或最终约束承诺水平，则该成员应被视为符合其国内支持削减承诺。

② 《农业协定》7.2 款规定如下：（a）任何有利于农业生产者的国内支持措施，包括对该措施的任何修改，以及随后采取的、不能证明其符合本协定附件 2 的标准或不能根据本协定任何其他规定而免除削减的任何措施，均应包括在该成员关于其现行综合支持总量的计算中。（b）如一成员减让表第四部分无综合支持总量承诺，则该成员给予农业生产者的支持不得超过第 6 条第 4 款所列的有关微量水平。

者使这种影响最小化；应保证粮食援助由需求驱动，以完全赠予方式提供，不能与商品和服务出口捆绑提供，不能与援助国的市场开放目标相联系；应考虑当地市场情况，在合理预期将对相同或替代产品的当地或地区生产造成不利影响的情况下，尽可能避免以实物形式提供援助；仅可在明显需要的情况下[①]对援助的粮食进行货币化。新的多边纪律的形成有利于切实解决最不发达成员面临的实际困难，使其更好地从多边贸易体制受益。

近年来，新冠疫情、俄乌冲突等一系列不利因素威胁世界粮食安全，各国和地区对粮食安全的关注空前上升，发展中成员尤其迫切希望优先就粮食安全问题达成一致以应对粮食危机。2022 年 6 月 WTO 第十二届部长级会议在日内瓦召开，成员们就粮食安全问题达成了《关于紧急应对粮食安全问题的部长宣言》和《关于世界粮食计划署购粮免除出口禁止或限制的部长决定》，前者为当前粮食紧缺和粮价飙升问题提出了一系列举措，后者承诺不对 WFP 为人道主义目的购买的食品实施任何出口禁令或限制，并指出 WFP 是根据对供应国“不造成伤害”的原则做出采购决定的。这些成果有利于维护开放、透明的农产品贸易环境，增强全球粮食和农业市场韧性。WTO 第十二届部长级会议的一系列成果对多边体系来说是一次巨大的成功，充分说明多边主义和多边贸易机制人心所向。尽管成果涵盖的内容广泛，但缺乏深度，并未给出保障粮食安全的具体措施，细节方面仍需继续讨论。在 2024 年 2~3 月举行的 WTO 第十三届部长级会议上，成员就粮食安全问题展开了激烈的讨论，但在各相关议题上仍然存在巨大分歧，并未达成共识。

总体而言，WTO 规则和纪律与发展中成员追求其粮食安全目标所需的

① 各成员应仅在以下情况下对国际粮食援助实行货币化，即为运输和交付粮食援助的目的有实行货币化的明确需要，或国际粮食援助的货币化系为纠正短期和/或长期粮食短缺所需或为解决农业生产不足所产生的最不发达和粮食净进口发展中成员长期饥饿和营养不良的问题（参见 WTO 文件 WT/MIN(15)/45、WT/L/980）。

政策环境的一致性长期以来一直是争议的焦点，且在 WTO 谈判中发达成员与发展中成员之间的分歧明显（樊胜根等，2019；Glauber et al.，2020；朱晶等，2022b）。尽管存在不同的利益和态度，发达成员也承认发展中成员的粮食安全需求。虽然谈判尚未达成最终一致，但各方已通过一些协议和承诺试图找到平衡点，以应对全球粮食安全挑战。多哈回合以来的成果文件得到大多数发展中成员的支持，在今后农业谈判中仍将发挥着重要的指引作用，是多边农业谈判取得最终胜利结果的坚实基础（Bellmann et al.，2013；Kask，2020；Swinbank，2022）。未来，进一步促进多边合作和对话将是解决粮食安全问题的关键。

15.1.2　粮食安全与传统议题的关联

保障粮食安全需要应对许多挑战，包括提高农业生产能力、促进农村发展、改善农民的生计状况、降低农产品贸易壁垒、提高市场准入等。通过梳理 2010 年以来各成员的提案，可以发现粮食安全与农业谈判涉及的大多数议题都直接或间接相关，特别是与《农业协定》国内支持、市场准入和出口竞争三大支柱息息相关的。如图 15.2 所示，在国内支持下，粮食安全公共储备是与粮食安全直接相关的一个重要议题；在市场准入中，与粮食安全相关的讨论主要围绕着特殊产品（SP）和特殊保障机制展开；在出口竞争中，保障粮食安全侧重于使用出口限制的纪律。

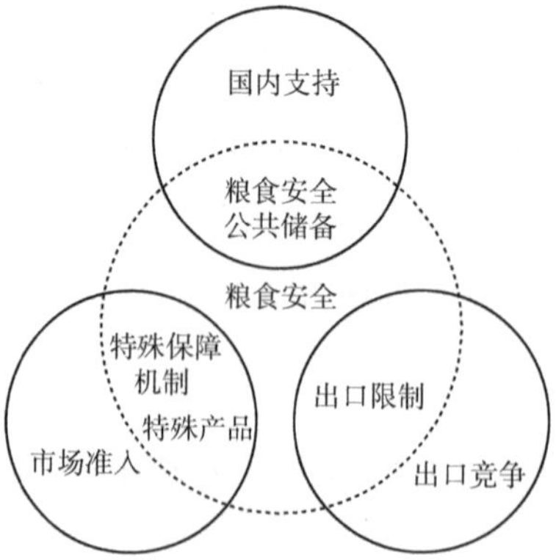

图 15.2　WTO 中与粮食安全相关的议题

资料来源：WTO 农业谈判和粮食安全相关文件

1. 粮食安全与国内支持

国内支持方面的相关分歧反映了各成员保障自身粮食安全的不同立场。《农业协定》对于不同群体、不同国内支持措施提出了不同的约束纪律[①]。这种差异化的折中之举导致在后续规则应用过程中成员间分歧严重。一方面，由于历史原因发达成员所享有的特权问题，即发达成员被允许提供超出微量允许之外的 AMS，且可以将 AMS 集中在少数关键产品上，集中使用 AMS 的产品还可以随意调整。这使得这些成员在扶持其想要扶持的特定农产品上拥有巨大的政策空间，对农业生产和农产品贸易造成严重扭曲，使得发展中成员在国际粮食市场竞争力较弱，对保障其自身粮食安全产生不利影响。另一方面，发达成员则认为发展中成员在微量允许比例方面占有优势且享有“发展箱”等特殊待遇，导致其拥有更大且增长更快的特定和非特定产品“黄箱”支持空间。在乌拉圭回合谈判和多哈回合谈判的早期，发展中成员的补贴相对较小，一般被认为对国际市场影响不大。然而，由于政策改革和全球市场价格较高的原因，一些发展中成员的国内支持大幅增加，引起发达成员的担忧。

粮食安全公共储备是与粮食安全最直接相关的议题。在《农业协定》实施后的近十年中，粮食价格相对平稳，但在 2005 年至 2011 年间出现的粮食价格飙升影响了许多发展中成员提供国内支持的政策空间，原因是市场价格支持计算中价差[②]的增加（Glauber，2016；Orden and Brink，2022）。因此，发展中成员呼吁建立一种特殊的农业政策措施，旨在帮助成员确保在必

---

① 一方面，对于拥有基期综合支持量成员，允许其基期综合支持量在适度削减的前提下予以保留；另一方面，对于经济发展相对滞后的发展中成员，规则降低对发展中成员纪律约束要求，给予发展中成员相对灵活和优惠的特殊差别待遇，如给予发展中成员高于发达成员一倍的微量允许，并将发展中成员的“发展箱”列入了免予减让的范围。

② 市场价格支持的计算公式为适用的管理价格与固定基期的外部参考价格之间的价差乘以有资格接受适用的管理价格的产量，具体计算规则参见《农业协定》附件 3。

要情况下的粮食供应，这意味着在自然灾害、战争或其他必要情况下，成员可以通过储备和灵活的粮食释放机制，迅速采取行动，维护国内粮食安全。此外，在国际市场上，粮食价格波动和供应不稳定可能对成员经济造成不利影响，而通过建立和维护粮食储备，成员能够在市场价格波动较大或供应不足时通过灵活的市场调节手段，维护国内市场的稳定性。

在粮食安全公共储备问题上，支持者将永久性解决方案视为保障其粮食安全的重要工具，认为一些条款，如《粮食安全公共储备决议》中的透明度要求已经过于繁重，导致临时性解决办法无法使用。而非支持者则担心粮食安全公共储备可能导致潜在的贸易扭曲以及无限制市场价格支持的大门被打开，呼吁加强保障和反规避规定，并提高透明度[①]。近年来，特别是 2019 年新冠疫情和 2022 年俄乌冲突爆发后，包括非洲、亚洲和拉丁美洲在内的大多数发展中国家，粮食严重不安全的发生率显著上升，粮食安全公共储备再次引起人们的关注。一些成员在危机期间增加了储备，这导致其他成员担心可能采购的储备过多，以及这些储备的释放可能会影响全球粮食市场和粮食安全。全球粮食安全危机加强了成员们不同方面的争议和关切，却似乎没有改变其分歧的根本。

2. 粮食安全与市场准入

市场准入谈判旨在推进建立一个更有效的世界农业贸易市场，降低国内市场短缺的风险，并减轻本地和国际价格的波动，这有助于世界粮食安全。在这方面，发展中成员呼吁发达成员减少农业补贴和关税，以实现更自由和公平的农产品贸易。然而，发达成员表示需要保护自身农业产业和农民利益，并对市场准入采取保护措施。事实上，市场准入方面的改革不仅有助于增加粮食的实际供应，使其能够从生产过剩的地区重新分配到生产不足的地

① 参见 WTO 文件 JOB/AG/163。

区，而且能通过增加现有供应和利用其他成员与地区在某些产品方面的比较优势，使粮食更加便宜。巴拉圭和乌拉圭提交的关于“市场准入备选方案”的文件①表明市场准入还可以创造新的就业机会，以扩大商业机会，并促进获得粮食，从而加强粮食安全。然而，突尼斯提交的关于“简化关税”的文件②指出，国际农产品仍然受到不明确和不透明的关税保护，以及关税升级、国内支持和严格的卫生与动植物卫生检疫措施的严重破坏，这些都导致国际农产品市场准入条件的根本扭曲和任意收紧，从而影响发展中成员利用市场准入机会、加强融入世界农产品市场的能力，并导致发展中成员农业和贸易政策效率低下，不利于其维护粮食安全。因此，世界粮食安全目标要求推动市场准入谈判，为每个市场的出口商增加贸易机会，更有效地利用自然资源。同时开放特定市场，吸引新的海外投资和引进相关技术，有助于增强自身的竞争力，建立更稳定和可信的贸易制度条件。

市场准入与粮食安全相关的讨论主要围绕着特殊产品的作用和特殊保障机制展开。特殊保障机制是多哈回合农业谈判以来发展中成员为解决《农业协定》中的不公平和不平衡问题，应对发展中成员面临的粮食安全、生计和发展挑战而提出的重要工具。特殊保障机制对于应对日益动荡的全球农业市场中进口激增和价格下跌带来的不稳定和破坏性问题至关重要。目前仍处于谈判阶段的特殊保障机制的基本框架，主要源于乌拉圭回合设立的农业特殊保障措施（special agricultural safeguard，SSG），包括数量触发机制（quantity-based SSM，Q-SSM）和价格触发机制（price-based SSM，P-SSM）。与一般保障措施不同，特殊保障机制的启动不需要进行损害举证或对出口国进行相应补偿，只要进口国的农产品进口数量或价格满足触发条件，发展中成员就可以援用数量触发机制和价格触发机制来限制农产品的进口。各成员

① 参见 WTO 文件 JOB/AG/139。
② 参见 WTO 文件 JOB/AG/119。

之间在市场准入与特殊保障机制之间的联系问题上存在明显分歧[①]。支持者一直主张建立一个独立于市场准入谈判之外的、解决进口激增和价格下跌问题的特殊保障机制。他们还认为，有必要建立特殊保障机制以保护小农和弱势农民免受全球价格波动风险的影响，并纠正进口补贴的负面影响。非支持者认为，特殊保障机制与正在进行的市场准入谈判中即将到来的关税自由化有着复杂的联系，同时认为可持续贸易机制不应潜在地逆转现有的市场准入承诺。

3. 粮食安全与出口竞争

出口竞争方面的谈判有助于最不发达成员和粮食净进口发展中成员更好地融入世界贸易，维护国内消费价格稳定和确保粮食安全。最不发达成员和粮食净进口发展中成员面临着粮食供应不足、农业生产和技术水平低下等多方面的困难和挑战。在竞争激烈的市场中，各方之间可能存在过度的出口竞争，这会导致不稳定和不可靠的市场情况，从而影响全球粮食供应的平衡和稳定。因此，出口竞争方面的谈判中，相关规定和纪律可以促进各成员在出口竞争方面的合作和协调，确保粮食供应的稳定和可靠。例如，《农业协定》和《内罗毕部长宣言》中关于出口竞争的规定，特别是关于国际粮食援助的规定，鼓励捐助者采取措施，包括通过 WFP 向贫穷和脆弱成员提供粮食，以及在《关于紧急应对粮食安全问题的部长宣言》中特别重申出口竞争粮食援助纪律，并鼓励捐赠。通过国际合作和援助，这些成员可以获得必要的支持和帮助，从而提高自身农业生产和竞争力，实现更加公平和可持续的全球粮食供应。

在出口竞争中，保障粮食安全侧重于使用出口限制措施。在价格波动或

---

① 参见 WTO 文件 JOB/AG/237。

国内市场面临严重粮食短缺风险时，出口限制[①]是最不发达成员的一项重要政策工具。解决出口限制问题有助于加强粮食安全，并增强成员对国际市场的可预测性、效率和可靠性的信心。纵观 WTO 谈判历程，出口限制议题充满争议。宽松的出口限制纪律导致出口成员可以随意使用出口限制措施，从而造成国际粮食市场的人为恐慌和供给不足，会影响国际社会对国际农产品市场的信心，加剧粮食价格波动，损害进口成员利益。同时，优先保障国内粮食需求是成员的天然权利，对粮食等重要农产品出口采取限制或禁止措施有助于在紧急时刻缓解国内供给短缺和价格波动，是保障国内粮食安全的重要手段，如果对成员实施出口限制措施附加过多限制条件不利于成员维护自身粮食安全。新冠疫情暴发后，国际农产品供应链遭受巨大冲击，部分成员相继出台出口禁止和限制措施，不利影响进一步放大。2021 年，新加坡等 55 个成员共同发表联合声明，承诺不对 WFP 为人道主义目的购买的食品实施出口禁令或限制[②]。进一步地，在 WTO 第十二届部长级会议上达成《关于世界粮食计划署购粮免除出口禁止或限制的部长决定》[③]，内容为“各成员不得对世界粮食计划署为非商业性人道主义目的而购买的粮食实施出口禁止或限制”，并指出 WFP 是根据对供应国“不造成伤害”的原则做出采购决定的。

综上所述，粮食安全的实现与传统议题的谈判密不可分。然而，传统议题的广泛和复杂性决定了其进展缓慢。因此，WTO 各成员谋求在传统议题

① 多边贸易体制现行规则原则上不允许成员对农产品设立出口禁止和限制措施，但也做出了例外规定。1994 年关税与贸易总协定（GATT1994）第 11.2（a）规定，允许成员为避免或缓解粮食短缺而采取临时出口禁止和限制措施。《农业协定》第 12 条规定，依照 GATT1994 第 11.2（a）对粮食实行的新的出口禁止或限制，应适当考虑对进口成员粮食安全的影响；尽可能提前书面通知农业委员会，并与具有实质利益的进口成员进行磋商并提供必要信息。《农业协定》还考虑到了发展中成员和粮食净进口成员的特殊情况，第 12.2 条提出，“该规定第 12 条不适用发展中成员，除非采取措施的是相关粮食净出口国”。

② 参见 WTO 文件 JOB/AG/131、JOB/AG/148。

③ 参见 WTO 文件 WT/MIN(22)/29、WT/L/1140。

的基础上，积极寻求一些更具体、更可操作的解决方案，通过分阶段、分领域的方式逐步推进，以期取得更多实质性成果。在综合考量国际形势和各成员利益的基础上，如何正确处理传统议题与紧急议题的关系，寻求更加务实和切实可行的路径与方法，从而通过“早期收获计划”、打破 WTO 规则改革僵局是未来 WTO 农业谈判需要解决的重要问题。

15.2 粮食安全公共储备巴厘决议的成果及其局限性

在确保成员粮食安全的战略框架中，粮食安全公共储备扮演着至关重要的角色。公共储备是确保粮食安全的基石，负责保障粮食供应、缓解市场波动以及应对紧急情况。因此，粮食安全公共储备是一项复杂的国际谈判议题，各方在协商谈判的过程中，需要平衡成员粮食安全、国际市场稳定和贸易自由的利益（Matthews，2014；Glauber and Sinha，2021；Häberli，2021）。

2013 年 12 月在巴厘岛举行的 WTO 第九届部长级会议首次就该议题形成了成果性文件——《粮食安全公共储备决议》。决议以“和平条款”的形式，暂缓了多方成员之间的利益冲突，给予发展中成员在粮食安全公共储备方面一定的政策灵活性，但是这项临时性解决方案是多方暂时妥协的产物，方案本身仍然存在一定的局限性。本节将在介绍粮食安全公共储备巴厘决议的主要内容及适用条件的基础上，探析临时性方案可能存在的局限性。

15.2.1 “和平条款”的内容及其适用条件

WTO 乌拉圭回合谈判期间，巴西和印度等发展中成员提出了关于粮食安全公共储备的议题，主张修改 WTO 规则，以允许发展中成员在实施粮食储备政策时享有更大的灵活性，而不受到贸易规则的限制。发展中成员提出建立和保护粮食安全公共储备的要求是为了更好地维护国内粮食安全，确保粮食的稳定供应，而发达成员担心这可能导致市场扭曲和不公平的竞争。因此，自 2001 年多哈回合谈判启动以来，粮食安全公共储备一直备受争议。在 2008 年多哈回合谈判陷入停滞之后，因受全球粮食价格危机的影响，WTO 成员对粮食安全的关注发生了重大变化，从一般性的非贸易关注转向具体的粮食安全公共储备议题。

根据《农业协定》中关于“黄箱”支持与“绿箱”支持的规定，以 WTO 农业谈判 G33 集团（简称 G33 集团）为首的发展中成员认为鉴于其目前的经济发展水平，粮食安全公共储备是自身能够处理的解决粮食安全问题的最合适的政策工具。因为大多数发展中成员在乌拉圭回合谈判阶段并没有采用农业国内支持措施，其综合支持量为负值，现有的微量允许就是其能够使用的“黄箱”支持的上限。对于实施粮食安全公共储备的发展中成员而言，其用于储备粮的补贴最大上限是粮食生产总值的 10%，超过该限度就需要履行削减义务，这使发展中成员处于劣势地位。此外，如果政府采购粮食的管理价格高于现行市场价格，就会被视为提供了价格支持，不再享有免于削减的承诺。

因此，印度等 G33 集团成员在提案中要求更新《农业协定》规则[①]，在粮食安全公共储备上给予发展中成员粮食采购价格操纵上更大的灵活度，G33 集团建议将这种管理价格的支持排除在综合支持量的计算范围之外，以便其不受任何数量上的限制。提案一经提出就遭到了以美国为首的发达成员和部分发展中成员的强烈反对，他们认为过多的市场价格支持加入“绿箱”支持将会扭曲贸易，损害粮食安全，因此为了避免再一次的谈判无果，

① 参见 WTO 文件 JOB/AG/22、JOB/AG/23。

WTO第九届部长级会议找到了一个临时性的解决方案——“和平条款”[①]，具体如下。

（1）各成员同意就粮食安全公共储备问题实施如下临时机制，并谈判一项关于永久性解决方案的协定[②]，提交WTO第十一届部长级会议通过。

（2）在此期间，直至找到永久性解决方案前，并在满足下列条件的前提下，对于在本协定通过之日已存在的、为实施用于粮食安全公共储备而对传统主粮作物[③]提供的且符合《农业协定》附件2第3款[④]、脚注5[⑤]及脚注5&6的支持[⑥]，各成员应克制通过WTO争端解决机制对发展中成员是否遵守其在《农业协定》第6.3款和7.2（b）项下的义务进行质疑[⑦]。

虽然形成了临时性解决方案，但是决议规定，受益于“和平条款”的WTO成员必须满足一系列条件，包括通报和透明度要求、反规避和保障措施、磋商和监测等。对于为实现粮食安全而超过综合支持量限额的成员，必须向农业委员会通报，并确保通报满足《农业协定》的国内支持通报要求。此外，成员每年必须提供有关粮食安全公共储备项目的详细信息和统计数据，以避免因此产生的储备对贸易造成扭曲影响。受益于该决定的发展中成员应主动磋商其粮食安全公共储备项目的运作，以确保其操作合理。总体而言，该决定旨在维护贸易平衡，防止对其他WTO成员的粮食安全产生不利影响。具体内容表示如下。

---

① 参见WTO文件WT/L/913。

② 永久性解决方案将适用于所有发展中成员。

③ 这一术语指发展中成员传统饮食中的主粮。

④ 参见WTO《农业协定》附件2，粮食安全公共储备。

⑤ 发展中成员实施的粮食安全公共储备项目，如果其运作是透明的，并且是按照正式公布的客观标准或准则进行的，则应被视为符合本条款的规定，其中包括为粮食安全目的而实施的以管理价格收购和发放粮食储备的计划，条件是收购价格与外部参考价格之间的差额应计入综合支持量计算。

⑥ 《农业协定》附件2第3段和第4段，以补贴价格提供粮食，以便以合理的价格定期满足发展中成员城市和农村贫困人口的粮食需求，应被视为符合本段的规定。

⑦ 本决定不得妨碍发展中成员依照《农业协定》相关条款实施粮食安全公共储备项目。

（1）通报和透明度。①已向农业委员会通报因实施上述项目而超过或可能超过其 AMS 上限之一或全部上限（即该成员约束的总 AMS 或微量允许水平）；②已按照 1995 年 6 月 30 日 G/AG/2 号文件附件中所列，履行并将继续履行《农业协定》规定的国内支持通报要求；③对于其为粮食安全目的而维持的每一个公共储备项目，已经提供并将每年继续通过填写附件中模板提供额外信息；④在可获得的情况下，尽早提供附件统计附录中所述的额外统计信息，以及提供任何更新信息或对较早提供的任何信息进行更正。

（2）反规避/保障措施。寻求将计划纳入第 2 款涵盖范围的任何发展中成员应保证此类项目下采购的储备不扭曲贸易或对其他成员的粮食安全造成不利影响；本决定不得被成员用于第 3.a. 款下通报的项目以外的其他补贴项目，以避免综合支持总量或微量允许水平的增加。

（3）磋商。从本决定获益的发展中成员应根据要求，应与其他成员就其根据第 3.a. 款通报的公共储备项目的运行情况进行磋商。

（4）监督。农业委员会应监督根据本决定提交的信息。

巴厘决议期望在 WTO 第十一届部长级会议之前通过各方努力，达成一个永久性解决方案。“和平条款”暂时实现了多方利益的妥协，是巴厘决议关于粮食安全公共储备问题的巨大进步。

15.2.2　临时性解决方案的局限性

WTO 第九届部长级会议中关于粮食安全公共储备议题的“和平条款”，是多方利益妥协的临时性解决方案，在细节之处仍然存在一些局限性，体现在以下几个方面。

1. 适用范围有限

巴厘决议第 2 条明确规定，只有符合《农业协定》条款下“绿箱”关于“粮食安全公共储备”规定的粮食储备支持才能够免于 WTO 争端解决机制下的诉讼，即无论提供粮食储备支持的发展中成员是否遵守《农业协定》国内支持削减承诺（总综合支持量上限）或微量允许，只要支持符合“绿箱”支持，则可以免除 WTO 争端解决机制下的诉讼。当前粮食安全公共储备被视为“绿箱”支持，除了要满足《农业协定》附件 2 列明的标准[①]外，还必须符合特定的政策标准和条件，包括：①政府应按当前市场价格购买粮食，而从粮食安全公共储备中销售粮食的价格不得低于有关产品和质量的当前国内市场价格；②储备性补贴必须保持充分透明和符合储备需要，即粮食储备性补贴不得过度；③储备粮政府收购价格（管理价格）与外部参考价格的差额要在综合支持量中加以说明。

2. 涵盖对象有限

根据巴厘决议第 2 条，免除诉讼的权利仅涵盖那些“已经存在的、为实施粮食安全公共储备而对传统主粮作物提供的、符合《农业协定》附件 2 第 3 款、脚注 5 及脚注 5&6 的支持”。这意味着，一方面，享有 WTO 法律诉讼豁免权的只能是那些目前已经实施了粮食安全公共储备的成员，而那些没有实施或者想要着手实施此项目的成员丧失了使用“和平条款”的权利。如表 15.1 所示，2013 年 WTO 第九届部长级会议前后共有 38 个成员已经实施了粮食安全公共储备项目，既包括发达成员又包括发展中成员。另一方面，临时性解决方案仅针对传统主粮作物，其他农作物不适用。在后续的谈判过程中，在新冠疫情引发的对粮食安全公共储备的担忧以及为形成永久性解决

---

① 所涉支持应通过公共基金供资的政府计划提供，包括放弃的政府税收；所涉支持不得具有对生产者提供价格支持的作用。

方案而努力的背景下，2021 年 7 月非洲集团提议应该升级原有的“和平条款”，包括随着生产模式的变化，其农作物覆盖范围必须超越传统的主粮作物。因此，“和平条款”中涵盖对象的有限性需要进一步修正和完善。

表 15.1　2013~2021 年 WTO 成员用于粮食安全公共储备的支出情况

成员	货币	单位	2013 年及以前	2014 年	2015 年	2016 年	2017 年	2018 年	2019 年	2020 年	2021 年
阿尔巴尼亚	ALL	千	√				0				
亚美尼亚	AMD	百万	√	0							
孟加拉国	USD	百万	√	44		334		363		427	
博茨瓦纳	BWP	百万	√	0	0	0	0	0	0	0	
巴西	USD	千	√	371 657	123 564	172 775	89 685	77 682	63 371	28 985	34 102
中国	CNY	亿	√	781	1 515	1 149	1 287	1 232	1 034	994	
哥斯达黎加	USD	千	√	0	0	0	0	0	0	0	0
克罗地亚	EUR		√								
塞浦路斯	EUR		√								
爱沙尼亚	EEK	百万	√								
欧盟	EUR	百万	√	12	21	21	0	32	20	25	
冰岛	SDR	百万	√	0	0	0	0	0	0	0	0
印度	USD	百万	√	17 175	15 645	16 271	0	17 212	18 676	29 213	28 062
印度尼西亚	IDR	亿	√	1	1	1	1	9 271	3 843	12 427	37 712
以色列	USD	千	√	16 305	13 210	11 847	11 774	10 948	9 116	12 430	10 821
日本	JPY	十亿	√	20	19	17	16	15	15	18	15
哈萨克斯坦	KZT		×			1 766	2 500	1 241	4 150	10 188	13 528
肯尼亚	KES	百万	√								
韩国	KRW	十亿	√	163	174	212	224	356	297	261	
吉尔吉斯斯坦	KGS	千	√	7 644	0	0	0	0	0		
摩尔多瓦	SDR	百万	√	7	5	0					
蒙古国	USD	千	√	0	0	21 614	22 076	18 472	20 477	21 027	9 023
纳米比亚	N$	百万	√								
尼泊尔	NPR	千	√	60 000				90 000			

续表

成员	货币	单位	2013 年及以前	2014 年	2015 年	2016 年	2017 年	2018 年	2019 年	2020 年	2021 年
尼加拉瓜	USD		×	0	0	0	87 168	5 295	0	48 463	0
北马其顿	EUR	百万	√								
挪威	NOK	百万	√	10	13	14	18	19	16	17	17
巴基斯坦	USD	百万	√	122	148						
菲律宾	PHP	百万	√	4 250	4 500	4 250	5 100	7 000	7 000	7 000	7 000
俄罗斯联邦	USD	百万	√	0	10	0	0	0	0	0	190
沙特阿拉伯	SAR	百万	√	50	52	57	49	14	16		
斯洛文尼亚	EUR	千	√								
斯里兰卡	LKR	百万	√	0	0	0					
瑞士	CHF	百万	√	0	0	0	0	0	0	0	0
多哥	XOF	百万	×	0	0			0		1 196	
乌克兰	UAH	百万	√								
越南	VND	十亿	√	1 970	2 265	1589	2 163	1 909	1 644	2 485	
赞比亚	ZMW	百万	√	1 013							

资料来源：根据各成员 WTO 国内支持通报表 DS:1 和相关支持表整理

注：①√表示 2013 年及以前成员向 WTO 通报了粮食安全公共储备支出，×表示没有；②空白单元格表示未使用粮食安全公共储备计划或有可能使用了粮食安全公共储备计划但未向 WTO 通报；③货币为该成员向 WTO 通报时使用的货币

3. 未涉及国内粮食援助问题

在国内粮食援助问题上，G33 集团同样建议，以补贴价格从低收入或资源贫乏的生产者那里采购的任何粮食储备，均不在补贴范围之内。

此外，巴厘决议要求“和平条款”的适用必须要符合《农业协定》附件 2.3 条为粮食安全公共储备设定的各项标准，包含要有明确的目标、财务透明、按照市场价格收储、管理价格和市场价格的差额部分应计入扭曲贸易的综合支持量中等。其适用条件严格、烦琐，可能会给发展中成员建立粮食储备带来技术和法律上的复杂性。

15.3　粮食安全公共储备永久性解决方案所面临的挑战

正是由于各成员对于粮食安全公共储备的实施方式和影响存在不同的看法，从而使得该问题成为农业谈判中最为复杂的议题之一（Díaz-Bonilla，2014；Galtier，2023）。这些分歧不仅涉及粮食安全的本质，还涉及贸易平衡、市场公平性以及农业政策对国际经济的影响等方面。在特定的农业谈判中，其主要争议点集中在一些成员担心与粮食安全公共储备相关的市场价格支持政策可能导致市场扭曲或违反贸易补贴规定，从而成为一种贸易保护的手段。另外，一些成员更关注粮食安全公共储备操作的透明度以及争端解决机制的有效性。这些分歧折射出在粮食安全政策中如何平衡国际贸易和市场公平性的多元观点与利益冲突。

尽管“和平条款”可以在一定程度上缓和多方成员关于粮食安全公共储备的利益冲突问题，但暂时性方案不能成为长久之计，还需要各方继续协商谈判，原计划在不迟于 WTO 第十一届部长级会议之前达成一个永久性解决方案，其中 G33 集团在提交提案方面最为积极（表 15.2）。然而，巴厘决议后，虽然各方成员普遍表达了维护本国利益的愿望，非支持者也对已有建议表现出不满情绪，但令人遗憾的是，各方成员的立场没有发生任何根本性的变化，争议焦点仍然集中在市场价格支持政策、永久化“和平条款”以及贸易扭曲和粮食不安全等方面。在提出切实有效的建议方面，各成员显得相对不足。因此，在这一问题上，各方仍未达成共识，在原计划设定为截止日期的 WTO 第十一届部长级会议上也未取得一致意见。这展现了一种复杂曲折的谈判动态，需要各方深入探讨并共同努力，以期达成有助于全球粮食安全的协议，并形成永久性解决方案。

表 15.2 G33 集团提交的关于粮食安全公共储备的提案

提案	日期	主要内容
JOB/AG/22	2012 年 11 月	• 支持低收入或资源贫乏生产者的计划，包含在“绿箱”中，不包括在综合支持量计算中
JOB/AG/25	2013 年 10 月	• 三个选择：重新审视外部参考价格；考虑过高的通货膨胀率；或者诉诸“和平条款”
JOB/AG/27	2014 年 7 月	• 支持低收入或资源贫乏生产者的计划，包括在“绿箱”中，不包括在综合支持量计算中 • 2017 年 WTO 第十一届部长级会议上达成永久性解决方案
JOB/AG/54	2015 年 11 月	• 修改附件 6 中关于粮食安全公共储备计划标准的内容 • 每年的通报要求
JOB/AG/97	2017 年 5 月	• 关于粮食安全公共储备的非正式文件：以往提案的概述 • 呼吁建设性参与
JOB/AG/105	2017 年 7 月	• 重复 2015 年提案的主要内容
JOB/AG/179	2020 年 6 月	• 呼吁在 WTO 第十二届部长级会议之前就粮食安全公共储备提出有效的永久性解决方案
JOB/AG/214	2021 年 7 月	• 涉及发展中成员和最不发达成员的粮食安全公共储备的“和平条款” • 在超过综合支持量/微量允许时的通报和透明度要求 • 除非进口成员提出要求，否则不得出口所采购的储备 • 对用于国际粮食援助或非商业人道主义目的的出口豁免反规避和保障条款的限制 • 计划信息应包括有关枚举、运作、统计和其他信息的详细信息

资料来源：WTO 部长级会议相关提案

15.3.1 粮食安全公共储备纳入“绿箱”支持范围的争议

作为粮食安全公共储备问题中的重要争议，确定“绿箱”支持和“黄箱”支持的范围格外重要。在 WTO 第九届部长级会议形成的“和平条款”中达成了暂时统一的意见，但是以 G33 集团为代表的发展中成员坚持扩大“绿箱”支持的范围，提议将粮食安全公共储备纳入“绿箱”支持。当前粮食安全公共储备被视为“绿箱”支持，必须符合特定的政策标准和条件，包括：①政府应按当前市场价格购买粮食，而从粮食安全储备中销售粮食的价格不得低于有关产品和质量的当前国内市场价格；②储备性补贴必须保持充分透明和符合储备需要，即粮食储备性补贴不得过度；③储备粮政府收购价格（管理价格）与外部参考价格的差额要在综合支持量中加以说明。

为此，G33 集团提交的关于“粮食安全公共储备永久性解决方案”的文件[①]中提出粮食安全公共储备支持传统主粮作物，符合《农业协定》附件 2 第 3 款，脚注 5、脚注 5&6 的标准，不要求在《农业协定》第 1 款规定的限额内说明，也不要求在综合支持量（包括微量允许）中说明等。还建议将新的附件 6 插入到《农业协定》中，具体建议是将现有的附件 2 中的脚注 5 和脚注 5&6 进行修改：如果发展中成员或最不发达成员政府以管理价格购买粮食并随后以补贴价格分配粮食的计划是为了支持低收入或资源贫乏的生产者，并保障粮食安全和城市与农村贫困人口的需求，从而保持充足的粮食供应，那么在满足透明度的条件下，则可以纳入“绿箱”支持范围内。

非支持者认为 G33 集团的建议会造成粮食安全公共储备带来扭曲市场的后果。挪威提交的关于“挪威就 JOB/AG/99 中关于粮食安全公共储备提出的问题”的文件[②]中指出，《农业协定》中综合支持量和附件 2 已经构成了一个详尽的支持分类，然而 G33 集团的建议似乎还创造了一个新的未解释的支持类别，对其中规定的“相关市场价格支持不必计入综合支持量（包括微量允许）”在内的条款的意图和后果进行质疑。此外，挪威还对关于《农业协定》附件 2 脚注 5 建议的法律含义问题，部长级决定的建议是否与协定附件 2 脚注 5 之间存在冲突，以及是否需要增加新的附件等问题，提出了相关关切。

由于其他成员对 G33 集团提案的强烈反对，修改现行“绿箱”支持范

① 参见 WTO 文件 JOB/AG/105。
② 参见 WTO 文件 JOB/AG/110。

围遇到前所未有的阻力。各成员立场较巴厘决议时没有发生根本性的变化，依然无法形成永久性解决方案。

15.3.2 粮食安全公共储备水平计算方式的争议

将粮食安全公共储备的支出视为“绿箱”支持，实际上是将市场价格支持合法化，也就是对《农业协定》附件 2 对“绿箱”设置的基本准则进行修改，因此达成合意的阻力极大。基于此，一些 G33 集团成员提出了一些新的建议，涉及了一系列可供选择的解决方案，主要包括：重新定义固定基期的外部参考价格以及改变对有资格接受适用的管理价格的产量的界定[①]。

1. 重新定义固定基期的外部参考价格

在计算固定基期的外部参考价格时，首先需要解决的一个问题是，计算的基期应该是固定的还是浮动的，换句话说，基期（类似于乌拉圭回合的参考期）应该与一个固定的日期联系在一起，保持不变，还是随时间变化，如采用最近期间的平均价格。如果选择了一个固定的期间，一些成员可能会认为，这将提供更大的可预测性。然而，一个重要的缺点是，随着时间的推移，新措施捕捉实际经济市场扭曲程度的能力将受到侵蚀，这意味着成员在几年后将再次面临类似的情况。成员还必须就哪个时期构成衡量支持的可接受基础达成一致：那些使用较低管理价格的成员可能倾向于选择支持一个价格异常高的时期，而其他成员可能倾向于选择支持一个价格异常低的时期。

G33 集团表示，由于以 1986~1988 年为基期的标准没有考虑到过去几

---

① 市场价格支持的计算公式为适用的管理价格与固定基期的外部参考价格之间的价差乘以有资格接受适用的管理价格的产量，其中固定的外部参考价格应以 1986～1988 年为基期，在净出口国一般应为有关基本农产品的平均离岸价，在净进口国一般应为有关基本农产品的平均到岸价，其他计算规则参见《农业协定》附件 3。

十年粮食价格的上涨，严重夸大了所提供的补贴水平。在各种替代办法中，一种选择是将其更改为可变的外部参考价格。一些 G33 集团成员建议，发展中成员可以在其市场价格支持计算中使用世界市场价格的三年滚动平均值，或者可以使用国内市场上三大食品供应商上一年的平均价格。使用可变的外部参考价格可以更好地反映一个成员国内支持政策的经济意义。

2. 重新确定有资格接受适用的管理价格的产量

由于《农业协定》没有给出有资格接受适用的管理价格的产量的明确定义，这就导致各成员在向 WTO 通报其国内支持时，有时将通报的具体农产品总产量作为"有资格接受适用的管理价格的产量"，有时将政府实际采购量作为"有资格接受适用的管理价格的产量"。由有资格接受适用的管理价格的产量界定不一导致综合支持量的计算存在差异，这同样也会影响粮食安全公共储备水平的计算。部分 G33 集团成员在提案中要求根据政府实际采购量来计算政府采购粮食储备提供的价格支持，这样计算出来的综合支持量会小很多，可以为粮食安全公共储备争取更多的政策空间。

目前这一问题在 WTO 的争端案件中已有所体现。在 WTO 争端解决机构就美国诉中国农业国内支持措施案（简称中国主粮被诉案）中，双方对于"有资格接受适用的管理价格的产量"的选取存在较大争议（王学君等，2020；杨荣珍和石晓婧，2020）。中国主张《农业协定》中对于确定"有资格接受适用的管理价格的产量"没有明确的文本规定，因此应该依据其在成员入世减让表支持材料中标注的内容，即计算特定农产品市场价格支持时所使用的数量是指国有粮食企业出于食物安全（或保障农民收入）目的按照国家收购价格从农民处的收购量[①]，从而计算中国三大主粮市场价格支持应使用中储粮委托收储库点在市场价格支持措施实施期间，按照管理价格、在政

① 参见 WTO 文件 WT/ACC/CHN/38/ Rev.3 尾注 19。

策实施区域、实际收储的各类粮食数量。而美国则主张，应依据《农业协定》附件 3，“有资格接受适用的管理价格的产量”是适合或有资格获得管理价格的产量，与实际的收购量没有关系，且韩国牛肉被诉案也有类似解释[①]。最终专家小组基本认可了美国的主张，认为应该按照该词的通常含义，政策实施区域内生产的全部作物都有资格获得适用的管理价格，即适用于中国市场价格支持计算的量应为市场价格支持措施实施区域内的年度总产量，同时扣除中国主张的不符合质量要求的相应生产量[②]。

除中国主粮被诉案外，2019 年 2 月以来，巴西、澳大利亚、危地马拉三国还分别就印度对甘蔗和食糖的国内支持超过入世承诺向 WTO 争端解决机构发起了诉讼（简称印度糖料被诉案），控辩双方对于“有资格接受适用的管理价格的产量”也存在不同的主张。印度认为国内大多数制糖厂本质上都是私有或合作制的，而非国营的，政府指导制糖厂收购甘蔗是市场行为，而非政府行为，因此有资格接受适用的管理价格的甘蔗产量以及针对甘蔗的特定产品市场价格支持均为零（李天祥等，2021）。而起诉方认为公平报酬性价格[③]的实施已然构成了对于甘蔗的国内支持，并应该采用甘蔗的全部产量来计算市场价格支持。在该案件的审查报告中，专家小组最终认定印度实施的政策属于市场价格支持措施范畴，进一步地，由于印度没有公布政府的采购量且没有对“有资格的”产量进行限制，因此计算市场价格支持时采用政

① 韩国牛肉被诉案是 1999 年美国和澳大利亚以韩国对进口牛肉的销售实行加价，将进口权限限制在某些“超级集团”和畜牧业生产者营销组织，并向该国养牛业提供国内支持，导致其对牛肉的“黄箱”支持超过入世承诺为由，向 WTO 争端解决机构提出磋商请求。最终上诉机构裁定韩国政府应该向 WTO 通报“有资格接受适用的管理价格的产量”，而不是政府实际采购的数量（参见 WTO 文件 WT/DS161/R、WT/DS169/R、WT/DS161/AB/R 以及 WT/DS169/AB/R）。

② 参见 WTO 文件 WT/DS511/R。

③ 印度甘蔗的法定最低价格在 2009 年的实施过程中存在很多问题，因此被甘蔗公平报酬性价格所取代。与法定最低价格不同，甘蔗公平报酬性价格是在平衡了风险等因素之后为蔗农留下合理利润的价格，并在食糖榨季开始前公布。

策实施区域内甘蔗的年度总产量①。

从中国主粮被诉案和印度糖料被诉案中可以看出，G33 集团试图改变“有资格接受适用的管理价格的产量”的界定目前并没有得到 WTO 争端解决机构的有力支持，从这个角度看，达成粮食安全公共储备永久性解决方案还有很长的路要走。

15.3.3　“和平条款”永久化的争议

“和平条款”②永久化即现行的临时性解决方案永久化，作为粮食安全公共储备的长期适用机制，向所有发展中成员开放。简单而言，就是发展中成员用于粮食安全公共储备的支出不计入“黄箱”支持，不会因超过综合支持量约束或者微量允许而诉诸 WTO 争端解决机制。鉴于“和平条款”临时性解决方案永久化可能构成对《农业协定》现行规则的违反，因而存在不被采纳的可能。如表 15.3 所示，除了 G33 集团以外，关于“和平条款”永久化的争议，其他成员还提议在支持的上限、纳入新的计划以及产品范围等三个领域内，寻求更为严格的要求与更灵活的规定之间的平衡。

表 15.3　WTO 其他成员关于粮食安全公共储备的提案

提案	时间	发起者	主要内容
JOB/AG/37	2015 年 5 月	美国	• 审查和评估
JOB/AG/60	2015 年 12 月	澳大利亚、巴拉圭、加拿大	• 将巴厘决议作为永久性解决方案

① 参见 WTO 文件 WT/DS579/R、WT/DS580/R、WT/DS581/R。

② 2013 年 12 月在巴厘岛举行的 WTO 第九届部长级会议上，各方达成了关于粮食安全公共储备的“和平条款”。主要内容包括成员在依据《农业协定》附件 2 采购用于粮食安全公共储备时，如因计入 AMS 的补贴额超过微量允许上限而违反《农业协定》6.3 款和 7.2 款，其他成员应适当克制，不诉诸 WTO 争端解决机制。

续表

提案	时间	发起者	主要内容
JOB/AG/99	2017 年 7 月	欧盟、巴西、哥伦比亚、秘鲁、乌拉圭	• 修改方案覆盖范围（新/现有方案） • 豁免最不发达成员提供的方案 • 与生产价值的百分比相关联（X%，10%） • 与相关商品的出口份额相关联 • 修改报告/通知要求 • 修改反规避/保障要求
JOB/AG/118	2017 年 10 月	俄罗斯联邦、巴拉圭	• 修改受益成员（最不发达成员） • 与生产价值的百分比相关联（X%） • 与设定时期内 2013~2017 年的适用关税相关联 • 与有关商品的出口份额相关联 • 世界粮食计划采购豁免 • 修改报告/通知要求 • 修改反规避/保障要求
JOB/AG/125	2017 年 11 月	挪威、新加坡	• 修改方案覆盖范围（新/现有方案） • 修改受益成员（最不发达成员） • 与生产价值的百分比相关联（X%，15%）
JOB/AG/173	2019 年 11 月	非洲集团	• 修改覆盖范围（新/现有方案） • 对采购的数量和价值不设上限 • 无烦琐的通报和透明度要求
JOB/AG/204	2021 年 7 月	非洲集团	• 扩大产品和方案的覆盖范围 • 确定外部参考价格的方法 • 每年的通报要求 • 人道主义援助出口免受反规避和保障条款的限制
JOB/AG/210	2021 年 7 月	加拿大、智利、哥伦比亚、巴拉圭、美国、乌拉圭	• 国内支持通报中提供全面的信息 • 重新进行粮食安全公共储备问卷调查

资料来源：根据相关提案内容整理

在谈判过程中，各方成员对贸易扭曲与粮食不安全的担忧也是导致谈判进展缓慢的一个重要原因，这主要包含透明度和反规避措施问题。早在 WTO 第九届部长级会议的谈判过程中，就有 G33 集团成员为维护自身利益而提出对《农业协定》附件 2 现有脚注 5 进行修改的建议，即发展中成员为支持低收入或资源贫乏的生产者而获得的粮食储备不需要在综合支持量中加以说明，并提出储备的积累和处置过程在财务方面应该保持透明。此外，管理价格与固定外部参考价格之间的价差也不应在综合支持量中加以说明，即将这种价格支持排除在综合支持总量的计算范围之内等。

巴厘决议之后，粮食安全公共储备议题的进展缓慢推进。在 2014 年 11 月举行的 WTO 农业委员会会议中，澳大利亚和欧盟分别提出了对印度甘蔗国内支持透明度的质疑，认为印度没有按照要求通报其对甘蔗等农产品价格支持的信息等。在 2015 年的农业委员会特别会议上，G33 集团再次表示愿意解决关于先前主张的透明度问题，并主张加快形成永久性解决方案的进度，然而大部分成员的基本立场并没有发生任何根本性的变化。在 2017 年召开的 WTO 第十一届部长级会议前夕，俄罗斯联邦和巴拉圭对决议案文提出的建议中表示，在保障措施方面，适用“和平条款”的成员应该不能增加各成员的综合支持总量或微量允许，并提议其符合一些条件限制，如储备的产品出库后不得直接出口，且储备产品出库也不得以出口为条件；如果发展中成员拥有一种产品全球 5%或以上的出口份额时，则不得受益于《农业协定》第 2 条有关农产品的覆盖范围等。

总体而言，关于粮食安全公共储备可能对贸易造成扭曲的担忧一直存在，是未能达成永久性解决方案的核心原因之一。这一问题涉及复杂的国际利益关系和谈判困境，需要各方进一步加强协商与合作，从而促进国际贸易健康、平衡、可持续地发展，早日形成粮食安全公共储备永久性解决方案。

15.4　粮食安全公共储备议题的谈判前景展望

随着全球化的深入发展，国际贸易体系中的各项议题愈加复杂，而粮食安全始终是备受关注的焦点。在解决这一问题上，WTO 的作用愈加凸显，成员间就粮食生产、贸易自由化、市场准入等方面的政策进行着艰难而持续的谈判。WTO 关于农业国内支持的现行规则不仅有助于为全球市场提供一定的可预测性和稳定性，也有助于激励一些成员更多地支持公共产品，减少扭曲贸易和损害其他成员的政策。然而，距离《农业协定》的签订已过去30 多年，全球格局发生了巨大的变化，越来越多的新成员加入了 WTO，农业国内支持规则也逐渐难以适应当前的现实状况，迫切需要更新这些规则，不仅要确保它们充分满足当今世界的需求，还要为未来几年建立一个更加公平、可持续和高效的全球粮食系统作出贡献。而粮食安全公共储备作为粮食安全中的核心问题，不仅是最有可能突破农业谈判困境实现早期收获的关键点，而且是各方迫切希望修改现行规则的首要阵地。

15.4.1 全球粮食安全危机推动粮食安全问题的谈判进程不断加快

粮食安全对于保障人类生存和发展，促进世界和平及可持续发展至关重要。尤其对最不发达成员和粮食净进口发展中成员而言，粮食安全的保障更是关系到人民的基本生计、社会稳定和经济发展。当下，贸易保护主义抬头、地缘冲突不断升级以及气候灾害频发，日益严重的粮食不安全和农业部门面临的其他挑战（尤其是气候变化）迫使 WTO 成员重新考虑贸易在这些当代挑战中所扮演的角色，粮食安全问题谈判的紧迫性更是日益提升。如何通过提出切实有效的合作方案，推动在 WTO 框架下达成早期收获，以保障全球稳定的粮食供应，成为各方谈判的重要共识。一方面，既要就规则实施的具体细节进行充分磋商，以确保协议的可操作性和有效性。这包括明确各成员的责任和义务、规定争端解决机制、建立监测和报告机制等，从而为全球粮食市场的稳定和可持续发展提供坚实的框架。另一方面，又要注重发展中成员的利益，特别是关注最不发达成员和受冲突地区的粮食安全问题，为发展中成员争取技术援助和投资支持，增强全球粮食安全政策的一致性和协调性，共同维护全球粮食市场稳定。

15.4.2　粮食安全公共储备与国内支持议题高度交织增加谈判难度

WTO 成员关于粮食安全公共储备议题的一个重要分歧在于，粮食安全公共储备议题的解决方案应该是独立的，还是应该成为更广泛的一揽子国内支持提案的一部分。包括非洲集团、G33 集团，以及非洲、加勒比和太平洋集团在内的部分发展中成员认为粮食安全公共储备尽管属于农业国内支持范畴，但为了避免因讨论粮食安全公共储备永久性解决方案而使农业国内支持议题谈判重启，进而触及更多成员的敏感议题、增加谈判难度，因而主张制定一个独立的粮食安全公共储备永久性解决方案，并可以将其作为进一步约束农业国内支持规则之前的必要步骤。而反对者，包含美国、凯恩斯集团在内的农业出口成员则主张，WTO 农业谈判应确保同时解决所有的问题，而非顾此失彼。考虑到将粮食安全公共储备和农业国内支持两项议题分开谈判会增加问题的复杂性，应将粮食安全公共储备议题所面临的问题置于农业国内支持谈判之下解决，这样才能确保其谈判结果可以为所有成员接受。WTO 农业谈判主席、哥斯达黎加大使佩拉尔塔也曾提出，应将粮食安全公共储备议题与审查和约束扭曲贸易的国内支持问题联系起来，促进两者并行推进[①]。正是由于粮食安全公共储备与国内支持议题高度交织，粮食安全公共储备问题的谈判变得越来越复杂，难度也日益提高。

15.4.3　粮食安全公共储备永久性解决方案的实现任重道远

2013 年在巴厘岛达成的关于在某些条件下豁免粮食安全公共储备免受

① 参见 WTO 文件 TN/AG/50。

法律质疑的临时性解决方案“和平条款”在一定程度上为发展中成员实施粮食安全公共储备提供了弹性和保护空间，使其能够更好地解决粮食安全问题，似乎是最有希望的解决途径。更多的技术性修正，如重新确定有资格接受适用的管理价格的产量、重新定义固定基期的外部参考价格等方法，可能会对更一般的市场价格支持计划下的计算产生更广泛的影响，进一步可能会引发国内支持约束纪律是否需要调整以反映新方法的问题。然而，临时性解决方案不能成为长久之计，各方仍然在追寻“和平条款”永久化的解决方案。不同成员对于“和平条款”永久化的主张差异巨大，涉及方案的类型、产品、方案和成员的覆盖范围、透明度，以及防止过度购买的储备在全球市场上被抛售的保障措施等，使得该问题的谈判始终是各届部长级会议的焦点，但始终无法达成一致。WTO 农业委员会主席在第十三届部长级会议前分发了一份关于可能就农业问题达成协议的谈判文本案文[①]，其中提出了关于粮食安全公共储备的两种选择：一是基于非洲集团、G33 集团，以及非洲、加勒比和太平洋集团提议的永久性解决方案；二是设定参数，以便在 WTO 第十四届部长级会议上持续讨论以达成永久性解决方案。在 2024 年 3 月初结束的 WTO 第十三届部长级会议上，尽管各方在会议期间进行了紧张的谈判，但成员们在粮食安全公共储备问题上仍然无法达成一致。本应该在 WTO 第十一届部长级会议就落实的永久性解决方案，到第十三届部长级会议仍未有定论，永久性解决方案的谈判似乎陷入了“明日复明日”的谈判怪圈，其背后的本质原因在于发达成员与发展中成员的矛盾愈发突出，利益争夺更加激烈，粮食安全公共储备的问题似乎短时间内仍然无法解决。

---

① 参见 WTO 文件 WT/MIN(24)/W/13。

15.5 本章小结

贸易自由化与粮食安全目标的契合，始终是 WTO 农业谈判的重中之重。WTO 第九届部长级会议正式签署巴厘决议，实现了多哈回合粮食安全问题的重要突破。决议以“和平条款”的形式，给予实施粮食安全公共储备的发展中成员免于 WTO 法律诉讼挑战的权利。尽管该决议暂时平衡了各方粮食安全利益之争，但作为一项临时性、过渡性的方案，其本身仍然存在适用范围有限、涵盖对象有限、未涉及国内粮食援助问题等诸多局限性。与此同时，围绕粮食安全公共储备是否纳入“绿箱”支持范围、粮食安全公共储备水平计算方式以及“和平条款”永久化等问题，WTO 成员之间仍然存在严重的利益分歧和对立的政策主张，导致粮食安全公共储备议题的谈判前景不容乐观。尽管新冠疫情、俄乌冲突等突发事件引致的全球粮食安全危机推动现阶段粮食安全问题的谈判进程不断加快，但是由于粮食安全公共储备与国内支持议题高度交织增加谈判难度，加之发达成员与发展中成员利益争夺愈发激烈，粮食安全公共储备永久性解决方案的实现依然任重道远。

考虑到粮食安全公共储备长期以来作为 WTO 框架内帮助发展中成员应对粮食安全、农民生计安全和农村发展的重要工具，中国作为世界上最大的发展中国家，其在 WTO 框架下的粮食安全问题特别是粮食安全公共储备议题上的立场和对策显得尤为关键，如何巧妙平衡国内粮食安全和国际贸易的关系，是未来农业谈判中一项艰巨而迫切的任务。中国应积极倡导 WTO 各成员共同应对全球性粮食安全问题，在纠正规则不公平和不平衡、推动粮食安全公共储备达成契合发展中成员实际的永久性解决方案等议题上发出中国声音，在 WTO 框架下推动多边农业贸易体制朝着更加公平、更加均衡的方向发展。

第 16 章

WTO 农业国内支持规则谈判利益分歧与改革动向

农业国内支持[①]作为 WTO 农业谈判的核心议题之一，一直是多哈回合农业谈判的重点和难点问题所在。为了稳定本国农产品市场、保障农民收入及提升农业竞争力，WTO 成员方普遍运用政策性干预手段对农业进行支持保护。然而，以美国、欧盟为首的部分经济体所实施的巨额农产品补贴政策，不仅严重扰乱了全球农产品市场秩序，还加剧了国际农产品贸易摩擦。1995 年生效的 WTO《农业协定》虽然对农业国内支持的约束原则和使用纪律给出了一般性的规定，但该协定未能有效解决发达成员与发展中成员在国内支持可用空间方面不平衡和不公平的问题。自《农业协定》生效 30 多年以来，全球农产品贸易格局发生巨大变化，不同成员农业发展利益也出现明显分化，改革农业国内支持规则的呼声越来越高。特别是随着发展中成员势力的崛起，成员之间的分歧进一步扩大，调和难度也在不断加剧。在此背景下，WTO 农业国内支持谈判呈现出明显的阵营化特点，各方力量围绕核心议题展开激烈的角逐。以农产品出口国为主的凯恩斯集团[②]主张全面限制农业国内支持政策的空间，并对特定产品的支持进行具体约束。而中国和印度等发

---

① 除特别说明，本章的国内支持均特指 WTO《农业协定》相关概念，详见本书第 1 章脚注。

② 凯恩斯集团是 GATT/WTO 乌拉圭回合形成的谈判集团，当前由 19 个农产品出口国组成，包括阿根廷、澳大利亚、巴西、加拿大、智利、哥伦比亚、秘鲁、巴基斯坦、玻利维亚、哥斯达黎加、危地马拉、印度尼西亚、马来西亚、新西兰、巴拉圭、菲律宾、南非、泰国和乌拉圭。

展中成员则认为，应优先削减综合支持量的最终约束水平（final bound total AMS，FBTAMS），反对不加区分地削减所有形式的国内支持。

本章将在深入剖析 WTO 各成员及利益集团在农业国内支持规则改革上的核心主张与利益分歧的基础上，重点探究凯恩斯集团在农业国内支持谈判中的提案及其对各成员的影响，提出中国和印度等发展中成员对凯恩斯集团提案的评述及其自身主张。本章据此将进一步探讨 WTO 农业国内支持改革未来方向与路径，以期能够构建更加公平、平衡的农业国内支持规则体系，更有效地保障全球农业利益与粮食安全，提供更为深刻的思考与启发性战略建议，以促进全球农业的可持续发展。

16.1　农业国内支持规则改革主要分歧和关键诉求

当前，WTO 成员广泛采取并普遍实施国内支持措施。尽管农业国内支持措施在保障农民利益方面取得显著成效，但同时也引发了不容忽视的问题。联合国研究指出，随着全球农业产业和贸易的迅猛增长，农业补贴也呈现出不断上升的趋势。据预测，若不加以有效限制，到 2030 年，全球农业补贴水平可能激增至每年 1.8 万亿美元（FAO et al.，2021b）。如此巨额补贴将对世界农产品贸易市场造成严重的扭曲效应。补贴政策不仅深刻影响着农民的生产规划与决策过程，其广泛实施还导致大量受补贴的农产品涌入国际市场。削减具有扭曲性的国内支持政策空间成为当前农业谈判的迫切任务。由于成员方在此领域内的利益错综复杂，既存在发达成员与发展中成员之间的尖锐矛盾，又面临农产品进口国与出口国之间的根本冲突，同时还有老成员与新成员之间的利益博弈，显著增加了谈判难度（朱满德和程国强，2011）。自 2008 年《农业模式修正草案（第四稿）》（TN/AG/W/4/Rev.4）

（简称《农业模式草案》）在国内支持方面总结了 WTO 成员在谈判中可能达成的规则和承诺以来，该领域的谈判几乎未取得任何新的进展。

另外，WTO 农业国内支持规则谈判呈现出鲜明的集团化特征。各成员基于相似的利益诉求和目标，纷纷结成利益共同体，以此增强在农业谈判中的影响力和地位（姚蕾和田志宏，2008）。根据资源禀赋和生产能力的不同，国内支持规则谈判主要形成了几大集团，包括凯恩斯集团、G10 集团[①]、非洲—加勒比—太平洋集团（简称非加太集团）[②]和 G33 集团。凯恩斯集团以农产品出口国为首，推动农业贸易自由化，主张取消出口补贴、改善市场准入、减少国内支持。G10 集团由农产品进口较多的发达成员组成，强调保护发达成员的敏感农产品。非加太集团和 G33 集团均以发展中成员为主体，强调农业的重要性，反对发达成员高额的农业补贴，关注针对发展中成员的特殊与差别待遇。谈判集团的形成不仅反映了各成员方在农业国内支持规则谈判中的不同利益诉求，也加剧了谈判的复杂性和艰巨性。

当前，农业国内支持规则谈判仍在进行中，各成员方基于自身关切提出了众多主张（表 16.1）。这些主张主要集中在全部贸易扭曲性支持（overall trade-distorting support，OTDS）封顶改革、FBTAMS 改革以及“蓝箱”约束等关键问题上，成员和谈判集团就此展开了深入的讨论。尽管目前成员间尚未就这些议题达成共识，但他们的讨论和提案无疑将对后续农业谈判的走向产生重要影响。

① G10 集团是由瑞士牵头成立的农业谈判利益群体，主要为农产品进口较多的发达成员，成员包括日本、保加利亚、韩国、中国台北、冰岛、以色列、列支敦士登、毛里求斯、瑞士和挪威。

② 非洲—加勒比—太平洋集团成立于 1975 年，是非洲、加勒比和太平洋地区国家政府间的联合组织，包括非洲地区 48 个成员，加勒比地区 16 个成员，太平洋地区 15 个成员。

表 16.1　WTO 主要成员的国内支持规则改革提案

提案	时间	基期		限制				削减
		发达成员	发展中成员	FBTAMS	微量允许	“蓝箱”	“发展箱”	
2008 年《农业模式草案》（TN/AG/W/4/Rev.4）	2008 年 12 月	1995~2000 年	1995~2000 年或 1995~2004 年	是	是	是	否	OTDS FBTAMS
新西兰-澳大利亚提案（JOB/AG/114）	2017 年 2 月	2011~2015 年		是	是	是	是	/
欧盟-巴西提案（JOB/AG/99）	2017 年 7 月	近三年		是	是	是	否	/
非加太集团提案（JOB/AG/112）	2017 年 10 月	/	/	消除	否	是	否	/
菲律宾提案（JOB/AG/127）	2017 年 11 月	近三年		是	是	否	否	FBTAMS
阿根廷提案（JOB/AG/120）	2017 年 11 月	2011~2015 年		是	是	否	否	FBTAMS
墨西哥提案（JOB/AG/124）	2017 年 11 月	2011~2015 年		是	是	否	否	OTDS
中国-印度提案（JOB/AG/102、JOB/AG/137）	2017 年 7 月 2018 年 6 月	/	/	消除	否	否	否	/
非洲集团提案（JOB/AG/173）	2019 年 11 月	/	/	只有特定产品支持量	否	是	否	/
俄罗斯提案（JOB/AG/172）	2019 年 11 月	/	/	是	是	否	否	“黄箱”
凯恩斯提案（JOB/AG/177、JOB/AG/199、JOB/AG/243）	2020 年 11 月 2021 年 5 月 2023 年 9 月	/	/	是	是	是	是	OTDS FBTAMS

资料来源：WTO 部长级会议相关提案

注：以上提案所适用的成员均有例外

1. 关于 OTDS 封顶改革

《农业模式草案》是于 2008 年 12 月形成的农业谈判成果性文件，构建了旨在实质性削弱贸易扭曲性国内支持的规则框架。草案引入 OTDS 的概念，界定了成员需削减的国内支持范畴，包括综合支持量、微量允许及“蓝箱”与农业生产总值平均数的 5%的较高者。《农业模式草案》对国内支持总量及各单项措施的削减方案做出了明确而详尽的规定，以确保削减措施的有效实施和贸易环境的公平。

《农业模式草案》针对国内支持总量和单项措施均设置了新的规则约束。在国内支持总量方面，《农业模式草案》针对发达成员和发展中成员设定了不同的削减力度与实施期。鉴于发达成员与发展中成员的国内支持措施存在显著的不平衡，采用分层削减方案显得尤为重要。该方案规定，成员的国内支持水平越高，其需要承担的削减幅度就越大，这有助于缩小发达成员与发展中成员在国内支持水平上的巨大差距，克服了《农业协定》中单一削减方式的局限性。在单项措施方面，《农业模式草案》将原本在《农业协定》中免于削减的“蓝箱”也纳入了 OTDS 的削减范畴。

部分成员认为，对 OTDS 进行封顶是国内支持改革的关键，包括固定封顶和浮动封顶两种思路。在固定封顶思路中，主要与历史农业产值、现有“黄箱”权利等挂钩。墨西哥提案（JOB/AG/124）主张发达成员不得超过 AMS 与按 2011~2015 年平均产值计算的微量允许之和的（$1-X\%$）倍，没有 AMS 的发展中成员不得超过按 2011~2015 年平均产值计算的微量允许的（$1-Y\%$）倍，有 AMS 的发展中成员不得超过 AMS 与按 2011~2015 年平均产值计算的微量允许之和的$[1-(X+A)\%]$倍，其中 $X>Y$，A 适用于 FBTAMS 大于或等于 5 亿美元的发展中成员，发展中成员的削减幅度不超过发达成员的 2/3。新西兰–澳大利亚提案（JOB/AG/114）和阿根廷提案（JOB/AG/120）

中也强调，固定封顶比浮动封顶更有利于增强市场预期，降低行政成本，鉴于各成员“黄箱”权利并没有足额使用，制定 OTDS 限额而又不影响各成员的现行政策是一项有意义的、渐进的改革，可以将各成员以下三者中的最大值作为其 OTDS 限额：按 2011~2015 年平均产值计算的微量允许，最近三年通报的年均 AMS 与微量允许之和的 1.1 倍，发展中成员给予 20 亿美元或等值本国货币。在浮动封顶思路中，主要根据《农业协定》第 6.4 条规定的微量允许办法，与未来年度的农业产值挂钩。欧盟–巴西提案（JOB/AG/99）建议从 2018 年起，将发达成员的 OTDS 限额设置为农业产值的 *X*%。然而对于发展中成员，则提出了两种选择：一是从 2022 年起，OTDS 将限制在农业产值的 *X*+2%以内；二是从 2022 到固定年份，上限等于农业产值的 *X*+*Y*%。然而，固定年份之后，上限将固定为农业产值的 *X*%，与发达成员类似。

但是，部分成员反对按农业产值的一定比例进行 OTDS 封顶改革。主张农业具有多样性和特殊性、对非贸易问题给予特别关注的 G10 集团成员提出，改革应以各成员现有的 AMS 和微量允许权利为起点，不反对对具有扭曲性的国内支持封顶，但任何改革都不应直接影响现行国内支持措施，反对按农业产值的一定比例确定封顶线的观点，因其忽视了农业多样化的重要性，严重影响农业发展利益。G10 集团成员提出，任何改革都应考虑现实性和平衡性，按农业产值确定封顶线的方案未充分考虑到不同成员农业的差异性，对那些农业产值较小、追求农业多样化的成员不公平，而且也不能解决一些成员因农业生产发展其微量允许空间不断增长、对“发展箱”的利用越来越大等问题，建议以《农业协定》中的既有规则为讨论的起点。

2. 关于 FBTAMS 改革

FBTAMS 是最体现发达成员和发展中成员间不公平的规则约束。《农业协定》在一定程度上给予发达成员规则上的优待。165 个 WTO 成员中仅有 32 个拥有 FBTAMS 空间，其中发达成员拥有 FBTAMS 高达 1600 亿美元，占 32 个成员 FBTAMS 总和的 90%。但是，《农业协定》对 FBTAMS 使用没有加以限制，致使其可以集中使用于一种或几种产品上。集中使用 FBTAMS 的产品可以随意调整，这使得拥有 FBTAMS 的发达成员在扶持他们想要扶持的特定农产品上拥有巨大的政策空间，对农产品贸易产生极大的扭曲。因此，成员纷纷提出提案要求削减甚至取消 FBTAMS 特权。

菲律宾提案（JOB/AG/127）、阿根廷提案（JOB/AG/120）主张分层削减 FBTAMS。FBTAMS 大于 400 亿美元，缩减应为 70%；FBTAMS 大于 150 亿美元且小于或等于 400 亿美元，应减少 60%；FBTAMS 小于或等于 150 亿美元，减少率应为 45%。发展中成员的 FBTAMS 减少额应为发达成员减少额的 2/3。非加太集团提案（JOB/AG/112）建议发达成员和发展中成员都取消 FBTAMS。中国、印度也在提案（JOB/AG/102）中建议取消发达成员的 AMS 权利，并将其作为考虑其他国内支持约束改革的先决条件。FBTAMS 为部分成员提供了极大的政策灵活性，能够为部分农产品提供占产值较大比例的补贴，或者将补贴集中在少数产品上。要想优先解决农业国内支持规则不公平和不平衡问题，就要逐步削减超出微量允许上限的特定产品 AMS，建立公平的、以市场为基础的农业贸易体制。需要注意的是，中国、印度随后的提案（JOB/AG/137）也建议对发展中成员的 AMS 权利进行约束。建议取消发达成员的 FBTAMS，建立一个公平的农产品贸易环境。

3. 关于“蓝箱”约束

《农业模式草案》中提出的新“蓝箱”政策在一定程度上扩展了蓝箱的使用范围，为大多数之前未使用“蓝箱”政策的成员提供了 5%的支持空间。但是实际上多数发展中成员由于“蓝箱”的操作成本较高再加上财力限制，很难采用“蓝箱”支持。而发达成员则可以通过增加新的“蓝箱”支持规避 AMS 的削减义务。

以中国、印度、非加太集团为代表的发展中成员主张对“蓝箱”进行约束。中国–印度提案（JOB/AG/102、JOB/AG/137）、非加太集团提案（JOB/AG/ 112）在国内支持的“蓝箱”上主张微量允许和“蓝箱”支持之和不得超出微量允许水平，即发达成员不得超出农业总产值的 5%，发展中成员不得超出农业总产值的 10%。同时主张保持最不发达国家、小型和脆弱经济体的特殊灵活性，允许落后的发展中成员微量允许和“蓝箱”支持之和设置为高于 10%的值。中国–印度提案和非加太集团提案将“蓝箱”纳入微量允许范围内，意味着发达成员通过使用箱体转移来规避 AMS 削减义务将受到实质性约束。非洲集团提案（JOB/AG/173）主张各成员列出“蓝箱”支持下现有计划的结束日期，并通知农业委员会。各成员应每年向农业委员会通报“蓝箱”支持产品的农业产值，以及通报前两年的农业产值，以检查“蓝箱”措施符合生产限制的性质。

16.2 凯恩斯集团最新改革主张及其影响分析

在众谈判集团中，凯恩斯集团以其对国内农业生产的较低支持水平和相对较小的《农业协定》约束压力，持续在国内支持规则谈判中扮演积极角色，积极向 WTO 农业委员会提交改革提案。本节旨在系统梳理自 2008 年以来凯恩斯集团在国内支持规则改革方面的主张演变，深入剖析其新提案的具体内容，并探讨这一改革方案对 WTO 各成员可能产生的影响。通过这一梳理与分析，我们期望能够更全面地理解凯恩斯集团的改革思路，以及这一思路对全球农业贸易格局的潜在影响。

16.2.1　凯恩斯集团谈判主张的发展

多哈回合启动以来，凯恩斯集团的一系列国内支持提案从主张上看，可以 WTO 第十一届部长级会议为界限分为两个阶段：①WTO 第十一届部长级会议之前，凯恩斯集团提案主要是基于 2008 年《农业模式草案》（TN/AG/W/4/ Rev.4）对国内支持总量削减方案的优化；②WTO 第十一届部长级会议之后，凯恩斯集团的提案则有别于《农业模式草案》，在国内支持削减范围和削减方式上均提出新的主张。在这两个阶段中，总量削减、特殊与差别待遇、通报透明度等国内支持重要改革内容一直出现在凯恩斯集团的提案中，而削减范围、削减方式等则随着阶段的不同，侧重点有所不同。

1. 基于《农业模式草案》的优化

凯恩斯集团寄希望于继续推动《农业模式草案》谈判，利用 JOB/AG/32 和 JOB/AG/40 两个提案展示《农业模式草案》削减方案对总体主要成员在 OTDS、AMS 和微量允许空间上的影响，以此反映国内支持削减的必要性和可操作性，进而说服其他成员尽早达成《农业模式草案》。后续，随着各成员对《农业模式草案》的分歧越来越大，凯恩斯集团开始在《农业模式草案》的基础上寻求可能的谈判方向。2016 年，凯恩斯集团提交两个技术文件（JOB/AG/69 和 JOB/AG/76）分析全球十大贸易国各类国内支持政策的变化趋势，提出亩均、人均、产均支持量的概念，并强调区分特定产品和非特定产品国内支持量。尽管提到了国内支持特定产品集中的问题，但这个阶段，凯恩斯集团仍聚焦国内支持总量较高的问题。特别地，如表 16.2 所示，2017 年凯恩斯集团提出了四种可能的限制扭曲贸易的支持政策的总体限制架构方案，并依据这四种方案对历史国内支持较高的成员进行了削减模拟（JOB/AG/92）。

表 16.2　凯恩斯集团 OTDS 改革方案

改革方案	基期	限制				削减上限	
		FBTAMS	微量允许	“蓝箱”	“发展箱”	发达成员	发展中成员
《农业模式草案》	固定基期（发达成员与发展中成员基期不同）	是	是	是	否	微量允许+FBTAMS+“蓝箱”	
方案一	浮动基期	是	是	是	否	微量允许+FBTAMS	
方案二	浮动基期	是	是	是	否	微量允许+50%FBTAMS	
方案三	浮动基期	是	是	是	否	微量允许	
方案四	固定基期	是	是	是	否	12%	22%

资料来源：WTO 部长级会议提案（JOB/AG/92）

方案一：基于现有限制的浮动 OTDS 限制。引入了浮动 OTDS 限额，该限额限制成员在微量允许、AMS、“蓝箱”方面的年度支出总额不得超过微量允许与 AMS 限制之和。实质上，这种 OTDS 模式不触及“绿箱”与“发展箱”，并且不会影响 AMS 或微量允许，即只对“蓝箱”支持设定上限。样本中，只有日本和欧盟使用“蓝箱”，方案一也只对日本与欧盟的国内支持政策有限制作用。模拟结果显示，方案一中只削减了国内支持的水分，并未对国内支持造成实质性的削减。如果成员现有支出模式不发生根本性变化，方案一的限制在很大程度上也只是理论上的。

方案二：基于现有的微量允许和 50%AMS 限制的浮动 OTDS 限制。浮动 OTDS 限额限制成员在微量允许、AMS、“蓝箱”方面的年度支出总额不得超过微量允许与 50%的 AMS 限制之和。值得注意的是，方案二仅限制拥有 AMS 限额的发达成员，对发展中成员或不具有 AMS 限额的发达成员不造成影响。模拟结果表明，欧盟（约 943 亿美元）和日本（约 402 亿美元）国内支持削减幅度较大。尽管如此，仍然保留了数十亿美元的水分。

方案三：基于现有的微量允许的浮动 OTDS 限制。OTDS 限额限制成员在微量允许、AMS、“蓝箱”方面的年度支出总额不得超过成员的微量允许额度。对于那些可以使用 AMS 或使用蓝箱的成员，这将引入一个新的限制，即对所有形式的 OTDS 的支出设置上限。而对于大多数发展中成员来说，由于它们并不享有 AMS 空间和“蓝箱”，这将使他们的应享权利实际上保持不变。模拟结果表明，在方案三下，日本将无法继续保持目前的国内支持，欧盟和加拿大将回到 2010 年前的国内支持水平。美国将削减近 200 亿美元的水分，但仍将保留相当大的国内支持空间。

方案四：基于基期生产总值的固定 OTDS 限制。方案一、方案二和方案三采用浮动 OTDS 限额，即成员的总体应享权利与当年的产值挂钩。实际上，这意味着产值快速增长的成员的国内支持权利将大大增加。如果全球农业生产的总值持续增长，可用于扭曲贸易支持的总金额也将持续增长。方案四采用了一种不同的方法，即根据历史产值而非当前产值确定一个永久性的 OTDS 上限。方案四采取的基期为 2010 年至 2016 年，发达成员的固定 OTDS 限额为基期平均产值的 12%，而发展中成员的固定 OTDS 限额为基期平均产值的 22%。根据模拟，这种固定基期的 OTDS 限额能够有效限制成员支持空间随着农业总产值的增大而增大，从而大幅削减水分，达到实质性国内支持削减效果。

凯恩斯集团在国内支持上的主张一贯是支持实质性削减，在上述的四种方案模拟中，只有方案四的固定 OTDS 限制能够实现实质性削减，因此在随后的 WTO 第十一届部长级会议成果预期的提案上（JOB/AG/100 和 JOB/AG/114），凯恩斯集团又提出了固定上限的 OTDS 限制。同时，凯恩斯集团认为需对是否将“蓝箱”支持纳入扭曲贸易的国内支持削减框架做进一步讨论。这段时期，凯恩斯集团希望削减国内支持总量的水分，阻挡发达成员国内支持保护愈演愈烈的脚步，同时也看到了未来发展中成员支持量随农业总产值增长而增长的可能态势。

2. 削减内容的改革

WTO 第十一届部长级会议后，凯恩斯集团提案的重点转移到扩大削减范围、削减程度，以及解决国内支持集中的问题上。凯恩斯集团提交多个技术性文件提案，主要从分箱体与分特定产品两个方面来展示各成员的国内支持使用情况。特别地，凯恩斯集团指出：①“发展箱”使用量明显增加，2001~2014 年“发展箱”在所有具有扭曲性的国内支持占比从 9%增长至 35%；②国内支持被部分成员集中使用于特定产品的问题严重。基于此，凯恩斯集团主张将“发展箱”纳入削减范围，并强调解决国内支持在特定产品上集中的重要性。

在进行了大量国内支持现状分析后，凯恩斯集团提出新的国内支持谈判框架（JOB/AG/177），建议各成员承诺到 2030 年“按比例”将当前全球农业扭曲贸易和生产的国内支持总额削减至少 50%。随后凯恩斯集团提出了一个更完善的国内支持谈判框架（JOB/AG/199），从背景、目标、范围、定义等多维度完善“按比例”削减框架。凯恩斯集团在后续的技术性文件中指出，现行谈判框架中对于“发展箱”与“蓝箱”的削减豁免会低估扭曲生产与贸易的国内支持，应将其加入削减范围进行统一削减，新框架下提供扭曲性国内支持量越大的成员应削减更多。这一时期中国农业快速发展，国内支持政策不断完善，成为提供凯恩斯集团定义的扭曲性国内支持量最大的成员，因此成为凯恩斯集团提案下应当削减最多的成员，在本已无法使用 FBTAMS 的基础上将被承担更大的削减义务。这一阶段凯恩斯集团的主张是为抑制发展中成员支持量随农业总产值增长而增长的态势，因此受到了大量发展中成员的反对。中国、印度、非洲集团和非加太集团纷纷反对将凯恩斯集团按比例削减框架作为 MC12 草案进行谈判，因此 WTO 第十二届部长级会议上农业国内支持议题未取得任何成果。

总体而言，凯恩斯集团就国内支持的提案主要围绕四个突出问题：成员国内支持总量高、国内支持特定产品集中度较高、成员间国内支持空间不平衡和国内通报不够及时且透明度较低。按发展阶段来看，凯恩斯集团的削减主张近年来逐渐强调实质性削减，而不仅仅是减少“水分”。在国内支持总量削减方案上，早期的提案聚焦点在于是固定基期还是浮动基期，而在 WTO 第十一届部长级会议之后，该问题的讨论则限制在了固定基期。此外，凯恩斯集团对于国内支持削减范围的讨论也在不断扩大。在 WTO 第十一届部长级会议之前，国内支持削减范围的讨论还聚焦在是否纳入“蓝箱”，而在 WTO 第十一届部长级会议之后，凯恩斯集团则力图将所有其认为具有贸易扭曲作用的国内支持都纳入削减范围。

16.2.2 凯恩斯集团最新国内支持规则改革方案

WTO 第十三届部长级会议召开之前，凯恩斯集团进一步加强了技术分析工作。2023 年 6 月，凯恩斯集团提交了一份题为“加强国内支持支柱的谈判框架——建立国内支持谈判的综合途径”（JOB/AG/243）的新提案。新提案不仅对其按比例削减框架进行深入细化，而且提出特定产品支持削减方案。此举旨在平衡出口成员与进口成员在特定产品上实施“黄箱”与“蓝箱”国内支持措施时的权益，从而确保农业国内支持规则改革的公平性与有效性。

1. 总体国内支持削减框架及方案

总体削减方案以 2017~2019 年为基期，使用按比例削减公式，使 WTO 所有成员的国内支持总量到 2034 年底削减至基期水平的 50%。具体削减方式可分为四个步骤（图 16.1）。

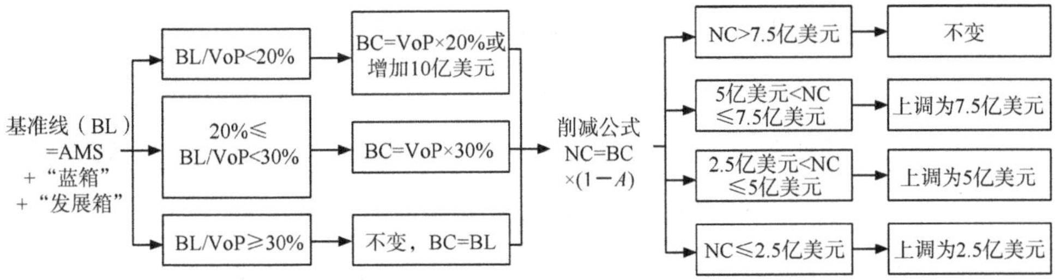

图 16.1　凯恩斯集团总体削减框架

资料来源：凯恩斯集团 WTO 提案文件（JOB/AG/243/Rev.1）

步骤一：确定基准线（baseline，BL）。凯恩斯集团在 OTDS 的基础上提出扭曲贸易的潜在支出（potential expenditure on trade distorting domestic support，PE-TDDS）这一新概念。基准线由各成员的微量允许空间（成员最近三年农业生产总值乘以微量允许水平计算）、FBTAMS 空间、成员近三年连续通报中“发展箱”支持量的最高值和“蓝箱”支持量的最高值这四者相加而成。

此外，凯恩斯集团也提出区分“发展箱”内部差异，将部分“发展箱”排除在 PE-TDDS 总量之外，以给予发展中成员更多发展箱空间。具体而言，发展中成员鼓励对以生产多样化为途径停止种植非法麻醉作物而给予生产者的国内支持，以及中低收入或资源匮乏的发展中成员以一般投资或投入品补贴提供的非特定产品国内支持（不超过 50 亿美元）将不受总量封顶削减和特定产品限制，即排除在削减范围外。

步骤二：确定基础封顶空间（base cap，BC）。此步骤旨在对补贴占农业产值比重较低的成员进行基准线上调。对于基准线是其近三年农业生产总值平均数的 20%~30%的发展中成员，将其基准线调整为农业产值的 30%；对于基准线低于其近三年农业生产总值平均数 20%的任何成员，将其基准线调整为农业生产总值的 20%或在基准线上直接增加 10 亿美元（以低者为准）；其余成员保持不变。中国基准线占近三年农业生产总值为 17.4%，上调至 20%需增加 39.7 亿美元，因此取较低者，在基准线上增加 10 亿美元后，中国基础封顶空间为 2648.5 亿美元。

步骤三：迭代削减。将全部成员调整后的基础补贴空间相加形成总基础封顶空间，并通过 $NC_i = BC_i \times (1 - A_i)$ 公式进行迭代削减。

NC_i 为成员 i 削减后的新封顶空间；BC_i 为成员 i 的基础封顶空间；A_i 为成员 i 的基础封顶空间在 164 个成员的总基础封顶空间中的占比：

$$A_i = BC_i / \sum BC_i \tag{16.1}$$

根据公式进行第一轮削减，得到第一轮新封顶空间（new cap，NC），仅削减基础封顶空间的 11.8%（表 16.3），因此继续对第一轮新封顶空间加总，获得第二轮总基础封顶空间，并计算各成员第二轮基础封顶空间占总基础封顶空间的比重，套入上述公式进行第二轮削减。直至新封顶空间减少为原水平的 50%，以得到最终完成 50%削减的新封顶空间。

表 16.3　凯恩斯集团总体削减方案迭代结果

削减轮数	全球基础封顶空间（BC）/亿美元	全球新封顶空间（NC）/亿美元	累计削减量/亿美元	累计削减比重/%
1	9808	8646	1162	11.8
2	8646	7808	2000	20.4
3	7808	7155	2653	27.0
4	7155	6625	3183	32.5
5	6625	6180	3627	37.0
6	6180	5800	4008	40.9
7	5800	5469	4338	44.2
8	5469	5178	4630	47.2
9	5178	4918	4890	49.9

资料来源：WTO 部长级会议提案（JOB/AG/243）

步骤四：确定最终封顶空间（final cap，FC）。针对小规模成员对其新封顶空间进行调整。具体地，新封顶空间在小于等于 7.5 亿美元而大于 5 亿美元、小于等于 5 亿美元而大于 2.5 亿美元及小于等于 2.5 亿美元的成员，分别将其最终补贴空间上调为 7.5 亿美元、5 亿美元及 2.5 亿美元。

最不发达成员排除在以上封顶和削减承诺外。符合毕业标准的最不发达成员，在毕业 10 年后，根据以上步骤确定基础补贴空间和最终补贴空间。在修正稿中，凯恩斯集团增加了一项提议，要求发达成员不得提供总额超过基础补贴空间的国内支持。

2. 特定产品支持削减方案

识别国内支持与贸易的关系一直以来是各成员希望谋求的改革方向。因此，考虑出口导向成员和国内供给导向成员不同的诉求，凯恩斯集团方案提议区分积极出口成员和非出口成员。提案要求特定产品支持量同时计入最终补贴空间和特定产品支持综合支持量，受到总量限制和特定产品支持量限制两方面的约束。凯恩斯集团还建议引入对特定产品支持量审查制度，要求每种产品由农业委员会每四年审查一次。如果某一关税子目在三年以上的时间内集中了某一特定产品全球出口总额的 50%以上，则应为该特定关税子目创建一个新的产品类别。

特定产品支持限制方案具体如下。

不同活跃程度的出口成员根据市场份额确定特定产品支持上限。具体而言，如表 16.4 所示，如连续两年的全球出口市场份额达到或超过 5%，则被认定为主要出口成员，特定产品支持空间为该产品产值的 10%；如果全球出口市场份额达到或超过 2%但不足 5%，则被认定为大型出口成员，支持空间为该产品产值的 15%；如果全球出口市场份额达到或超过 0.5%但不足 2%，则被认定为中型出口成员，支持空间为该产品产值的 20%；出口市场份额不足 0.5%，则被认定为小型出口成员，其支持空间为该产品产值的 25%。

表 16.4 特定产品出口成员身份认定及产品支持上限设定

特定产品出口市场份额	出口成员身份认定	特定产品支持上限/%
小于 0.5%	小型出口成员	25
大于等于 0.5%小于 2%	中型出口成员	20
大于等于 2%小于 5%	大型出口成员	15
大于等于 5%	主要出口成员	10

资料来源：WTO 部长级会议提案（JOB/AG/243）

非活跃出口成员是指其在某一产品的全球出口份额低于 0.01%（按数量或价值计算），或者该产品年出口额小于 100 万美元。对于非活跃出口成员，该方案通过比较生产、进口和消费的关系来确定削减要求。如表 16.5 所示，对于进口量大于等于年消费量 50%的成员，将免于特定产品纪律的约束；对于进口量占年消费量小于 50%而大于等于 20%的成员，其特定产品支持空间为该产品产值的 75%或 100%，若该成员对特定产品支持低于 100 万美元，则不受产值比例的约束；对于进口量低于年消费量 20%的进口成员，其特定产品支持空间为该产品产值的 50%或 75%，前提是必须设立或维持免税关税配额，免税关税配额至少是年消费量的 20%。

表 16.5 进口成员的特定产品支持削减方案

进口占消费量比重	特定产品支持上限	附加条件
大于等于 50%	无	无
大于等于 20%小于 50%	75%或 100%	特定产品支持等于或大于 100 万美元，否则免于削减
小于 20%	50%或 75%	必须设立或维持产品年消费量 20%的免税关税配额

资料来源：WTO 部长级会议提案（JOB/AG/243/Rev.1）

16.2.3 凯恩斯集团提案对各成员支持空间的影响评估

凯恩斯集团提案体现了凯恩斯集团一直以来的诉求，旨在解决全球农业国内支持空间过度集中于部分成员的问题，并限制部分成员对部分特定产品过量补贴的问题。本节内容分别评估凯恩斯集团国内支持削减方案对中国和主要 WTO 成员国内支持总量及特定产品支持量的影响。

1. 对中国及各成员国内支持总量的影响

凯恩斯集团的总体削减方案主要是为了实现当前国内支持空间和支持量最大的几个成员的大幅削减，并给予发展中成员支持空间削减上的特殊和差别待遇。主要成员的总体削减结果见表 16.6。整体来看，总体削减方案下主要成员的削减结果如下。

表 16.6　WTO 主要成员总体削减方案

序号	成员	基准线/（$\times10^6$美元）	基础补贴空间/（$\times10^6$美元）	最终补贴空间		移除“发展箱”的最终补贴空间	
				补贴空间/（$\times10^6$美元）	削减百分比 [(1)–(3)]/(1)/%	补贴空间/（$\times10^6$美元）	削减百分比 [(1)–(5)]/(1)/%
		（1）	（2）	（3）	（4）	（5）	（6）
1	中国	263 850	264 850	50 497	80.86	48 543	81.60
2	欧盟	131 929	131 929	43 956	66.68	42 775	67.58
3	印度	105 641	120 816	42 822	59.46	40 022	62.12
4	美国	55 573	56 573	31 183	43.89	30 440	45.23
5	日本	46 370	46 370	27 916	39.80	27 567	40.55
6	巴西*	32 069	45 637	27 657	13.76	21 832	31.92
7	印度尼西亚*	26 477	34 988	23 435	11.49	17 708	33.12
8	土耳其	19 308	27 493	19 863	–2.87	15 135	21.61
9	墨西哥	23 617	23 617	17 778	24.72	17 630	25.35
10	巴基斯坦	12 492	18 738	14 883	–19.14	10 625	14.95
11	俄罗斯	13 158	14 158	11 852	9.93	11 102	15.63
12	韩国	10 279	13 525	11 407	–10.97	8 985	12.59
13	越南	8 393	11 952	10 270	–22.36	7 321	12.77
14	泰国*	9 654	10 819	9 424	2.38	8 505	11.90
15	菲律宾*	6 913	9 759	8 611	–24.56	6 171	10.73

续表

序号	成员	基准线/（×10⁶美元）	基础补贴空间/（×10⁶美元）	最终补贴空间		移除“发展箱”的最终补贴空间	
				补贴空间/（×10⁶美元）	削减百分比[(1)–(3)]/(1)/%	补贴空间/（×10⁶美元）	削减百分比[(1)–(5)]/(1)/%
		（1）	（2）	（3）	（4）	（5）	（6）
16	阿根廷*	6 576	9 751	8 605	–30.85	6 024	8.39
17	加拿大*	7 985	8 985	8 003	–0.23	7 184	10.03
18	委内瑞拉	6 628	8 246	7 413	–11.84	6 068	8.45
19	尼日利亚	5 481	8 199	7 375	–34.56	5 080	7.32
20	哥伦比亚*	5 407	6 876	6 288	–16.29	4 950	8.45
21	埃及	4 485	6 652	6 100	–36.01	4 177	6.87
22	马来西亚*	4 447	6 449	5 929	–33.33	4 057	8.77
23	澳大利亚*	4 860	5 860	5 428	–11.69	4 553	6.32
24	瑞士	5 613	5 613	5 215	7.09	5 207	7.23

资料来源：WTO 部长级会议提案（JOB/AG/243/Rev.1）

*凯恩斯集团成员

中国、欧盟和印度三个成员占削减总规模的 96.5%。在凯恩斯集团总体削减方案下，中国、欧盟和印度三个成员是当前 WTO 成员中提供国内支持量最大的三个成员。按照凯恩斯集团削减方案，中国需在 PE-TDDS（即凯恩斯集团在 OTDS 的基础上提出扭曲贸易的潜在国内支持空间）的基础上削减 80.86%，欧盟需削减 66.68%，印度需削减 59.46%。削减后，中国国内支持空间从 2638.5 亿美元下降至 505.0 亿美元，占所有成员国内支持总量份额从 27%下降至 11%；欧盟将从 1319.3 亿美元下降至 440 亿美元，份额占比从 13%降至 9.4%；印度从 1056.4 亿美元削减至 428.2 亿美元，份额占比从 12%降至 9.1%。

除中国、欧盟和印度之外，仅有 9 个成员需要削减其当前国内支持量。具体地，美国需削减 43.89%，日本需削减 39.8%，墨西哥需削减 24.72%，巴西需削减 13.76%，印度尼西亚需削减 11.49%，俄罗斯需削减 9.93%，瑞士需削减 7.09%，泰国需削减 2.38%，挪威需削减 3.1%。凯恩斯集团方案导致其他成员削减后空间高于削减前，主要是因为该方案对于支持量占农业产值比重较低的成员进行基准线上调。以菲律宾为例，其基准线为 69.13 亿美元，经过调整后，基础封顶空间是其农业总产值的 30%，为 97.59 亿美元。经过迭代削减后，菲律宾最终支持空间为 86.11 亿美元，大于其现行 PE-TDDS 基准线，最终支持空间甚至上升了 24.6%。不过需要强调的是，这里所谓的支持空间上升，仅是按照凯恩斯削减方案而言，因为按照现行规则，“蓝箱”和“发展箱”政策并没有上限约束，而凯恩斯削减方案中则施加了封顶限制。

大部分凯恩斯集团成员在该提案中受益。凯恩斯集团高度依赖农产品出口贸易，因当前凯恩斯集团国内支持水平较低，多数凯恩斯成员相较于现行支持水平反而会增加补贴空间。19 个凯恩斯集团成员中，除巴西、印度尼西亚削减约 1 成、泰国削减 2.38%外，其余成员补贴空间均有不同程度增加。其中，12 个成员补贴空间增长 3 成及以上。具体而言，新西兰增长 5 成，哥斯达黎加等 8 个成员增加 4 成，阿根廷、秘鲁、马来西亚增加 3 成，菲律宾、澳大利亚等 4 个成员增加 1 到 2 成，加拿大也有小幅增加。在修正稿中，凯恩斯集团中的发达成员——加拿大、新西兰和澳大利亚承诺，其最终上限为基准线、基础封顶空间和最终封顶空间的最小值。根据这一承诺，这些国家会放弃支持空间上调，即削减国内支持量为 0。

凯恩斯集团在修正案中提出的，将部分“发展箱”移出 PE-TDDS，仅造成全部成员基准线减少 46.7 亿美元，其中印度尼西亚减少 27.7 亿美元，占总减少量的 59.3%。印度因“发展箱”支持超出 50 亿美元，被排除在减少范围内。因拥有“发展箱”的发展中成员 PE-TDDS 占农业总产值比重均落在 20%~30%，在基准线上调至 30%的过程中，部分“发展箱”支持量减少和基准线调整增加相互抵消，“发展箱”调整对基准线的影响无法传导至基础补贴空间，对进行基准线调整后的总体削减方案的最终结果影响极为微小。对比基准线调整和移除“发展箱”削减后的结果，印度尼西亚补贴空间减少最多，为 15.2 亿美元，而中国补贴空间则减少 3.5 亿美元，影响有限。

2. 对特定产品国内支持空间的影响

本部分依据凯恩斯集团提案的计算方式，对凯恩斯集团关于特定产品国内支持空间的影响加以介绍。凯恩斯集团以各成员 2019 年通报数据为基期，整理稻谷、棉花、小麦、牛肉、玉米和乳制品六大农产品的前五大支持成员“黄箱”和“蓝箱”特定产品支出结构，以及支持量占产值比重和出口量占全球出口比重。按照凯恩斯集团特定产品支持削减方案，将依照一成员产品出口占全球出口的比重确定支持上限，并与当前支持占产值比重比较，得出需削减的支持量。凯恩斯集团之所以以 2019 年来进行影响测算，一方面是因为 2019 年是目前各成员国内支持通报较为完整的年份，另一方面，2019 年也是其测算 PE-TDDS 基期的最后一年。

六大农产品的前五大支持成员中，共有五个成员对当前个别特定产品支持有削减义务。如表 16.7 所示，2019 年，中国稻谷出口占全球 4.4%，“黄箱”特定产品支持量占稻谷产值的 20.6%。根据凯恩斯集团设定，中国稻谷特定产品支持上限比例为 15%，需削减支持量占产值比重的 5.6%；印度稻谷出口占全球 28.1%，特定产品支持上限比例为 10%，需削减 3.7%。美国棉花出口占全球 37.9%，特定产品支持上限比例为 10%，需削减 8.2%；欧盟棉花出口占全球 4.5%，特定产品支持上限比例为 15%，需削减 35.8%。挪威乳制品出口占全球 0.1%，特定产品支持上限比例为 25%，需削减 51.4%。

表 16.7 六大农产品前五大成员的支持和出口情况

产品	成员	CTAMS /（×10^6美元）	微量允许/（×10^6美元）	“蓝箱”/（×10^6美元）	占全球“蓝箱”和“黄箱”通报比例/%	占全球生产比例/%	占全球出口比例/%	出口成员身份认定	特定产品支持上限比例/%	“黄箱”特定产品支持量占产值比例/%
稻谷	中国	18 454	0	0	69.6	30.9	4.4	大型	15	20.6
	印度	6 318	0	0	23.8	15.9	28.1	主要	10	13.7
	韩国△	0	490	0	1.9	2.6	0.1	小型	25	6.4
	印度尼西亚	0	302	0	1.1	7.2	0.0	非	50	1.5
	中国台北△	278	0	0	1.1	0.4	0.2	小型	25	21.5
棉花	中国	0	0	2 344	46.9	50.4	0.6	小型	25	6.8
	美国△	1 245	0	0	24.9	10.0	37.9	主要	10	18.2
	印度	0	890	0	17.8	26.0	6.9	主要	10	5.0
	欧盟△	0	0	274	5.5	0.8	4.5	大型	15	50.8
	土耳其	0	238	0	4.8	3.6	1.9	中型	20	9.8
小麦	中国	8 726	0	0	65.7	24.0	1.1	非	50	19.4
	欧盟△	2 189	0	130	17.5	13.6	13.1	主要	10	9.1
	美国△	803	0	0	6.0	4.7	10.9	主要	10	9.0
	巴基斯坦	0	662	0	5.0	4.2	0.3	小型	25	8.4
	印度	0	257	0	1.9	16.6	0.6	中型	20	0.8
牛肉	美国△	4 614	0	0	54.6	28.4	13.1	主要	10	9.6
	欧盟△	0	103	1 892	23.6	18.6	4.1	主要	10	6.3
	日本△	1 504	0	0	17.8	4.3	0.4	中型	20	20.8
	俄罗斯△	0	89	0	1.1	3.4	0.1	小型	25	1.5
	沙特阿拉伯△	0	75	0	0.9	1.3	0.0	小型	25	3.3
玉米	美国△	4 636	0	0	55.8	19.2	22.4	主要	10	9.3
	中国	0	0	3 221	38.7	41.4	0.4	小型	25	3.0
	墨西哥△	0	251	0	3.0	2.1	0.9	中型	20	4.6
	土耳其	0	83	0	1.0	0.5	0.7	小型	25	5.9
	泰国△	47	0	0	6	0.4	0.7	小型	25	4.2
乳制品	欧盟△	0	3 599	1 029	45.1	17.4	15.8	主要	10	7.6
	美国△	2 396	0	0	23.4	11.6	5.9	主要	10	5.9
	挪威△	627	0	83	6.9	0.3	0.1	小型	25	76.4

续表

产品	成员	CTAMS /（×106 美元）	微量允许/（×106 美元）	“蓝箱”/（×106 美元）	占全球“蓝箱”和“黄箱”通报比例/%	占全球生产比例/%	占全球出口比例/%	出口成员身份认定	特定产品支持上限比例/%	“黄箱”特定产品支持量占产值比例/%
乳制品	加拿大△	553	0	0	5.4	1.5	0.4	小型	25	10.8
	俄罗斯△	0	528	0	5.2	3.8	0.3	小型	25	3.9

资料来源：WTO 部长级会议提案（JOB/AG/245）

注：加△的成员为享有 FBTAMS 的成员；CTAMS（current total aggregate measurement of support，当前总综合支持量）

利用 2019 年数据计算的中国、印度两国均在稻谷国内支持上有削减责任，但这对两国影响却是有根本差别的。美国诉中国农业国内支持措施案（案件号 DS511）后，中国自 2020 年已对主粮补贴政策进行了调整改进，根本性解决了由最低收购价政策导致的超出微量允许的问题（王学君等，2020）。从 2020 年中国国内支持通报来看，中国稻谷“蓝箱”支持量 27.08 亿美元，“黄箱”支持量 37.24 亿美元，共计 64.32 亿美元，占当年稻谷产值的 6.8%，已低于 15%的特定产品支持上限，已完全不受凯恩斯集团特定产品支持削减方案限制。而印度的情况则刚好相反，其受凯恩斯集团特定产品支持削减方案限制程度可能远超出 2019 年数据反映的程度。2023 年澳大利亚、加拿大、巴拉圭、泰国、乌克兰和美国提交反向通报（G/AG/W/234），认为印度 2014~2015 市场年度至 2020~2021 市场年度向 WTO 通报的市场价格支持远低于实际使用的市场价格支持量，质疑印度援引粮食安全公共储备“和平条款”压低稻谷实际支出水平。

美国和挪威分别对棉花和乳制品国内支持的削减责任，反映了凯恩斯集团提案在解决 FBTAMS 被部分国家集中应用在特定产品问题上的作用。由于《农业协定》对 FBTAMS 的使用没有加以限制，多数发达成员可以通过灵活地将补贴集中在一种或几种产品上来支持其农业。这使得拥有 FBTAMS 的成员在扶持相关特定农产品上拥有巨大的政策空间，从而扭曲了生产和贸易。由相关 WTO 成员通报可知，向大米、棉花、小麦、玉米等关键农产品提供的特定产品支持严重集中在少数拥有 FBTAMS 的 WTO 成员中，其中两三个成员占特定产品支持的 80%~90%。而且，为这些产品提供重要的特定产品支持的成员往往是这种商品的全球重要生产地区和出口地区，如美国既是棉花的主要生产国和出口国，同时也一直给予国内生产者高度补贴。凯恩斯集团特定产品支持削减方案对于不同出口规模成员设定不同程度的支持上限。针对出口份额小于 0.5%的小型出口成员，其特定产品支持最高上限是 25%，但对于出口份额大于 0.5%的主要农产品出口成员的特定产品支持限定为 10%，因此解决了如美国等成员拥有 FBTAMS 且集中使用于某几个特定产品而大幅超出微量允许限制的问题。

针对特定产品提供支持量较大的进口成员基本可以免于特定产品支持削减。对稻谷、棉花、小麦、牛肉、玉米和乳制品六类农产品提供支持量较大的成员中，中国在小麦产品上被认定为非出口成员，即进口成员。根据 2019 年数据，中国对小麦支持量为 9.1%，但是中国的小麦进口占消费的 6.18%，按照凯恩斯集团特定产品支持削减方案，特定产品支持上限为 50%，当前 44 亿美元支持空间可升至 260 亿美元。凯恩斯集团提案对进口成员友好，考虑到粮食净进口发展中成员的粮食安全和最不发达成员的发展需要，因而放松对其支持国内生产的约束。

凯恩斯集团于 2024 年 1 月 15 日提交关于特定产品计算的新提案（RD/AG/127），计算包括凯恩斯集团、非洲集团、G33 集团成员在内共 105 个成员的主要特定产品支持空间及其需削减的空间。因欧盟于 2023 年 12 月更新 2020~2021 年国内支持通报，该提案将数据更新至 2020 年。对比两次提案的数据，因成员在连续两年中进出口额和产值未有剧烈变化，因此 2020 年数据下的出口成员身份认定与 2019 年的相同，成员特定产品支持上限也未改变。

16.3 凯恩斯集团提案存在的问题及发展中成员主张

中国在凯恩斯集团总体削减方案中需要做出最大的贡献，中国在农业国内支持规则谈判中备受压力。中国和印度作为人口众多、农业基础薄弱的发展中成员在谈判中强调凯恩斯集团改革提案依然无法解决 WTO 农业国内支持规则的不公平和不平衡问题。入世后我国农业国内支持急剧扩张，当前我国农业支持水平和方式都受到 WTO 规则的实质性约束。后续 WTO 层面关于农业国内支持改革的任何主张无疑都会涉及我国农业发展利益。加强对于农业国内支持规则调整动向的跟踪与监测，科学定量评估不同成员和利益集团相关主张的潜在影响，明晰我国在国际农业谈判中的立场和底线，无论是对于在国际上争取对我国有利的农业支持保护政策空间，还是在国内推动我国农业支持保护制度不断完善都将具有重要启示意义和参考价值。

16.3.1 凯恩斯集团提案依然未解决不公平和不平衡问题

虽然凯恩斯集团总量削减方案和特定产品支持削减方案的设计从表面上看，能在一定程度上削减全球国内支持空间，并限制特定产品支持空间将大量“黄箱”支持用于单一产品。但实际上，凯恩斯集团改革提案仍然存在忽视了发展中成员农业增长的需要、按照支持量大小削减并不公平、忽视不同类型支持政策影响的差异性三大问题。

1. 忽视发展中成员农业增长的需要

按照现行 WTO 国内支持规则，“蓝箱”和“发展箱”政策是并没有上限约束的，而凯恩斯集团的提案建议将“蓝箱”和“发展箱”纳入削减范围。根据凯恩斯集团的模拟结果，需要承担削减义务的主要是中国、欧盟和印度三个成员，其他大部分成员相较于基期水平并不需要进行总量削减。凯恩斯集团的方案看似合理，但其中可能存在的问题是，这样的安排会限制发展中成员农业增长的需要。首先是“蓝箱”和“发展箱”政策使用受到约束。目前“蓝箱”没有封顶要求，只要符合“蓝箱”条件，成员可以不受支持量限制地使用。欧盟、日本等成员依靠“蓝箱”措施完成了农业政策转型，但大部分发展中成员正处于政策转型关键时期，“蓝箱”措施或是政策调整的缓冲器。例如，中国近年来正利用符合“蓝箱”属性的直补政策促进玉米支持政策市场化转型（许庆等，2020）。

其次，凯恩斯集团提出的固定基期的计算方式，未考虑各 WTO 成员，特别是发展中成员农业产值的动态增长。特别是没有了“蓝箱”“发展箱”的政策调整缓冲，会使得农业处于快速增长期的发展中国家无支持农业发展的政策抓手可用。如表 16.8 所示，根据凯恩斯集团总体削减框架模拟结果，削减后中国支持空间仅占 2019 年农业总产值的 3.3%，而随着农业总产值的不断高速增长，削减后中国支持空间占 2035 年农业总产值比重减少，仅占 1.9%，是所有 WTO 成员中支持空间占农业总产值最小的成员。中国加入 WTO 后实现了由汲取农业向支持补贴农业的全面转型。近年来农业国内支持向着市场化的方向不断调整。未来，中国将进一步构建以综合生产能力建设为支撑、粮食价格支持制度为保障、各类直接补贴政策为内容的粮食及农业支持系统。凯恩斯集团提案中的国内支持削减框架，存在从国际规则上限制中国等发展中成员农业发展和转型的可能。

表 16.8　部分 WTO 成员补贴空间占农业产值比重（单位：%）

成员	削减前		削减后	
	2019 年	2035 年	2019 年	2035 年
中国	17.4	9.8	3.3	1.9
欧盟	30.7	18.4	10.2	6.1

续表

成员	削减前		削减后	
	2019 年	2035 年	2019 年	2035 年
印度	26.8	13.0	10.9	5.3
美国	15.6	8.5	8.7	4.8
日本	55.5	43.5	33.4	26.2
巴西	22.1	11.4	19.0	9.9
印度尼西亚	19.9	11.6	17.6	10.2
土耳其	23.3	9.5	24.0	9.8
墨西哥	43.5	28.0	32.8	21.1
巴基斯坦	26.4	8.7	31.5	10.4

资料来源：根据 WTO 成员国内支持通报计算

2. 按照支持量大小削减并不公平

凯恩斯集团国内支持削减方案是要求支持规模体量（支持量/产值）越大的成员承担越大的削减义务，压缩当前提供国内支持最多几个国家的支持空间。凯恩斯集团提案看似合理，“谁支持得多，谁削减得多”，但对于中国和印度这两个国家，由于其国内资源相对不足和庞大的人口需求，仅仅强调发展中成员的支持可能忽略了两国在农业发展、农民生计安全和国民粮食安全方面的迫切需求。

WTO 各成员方由于农业资源禀赋不同而形成不同类型的农业生产模式。不同类型的生产模式下政府所给予农业生产支持的目标以及由此而形成的影响，即使从支持规模上是等量的，但不同类型的生产模式其对农业生产以及贸易的影响也将是显著不同的。中国和印度农业从业人口基数大，人均耕地面积小，农业生产更多是以保障农民生计为主，而政府所给予农业生产的支持更多体现收入支持功能，对于生产决策的影响甚小。中国、印度看似补贴规模庞大，但如果按照人均计算补贴水平甚至不及补贴最高的挪威补贴水平的 1/300。按照统一比例削减农业补贴，必定会造成规则的不公平和不平衡，由此可能导致更深的国际矛盾。

3. 忽视不同类型支持政策影响的差异性

凯恩斯集团将“发展箱”“蓝箱”“黄箱”加总进行“一刀切”的削减方式，忽视了各类国内支持措施对生产和贸易扭曲程度的差异。农业国内支持措施的扭曲作用取决于它们在多大程度上决定着生产活动和投入品的使用。以面积、历史权利、投入品限制和农业收入为依据的补贴被认为多多少少已经和目前的生产决策脱钩，因此对生产和贸易的影响较小。“发展箱”支持是农业可普遍获得的投资补贴以及低收入或资源贫乏生产者可普遍获得的农业投入品补贴，其对农业的扭曲性与“黄箱”有本质的不同。“蓝箱”虽然是欧盟和美国在 GATT 期间针对全球大豆市场竞争的产物，但在实际使用中，发展中成员使用基于面积的生产者补贴，对生产和贸易的扭曲作用较小。

凯恩斯集团在确定基础封顶空间时对基准线进行调整，旨在对补贴占农业产值比重较低的成员进行基准线上调。调整方案中，对支持量介于 20%至 30%之间的成员的补贴空间调整至 30%，其中所有成员均为发展中成员。在 20%的特定产品和非特定产品支持外，给予这些成员 10%的“发展箱”和“蓝箱”空间。按照凯恩斯集团的提案，除印度、巴西、印度尼西亚和泰国外，其他支持量介于 20%至 30%之间成员的支持空间均有所扩大。不过需要强调的是这里所谓的支持空间扩大，仅是按照凯恩斯削减方案而言，因为按照现行规则，“发展箱”和“蓝箱”政策是并没有上限约束的，而凯恩斯集团的提案中则施加了封顶限制。另外，凯恩斯集团对 20%和 30%的分组临界值的选择未基于经济学理论，仅考虑到大部分发展中成员介于 20%和 30%之间，有利于对其设置统一标准。这样的操作方式看似合理，但显然未能充分考虑发展中成员，特别是最不发达成员的发展需要，给予其充足、灵活的政策空间。这可能会限制部分发展中成员国内农业改革和转型。

16.3.2　发展中成员提案及主张

发展中成员相较于凯恩斯集团成员，在农业资源禀赋方面存在显著差异。发展中成员更强调国内粮食的自给自足，部分成员甚至依赖于粮食进口，这与凯恩斯集团作为农产品出口国的特征截然不同。鉴于这种差异，发展中成员在谈判中持有不同立场，充分考虑其发展需求、粮食安全需求以及农民生计的保障。中国和印度作为两个重要的发展中成员，在 WTO 农业谈判中持有相似的立场，并共同提出了关于农业国内支持改革的提案（表 16.9）。提案主要关注发展中成员在农业国内支持方面所面临的限制与挑战，着重强调减少 WTO 规则中对发达成员有利的不公平现象，更多关注发展中成员的利益，推动更加公平和合理的农业贸易环境。中国和印度认为，现有《农业协定》中的规则不公平、不平衡现象十分明显。主要表现在只有部分成员能够使用的 FBTAMS 为其提供了更大的政策空间，大多数发展中成员则受到其微量允许水平的严格限制。

表 16.9　中国和印度联合提案内容

提案号	时间	涉及内容
JOB/AG/102	2017 年 7 月	中印通过技术文件形式分析发达成员和部分发展中成员不受微量允许的限制，拥有额外的 FBTAMS 空间，使其农业生产具有极大的灵活性从而扭曲生产和贸易。涉及的问题如下：提供的补贴金额占产值比重过高；补贴集中在少数产品上；产品生产集中在补贴量大的项目上
JOB/AG/137	2018 年 6 月	中印提交具体改革方案，针对发达成员，逐步削减超出微量允许的特定产品 AMS（截至 2018 年底提交的近三年通报中超出微量允许的特定产品 AMS 的平均值，以占产值的百分比表示），以创造公平的、市场导向的农产品贸易体系。

续表

提案号	时间	涉及内容
JOB/AG/137	2018 年 6 月	步骤一：自 2019 年起，未超出微量允许的特定产品 AMS 不得超出微量允许水平； 步骤二：202x 年前将超出微量允许的特定产品 AMS 削减（超出微量允许的特定产品 AMS–10%）÷2； 步骤三：202y 年前将超出微量允许的特定产品 AMS 削减至 10%的微量允许水平； 步骤四：202z 年将前超出微量允许的特定产品 AMS 削减至 5%的微量允许水平
JOB/AG/214	2021 年 9 月	印度单独提出技术文件，基于 JOB/AG/102 技术文件的事实，针对 JOB/AG/137 难以实现的形势，提出新的削减方案，根据 FBTAMS 空间大小削减。 FBTAMS 空间超出 100 亿美元的成员应在 3 年内，减少其特定产品和非特定产品支持并对其封顶； FBTAMS 空间介于 10 亿至 100 亿美元的成员应在 5 年内，减少其特定产品和非特定产品支持并对其封顶； 针对 FBTAMS 空间不超过 10 亿美元的成员对其建立特殊差别待遇

资料来源：WTO 部长级会议提案

1. 强调支持政策扭曲效应差异，主张优先削减 FBTAMS

凯恩斯集团所主张的不加区分地按比例削减，从操作性和合理性上看似合理，实则忽略了不同箱体内政策对生产和贸易的不同扭曲程度的差异，与 WTO《农业协定》对扭曲程度不同的支持政策“分箱而治”的规制理念并不相符。“发展箱”为发展中成员，特别是最不发达成员提供了大量政策空间，给予发展中成员特殊和差别待遇。“蓝箱”作为在限产计划下提供的补贴，政策的灵活性更低，较“黄箱”有更加严格的使用限制。“黄箱”内特定产品支持和非特定产品支持的扭曲程度也存在差异。当前国内支持规则主要矛盾集中于特定产品支持，存在的问题包括 FBTAMS 使用集中于某一或几种产品、未拥有 FBTAMS 的成员集中支持于某几个产品而超出微量允许限制。非特定产品支持除瑞士外，其他各成员均未超出微量允许限制，可利用的非特定产品空间巨大。成员非特定产品支持项目主要包括农资补贴、保险保费补贴、运费补贴、自然灾害补贴和农业信贷。因此，受使用条件约束，不同箱体之间对生产和贸易的扭曲程度显然是不同的。凯恩斯集团主张将“发展箱”“蓝箱”“黄箱”放在一起进行削减，实际上是将国内支持的改革压力施加给中国和印度等农业产值大、国内支持总量也大的发展中成员。从这一点来说，农业国内支持约束规则的重点理应首先聚焦于作用方式最直接、扭曲程度最显著的特定产品支持，而不加区分式削减显然是不合理的。

因此，任何进行农业国内支持改革的有意义尝试都必须解决发达成员享有超出微量允许限制的政策灵活性和发展中成员无法享受特权的规则不对称性问题。取消发达成员拥有的 FBTAMS 是中国和印度在国内支持改革中优先希望达成的目标，将所有成员拉至同一起跑线，营造公平的国际竞争环境，这是进行后续削减的前提。削减分为四步：第一步，在提案达成后一年，发达成员超出微量允许的特定产品支持不得超过前三年的平均水平；第二步，到一定时期削减超出 10%微量允许部分的一半；第三步削减至 10%；第四步，最终将发达成员超出微量允许的特定产品支持削减至 5%以下。对于拥有超出微量允许的 AMS 的发展中成员，考虑建立特殊和差别待遇纪律。这将充分考虑发展中成员，特别是最不发达成员的发展需要，给予其充足、灵活的政策空间，不仅有利于其国内农业改革和转型，也有助于在世界范围内消除贫困和粮食不安全的情况。

2. 强调成员间发展差异，联合发展中成员争取差别待遇

在凯恩斯集团总体削减方案下，中国、欧盟和印度是当前 WTO 成员中提供国内支持量最大的三个成员。随着新一轮共同农业政策改革，欧盟将继续在推进粮食体系可持续转型、发展环保和可持续农业方面进行深入探索，可以预见欧盟国内支持政策向"绿箱"属性政策转型已经基本完成，凯恩斯集团提案下欧盟的削减义务并不会对欧盟造成巨大的约束与限制。而中国和印度情况却并非如此，两国人多地少，农业资源禀赋较弱，与发达国家尤其是农业资源丰富的农产品主要出口国相比，大宗农产品基础竞争力处于不利地位。加之两国是世界人口大国，出于确保国家粮食安全和保护农民利益的考虑，当前和今后一个时期仍然需要对于农业部门和重点农产品予以支持和补贴（叶兴庆，2017）。但是按照凯恩斯集团削减方案，中国能够提供给农业的国内支持空间会被严重压缩，据测算到 2035 年将不足当年农业产值的 2%。

WTO 各成员因所处地理位置、人口结构及自然条件等因素的不同，在农业资源禀赋方面存在巨大差异。以中国、印度为代表的人均农业资源相对匮乏的成员国，其农业形态多以生计型农业为主导。这种农业模式显著特征在于小规模农场的广泛存在，如中国人均耕地面积 0.086 公顷，远低于 0.192 公顷的世界平均水平[①]。生计型农业中，从事农业劳动是农民的主要收入来源，具有自给自足的特征。由于资源约束，农业补贴在人均或地均水平上十分有限，因此对农业生产和贸易的扭曲作用小。相比之下，美国、澳大利亚等人均农业资源丰富的成员，则普遍发展起了以大规模商业化农场为特征的商业型农业。这些成员以效率与利润最大化为导向，农场经营规模巨大，如美国平均农场面积 178.5 公顷[②]，远超中国人均耕地面积。发达成员政府对大型商业农场的补贴力度显著，且补贴额度往往与农场规模成正比。这种补贴政策不仅促进了国内农业生产的高效发展，还极大地推动了农产品在国际市场上的出口竞争力。因此，将中国、印度、美国和澳大利亚扭曲贸易的国内支持量加总，按照占全球支持量比重不同确定削减比例的方式，忽

① 《姜鹏：粮食安全的约束底线》，https://www.ndrc.gov.cn/wsdwhfz/202109/t20210928_1297992.html。

② 详见 https://www.nass.usda.gov/Publications/Todays_Reports/reports/fnlo0222.pdf。

视了成员间的发展差异和农业模式的不同。

现有贸易规则仍是以西方发达国家为核心构建的，WTO 规则形成的过程也更多体现了发达成员的主导地位。发展中成员由于缺乏相应的谈判能力，一直处于被动局面。中国应坚持发展中国家的身份，联合广大发展中成员争取发展中成员利益，发展中成员间也需达成共识，努力推动完善 WTO 特殊与差别待遇的有关规则，保障国内粮食安全和农民生计安全，满足发展中成员的发展需要。

3. 强调均值差异，推动人均支持强度提案

因各国和地区资源禀赋的不同，从补贴角度来看，按照补贴总量削减国内支持是不合理的。应充分考虑各种均值下反映的农业补贴的差异。近期中国和印度等国的相关学者提出国内支持强度，主张应从产均支持量（农业国内支持总量/农业总产值）、人均支持量（农业国内支持总量/农业从业人口）和地均支持量（农业国内支持总量/耕地面积）等补贴均值角度重新考量农业补贴。

产均支持量为农业国内支持总量（包括“发展箱”“蓝箱”“黄箱”）占农业总产值的比例。由表 16.10 可知，各成员间产均支持量不平衡，挪威为 30%以上，日本为 10%左右，加拿大为 5%左右，欧盟、巴西为 2%左右，澳大利亚低于 1%。代表性发展中国家，如中国为 3%左右，印度约为 1%。产均支持量相较于国内支持总量更便于国际的比较，不同体量、不同发展阶段的成员国内支持总量差异巨大。产均支持量是农业国内支持总量占农业总产值的比重，更能客观反映出各成员农业国内支持强度。具体而言，挪威、美国、日本和欧盟等发达成员可以使用远高于微量允许水平的国内支持主要是由于 FBTAMS 的存在。印度的农业支持主要来自“发展箱”和免于起诉的粮食安全公共储备政策，中国的农业支持主要来自受到美国起诉的特定产品“黄箱”和近期开始使用的“蓝箱”。基于以上，可知部分成员拥有 FBTAMS 是造成单位农业产值过高的主要原因。

表 16.10　WTO 主要成员产均支持量（单位：%）

成员	2012 年	2013 年	2014 年	2015 年	2016 年
阿根廷	0.21	0.18	0.31	0.26	0.46
澳大利亚	0.58	0.44	0.63	0.44	0.59
巴西	2.59	1.35	1.46	1.31	1.47
加拿大	5.45	4.81	4.23	3.99	4.44
中国	2.89	3.37	3.46	3.53	1.54
欧盟	2.05	2.10	2.23	2.54	2.57
印度	0.93	0.73	0.86	0.68	1.52
印度尼西亚	0.09	0.02	0.04	0.06	0.13
日本	9.51	9.27	9.65	10.05	9.17
韩国	0.62	0.79	0.79	1.38	2.77
挪威	36.94	34.05	31.02	32.24	31.82
瑞士	21.94	24.85	12.85	13.40	13.27
美国	3.79	3.64	3.35	4.61	4.51

资料来源：根据 WTO 成员国内支持通报计算

人均支持量体现单位农民收到的扭曲贸易的国内支持量。首先，挪威作为高补贴成员，农业人口少，人均补贴高达 38 646.9 美元。其次，瑞士、美国和加拿大人均补贴为 5000~10 000 美元。WTO 主要成员中，人均补贴最少的四个成员为印度尼西亚（74.9 美元）、阿根廷（133.8 美元）、中国（141.3 美元）和印度（141.5 美元）。人均补贴最高的成员是最低成员的 500 多倍。从图 16.2 可以发现，人均补贴较高的为发达成员，而发展中成员人均补贴水平较低。在发展中成员中，尽管农业部门承载着庞大的从业人口群体，为国家的经济与社会稳定发挥着基础性作用，但具体到每位农民身上所获得的支持力度却相对有限。相较之下，发达成员已经建立了全面且高效的农业保护政策体系，这一体系为每位农民提供了更为慷慨和精准的支持，人均支持力度较大。

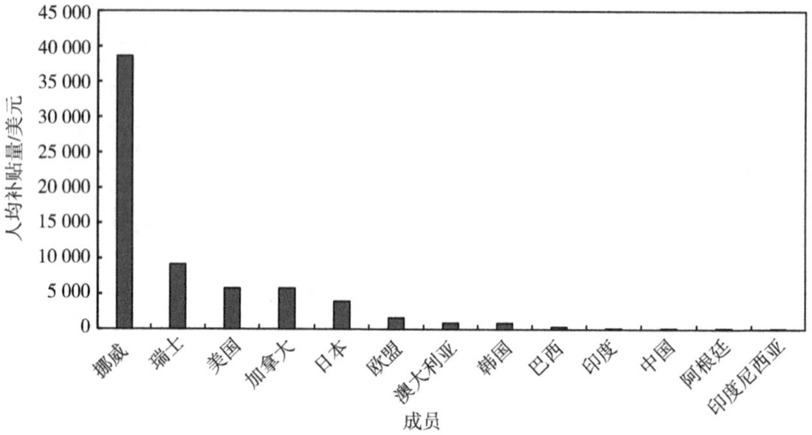

图 16.2　2016 年主要成员人均补贴情况

资料来源：WTO 成员国内支持通报、国际劳工组织数据库

耕地面积作为衡量资源禀赋的一个重要指标，可用于衡量每公顷耕地接受的支持量。根据 2016 年 WTO 主要成员农业国内支持总量（包括“发展箱”“蓝箱”“黄箱”支持）和 2019 年各成员可耕地面积，获得地均支持量。从数据来看（图 16.3），瑞士和挪威作为高补贴成员，耕地面积较小，因此地均支持量分别高达 3480.06 美元/公顷和 2659.87 美元/公顷。日本和韩国作为处于东亚的发达成员，拥有较为完备的农业支持政策体系，但受岛屿面积限制，耕地面积较小，因此地均支持量分别为 2024.75 美元/公顷和 866.26 美元/公顷。中国、印度、欧盟和美国在地均支持量上处于 100~300 美元/公顷，受耕地面积较大的影响，中国和印度、欧盟和美国之间地均支持量差异不大。加拿大、巴西和澳大利亚等凯恩斯集团成员，受资源禀赋的影响，农业生产条件较好，农业国内支持总量小，疆域内优质土地资源丰富，耕地面积大，因此地均支持量均小于 100 美元/公顷。地均支持

量能较为客观地反映每公顷耕地受到的国内支持。

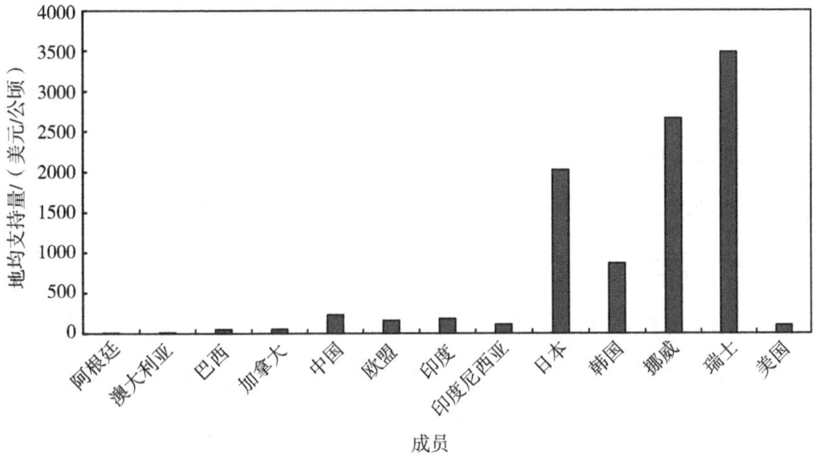

图 16.3　2016 年主要成员地均支持情况

资料来源：WTO 成员国内支持通报、FAOSTAT 和国际劳工组织数据库

中国应强调在农业国内支持重视强调总量控制外，还应充分考虑不同成员资源禀赋的差异，在国内支持总量约束的基础上，推动引入（人均、地均等）国内支持强度指标。同时，针对当前全球粮食危机严重，我国可积极联合印度等与中国立场相同的成员，提出国内支持发展新方向，对最不发达成员、粮食净进口成员或发展中缺粮成员的粮食生产体系中的国内支持进行特殊与差别对待。

16.4　WTO 农业国内支持改革方向与路径

农业谈判深陷僵局 20 年，WTO 第十三届部长级会议于 2024 年 2 月落下帷幕，在农业议题上仍未取得实质性成果。在世界政治经济大变局背景下，WTO 农业谈判，特别是国内支持议题谈判，面临前所未有的挑战。虽然凯恩斯集团频频提交改革提案，游说成员加入其按比例削减阵营，同时中国、印度、G33 集团成员、非洲集团和非加太集团等发展中成员也呼吁取消 FBTAMS 特权和粮食安全公共储备“和平条款”永久化。但是，美国、欧盟等成员作为当前《农业协定》的最大受益者，推动国内支持规则改革态度消极。规则改革不仅是推动全球农产品贸易自由化、平衡发展的关键路径，更是大国间经济政治博弈的重要战场。因此，探寻弥合农业国内支持改革分歧的可行之路，已成为当务之急，这是一个漫长且复杂的过程，需要各成员的通力合作与共同努力。在此过程中，WTO 必须发挥核心引领作用，进一步推动新一轮农业谈判的开展。而农业改革的根本目标，应当是建立公平、透明的规则体系，维护全球农产品贸易的稳定与繁荣。

加强沟通和对话无疑是探索 WTO 农业国内支持改革方向和路径的首要基础。在当前全球化深入发展的背景下，各成员间的利益交织、相互影响，只有通过充分的沟通和对话，才能增进相互理解，缩小分歧，达成共识。WTO 作为全球贸易治理的重要平台，为各成员提供了交流和协商的场所。各成员应充分利用这一多边贸易机制，就农业国内支持改革的议题展开深入、全面的讨论。这包括但不限于分享各自的改革经验、探讨改革的难点和挑战、寻求可能的解决方案等。在沟通过程中，各成员还应注重信息共享和经验交流。通过了解彼此的政策和实践，各成员可以更加清晰地认识到不同国家农业发展的实际情况和需求，从而更容易找到共同点和利益交汇点。这种基于共同利益的理解将有助于推动改革的进程，实现共赢的局面。加强沟通和对话还有助于建立信任关系，为未来的合作奠定基础。在相互尊重、平等协商的氛围中，各成员可以共同探索适合各自国情和发展阶段的农业国内支持改革路径，推动全球农业贸易的公平和可持续发展。

推动农业国内支持政策向更加绿色、可持续的方向发展，无疑是未来全球农业治理的重要趋势。随着环境问题的日益凸显和可持续发展理念的深入人心，各成员应当积极调整其农业国内支持政策，逐步减少对环境有害的补贴，转向更加支持可持续农业发展的政策措施。具体而言，这意味着各成员需要审视并调整其当前的农业补贴政策，减少那些可能导致环境污染、资源浪费和生态破坏的补贴项目。同时，各成员应增加对可持续农业技术和实践的投入，鼓励农民采用环保、高效的农业生产方式，促进农业资源的循环利用和生态系统的保护。这种政策转向不仅可以提高农业生产效率，实现农业经济的可持续发展，更有助于应对气候变化等全球性问题。通过推动绿色、可持续的农业发展，我们可以减少温室气体排放，保护生物多样性，维护生态系统的平衡，为全球环境治理贡献力量。因此，各成员应积极响应这一重要趋势，加强政策沟通和协调，共同推动全球农业国内支持政策的绿色转型。通过共同努力，我们可以实现农业与环境的和谐共生，为全球农业的可持续发展奠定坚实基础。

考虑到发展中成员在经济发展、社会进步和农业生产等方面的特殊需求，WTO 在推动农业国内支持改革时，应充分展现出对这些成员的理解和支持，为其提供必要的灵活性和空间。在改革过程中，WTO 应深入了解发展中成员的经济和社会发展状况，认识到其农业发展的实际困难和挑战。因此，应允许这些成员在一定的过渡期内，保持相对较高的农业国内支持水平，以稳定其农业生产、保障农民生计并促进农村发展。发达成员作为农业国内支持改革的受益者和推动者，也应在技术、资金等方面给予发展中成员必要的支持和援助。这包括但不限于分享先进的农业生产技术、提供资金援助以改善农业基础设施、培训农业人才以及推动农业贸易便利化等。这些措施可以帮助发展中成员提升农业生产力。WTO 还应加强与发展中成员在农业领域的对话与合作，共同探讨适合其国情的农业发展道路。

建立健全的监督和评估机制对于确保农业国内支持改革的成效至关重要。WTO 作为国际贸易的重要组织，应当肩负起这一责任，建立一套全面、有效的监督和评估体系。这一体系的核心是对各成员的农业国内支持政策进行定期、系统的审查和评估。通过深入剖析各成员的政策内容、实施效果及其对全球农业贸易的影响，WTO 能够全面把握改革进展，及时发现存在的问题和不足。这不仅有助于推动各成员不断改进和完善其农业国内支持政策，还能够为未来的改革提供有益的参考和借鉴。同时，公开、透明的通报机制也是监督和评估体系的重要组成部分。WTO 应定期向公众发布评估报告，详细阐述各成员的政策执行情况、改革成果以及存在的问题。这种公开、透明的做法不仅可以增强公众对 WTO 农业国内支持改革的信任和支持，还能够激发更多的社会关注和参与，推动改革进程不断向前发展。总之，建立健全的监督和评估机制是确保农业国内支持改革取得实效的关键。WTO 应当积极履行其职责，不断完善这一体系，为全球农业贸易的公平、可持续发展提供有力保障。推动农业国内支持政策向更加绿色、可持续的方向发展是未来的重要趋势。各成员应致力于减少对环境有害的补贴，转向支持可持续农业发展的政策。这不仅可以提高农业生产效率，还有助于应对气候变化等全球性问题。

16.5 本章小结

农业作为各国经济的重要支柱，其国内支持政策一直是国际经贸合作与竞争中的关键议题。WTO 作为国际贸易的协调机构，在推动农业国内支持规则谈判方面承担着重要责任。然而，由于各成员在农业发展水平、经济实力以及贸易利益等方面的差异，农业国内支持规则谈判一直面临着诸多分歧和挑战。农业国内支持政策的出现，初衷是为了稳定本国农产品市场、保障农民收入及提升农业竞争力。随着补贴规模的扩大，部分经济体的巨额农产品补贴政策不仅扰乱了全球农产品市场秩序，还加剧了国际农产品贸易摩擦。WTO《农业协定》的签署虽然为国内支持规则的使用设定了约束，但发达成员与发展中成员间的不平衡和不公平现象仍然显著。随着新兴市场的崛起，传统的农业国内支持规则已无法适应当前的国际形势和农业贸易需求。发展中成员的崛起使得成员间的分歧进一步扩大，调和难度远超以往。在此背景下，农业国内支持谈判呈现出明显的阵营化特点，各方力量围绕核心议题展开激烈的角逐。

不同利益集团根据不同的贸易和农业资源禀赋情况，具有不同的诉求和主张。以出口成员为主的凯恩斯集团主张全面限制农业国内支持政策的空间，并对特定产品的支持进行具体约束。凯恩斯集团成员认为，减少扭曲性的国内支持政策有助于维护公平竞争的市场环境，促进全球农产品贸易的自由化。然而，这一主张遭到了以中国和印度为代表的发展中成员的反对。这些国家认为，发达成员的农业补贴规模巨大，对发展中成员的农产品出口构成了严重障碍。因此，以中国和印度为代表的发展中成员主张优先削减发达成员的扭曲性国内支持，反对不加区分地削减所有形式的国内支持。面对这些分歧和挑战，WTO 和各成员方需要共同努力，寻找一条 WTO 农业国内支持改革的未来路径。首先，各方应加强沟通与理解，充分尊重彼此的利益关切和诉求。其次，可以通过技术援助和能力建设等方式，帮助发展中成员提高农业竞争力，减少对其国内支持政策的依赖。最后，还可以探索建立更加公平、透明的农业国内支持规则体系，以促进全球农业贸易的可持续发展。

第 17 章
农产品出口限制规则的争议问题与改革思路[①]

全球粮食安全的主要症结并非粮食产量不足，而是粮食资源可获性难以得到保障。2022 年全球人均粮食占有量创下历史新高，达到 389 公斤/人，但全球仍有 8.28 亿人受到饥饿影响，较 2019 年增长了 18%[②]。在众多影响全球粮食资源可获性的因素中，频繁且任意实施农产品出口限制措施无疑是最为直接和关键的阻碍之一。出口限制措施的实施会大幅降低短期内国际市场的粮食供应，导致国际粮食市场供需失衡与震荡，进而推高国际粮价，甚至可能触发全球范围的粮食危机。然而，目前 WTO 框架下出口限制的相关管理规则较为模糊且存在争议，导致国际约束力不强，这在一定程度上也为出口限制措施的滥用埋下了隐患。现阶段，越来越多的 WTO 成员已经认识到完善出口限制规则的重要性，并呼吁对现行规则进行改革。本章将深入规则文本层面，分析 WTO 框架下出口限制的具体规则及其争议问题，并结合成员方在 WTO 部长级会议上的谈判主张及日常提案等，识别各方在关键问题上的分歧点，以期能够为 WTO 与区域贸易协定框架下改革与完善出口限制规则，创造更加公平、稳定、有序的全球粮食贸易和安全环境提供参考启示。

---

① 资料来源：蔡庆如（2022）。

② https://openknowledge.fao.org/server/api/core/bitstreams/145f41e3-83b9-4b66-bb80-7ac5060eeda8/content。

17.1　全球农产品出口限制措施的特征及影响

在当前气候变化波动加剧、地缘政治冲突升级、公共安全事件频发的背景下，实施农产品出口限制已成为各国保障国内市场供应的关键策略。虽然此类措施短期内对于保障实施国国内农产品供应的作用是立竿见影的，但长期来看，往往会引起国际粮价的剧烈波动，并造成全球总体福利损失，甚至有可能导致实施国自身的净福利损失。深入分析全球农产品出口限制措施对国际市场和各国福利的影响，已成为全球政策制定者亟须共同研究和讨论的重要议题。

17.1.1　全球农产品出口限制措施的特征

农产品出口限制措施旨在保障国内粮食供应，常在粮食供应紧张时被加码使用。这意味着，农产品出口限制措施的使用数量和频次往往与全球粮食供应形势紧密联系，表现出在时间、空间、类型及品类上的相对集中现象。

1. 实施时间多集中在突发意外事件频发时期

粮食危机爆发、突发事件或地缘冲突加剧期，通常是各国和地区实施农产品出口限制的高发期。据统计，2008 年世界粮食危机至 2022 年底，共有 114 个国家和地区的政府累计实施了 4779 项农产品出口限制措施，涉及 198 种农产品[①]。其中，2008 年世界粮食危机期间，便有 31 个国家和地区为了确保其粮食供应与价格稳定，实施了 1144 项农产品出口限制措施。2020 年新冠疫情暴发期间，农产品出口限制措施实施数量飙升至 635 项，为 2019 年的 28 倍。2022 年俄乌冲突期间，72 个国家和地区针对谷物、食用油等农

① 产品类型以 HS4 编码划分。

产品推出了 1730 项出口限制措施（图 17.1）。总体而言，出口限制措施往往伴随着全球范围内粮食供应的紧张状况出现，两者相互影响。当全球粮食供应紧张时，一些国家和地区可能出于自保考虑会实施出口限制措施。这些措施反过来又会进一步加剧全球供应紧张，促使更多国家和地区加入出口限制的行列，形成恶性循环。

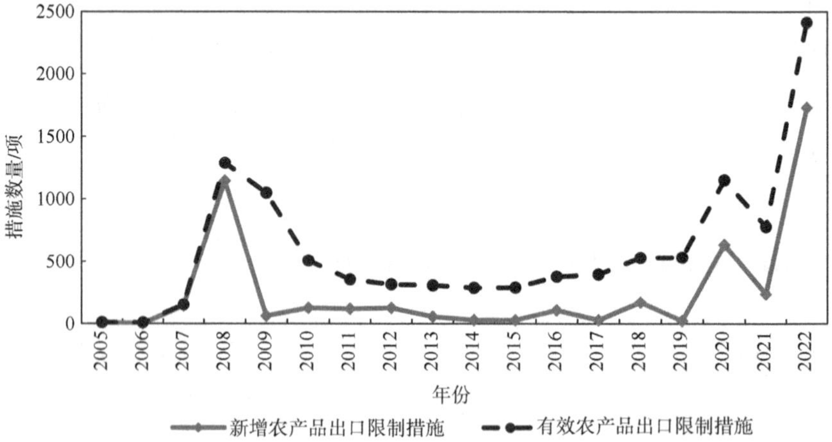

图 17.1　2005~2022 年全球农产品出口限制实施情况

资料来源：全球贸易预警、贸易监测数据库、食品与化肥出口限制追踪、初级农产品出口限制数据库
新增出口限制指每年新出台的出口限制措施，有效出口限制指过去出台，但仍产生效力的出口限制措施

2. 实施国家（地区）集中于亚洲、非洲和欧洲

审视历年农产品出口限制措施实施情况，措施实施国家（地区）主要集中在亚洲、非洲和欧洲（图 17.2）。2008 年世界粮食危机、新冠疫情暴发和俄乌冲突期间，分别有 31、54 和 72 个国家（地区）实施了出口限制措施，其中亚洲、非洲和欧洲国家（地区）的占比逐步增加，分别为 87%、89%和 90%以上。就国别分布而言，农产品出口限制的主要实施国包括亚洲的印度、泰国、越南，非洲的肯尼亚、赞比亚等。上述国家往往具有人口密度高、水土资源稀缺或农业技术相对落后等特征，导致其国内粮食供应能力在面对危机时显得尤为脆弱，更倾向于实施出口限制措施。相较之下，美

国、加拿大及澳大利亚等国凭借丰富的资源、广阔的土地和先进的农业生产条件，拥有较强的粮食生产和出口能力，粮食自给率通常较高，危机情况下较少采取农产品出口限制。值得关注的是，俄乌冲突期间，出口限制措施的实施国更多集中于粮食净出口国，包括阿根廷、哈萨克斯坦、印度等国家。这些国家粮食出口占到全球粮食贸易的相当比例，其限制出口无疑会进一步加剧全球粮食供应紧张局面。

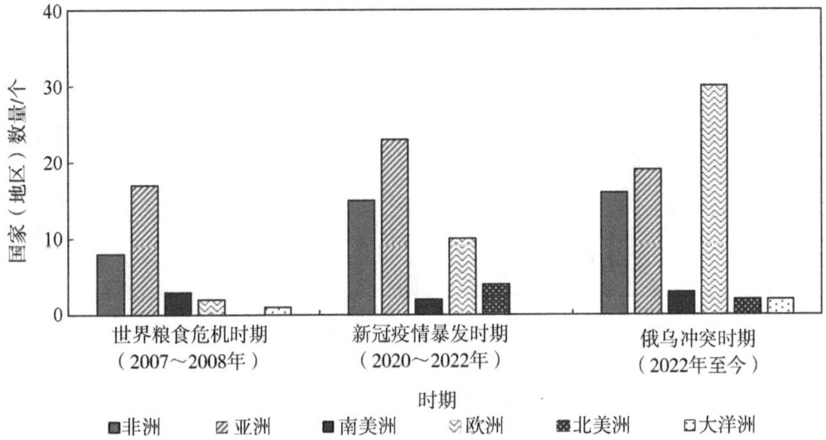

图 17.2　2007~2022 年全球出口限制措施实施国家（地区）的区域分布

资料来源：全球贸易预警、贸易监测数据库、食品与化肥出口限制追踪、初级农产品出口限制数据库

3. 实施类型以出口禁令为主

出口限制措施包括出口禁令、出口许可证、出口配额和出口关税等多种形式，其中出口禁令是最为严苛且最常被采用的限制手段[①]。2005~2022 年，出口禁令占所有农产品出口限制措施总数的 67%，而其他实施类型，如出口许可证、出口配额和出口关税，则分别占 7%、4%和 22%。特别是在

① 出口禁令指完全禁止某一产品的出口；出口许可证要求出口商必须获得官方发放的出口许可证才能够进行出口，虽然此类限制措施不会直接影响出口贸易，但可能会形成垄断或增加贸易成本；出口配额规定了出口产品的数量（或价值）上限；出口关税主要包括按照产品价值的一定比例征收的从量税以及对单位产品数量（或重量）征收的从价税。

2008 年世界粮食危机、2020 年新冠疫情暴发和 2022 年以来俄乌冲突期间，出口禁令使用更为频繁，占比分别达到了 77.3%、87.2%和 82.4%（图 17.3）。这一趋势表明，在全球粮食供应紧张的情况下，出口禁令作为有效限制粮食出口并保障国内供应的手段，更容易成为危机管理工具的首选。

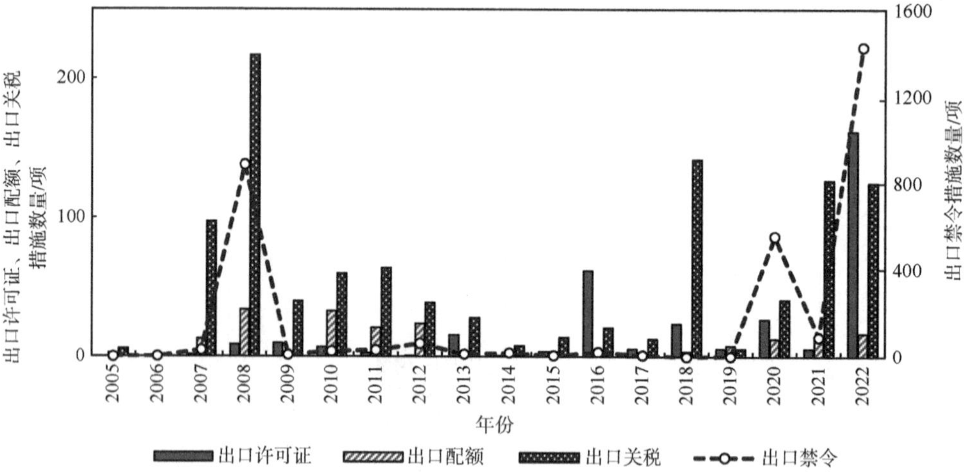

图 17.3　2005~2022 年全球农产品出口限制措施的实施类型分布

资料来源：全球贸易预警、贸易监测数据库、食品与化肥出口限制追踪、初级农产品出口限制数据库

4. 实施品类集中于谷物和油脂

出口限制措施覆盖了众多农产品品类，其中对谷物和油脂的影响尤其显著，这将对粮食安全构成严峻挑战。2005~2022 年，平均每年有 64 种[①]农产品受到出口限制的影响，涉及动物油脂、食糖、蔬菜、棕榈油、谷物和肉类等多个品类。三次世界粮食供应紧张期间，谷物、油脂成为出口限制的重点对象。2008 年世界粮食危机期间，阿根廷、巴基斯坦等 31 个国家或地区实施了谷物出口限制措施，占所有出口限制措施的 29%，直接影响了全球 33%的谷物出口贸易。新冠疫情期间，谷物、油料种子、含油水果以及动植

① 基于 HS4 产品编码的统计。

物油脂成为出口限制的“重灾区”，13 个国家对油脂实施了出口限制，影响了全球 43%（381.8 亿美元）的油脂出口。俄乌冲突期间，出口限制措施的主要对象是谷物、动植物油脂、肉类、乳制品及蔬菜。马来西亚、印度尼西亚、阿根廷等 40 个国家或地区对油脂实施了出口限制，影响了全球 65%（897.8 亿美元）的油脂出口。此外，俄罗斯、乌克兰、白俄罗斯等 15 个国家和地区采取了谷物出口限制，涉及全球 27%的谷物贸易（371.2 亿美元）（表 17.1）。

表 17.1　2008~2022 年主要农产品出口受限制措施影响情况

农产品类别	2008 年		2020 年		2022 年	
	受影响出口额/亿美元	受影响贸易份额/%	受影响出口额/亿美元	受影响贸易份额/%	受影响出口额/亿美元	受影响贸易份额/%
活体动物	12.6	8.0	5.1	2.3	40.5	19.3
肉类	23.5	3.0	11.4	0.8	232.3	15.8
水产品	59.9	9.0	23.1	2.0	140.0	12.4
乳制品	12.8	2.1	13.5	1.5	236.9	23.5
蔬菜	61.3	14.0	55.2	7.6	211.1	28.1
水果	27.3	4.6	60.4	4.8	66.9	5.9
谷物	237.6	32.9	375.1	34.1	608.2	44.1
油料种子及含油水果	54.0	12.5	126.9	13.4	175.8	14.2
动植物油脂	172.7	28.4	381.8	43.4	612.1	44.5
糖类	8.2	2.7	23.8	6.0	89.0	19.1
食品工业残留物或动物饲料	62.1	15.4	104.8	13.8	192.3	22.1

资料来源：UN Comtrade 统计数据库

注：受影响贸易份额=受出口限制农产品的出口额/该类农产品出口总额

17.1.2　全球农产品出口限制措施的影响

实施出口限制措施虽然能在短期内确保国内农产品供应和市场稳定，但其本质是一种以邻为壑的策略，长期来看可能产生广泛、持久的消极影响。对国际市场而言，出口限制大幅降低了国际农产品市场供应，引发进口国的恐慌性采购，农产品供需严重趋紧将进一步加剧世界粮食市场价格波动。对进口国而言，出口限制引起的国际农产品价格高企将严重削弱进口国的粮食可获性，可能会导致粮食短缺地区的居民陷入持续的饥饿威胁。此外，对出口限制的实施国而言，其自身也有可能会受到该类措施的反噬，对其经济福利造成复杂且深远的影响。探讨农产品出口限制对全球粮食安全的影响，能为阐释滥用出口限制措施的潜在危害，明晰规范出口限制措施的必要性提供启示。

首先，各国实施的出口限制措施严重扭曲了国际粮食市场真实的供需状况，导致供需急剧失衡，国际粮价飙升。历次粮食危机期间，大米、小麦等主粮是出口限制的重点对象，也首当其冲成为国际市场上价格波动幅度最大的农产品（表 17.2）。孙林（2011）基于对 2007~2008 年世界粮食危机期间农产品出口限制措施所产生经济效应的分析得出，大米主产国出口量每降低 1%，国际大米价格就会上涨 1.57%。Martin 和 Anderson（2012）的研究进一步指出，2008 年世界粮食危机期间，各国实施的出口限制措施导致世界大米价格上涨了 45%，小麦价格上涨了 30%。Rude 和 An（2015）发现，2006 年至 2011 年期间，主要谷物出口国实施的出口限制加剧了小麦和大米在国际市场上的价格波动，但对玉米和大豆的国际价格并未造成明显的影响。钟钰等（2021b）指出，2010~2011 年俄罗斯实行小麦出口禁令期间，国际小麦价格上涨了 33.3%。Fellmann 等（2014）模拟了 2010 年俄罗斯、乌克兰和哈萨克斯坦三国谷物歉收引发的出口限制措施对农产品供应和价格的影响，结果显示，在实行出口限制措施的条件下，世界小麦贸易量比不实施出口限制措施时减少 6%，引发世界小麦价格上涨 11%。除了谷物之外，部分学者还利用局部均衡模型模拟了外部冲击下各国实施出口限制措施对全球农产品价格的影响。Espitia 等（2020）发现，新冠疫情期间，出口限制措施使国际食品价格上涨了约两倍。Yan 等（2021）的模拟结果也表明，疫情期间，出口限制使世界农产品价格波动幅度增加了约 22%。

表 17.2　出口限制对国际农产品价格、进口国及实施国福利的影响

影响方面	期间/事件	研究内容	相关文献
对国际农产品价格的影响	新冠疫情期间	出口限制使得世界粮食价格上涨 18%	Espitia 等（2020）
	2006 年至 2011 年主要谷物出口国实施的出口限制	出口限制加剧了小麦和大米的国际价格波动，而对玉米和大豆的国际价格没有显著影响	Rude 和 An（2015）
	2006~2008 年粮食危机	出口限制导致世界大米价格上涨 45%、小麦价格上涨 30%	Martin 和 Anderson（2012）
	2007~2008 年粮食危机	大米主产国出口量每降低 1%，国际大米价格就上涨 1.57%	孙林（2011）
	2010~2011 年俄罗斯小麦出口禁令	出口限制使得国际小麦价格上涨 33.3%	钟钰等（2021b）
	2010 年俄罗斯、乌克兰、哈萨克斯坦谷物歉收	小麦主产国实施出口限制，引发国际小麦价格上涨 11%	Fellmann 等（2014）
对进口国福利的影响	2010 年俄罗斯等小麦减产	多国实施粮食出口限制导致粮食危机加剧	尚清和杨辉（2016）
	新冠疫情期间	出口限制措施减少了依赖谷物进口国家（主要是发展中国家）的国内谷物供应	Udmale 等（2020）
	阿根廷玉米禁令、印度和越南大米禁令、俄罗斯小麦禁令	出口限制是暂时的，但会对进口国福利产生长期的影响	Deuss（2017）
对实施国福利的影响		出口限制措施导致国内粮食价格下降，农民收入减少	Akter（2022）
	2011~2017 年坦桑尼亚的玉米出口禁令	生产者福利损失超过消费者福利收益，导致社会总体福利的净损失	Diao 和 Kennedy（2016）
	2007~2008 年粮食危机	阿根廷小麦生产者播种意愿相对于 2000~2001 年下降 26%	Nogués（2011）
	2010 年俄罗斯、乌克兰、哈萨克斯坦谷物歉收	小麦生产商会转而生产政府干预较少的作物，如玉米和油籽	Fellmann 等（2014）

资料来源：农产品出口限制措施的相关文献整理

其次，出口限制措施会导致进口国经济福利整体下降（Mitra and Josling，2009）。出口限制措施导致的国际农产品价格上涨会通过价格传导

机制传递给进口国，尤其是那些高度依赖粮食进口且收入水平低的进口国，从而严重削弱这些国家的粮食可获性（尚清和杨辉，2016）。世界银行的调查数据进一步印证了这一观点：2007~2009 年世界粮食危机期间，出口限制措施引发的国际粮价上涨迫使 4400 万人陷入贫困，其中主要是发展中国家的人群[①]。Udmale 等（2020）基于情景分析发现，在新冠疫情期间，出口限制措施显著减少了依赖谷物进口国家的国内谷物供应，特别是非洲等粮食供应稳定性较差的发展中国家，极大地降低了其社会福利水平。此外，也有一些研究进一步探讨了出口限制措施对福利影响的程度。尚清和杨辉（2016）指出，由全球性自然灾害触发的出口限制措施导致 2010 年超过 20 个粮食进口国面临粮食危机，另外还有 25 个国家的粮食危机等级从“一般”上升至“严重”。Deuss（2017）发现，尽管阿根廷的玉米禁令、印度和越南的大米禁令以及俄罗斯的小麦禁令均为临时措施，但它们对进口国福利产生了持续而深远的负面影响。

最后，出口限制措施可能会对实施国形成反噬，造成实施国的福利损失。出口限制短期内对实施国有利，而长期来看，由于粮食价格缺乏弹性，价格下降引致的国内需求增长相对有限，但却迫使国内生产者承担大量的出口限制成本，造成其收入的大幅下降（Akter，2022）。Diao 和 Kennedy（2016）进一步指出，坦桑尼亚的玉米出口禁令导致消费者价格下降了 0.6%~2.4%，却造成生产者价格 7%~26%的大幅下跌。这种差异表明，出口限制之下，实施国国内消费者福利的提升远不能弥补生产者福利的损失，最终导致实施国社会总体福利的净损失。动态视角下，价格和农业投资回报的不确定会促使农民调整其生产决策，减少生产或将生产转向政府干预相对较少的其他作物，从而影响该国农业的整体发展。Nogués（2011）发现，

① United Nation. The World Bank says rising food prices have led to an additional 44 million people living in extreme poverty. https://news.un.org/zh/story/2011/02/146512.

2008 年世界粮食危机期间，阿根廷小麦生产者因高度的政策不确定性而导致其播种意愿相对于 2000~2001 年下降了 26%。Fellmann 等（2014）得出，俄罗斯和乌克兰的农民可能会从小麦转向玉米和油籽生产，因为这些作物的政府干预最少。此外，为保护粮食生产者免受收入损失，政府通常会在国内市场进行公共采购，其采购量往往超出最佳库存水平。这一做法可能会导致市场效率降低，并最终使得该国整体福利进一步下降。

17.2　WTO 农产品出口限制规则及其争议问题

为了减轻出口限制措施对全球农产品市场价格和经济福利的不利影响，需要对其进行适当约束甚至严格管控。事实上，WTO 已经建立起一套指导各成员实施农产品出口限制措施的规则体系，引导各成员合理行使出口管控权利，以确保全球农产品市场的稳定供给。然而，现行 WTO 规则也在实践中暴露出一定的局限性，部分成员时常对其进行曲解或滥用，以至于出口限制措施随意实施现象频发。鉴于出口限制规则在实践中的局限性，迫切需要对 WTO 规则文本进行深入分析，特别是规则中存在的模糊条款以及争议问题。

17.2.1　WTO 农产品出口限制措施的相关规则与规定

WTO《农业协定》及其前身 GATT 中的相关规定共同构成了农产品出口限制措施的国际法规基础（表 17.3）。具体而言，GATT 第 11 条明确阐述了国家或地区层面实施出口限制措施的法定定义及其适用的前提条件，为成员方设置了清晰的法律边界。而《农业协定》第 12 条进一步对 GATT 第 11 条内容进行了深化和拓展，详细界定了出口限制措施在“使用范围”

“前提条件”“透明度要求”“充分考虑对进口国的影响”，以及“特殊情况下的豁免权”等方面的限制性规定，力求规范和约束成员方在农产品出口方面的政策行为，维护全球农产品市场开放与稳定，促进农产品国际贸易公平、有序地开展。

表 17.3　WTO 出口限制规则的条款内容、约束范围及潜在争议点

涉及维度	条款名称	条款内容	约束范围	潜在争议点
禁止出口限制	GATT 1994 第 11 条第 1 款	任何成员方除征收税捐或其他费用以外，不得设立或维持配额、进出口许可证或其他措施以限制或禁止从其他成员方领土输入产品，或向其他成员方领土输出或销售出口产品	普遍取消数量限制	几乎任何数量限制都可以被高出口关税取代
前提条件	GATT 1994 第 11 条第 2 款（a）	允许 WTO 成员为防止或者缓解食品或其他必需品的严重短缺而临时实施出口禁止或限制	出口成员实施出口限制的前提条件	“严重短缺”程度； “临时”期限长短； “必需品”定义及范围
考虑对进口成员粮食安全影响	《农业协定》第 12 条 1 款（a）	如果任何成员根据 GATT 1994 第 11 条第 2 款（a）对农产品实施出口禁令或限制，应适当考虑此类禁止或限制对进口成员粮食安全的影响	考虑出口限制对进口成员粮食安全的影响	“充分考虑进口成员粮食安全”这一规定中需要考虑的因素
透明度	《农业协定》第 12 条第 1 款（b）	如果任何成员根据 GATT 1994 第 11 条第 2 款（a）对农产品实施出口禁令或限制，在制定出口禁止或限制之前，应尽可能提前以书面形式通知农业委员会，其中包括此类出口限制的性质和持续时间等信息，应与进口成员或具有实质利益的任何其他成员进行磋商且提供必要的信息	出口限制应提高透明度并设置缓冲期	“提前”通知 WTO 农业委员会的时间范围； 提供“必要信息”的范畴及类型
豁免权	《农业协定》第 12 条第 2 款	“非特定农产品净出口的发展中成员”不需遵循《农业协定》第 12 条第 1 款（a）和（b）的规定	出口成员实施出口限制的豁免规定	“特定农产品净出口成员”的界定标准和名单

资料来源：根据 GATT 1994 与 WTO《农业协定》规则文本整理

GATT 1994 第 11 条对农产品出口限制措施的使用范围做出了明确规定，强调“普遍取消数量限制”，这意味着各成员方不得在关税、国内税或其他费用上设置限制措施，体现了 WTO 对农产品贸易自由流动的基本要求。

GATT 1994 第 11 条第 2 款（a）在农产品出口限制措施的使用前提上设置了豁免条款，它允许成员方在面对诸如食品或其他关键必需品出现严重短缺的紧急状态下，可以暂时采取出口限制措施。这表示成员方若要正当行使出口限制权利，必须能充分证实其是在面临国（地区）内必需品严重不足的情况下所采取的临时应急措施。

WTO《农业协定》第 12 条第 1 款（a）明确规定，任何成员方施行出口限制措施时，必须适当顾及该举措可能对进口成员粮食安全产生的影响。这也意味着唯有在充分考虑并尽量减小对进口成员粮食安全负面影响的前提下，出口成员实施的农产品出口限制措施才能被视作符合《农业协定》第 12 条第 1 款（a）项的规定要求。

WTO《农业协定》第 12 条第 1 款（b）对农产品出口限制措施的透明度做出了规定，任何成员方实施农产品出口限制时，需要提前将出口限制的性质和持续时间等信息以书面形式通知 WTO 农业委员会，并主动与进口成员进行磋商。该条款强调在出口限制措施实施过程中，需要满足透明度和缓冲期的要求。具体来说，成员方需提前公开其出口限制措施的性质与期限安排，这是对“透明度”原则的严格践行。其主要目的在于让所有成员方均能及时获取相关信息，尽量减少信息不对称导致的贸易损失。而“与进口成员或具有实质利益的任何其他成员进行磋商且提供必要的信息”的规则，则隐含了设置缓冲期的要求，意在确保出口成员在正式实施出口限制措施之前，给予进口成员足够的时间窗口进行适应性调整，比如寻找替代进口渠道或制定相应的应对策略，从而最大程度地减少出口限制对其粮食安全及正常贸易秩序的巨大冲击。

WTO《农业协定》第 12 条第 2 款给予了“非特定农产品净出口发展中国家”豁免权。鉴于发展中国家粮食安全的特殊状况，豁免权允许这些国家在实施出口限制时，无须向 WTO 农业委员会通报，也无须考虑进口国的粮食安全。但该规定中未给出“特定农产品净出口国”的界定标准，也未列出相关国家名单。

17.2.2 WTO 农产品出口限制规则模糊性与争议问题

梳理 WTO 及其前身 GATT 中关于农产品出口限制措施的法律文本可以发现，现有规则在前提条件、设置缓冲期、规则透明度、豁免权等方面均存在一定的模糊地带和争议问题。

关于实施出口限制措施前提条件的界定存在明显的模糊性。GATT 第 11 条中，规定成员方在国（地区）内“必需品”“严重短缺”时，可以“临时”实施出口限制措施。然而，该条款未明确定义“必需品”的范围及“严重短缺”的程度，这使得部分成员即使在国（地区）内供应充足的情况下仍对多种农产品实施了出口限制。越南在 2020 年 3 月 25 日宣布大米出口禁令，而事实上，其大米产量在措施实施前总体呈现稳定增长态势。这说明越南在国内大米供应并未发生严重短缺时就采取大米出口限制，明显与 WTO 出口限制规则不符。此外，规则中未能明确规定限制措施“临时颁布”的期限，也给出口成员采取长时间出口限制措施提供了操作空间。2006~2022 年，全球共实施了 471 项粮食类出口限制措施，其中 31%的出口限制未规定明确的出口限制措施时间。俄乌冲突期间，仅有 45%的粮食出口限制措施符合 WTO 规定的临时性出口限制，而 37%的出口限制措施完全未规定截止日期。

WTO 规则中并未对出口限制措施缓冲期作出明确规定。宣布出口限制措施与该措施正式生效之间理应存在一段合理的时间间隔，然而《农业协定》第 12 条第 1 款（b）仅规定了成员方实施此类措施应提前通知 WTO 农业委员会并提供必要信息，但是具体提前多久通知 WTO 农业委员会以及提供哪些关键信息仍不明确。这便为成员方实施出口限制措施提供了更大的操作空间。2006~2022 年，全球分别有 1.7%的措施先实施后颁布、66.9%的措施颁布即实施、6.6%的措施颁布后次日实施、24.8%的措施颁布后一段时间实施（图 17.4）。这些粮食出口限制措施的平均缓冲时间仅为 6 天。新冠疫情期间，出口成员颁布农产品出口限制措施的时间多集中在 2020 年 3 月至 4 月，只有 19%的措施在颁布后次日或颁布后一段时间实施，给予了粮食净进口成员一定的缓冲时间。

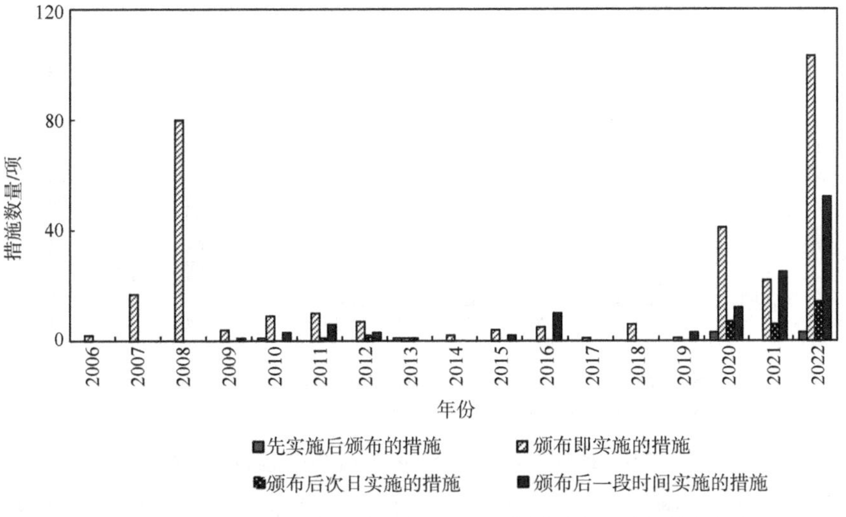

图 17.4　2006~2022 年全球农产品出口限制措施的实施缓冲期分布

资料来源：全球贸易预警、贸易监测数据库、食品与化肥出口限制追踪、初级农产品出口限制数据库

WTO 规则中有关农产品出口限制措施的透明度条款存在极高的模糊性。《农业协定》第 12 条第 1 款（b）要求出口成员在制定出口禁止或限制之前，应尽可能提前以书面形式通知 WTO 农业委员会。2012~2023 年，

WTO 共收到 289 个涉及贸易禁令或其他贸易限制的通知文件，其中涉及粮食出口限制措施的通报文件仅有 15 个，高达 88%的国家（地区）未向 WTO 农业委员会通报所实施的粮食出口限制措施（图 17.5）。即便有个别国家（地区）确实向 WTO 通报了其出口限制实况，但普遍存在滞后问题，往往是在措施落地之后才进行通报。例如，泰国于 2020 年 3 月 27 日对鸡蛋实行出口禁令，在出口限制执行日才通知 WTO 农业委员会；埃及于 2020 年 3 月 28 日对豆类、蔬菜实行出口禁令，在出口限制执行 53 天后才通知 WTO 农业委员会；越南于 2020 年 4 月 10 日对大米实行出口禁令，在出口限制执行 115 天后才通知 WTO 农业委员会。

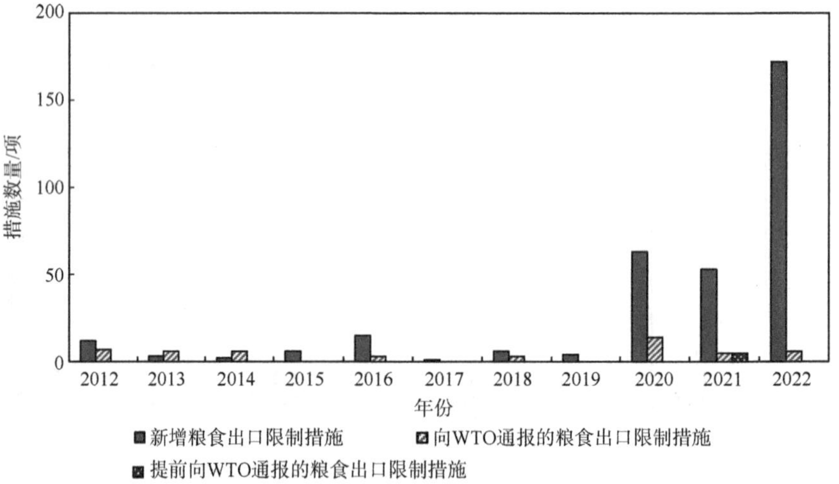

图 17.5 2012~2022 年全球粮食出口限制措施通报情况

资料来源：全球贸易预警、贸易监测数据库、食品与化肥出口限制追踪、初级农产品出口限制数据库

提前向 WTO 通报的粮食出口限制措施意指措施的通报时间早于实施时间

WTO 规则中对农产品出口限制措施豁免条款的界定尚不清晰。《农业协定》第 12 条第 2 款规定了某些“非特定农产品净出口的发展中成员”在实施出口限制措施时可以豁免《农业协定》第 12 条第 1 款的规定，但“特

定农产品净出口成员”的界定标准和具体名单仍不明确。实际上，全球大多数农产品出口成员都是发展中国家（地区），为了避免受到该条款的约束，而不会自认为是“特定农产品净出口成员”。2006~2022 年，全球实施粮食出口限制措施的成员均未在 WTO 发布的相关名单中，不满足“非特定农产品净出口的发展中成员”的条件，不具备《农业协定》第 12 条第 1 款（a）和[①]（b）的豁免资格。这一豁免条款增添了出口限制措施在实际操作中的复杂性，也限制了其约束力。

17.3　WTO 农产品出口限制规则的谈判进展及改革思路

出口限制规则是 WTO 框架下的重要议题，在多届部长级会议上被频繁讨论，但各成员方对于规则的模糊条款及争议问题持有不同的立场和提案，出口限制规则谈判仍未取得实质性进展。系统回顾 WTO 部长级会议关于农产品出口限制议题的谈判历程，梳理各成员在主要争议问题上的提案主张与分歧点，对于明确农产品出口限制的改革思路与方向，维护全球粮食安全治理体系具有重要意义。

17.3.1　出口限制规则谈判进程及提案主张

厘清各方在出口限制措施模糊条款及争议问题上的主张与关切点，是确定未来出口限制措施改革方向的前提与基础。成员方在 WTO 部长级会议中曾多次就农产品出口限制议题进行了谈判磋商，也在会议之外就该议题向 WTO 递交提案。这些提案主张为形成后续出口限制措施的改革思路

---

① https://docs.wto.org/dol2fe/Pages/FE_Search/FE_S_S006.aspx?Query=(@Symbol=%20%20g/ag/5*%20)&Language=ENGLISH&Context=FomerScriptedSearch&languageUIChanged=true#。

奠定了基础。

1. WTO 部长级会议上出口限制议题的谈判进程及成员方主张

成员方普遍认识到 WTO 关于农产品出口限制的规则是缺乏实际约束力的，现行规则的有效性和合规性亟须加强。自 2001 年多哈回合谈判开始，关于出口限制规则的探讨一直是历次部长级会议谈判的重要议题。多哈回合谈判明确了成员方需加强对出口限制规则的关注，并就对于出口限制措施应采取监管而非彻底禁止达成了共识。在坎昆部长级会议（MC5 会议）上，美国、日本、韩国等国和凯恩斯集团就出口限制规则改革给出了提案。在 MC11 会议上，WTO 单独设置了出口限制专题，为成员方提供平台进行沟通与协商。随后的 MC12 会议上，各成员方就免除 WFP 人道主义粮食采购出口禁令或限制的提案达成了共识。MC13 会议期间，各成员方围绕提高出口禁令和限制措施的透明度及可预测性、确保最脆弱成员粮食进口免受出口限制的影响等议题进行了密集而艰难的谈判。但由于各成员方在上述议题上仍存在明显分歧，MC13 会议在出口限制规则方面未能达成一致意见。总体而言，WTO 农产品出口限制规则谈判在规则合理性、透明度及豁免权等关键问题上并未取得明显进展（表 17.4）。

表 17.4　WTO 部长级会议中关于出口限制规则谈判的沿革与进展

谈判阶段	实施前提	通报约束	缓冲时间	持续时间	豁免条款	禁止实施
MC1~MC4	—	—	—	—	—	—
MC5	○	○	—	○	○	○
MC6~MC7	—	—	—	—	—	—
MC8	○	—	—	—	○	—
MC9~MC10	—	—	—	—	—	—
MC11	○	—	○	—	○	—
MC12	免除 WFP 人道主义粮食采购出口禁令或限制	—	—	—	—	—

续表

谈判阶段	实施前提	通报约束	缓冲时间	持续时间	豁免条款	禁止实施
MC13	○	○	—	—	○	—

资料来源：WTO 部长级会议谈判材料

注：“—”表示没有进行谈判；“○”表示谈判中对出口限制议题有所提及但无成果；有“文字”内容表示取得明确成果

出口限制议题之所以历经 13 次部长级会议的谈判仍难以取得突破性进展，其关键原因在于成员方或相关利益集团在争议问题上持不同的观点，有部分观点甚至是针锋相对，难以调和的，具体如表 17.5 所示。

表 17.5　WTO 农产品出口限制谈判的关注焦点、成员方主张及分歧点

关注焦点	涉及主体	谈判主张及分歧点	谈判结果
出口限制措施实施的合理性	瑞士、约旦	禁止出口限制： 禁止对农产品实行出口限制 禁止出口成员任意实施出口限制和禁令	未达成一致
	日本、韩国、以色列	约束出口限制： 提供额外的特殊和差别待遇条款，满足发展中成员的需要，包括最不发达成员和粮食净进口的发展中成员 禁止主要粮食出口成员对最不发达成员以及粮食净进口发展中成员采取出口数量限制 必须采取临时和短期的出口限制措施时，需满足：①对此类应急措施的实施做出严格规制；②实施出口限制措施前，与其他成员方进行协商，并商定出当协商未果时可临时采用的措施；③将出口占国（地区）内产量的比例维持在前几年的水平，以确保进口国维持必要的进口水平；④限制此类紧急措施的持续时间	
	中国	约束出口限制： 不主张彻底禁止粮食出口限制措施，倡导遵守相关规则与约束，使其对市场的扭曲程度降到最低	
出口关税的禁止和限制	美国、韩国、瑞士、刚果（金）	禁止出口关税： 禁止以获取竞争优势、实施供应管理为目的使用出口关税，包括差别性关税 禁止以限制出口为目的使用出口关税	未达成一致
	日本、凯恩斯集团	限制出口关税： 加强对出口关税的约束，防止关税升级 将出口禁令或限制转化为出口关税；约束出口关税，对征收出口关税的产品，确定一定数量的免征关税配额	

续表

关注焦点	涉及主体	谈判主张及分歧点	谈判结果
出口限制实施期限	GATT 第 11 条	出口限制条款规定： 实施出口限制的期限为 12 个月	未达成一致
	日本、瑞士等粮食进口方	限制实施期限： 设定出口禁令或限制的最长实施期限	
	粮食出口方	延长出口限制期限： WTO 成员方与其他进口成员达成一致的出口限制措施的期限为 18 个月	
出口限制透明度	WTO《农业模式草案》（2008 年）	出口限制条款规定： 出口限制措施实施的 90 天内，实施成员应将实施措施的具体信息通知 WTO 农业委员会	未达成一致
	新加坡、日本、以色列、韩国等粮食进口方	增强出口限制透明度的实施细则： 加强出口禁令和限制措施的信息共享，特别是提前通知的时间 为防止或缓解食品严重短缺而实施的出口禁令或限制，应在措施生效前不迟于 30 天向农业委员会发出书面通知 WTO 秘书处既要通过提供特别咨询、技术援助和能力建设等方式协助发展中成员了解相关通知要求，又要提供各成员方进出口数量和金额的年度数据以确保成员方履行透明度义务	

资料来源：WTO 多哈回合谈判准备阶段、第 11 次及第 12 次部长级会议

出口限制措施规则的合规性是各成员方展开博弈的主战场。在出口禁令以及限制方面，瑞士和约旦认为应当彻底取消出口限制，行使豁免权只限于少数存在特殊情况的最不发达成员。日本、韩国、以色列等成员则提议完善出口禁令和限制措施的规则，在满足协议规定、进行充分协商、考虑影响程度以及明确实施时间等条件下可以实施临时或短期出口限制措施。我国不主张取消粮食出口限制措施，而是倡导遵守相关规则与约束，使该政策对市场的扭曲程度降到最低。

美国、韩国、日本、凯恩斯集团等成员方的提案在出口关税的规制方面存在矛盾。美国、韩国提议禁止任何以获取农产品国际竞争力或调控粮食供应为目的的出口关税。瑞士、刚果（金）提出应取消出口关税，实行零关税。日本提议将出口禁令或限制关税化并加以约束。凯恩斯集团则

提出加强对出口关税的约束，防止关税升级。尽管上述国家或集团在出口关税的禁止和限制问题上均递交了提案，但尚未在谈判过程中达成一致意见。

成员方在出口限制措施实施期限上有不同的主张。2008 年 12 月公布的 WTO《农业模式草案》中明确提出，以 GATT 第 11 条为依据，实施出口限制的期限为 12 个月。日本、瑞士等粮食进口方提出，应当设定出口禁令或限制的最长实施期限。而从粮食出口方与其他进口方订立的协定看，出口限制措施的期限一般为 18 个月。实际上，部分出口限制措施的实际执行期限远超一年，甚至不乏一些措施因没有明确规定终止时间而演变为长期性的出口限制。

在增加出口限制透明度方面，成员方虽都表示赞同，但在实施细则上仍存在分歧。WTO《农业模式草案》指出，出口限制措施实施的 90 天内，实施方应将实施措施的具体信息通知 WTO 农业委员会。新加坡、日本等粮食进口成员则指出，应该加强出口禁令和限制措施的信息共享，特别是对于为防止或缓解食品严重短缺而实施的出口禁令或限制，实施方应在不迟于措施生效前 30 天向农业委员会发出书面通知。同时，WTO 秘书处应当通过向发展中成员提供特别咨询、技术援助和能力建设等方式协助其了解相关通知要求，帮助其增强出口限制措施的透明度。

2. 成员方关于出口限制的其他提案主张

除上述议题在 WTO 部长级会议上成为成员方谈判交锋的重点之外，日本、英国、以色列等还在会议之外向 WTO 递交了提案，内容涉及磋商途径、技术支持、通报便利性、出口限制豁免条款等方面（表 17.6）。

表 17.6 关于出口限制措施的其他提案主张

涉及维度	国家	提案主张
磋商途径	英国	提供明确联络方式，便于进口商就有关措施与实施出口限制的成员方进行磋商
技术支持	英国、日本、以色列、韩国、列支敦士登和瑞士	WTO 秘书处应提供技术援助和能力建设，以协助发展中成员了解相关通知要求
通报便利性	日本	农业委员会应定期开展针对出口限制的常规讨论，每年一至两次 WTO 秘书处应编制一份成员方出台出口限制措施的汇总清单 已实施出口限制的成员，将分享有关其实施出口限制措施的信息和经验
	英国	提供出口限制措施详细信息的政府网页链接 提供有关超过 9 个月的出口限制和出口禁令的进一步信息
出口限制豁免条款	以色列、韩国、列支敦士登和瑞士等成员	WTO 秘书处应每年提供各成员农产品进出口数量或金额相关信息，以确定特定粮食净进口的发展中成员名单

资料来源：WTO 部长级会议提案（WTO JOB/AG/193、JOB/AG/250、JOB/AG/252）

（1）呼吁建立出口限制措施的磋商协调机制。英国于 2023 年 10 月 11 日向 WTO 提出的草案（JOB/AG/250），不仅重申了保障农产品贸易畅通的重要性，还呼吁成员方要在出口限制措施的磋商机制上有切实行动，同时建议 WTO 牵头建立磋商渠道，方便农产品进口成员与出口限制措施实施方进行协商。

（2）倡导为发展中成员提供必要的技术支持。日本、英国、以色列、韩国、列支敦士登和瑞士分别在不同的提案共同呼吁，要为发展中国家成员提供技术援助和能力建设，以增强其获取和通报出口限制信息的能力。

（3）主张提高获取出口限制措施通报信息的便利性。日本在 JOB/AG/252 草案中提出，出口限制措施的实施方除了需要进一步明确措施制定时需考虑的条件之外，还应盘点措施的实施情况。与此同时，日本建议 WTO 农业委员会应定期开展针对出口限制议题的常规讨论，每年一至两次；WTO 秘书处需要编制一份成员方出台出口限制措施的汇总清单，其中还需包括其他有关国际和区域组织提供的现有信息。英国则建议实施方提供载有出口限制措施详细信息的政府网页链接，方便其他成员进行查阅。同时，若出口限制或禁令实施超过 9 个月，则需提交进一步信息，以便其他成员进行政策调整。

（4）建议实施方提供出口限制豁免名单。以色列、韩国、列支敦士登和瑞士等成员提出的草案（JOB/AG/193）认为，WTO 秘书处应当使各成员方更清楚地了解享有豁免权的发展中成员名单，并要求成员方每年提供农产品的进出口数量或金额的相关信息。

总体来看，WTO 各成员方除了在 WFP 用于人道主义目的的食品出口限制方面达成共识之外，在其他议题上，由于各方立场与主张存在巨大差异而难以形成一致意见，尤其是在出口限制措施规则的合规性、出口关税的禁止或限制、实施期限以及透明度等问题上分歧很大。当前，出口限制规则的谈判面临着各方利益难以协调、规则体系有待完善、约束力亟须增强以及争端解决机构需要重启等方面的重重挑战，未来的改革之路任重而道远。

17.3.2　出口限制规则改革思路与未来前景

越来越多成员方意识到 WTO 出口限制规制的缺陷，纷纷寻求改革方案并探索约束农产品出口限制的新思路。一方面，以粮食进口国为代表的诉求方正继续推动 WTO 框架下的农产品出口限制措施谈判，旨在建立更为严谨的农产品出口管制规范；另一方面，部分成员方愈发意识到 RTA 对于解决这一问题的有效性及灵活性，力图在区域合作框架下继续推进农产品出口限制措施的规范化。上述趋势为设计未来出口限制措施规则的改革思路提供了可选择的方向。

1. WTO 框架下出口限制规则的改革思路

完善 WTO 框架下农产品出口限制措施条款，不仅是维护国际粮食市场秩序稳定的关键举措，更是保障全球饥饿人口基本生存权益、提升世界粮食安全水平的必要途径。国际社会应继续推进 WTO《农业协定》出口限制措施条款的优化与完善，建立高效的国际磋商机制，并加强对发展中成员的技术支持与援助，从而构筑起一套既具备制度约束力，又兼顾各方利益诉求的综合性策略体系。

优化 WTO《农业协定》条款内容。第一，明确 WTO 出口限制规则的核心概念和实施情景，为各方提供具备约束力和可操作性的法律文本。例如，设定农产品出口限制措施实施前提时，可考虑将一国和地区人均粮食占有量低于 FAO 提出的 400 公斤安全线界定为判断实施国和地区面临粮食严重短缺的依据。第二，进一步明晰出口限制措施的时间约束，不仅要规定在实施出口限制前，实施方需要提前向农业委员会发出书面通报的时间，还需明确实施方临时实施出口限制措施的期限。第三，WTO 农业委员会还应制定并定期更新享有出口限制措施豁免权的成员名单。

建立高效的出口限制措施国际磋商机制。首先，WTO 应建立出口限制措施磋商平台，明确成员方在磋商过程中的权利和义务，确保各方能够在平等和公正的基础上展开对话；其次，WTO 农业委员会可以发布详细的磋商指南，并指导成员方如何启动磋商、准备磋商材料、开展磋商；最后，WTO 农业委员会还应确保磋商信息的透明与共享，将磋商内容及时通报给其他成员方。

加强对发展中成员的技术支持与援助。发展中成员受其自身技术水平和信息流通能力的限制，往往无法迅速获取其他成员的出口限制动态信息，也无法高效地向国际社会通报自身的出口控制措施。WTO 需要加大对发展中成员技术支持与援助的力度。一方面，应强化秘书处作为技术支持中枢的作用，构建覆盖全球的出口限制措施技术支持网络体系，尤其偏重为发展中成员提供具有针对性的技术支持与咨询服务，包括设立专项培训项目，举办技术转移与经验分享会，定期举行技术研讨会及其他交流活动等，提升发展中成员在信息获取和通报等方面的技术能力。另一方面，应当倡导和鼓励成员方之间的技术共享和实践经验交流。已成功实施出口限制措施的成员方应当主动分享其在政策制定、措施执行及影响评估等方面的经验，供其他成员方参考借鉴。

2. 区域合作框架下规制出口限制的可能方向

WTO 多边体系下，成员方之间的利益关系是多元复杂的，要想在农产品出口限制措施方面达成普遍共识极具挑战性。而 RTA 因其灵活性和政策针对性，被视为弥补 WTO 约束机制不足的有效工具（IMF and UNCTAD，2011；Korinek and Bartos，2012；Al Ahbabi et al.，2018）。通过签订并实施 RTA 来规范农产品出口限制行为，不仅能够增强签署成员的内部约束力，还能实质性地减少农产品进口成员对潜在出口限制措施的风险预期。Koester（1986）研究发现东南非共同市场的成立大幅降低了出口限制措施的使用，使得东南非地区的粮食储备比未签订区域协定的国家低 41%，切实提升了成员方的粮食安全水平。此外，加拿大–哥斯达黎加自由贸易协定、美韩自由贸易协定、欧盟–南非共同体临时经济伙伴关系协定等区域贸易协定成功约束了出口限制措施的随意实施，为未来改革方向的探索提供了宝贵经验。

通过内部利益协同，建立严格的出口限制约束机制。由于区域范围内的成员数量少，更方便进行政策协调，即便存在利益冲突，也可通过区域协定框架内的其他合作，实现内部利益协同，进而建立起更加严格和长效的农产品出口限制约束机制。如东南非共同市场明确规定，除出现战争、饥荒等严重危及粮食安全的情况，禁止区域内国家（地区）实施粮食出口限制；加拿大与欧盟之间的综合经济与贸易协定（Canada-European Union Comprehensive Economic and Trade Agreement，CETA）规定不得征收出口税费，不得实施任何出口禁止或限制措施。加拿大–哥斯达黎加自由贸易协定也对农产品出口关税、配额、出口许可等措施予以了明确禁止。此外，即使部分协定中允许出口限制的使用，RTA 中也明确规定了实施前提，即实施方必须确保出口限制措施不危及 RTA 中粮食供应链的稳定运行。如加拿大–智利自由贸易协定允许双方在符合相关国际法规的基础上采用粮食出口限制措施，但需以"不切断对方正常粮食供应，不使相关产品在对方市场上的份额实质性低于正常年份"为前提。

建立有效的沟通与通报机制，保障出口限制措施实施的透明度和公正性。RTA 通常要求成员方在采取出口限制措施之前，必须先与其他成员方展开充分协商，并确保及时传达有关期限、涉及的产品种类等相关信息。如欧盟–南非共同体临时经济伙伴关系协定在第 24 条和第 35 条中强调了信息交流的开放性和连续性，规定任何出口限制措施的启用都需要经过全体成员的一致同意和共同审议。跨太平洋伙伴关系协定（Trans-Pacific Partnership Agreement，TPP）、全面与进步跨太平洋伙伴关系协定（Comprehensive and Progressive Agreement for Trans-Pacific Partnership，CPTPP）均明确规定了实施或维持出口禁止或限制措施的预先通报义务。签署方在采取此类措施前，必须详尽通知其他成员方，内容需涵盖实施细节、时间跨度、具体原因，阐述这些措施与 GATT 1994 第 11 条原则的差异并提供替代方案。此外，CPTPP 还专门设立了农业贸易委员会，负责监督和促进出口限制中与粮食安全相关的农产品出口限制规定的通知流程，以确保协定的透明度和公正性得到切实执行，保障成员方的粮食供应安全与贸易秩序稳定。

设立违反出口限制措施规则的惩罚机制，强化规则的约束力与威慑作用。RTA 可以设置专门针对出口限制措施的农业委员会、监督小组等专门机构，以监督和惩处违规行为。具体而言，惩处机构应对潜在或已经发生的出口限制违规行为予以及时公布，要求存在违规行为的成员立即停止相关措施，并在接下来的几年内禁止再次使用该措施。如美国–澳大利亚自由贸易协定的 2.3 条款就明确规定设立专门的农业委员会，授权该机构对成员政策透明度等问题进行监督，同时还授予其对相关纠纷的裁定权，可对违反规定的成员进行处罚。

17.4　本章小结

当前复杂的国际形势之下，实施出口限制措施已成为一些国家和地区在关键时刻用以保障国（地区）内农产品市场供应的重要手段。然而，对该类措施的滥用却极易导致全球粮食市场供需失衡与粮价上涨。从全球出口限制措施的实施特征来看，实施时间集中发生在地缘冲突或全球粮食不安全加剧时期，如粮食危机、新冠疫情和俄乌冲突等时期；实施国家和地区既有粮食净进口方也有粮食净出口方，且后者越来越多地加入到实施出口限制措施的行列；实施形式多为影响程度最为严重的出口禁令；实施品类更多指向与粮食安全有直接关联的食物类品种上，包括谷物和油脂等。就出口限制措施所产生的影响而言，这些措施以邻为壑的属性会大幅降低国际粮食市场的有效供应，并引发粮食净进口方的恐慌性采购，导致粮食供需失衡，进而推高国际粮价，不仅危及进口方的粮食安全保障，还有可能造成实施方自身的社会福利净损失。另外，出口限制措施之所以被频繁滥用，除各实施方对本国（地区）粮食安全的担忧之外，在很大程度上也与 WTO 规则中存在的制度缺陷以及约束力不足有关。对 WTO 层面出口限制措施相关规则文本的分析解读表明，现行出口限制规则在前提条件、缓冲期设置、规则透明度、豁免权等方面均存在一定的模糊条款和争议点。进一步地，对成员方在 WTO 部长级会议上及日常提案中有关出口限制规则改革的相关表述的梳理发现，由于成员方之间存在固有的利益冲突，各方在争议问题上的分歧在一定程度上是难以调和的，在关键问题上很难达成共识，也阻碍了 WTO 谈判在出口限制措施议题上取得突破性进展。

展望未来，进一步推动出口限制措施改革，需要在 WTO 框架下，优化《农业协定》中关于出口限制措施的条款内容，建立高效的国际磋商机制，并加大对发展中成员的技术支持与援助，构筑一套既具备制度约束力，又兼顾各方利益诉求的综合性策略体系。同时，要充分认识到区域贸易协定在解决农产品出口限制问题上的潜在作用，可以在区域合作框架下建立起更加完善的约束机制、通报机制和惩罚机制，以期减少全球农产品出口限制措施的实施，维护国际粮食市场秩序稳定，提升世界粮食安全水平。

第 18 章
新格局下中国参与全球粮食安全治理体系的角色定位与发展构想

党的二十大报告指出，“当前，世界之变、时代之变、历史之变正以前所未有的方式展开”“和平赤字、发展赤字、安全赤字、治理赤字加重，人类社会面临前所未有的挑战”[①]。粮食安全在全球安全体系中居于关键地位，既是国家治理的重要基石，也是联合国 2030 年可持续发展议程的核心目标。《2023 年世界粮食安全和营养状况》显示，经济衰退、战争和冲突不断、新冠疫情等诸多因素导致全球粮食安全形势愈发严峻，在供应、获取、利用和稳定四方面均存在明显隐患，实现“2030 年议程”目标的难度正大幅提高[②]。粮食安全作为习近平同志在第七十六届联合国大会上提出的全球发展倡议中的八大重点合作领域之一[③]，是我国深化多边经贸合作、参与全球治理的工作重点。面对波谲云诡的国际形势、复杂敏感的周边环境、艰巨繁重的发展任务，准确把握我国未来在全球粮食安全治理体系中的角色定位，切

---

① 《习近平：高举中国特色社会主义伟大旗帜 为全面建设社会主义现代化国家而团结奋斗——在中国共产党第二十次全国代表大会上的报告》，http://www.qstheory.cn/yaowen/2022-10/25/c_1129079926.htm。

② 《2023 年世界粮食安全和营养状况》，https://www.fao.org/3/cc6550zh/cc6550zh.pdf。

③ 《习近平在第七十六届联合国大会一般性辩论上的讲话（全文）》，http://www.xinhuanet.com/2021-09/22/c_1127886754.htm。

实推动国际粮食安全水平的全面提升，不仅是保障我国粮食安全的关键所在，也是筑构更具韧性、更为包容、更可持续的全球粮食体系的核心要义，更是展现中国作为世界大国的责任与担当，构建人类命运共同体的必然选择。

18.1 百年变局下全球粮食安全面临的重大挑战

全球各种新旧问题与复杂矛盾正叠加碰撞，人类社会正面临前所未有的挑战，不确定成为常态。战争与冲突频发导致和平赤字不断加深，经济衰退使发展赤字持续扩大，逆全球化、单边主义兴起造成治理赤字日益严峻，无一不对全球粮食安全造成严重威胁。鉴于此，只有正确认识全球粮食安全面临的重大问题和潜在威胁，才能精准定位我国在未来全球粮食安全治理体系中的角色，并采取切实有效的策略与措施，为维护世界粮食安全做出不懈努力。

18.1.1 和平赤字不断加深，危及全球粮食安全可供性

随着俄乌冲突、红海危机等地区紧张局势不断升级，世界陷入对抗与战争泥潭的风险正逐步扩大，和平赤字日益加深。2023 年全球 91 个国家和地区陷于冲突之中，较 2000 年增长了 42%，占国家和地区总数的 39%；冲突造成的死亡人数同比激增 96%，比 2000 年增加了 16 万人，增幅达到 67.2%，创下 21 世纪以来的最高纪录（Institute for Economics and Peace，2023）。和平赤字的持续扩大，不仅加剧了地区安全局势的恶化，还严重阻碍了全球粮食的生产与运输，引发了一系列粮食安全问题。

战争和冲突给耕地与基础设施带来毁灭性破坏，严重干扰粮食的正常供应和分配。作为全球主要的粮食出口国，俄乌冲突的爆发不仅深刻影响地区

局势，对全球粮食安全也造成了重大威胁。冲突爆发前，俄乌两国谷物出口量占全球 1/3 以上的份额，其中小麦出口量约占全球小麦贸易量的 55%[①]。然而，随着两国冲突于 2022 年 2 月的爆发，乌克兰播种面积锐减 30%，小麦产量同比下降 37.5%；加之黑海港口封锁以及缺乏同等运力替代路线，乌克兰粮食出口陷入停滞，2022 年 2~3 月谷物出口量同比下降约 15%。同时，受外部制裁影响，2022 年 2~3 月，俄罗斯粮食出口较上年同期减少 55%，小麦出口量更是下降 67%[②]。两国粮食供应的减少引发全球谷物价格指数大幅上升，2022 年 3 月攀升至 170，创下 1990 年以来的最高水平，严重限制了全球粮食供给。

中东和北非等高度依赖俄乌粮源的国家也因此陷入粮食危机。尤其是埃及、黎巴嫩等国，在战争前对俄乌小麦的进口依赖度高达 85%与 95%，占其国内小麦消费量的 52.7%与 72%。受此冲击影响，约 1600 万埃及人口、439 万黎巴嫩人口处于粮食不安全状态[③]。尽管在联合国的斡旋下，俄乌于 2022 年 7 月达成了《黑海粮食倡议》，在一定程度上缓解了全球粮食供应危机，但倡议执行屡屡停滞，且自 2023 年 7 月暂停后并未再恢复，俄乌粮食贸易中断对全球的影响仍在持续蔓延。据 WFP 估计，俄乌冲突导致全球 2022 年严重饥饿人口增加了 4700 万（WFP，2022b）。这一趋势若不加以控制，将对全球粮食安全构成长远而深刻的影响。

俄乌冲突引发的粮食安全问题尚未解决，于 2023 年 10 月爆发的红海危机更是对本已紧张的全球粮食供应链造成了新冲击。战争伊始，以色列便切断了加沙地区的关键粮食运输通道，物资运输由每天 500 辆卡车骤减至 100 辆，致使 220 万加沙居民陷入粮食短缺状态，其中更有高达 110 万人遭受灾

---

① 本部分谷物品种包括小麦（HS1001）、玉米（HS1005）与水稻（HS1006）。

② 产量数据来自乌克兰农业政策与粮食部，出口数据根据 UN Comtrade 统计数据库计算。

③ 贸易数据来自 UN Comtrade 统计数据库，粮食不安全数据来自 WFP 和 Vox 网站，https://www.vox.com/23171151/ukraine-grain-wheat-russia-black-sea-odesa-food-crisis。

难性饥饿威胁[1]。此外，自 2023 年 11 月以来，控制红海沿岸的也门胡塞武装为支持巴勒斯坦，对前往以色列的船只发动多次袭击，严重扰乱了亚欧航线秩序，波及全球 14%的谷物、4.5%的大豆贸易（Chatham House，2022）。尽管美国、英国等国进行了联合护航，但全球前十大航运公司中有六大航运公司均宣布暂停红海航线运输，海上运力大幅缩减，全球供应链稳定性受到冲击。2023 年 12 月红海每周运力指数降幅高达 57%，超过新冠疫情初期（2020 年 3 月）47%的降幅（中国银行，2024）。战争充分暴露出全球粮食系统的关联性和脆弱性，全球粮食安全将会受到严重影响。据 WEF（2024）预测，未来数年内全球战争与冲突将持续升级并波及更多国家，对全球粮食安全造成严重危害，维护和促进全球粮食安全仍然任重道远。

18.1.2 发展赤字持续扩大，损害弱势群体食物可获性

新冠疫情加剧了自 2008 年全球金融危机以来的经济衰退，同时使得贫富差距和南北发展不平衡的问题更加突出，全球发展赤字持续扩大。一方面，全球发展动力不足。全球 GDP 年均增速由 2000~2007 年的 3.6%下降至 2008~2019 的 2.7%，在 2020 年又经历了 3%的负增长。另一方面，全球发展鸿沟加大。在区域层面，欧洲在 2020 年的贫困发生率仅为 1.1%，而在撒哈拉以南非洲地区，这一比例高达 57.5%（World Bank，2022）。在年龄层面，全球在 2020 年有一半的贫困人口是 18 岁以下的儿童，1/3 贫困人口是 10 岁以下的儿童（UNDP，2020）。在性别层面，2021 年女性贫困率比男性高 18%[2]。持续扩大的发展赤字增加了居民获取和利用粮食的难度，加剧

① 《巴以冲突第 101 天 面对新一轮饥荒风险，联合国敦促开放更多援助通道》，https://news.un.org/zh/story/2024/01/1125757。

② 《消除贫困和其他发展问题》，https://www.unwomen.org/sites/default/files/2022-12/a-77-243-sg-report-women-in-development-2022-zh.pdf。

了全球粮食安全和营养问题。

伴随着经济衰退，全球失业率与贫困率显著上升，受冲击影响居民的食物消费能力下降，食物可获性受到严重挑战。2020 年，全球新增失业人口高达 1.14 亿，失业率由 2019 年的 5.6%上升至 2020 年 6.6%①；新增极端贫困人口 7000 多万，极端贫困率由 8.9%上升至 9.7%②。同年，由于失业和贫困，全球超过 31 亿人难以负担健康膳食，较 2019 年增加了 1.1 亿人。这一趋势进一步导致全球饥饿发生率从 2019 年的 8.4%上升至 2020 年的 9.9%，新增饥饿人口达到 1.2 亿人（FAO et al.，2021a）。因此，全球范围内亟须采取有效的措施来应对失业、贫困所引致的粮食安全问题。

发展不平等导致弱势群体的食物可获性受到更为严重的威胁。在地区层面，落后地区居民的贫困问题更严重，健康膳食负担能力较弱，粮食安全状况也更差。在 2020 年，非洲有近 80%人口无力负担健康膳食，远高于北美洲与欧洲的 1.9%，且非洲约 20%的人口面临粮食不安全问题，是其他区域的两倍以上。同时，儿童由于发育不完全性与经济依赖性，更易产生相关健康问题。2020 年，全球 5 岁以下儿童中约有 1.5 亿人（22%）发育迟缓，4500 万人（6.7%）消瘦，3700 万人（5.6%）肥胖，较 2019 年共增加了 670 万人（FAO et al.，2022）。在性别层面，女性因就业难、收入低，粮食安全状况更为脆弱。全球性别间粮食不安全发生率差距由 2019 年的 6%上升至 2020 年的 10%（FAO et al.，2021a）。全球粮食不安全问题多发生在弱势群体中，尤其体现在落后地区居民、儿童和女性上，凸显了保障弱势群体粮食安全的迫切需求。

世界经济在后疫情时代的复苏之路仍然充满不确定性和不平衡性，未来全球弱势群体食物获取问题可能持续存在。全球经济在 2022 年表现出回暖

① 失业数据来自国际劳工组织就业数据库，https://ilostat.ilo.org/data/#。

② 根据世界银行的定义，极端贫困线为每天生活费不足 2.15 美元。

迹象，GDP 增长率回升至 3.5%，失业率和贫困率也有所改善，分别降至 5.3%和 9%。然而，这一复苏进程并不稳固，全球 2023 年 GDP 增长率再度下滑至 2.7%（IMF，2023）。同时，经济恢复的不平衡性也尤为突出。2022 年，发达国家的经济增速已经回升至 5.6%，甚至高于新冠疫情暴发前 5 年的平均水平，而发展中国家的经济增速仍低于新冠疫情暴发前的水平。因此，2022 年，全球 58%的国家的饥饿发生率仍高于疫情前水平，低收入国家的这一比例为 77%，远高于中等偏上收入国家的 47%（FAO et al.，2023）。此外，据联合国统计，全球经济增速在 2024 年进一步放缓至 2.4%（UN，2024），弱势群体的粮食安全问题会进一步加剧。

18.1.3 治理赤字更加严峻，挑战全球粮食安全稳定性

全球治理挑战日益严峻，治理任务愈发艰巨，加之部分国家参与治理的意愿降低，全球治理效能下降。一方面，随着全球化进程的深入发展，各国之间的相互依存程度不断加深，粮食安全、气候变化、流行疾病等全球性问题已经成为世界各国的共同挑战，全球治理的需求正在迅速扩大（任琳，2020）。但另一方面，全球治理体系中多边机制的有序运行和资金支持的有效供给却在不断减少。具有代表性的是 WTO 上诉机构瘫痪事件。自 2019 年 12 月 11 日起，WTO 上诉机构大法官仅剩 1 人而无法审理案件，陷入功能性瘫痪状态，对全球治理机制造成了严重冲击（陆燕，2019）。同时，联合国等重要全球治理机构也面临资金短缺的困境。从联合国 2020 年经常性预算会费缴纳情况来看，维持机构正常运行的资金缺口高达 6 亿美元①。

全球粮食安全治理体系同样面临部分国家参与积极性下降的问题，协同

① 《古特雷斯：联合国面临空前资金短缺危机 缺口达 2.3 亿美元》，https://news.un.org/zh/story/2019/10/1043232。

治理受到严重阻碍。在 WTO 粮食安全治理的谈判中，部分成员对于承担粮食安全责任的回避，导致各方在关键议题上难以形成统一立场，使得粮食安全领域的谈判进展缓慢。如在 2013 年，巴厘部长级会议就粮食安全公共储备议题达成临时性决议，但该议题至今未能转化为最终的协定，导致一些粮食安全脆弱的成员在面临国际重大突发性事件时的风险抵抗能力不足。

全球粮食安全治理机构还面临着资金短缺问题，削弱了治理体系的运行效能。近十年来，联合国会员国迟交、少交和不交会费现象日渐加剧，欠款数额不断增加，联合国财政赤字严重。截至 2022 年 10 月，会员国拖欠联合国经常性预算会费达 11.68 亿美元[①]。FAO、WFP 和 IFAD 等联合国机构也受到了财政赤字冲击，严重阻碍其在推动农业发展、提供粮食援助、支持减贫等方面工作的有效执行。如在 2022 年，WFP 需要 189 亿美元资金支持，为 1.37 亿人开展拯救生命和恢复经济生活的援助行动，但能够筹集到的资金不足一半[②]。全球治理赤字削弱了粮食安全治理机构在缓解全球饥饿、进行人道主义救援等多个关键领域的治理效能，给全球粮食安全的稳定性带来了负面冲击。

18.2　全球粮食安全治理的中国实践与发展转型

随着对外开放的不断深化和综合国力的显著提升，中国在国际治理体系中的地位和影响逐渐提高，在全球治理中发挥了更大作用。然而，现有研究主要梳理了我国在一般性全球治理体系、气候治理体系中的参与情况，我国

---

① 《中国代表团在第 77 届联大五委常会关于改善联合国财政状况的发言》，http://un.china-mission.gov.cn/zgylhg/xzyys/001/202210/t20221022_10790324.htm。

② 《2022：前所未有的饥饿危机正在全世界蔓延》，https://zh.wfp.org/stories/2022qiansuoweiyoudejieweijizhengzaiquanshijiemanyan。

在粮食安全治理中的实践与发展的相关探讨仍相对有限。本节将从贸易、援助、投资、治理四个维度系统梳理中国参与全球粮食治理体系的历史变迁与发展转型，展现中国作为全球粮食安全治理参与者和贡献者的全新形象。

18.2.1　从自给自足到开放市场，融合程度不断加深

从新中国成立到改革开放，我国对农产品贸易实行严格的计划管理，贸易的种类和数量均由政府相关部门统一规划和调配。而随着1978年党的十一届三中全会的召开，我国迈入了改革开放的新时期，农业贸易体系的改革也随之稳步推进，农业对外开放水平持续提升（朱晶等，2018）。在不同的发展阶段，我国农产品贸易呈现以下特征（图18.1）。

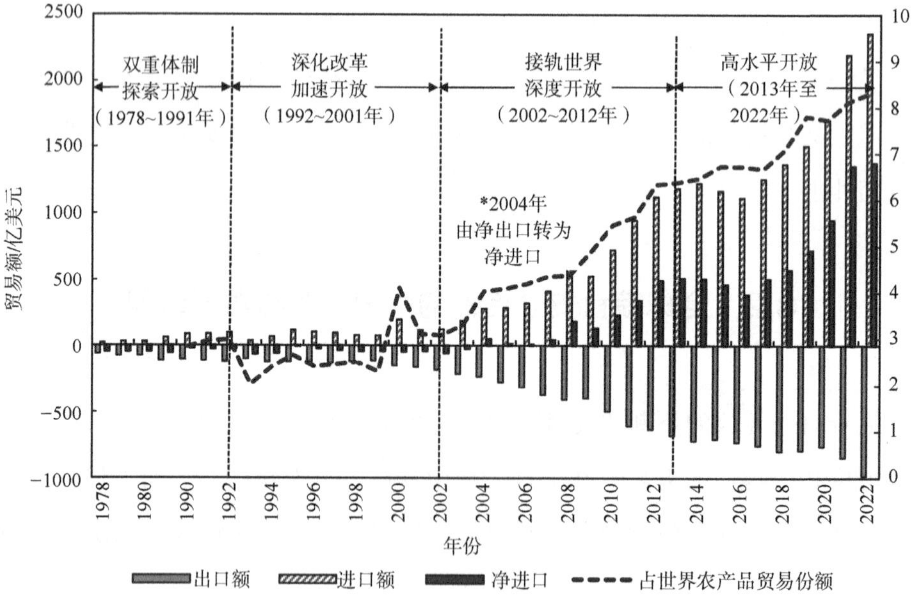

图18.1　中国农产品贸易发展历程

资料来源：《中国对外经济贸易统计年鉴》（历年）、UN Comtrade统计数据库

占世界农产品贸易份额=中国农产品贸易总额/全球农产品贸易总额

双重体制探索开放阶段（1978~1991 年）：这一阶段，我国农产品贸易调控实施的是计划和市场双重管理体制，农产品贸易政策体制改革在探索中不断前行，外贸企业经营机制日益放活。农产品出口作为创汇的重要手段，对于支持国民经济的发展发挥了显著的作用，在这一时期被重点鼓励，且占据了主导地位。1978~1991 年，我国农产品出口总额由 61.5 亿美元上升到 113.1 亿美元，远高于进口额，1991 年的贸易顺差高达 26.7 亿美元。然而，在全球范围内，我国农产品贸易的市场份额相对较小，仅占全球市场的 2.95%。

深化改革加速开放阶段（1992~2001 年）：1992 年 10 月，党的十四大明确经济体制改革的目标是建立社会主义市场经济体制，进一步加大我国对外开放力度，外贸管理体制市场化改革程度不断加深，为农产品充分参与国际竞争提供了更多机会。同时，我国大幅降低农产品关税，取消非关税壁垒，农产品平均进口关税税率由 1992 年的 46.6%降至 1999 年的 21.2%[①]，进出口数量限制、出口补贴等非关税措施也得到大幅削减。在这一时期，我国农产品贸易规模显著增加，贸易顺差也持续扩大。出口和进口分别由 1992 年的 123.11 亿美元和 96.85 亿美元，增长至 2001 年的 160.5 亿美元和 118.5 亿美元，年均增长 2.99%和 2.27%，农产品贸易顺差从 26.26 亿美元升至 41.1 亿美元。我国农产品贸易总额占全球农产品市场的比重增加至 3.1%，但仍处于较低融入水平。

接轨世界深度开放阶段（2002~2012 年）：自 2001 年底加入 WTO 以来，我国农业对外开放的步伐不断加快，成为世界上农产品关税水平最低和贸易自由化程度最高的国家之一，农产品贸易迅速发展，显著高于前期水平（程国强，2012a；叶兴庆，2020）。2002~2012 年，我国农产品贸易总额从 279 亿美元激增至 1757.3 亿美元。其中，农产品出口额和进口额在 2012 年

① 《新形势下构建我国农产品贸易新格局》，http://country.people.com.cn/GB/n1/2018/1110/c419842-30392982.html。

分别达到 632.5 亿美元和 1124.8 亿美元，年均增速为 22.5%和 72.9%。由于进口增速远高于出口增速，我国农产品贸易在 2004 年首次出现了贸易逆差并快速扩大，2012 年逆差已高达 492.3 亿美元。同时，我国在全球市场中的地位继续提升，贸易总额占比由 3.2%上升至 6.3%，对外部农业资源的依赖逐渐加深，为全球提供的市场也更加广阔。

高水平开放新阶段（2013 年至 2022 年）：自党的十八届三中全会提出构建开放型经济新体制的发展战略以来，我国自由贸易区战略加速推进，农产品贸易步入了推进更高水平开放的崭新阶段。截至 2023 年底，我国已与 29 个国家和地区签订了 22 个自贸协定，为农产品贸易的发展营造了有利的制度环境[①]。这一时期农产品贸易仍然保持较高增速，贸易逆差持续扩大，出口市场结构明显优化。2013~2022 年，我国农产品的贸易额从 1867 亿美元增长到 3343 亿美元，年均增速约为 6.69%。其中，进口额由 1189 亿美元增长到 2361 亿美元，出口额由 678 亿美元增长到 983 亿美元，年均增速分别为 7.92%与 4.2%，贸易逆差由 510 亿美元上升至 1378 亿美元。同时，随着农产品贸易规模的不断扩大，我国在国际市场中的地位和影响力持续增强。在 2022 年，我国农产品贸易总额的全球占比已达到 8.3%，成为全球农产品贸易的重要参与者和贡献者。此外，我国农产品的出口市场多元化程度显著提升。具体来看，对前五大出口市场的依赖程度有所降低，出口额合计占农产品出口总额的比例从 2013 年的 47.9%下降至 2022 年的 41.4%。

18.2.2　从接受粮援到施以援手，全球影响力不断增强

新中国成立初期，我国便积极投身于国际农业援助事业，帮助发展中国

① 《中国外贸“朋友圈”不断扩大》，https://www.gov.cn/yaowen/liebiao/202401/content_6929205.htm。

家提升农业生产能力和粮食安全水平，初步实现了我国在国际舞台上的责任担当。随着 1978 年以来改革开放的深入推进，我国的发展重心转向经济建设和实现四个现代化的战略目标。在此基础上，对外援助策略也悄然发生变革，从原先单一的无偿援助，逐步转变为更加多元、互利共赢的合作模式。与此同时，我国也积极吸纳国际社会的农业援助，以推动国内农业的现代化进程（唐丽霞，2020）。具体来看，我国参与国际农业援助的历程可分为三个阶段（图 18.2）。

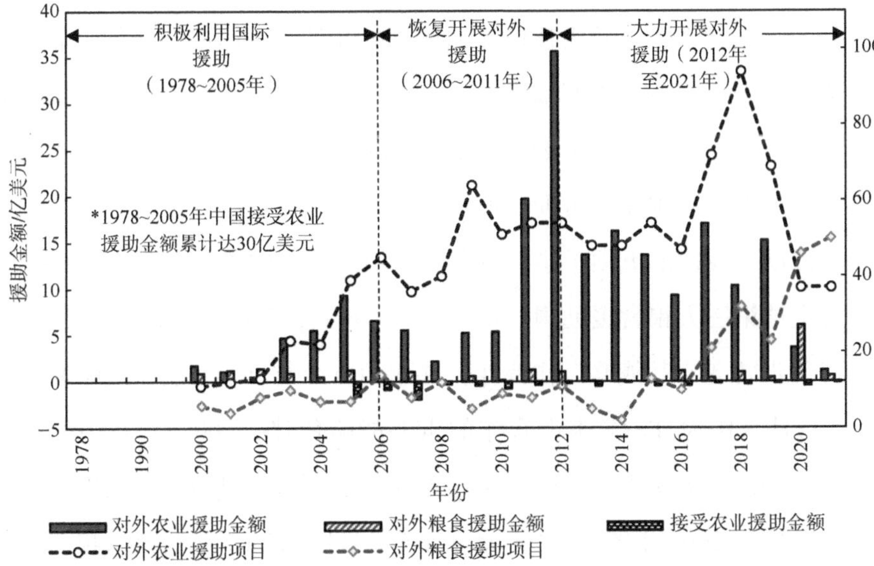

图 18.2　1978~2021 年中国农业国际援助历程

资料来源：美国威廉玛丽学院全球研究所的发展援助数据库、OECD 官方发展援助数据库

①农业援助指进行农业、林业与渔业项目的建设性援助；粮食援助指直接的粮食物资援助，援助金额由实物折算得到。②由于统计缺失，2000 年前我国对外农业援助数据、2005 年前我国接受农业援助数据未获得

积极利用国际援助阶段（1978~2005 年）：在这一阶段，我国政府明确提出援外既要“促进友好国家的经济发展”，也要为“加速我国四个现代化建设做出应有贡献”的方针。在此方针指导下，我国缩减了农业对外援助规

模。与此同时，我国开始接受国际农业援助，并逐步扩大利用各种国际农业援助和捐赠，以推动国内经济建设。1978~2005 年，中国从 WFP、FAO、欧盟、日本等国际组织和外国政府接受了总价值近 30 亿美元的粮食援助（实物核算）与农业技术援助，帮助中国农业的发展与贫困的缓解[①]。随着中国贫困人口温饱问题的解决，WFP 于 2005 年结束了在华农业援助项目，其在中国开展的 70 个无偿援助项目，惠及超过 3000 万人口，为中国的扶贫减贫和农村经济发展做出了巨大贡献[②]。

恢复开展对外援助阶段（2006~2011 年）：为深化历史性的友谊、促进互惠互利的合作关系，以及实现资源和优势的互补，中国逐渐恢复农业对外援助并成为全球重要农业援助提供国。2005 年，胡锦涛同志在联合国成立 60 周年首脑会议发展筹资高级别会议上宣布了包括“中国将进一步扩大对重债穷国和最不发达国家的援助规模”和“增加对发展中国家特别是非洲国家的相关援助”在内的五项举措[③]。同年，我国就以 57.7 万吨粮食援助总量一举成为全球第三大粮食援助国。从 2006 年开始，我国从单方面接受 FAO 技术支持逐步转变为其战略合作伙伴，并成为首个与 FAO 建立战略联盟的国家[④]。同时，作为 FAO 南南合作的重要战略伙伴，2009 年我国便捐资 3000 万美元用于 FAO-中国南南合作计划的启动。这一时期，我国农业对外援助累计金额由 2006 年的 30 亿美元增加至 2011 年的 67 亿美元，粮食援助累计金额由 6.8 亿美元增加至 10 亿美元。农业建设援助项目累计数量也由

---

① 《新中国成立 60 周年：农业国际交流合作发展成就》，https://www.moa.gov.cn/ztzl/xzgnylsn/gd_1/ 200909/ t20090918_1353907.htm。

② 《世界粮食计划署在中国的角色转变折射出中国的可喜发展历程》，https://news.un.org/zh/story/2019/04/1030931。

③ 《胡锦涛在联合国成立 60 周年首脑会议发展筹资高级别会议上的讲话(全文)》，http://un.china-mission.gov.cn/hyyfy/200509/t20050915_8286250.htm。

④ 《粮农组织创新解决中国百姓吃饭问题——专访驻华代表马文森博士》，https://news.un.org/zh/story/2019/07/1037472。

165 项增加至 410 项，粮食援助项目累计数量由 56 项增加至 98 项，充分展示了我国在农业对外援助领域的积极作为。

大力开展对外援助新阶段（2012 年至 2021 年）：党的十八大以来，我国援外工作更加注重顶层设计和战略谋划，力求实现政经相长、内外互促、多双边共同发展的理想格局。2012 年，党的十八大明确提出“要倡导人类命运共同体意识”[①]，彰显大国担当与全球视野。2013 年，习近平同志提出“一带一路”倡议，推动人类命运共同体的构建。2022 年，党的二十大再次强调“中国愿加大对全球发展合作的资源投入，致力于缩小南北差距，坚定支持和帮助广大发展中国家加快发展”[②]。我国累计对外农业援助金额已由 2012 年的 103 亿美元增加至 2021 年的 203 亿美元，累计粮食援助金额由 11 亿美元增加至 21 亿美元，累计农业建设援助项目数量由 464 项增加至 970 项，累计粮食援助项目数量由 109 项增加至 311 项。截至 2022 年 2 月，我国开展的项目覆盖了 20 多个国家，向全球南方国家派驻了 1000 多名专家，直接受益人数超过 10 万人，同时带动数 10 万农村基层民众间接受益[③]。中国的农业援助工作为推动全球粮食安全和农业可持续发展贡献了力量，展现了全球治理中的大国担当。

18.2.3　从单向引进到引投并举，产业掌控力不断深化

自改革开放以来，中国农业资本市场实现了从封闭到开放，实现了从以“引进来”为主导的外资策略向“引进来”与“走出去”并举的战略转变，

---

① 《胡锦涛在中国共产党第十八次全国代表大会上的报告》，https://www.gov.cn/ldhd/2012-11/17/content_ 2268826_7.htm。

② 《习近平：高举中国特色社会主义伟大旗帜 为全面建设社会主义现代化国家而团结奋斗——在中国共产党第二十次全国代表大会上的报告》，https://www.gov.cn/xinwen/2022-10/25/content_5721685.htm。

③ 《加强南南合作及三方合作，推动全球农业发展与转型》，https://www.fao.org/newsroom/detail/strengthening-sstc-for-global-agricultural-development-and-transformation/zh?=。

不仅推动了国内农业的快速发展，而且极大地促进了国际农业资本流动。一方面，我国利用农业外资的规模和质量不断提升，缓解了改革开放初期国内资金不足的困境，农业外商直接投资更是作为技术等生产要素流动的载体，带动了我国农业企业技术进步和产业结构升级。另一方面，我国农业对外投资的规模、投资企业数量稳定增长，对外投资主体日益多元化，经营领域不断扩大，不仅提高了在全球关键环节的掌控能力，还增强了我国农业部门抵御外部风险的韧性。我国农业外资引进与对外投资主要经历了以下几个阶段（图 18.3）。

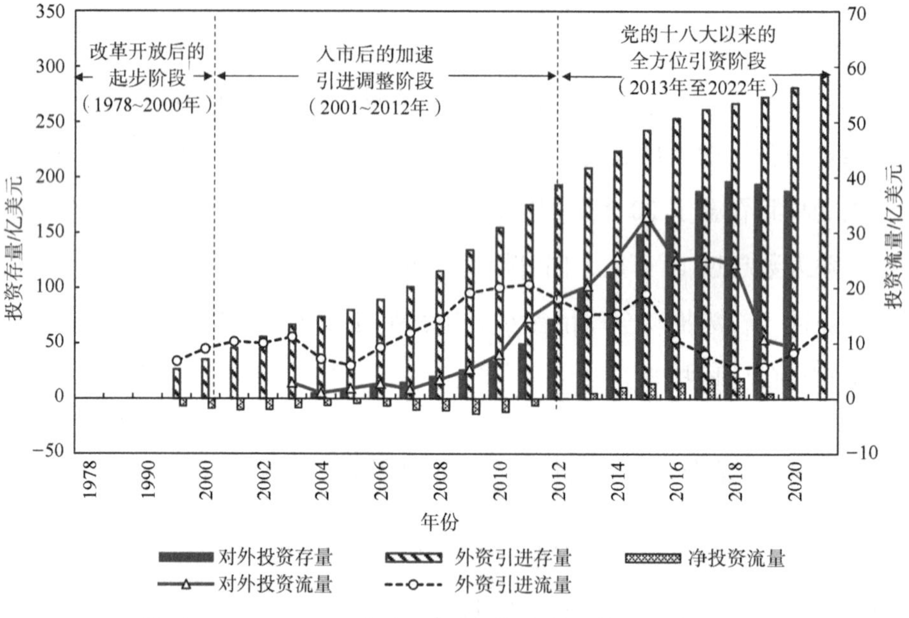

图 18.3　1978~2022 年中国农业外资引进和对外投资发展历程

资料来源：《中国统计年鉴》（历年）

由于统计缺失，部分农业对外投资、外资引进数据不可获得

改革开放后的起步阶段（1978~2000 年）：在农业外资引进方面，我国在这一时期实施了以“市场换资本”为主的战略，开始在农业领域积极引进

资金、技术、人才和管理经验等生产要素，以弥补“资金与技术双缺口”。1978~2000 年，中国农业吸引外国投资超过 295 亿美元，为国内农业产业发展提供了资金支持。同期引进先进农业技术 1500 多项、仪器设备 1300 余套，为国内农业发展提供了技术支撑。在农业对外投资方面，中国确立了对外开放基本国策，农业对外投资开始兴起。以国有企业投资为主，重点面向农地、林业和渔业资源等开发性项目。但由于投资能力有限，该阶段的投资环节以生产为主，投资区域集中于资源丰富的非洲、美洲和大洋洲等区域。这一时期的农业对外投资虽然规模不大，但为后续的发展奠定了基础，实现了初步发展。

加速引进调整阶段（2001~2012 年）：在农业外资引进方面，加入 WTO 后，中国农业对外开放的程度不断加深，不仅对外资的需求增加，而且吸引外资参与的产业链环节进一步拓宽。在农产品深加工、农业科技研发、农业服务业等环节均有外国企业深度参与，同时农业引资政策法规逐渐成熟，对外资的管理和引导更加规范。在农业对外投资方面，我国在 2006 年，正式将农业“走出去”提升至国家战略层面，为我国农业对外投资的快速增长提供了坚实的政策支持和明确的发展方向。2006 年至 2012 年，我国农业海外投资存量从 8.2 亿美元增加到 49.6 亿美元，增长 5 倍，年均增长 35%。截至 2012 年底，中国农业海外投资存量为 49.6 亿美元，海外投资的国家和地区数共 71 个，主要分布于亚洲、大洋洲、欧洲，投资覆盖率达 29%①。

全方位引资阶段（2013 年至 2022 年）：在农业外资引进方面，自党的十八大以来，我国采取了一系列措施，旨在进一步优化农业外资结构，提升农业外资的质量和效益，并通过优化营商环境，吸引了更多高质量的外资进入农业领域。2013 年至 2022 年，我国农业领域吸引国外投资企业新增近

① 《中国农业对外投资合作分析报告（2012 年）》。

5000 家，实际利用农业外资金额超过 90 亿美元[①]。同期，我国还加强了对农业外资的管理和引导，通过建立和完善农业外资的监管体系，提高了对外资项目的审查和监管能力，以确保外资在农业领域的健康发展。在农业对外投资方面，党的十八大以来，我国加大了对农业投资的政策支持力度，并适时提出“一带一路”倡议，为农业海外投资提供了坚实的政策支持。2013~2019 年，我国农业对外投资逐渐转向高质量投资领域，尽管投资流量略有减少，但对外投资存量由 71.8 亿美元增长至 196.7 亿美元，年均增长 18.3%。同时，我国农业对外投资的产业类别不断丰富，投资范围向全产业链构建阶段迈进，至 2020 年底，已涵盖粮、棉、油、农资农机等八大领域，从事多产业的企业比重高达 42%[②]。通过农业对外投资，我国实现了农业资金、技术和管理经验的输出，也提高了东道国农业发展水平和粮食安全状况。

综合考虑农业外资引进和农业对外投资的动态演变过程，可以看出我国农业正逐步实现从单向引资到引投并举的战略转型。农业外资引进与对外投资之间的差距正逐步缩小，我国在全球农业产业链中掌控能力的持续提升，反映出我国在全球农业中的影响力和竞争力日益增强。展望未来，随着农业对外开放的不断深化，以及“一带一路”倡议的持续推进，我国的竞争力和影响力将进一步增强，农业外资引进与对外投资的双向互动将更加活跃，将为我国农业的可持续发展和全球农业合作提供新机遇。

18.2.4　从遵循规则到推动改革，国际话语权不断提升

自 1971 年成功恢复联合国合法席位以来，我国在全球粮食规则的制

① 《中国外资统计公报 2023》，http://images.mofcom.gov.cn/wzs/202310/20231010105622259.pdf。

② 《中国农业对外投资合作分析报告（2021 年）》。

定和改革进程中扮演了日益重要的角色，实现了从遵循现有规则到积极参与规则改革的转变，在国际农业治理中的话语权显著提升，更多全球农业治理的中国智慧、中国方案、中国思路被国际社会所接受。具体而言，我国在全球粮食治理中的发展轨迹可以划分为建设倡导阶段和贡献引领阶段（表 18.1）。

表 18.1　WTO 部长级会议的中国农业提案与谈判成果

阶段	时间	会议	提案名称	主要内容	参与方式	谈判成果
建设倡导阶段	2001 年	MC4	—	—	—	中国正式成为 WTO 成员
	2003 年	MC5	WT/MIN（03）/W/6	建立公平和市场导向的贸易体系；削减扭曲贸易的国内支持[①]；在市场准入方面做出实质性贡献；取消一切形式的出口补贴；对发展中成员给予更低的关税减让和更长的实施期限	以 G20 集团形式提交	通过削减国内支持、改善市场准入和取消出口补贴三条提案
	2005 年	MC6	—	—	—	—
	2009 年	MC7	WT/MIN（09）/W/1	限制并削减国内支持；削减并取消出口补贴、关税高峰；在开放的程度和速度上给予发展中成员特殊对待	独自提交	—
	2011 年	MC8	—	—	—	—
贡献引领阶段	2013 年	MC9	WT/CFMC/43	提出粮食安全中间方案；响应总干事棉花协商框架机制	独自提交	为贝宁、布基纳法索、乍得、马里提供棉花援助
	2015 年	MC10	—	—	—	—

① 除特别说明，本章的国内支持均特指 WTO《农业协定》相关概念，详见本书第 1 章脚注。

续表

阶段	时间	会议	提案名称	主要内容	参与方式	谈判成果
贡献引领阶段	2017年	MC11	—	—	—	—
	2022年	MC12	G/AG/W/232	提高农业通知透明度； 增强成员方履行通知义务	独自提交	—
	2024年	MC13	WT/MIN（24）/W/17	提出推动粮食安全公共储备的解决方案、建立简便有效的特殊保障机制	G33 集团内部讨论	—

资料来源：WTO 部长级会议谈判文本

注：“—”表示中国没有提案或者未在部长级会议上推动谈判成果产生

融入跟随阶段（1971~2000 年）：1971 年，第二十六届联合国大会以压倒性多数通过第 2758 号决议，决定恢复中华人民共和国在联合国的一切合法权利，自此时起，我国迈出了融入国际规则体系的重要一步，开始逐步学习和适应国际农业规则和标准。与此同时，我国积极履行会员国义务，广泛参与和支持 FAO 活动，了解国际粮食治理的规则和标准。1978 年以来，我国与 FAO 实施了近 500 个国内、区域和国际项目。在这一时期，我国开始在国际舞台上发表意见，表达自己的立场和诉求，不仅在国际粮食安全治理中积累了宝贵的经验，也为后续阶段的建设倡导和贡献引领打下了坚实的基础。

建设倡导阶段（2001~2012 年）：随着综合国力的快速提升，我国在全球多边事务中的参与度日益加深，逐步走向国际决策的中心。在 2001 年，我国成功加入 WTO，并对国内政策法规进行了一系列调整和修改以符合 WTO 的国际农业规则，包括降低市场准入门槛，削减农产品关税，并且取消了绝大多数农产品的非关税措施。经过这些努力，我国在入世过渡期结束后的农产品最终关税水平约为世界平均水平的 1/4，显著低于发展中成员 56%和发达成员 39%的平均水平（叶兴庆，2021b）。在 2003 年，我国积极参与了第五届部长级会议中的农业谈判，并通过加入 WTO 二十国集团提出的提案，表达了自身的立场与愿景，为后续改革奠定了坚实的基础。同时，我国积极参与 FAO 框架下的国际粮食治理工作，自 2008 年后多次与 FAO 合作实施南南合作项目，帮助东道国提升粮食安全水平。其中，中国与乌干达的合作项目，被 FAO 誉为粮食可持续发展的典范。在 2009 年的第七届部长级会议上，我国首次向 WTO 提交“WTO 农业谈判中国提案”，为全球农业议题贡献中国智慧。2011 年，我国在第八届部长级会议上积极引领金砖国家部长会议，推动金砖国家在 WTO 框架内的农业合作与协调，进一步巩固了我国在全球粮食安全治理中的地位。在这一阶段，我国不仅积极融入全球农业治理体系，更通过参与关键国际谈判提出中国方案，显著提升了在全球粮食安全治理中的影响力和话语权。

贡献引领阶段（2013 年至今）：党的十八大以来，我国积极推动更高层次的农业对外开放，并深入参与国际农业规则制定，尝试发挥更多领导作用。在 2013 年 WTO 第九届部长级会议上，我国提出粮食安全中间方案，且与“棉花四国”[①]达成援助协议，为促成“巴厘一揽子协定”发挥了积极而重要的作用[②]。在 WTO 第十一届部长级会议上，我国在渔业补贴议题上积极研究并贡献提案，努力协调各方共同制定工作计划，推动达成了渔业补贴部长决定草案。在 2016 年 6 月召开的二十国集团农业部长会议上，我国将把一、二、三产融合发展等具有中国特色的农业发展理念写入公报，为世界粮食安全提供了中国路径，在全球农业发展蓝图上留下了中国印记。在 WTO 第十二届部长级会议上，我国开始争取把握 WTO 改革主动权，推动《渔业补贴协定》与《关于世界粮食计划署购粮免除出口禁止或限制的部长

① 贝宁、布基纳法索、马里、乍得四国。
②《世界贸易组织达成“巴厘一揽子协定”：是起点，非终点》，http://niis.cass.cn/xscg/xslw/qyhz/201312/t20131213_1993939.shtml。

决定》的正式达成。与此同时，我国多位专家在 FAO、联合国世界粮食计划署等重要国际农业机构中担任高级职务。特别是屈冬玉于 2019 年 8 月 1 日荣任 FAO 的第九任总干事，并在 2023 年高票连任，成功开启第二个任期。这不仅是对其个人专业能力和领导力的肯定，更是对我国在全球农业治理中所做贡献的认可，表明中国正走向国际农业治理体系的中心，标志着中国在全球粮食安全治理领域的地位和作用达到了全新的高度。此外，屈四喜自 2016 年 4 月加入联合国世界粮食计划署，并出任该机构的驻华代表。由此可见，在这一阶段，我国在全球粮食治理中的话语权正在持续增强，并有望在未来进一步扩大在全球粮食安全领域的领导力和影响力。

18.3　中国深度参与全球粮食安全治理的角色定位与未来展望

随着全球化进程的不断加深，我国与全球粮食安全的连接愈发紧密，在全球粮食安全治理体系中的影响力与地位持续增强。然而，当前全球粮食安全治理体系正面临着和平、发展与治理赤字挑战。同时，全球粮食安全治理是一个涵盖制度建设、资金支持与政策协调等多维度的复杂体系，需要世界各国在贸易、投资与援助等领域通力合作以应对挑战。作为全球主要粮食进口国之一与发展中国家，我国应与各国深化合作，在多边治理、粮食贸易、农业援助和国际投资等领域全面发力，携手共建更加稳健、包容的全球粮食安全治理体系。

18.3.1　做多边治理体系捍卫者，构建公平、开放治理秩序

多边治理机制在维护不同经济发展水平、不同社会制度以及不同宗教信

仰国家的多元化利益诉求方面具有不可替代的协调作用。面对当今世界逆全球化情绪抬头，我国多次明确表达了对包括联合国、WTO 等在内的多边治理制度的坚定支持。自 2018 年起，我国相继发布了《中国与世界贸易组织》《中国联合国合作立场文件》等，阐述了中方维护多边主义、促进全球发展的立场和主张。在此过程中，我国不断提出调整优化多边治理规制的改革引领方案，提交了《中国关于世贸组织改革的建议文件》，并在联合国会议上多次提出一系列改革建议，对推动联合国和 WTO 等多边治理机构在全球治理中发挥更大效能起到了显著推动作用。

在全球粮食安全治理体系面临严峻挑战的背景下，我国应在坚持共商共建共享原则的基础上，坚定推动多边治理机制的深层次改革，努力构建更加高效、合理、公平的全球粮食安全治理新秩序。提高治理效率方面，我国应推动尽快建立一个由联合国领导，粮农三机构、世界粮食安全委员会（The Committee on World Food Security，CFS）等利益相关方共同参与的跨机构、跨部门协调中心，实现对这些机构在粮食安全治理方面功能的整合，达到优化治理资源配置、提升治理效率的目标。完善规则合理性方面，我国应在充分保障粮食主权的前提下，针对目前农业贸易治理体系规则中存在的国内支持规则不够公平、出口限制规则不够明确等问题提出建设性改革意见。提升治理体系公平性方面，我国作为世界最大发展中国家，应坚持维护非歧视、开放等多边治理体制核心价值，捍卫发展中国家权益，加强对发展中国家的技术支持与援助，提高发展中国家和新兴经济体的国际治理参与度，建立既具有制度约束力又兼顾各方利益诉求的综合策略体系。

18.3.2　做全球粮食贸易维护者，建设更具韧性的粮食供应链

全球粮食供应链近年来屡屡中断，我国作为农业贸易的积极参与者与坚

定维护者，应携手各方打造更有韧性的供应链，保障国际流通体系平稳运行，促进粮食稳定供给。据研究预测，相较于 2021 年，我国到 2035 年大豆、玉米、牛肉的进口量分别增加 1244 万吨、3300 万吨、189 万吨（黄季焜等，2022）[①]，夯实国际粮食贸易基础已成为确保我国粮食安全的必由之路。然而，极端气象灾害频繁发生和地区紧张局势不断升级等"黑天鹅""灰犀牛"事件为全球粮食市场增添了极大的外部不确定性。粮食生产能力萎缩、港口吞吐能力不足、基础设施短缺、运费持续上涨等系统性问题暴露，全球粮食供应链韧性严重不足。在此背景下，我国应积极携手各国共建更具韧性、更有效率、更富活力的全球粮食供应链。

在构建全球粮食供应链新格局的进程中，我国需在区域、双边与企业层面加强国际往来。一是要深化区域粮食贸易合作，为全球粮食供应链提供战略稳定空间。应借助"一带一路"倡议、上海合作组织、亚太经济合作组织（Asia-Pacific Economic Cooperation，APEC）、《区域全面经济伙伴关系协定》（Regional Comprehensive Economic Partnership，RCEP）等合作机制，积极搭建粮食经贸合作服务平台，通过合作平台积极推进区域性粮食供应链建设，推进粮食进口来源多元化，为全球粮食供应链的稳定发展提供决定性力量和战略应对空间。二是要完善风险监测预警体系，提升全球风险预防能力。与其他粮食贸易大国合作建立全链条的全球粮食供应链风险监测和预警体系，通过构建指标体系有效识别全球粮食供应链关键风险并对其进行有效分析和研判，实现对全球粮食供应链异常波动的预判和预警。三是要鼓励我国粮商"走出去"，增强对供应关键节点的维护力量。推动我国粮食企业深度融入全球粮食产业链、供应链和价值链的建设，扩大粮食"朋友圈"，与世界各国优秀的粮食企业建立起更为紧密的上下游合作关系，为维护全球粮

① 2021 年中国农产品进口数据来源：USDA，https://apps.fas.usda.gov/psdonline/app/index.html#/app/advQuery。2035 年中国农产品进口预测数据来源于黄季焜等（2022）。

食产业链、供应链稳定畅通贡献出我国粮食企业的力量。

18.3.3　做新型国际合作引领者，打造包容发展新体系

创新国际合作已成为当前应对全球饥饿、营养不良和贫困等挑战的重要解决途径。我国早期的国际合作以单方面提供农业物资、援助建设和技术直接输出等无偿援助手段为主，有效且直接改善了受援国的粮食供需状况，但对其农业产业长期发展的助力相对有限。随着我国在农业领域国际合作的不断深入，我国从方法和制度两方面主动创新国际合作模式、引领发展进程，以期提升东道国自我造血功能。在方法创新上，我国由传统的纯援助向平等互惠合作转变，从授人以鱼向授人以渔的方向转换，大大增强了合作项目的可持续发展潜力[①]。在制度创新上，我国加强战略顶层对接，成立国家国际发展合作署等管理机构，统筹设计和协调国际合作方案。陆续出台和签订了《经济技术合作协定》《关于推动落实全球发展倡议的谅解备忘录》等系列合作文件，显著增强了国际合作的制度性保障。目前，我国国际农业合作取得卓越成效的同时，也存在着诸多不容忽视的问题，如合作项目推广难导致投资难以为继、贸易壁垒高阻碍货物和资源流通、缺乏稳定制度安排导致贸易不稳定和农业可持续发展面临挑战等问题，国际合作潜能有待发挥。

我国应从完善合作机制、拓宽合作广度、深化合作程度等方面发力，扩大对外合作规模和升级合作方式，增强对弱势群体援助的针对性和实效性，提升受援国自主发展与参与国际治理能力，以期打造包容发展的国际合作新体系。完善合作机制方面，重点加强协调对接，发挥年度磋商会等机制作用，健全项目实施利益相关方对话工作平台，引领合作务实开展。拓宽合作

① 《以更加务实的行动推动更高水平、更深层次全球南南合作——专访农业农村部对外经济合作中心副主任李志平》，http://www.fecc.agri.cn/nnhz/202009/t20200928_361945.html。

广度方面，构建多元伙伴关系，推动发达国家、发展中国家、联合国各发展机构及相关组织、私营部门等群策群力，共同打造全球农业合作新机制。深化合作程度方面，围绕减贫、粮食安全等国际合作重点领域，聚焦粮食生产能力提升、农业生物多样性保护、小农户价值链提升等，推动实施一批普惠性强、实用性高、带动面广的发展项目，帮助广大发展中国家增强粮食安全保障能力。

18.3.4　做负责任投资推动者，开辟互利共赢新局面

农业投资是我国以开放化解挑战、促进我国与全球粮食安全的关键举措。自实施农业“走出去”战略起，我国始终坚持与东道国互利共赢的理念，积极做负责任的农业投资者，不仅实现了与重点国家、目标国家的全方位经贸合作，而且促进了东道国农业技术的交流与创新，为全球粮食安全做出了积极贡献。一方面，我国农业对外投资不仅提高了东道国的粮食供应能力，也为当地经济发展与就业机会创造做出了积极贡献，仅在 2021 年就为东道国创造了 18 万个就业岗位[①]。另一方面，我国企业正在积极探索新的负责任海外投资模式，提高了东道国农业可持续发展水平。例如，中粮国际利用卫星技术在巴西实现了对“森林风险产品”的动态监测和溯源，截至 2021 年底，已确保从巴西四个州直接采购的大豆 100%可追溯，从而减少毁林开垦获得的产品。同时，作为负责任的农业对外投资者，我国不仅提升了自身的国际声誉，实现了与合作国家的互利共赢，同时也有效地反驳了西方对我国的“新殖民主义”和“资源掠夺”等的不实言论。

我国应从完善监管机制、创新投资模式和加强宣传工作等方面践行农业负责任投资，与东道国共同打造互利共赢的新局面。首先，建立完善投资监

① 《中国农业对外投资合作分析报告（2021 年）》。

管机制，强化企业主体责任，对境外投资项目进行严格的合规审查和风险评估，确保海外农业投资活动合规合法。其次，鼓励和引导海外投资企业注重环境保护和社会责任，积极推广“原料溯源”与“订单农业”模式，减少环境与土地纠纷，确保投资项目可持续发展。最后，企业要注重在当地主流媒体上的宣传工作，强化与当地政府和社区的交流，增进东道国对我国农业海外投资的理解和支持。此外，支持和培育大型粮食企业或国际大粮商，建立规模化海外粮食生产加工储运基地，全面参与全球粮食产业链、价值链、供应链重构，打造发展中国家经济体的大粮商，打破欧美垄断。

18.3.5　做新议题新模式探索者，拓展粮食安全治理新疆域

当前全球粮食安全治理领域新议题不断涌现，我国应主动把握时代新机遇，积极探索新模式，充分担当起全球粮食安全治理引领者角色，引导国际治理规则向着有序变革和良性发展方向前进。全球粮食安全治理规则长期由西方国家所主导，我国作为后来者一直处于旧规则体系的被动接受地位。然而，在绿色转型和数字技术快速发展的背景下，农业领域涌现出众多新兴治理议题，为我国参与乃至主导新规则的制定提供了难得的机遇。我国要充分发挥近年来在农业绿色发展与数字服务贸易领域积累的优势，占领热点议题的制高点，并积极拓展全球治理新疆域。

在新治理议题设立上，我国应聚焦于农业碳关税和农业数字服务贸易等新兴规则领域。在农业碳关税方面，应该对碳关税税款的适用对象与最终用途进行协商，确保这部分资金能够照顾到所有存在提升减排能力需求的国家，并非仅仅局限于少数最不发达国家。在农业数字服务贸易方面，我国应积极参与 WTO 框架下的服务业国内管制联合倡议，并与其他成员方携手合作，共同致力于降低农业数字贸易的准入门槛，解决与技术标准相关的问

题。在新治理路径构建上，利用“一带一路”倡议、RCEP、上海合作组织、金砖国家等国际合作平台，加强与伙伴国家在农产品贸易、农业投资以及粮食安全等领域的合作，探索创新双多边合作机制，在有效补充现有多边农业治理的同时，推动全球农业治理体系向更加公正、合理的方向发展。

18.4 本章小结

粮食安全是事关人类生存的根本性问题。然而，和平赤字、发展赤字和治理赤字正对粮食系统的平稳运行造成前所未有的挑战，严重威胁全球粮食安全。随着我国对世界粮食需求的日益增长，深度参与国际粮食治理已成为我国稳定获取外部粮源的必然选择。同时，作为负责任的世界大国，不断深化国际粮食治理改革也是实现大国外交的必由之路。鉴于此，我国应坚持多边合作原则，秉承共商共建共享理念，积极参与全球粮食安全治理，加快落实联合国 2030 年可持续发展议程，为人类永续发展和前途命运贡献中国力量。

参 考 文 献

卜伟, 曲彤, 朱晨萌. 2013. 中国的粮食净进口依存度与粮食安全研究[J]. 农业经济问题, 34(10): 49-56.

蔡昉. 2008. 中国农村改革三十年: 制度经济学的分析[J].中国社会科学, (6): 99-110, 207.

蔡庆如. 2022. 新冠疫情下出口限制措施对中国粮食安全的影响及其WTO合规性分析[D]. 南京：南京农业大学.

曹慧, 张玉梅, 孙昊. 2017. 粮食最低收购价政策改革思路与影响分析[J]. 中国农村经济, (11): 33-46.

陈大鹏, 吴舒钰, 李稻葵. 2021. 中国构建开放型经济的经验和对新发展阶段的启示: 政府与市场经济学的视角[J]. 国际经济评论, (6): 141-160, 8.

陈锡文. 2017. 牢牢把握当前农业政策改革的主要方向: 关于加快推进农业供给侧结构性改革[J]. 中国粮食经济, (1):22-24.

陈锡文. 2021. 切实保障国家食物供给安全[J]. 农业经济问题, (6): 4-7.

陈秧分, 钱静斐. 2021. “十四五”中国农业对外开放: 形势、问题与对策[J]. 华中农业大学学报(社会科学版), (1): 49-56, 175-176.

陈秧分, 王介勇. 2021. 对外开放背景下中国粮食安全形势研判与战略选择[J]. 自然资源学报, 36(6): 1616-1630.

陈志钢, 詹悦, 张玉梅, 等. 2020. 新冠肺炎疫情对全球食物安全的影响及对策[J]. 中国农村经济, (5): 2-12.
谌琴. 2019. 新时代我国粮食供需形势及面临的新挑战[J]. 中国发展观察, (7): 35-37.
程国强. 1999. 中国农产品贸易：格局与政策[J]. 管理世界, (3): 176-183.
程国强. 2012a. 中国农业对外开放：影响、启示与战略选择[J]. 中国农村经济, (3): 4-13, 43.
程国强. 2012b. 农业补贴政策必须注重创新支持机制[J]. 中国合作经济, (3): 6-8.
程国强. 2012c-02-28. 农业补贴的现状和趋势[N]. 中华合作时报, (A07).
程国强. 2016. 我国粮价政策改革的逻辑与思路[J]. 农业经济问题, 37(2): 4-9.
程国强, 朱满德. 2012. 中国工业化中期阶段的农业补贴制度与政策选择[J]. 管理世界, (1):9-20.
程国强, 朱满德. 2014. 中国农业实施全球战略的路径选择与政策框架[J]. 改革, (1): 109-123.
程国强, 朱满德. 2020. 新冠肺炎疫情冲击粮食安全：趋势、影响与应对[J]. 中国农村经济, (5): 13-20.
程国强, 朱满德. 2022. 新发展阶段我国重要农产品保供稳价的调控思路与机制设计[J]. 农业经济问题, (11): 18-24.
程郁, 叶兴庆. 2017. 借鉴国际经验改革中国农业支持政策[J]. 学习与探索, (3): 113-119, 176.
程郁, 叶兴庆. 2019. 高水平开放背景下继续深化中国与南美国家农业合作：基于巴西和阿根廷的调研[J]. 世界农业, (12): 4-9, 20.
程郁, 周琳, 程广燕. 2016-12-01. 中国粮食总量需求2030年将达峰值[N]. 中国经济时报, (A05).
崔宁波. 2022. 构建国家粮食安全新发展格局[J]. 人民论坛, (1): 26-29.

崔奇峰, 普冀喆, 王国刚, 等. 2020. 疫情冲击下国际粮食出口限制与我国粮食安全[J]. 中州学刊, (4): 20-26.
戴化勇, 陈金波. 2021. 新形势下粮食产销协作模式与机制研究[J]. 农业经济问题, (2): 135-144.
董银果, 吴倚天. 2019. 健康与贸易, 孰轻孰重? ——SPS措施的保护目的探讨[J]. 华中农业大学学报(社会科学版), (6): 50-59, 161-162.
董银果, 吴倚天, 姚欣辰. 2021. 基于关税等值的SPS措施贸易保护水平测度[J]. 华中农业大学学报(社会科学版), (6): 54-64, 188.
杜辉. 2017. 中国农业支持: 何去何从?[J]. 河北学刊, 37(3): 120-125.
杜鹰. 2020. 中国的粮食安全战略(下)[J]. 农村工作通讯, (22): 17-21.
杜鹰, 张秀青, 梁腾坚. 2022. 国家食物安全与农业新发展格局构建[J]. 农业经济问题, (9): 4-10.
杜志雄, 高鸣, 韩磊. 2021. 供给侧进口端变化对中国粮食安全的影响研究[J]. 中国农村经济, (1): 15-30.
杜志雄, 韩磊. 2020. 供给侧生产端变化对中国粮食安全的影响研究[J]. 中国农村经济, (4): 2-14.
樊胜根, 龙文进, 冯晓龙, 等. 2022. 联合国食物系统峰会的中国方案[J]. 农业经济问题, (3): 4-16.
樊胜根, 张玉梅, 陈志钢. 2019. 逆全球化和全球粮食安全思考[J]. 农业经济问题, (3): 4-10.
方言. 2019a. 中国特色农业支持保护之路: 70年中国农业支持保护政策的轨迹与实践（上）[J]. 中国粮食经济, (11): 47-53.
方言. 2019b. 中国特色农业支持保护之路: 70年中国农业支持保护制度变迁（下）[J]. 中国粮食经济, (12): 11-16.
房悦, 范舟, 李先德. 2022. 贸易便利化对全球农产品贸易的影响及其对中国的启示[J]. 农业经济问题, (6): 122-133.

冯鹤, 陈秧分. 2023. 中国主要农产品进口风险演变特征与应对策略[J]. 世界农业, (8): 51-62.

冯文丽, 郭亚慧. 2017. 基于Copula方法的河北省玉米收入保险费率测算[J]. 保险研究, (8):19-28.

傅龙波, 钟甫宁, 徐志刚. 2001. 中国粮食进口的依赖性及其对粮食安全的影响[J]. 管理世界, (3): 135-140.

高丹桂, 王建华. 2023. 大食物观破解我国粮食安全“三大难题”全方位夯实粮食安全根基[J]. 中国粮食经济, (5): 40-42.

高帆. 2018. 中国农村经济改革40年：实施逻辑与发展趋向[J]. 求是学刊, 45(5): 11-21, 181.

高帆, 吴政. 2005. 中国地区粮食生产的优势: 一个比较分析[J]. 当代经济科学, (6): 19-25, 39, 109.

高鸣, 赵雪. 2023. 农业强国视域下的粮食安全: 现实基础、问题挑战与推进策略[J]. 农业现代化研究, 44(2): 185-195.

耿仲钟. 2018. 我国农业支持保护补贴政策效果研究[D]. 北京：中国农业大学.

龚波, 尹风雨. 2018. 人口城镇化对中国粮食消费的影响测度[J]. 财经理论与实践, 39(5): 134-140.

谷政, 任志宇. 2020. 玉米主产地区收入保险费率厘定问题研究[J]. 金融理论探索, (1): 69-80.

郭林涛. 2021. 新时代构建粮食安全风险防御长效机制研究[J]. 河南社会科学, 29(7): 60-67.

郭庆海, 宫斌斌. 2022. 21世纪以来粮食收储政策演进、得失与改革完善[J]. 中州学刊, (8): 32-41.

郭晓鸣, 丁延武. 2022. 当前高标准农田建设面临的问题及对策[J]. 当代县域经济, (4): 12-16.

韩冬, 李光泗. 2020. 中国与“一带一路”沿线国家粮食贸易格局演变与影响机制: 基于社会网络学视角[J]. 农业经济问题, (8): 24-40.

韩杨. 2022. 中国粮食安全战略的理论逻辑、历史逻辑与实践逻辑[J]. 改革, (1): 43-56.

韩一军, 姜楠, 赵霞, 等. 2017. 我国农业供给侧结构性改革的内涵、理论架构及实现路径[J]. 新疆师范大学学报(哲学社会科学版), 38(5): 34-40, 2.

韩永奇. 2012. 警惕我国玉米被绑架[J]. 中国粮食经济, (7): 19-21.

何帆, 冯维江, 徐进. 2013. 全球治理机制面临的挑战及中国的对策[J]. 世界经济与政治, (4): 19-39, 156-157.

何可, 宋洪远. 2021. 资源环境约束下的中国粮食安全: 内涵、挑战与政策取向[J]. 南京农业大学学报(社会科学版), 21(3): 45-57.

何树全, 高旻. 2014. 基于增值贸易的中国国际贸易竞争力分析[J]. 世界经济研究, (8): 60-66, 89.

何秀荣. 2020. 国家粮食安全治理体系和治理能力现代化[J]. 中国农村经济, (6): 12-15.

胡冰川. 2015. 中国农产品市场分析与政策评价[J]. 中国农村经济, (4): 4-13.

胡向东, 王济民. 2010. 中国畜禽温室气体排放量估算[J]. 农业工程学报, 26(10): 247-252.

胡祎. 2021. 畅通农业“双循环”系统的现实逻辑与发展思路[J]. 重庆社会科学, (7): 33-43.

黄春燕, 白露露. 2017. 粮食安全保障政策的启用边界与补贴标准: 基于海南城镇最低收入人群的实证研究[J]. 农业技术经济, (3): 4-13.

黄季焜. 2018. 四十年中国农业发展改革和未来政策选择[J]. 农业技术经济,

(3): 4-15.
黄季焜. 2021. 对近期与中长期中国粮食安全的再认识[J]. 农业经济问题, (1): 19-26.
黄季焜, 王丹, 胡继亮. 2015. 对实施农产品目标价格政策的思考: 基于新疆棉花目标价格改革试点的分析[J]. 中国农村经济, (5): 10-18.
黄季焜, 王晓兵, 智华勇, 等. 2011. 粮食直补和农资综合补贴对农业生产的影响[J]. 农业技术经济, (1): 4-12.
黄季焜, 解伟. 2022. 中国未来食物供需展望与政策取向[J]. 工程管理科技前沿, 41(1): 17-25.
黄季焜, 解伟, 盛誉, 等. 2022. 全球农业发展趋势及2050年中国农业发展展望[J]. 中国工程科学, 24(1): 29-37.
黄武, 黄宏伟, 朱文家. 2012. 农户秸秆处理行为的实证分析：以江苏省为例[J]. 中国农村观察, (4): 37-43, 69, 93.
贾盼娜, 刘爱民, 成升魁, 等. 2019. 中国农产品贸易格局变化及海外农业资源利用对策[J]. 自然资源学报, 34(7): 1357-1364.
江虹. 2011. WTO《农业协定》对发展中国家粮食安全的影响[J]. 江西社会科学, 31(9): 51-57.
江立君, 胡冰川. 2021. 中国农产品国际贸易中虚拟土含量测算及其结构调整分析: 基于粮食安全视角[J]. 生态经济, 37(2): 96-103, 110.
蒋和平, 尧珏, 杨敬华. 2019. 新时期中国粮食安全保障的隐患与解决建议[J].中州学刊, (12): 35-41.
蒋辉, 张康洁. 2016. 粮食供给侧结构性改革的当前形势与政策选择[J]. 农业经济问题, 37(10): 8-17, 110.
焦晓松, 姚金安, 张辰利. 2014. 欧盟共同农业政策改革中直接支付内容变化研究[J]. 世界农业, (7): 63-66.

金三林，孙小龙. 2019. 加快角色转变，积极参与全球粮食安全治理[J]. 世界农业, (3): 12-17.

柯炳生. 2006. 我国粮食自给率与粮食贸易[J]. 中国农垦, (12): 27-29.

孔庆峰. 2003. 地方政府对WTO规则的不适应性及改革取向[J]. 中国行政管理, (5): 24-26.

孔祥才，王桂霞. 2017. 我国畜牧业污染治理政策及实施效果评价[J]. 西北农林科技大学学报(社会科学版), 17(6): 75-80.

蓝海涛，王为农. 2008. 中国中长期粮食安全重大问题[M]. 北京：中国计划出版社.

黎文涛. 2009. 发展援助背后的玄机[J]. 世界知识, (18): 42-43.

李春顶，郎永峰，何传添. 2021. 中国扩大进口战略的经济效应[J]. 中国工业经济, (2): 23-41.

李董林，李春顶. 2023. 俄乌冲突下中东和非洲地区的粮食安全问题、外溢效应及中国思考[J]. 农业经济问题, (3): 132-144.

李光泗，曹宝明，马学琳. 2015. 中国粮食市场开放与国际粮食价格波动：基于粮食价格波动溢出效应的分析[J]. 中国农村经济, (8): 44-52, 66.

李光泗，韩冬. 2020. 竞争结构、市场势力与国际粮食市场定价权：基于国际大豆市场的分析[J]. 国际贸易问题, (9): 33-49.

李国祥. 2015. 我国农业支持制度改革创新探讨[J]. 新视野, (5): 39-46.

李国祥. 2019. 中国遵守WTO农业规则面临的矛盾及应对建议[J]. 中州学刊, (5): 24-30.

李航. 2023. 澳大利亚强化对华意识形态遏制及其影响[J]. 和平与发展, (4): 118-137, 159-160.

李枏. 2014. 美国对朝鲜粮食援助政策的演变与评估[J]. 美国研究, 28(1): 9-25, 5.

李萍，冯梦黎．2018．国内外粮食价差对我国粮食供需差额的影响机制及政策意蕴[J]．农村经济, (3): 45-51.

李天祥，许银珊，钟钰．2022．我国粮食进口过度集中的风险化解及策略研究[J]．经济学家，(8): 106-118.

李天祥，臧星月，朱晶．2021．印度糖料国内支持被诉案：因由、争议点及对中国的启示[J]．农业经济问题, (9): 117-131.

李天祥，朱晶．2014．近十年来中国粮食内部种植结构调整对水土资源利用的影响分析[J]．中国人口・资源与环境, 24(9): 96-102.

李婷婷，王艳飞．2023．俄乌冲突对全球小麦供应链和中国市场的影响及内循环面临的挑战[J]．世界农业, (10): 27-38.

李伟．2017．城镇化、工业化对农业现代化的空间溢出效应分析[J]．统计与决策, (14): 108-111.

李先德，孙致陆，赵玉菡．2022．全球粮食安全及其治理：发展进程、现实挑战和转型策略[J]．中国农村经济, (6): 2-22.

李先德，宗义湘．2012．农业补贴政策的国际比较[M]．北京：中国农业科学技术出版社.

李秀芳，毕冬．2016．基于Copula函数的财险公司风险聚合和经济资本分散化效用研究[J]．保险研究, (6):48-60.

李亚波．2018．市场多元化对企业出口波动的影响：基于风险分散效应出口规模调节效应的检验[J]．商业研究, (11): 30-37.

李艳君．2012．我国粮食贸易特点及未来发展趋势[J]．国际经济合作，(3): 78-80.

李治．2021．“双循环”下我国粮食产业的机遇与挑战[J]．西北农林科技大学学报(社会科学版), 21(4): 97-104.

李治，王东阳，胡志全．2020．“一带一路”倡议下中国农业企业“走出去”

的现状、困境与对策[J]. 农业经济问题, (3): 93-101.
梁丹辉, 张学彪. 2021. 我国农业对外投资研究现状及展望[J]. 中国农业资源与区划, 42(12): 237-243.
梁凡, 陆迁, 同海梅, 等. 2013. 我国城镇居民食品消费结构变化的动态分析[J]. 消费经济, 29(3): 22-26.
廖进球, 黄青青. 2018. 改革开放以来粮食收购价格政策演进轨迹[J]. 现代经济探讨, (8): 30-37.
林大燕, 徐磊, 朱晶, 等. 2021. 贸易自由化对中国食物消费不平等的影响与路径研究: 基于多元多重中介效应模型的检验[J]. 农业经济问题, (3): 114-125.
林大燕, 朱晶, 吴国松. 2014. 季节因素是否影响了我国大豆进口市场格局: 基于拓展H-O模型的理论分析与实证检验[J]. 国际贸易问题, (3): 44-51.
林发勤, 李燕云. 2021. 贸易保护主义盛行下出口多元化研究: 文献综述与路径分析[J]. 当代经济管理, 43(5): 29-35.
林光彬, 郑川. 2018. 农产品价格管理政策的中国理论与中国方案[J]. 经济与管理评论, 34(2): 33-50.
林萍萍, 彭超, 李克明, 等. 2022. 进口肉类检疫知多少[J]. 中国海关, (8): 45.
刘海启. 1998a. 欧盟农业政策的演变(一)[J]. 中国农业资源与区划, (3): 60-62.
刘海启. 1998b. 欧盟农业政策的演变(二)[J]. 中国农业资源与区划, (4): 62-63.
刘慧, 钟钰. 2022. 更高水平开放下我国玉米进口增加的驱动因素与应对建议[J]. 经济纵横, (2): 89-96.
刘江. 2000. 21世纪初中国农业发展战略[M]. 北京: 中国农业出版社.
刘林奇. 2015. 基于粮食安全视角的我国主要粮食品种进口依赖性风险分析

[J]. 农业技术经济, (11): 37-46.
刘洋, 罗其友, 周振亚, 等. 2018. 我国主要农产品供需分析与预测[J]. 中国工程科学, 20(5): 120-127.
刘元春. 2020. 双循环新格局是处理内外矛盾新变化的必然之举[J]. 中国经济评论, (2): 14-17.
刘愿, 李娜, 刘志铭. 2017. 农业剩余转移与中国城乡收入差距: 基于统购统销政策的理论与实证研究[J]. 财经研究, 43(8): 109-121.
刘长全, 韩磊, 李婷婷, 等. 2023. 大食物观下中国饲料粮供给安全问题研究[J]. 中国农村经济, (1): 33-57.
刘志颐. 2017. 农业国际合作可义利兼收[J]. 中国投资, (13): 32-35.
鲁德银, 雷海章. 2002. "入世"后的中国农业财政支持政策[J]. 财经研究, (2): 8-13.
鲁礼新. 2007. 1978年以来我国农业补贴政策的阶段性变动及效果评价[J]. 改革与战略, (11): 64-67, 54.
陆燕. 2019. WTO改革: 进展、前景及中国应对[J]. 国际商务财会, (10): 3-7, 14.
路玉彬, 孔祥智. 2018. 农机具购置补贴政策的多维考量和趋势[J]. 改革, (2): 75-88.
罗开盛, 陶福禄. 2017. 虚拟土定量测算: 以甘肃省为例[J]. 中国科学院大学学报, 34(5): 582-590.
罗万纯. 2020. 中国粮食安全治理: 发展趋势、挑战及改进[J]. 中国农村经济, (12): 56-66.
罗重谱. 2021. 全球粮食安全形势与我国中长期粮食安全保障策略[J]. 经济纵横, (11): 97-102.
吕炜, 张晓颖, 王伟同. 2015. 农机具购置补贴、农业生产效率与农村劳动力转移[J]. 中国农村经济, (8): 22-32.

马恩朴, 蔡建明, 林静, 等. 2020. 2000—2014年全球粮食安全格局的时空演化及影响因素[J]. 地理学报, 75(2): 332-347.

马红坤, 毛世平. 2020. 我国农业支持政策的绿色生态转型研究: 基于中日韩三国的比较分析[J]. 经济体制改革, (2): 157-165.

马洪涛. 2021. 入世20年中国农产品贸易发展及趋势展望[J]. 农业经济问题, (12): 50-54.

马述忠, 叶宏亮, 任婉婉. 2015. 基于国内外耕地资源有效供给的中国粮食安全问题研究[J]. 农业经济问题, 36(6): 9-19, 110.

马松林. 2015. 进口大米价格冲击研究: 基于VAR模型的分析[J]. 技术经济与管理研究, (2): 8-11.

马玉荣, 李大巍, 王艺璇. 2015. 粮食安全的全球治理: 访联合国粮农组织驻中国、朝鲜及蒙古国代表伯希・米西卡[J]. 中国经济报告, (12): 32-34.

毛学峰, 孔祥智. 2019. 重塑中国粮食安全观[J]. 南京农业大学学报(社会科学版), 19(1): 142-150, 168.

毛学峰, 刘靖, 朱信凯. 2014. 国际食物消费启示与中国食物缺口分析: 基于历史数据[J]. 经济理论与经济管理, (8): 103-112.

倪国华, 王赛男, 金燕红. 2022. 提高“自给率”还是提升“主导权”? ——基于政策模拟的粮食贸易体系研究[J].管理世界, 38(4): 65-82.

倪洪兴. 2014. 我国重要农产品产需与进口战略平衡研究[J]. 农业经济问题, 35(12): 18-24.

倪洪兴. 2017. 开放条件下农产品价格形成机制与价格政策选择[J]. 中国粮食经济, (6): 18-26.

倪洪兴. 2019. 开放视角下的我国农业供给侧结构性改革[J]. 农业经济问题, (2): 9-15.

倪洪兴, 于孔燕, 吕向东. 2016. 中国农业贸易开放新观察[J]. 江苏农村经济, (3): 4-6.

倪洪兴, 于孔燕, 吕向东, 等. 2015. 中国农产品贸易面临的挑战及对策[J]. 农业展望, 11(5): 64-67.

农业部农产品贸易办公室, 农业部农业贸易促进中心. 2006. 2006中国农产品贸易发展报告[M]. 北京: 中国农业出版社.

农业部农业贸易促进中心课题组, 倪洪兴, 于孔燕. 2016. 粮食安全与“非必需进口”控制问题研究[J]. 农业经济问题, 37(7): 53-59.

农业部市场预警专家委员会. 2016. 中国农业展望报告(2016-2025)[M]. 北京: 中国农业科学技术出版社.

农业部市场预警专家委员会. 2020. 中国农业展望报告(2020-2029)[M]. 北京: 中国农业科学技术出版社.

农业部市场预警专家委员会. 2023. 中国农业展望报告(2023-2032)[M]. 北京: 中国农业科学技术出版社.

普莫喆, 钟钰. 2019. 市场化导向下的中国粮食收储制度改革: 新风险及应对举措[J]. 农业经济问题, (7): 10-18.

普莫喆, 钟钰. 2021. 当前我国粮食支持政策改革研究[J]. 理论学刊, (6): 88-99.

钱金保, 任志宏. 2021. 贸易战何以发生: 一个演化博弈解释框架[J]. 国际贸易问题, (1): 16-30.

钱煜昊, 罗乐添. 2021. 粮食安全、逆全球化与“走出去”战略: 中国粮食产业的全球化布局策略研究[J]. 农村经济, (8): 7-17.

秦富, 钟钰, 贾伟. 2015. 主动应对农产品贸易挑战的思考和建议[J]. 农业经济问题, 36(11): 4-8.

秦越, 李干琼. 2022. 典型国家与地区肉类消费特征及变化规律研究[J]. 农业展望, 18(1): 15-25.
秦中春. 2015. 国外农产品目标价格制度的分析与借鉴[J]. 区域经济评论, (3): 41-51.
青平, 邓秀新, 闵师, 等. 2023. “双循环”背景下我国粮食安全韧性及风险管控战略研究[J]. 中国工程科学, 25(4): 26-38.
仇焕广, 井月, 廖绍攀, 等. 2013. 我国畜禽污染现状与治理政策的有效性分析[J]. 中国环境科学, 33(12): 2268-2273.
仇焕广, 雷馨圆, 冷淦潇, 等. 2022. 新时期中国粮食安全的理论辨析[J]. 中国农村经济, (7): 2-17.
仇焕广, 李新海, 余嘉玲. 2021. 中国玉米产业: 发展趋势与政策建议[J]. 农业经济问题, (7): 4-16.
全世文. 2022. 论农业政策的演进逻辑: 兼论中国农业转型的关键问题与潜在风险[J]. 中国农村经济, (2): 15-35.
全世文, 于晓华. 2016. 中国农业政策体系及其国际竞争力[J]. 改革, (11): 130-138.
全世文, 张慧云. 2023. 中国食物消费结构的国际趋同性研究: 基于与日本、韩国的比较[J]. 中国农业大学学报(社会科学版), 40(4): 172-191.
任琳. 2020. “百年未有之大变局”下的全球治理体系改革[J]. 当代世界, (3): 60-65.
阮荣平, 刘爽, 郑风田. 2020. 新一轮收储制度改革导致玉米减产了吗: 基于DID模型的分析[J].中国农村经济, (1): 86-107.
山下一仁. 2003. 農業問題とは何か—日本、そして世界の農業に今何が起きているのか？[EB/OL]. https://www.rieti.go.jp/jp/special/af/s09.html [2018-04-18].
尚清, 刘金艳. 2015. 后多哈时代WTO农产品贸易规则的改革与完善: 基于粮食安全的视角[J]. 国际经贸探索, 31(9): 95-105.
尚清, 杨辉. 2016. 粮食出口限制措施的应用及其规制的发展[J]. 国际贸易问题, (12): 95-106.
邵桂兰, 段会霞, 李晨. 2019. 中国水产品的比较优势及其动态演变: 基于2002—2017年世界水产品贸易数据[J]. 湖南农业大学学报(社会科学版), 20(6): 56-62.
沈国兵, 沈彬朝. 2022a. 非关税壁垒对中国进口多元化的影响[J]. 世界经济, 45(10): 130-159.
沈国兵, 沈彬朝. 2022b. 实施RCEP协定与出口多元化: 来自中国的证据[J]. 东南大学学报(哲学社会科学版), 24(2): 32-47, 146-147, 149.
沈莉华. 2010. 美国对苏维埃俄国的饥荒援助[J]. 俄罗斯中亚东欧研究, (3): 75-83, 96.
史建民. 2002. 面对WTO完善我国农业灾害补偿制度势在必行[J]. 调研世界, (7): 19-22, 8.
史建民, 孟昭智. 2003. 我国农业保险现状、问题及对策研究[J]. 农业经济问题, (9): 45-49.
司伟, 陈哲. 2023. 保障中国粮食安全的多元目标、现实困境与机制构建[J]. 中州学刊, (10): 30-38.
宋海英, 姜长云. 2021. 中国拓展大豆进口来源的可能性分析[J]. 农业经济问题, (6): 123-131.
宋洪远. 2016. 关于农业供给侧结构性改革若干问题的思考和建议[J]. 中国农村经济, (10): 18-21.
宋洪远, 江帆. 2023. 农业强国的内涵特征、重点任务和关键举措[J]. 农业经济问题, (6): 18-29.
宋洪远, 魏佳朔. 2024. 全方位加强国家粮食供给保障[J]. 中州学刊, (2):

5-13, 2.

宋亮, 曹宝明, 朱强. 2019. 粮食安全、消费转型与政策调整[J]. 新疆社会科学, (3): 23-32, 148.

孙林. 2011. 粮食主产国出口限制是否推动了国际粮食价格上涨?——以大米为例的实证分析[J].中国农村经济, (9): 86-94, 96.

孙玉娟, 孙浩然. 2021. 构建乡村治理共同体的时代契机、掣肘因素与行动逻辑[J]. 行政论坛, 28(5): 37-43.

孙致陆. 2019. 贸易开放背景下国际小麦贸易市场势力实证分析[J]. 华中农业大学学报(社会科学版), (4): 1-14, 169.

孙致陆. 2022. 贸易开放改善了粮食安全状况吗? ——来自跨国面板数据的经验证据[J]. 中国流通经济, 36(3): 80-92.

谭砚文, 马国群, 岳瑞雪. 2019. 国外农产品最低支持价格政策演进及其对中国的启示[J]. 农业经济问题, (7): 123-133.

汤碧, 李妙晨. 2022. 后疫情时代我国大豆进口稳定性及产业发展研究[J]. 农业经济问题, (10): 123-132.

唐丽霞. 2020. 新中国70年对外援助的实践与经验[J]. 人民论坛·学术前沿, (3): 72-79.

唐丽霞, 赵文杰, 李小云. 2022. 全球公共产品视角下的中国国际发展合作[J]. 国际展望, 14(1): 95-114, 160-161.

陶红军, 谢超平. 2016. 我国猪肉贸易环境污染效应分析[J]. 华南农业大学学报(社会科学版), 15(2): 113-122.

佟光霁, 周伦政. 2021. 双循环背景下我国粮食安全: 现状、挑战及保障路径[J]. 学术交流, (1): 97-108, 191-192.

庹国柱. 2012. 我国农业保险的发展成就、障碍与前景[J]. 保险研究, (12): 21-29.

庹国柱. 2013. 中国政策性农业保险的发展导向：学习中央“一号文件”关于农业保险的指导意见[J]. 中国农村经济, (7): 4-12.

庹国柱. 2023. 完善农险制度实现农业保险高质量发展[J]. 中国农村金融, (19): 29-31.

王春梅. 2016. 安全治理视角下中国粮食安全问题及应对思路[D]. 北京: 外交学院.

王东, 王远卓. 2021. 货币超发、粮食金融化与粮食进口国粮食安全风险[J]. 保险研究, (7): 3-22.

王钢, 赵霞. 2021. 中国粮食安全“双循环”新发展格局的现实逻辑与实现路径研究[J]. 新疆社会科学, (5): 36-45.

王国敏, 侯守杰. 2021. 后小康时代中国相对贫困的特征、难点、标准识别及应对之策[J]. 内蒙古社会科学, 42(2): 106-113, 213.

王洪秋, 朱光明. 2021. 我国粮食安全的潜在风险及对策研究: 基于对种业发展现状分析[J]. 中国行政管理, (4): 99-102.

王欢星. 2018. 美国特朗普政府贸易政策成因及其对策研究[J]. 现代管理科学, (11): 18-20.

王济民, 肖红波. 2013. 我国粮食八年增产的性质与前景[J]. 农业经济问题, 34(2): 22-31.

王济民, 张灵静, 欧阳儒彬. 2018. 改革开放四十年我国粮食安全: 成就、问题及建议[J]. 农业经济问题, (12): 14-18.

王可山. 2023. 新时代我国粮食安全保障的成就与经验[J]. 改革, (9): 99-109.

王克. 2014. 中国农作物保险效果评估及相关政策改善研究[D]. 北京: 中国农业科学院.

王克, 何小伟, 肖宇谷, 等. 2018. 农业保险保障水平的影响因素及提升策略[J]. 中国农村经济, (7): 34-45.

王容博，曹历娟，朱晶. 2022. 中美经贸摩擦中的农产品进口与中国粮食安全[J]. 国际贸易问题，(5): 122-136.

王锐，祁华清，陈倬. 2016. 我国粮食进口增长的风险后果及对策分析[J]. 当代经济管理, 38(11): 50-54.

王帅. 2018a. 全球治理视角下的粮食贸易风险分析[J]. 国际贸易问题，(4): 36-47.

王帅. 2018b. 粮食的“地理可获得性”与粮食安全[J]. 农业经济问题，(6): 38-48.

王文涛，张美玲. 2019. 我国粮食生产者补贴制度渊源、理论基础与改革方向[J]. 农村经济, (2): 39-46.

王晓君，何龙娟，王国刚. 2022. 全球粮食不安全形势下保障中国粮食安全的逻辑思维与战略取向[J]. 改革, (12): 66-77.

王晓君，何亚萍，蒋和平. 2020. “十四五”时期的我国粮食安全：形势、问题与对策[J]. 改革, (9): 27-39.

王孝松，常远. 2022. 双边关系与贸易保护：来自中国遭遇贸易壁垒的经验证据[J]. 世界经济与政治, (2): 32-59, 156-157.

王孝松，谢申祥. 2009. 新兴经济体能拯救全球经济危机吗：基于进口贸易视角的评估[J]. 国际贸易问题, (9): 3-11.

王学君，晋乐，朱晶. 2020. 中美农业国内支持争端：争议点分析及对今后的启示[J]. 农业经济问题, (5): 92-103.

王妍，范爱军. 2023. 全球粮食进口竞争格局及影响因素研究[J]. 经济学家，(5): 118-128.

王鹰. 2014. 关于稳定粮棉油糖等重要农产品进口调控政策的思考[J]. 农村工作通讯, (10): 17-19.

王永春，王秀东. 2018. 改革开放40年中国粮食安全国际合作发展及展望[J].

农业经济问题, (11): 70-77.

卫志民, 于松浩. 2021. 我国粮食安全保障体系构建研究: 结构特征、潜在挑战与路径优化[J]. 理论学刊, (4): 70-78.

魏艳骄. 2018. 中国乳制品进口贸易对国内乳业发展影响研究: 基于供给主体视角[D]. 南京: 南京农业大学.

魏艳骄, 张慧艳, 朱晶. 2021. 新发展格局下中国大豆进口依赖性风险及市场布局优化分析[J]. 中国农村经济, (12): 66-86.

温思美, 黄冠佳, 郑晶, 等. 2018. 改革开放以来我国三农问题关注重点变化及其演进逻辑[J]. 农业经济问题, (12): 4-13.

夏志红. 2018. 非“适度进口”的风险防范[J]. 法学杂志, 39(12): 87-96.

向晶, 钟甫宁. 2012. 职业结构对食品需求的影响: 基于热量摄入视角的实证分析[J]. 南京农业大学学报(社会科学版), 12(2): 38-43.

肖国安, 王琼. 2017. 利用国际资本、资源、技术保障我国粮食安全的研究综述[J]. 湖南科技大学学报(社会科学版), 20(3): 96-101.

肖雪, 胡冰川. 2022. 中国城乡居民食品消费分析: 基于QUAIDS模型和EASI模型[J]. 世界农业, (7): 67-81.

谢凤杰, 王尔大, 朱阳. 2011. 基于Copula方法的作物收入保险定价研究: 以安徽省阜阳市为例[J]. 农业技术经济, (4): 41-49.

谢凤杰, 吴东立, 赵思喆. 2017. 基于Copula方法的大豆收入保险费率测定:理论与实证[J]. 农业技术经济, (2): 111-121.

谢清心, 王辉, 丁彩翠, 等. 2019. 城市化背景下食物可获得性与居民膳食多样性分析[J]. 营养学报, 41(1): 15-19.

谢文泽. 2014. 拉美地区粮食增产前景及中拉农业合作重点[J]. 拉丁美洲研究, 36(2): 36-41, 80.

辛良杰. 2021. 中国居民膳食结构升级、国际贸易与粮食安全[J]. 自然资源学报, 36(6): 1469-1480.
辛良杰, 王立新, 刘爱民. 2018. 我国饲料粮区域产消平衡特征及政策启示[J]. 自然资源学报, 33(6): 965-977.
星焱, 胡小平. 2013. 中国新一轮粮食增产的影响因素分析: 2004~2011年[J]. 中国农村经济, (6): 14-26.
徐亮，朱晶，王学君. 2022. 中国主粮政策性农业保险: 规则约束与政策优化[J]. 农业经济问题，(2): 118-130.
徐婷婷, 孙蓉, 崔微微. 2017. 经济作物收入保险及其定价研究: 以陕西苹果为例[J]. 保险研究, (11): 33-43.
徐毅. 2012. 欧盟共同农业政策改革与绩效研究[D]. 武汉: 武汉大学.
徐长春, 郑戈, 熊炜, 等. 2016. “十三五”时期中国农业科技“走出去”的战略思考[J]. 世界农业, (4): 18-22.
许朝凯, 刘宏曼. 2023. 多元化风险、策略调整与出口韧性[J]. 国际商务(对外经济贸易大学学报), (4): 54-68.
许丁. 2009. 新形势下对我国惠农政策的再思考[J]. 理论与改革, (3): 80-82.
许庆, 刘进, 杨青. 2020. WTO规则下的农业补贴改革: 逻辑、效果与方向[J]. 农业经济问题, (9): 88-100.
许唯聪, 李勤昌. 2021. “一带一路”贸易便利化空间差异对中国贸易流量的影响[J]. 宏观经济研究, (4): 71-83, 112.
许亚云, 岳文, 韩剑. 2020. 高水平区域贸易协定对价值链贸易的影响: 基于规则文本深度的研究[J]. 国际贸易问题, (12): 81-99.
鄢继尧, 赵媛, 崔盼盼, 等. 2020. 石油安全视角下中国原油进口贸易时空格局演化分析[J]. 经济地理, 40(11): 112-120.
严岩. 2006. 欧盟新农业政策对中国的启示[J]. 上海农村经济, (5): 38-41.
颜士锋. 2009. 转型时期我国城乡居民食物消费支出变化及原因分析[J]. 产

业经济评论, 8(1): 164-173.
杨贵中, 谭远发. 2010. 消费对中国经济拉动作用的测度及国际比较[J]. 消费经济, 26(2): 27-30.
杨静, 陈亮, 冯卓. 2017. 国际农业垄断资本对发展中国家粮食安全影响的分析: 兼对保障中国粮食安全的思考[J]. 中国农村经济, (4): 75-87.
杨军, 程申, 杨博琼, 等. 2013. 日韩粮食消费结构变化特征及对我国未来农产品需求的启示[J]. 中国软科学, (1): 24-31.
杨明智, 裴源生, 李旭东. 2019. 中国粮食自给率研究: 粮食、谷物和口粮自给率分析[J]. 自然资源学报, 34(4): 881-889.
杨巧妮, 张宁宁, 芦千文. 2023. 深化农业支持保护政策改革: 欧美镜鉴与推进策略[J]. 世界农业, (11): 5-18.
杨荣珍, 石晓婧. 2020. 中国农产品价格支持政策的合规性分析: 基于美国诉中国农产品国内支持案例[J]. 农业经济问题, (6): 87-98.
杨雪, 何玉成, 刘成. 2021. 水资源安全视角下我国粮油虚拟水贸易实证研究[J]. 中国农业资源与区划, 42(1): 41-50.
杨玉苹, 钟钰. 2024. 黑海粮食协议中断对全球粮食市场影响及中国应对策略[J]. 世界农业, (3): 18-28.
杨芷晴, 孔东民. 2020. 我国农业补贴政策变迁、效应评估与制度优化[J]. 改革, (10): 114-127.
姚成胜, 钱双双, 毛跃华, 等. 2017. 中国畜牧业碳排放量变化的影响因素分解及空间分异[J]. 农业工程学报, 33(12): 10-19.
姚蕾, 田志宏. 2008. WTO农业谈判中国家利益集团的稳定性研究[J]. 国际贸易问题, (9): 35-41.
叶兴庆. 2005. 对我国农业政策调整的几点思考[J]. 农业经济问题, (1): 21-24, 79.

叶兴庆. 2017. 我国农业支持政策转型: 从增产导向到竞争力导向[J]. 改革, (3): 19-34.

叶兴庆. 2018. 我国农业经营体制的40年演变与未来走向[J]. 农业经济问题, (6): 8-17.

叶兴庆. 2020. 加入WTO以来中国农业的发展态势与战略性调整[J]. 改革, (5): 5-24.

叶兴庆. 2021a. 迈向2035年的中国乡村: 愿景、挑战与策略[J]. 管理世界, 37(4): 98-112.

叶兴庆. 2021b. 深刻认识加入WTO以来我国农业发生的重大变化[J]. 中国发展观察, (24): 30-33.

叶兴庆, 程郁, 张诩. 2022. 应正确看待中国农产品进口的增长[J]. 经济纵横, (9): 38-45.

叶兴庆, 程郁, 张诩, 等. 2024. 我国重要农产品供需变化趋势与供给保障能力提升策略[J/OL]. 改革, 1-18. http://kns.cnki.net/kcms/detail/50.1012.F.20240327.1346.002.html[2024-04-25].

尹成杰. 2021. 后疫情时代粮食发展与粮食安全[J]. 农业经济问题, (1): 4-13.

尹业兴, 贾晋, 申云. 2020. 中国城乡居民食物消费变迁及趋势分析[J]. 世界农业, (9): 38-46.

于浩淼, 杨易, 徐秀丽. 2019. 论中国在全球农业治理中的角色[J]. 中国农业大学学报(社会科学版), 36(1): 101-110.

于宏源, 李坤海. 2021. 粮食安全的全球治理与中国参与[J]. 国际政治研究, 42(6): 83-103, 7.

于晓华, 刘畅, 张国政. 2021. 国际粮食贸易背景下的市场整合与虚拟资源流动: 以中国巴基斯坦大米市场为例[J]. 自然资源学报, 36(6): 1505-1520.

于晓华, 武宗励, 周洁红. 2017. 欧盟农业改革对中国的启示:国际粮食价格长期波动和国内农业补贴政策的关系[J]. 中国农村经济, (2):84-96.
俞国斌. 2015. 当代世界经济与政治[M]. 3版. 成都: 西南财经大学出版社.
袁平. 2013. 国际粮食市场演变趋势及其对中国粮食进出口政策选择的启示[J]. 南京农业大学学报(社会科学版), 13(1): 46-55.
袁欣, 宁静. 2008. 中国对外贸易管理体制的演化路径分析[J]. 广东外语外贸大学学报, 19(6): 5-8.
曾文革, 原兴男. 2016. WTO巴厘一揽子协定粮食安全条款谈判: 背景、进展与对策[J]. 北京理工大学学报(社会科学版), 18(3): 135-142.
曾攄婷, 张忠明, 王静香, 等. 2021. 中国粮食消费需求分析与展望[J]. 农业展望, 17(7): 104-114.
张蛟龙. 2018. 金砖国家粮食安全合作评析[J]. 国际安全研究, 36(6): 107-129, 155-156.
张蛟龙. 2021. 新冠肺炎疫情下的全球粮食安全: 影响路径与应对战略[J]. 世界农业, (4): 4-12, 111.
张宁宁, 李雪, 吕新业, 等. 2022. 百年变局、世纪疫情背景下世界及中国粮食安全面临的风险挑战及应对策略[J]. 农业经济问题, (12): 136-141.
张峭, 王克, 李越, 等. 2015. 中国主粮作物收入保险试点的必要性及可行方案：以河北省小麦为例[J]. 农业展望, 11(7): 18-24.
张瑞娟, 李国祥. 2016. 全球化视角下中国粮食贸易格局与国家粮食安全[J]. 国际贸易, (12): 10-15.
张帅, 于宏源. 2023. 气候极端化背景下的全球粮食体系韧性治理及对中国的启示[J]. 上海交通大学学报(哲学社会科学版), 31(7): 79-93.
张天佐, 郭永田, 杨洁梅. 2018a. 我国农业支持保护政策改革40年回顾与展望(上)[J]. 农村工作通讯, (20): 16-23, 2.
张天佐, 郭永田, 杨洁梅. 2018b. 我国农业支持保护政策改革40年回顾与展望(下)[J]. 农村工作通讯, (21): 24-30.
张喜才. 2022. 农产品供应链安全风险及应对机制研究[J]. 农业经济问题, (2): 97-107.
张晓山. 2019. 推动乡村产业振兴的供给侧结构性改革研究[J]. 财经问题研究, (1): 114-121.
张玉娥, 曹历娟, 魏艳骄. 2016. 农产品贸易研究中农产品范围的界定和分类[J]. 世界农业, (5): 4-11.
张玉梅, 盛芳芳, 陈志钢, 等. 2021. 中美经贸协议对世界大豆产业的潜在影响分析: 基于双边贸易模块的全球农产品局部均衡模型[J]. 农业技术经济, (4): 4-16.
张云华. 2018. 关于粮食安全几个基本问题的辨析[J]. 农业经济问题, (5): 27-33.
赵德余. 2010. 解释粮食政策变迁的观念逻辑:政治经济学的视野[J]. 中国农村经济, (4): 20-29.
赵宏. 2021. 世贸组织争端解决机制25年：辉煌、困境与出路[J]. 国际贸易, (12): 4-8.
赵立军, 李先德, 陈秧分. 2016. 全球负责任农业投资规则的发展进程及中国的应对策略[J]. 世界农业, (6): 16-19, 39.
赵亮, 穆月英. 2011. 我国粮食安全的路径依赖分析[J]. 农业技术经济, (10): 31-39.
赵敏娟, 石锐, 姚柳杨. 2022. 中国农业碳中和目标分析与实现路径[J]. 农业经济问题, (9): 24-34.
赵鹏军, 尹昭有, 张梦竹, 等. 2024. 新冠疫情与俄乌冲突背景下世界玉米海运格局变化研究[J/OL]. 北京大学学报(自然科学版), 1-15. https://doi.org/10.13209/j.0479-8023.2024.023.

赵文, 周应恒. 2008. WTO农业谈判国内支持削减的影响分析: 基于《七月套案》和《香港部长宣言》的削减方案[J]. 管理世界, (3): 86-93.
赵文霞, 刘洪愧. 2020. 贸易壁垒对出口产品质量的影响[J]. 经济评论, (4): 144-160.
赵霞, 涂正健, 张久玉. 2022. 双循环格局下中国粮食安全保障能力提升路径研究[J]. 国际经济评论, (4): 74-90, 6.
郑适, 崔梦醒. 2017. 玉米“市场化收购”加“补贴”新机制的改革成效研究[J]. 价格理论与实践, (5):11-13, 92.
郑志浩, 高颖, 赵殷钰. 2016. 收入增长对城镇居民食物消费模式的影响[J]. 经济学(季刊), 15(1): 263-288.
中国银行. 2024. 红海危机发酵的影响与应对建议[EB/OL]. https://www.boc.cn/fimarkets/summarize/202402/t20240202_24534987.html[2024-04-23].
钟钰, 巴雪真, 陈萌山. 2024. 新时代国家粮食安全的理论构建与治理进路[J]. 中国农村经济, (2): 2-19.
钟钰, 巴雪真, 李天祥. 2023. 从21世纪粮食危机看中国粮食安全治理现代化[J]. 社会科学辑刊, (6): 201-212.
钟钰, 陈萌山. 2020. 全球疫情蔓延下的粮食安全及应对策略[J]. 理论学刊, (5): 85-92.
钟钰, 陈希, 崔奇峰. 2022. 俄乌冲突对世界粮食安全的影响[J]. 世界农业, (10): 18-27.
钟钰, 陈希, 牛坤玉. 2021b. 粮食出口限制政策的实施效果与我国应对：来自部分小麦出口国的证据[J]. 经济纵横, (8): 29-39, 137.
钟钰, 甘林针, 崔奇峰. 2021a. 农业“双循环”战略思路与系统性对策[J]. 新疆师范大学学报(哲学社会科学版), 42(6): 113-123.
周津春. 2006. 农村居民食物消费的AIDS模型研究[J]. 中国农村观察, (6):

17-22.
周玲玲, 张恪渝. 2020. 贸易自由化能否促进居民食物消费结构升级: 基于GTAP模型的模拟研究[J]. 国际贸易问题, (5): 28-41.
周曙东, 赵明正, 陈康, 等. 2015. 世界主要粮食出口国的粮食生产潜力分析[J]. 农业经济问题, 36(6): 91-104, 112.
周曙东, 郑建, 卢祥. 2019. 中美贸易争端对中国主要农业产业部门的影响[J]. 南京农业大学学报(社会科学版), 19(1): 130-141, 167-168.
周杨, 邵喜武. 2021. 价格支持政策对大豆全要素生产率的影响机制分析[J]. 华中农业大学学报(社会科学版), (2): 101-110, 180.
朱晶. 2000. 贸易、波动、可获性与粮食安全: 利用国际、国内两个市场加强我国粮食安全的理论分析与实证研究[D]. 南京: 南京农业大学.
朱晶. 2017. 完善农业支持保护政策推进新时期农业改革发展[J]. 农业经济与管理, (6): 5-8.
朱晶. 2024. WTO农业谈判国内支持新提案的技术分析及应对[R]. 农业农村部国际合作司2023年委托课题. 南京农业大学经济管理学院.
朱晶, 晋乐. 2016. 农业基础设施与粮食生产成本的关联度[J]. 改革, (11): 74-84.
朱晶, 李天祥, 林大燕. 2018. 开放进程中的中国农产品贸易:发展历程、问题挑战与政策选择[J]. 农业经济问题, (12): 19-32.
朱晶, 李天祥, 臧星月. 2021a. 高水平开放下我国粮食安全的非传统挑战及政策转型[J]. 农业经济问题, (1): 27-40.
朱晶, 李天祥, 臧星月. 2022a. 我国粮食安全形势与对策建议[J]. 乡村振兴文稿, (1): 5-17.
朱晶, 王容博, 曹历娟. 2023b. 俄乌冲突下的世界粮食市场波动与中国粮食安全[J]. 社会科学辑刊, (1): 158-168.

朱晶，王容博，徐亮，等. 2023a. 大食物观下的农产品贸易与中国粮食安全[J]. 农业经济问题, (5): 36-48.

朱晶，徐亮，王学君. 2020. WTO框架下中国农业收入保险补贴的国际规则适应性研究[J]. 中国农村经济, (9): 2-20.

朱晶，臧星月，李天祥. 2021b. 新发展格局下中国粮食安全风险及其防范[J]. 中国农村经济, (9): 2-21.

朱晶，臧星月，李天祥. 2022b. 筑牢民生防线，牢牢把住粮食安全主动权[J]. 中国社会科学内部文稿, (2): 79-89.

朱晶，张瑞，张瑞华，等. 2021c. 新冠肺炎疫情下进口限制措施对农业贸易的影响与思考[J]. 世界农业, (5): 4-15, 126.

朱晶，张瑞华，谢超平. 2022c. 全球农业贸易治理与中国粮食安全[J]. 农业经济问题, (11): 4-17.

朱满德，程国强. 2011. 多哈回合农业谈判:进展与关键问题[J]. 国际贸易, (6): 42-47.

朱满德，程国强. 2015. 中国农业的黄箱政策支持水平评估：源于WTO规则一致性[J]. 改革, (5): 58-66.

朱满德，程国强. 2023. 提高种粮积极性：中国粮食生产支持政策的完善与转型[J]. 中州学刊, (12): 61-69.

朱满德，张振，程国强. 2018. 建构新型国家粮食安全观：全局观、可持续观与全球视野[J]. 贵州大学学报(社会科学版), 36(6): 27-33.

朱启荣，孙雪洁，杨媛媛. 2016. 虚拟水视角下中国农产品进出口贸易节水问题研究[J]. 世界经济研究, (1): 87-98, 137.

Aguiar A, Corong E, van der Mensbrugghe D. 2019. The GTAP recursive dynamic (GTAP-RD) model: version 1.0[EB/OL]. https://mygeohub.org/groups/gtap/groups/gtap/File:/uploads/GTAP-RD_Model_Documentation.

pdf[2024-04-23].

Akter S. 2022. The effects of food export restrictions on the domestic economy of exporting countries: a review[J]. Global Food Security, 35: 100657.

Al Ahbabi B H, Al Shaikh M A, Al Kaabi M A, et al.2018. An analysis of export restriction rules and proposals under the WTO[J]. International Review of Law, (1): 45-63.

Anderson K, Valenzuela E. 2021. What impact are subsidies and trade barriers abroad having on Australasian and Brazilian agriculture?[J]. Australian Journal of Agricultural and Resource Economics, 65(2): 265-290.

Babcock B A. 2015. Using cumulative prospect theory to explain anomalous crop insurance coverage choice[J]. American Journal of Agricultural Economics, 97(5): 1371-1384.

Baier S L, Bergstrand J H, Feng M. 2014. Economic integration agreements and the margins of international trade[J]. Journal of International Economics, 93(2): 339-350.

Bellmann C, Hepburn J, Krivonos E, et al.2013. G-33 proposal: early agreement on elements of the draft Doha accord to address food security[R]. Geneva: International Centre for Trade and Sustainable Development(ICTSD). https://ideas.repec.org/p/ags/ictdpv/320201.html.

Brink L, Orden D. 2020. Taking stock and looking forward on domestic support under the WTO agreement on agriculture[EB/OL]. https://ageconsearch.umn.edu/record/303559[2024-02-01].

Britz W. 2022. Disaggregating agro-food sectors in the GTAP data base[J]. Journal of Global Economic Analysis, 7(1): 44-75.

Broude T. 2008. The World Trade Organization: law, practice, and policy[J].

European Journal of International Law, 19(2): 447-449.

Cadot O, Gourdon J, van Tongeren F. 2018. Estimating ad valorem equivalents of non-tariff measures: combining price-based and quantity-based approaches[R]. Paris: OECD Trade Policy.

Campiche J, Outlaw J, Bryant H. 2014. Agricultural act of 2014: commodity programs[J]. Choices, 29(2): 1-4.

Cao L J, Li T X, Wang R B, et al. 2021. Impact of COVID-19 on China's agricultural trade[J]. China Agricultural Economic Review, 13(1): 1-21.

Carter C A, Zhong F N, Zhu J. 2012. Advances in Chinese agriculture and its global implications[J]. Applied Economic Perspectives and Policy, 34(1): 1-36.

Chatham House. 2022. Exploring the cascading impacts from climate shocks to chokepoints in global food trade[EB/OL]. https://resourcetrade.earth/publications/cascading-impacts-from-climate-shocks-to-food-trade-chokepoints [2022-06-20].

Chen K Z, Mao R. 2020. Fire lines as fault lines: increased trade barriers during the COVID-19 pandemic further shatter the global food system[J]. Food Security, 12(4): 735-738.

Claassen R, Just R E. 2011. Heterogeneity and distributional form of farm-level yields[J]. American Journal of Agricultural Economics, 93(1): 144-160.

Clora F, Yu W S. 2022. GHG emissions, trade balance, and carbon leakage: insights from modeling thirty-one European decarbonization pathways towards 2050[J]. Energy Economics, 113: 106240.

Coble K H, Heifner R G, Zuniga M. 2000. Implications of crop yield and revenue insurance for producer hedging[J]. Journal of Agricultural and Resource

Economics, 432-452.

Corong E L, Hertel T W, McDougall R, et al. 2017. The Standard GTAP Model, version 7[J]. Journal of Global Economic Analysis, 2(1): 1-119.

CRS. 2020. Farm support: outlook for compliance with WTO commitments, 2018 to 2020[R]. Washington, District of Columbia: Congressional Research Service.

Deuss A. 2017. Impact of agricultural export restrictions on prices in importing countries[J]. OECD Food, Agriculture and Fisheries Papers.

Dev S M, Zhong F. 2015. Trade and stock management to achieve national food security in India and China?[J]. China Agricultural Economic Review, 7(4): 641-654.

Diao X, Kennedy A. 2016. Economywide impact of maize export bans on agricultural growth and household welfare in Tanzania: a dynamic computable general equilibrium model analysis[J]. Development Policy Review, 34(1): 101-134.

Díaz-Bonilla E. 2014. On food security stocks, peace clauses, and permanent solutions after Bali[R]. IFPRI Working Paper 01388. https://www.ifpri.org/publication/food-security-stocks-peace-clauses-and-permanent-solutions-after-bali.

Díaz-Bonilla E, Ron J F.2010. Food security, price volatility and trade: some reflections for developing countries[R]. Geneva: International Centre for Sustainable Trade and Development.

Dixon P B, Rimmer M T. 2002. Dynamic General Equilibrium Modelling for Forecasting and Policy: A Practical Guide and Documentation of MONASH [M]. Amsterdam: Elsevier.

Duncan J, David B. 2012. Renewal through participation in global food security governance: implementing the international food security and nutrition civil society mechanism to the committee on world food security[J]. International Journal of Sociology of Agriculture and Food, 19(2): 143-161.

Espitia A, Rocha N, Ruta M. 2020. Covid-19 and Food Protectionism: The Impact of the Pandemic and Export Restrictions on World Food Markets[C]. Policy Research Working Paper Series.

European Commission. 2012. The common agricultural policy: a story to be continued[EB/OL]. http://aei.pitt.edu/96138/1/cap.pdf [2024-10-08].

Fader M, Gerten D, Krause M, et al. 2013. Spatial decoupling of agricultural production and consumption: quantifying dependences of countries on food imports due to domestic land and water constraints[J]. Environmental Research Letters, 8(1): 014046.

FAO. 2005. Voluntary guidelines to support the progressive realization of the right to adequate food in the context of national food security[R]. Rome: Food and Agriculture Organization of the United Nations.

FAO. 2011. Good food security governance: the crucial premise to the twin-track approach[R]. Geneva: Food and Agriculture Organization of the United Nations.

FAO. 2015. Food security, developing countries and multilateral trade rules[R]. Rome: Food and Agriculture Organization of the United Nations.

FAO. 2021a. World food and agriculture - statistical yearbook 2021[R]. Rome: Food and Agriculture Organization of the United Nations.

FAO. 2021b. The state of food and agriculture[R]. Rome: Food and Agriculture Organization of the United Nations.

FAO. 2022. The state of agricultural commodity markets[R]. Rome: Food and

Agriculture Organization of the United Nations.

FAO, IFAD, IMF, et al. 2011. Price volatility in food and agricultural markets: policy responses[J]. Roma, Italy: FAO.

FAO, IFAD, UNICEF, et al. 2021a. The state of food security and nutrition in the world 2021[R]. Geneva: World Health Organization.

FAO, IFAD, UNICEF, et al. 2022. The state of food security and nutrition in the world 2022[R]. Geneva: World Health Organization.

FAO, IFAD, UNICEF, et al. 2023. The state of food security and nutrition in the world 2023[R]. Geneva: World Health Organization.

FAO, UNDP, UNEP. 2021b. A multi-billion-dollar opportunity: repurposing agricultural support to transform food systems[R]. Rome: FAO.

Farsund A A, Daugbjerg C, Langhelle O. 2015. Food security and trade: reconciling discourses in the Food and Agriculture Organization and the World Trade Organization[J]. Food Security, 7(2): 383-391.

Fellmann T, Hélaine S, Nekhay O. 2014. Harvest failures, temporary export restrictions and global food security: the example of limited grain exports from Russia, Ukraine and Kazakhstan[J]. Food Security, 6: 727-742.

Francois J, Hoekman B, Manchin M. 2006. Preference erosion and multilateral trade liberalization[J]. The World Bank Economic Review, 20(2): 197-216.

Friedman G, Lebard M. 1991. The Coming War with Japan[M]. New York: St. Martin’s Press.

Gale F, Arnade C. 2015. Effects of rising feed and labor costs on China’s chicken price[J]. International Food and Agribusiness Management Review, 18(A): 137-150.

Gallagher P. 1987. US soybean yields: estimation and forecasting with nonsymmetric disturbances[J]. American Journal of Agricultural Economics, 69(4): 796-803.

Galtier F. 2023. Take an inch for a mile. About an error of metrics in WTO rules and its impact on the ability of countries to build public stocks for food security[J]. Food Policy, 116: 102400.

Gardner B. 1986. Farm commodity programs as income transfers[J]. Cato J., 6: 251.

Glauber J. 2016. After Nairobi: public stockholding for food security[R]. Geneva: International Centre for Trade and Sustainable Development (ICTSD).

Glauber J W. 2015. Agricultural Insurance and the World Trade Organization[R]. IFPRI Discussion Paper 01473.

Glauber J, Sinha T. 2021. Procuring food stocks under World Trade Organization farm subsidy rules[R]. Geneva: International Institute for Sustainable Development(IISD).

Glauber J W, Hepburn J, Laborde D, et al. 2020. What national farm policy trends could mean for efforts to update WTO rules on domestic support[R]. Geneva: International Institute for Sustainable Development (IISD).

Gonzalez C G. 2002. Institutionalizing inequality: the WTO agreement on agriculture, food security, and developing countries[J]. Columbia Journal Environmental Law, 27: 433.

Goodwin B K. 2015. Agricultural policy analysis: the good, the bad, and the ugly[J]. American Journal of Agricultural Economics, 97(2): 353-373.

Goodwin B K, Ker A P. 2002. Modeling price and yield risk[M]//Just R E, Pope R D. A Comprehensive Assessment of the Role of Risk in US Agriculture. Boston, MA: Springer US: 289-323.

Goodwin B K, Roberts M C, Coble K H. 2000. Measurement of price risk in revenue insurance: implications of distributional assumptions[J]. Journal of Agricultural and Resource Economics, 195-214.

Gowa J, Mansfield E D. 1993. Power politics and international trade[J]. American Political Science Review, 87(2): 408-420.

Häberli C. 2012. Do WTO rules improve or impair the right to food?[M]// McMahon J A, Desta M G. Research Handbook on the WTO Agriculture Agreement. Cheltenham: Edward Elgar Publishing.

Häberli C. 2021. Food crises (cont'd): what's wrong with trade and investment rules?[J]. Trade L. & Dev., 13: 264.

Haim D A. 2016. Alliance networks and trade: the effect of indirect political alliances on bilateral trade flows[J]. Journal of Peace Research, 53(3): 472-490.

Hazell P B R. 1992. The appropriate role of agricultural insurance in developing countries[J]. Journal of International Development, 4(6): 567-581.

Hennessy D A, Babcock B A, Hayes D J. 1997. Budgetary and producer welfare effects of revenue insurance[J]. American Journal of Agricultural Economics, 79(3): 1024-1034.

Hertel T, Elouafi I, Tanticharoen M, et al. 2021. Diversification for enhanced food systems resilience[J]. Nature Food, 2(11): 832-834.

Hertel T W. 1997. Global Trade Analysis: Modeling and Applications[M]. Cambridge: Cambridge University Press.

HLPE. 2020. Food security and nutrition: building a global narrative towards 2030[R]. Rome: the High Level Panel of Experts on Food Security and Nutrition of the Committee on World Food Security.

Hou Y K, Liang X. 2022. Research on food security risk assessment and early warning in China based on BP neural network model[J]. Journal of Food Quality, 2022: 5245752.

IFPRI. 2019. Global food policy report[R]. Washington, DC: International Food Policy Research Institute (IFPRI).

ILO. 2020. Global wage report 2020-21: wages and minimum wages in the time of COVID-19[R]. Geneva: International Labor Office.

ILO. 2022. Global wage report 2022-23: the impact of COVID-19 and inflation on wages and purchasing power[R]. Geneva: International Labor Office.

IMF. 2023. World economic outlook 2023: navigating global divergences[R]. Washington: International Monetary Fund.

Institute for Economics and Peace. 2023. Global peace index 2023[R]. London: Institute for Economics & Peace.

Iqbal M S, Anwar S, Khan M A, et al. 2018. Agriculture trade liberalization and potential sectoral and welfare gains for Pakistan[J]. Pakistan Journal of Agricultural Sciences, 55(2): 475-481.

Ishii-Eiteman M. 2009. Reorienting local and global food systems: institutional challenges and policy options from the UN agricultural assessment[M]// Clapp J, Cohen M J. The Global Food Crisis: Governance Challenges and Opportunities. Waterloo: Wilfrid Laurier University Press: 217-236.

Josling T. 2015. Rethinking the rules for agricultural support. E15 Initiative[R]. Geneva: International Centre for Trade and Sustainable Development (ICTSD) and World Economic Forum.

Kask U. 2020. WTO rules and public stockholding for food security purposes[J]. Journal of Agricultural & Food Industrial Organization, 18(1): 3-5.

Kearney J. 2010. Food consumption trends and drivers[J]. Philosophical Transactions of the Royal Society of London Series B, Biological Sciences, 365(1554): 2793-2807.

Koester U. 1986. Regional cooperation to improve food security in southern and eastern African countries[M]. Washington: Intl Food Policy Res Inst.

Konandreas P, Mermigkas G. 2014. WTO domestic support disciplines: options for alleviating constraints to stockholding in developing countries in the follow-up to Bali[R]. FAO Commodity and Trade Policy Research Working Paper: 45.

Kong Z Y, Lu X, Jiang Q Z, et al. 2019. Assessment of import risks for natural gas and its implication for optimal importing strategies: a case study of China[J]. Energy Policy, 127: 11-18.

Korinek J, Bartos J. 2012. Multilateralising Regionalism: Disciplines on Export Restrictions in Regional Trade Agreements[C]. OECD Trade Policy Papers.

Lachat C, Nago E, Verstraeten R, et al. 2012. Eating out of home and its association with dietary intake: a systematic review of the evidence[J]. Obesity Reviews, 13(4): 329-346.

Liu B, Martre P, Ewert F, et al. 2019. Global wheat production with 1.5 and 2.0 ℃ above pre-industrial warming[J]. Global Change Biology, 25(4): 1428-1444.

Long A G, Leeds B A. 2006. Trading for security: military alliances and economic agreements[J]. Journal of Peace Research, 43(4): 433-451.

Lu Y L, Jenkins A, Ferrier R C, et al. 2015. Addressing China's grand challenge of achieving food security while ensuring environmental sustainability[J]. Science Advances, 1(1): e1400039.

Luo Z J, Tian X. 2018. Can China's meat imports be sustainable? A case study of mad cow disease[J]. Applied Economics, 50(9): 1022-1042.

Ma L, Bai Z H, Ma W Q, et al. 2019. Exploring future food provision scenarios for China[J]. Environmental Science & Technology, 53(3): 1385-1393.

MacLaren D. 2005. The role of the WTO in achieving equity and efficiency in international markets for agricultural products[J]. World Trade Review, 4(2): 229-247.

Mahul O, Stutley C J. 2010. Government Support to Agricultural Insurance: Challenges and Options for Developing Countries[M]. Washington: World Bank Publications.

Malcolm G. 1998. Adjusting tax rates in the GTAP Data Base[D]. West Lafayette: Purdue University.

Margulis M E. 2013. The regime complex for food security: implications for the global hunger challenge[J]. Global Governance: a Review of Multilateralism and International Organizations, 19(1): 53-67.

Martin W, Anderson K. 2012. Export restrictions and price insulation during commodity price booms[J]. American Journal of Agricultural Economics, 94(2): 422-427.

Matthews A. 2014. Food security and WTO domestic support disciplines Post-Bali [R]. Geneva: International Centre for Trade and Sustainable Development (ICTSD). https://www.files.ethz.ch/isn/182734/Food%20Security%20and%20WTO%20Domestic%20Support%20Disciplines%20post-Bali.pdf.

McKeon N. 2015. Food Security Governance: Empowering Communities, Regulating Corporations [M]. London: Routledge.

Mitra S, Josling T. 2009. Agricultural export restrictions: welfare implications and trade disciplines [R]. Position Paper Agricultural and Rural Development Policy, IPC.

Morton J. 2020. On the susceptibility and vulnerability of agricultural value chains to COVID-19[J]. World Development, 136: 105132.

Nelsen R B. 1999. Methods of constructing Copulas[J]. An Introduction to Copulas. Lecture Notes in Statistics, (139): 45-87.

Nelson C H, Preckel P V. 1989. The conditional beta distribution as a stochastic production function [J]. American Journal of Agricultural Economics, 71(2): 370-378.

Nerlove M. 1956. Estimates of the elasticities of supply of selected agricultural commodities[J]. American Journal of Agricultural Economics, 38(2): 496-509.

Nogués J. 2011. Agricultural export barriers and domestic prices: argentina during the last decade[R]. Report Prepared for FAO.

Norse D, Lu Y L, Huang J K. 2014. China's food security: is it a national, regional or global issue? [M]//Brown K. China and the EU in Context. London: Palgrave Macmillan: 251-302.

OECD. 2016. Revised consensus document on compositional considerations for new varieties of rice[R]. Paris: Organisation for Economic Co-operation and Development.

OECD-FAO. 2019. OECD-FAO agricultural outlook 2019-2028[R]. Paris: OECD Publishing.

Orden D, Blandford D, Josling T, et al. 2011. WTO disciplines on agricultural support: experience to date and assessment of Doha proposals[R]. Washington: International Food Policy Research Institute (IFPRI).

Orden D, Brink L. 2022. Revising the WTO measurement of agricultural price support to resolve the impasse on public stockholding[J]. Trade L. & Dev., 14: 69.

Ozaki V A, Ghosh S K, 2008. Goodwin B K, et al. Spatio-temporal modeling of agricultural yield data with an application to pricing crop insurance contracts[J]. American Journal of Agricultural Economics, 90(4): 951-961.

Peci J, Sanjuán A I. 2020. The dual trade impact of non-tariff measures: an empirical assessment of China's pork imports[J]. European Review of Agricultural Economics, 47(5): 1716-1739.

Power G J, Vedenov D V, Hong S. 2009. The impact of the average crop revenue election (ACRE) program on the effectiveness of crop insurance[J]. Agricultural Finance Review, 69(3): 330-345.

Roberts R A J. 2005. Insurance of Crops in Developing Countries[M]. Rome: Food & Agriculture Org.

Rosenau J N. 1995. Governance in the twenty-first century[M]//Whitman J. Palgrave Advances in Global Governance. London：Palgrave Macmillan.

Rude J, An H. 2015. Explaining grain and oilseed price volatility: the role of export restrictions[J]. Food Policy, 57(3): 83-92.

Rutten M, Shutes L, Meijerink G. 2013. Sit down at the ball game: how trade barriers make the world less food secure[J]. Food Policy, 38: 1-10.

Shields D A. 2015. Federal Crop Insurance: Background[C]. Congressional Research Service.

Sklar M. 1959. Fonctions de repartition an dimensions et leurs marges[J]. Publ. inst. statist. univ. Paris, 8: 229-231.

Stephens E C, Jones A D, Parsons D. 2018. Agricultural systems research and global food security in the 21st century: an overview and roadmap for future opportunities[J]. Agricultural Systems, 163: 1-6.

Streimikiene D, Lekavicius V, Siksnelyte-Butkiene I. 2023. Review and assessment of import diversification methods and measures in the primary economic sector[J]. Acta Montanistica Slovaca, 28(1): 83-97.

Su F, Liu Y, Chen S J, et al. 2023. Towards the impact of economic policy uncertainty on food security: introducing a comprehensive heterogeneous framework for assessment[J]. Journal of Cleaner Production, 386: 135792.

Swinbank A. 2022. The WTO's agreement on agriculture: where next?[J]. Trade, Law and Development, 14(1): 55.

Tejeda H A, Goodwin B K. 2008. Modeling Crop Prices through a Burr Distribution and Analysis of Correlation Between Crop Prices and Yields Using a Copula Method[C]. Orlando: the American Agricultural Economics Association Annual Meeting.

Udmale P, Pal I, Szabo S, et al. 2020. Global food security in the context of COVID-19: a scenario-based exploratory analysis[J]. Progress in Disaster Science, 7: 100120.

UN. 2024. World economic situation and prospects 2024[R]. New York: United Nations.

UNCTAD. 2019. Review of maritime transport[R]. Geneva: United Nations Conference on Trade and Development.

UNDP. 2004. Human development report 2023/2024: breaking the gridlock-reimagining cooperation in a polarized world[R]. New York: United Nations Development Program.

UNDP. 2020. Human development report 2020[R]. New York: United Nations Development Program.

UNDRR. 2020. The human cost of disasters: an overview of the last 20 years (2000–2019)[R]. Geneva: UN Office for Disaster Risk Reduction.

USDA. 2021. World agricultural supply and demand estimates[R]. Washington, D.C.: United States Department of Agriculture.

Vedenov D V, Power G J. 2008. Risk-reducing effectiveness of revenue versus yield insurance in the presence of government payments[J]. Journal of Agricultural and Applied Economics, 40(2): 443-459.

von Braun J. 2009. Addressing the food crisis: governance, market functioning, and investment in public goods[J]. Food Security, 1: 9-15.

Wahlqvist M L, McKay J, Chang Y C, et al. 2012. Rethinking the food security debate in Asia: some missing ecological and health dimensions and solutions[J]. Food Security, 4: 657-670.

Walmsley T L, Dimaranan B V, McDougall R A. 2012. A base case scenario for the dynamic GTAP model[M]//Ianchovichina E, Walmsley T L. Dynamic Modeling and Applications for Global Economic Analysis. Cambridge: Cambridge University Press: 136-157.

Wang W T, Wei L B. 2021. Impacts of agricultural price support policy on price variability and welfare: evidence from China's soybean market[J]. Agricultural Economics, 52(1): 3-17.

WEF. 2024. Global risks report 2024[R]. Davos: The World Economic Forum.

Weis A J. 2007. The Global Food Economy: The Battle for the Future of Farming[M]. London: Zed Books.

WFP. 2022a. Global report on food crises-2022[R]. Roman: World Food Programme.

WFP. 2022b. Food security implications of the Ukraine conflict[R]. Roman:

World Food Programme.

World Bank. 2022. Poverty and shared prosperity 2022: correcting course[R]. London: World Bank Group.

Wu G, Liu L C, Wei Y M. 2009. Comparison of China's oil import risk: results based on portfolio theory and a diversification index approach[J]. Energy Policy, 37(9): 3557-3565.

Yan W, Cai Y, Lin F, et al. 2021. The impacts of trade restrictions on world agricultural price volatility during the COVID pandemic[J]. China and World Economy, 29(6): 139-158.

Yang Y Y, Li J P, Sun X L, et al. 2014. Measuring external oil supply risk: a modified diversification index with country risk and potential oil exports[J]. Energy, 68: 930-938.

Yin Y L, He K, Chen Z, et al. 2023. Agricultural green development to achieve food security and carbon reduction in the context of China's dual carbon goals[J]. Frontiers of Agricultural Science and Engineering, 10(2): 262-267.

Yu W S. 2017. How China's farm policy reforms could affect trade and markets: a focus on grains and cotton[R]. Geneva: International Centre for Trade and Sustainable Development.

Yu W S, Li T X, Zhu J. 2019. What determines China's grain imports and self-sufficiency? The role of rising domestic costs and varying world market prices[J]. China & World Economy, 27(5): 1-24.

Zhang H Y, Xu Y, Lahr M L. 2022. The greenhouse gas footprints of China's food production and consumption (1987–2017)[J]. Journal of Environmental Management, 301: 113934.

Zhang R, Huang Y T, Bao C Y, et al. 2019. Epidemiology of African swine fever and analysis of risk factors of its spread in China: an overview[J]. Chinese Journal of Virology, 35(3): 512-522.

Zhang Y M, Diao X S, Chen K Z, et al. 2020. Impact of COVID-19 on China's macroeconomy and agri-food system—an economy-wide multiplier model analysis[J]. China Agricultural Economic Review, 12(3): 387-407.

Zhou Y, Luo Z J, Tian X. 2023. The impact of animal disease outbreaks on China's meat imports[J]. Emerging Markets Finance and Trade, 59(11): 3550-3576.

Zhuo L, Liu Y L, Yang H, et al. 2019. Water for maize for pigs for pork: an analysis of inter-provincial trade in China[J]. Water Research, 166: 115074.

索　　引